1 MONTH OF
FREE
READING

at

www.ForgottenBooks.com

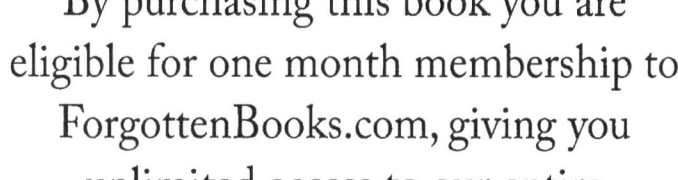

By purchasing this book you are eligible for one month membership to ForgottenBooks.com, giving you unlimited access to our entire collection of over 1,000,000 titles via our web site and mobile apps.

To claim your free month visit:

www.forgottenbooks.com/free986542

ISBN 978-0-267-03089-7
PIBN 10986542

Forgotten Books is a registered trademark of FB &c Ltd.
Copyright © 2018 FB &c Ltd.
FB &c Ltd, Dalton House, 60 Windsor Avenue, London, SW19 2RR.
Company number 08720141. Registered in England and Wales.

For support please visit www.forgottenbooks.com

Untersuchungen

über

Friesische Rechtsgeschichte

von

Dr. Karl Freiherr von Richthofen,

Professor.

BERLIN.

Verlag von Wilhelm Hertz.

(Besser'sche Buchhandlung.)

1880.

Vorwort.

Das ältere deutsche Recht lebte in den Rechten der einzelnen deutschen Volksstämme, wie die ältere deutsche Sprache in den deutschen Dialekten. In jedem einzelnen Stammrecht war das deutsche Recht eigenthümlich gestaltet, so sehr auch die Grundgedanken und Grundanschauungen der einzelnen Stammrechte mit einander übereinstimmten. Ein deutsches Recht frei von der Gestalt eines einzelnen deutschen Stammrechtes war nicht vorhanden und konnte wissenschaftlich auch nicht aufgestellt werden, so wenig wie eine deutsche Sprache ohne die Worte, Wortformen und Eigenheiten eines einzelnen deutschen Dialekts. Vor und seit Karl dem Grofsen waren manche tief eingreifende Einrichtungen in gleicher Weise für die einzelnen Volksstämme des deutschen Reiches angeordnet, nicht wenige Rechtssatzungen übereinstimmend in den einzelnen Volksrechten eingeführt worden, immer aber bestanden die einzelnen Stammrechte als solche für die Angehörigen der einzelnen Volksstämme in Deutschland neben einander fort.

Eine Darstellung des älteren deutschen Rechts kann nur auf den einzelnen deutschen Stammrechten aufgebaut werden, muſs bei Aufstellung der verschiedenen Lehren und Institute stets auf die Gestaltungen Rücksicht nehmen, die sie in den einzelnen deutschen Stammrechten besitzen. Nur so sind die Grundanschauungen der einzelnen Rechtslehren oder Institute zu gewinnen und darzulegen. Die Ueberzeugung, daſs es zu unrichtigen Ergebnissen führt, wenn dies bei der Darstellung des älteren deutschen Rechts unterbleibt, und das einzelne Rechtsinstitut meistens nach einem deutschen Stammrecht, etwa unter Berücksichtigung einiger Abweichungen aus einem andern, gegeben wird, veranlaſste mich zu dem Versuch, das ältere friesische Stammrecht als solches zu bearbeiten. Das friesische Recht steht dem sächsischen und fränkischen

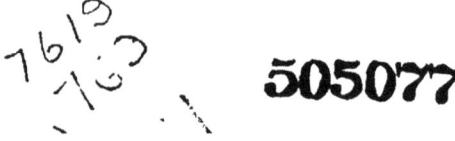

Recht zur Seite, zeigt manche nähere Beziehung zu den nordischen germanischen Rechten. Dadurch und durch die grofse Anzahl von Aufzeichnungen, in denen uns das friesische Recht überliefert ist, wurde meine Wahl des friesischen unter den deutschen Stammrechten bestimmt.

Die sehr mangelhafte Beschaffenheit der vorhandenen Ausgaben der friesischen Rechtsquellen nöthigte mich, um eine sichere Grundlage für meine Arbeit zu gewinnen, zuerst die friesischen älteren Rechtsaufzeichnungen unter Benutzung aller mir zugänglichen Handschriften und älteren Drucke aufs Neue zu sammeln, dabei ihre ältesten Texte im Einzelnen möglichst zu ermitteln und spätere Zusätze in ihnen auszuscheiden. Als Ergebnifs meiner Bemühungen erschienen meine Friesischen Rechtsquellen Berlin 1840, deren Benutzung ich durch Ausarbeitung eines Altfriesischen Wörterbuchs, das ich Göttingen 1840 veröffentlichte, zu erleichtern hoffte. In ihm war ich zugleich bemüht, die einzelnen friesischen Worte und ihre Formen gegenüber von denen der andern deutschen Dialekte festzustellen. Von der in den Friesischen Rechtsquellen aufgenommenen Karolingischen Lex Frisionum habe ich im Jahr 1863 in dem dritten Bande der Leges der Monumenta Germaniae historica eine verbesserte Ausgabe drucken lassen, sowie 1868 im fünften Bande der Leges der Monumenta Germania historicae eine neue Ausgabe der Karolingischen Lex Saxonum, die erst 1875 erschien. Nur ein Abdruck meiner Ausgabe der Lex Frisionum mit deren Einleitung und Noten ist die 1866 zu Leeuwarden von der Friesch Genootschap van Geschied-, Oudheid- en Taalkunde veröffentlichte Schrift „Die Lex Frisionum von Dr. Karl Fr. von Richthofen."

Indem ich den Inhalt des älteren friesischen Stammrechtes darstellen wollte, glaubte ich dies unter Vertheilung des Stoffs in einzelne Perioden thun zu müssen, in ähnlicher Weise, wie es bei Darstellungen der deutschen Rechtsgeschichte zu geschehen pflegt. Ich begann in einem ersten Abschnitt das friesische Recht des achten Jahrhunderts aus der Karolingischen Lex Frisionum mit Berücksichtigung der wenigen aus jener Zeit erhaltenen anderweitigen Nachrichten über Friesland darzulegen; in einem zweiten entwickelte ich das friesische Recht des zwölften Jahrhunderts, wie es sich insbesondere in den Siebzehn allgemeinen friesischen Küren, den Vierundzwanzig Landrechten und den allgemeinen Bufstaxen findet. Ein dritter Abschnitt sollte in gröfserer Ausführlichkeit das friesische

Recht des dreizehnten Jahrhunderts besprechen; eine sehr reiche Quelle gewähren dafür die in friesischer Sprache erhaltenen älteren Rechtshandschriften aus Rüstringen, Brokmerland, Emsigerland, aus dem Hunsego und dem Westergo, sowie nicht wenige gleichzeitige Urkunden und Chroniken. Im vierten und letzten Abschnitt wollte ich einen kurzen Abrifs des friesischen Rechts in der Mitte des vierzehnten Jahrhunderts geben, wie er für meinen Zweck genügte; wir kennen das Recht dieser Zeit genauer durch zahlreiche urkundliche Aufzeichnungen, durch nicht wenige in friesischer oder niederdeutscher Sprache abgefafste Statute einzelner friesischer Gemeinden und Landdistrikte, sowie durch die inhaltsreichen meist in niederdeutscher Sprache geschriebenen Rechtshandschriften einzelner friesischer Landdistrikte aus dem vierzehnten und fünfzehnten Jahrhundert.

Mein Versuch, den Stoff in dieser Weise zu behandeln, wollte mir nicht nach Wunsch gelingen, und es wird das auch für jetzt als unmöglich angesehen werden müssen, wenn man erwägt, wie wenig klar und bestimmt das gesammte ältere friesische Staats- und Rechtsleben wissenschaftlich ermittelt ist. Sehr viele entscheidende Fragen über die Beschaffenheit einzelner Institute des älteren friesischen Rechts, über ihr Verhältnifs zu den verwandten Instituten des sächsischen und fränkischen Rechts, namentlich auch über die Einführung fränkischer Staatseinrichtungen in Friesland und deren Fortbestehen oder Umbildung, sind nicht aus den Rechtsquellen einer einzelnen Periode zu beantworten. Die gesammte Natur und Beschaffenheit der einzelnen Rechtsinstitute, ihr eigenthümliches Wesen, ist vielfach nur zu erkennen, indem man das einzelne Institut in seiner Entwickelung in Friesland verfolgt und dabei die einzelnen Angaben, die eine frühere und spätere Periode über dasselbe darbietet, benutzt.

Um das ältere friesische Stammrecht darzulegen, lasse ich jetzt infolge dessen statt einer dem Stoff nach in bestimmte Perioden vertheilten friesischen Rechtsgeschichte Untersuchungen über einzelne mafsgebende Punkte des älteren friesischen Rechts- und Staatslebens erscheinen. Meine erste Abhandlung beschäftigt sich mit Untersuchungen über den Upstalsbom, über die Freiheit und die Grafen im älteren Friesland. Dem ersten Theil, der die ersten drei der auf Seite 7 angegebenen Capitel dieser Abhandlung umfafst, werden, wenn es mir wie ich hoffe möglich ist, binnen

Kurzem weitere Theile folgen. Bei Beurtheilung meiner Abhandlung bitte ich zu beachten, dafs ich in ihr einzelne dunkle und bestrittene Punkte des älteren friesischen Rechts und der älteren friesischen Verfassung untersuchen und feststellen wollte, keineswegs aber eine Darstellung des gesammten älteren Staats- und Rechtslebens in Friesland zu geben beabsichtigte. Ich mufste mich bei der Ausarbeitung der einzelnen Abschnitte stets bemühen, das Material, das für die aufgeworfenen Fragen die Entscheidung herbeiführen konnte, aus den verschiedensten Rechtsaufzeichnungen, aus Urkunden und Chroniken übersichtlich zusammenzustellen, nachdem ich die Zeit der Abfassung der einzelnen Aufzeichnungen, die ich benutzte, und ihren Werth ermittelt hatte, soweit ich es vermochte. Hierbei konnte ich manche Wiederholungen nicht vermeiden. Ich bedurfte für die Beantwortung der aufgestellten Fragen bestimmte feste Thatsachen, die meiner Ueberzeugung nach nicht bestritten werden können, ein blofs allgemeines Namhaftmachen der Thatsachen oder ein Verweisen darauf, dafs sie an einer andern Stelle der Abhandlung näher begründet werden sollen, konnte mir da in vielen Fällen nicht genügen. Ganz unthunlich war es, in der Abhandlung die einzelnen Punkte, die ich untersuchen und feststellen wollte, nach der Zeit, der sie angehören, auf einander folgen zu lassen. Vielfach war es gerade meine Aufgabe festzustellen, dafs sie der Zeit, in der man sie als vorhanden annahm, nicht angehören, oder doch nicht in der behaupteten Weise. Die Unbequemlichkeit, die für den Leser daraus entsteht, der in den einzelnen Ausführungen zusammenhängende scharf gezeichnete Bilder von bestimmten Verhältnissen zu erhalten wünscht, mufste hier unbeachtet bleiben. Es sind Untersuchungen über das noch wenig bearbeitete ältere friesische deutsche Stammrecht, die mich beschäftigen, und wollen eben nur das sein.

Damsdorf bei Striegau, den 20. October 1880.

Dr. Karl Freiherr von Richthofen.

Erste Abhandlung.

Upstalsbom, Freiheit und Grafen in Friesland.

Theil I.

CAPITEL I.

Einleitung.

§. 1. Angebliche Volksversammlungen zu Upstalsbom aus dem gesammten Friesland.

Bei Aurich liegt ein kleiner Hügel, man nennt ihn Upstalsbom, bei ihm sollen einst Zusammenkünfte aus ganz Friesland gehalten und von hier aus die sieben friesischen Seelande regiert worden sein. Viele unrichtige Vorstellungen über den früheren Staats- und Rechtszustand Frieslands, der als ein ganz eigenthümlicher, von dem des übrigen Deutschlands jener Zeit völlig verschiedener dargestellt wird, reihen sich an diesen Namen; ich will suchen dies zu zeigen, und an die Stelle jener ohne Prüfung forterzählten Fabel, eine aus den lautern, aber leider nur spärlich fliefsenden gleichzeitigen Quellen geschöpfte Erzählung setzen.

Eine kurze Angabe der, wenn auch im Einzelnen abweichend aufgefasften, doch in den Hauptpunkten gleichartigen Ansichten von den Upstalsbomer Landtagen, von der mit ihnen verwebten Verfassung des stets freien Landes, sowie der Art und Weise, wie sich beides gebildet haben soll, wird zum Verständnifs der nachfolgenden Erörterungen förderlich sein:

Friesland, in verschiedenen, bald engeren bald weiteren, Grenzen gedacht, war von jeher ein freies Land, niemals gebot ein Landesherr in seinen weiten Marken, das Volk, selbst im Besitz der höchsten Staatsgewalt, übte diese in einer grofsen, jährlich in der Pfingstwoche zu Upstalsbom aus allen friesischen Gemeinden, nach

den sieben Seelanden, in die das gesammte Land zerfiel, zusammentretenden Volksversammlung; sie berieth über Landesvertheidigung,
gab Gesetze in öffentlichen und Privatsachen, sprach Recht zwischen
einzelnen Personen wie zwischen ganzen Gemeinden, und wählte, ehe
sie auseinanderging, Richter und einen sie vertretenden Ausschuſs,
der für das laufende Jahr Friesland regierte. Diese Verfassung
verband seit uralten Zeiten die einzelnen friesischen Völkerschaften,
und gewährte ihnen Schutz gegen die in den angrenzenden Ländern
Macht gewinnenden Landesherren, welche auf unrechtmäſsigem Wege
durch Gewalt sich Friesland unterwerfen wollten. Karl der Groſse,
verschiedene der späteren Kaiser, hatten dessen freie unabhängige
politische Stellung urkundlich anerkannt und das Volk unmittelbar
unter des heiligen Reichs Schutz gestellt; dennoch gelang es jenen
Fürsten, in fortdauerndem, rechtswidrigem Kampfe immer mehr Theile
vom alten Friesenlande abzureiſsen, bis endlich mit dem Schluſs
des vierzehnten, in der ersten Hälfte des fünfzehnten Jahrhunderts,
die letzten Freiheitsflammen auf friesischer Erde erloschen.

So etwa lautet die oft und gern wiederholte Erzählung; sie
wird umgebildet nach dem Wunsche des Erzählers. Wem zum
Beispiel der Adel verhaſst ist, der bestreitet die Betheiligung der
Adligen an den uralten Landtagen, leugnet das Vorhandensein eines
Adels in Friesland ganz, leugnet Unfreiheit, während Rechtsbücher,
Urkunden und Chroniken dieser überall vielfach gedenken, ihr Vor-
handensein aus allem daneben Stehenden unbedingt folgt.

Als der gröſsere westliche Theil Frieslands im sechzehnten
Jahrhundert mit den vereinten Niederlanden das spanische Joch
gebrochen hatte, sich kräftig in ihm ein eigenthümliches Leben entwickelte, war es ein eifriges Streben von Männern verschiedenen
politischen Standpunktes, die neu errungene Freiheit als vom Volke
seit uralten Zeiten genossen und nur bisweilen widerrechtlich an-
getastet und eingeengt darzustellen. Damals schrieb Ubbo Emmius
seine umfangreiche Historia rerum Frisicarum; sie ist mit groſsem
Fleiſs und Talent, bei sorgfältiger Beachtung vieler älterer Aufzeichnungen, in gewandter Sprache verfaſst; aber erfüllt von den
Ansichten seiner Zeit, die in Kirche und Staat durchgekämpft
wurden, und auch sein Leben in schroffer Weise bestimmt hatten,

vermochte er nicht, die Zustände und Verhältnisse früherer Jahrhunderte in ihrer Eigenthümlichkeit zu erkennen. In allen Fürsten älterer Zeiten sah er Feinde des Vaterlandes, gegen die das Volk seine ihm eigene uralte Freiheit immer auf's Neue glücklich vertheidigt hätte. Er läfst aufser Acht, wie das zaubervolle Wort „Freiheit" zu allen Zeiten einen andern Sinn gehabt hat. Emmius glaubt, dafs die Friesen in der Römerzeit, wie unter Karl dem Grofsen, und seit dem zwölften Jahrhundert stets um die ideale Freiheit kämpften, die, wie er hofft, seinem Volk der neugeschlossene Bund der sieben vereinigten Niederlande gewähren soll. Grofses haben die Friesen der Vorzeit errungen, unter allen Völkern sind sie als die freien Friesen gepriesen, hat ihnen doch Kaiser Sigismund Reichsunmittelbarkeit feierlich zugesichert, wenn sie sich ihm unmittelbar unterordnen und von jedem Hause einen Groschen als Zins zahlen wollten! — Es ist dem Emmius gelungen, seinen Zeitgenossen durch das Bild, das er von der starren Gröfse seines Volks entwarf, zu imponiren. Seine durchweg unrichtige Auffassung der ältern friesischen Verhältnisse hat die allgemeinste Anerkennung gefunden; alle spätern Bearbeitungen friesischer Geschichte gehen von seinen Grundlagen aus, wenn sie auch im Einzelnen daran mäkeln. Keine wirft den Ballast überkommener traditioneller Meinungen von sich, keine gräbt neuen Grund und baut aus solidem Gestein. Es ist vielfach ein Stichwort geworden, von freien Friesen und friesischer Freiheit zu reden, ohne sich des damit verbundenen Sinnes bewufst zu sein.

§. 2. Friesische Vereinstage in Upstalsbom und ihre Bedeutung.

Friesen wohnten in ununterbrochener Folge längs der Seeküste vom Sinkfal bei Brügge bis zur Wesermündung; östlich der Weser safsen sodann am Strome selbst die Wührdener und die Wurstfriesen, und durch sächsische Wohner von ihnen getrennt im Herzogthum Schleswig, zwischen Eider und Widau, die Nordfriesen. Das westliche Friesland vom Sinkfal bis zum Fli oder der Zuiderzee war 689 durch Pipin von Heristal dem fränkischen Reich unterworfen worden, das mittlere Friesland vom Fli bis zur Laubach oder der

1*

Lavēke im Jahre 734 durch Karl Martell, das östliche von der
Laubach bis zur Weser durch Karl den Grofsen zwischen 775
und 785. Die beiden ersten Theile waren in kirchlicher Beziehung
dem Bischof von Utrecht untergeordnet worden, den östlichen überwies Karl der Grosse den im benachbarten Sachsen von ihm errichteten Bisthümern Bremen und Münster. Für alle drei Theile
Frieslands hatte Karl der Grofse um 785 die Lex Frisionum und 802
die Additio legis Frisionum erlassen. In Friesland, das vor der
fränkischen Unterwerfung seine eigenen Könige hatte, waren seit
Karl dem Grofsen den von Edlen, Freien, Liten und eigenen Leuten
bewohnten Gauen Grafen vorgesetzt, mehrere verbundene Pagi standen unter einem Grafen, bildeten einen Comitatus. Diese Comitatus
kamen im neunten und zehnten Jahrhundert erblich in den Besitz
benachbarter Herren, die sie als Lehne von den deutschen Kaisern
oder von den Bisthümern, denen sie die Kaiser geschenkt hatten,
besafsen. In den östlich der Zuiderzee bis zur Weser gelegenen
friesischen Gegenden, traten im zwölften Jahrhundert die einzelnen
alten Gaue, oder aber, wenn eine Theilung der Gaue erfolgt war,
Theile einzelner Gaue, die uns im dreizehnten Jahrhundert als
Terrae oder Landdistrikte begegnen, in nähere Verbindungen mit
einander. Die energischen Einrichtungen Kaiser Karls zur Vertheidigung der Küsten gegen die Einfälle plündernder Nordmannen
waren in Verfall gerathen; zwiespältige Verleihungen der friesischen
Grafschaften durch die Kaiser im elften und im Beginn des zwölften
Jahrhunderts, hatten zu den heftigsten Kämpfen im Lande geführt;
das Recht, das in den Gauen in alter Weise unter Vorsitz der
Grafen oder ihrer Schulzen, die versammelten freien und edlen Grundbesitzer, nach Belehrung der Asegen über dessen Inhalt, zu weisen
hatten, wurde von den Schulzen der aufserhalb des Landes wohnhaften Grafen, die sie zu vertreten hatten, vielfach nicht zur Geltung
gebracht; da bedurfte es eines Schutzes des Landfriedens, und, um
ihn zu gewähren und ihr Recht zu wahren, verbanden sich einzelne
Gaue oder Theile von Gauen zwischen Zuiderzee und Weser. Satzungen zu diesem Zweck von ihnen aufgestellt sind die alten friesischen
Siebzehn Küren und die einige Jahre jüngeren Vierundzwanzig Landrechte. Jene dürften um 1156 vereinbart sein. Beide Vereinbarungen

sind nicht gegen die Grafen als Landesherren gerichtet, ihre Rechte, wie sie gleichzeitig kaiserliche Urkunden des zwölften Jahrhunderts den Grafen anerkannten, werden vielmehr von ihnen als bestehend vorausgesetzt. Die Grafen üben fortgesetzt selbst oder durch ihre Beamten, die Schulzen, in ihrer Grafschaft im Namen des Königs den Heerbann und den Gerichtsbann; sie haben innerhalb der Grafschaft neben einzelnen Landgütern, die sie als Lehen besitzen, Bann- und Friedensgeld, Haussteuer oder Grundzins, Strafsenzoll und Münze.

Damals liefsen einzelne verbundene Gegenden, um den Zweck ihrer Verbindung zu verfolgen, Bevollmächtigte zusammentreten, die Jurati, Conjurati oder Deputati heifsen. So kamen namentlich in den Jahren 1216, 1224 und 1231, nach dem gleichzeitigen Emo, unter dem Upstalsbom bei Aurich, aus verschiedenen Landdistrikten Bevollmächtigte zusammen, die er Jurati de Upstellesbome und Jurati apud Upstellesbame nennt. Derartige Jurati müssen aber bereits im zwölften Jahrhundert aus der Gegend zwischen Fli und Weser zusammengekommen sein und werden die Siebzehn Küren und Vierundzwanzig Landrechte unter dem Upstalsbom vereinbart haben. Von ihnen scheinen in jenen Jahren auch die Ueberküren vereinbart zu sein, die über ihre jährlichen Zusammenkünfte zu Upstalsbom in der Pfingstwoche, über gegenseitigen Rechtsschutz, und Vertheidigung ihres Landes gegen Auswärtige handeln, aber nur in friesischen einige Jahrzehnte jüngern Texten auf uns gekommen sind.

Im dreizehnten Jahrhundert hören wir von zahlreichen Kämpfen einzelner friesischer Landdistrikte unter einander und mit ihren Landesherren. Es gelingt den einzelnen Landdistrikten, eine mehr oder weniger selbständige Stellung zu erringen; sie erscheinen als Universitates oder Gemeindeverbände, an deren Spitze zwölf oder sechzehn Consules, friesisch Rêd-jeva (d. i. Rathgeber), oder Richter getreten sind, die statt der alten Gauversammlungen Recht im Landdistrikt sprechen. Es werden die Besitzer bestimmter Grundstücke abwechselnd ein Jahr über zu diesem Amte berufen. In einzelnen Fällen bestreiten nunmehr friesische Landdistrikte die alten Rechte ihrer Landesherren. So thun es namentlich im Jahre 1323 die Westergoer bei Franeker gegenüber dem Grafen Wilhelm von Holland; sie schliefsen ein Bündnifs mit den östlichen friesischen Landdistrikten bis zur Weser, um sich der von Alters her begründeten Macht des Grafen zu entziehen; es sollen die alten Upstalsbomer Vereinstage, die seit dem Jahre 1231 nicht mehr gehalten waren, in veränderter Gestalt, zu wesentlich verschiedenem Zweck, wieder ins Leben treten. Jeder verbundene Landdistrikt soll dazu einen oder zwei Richter entsenden. Die von ihnen aufgestellten Leges Upstalsbomicae von 1323 zeigen ihren Plan im Einzelnen. Dafs in den Jahren 1324 bis 1327 thatsächlich zu Upstalsbom Richter der verbundenen Landdistrikte zwischen Zuiderzee und Weser versammelt waren, beweisen im Original erhaltene Urkunden aus diesen Jahren, und geben Auskunft, wie und in welcher Weise die versammelten Richter auftraten; sie zeigen aber auch, dafs der neue Upstalsbomer Bund von dem Grafen von Holland als widerrechtlich, und die Verbundenen als Empörer betrachtet wurden. Dafs dem nicht so sei, behaupteten die Ostergoer bei Leuwarden und die Jeverschen Astringer; sie erklären, sich nicht gegen den Grafen von Holland verschworen zu haben, und durch den Bund in keiner Hinsicht die Rechte ihrer Grafen oder Landesherren beeinträchtigen zu wollen.

Die Vereinstage zu Upstalsbom hörten 1327 auf. Ein Versuch der Stadt Groningen, die an der Grenze Frieslands, aber auf ursprünglich nicht friesischem Grund und Boden, in dem Gau Thrianta, d. i. in der Drenthe, erwachsen war, sie im Jahre 1361 herzustellen und an ihre Spitze zu treten, blieb erfolglos. Eine verbundene friesische Republik zwischen Zuiderzee und Weser war so wenig im vierzehnten als in früheren Jahrhunderten vorhanden.

Im fünfzehnten Jahrhundert gestalteten sich die Verhältnisse in den einzelnen Theilen des friesischen Landes zwischen Zuiderzee und Weser wesentlich verschieden. Der westliche Theil zwischen Zuiderzee und Laubach, oder die heutige niederländische Provinz Friesland stand unter den Grafen von Holland. Die friesischen Gegenden zwischen Laubach und Ems waren in eine abhängige Stellung zu der Stadt Groningen gekommen. Oestlich der Ems hatten sich mehrere Grundbesitzer, aus den alten edlen Geschlechtern des

Landes, einer unabhängigeren Stellung bemächtigt; einem Nachkommen von ihnen, dem Ulrich von Greetsyl, gelang es im Jahre 1454,
daſs Kaiser Friedrich III. für ihn aus seinem Besitzthum eine Grafschaft Ostfriesland creirte. In dem im Osten an sie grenzenden
friesischen Lande bis zur Weser hatten die Grafen von Oldenburg
wieder mehr und mehr ihre alten Grafenrechte zur Geltung gebracht. Der unglückliche Gedanke Kaiser Sigismunds in den Jahren
1416 und 1417, die Friesen zwischen Fli und Weser unter Auf-
hebung aller landesherrlichen Rechte zu reichsunmittelbaren freien
Friesen zu machen, und von jedem Heerd einen grossus imperialis zu
erheben, — ein Gedanke, den Kaiser Friedrich III. im Jahre 1456
für Friesland zwischen Zuiderzee und Ems aufnahm, — war ohne
allen Erfolg geblieben.

§. 3. Uebersicht der Abhandlung.

Die einzelnen, in §. 2 angedeuteten Punkte habe ich im Verlauf
dieser Abhandlung näher darzulegen:

Cap. II sammelt die Quellen für die Vereinstage von Upstalsbom, und ermittelt die Zeit, der sie angehören; indem es bei den
nicht im Original überlieferten Texten die Abänderungen und Zusätze, die sie in den späteren Ueberarbeitungen erfahren haben, festzustellen sucht. Dies geschieht namentlich bei den allgemeinen
friesischen Siebzehn Küren und Vierundzwanzig Landrechten, deren
ältester auf uns gekommener lateinischer Text, sowie die Texte der
nur in friesischer Sprache erhaltenen Ueberküren, der lateinische
Text der Leges Upstalsbomicae von 1323, und der des Groninger
Statuts von 1361 abgedruckt werden.

Cap. III erörtert Ort, Lage und Name des Upstalsbom, sowie
die Bedeutung und das Wesen der Vereinstage, die bei Upstalsbom
im zwölften, im dreizehnten und im vierzehnten Jahrhundert gehalten wurden. Es thut dar, daſs und zu welchem Zweck, im Beginn
des dreizehnten Jahrhunderts, wie im zwölften Jahrhundert, Jurati
aus einzelnen friesischen Gauen zwischen Fli und Weser unter dem
Upstalsbom zusammentraten; sowie daſs durch die Leges Upstalsbomicae von 1323 Judices aus Friesland zwischen Fli und Weser
zusammenberufen wurden; und daſs der im Jahr 1361 gemachte

Versuch einer Erneuerung von Upstalsbomer Vereinstagen zu Groningen erfolglos blieb.

Cap. IV sucht zu zeigen, was unter Seeland zu verstehen ist, zu welcher Zeit sieben Seelande in Friesland angenommen worden sind, und wie man seit 1417 die Ausdehnung der einzelnen sieben Seelande über bestimmte Landdistrikte angeben zu können meinte, indem man annahm, daſs gemäſs der Vertheilung Frieslands in diese Seelande die Judices selandini zu Upstalsbom zusammengetreten wären.

Cap. V behandelt die unechten Privilegien über friesische Freiheit: das Privilegium Karls des Groſsen vom Jahre 802, dessen Abfassung ich um 1286 setze, — das völlig inhaltsleere Privilegium König Wilhelms von 1248, das nur eine, wie ich nicht zweifeln kann, unechte Urkunde des Königs von diesem Jahre kennt, — und das Privilegium König Rudolfs von 1276, von dem lediglich späte werthlose Aufzeichnungen berichten, und aus ihm Sätze mittheilen, die unvereinbar sind mit Allem, was wir über König Rudolf und ältere friesische Geschichte wissen.

Cap. VI weist in Friesland die Grenzen der Diöcesen Utrecht, Münster und Bremen nach, und die Decanate, in die sie vertheilt waren.

Cap. VII bespricht die Könige, unter denen Friesland, oder Theile von ihm von der ältesten Zeit bis herab ins fünfzehnte Jahrhundert standen, erörtert ihre rechtliche Stellung und zeigt, wie sie sich umgestaltete. Die Grafen, denen die Könige in den einzelnen Theilen des Landes die Wahrung und Ausübung ihrer Rechte übergeben hatten, besitzen sie von den Königen, oder, indem diese sie den Bischöfen zu Eigen überlassen hatten, von diesen als erbliche Lehne. Es werden die einzelnen Grafen in den friesischen Gauen zwischen Fli und Weser aufgezählt, und wird gezeigt, daſs sich innerhalb dieser Gegend vier erbliche Grafschaften entwickelten.

Mit ihrer Darlegung beschäftigen sich die vier folgenden Capitel:

Cap. VIII. Die Grafschaft in den alten zwischen Fli und Laubach gelegenen Gauen Westergo, Ostergo, Sudergo mit Stavern, und Woldago.

Cap. IX. Die Grafschaft in dem friesischen Land zwischen

Laubach und Ems, das die alten Gaue Hug-merke, Hunesga und
Fivelga umfaſste.

Cap. X. Die Grafschaft im Osten der Emsmündung bis zur
Grenze der Diöcesen Münster und Bremen in den alten Gauen
Emesga und Federga.

Cap. XI. Die Grafschaft in den östlich bis zur Weser in der
Bremer Diöcese gelegenen Gauen Nord-endi, Asterga mit Wanga,
und Riustri.

In jeder der vier Grafschaften werden bei ihrer Besprechung
die Terrae oder Landdistrikte nachgewiesen, die seit dem Beginn
des dreizehnten Jahrhunderts aus den alten Gauen oder Theilen
von ihnen hervorgehen. Die Bewohner der einzelnen Terrae gehen,
um den Frieden im Lande zu schützen, und ihre Rechte zu wahren,
eine engere Verbindung ein, eine Universitas, wie sie sich nennt;
die, während sie an sich nicht die Rechte der Grafen im Lande in
Abrede stellt, doch zu einer Umgestaltung der alten Verfassung
führt, indem an die Stelle der unter Vorsitz der Grafen oder ihrer
Schulzen abgehaltenen Gauversammlungen, in denen nach Belehrung
des Asega die Freien und Edlen des Gaues Recht gesprochen hatten,
Gerichte einiger für ein Jahr vereideter Grundbesitzer des Land-
districts treten.

Cap. XII untersucht die rechtliche Stellung der Bewohner
Frieslands, und zwar speciell im achten, im zwölften, im dreizehnten
und im Beginn des fünfzehnten Jahrhunderts.

Cap. XIII geht näher ein auf die Consules (d. i. Rêd-jeva)
oder Riuchter, die seit dem Beginn des dreizehnten Jahrhunderts
an die Spitze der einzelnen friesischen Landdistrikte treten, und
behandelt ihre rechtliche Stellung, nachdem bereits in Cap. II, § 9
unter Beibringung der Stellen, in denen sie in den einzelnen friesischen Landdistrikten vor dem Jahre 1323 begegnen, die Zeit ihrer
Entstehung festgestellt ist.

Im Jahr 1323 bei Abfassung der Leges Upstalsbomicae sind es
ein oder zwei Richter, die das Westergo, indem es eine unabhängigere Stellung gegenüber seinem Landesherrn, dem Grafen Wilhelm
von Holland, durch Erneuerung der Upstalsbomer Vereinstage erlangen will, aus den einzelnen Landdistrikten nach Upstalsbom beruft.

Im Beginn des dreizehnten Jahrhunderts versammeln sich jährlich zu Upstalsbom in der Pfingstwoche angeblich sieben Jurati aus Friesland zwischen Fli und Weser, um das Recht nach alter Sitte im Lande zu wahren.

Ihnen gegenüber stehen an der Spitze der einzelnen, durch die Upstalsbomer Zusammenkünfte verbundenen friesischen Terrae oder Landdistrikte Consules, die den allgemeinen friesischen Küren und Landrechten noch völlig fremd sind und unbekannt sein mussten, da im zwölften Jahrhundert, als diese Satzungen nach dem Jahre 1156 vereinbart wurden, in den einzelnen Gauen noch alle freien und edlen Bewohner in alter Weise unter ihren Grafen oder deren Schulzen in Versammlungen zusammentraten, und das Recht nach Belehrung des Asega wiesen.

Capitel II.
Zeugnisse für Upstalsbomer Versammlungen.

§. 1.
Einleitung.

Nur wenige Schriftstücke, die als authentische Quellen anzuerkennen sind, handeln von Zusammenkünften in Upstalsbom, und doch kann nur aus ihnen gegenüber von dem, was viele Spätere über Upstalsbomer Versammlungen in sehr verschiedener Weise zu berichten wissen, ihr Vorhandensein, ihre Beschaffenheit und die Dauer ihres Bestehens festgestellt werden.

Ehe ich dies in Cap. III. versuche, lasse ich daher hier in Cap. II. die Angaben über die Upstalsbomer Versammlungen, die ich für quellenmäfsig halte, abdrucken, indem ich bei jeder die Art ihrer Ueberlieferung, die Zeit, der sie angehört, und ihre Glaubwürdigkeit prüfe. Es sind:

1. Vier Stellen in der Chronik des 1237 verstorbenen Abtes Emo zu Witte-Wierum in der Provinz Groningen;

2. die im zwölften Jahrhundert verfassten allgemeinen friesischen Siebzehn Küren und Vierundzwanzig Landrechte;

3. die sogenannten Ueberküren;

4. die Leges Upstalsbomicae von 1323;

5. Elf Urkunden über Upstalsbom aus den Jahren 1324 bis 1327;

6. das Groninger Statut von 1361.

I. Emo.

§. 2. Chronik des Emo.

Der im Jahre 1237 den 13. December verstorbene Emo, Abt des Klosters Floridus Hortus zu Witte-Wierum im Fivelgo, anderthalb Meilen östlich von Groningen, erwähnt in seiner Chronik bei den Jahren 1216, 1224 und 1231 Jurati von Upstalsbom. Es ist dies ein in aller Weise vollgültiges Zeugniss über Upstalsbom. Die Aufzeichnungen sind gleichzeitig und verdienen unbedingt Glauben. Der Friese Emo war Abt des von ihm errichteten Klosters zu Witte-Wierum im Fivelgo, er berichtet über Ereignisse im Fivelgo, an denen er selbst vielfach betheiligt war, und nennt dabei die Jurati von Upstalsbom als thätig; Upstalsbom liegt nur etwa sechs Meilen von Witte-Wierum im alten friesischen Asterga.

Die Chronik des Emo ist auf uns gekommen in einer Handschrift des Menko, der in Witte-Wierum bis 1243 Prior, dann bis zu seinem Tode, um 1275, Abt war, und die Chronik des Emo in dem uns von ihr erhaltenen Manuscript von 1237—1273 fortgesetzt hat. Ein zweites Manuscript des Emo in Groningen, das als Codex frisicus bezeichnet zu werden pflegt, gehört dem sechzehnten Jahrhundert an, und scheint eine mangelhafte Abschrift eines älteren, verlorenen, von dem ersten verschiedenen Codex des Emo und Menko zu sein. Sie gewährt eine Anzahl von beachtenswerthen Angaben aus den Jahren 1276—1296 neben einigen Zusätzen zur älteren Chronik, während sie aus ihr einige andere Stücke weglässt; vergleiche Feith in Werken door het Historisch Genootschap te Utrecht 1866, Vorrede p. IX und Weiland MG. XXIII. p. 463.

Aus den beiden in Groningen aufbewahrten Handschriften, zu denen Ubbo Emmius zahlreiche Bemerkungen beigeschrieben, und die er in seiner Historia rerum Frisicarum benutzt hat, gaben die Chronik des Emo heraus: H. O. Feith in den angeführten Werken der Utrechter Genootschap, a. a. O. p. 1—147 und L. Weiland in

Monumenta Germaniae 1874 XXIII. p. 465—523. Früher war die Chronik von Matthaeus in Analecta veteris aevi in der ersten Ausgabe, Leiden 1699. 8. tom. III. und nach ihr von C. H. Hugo in Sacrae Antiquitatis Monumenta Historica 1732, I, sowie von Harckenroth in der zweiten Ausgabe des Matthaeus zu Haag, 1738, Band II. p. 1—110, gedruckt. Die beiden Handschriften des Emo und Menko beschreiben Feith, Vorrede p. IX., und Weiland M. G. XXIII. p. 460.

Ueber die Person des Chronisten Emo und sein Leben giebt seine Chronik nähere Nachrichten, die durch die Angaben Menko's noch vervollständigt werden. Emo stammte aus dem alten friesischen Pagus Fivelga, dem Fivelinge-lond des dreizehnten Jahrhunderts, das zwischen Groningen und der Emsmündung lag und im Norden durch den alten friesischen Pagus Hunesga begrenzt wurde[1]). Emo und Menko erzählen, wie sich Emo und sein Bruder Addo nach dem frühen Tod ihres Vaters mit grossem Fleiss den Studien widmeten, wie sie später Paris und Orleans besuchten und Emo, zwanzig Jahre alt, um seine Studien weiter zu verfolgen, nach Oxford ging. Von dort durch seinen Bruder Addo in die Heimath zurückgerufen, der in Westeremden im Fivelgo, eine Meile nördlich von Witte-Wierum, als Beneficiat lebte, unterrichtete Emo als Magister in Westeremden bei den Benedictinern, wurde aber bald darauf zum Pfarrer in Huizinge, westlich von Westeremden im benachbarten Hunesga gewählt. Menko berichtet über Emo: „A primis infantie rudimentis studiis litteralibus implicitus ... inter scolares ... nunquam ociosus inveniebatur ... omnes auctores ... cum fratre suo Addone Parisius, Aurelianis et Oxonie ... audierunt et ex ore magistrorum glosaverunt ... Cum vero de studio reverterentur, predictus dominus Addo beneficium in Emetha optinuit, ubi magister Emo ad aliquod tempus multis prefuit scolaribus et post modicum honesta et communi electione in Husdengum est electus in plebanum. M. G. XXIII. p. 524, 36—525, 2.

---

[1]) Ueber den Pagus Fivelga und das spätere Fivelingeland vgl. unten Cap. IX.

Dasselbe scheint Emo andeuten zu wollen, indem er sagt: „Emo a primis puericiae suae annis litteralibus fuit studiis imbutus. Is cum fuisset in limine adolescentiae suae et ipse parvus parvulos imbueret aput quosdam beati Benedicti religiosos" und „Qui cum mare versus Angliam anno etatis sue quasi vicesimo transisset communis causa studii litterarum, quod fuit Oxonie estuabat uberius liberalibus artibus se implicare. In quarum foribus stans a fratre suo carnali secum commorante revocatus est. . . . Deinde in patriam remeans eligitur et invitatur ad titulum cuiusdam ecclesie M. G. XXIII. p. 467, 21 und 29.

Nachdem Emo die niederen Weihen von Thietmar[1]), der von 1185—1206 Bischof von Minden war, empfangen hatte, wie er in seiner Chronik M. G. XXIII. p. 467, 35 berichtet, erhielt er die höhern durch den Münsterschen Archidiacon und widmete sich eifrigst dem ihm übertragenen Pfarramt, während seine Mutter für ihn die Wirthschaft führte. Sie stammte aus einem Adelsgeschlecht zu Ooster-Wytwert im Fivelgo. Ihr verstorbener Bruder hatte einen Sohn Emo und zwei Töchter, auf den Sohn Emo war das Erbgut des Geschlechts übergegangen. Der Magister Emo erwähnt ausdrücklich den Adel seines Vetters Emo: „vir iste secundum considerationem carnis nobilitate, alia quoque dote corporis admodum beatus extitit", M. G. p. 465, 28, und gedenkt seines Patrimonium in Wytwert, p. 466, 14. Der Vetter Emo war mit einem adligen Mädchen verheirathet: „cuiusdam nobilis filia eidem est copulata", sagt Emo p. 465, 34. Er veranlafste sie, als ihre Ehe kinderlos blieb, sich von ihm zu scheiden, um aus seinem Erbgut ein Kloster zu stiften: „Cepit igitur dicere sororibus suis et nupte, quia facturus esset claustrum in patrimonio suo," p. 466, 14. Sie willigte ein, empfing ihr Eingebrachtes heraus und kehrte zu ihren Eltern zurück: „Illa videns insuperabile propositum . . . recollectis bonis suis et donatione ante nuptias . . . se ab illo dissociavit et in domum patris regressa (est), p. 466, 22. Emo übergab 1204 sein Gut zur Stiftung eines Klosters für Mönche und Nonnen des

---

[1]) Ueber Bischof Thietmar vgl. Wilmans Index zu Erhards Regesta historiae Westfaliae Münster 1861. p. 91.

Benedictinerordens dem Reindo, Abt des zwei Meilen nordöstlich
von Witte-Wierum im Fivelgo bei Holwierde gelegenen Kloster
Feldwirth, unter der Bedingung, dass er das Kloster aus Feldwirth nach Wytwert verlege: „Ea conditione ut in loco suo
transponeret conventum et ipse cum illis ibidem faceret residen-
tiam perpetuam," p. 466, 34. Es wurde noch in demselben Jahr
zu Wytwert ein Oratorium erbaut und vom Bischof Otto von
Münster geweiht. Reindo verlegte aber das Kloster nicht aus
Feldwirth nach Wytwert, und zwölf dort unter einem Prior ein-
geführte Nonnen verliessen bald wieder den Ort. Emo blieb in
Wytwert und gab, so schwach seine Geisteskräfte und Kenntnisse
auch waren, es nicht auf, ein Kloster zu gründen. Er lernte lesen
und liess sich zum Diacon weihen: „Emo ultra modum litteraturam
amplectebatur, sed vena ingenii, ut apparuit, arida fuit, et non est
subsecuta fecunditas. Sed tamen ante novissima ad modum legere
edoctus ordinem dyaconatus suscepit", p. 467, 13. Im Jahre 1209
kam er zu dem Entschlufs, statt des beabsichtigten Benedictiner-
klosters ein Kloster für Mönche und Nonnen des Prämonstratenser-
ordens zu errichten; s. Menko in M. G. XXIII, p. 525, 38. Es
veranlafste ihn dazu sein Vetter, der Magister Emo, der sein Pfarramt in Huizinge niedergelegt hatte und von dem Benedictinerorden
zu dem der Prämonstratenser übergetreten war. Der Bischof Otto
von Münster willigte ein und ermächtigte den Magister Emo durch
Urkunde vom 31. März 1209, zu Wytwert ein neues Kloster zu
errichten: „magistro Emoni in eodem loco (d. i. zu Wytwert) secundum ordinem Praemonstratensem deo serviendi, fratres insuper
et sorores colligendi, presente fundatore consentiente plenam con-
cessimus auctoritatem", Emo in M. G. p. 469, 33. Das Kloster
wurde eingerichtet. Im Jahre 1211 wurde ihm die Kirche in dem
anderthalb Meilen entfernten Witte-Wierum von ihren Patronen geschenkt, doch entstanden darüber innere Zwistigkeiten. Im Jahre
1213 beschlofs der Magister Emo, ein Mönchskloster zu Witte-
Wierum zu gründen, in das er die Mönche aus Wytwert über-
siedelte, während die Nonnen zu Wytwert verblieben. Beide Klöster
unterschied man nun als Campus Rosarum oder Rosenkamp und
Floridus hortus oder Bloemkamp; „fratribus collocatis in Florido

Orto et sororibus in campo primitivo relictis, in Campo inquam Rosarum" sagt Emo in M.G. p. 475, 33[1]). Den Magister Emo nennt 1211, während er dem Kloster in Wytwert vorsteht, der Abt Gervasius in Praemonstrae: „canonicus Novi Claustri", dann 1214: „Floridi Orti provisor", dann heifst er in einem Brief von 1217 „Emo ejusdem loci (d. i. Floridi Orti) prepositus", s. M.G. p. 471, 4;

---

[1] Neuere haben die einzelnen Lokalitäten und Namen nicht genau unterschieden, z. B. nicht van der Aa Aardrijkskundig Woordenboek, Amsterdam 1846, VIII. p. 538, IX. p. 745. — Menko erzählt M. G. XXIII. p. 525, 34 beim Jahre 1208 vom Magister Emo: „Ad novum claustrum se transtulit prope villam Rhomerswerf, quod a quodam cognato suo et equivoco fundatum fuit." Im Vergleich vom 25. Februar 1208 zwischen Emo und Reindo, dem Abt des Klosters Feldwirth, waren als Zeugen anwesend „Osbrandus de Jucawerth, Evo de Romerswerve, Eggardus de Nothensum", Emo in M. G. p. 468, 42. In Urkunde vom 31. März 1209 des Bischofs Otto wird erwähnt: „quod laicus quidam Emo de Romerswert religiose vivere cupiens in possessione sua capellulam fundavit", und wird dieser Emo dann „fundator illius loci" genannt, Emo in M. G. p. 469, 27 und 31. In Urkunde von 1246: „Haio Ripperda Haionis filius arcium in Wytwerd et Dyckhuzen nobilis possessor", Ypey Patronatregt, Stuk 2 p. 115 (aus Orig.). (Hart bei Wytwert liegen die kleinen Orte Crewerth und Jukwerth; sie bildeten später einen gemeinsamen Rechtsstuhl, s. Tegenwordige Ommelanden II. p. 353. In Urkunde von 1246 „Crewart", s. Feith Register van het Groninger Archief 1853. I. p. 5, desgleichen in Urkunde von 1246 „Jucquart", Feith a. a. O. Beim Jahre 1280 berichtet die Continuatio Menconis in M. G. XXIII. p. 571, 20 ausführlich über die Stiftung einer Capella in Crewert: „Fuit quaedam vidua, nomine Tyadeka, in Crewerth nobilis et dives simul et discreta, unicum habens filium nomine Menconem". Sie hatte bei Krankheit ihres Sohnes versprochen: „quod construeret capellam in propriis bonis et in tantum eam dotaret de proprio fundo, quod sufficeret uni sacerdoti." Sie verheirathete ihren Sohn dann mit einem adligen Mädchen aus Loppersum.) Es wird hier unterschieden die „villa Romers-werf" von dem „Romers-wert". „Prope villam Romers-werf" war das Nije-Kloster auf dem Ethel des „Emo de Romers-wert"; nach jenem Ort nennt Urk. von 1208 einen „Evo de Romers-werve". M. G. XXIII. 468, p. 42. Später verblieben in dem Nije-Kloster, dem Campus Rosarum, nur Nonnen, wurden die Mönche nach dem Floridus Hortus in Werum verpflanzt; ein Abt stand gemeinsam den beiden Prämonstratenserklöstern vor. Nach der Ordenstracht der Klosterangehörigen nannte man später die Orte Wyt-Wert und Witte-Wierum.

p. 472, 32; p. 477, 18. Im Jahre 1225 berichtet Emo selbst, dafs der Bischof Theoderich von Münster ihn, den „prepositus Floridi Orti", zum Abt creirt habe: „Emo per manus impositionem ... antistitis ... nomen et officium abbatis suscepit", M. G. p. 508, 31. Sein Vetter Emo war den 8. Oktober 1215 gestorben, s. Emo in M. G. p. 476, 15. Beachtenswerth ist es, dafs die Chroniken des Emo und Menko den Geburtsort des Abtes Emo nicht erwähnen, sie verschweigen den Namen seines Vaters, und ob er ein friesischer Nobilis, d. i. Etheling, war. Bei seinem Vetter, dem Emo in Wytwert, geben beide Chroniken über seinen Adel und sein Erbgut genaue Auskunft. Offenbar war der Magister Emo kein Nobilis, ebensowenig wie sein Vater, bei dessen Frau die Chroniken nicht unterlassen, ihren Adel hervorzuheben [1]).

§. 3. Stellen des Emo.

Authentisch bezeugt Emo für die Jahre 1216, 1224 und 1231 das Vorhandensein von Jurati zu Upstalsbom:

1. In seiner Chronik des Klosters Witte-Wierum erwähnt er beim Jahre 1222 des Jahres 1216 und sagt: „Hic est annus septimus [2]) (d. i. das Jahr 1222, s. unten in Cap. III, §. 5, No. 1) ab incursu Orientalium Frisonum in Fivelgoniam in die beati Laurentii (d. i. den 10. August 1216) contra Hrodbernum et generum suum et ceteros parentes, quorum domus incineratae sunt et consulum terre ex parte. Contremuit tota terra propter juratos, quos universitas Frisonum de more vetustissimo creaverat apud Upstellesbame [3]). Item ipse est annus (d. i. 1222),

---

[1]) Nicht beistimmen kann ich der Annahme Weiland's in seiner Praefatio zu dem Chronicon Emonis in M. G. XXIII. p. 457, dass der Magister Emo nach der Art, wie der Adel seines Vetters Emo bezeugt wird, für einen Nobilis zu halten sei.

[2]) Beide Manuscripte lesen „annus VII." nach Feith und Weiland, Matthaeus druckt „annus VIII."; vgl. Cap. III. § 5.

[3]) Das Groninger Manuscript 1 aus dem dreizehnten Jahrhundert liest „Upstellesbame", in der Abschrift des sechzehnten Jahrhundert steht „Upstallesbome" nach Feith und Weiland. Ohne genügenden Grund ändert Weiland im Text des Emo „Upstellesbome", M. G. XXIII. p. 496, 1 und Anm. a.

in quo vinculum societatis Fivelgonie et Hunesgonie secundo Nonas Augusti pene scissum est, occasione injurie cuidam illate, instigante Eppone Rembada de Monemawalda, cujus domus incendio vastata est; et multi de parte Fivelgonie[1]) cesi occubuerunt." M. G. XXIII, p. 495, 46; Feith in Werken door het historisch Genootschap te Utrecht, Nieuwe Reeks. 4. p. 78 f. (früher in Matthaeus Analecta II, p. 58); s. unten Cap. III, §. 5, No. 1.

2. Ein Streit des Abts Emo zu Witte-Wierum, und des Propstes Herderich von Schildwolde im Fivelgo, führte im Jahre 1224 zur Störung des Landfriedens im Fivelgo. Emo, der sich nicht der Entscheidung des Bischof Theoderich von Münster unterwerfen wollte, hatte an den Papst appellirt; päpstliche Delegirte excommunicirten den Bischof von Münster, und der Cardinal Konrad den Herderich. Der Bischof von Münster suchte durch Geistliche ("nuncii") das friesische Volk für sich und gegen Emo zu gewinnen; es kam in Loppersum zu einer grossen Versammlung. Emo berichtet: „Die sequenti congregatus est populus quasi vir unus. Aderant ibi (in Loppersum) consules terre (d. i. von Fivelgo) et jurati de Upstellesbome[2]), et audita denunciatione excommunicationis episcopi (d. i. des Bischof Theoderich von Münster) a delegatis summi pontificis, et Herdrici a cardinali, decreverunt in sententiam[3]), nisi decani duobus milibus marcarum terram immunem fore, si assisterent nunciis episcopi, caverent, non debere eis impendi obedientiam", M. G. p. 505, 41. Feith p. 102. — Der Streit Emo's mit dem Propst Herderich wird durch die beauftragten Geistlichen des Bischofs beigelegt; s. unten Cap. III. §. 5, No. 2.

3. Im selben Jahr 1224 berichtet Emo, wie sich Propst Herderich von Schildwolde in den Besitz der Kirche zu Schildwolde zu setzen versuchte. Das Volk wollte sich dem nicht fügen, und es kam zwischen Propst Herderich und den Bewohnern des Dorfes Schildwolde zu den heftigsten Streitigkeiten: „Ille . . . frater Her-

[1]) MS. 1 „Fivelg̃", MS. 2 „Fivelgoniae".
[2]) MS. 1 „Upstellesbome" nach Feith und Weiland, das späte MS. 2 liest „Upstallebomes" nach Weiland.
[3]) MS. 1 „sententiam" nach Feith und Weiland. Feith liest „sententia" nach MS. 2 mit Matthaeus, nach Feith a. a. O. p. 102.

dricus ... cum tenuisset dimidiam partem ecclesiae vicine sibi, tam per preces quam per potentiam ... persuasit sacerdoti, qui tenuit residuam partem ecclesie, ingredi monasterium, cogitans per illius introitum ecclesiam, de qua exiit, intrare ... Continuo versus est populus in conspirationem seditionis et eiecit omnia, quo (Herdricus) in domo dotali collocaverat cum damno et dedecore. Postmodo ... aciem collegit armatam amicorum et cognatorum suorum. Et illi de parte adversa robore multorum sese munierunt, et convenerunt consules terre et jurati orientales pro reformanda pace inter eos. Ille vero violenter voluit vendicare domum manu armata et ceperat applicare exercitum, sed prohibitus est a consulibus prefatis". M. G. XXIII, p. 507, 26; Feith p. 106 f. Bald darauf zog die Bevölkerung des Fivelgo vor das Kloster, Herderich entfloh, das Kloster wurde niedergebrannt, und erst im folgenden Jahre vermittelte Bischof Theoderich den Streit; Emo in M. G. p. 507 und p. 508; s. unten Cap. III. §. 5, No. 3.

4. Beim Jahr 1231 berichtet Emo: „Anno 1231 ortum est bellum inter Ernerenses[1]) et Uthusenses propter insulam, quam jurati aput Upstellesbome[2]) Uthusensibus adiudicaverant. Sed quia jam dicti Ernerenses parere recusarunt[3]), XIV. Calendas Augusti juratos secuta est universitas Fivelgonie prò coërcione ipsorum, et congresse sunt partes in pugnam. Gronienses, ... associati Ernerensibus in pugna, Fivelgones et iu fugam verterunt et lassos in fuga nudaverunt ... Extunc valde timuerunt Erne-

---

[1]) Das Groninger MS. aus dem dreizehnten Jahrhundert schreibt hier „En'enses" nach Weiland in M. G. XXIII, p. 513, 14, im selben MS. sind nach ihm die Bewohner des Ortes „Ernerenses" geschrieben M. G. XXIII, p. 513, 15, 18, 20, 23, 25, 33, p. 514, 2, 15, p. 545, 4 und 9, während es p. 513, 31 „Enereses" schreibt. Gemeint sind die Bewohner von Eenrum im Hunsego. Verwerflich schreibt Eggerik Beninga Historie von Ostfriesland Matth. Anal. IV. p. 111 „Emerenses", und hält danach Westendorp Jaerboek van Groningen 1829, I. p. 282, Anm. 223 „Emersen" für die richtige Lesart und denkt an die Bewohner eines unbekannten Ortes im Fivelgo.

[2]) Groninger MS. 1 „Upstellesbome" nach Weiland und Feith, das späte MS. 2 liest „Upstellebones" nach Weiland.

[3]) Feith recusaverant.

renses, et vetus fossatum antiquissime discordie inter Fivelgones et Hunesgones foderunt usque ad mare. Interim confederati sunt Fivelgonibus[1]) Frodasilvani[2]) et Threntasilvani contra Ernerenses ad pugnandum. Verum Frodasilvani parochiis cis amnem commisso prelio visi sunt inferiores in pugna. Sed imposita eis ad placitum pecuniae summa quieverunt, et cum Threntonibus Groninge applicuerunt XIV. Kal. Septembris et deinceps. Threntones tamen VII. Idus Augusti applicuerant. Septimo quoque Idus Augusti Fivelgones collecto exercitu fossatum per loca repleverunt et congressi sunt ad preliandum. Et, quia illo die Groninge propter metum Threntonum non affuit[3]), post aliquantum bellum Ernerenses fugam inierunt." M. G. p. 513, 13; Feith p. 120. Emo und der Fortsetzer seiner Chronik Menko erzählen in den Jahren 1231 bis 1250 zahlreiche Kämpfe und Streitigkeiten zwischen den Gemeinden des Groningerlandes. Beim Jahr 1250 giebt Menko an, wie Sicco, Dekan von Farmsum, den Streit der Uthusenses und Ernerenses über das Eiland dahin beilegte, dafs Uithuizen von ihm drei Viertel, Eenrum das vierte Viertel zu eigen erhielt; s. M. G. p. 545, 4; Feith p. 202. Nach 1231 erwähnen Emo und Menko, bei den fortgesetzten Streitigkeiten im Fivelgo und Hunsego, mit keinem Wort der Jurati von Upstalsbom, namentlich auch nicht bei der Beilegung des Streits der Eenrumer und Uithuizer über die Insula, über die sie 1231 eineEntcheidung herbeizuführen gesucht hatten; s. unten Cap. III. §. 5, No. 4 und §. 8.

[1]) „Fivelgonibus" lesen Weiland und Feith aus MS. 1, „Fivelgonenses" MS. 2 nach Weiland.

[2]) „frodasilvani" lesen beide MSS. nach Weiland und Feith, gemeint ist Vredewolt, nordwestlich von Groningen.

[3]) Text nach Weiland, Feith liest „et quia illo die groniensibus propter metum nemo affuit.

II. Die Siebzehn Küren und Vierundzwanzig Landrechte.

§. 4. Texte der Küren und Landrechte.

Die wichtigste Quelle für Erkenntnifs des Rechts der friesischen Landdistrikte zwischen Fli und Weser im zwölften und dreizehnten Jahrhundert sind die allgemeinen friesischen Siebzehn Küren und Vierundzwanzig Landrechte. Von ihnen sind Texte in lateinischer, friesischer und niederdeutscher Sprache vorhanden, und zwar aus Rüstringen an der Weser und den ihm benachbarten, am rechten Weserufer gelegenen kleinen Distrikten Wursten und Wührden, aus dem Emsgo in Ostfriesland, aus dem Fivelgo und aus dem Hunsego in den Groninger Ommelanden, sowie aus dem Westergo im Wester-lauwerschen Friesland an der Zuiderzee.

Die Texte unterscheiden sich sehr bedeutend von einander durch ihr Alter und ihren Inhalt. Manche sind im Wesentlichen Ueber-arbeitungen älterer mit wichtigen Abänderungen und Zusätzen; keiner der Texte giebt die Küren und Landrechte ganz wie sie ursprünglich abgefafst sein müssen. Eine genaue Vergleichung der einzelnen Texte läfst mich nicht im Geringsten zweifeln, dafs die Küren und Landrechte ursprünglich lateinisch aufgezeichnet wurden, dafs man diesen lateinischen Urtext später in den einzelnen Land-schaften in's Friesische übersetzte und dabei mehr oder weniger nach dem damals in der einzelnen Landschaft geltenden Recht ab-änderte und ergänzte. Die friesischen Texte wurden dann in einer noch spätern Zeit wieder in's Niederdeutsche übersetzt und dabei nach dem damaligen Recht der einzelnen Landschaft umgearbeitet. Für Ermittelung des ursprünglichen Inhalts der Küren und Land-rechte, oder, wenn ich mich so ausdrücken darf, für Herstellung ihres Urtextes, haben demnach die niederdeutschen Texte, die aus Groningerland, aus Ostfriesland, sowie aus dem Lande Wursten und aus dem Lande Wührden auf dem rechten Weserufer vorhanden sind, den geringsten Werth. Am wichtigsten ist ein lateinischer Text, der in einer in lateinischer Sprache abgefafsten Rechtssamm-lung, dem sogenannten Vetus Jus Frisicum, sich findet, die in zwei Hunsegoer Handschriften aus dem Ende des dreizehnten Jahr-

hunderts neben einer Sammlung von Rechtsaufzeichnungen in friesischer Sprache abgeschrieben ist. Dieser durch das sogenannte
Vetus Jus Frisicum aus dem Hunsego erhaltene lateinische Text
nimmt, so wichtig ihn sein Alter und seine lateinische Sprache für
Reconstruction des ursprünglichen Textes macht, keineswegs den
friesischen Texten, die wir in Handschriften aus Rüstringen, Emsgo,
Fivelgo, Hunsego und dem Westergo besitzen, ihre Bedeutung; er
liegt ihnen nicht unmittelbar zu Grunde. Sie übersetzen und über-
arbeiten den ursprünglichen lateinischen Text oder einen, der unmittelbar aus ihm entstanden war, während der lateinische Text
des Vetus Jus Frisicum den ursprünglichen lateinischen Text in
manchen Punkten, wenn ihre Zahl auch gering sein mag, ebenfalls
geändert und durch Auslassungen gekürzt haben muſs. Aus diesem
Grunde haben die friesischen Texte für die Ermittelung des ursprünglichen Inhalts der Küren und Landrechte unleugbar neben
dem lateinischen Text des Vetus Jus Frisicum unmittelbar eine
groſse Bedeutung, wenn sie auch im Einzelnen, nach der Zeit, der
sie angehören, und ihrer Beschaffenheit, in sehr verschiedenem Umfang zur Ermittelung des ursprünglichen Inhalts der Küren und
Landrechte Beiträge liefern. Nicht in Betracht kommt hier, daſs
die friesischen Texte der Küren und Landrechte in vielen Stellen
dadurch von groſser Wichtigkeit sind, daſs sie uns die im Volk
gangbaren friesischen Rechtsausdrücke zu wissen thun, wo sich der
lateinische Text unbeholfener, kaum verständlicher Worte bedient,
sowie daſs sie Vieles, was zum Verständniſs förderlich ist, den
einzelnen Sätzen hinzufügen, und anderwärts gar Manches einschieben,
was zeigt, wie man das Recht der Küren und Landrechte in der
nächstfolgenden Zeit umgestaltet hat.

Aus sieben Landdistrikten Frieslands besitzen wir Texte der
Küren und Landrechte in lateinischer, friesischer und niederdeutscher
Sprache, sie stehen in Rechtshandschriften dieser Landdistrikte und
zeigen unmittelbar, daſs und wie sie in ihnen galten. Ich verzeichne die handschriftlichen Texte aus den sieben Landdistrikten:

1—3. Aus Rüstringen besitzen wir einen friesischen
Text der Siebzehn Küren und Vierundzwanzig Landrechte in der
friesischen Oldenburger Handschrift des Rüstringer Rechts aus dem

Schluſs des dreizehnten Jahrhunderts, dem sogenannten Asegabuch. In ihm stehen die Küren MS. p. 15—27, die Landrechte MS. p. 27—46, vgl. über die Oldenburger Pergamenthandschrift Friesische Rechtsquellen p. XIII; den Text der Siebzehn Küren drucken aus ihr Friesische Rechtsquellen p. 2—39, den der Landrechte p. 40—81. Eine zweite friesische Ueberarbeitung der Siebzehn Küren und des ersten der Vierundzwanzig Landrechte aus Rüstringen enthielt die verlorene Rüstringer Rechtshandschrift vom Jahre 1327, von der, wie Fries. Rq. p. XIII angeben, eine eigenhändige Abschrift des Bremer Rath Oelrichs in der Bibliothek des Herzogs von Cambridge zu Hannover aufbewahrt wurde, nach der ich 1840 den Text in Fries. Rq. p. 538—540 drucken ließ. Aus ihr ist sie in die königliche öffentliche Bibliothek zu Hannover übergegangen und in Bodemann Katalog der Handschriften zu Hannover 1867 p. 311 unter No. XXII, 1431 MS. aufgeführt. Aus dem Lande Wursten am rechten Ufer der Weser, gegenüber von Rüstringen, sind mehrere niederdeutsche Rechtshandschriften erhalten, die aus ältern friesischen Rechtsaufzeichnungen schöpfen. Eine solche druckt ab Pufendorf, Observationes juris universi 1756, III, Appendix p. 36—144, in ihr steht p. 48—58 ein niederdeutscher Text der friesischen Küren und p. 59—72 der Landrechte. Eine niederdeutsche Rechtshandschrift aus dem oberhalb des Landes Wursten auf dem rechten Weserufer gelegenen Lande Wührden aus dem sechzehnten Jahrhundert in der herzoglichen Bibliothek zu Gotha beschreiben Fries. Rq. p. XIV, in ihr steht MS. p. 23 b—30 a ein niederdeutscher Text der Küren, und MS. p. 13—22 b der Landrechte. Beiden liegt ein friesischer Rüstringer Text von ihnen zu Grunde. Stellen daraus drucken Fries Rq. p. 547 und p. 548.

4. Emsgo: Ein friesischer Text der Küren und Landrechte steht in der ersten, von mir Fries. Rq. p. XVI beschriebenen Emsiger Pergamenthandschrift der Genootschap pro excolendo jure patrio zu Groningen auf den Seiten 4—32, er ist gedruckt in Fries. Rq. p. 2—39 u. p. 40—81. Einen niederdeutschen Text aus dem Emsgo liefert eine, in Fries. Rq. p. XVII beschriebene, niederdeutsche Emsiger Rechtshandschrift der Genootschap pro excolendo jure patrio zu Groningen; nach dem MS. p. 3—51 ist sie

gedruckt in Fries. Rq. p. 3 — 79. Einen zweiten niederdeutschen Text hat die, Fries. Rq. p. XVIII beschriebene, niederdeutsche Pergamenthandschrift des Emsiger Rechts des Eggerik
Boninga, die sich 1840 im Besitz des Herzogs von Cambridge
zu Hannover befand, auf MS. p. 2 a — 18 a; Stellen aus ihr sind
gedruckt.in den Noten zu Fries. Rq. p. 3 — 79. Die Handschrift
wird jetzt in der königlichen öffentlichen Bibliothek zu Hannover
aufbewahrt und ist in Bodemann, Katalog der Handschriften zu
Hannover unter No. XXII, 1424 MS. aufgeführt. Eine spätere
Ueberarbeitung des niederdeutschen Emsiger Textes der
Küren und Landrechte enthält das ostfriesische Landrecht des
Grafen Edzard von 1515. Es ist Aurich 1746 durch Mathias
von Wicht nach einer spätern Abschrift des ostfriesischen Hofgerichts zu Aurich herausgegeben. Bei Wicht stehen p. 32 — 237
die Siebzehn Küren und Vierundzwanzig Landrechte. Einige Stellen
aus andern der in grofser Zahl vorhandenen Handschriften des ostfriesischen Landrechts sind Fries. Rq. p. 2 — 81 in die Noten zu
dem Abdruck des niederdeutschen Emsiger Textes der Küren und
Landrechte aufgenommen; s. Fries. Rq. p. XVIII.

5. Aus Fivelgo: Eine Fivelgoer friesische Rechtshandschrift besafs um 1700 Werner Emmen, Rathsherr zu Groningen,
benutzten später Gabbema und Fr. Junius, erwarb dann van Halsema
und benutzte sie in seiner „Verhandeling over de regeringsvorm
der Ommelande" im zweiten Bande der Verhandelingen der Genootschap pro excolendo jure patrio, zu Groningen 1778. Aus Halsema's
Nachlafs kaufte die Handschrift angeblich 1784 P. Wierdsma zu
Leuwarden, der sie schon in seinen Oude Friesche Wetten 1782,
p. 249 anführt. Sein Sohn, der Procureur criminel Wierdsma, lieh
sie an Montanus Hettema, der sie als „Het Fivelingoër en Oldampster
Landregt" Dockum 1841 herausgab. Aus dem Nachlafs des jüngeren
Wierdsma kaufte ich 1858 die auf Papier geschriebene Handschrift.
Sie ist nach 1427 geschrieben, indem in ihr p. 39—45 die Küren
des Focke Ukena von 1427 stehen. Die Handschrift ist reich an
Fehlern, namentlich sind die friesischen Wortformen durch ungenaue
Orthographie entstellt. Auf Manuscript p. 4—14 steht ein friesischer
Text der Siebzehn allgemeinen Küren und p. 14—24 der Vierund-

zwanzig Landrechte, der, wie der Abdruck von Hettema p. 6—36 zeigt, mit dem Hunsegoer friesischen Text grofsen Theils übereinstimmt.

Niederdeutsche Ueberarbeitungen der älteren friesischen Rechtsaufzeichnungen aus dem Fivelgo sind in Handschriften aus dem fünfzehnten und sechzehnten Jahrhundert über das Recht der Ommelande erhalten; mehrere von ihnen, die sich in den Bibliotheken zu Groningen befinden, verzeichnen Fries. Rq. p. XX—XXIII. Eine andere Ommelander Rechtshandschrift habe ich 1858 aus dem Nachlafs von Wierdsma zu Leuwarden erkauft. Sie ist in klein Octav auf Papier, wie es scheint im Beginn des sechzehnten Jahrhunderts, geschrieben, und enthält p. 50—59 die Siebzehn Küren, p. 59 bis 69 die Vierundzwanzig Landrechte. Aus dem in derartigen Handschriften des Ommelander Rechts enthaltenen niederdeutschen Text habe ich mehrere Stellen in den Noten zu meiner Ausgabe der Küren und Landrechte in Fries. Rq. p. 2—81 drucken lassen. Schotanus Beschryvinge van de heerlyckheydt van Frieslandt tusschen 't Flie ende de Lauwers zu Franeker, ein Buch, das wie p. 279 in ihm zeigt, 1664 herausgegeben ist, hat p. 106—125 einen incorrecten derartigen niederdeutschen Text aus den Ommelanden hinter dem Abdruck des alten Drucks des Westerlauwerschen Landrechts abdrucken lassen. In ihm stehen p. 106 die Küren und p. 111 die Landrechte.

6. Aus Hunsego. In zwei Hunsegoer Rechtsmanuscripten aus dem Schlufs des dreizehnten Jahrhunderts, über die unten §. 6 handelt, ist ein lateinischer Text der allgemeinen Siebzehn friesischen Küren und Vierundzwanzig Landrechte im sogenannten Vetus Jus Frisicum erhalten, das §. 5 behandelt und abdruckt, und eine friesische Ueberarbeitung der Küren und Landrechte. Sie ist gedruckt in Fries. Rq. p. 2—39 und p. 40—80.

7. Aus dem Westergo und dem Ostergo des Westerlauwerschen Frieslands. Aus dem Westerlauwerschen Friesland sind zwei friesische Texte der Siebzehn Küren und Vierundzwanzig Landrechte erhalten, der eine in der Sammlung von Stücken über Westerlauwersches Recht, die als alter Druck des Westerlauwerschen Rechts angeführt zu werden pflegt, der andere in der Handschrift des Westerlauwerschen Rechts, die sich „Jus municipale Frisonum" nennt.

Ueber den alten Druck des Westerlauwerschen Rechts s. Fries.
Rq. p. XXIV. Er ist eine Ausgabe friesischer Rechtsstücke aus
dem Westerlauwerschen Friesland, die zu Cöln oder, wie Andere
meinen, zu Aanjum in Friesland in den letzten Jahrzehnten des
fünfzehnten Jahrhunderts nach einer unbekannten Handschrift, unter
Beigabe einer lateinischen Glosse, erschienen ist. Der alte Druck
wurde von Schotanus wörtlich eingerückt in seiner Beschryvinge van
de heerlyckheydt van Frieslandt tusschen 't Flie ende de Lauwers
zu Franeker 1664, p. 36 — 106. Eine unvollendete Ausgabe des
alten Drucks mit Weglassung der lateinischen Glosse liefs der ältere
P. Wierdsma in seinen Oude Friesche Wetten Campen 1782 erscheinen.
Den gesammten friesischen Text des alten Druckes mit Weglassung
der lateinischen Glosse enthalten meine Fries. Rq. p. 3—79, 102—112,
385—441 und 462—476. Der friesische Text der Küren des alten
Druckes steht Fries. Rq. p. 3—39, der der Vierundzwanzig Landrechte p. 41—79.

Unter dem Titel „Jus municipale Frisonum" ist eine Handschrift vom Jahre 1464 aus dem Westerlauwerschen Friesland erhalten. Früher benutzten sie S. Siccama Lex Frisionum Franekerae
1617, p. 80 und 81, vgl. die erstere Stelle mit dem Bolswerder
Sendrecht §. 29 in Fries. Rq. p. 486, 18; die zweite mit den Küren
von Wymbritzera-deel §. 19 in Fries. Rq. p. 502, 2; ferner thaten es
Winsemius, Chronique van Vrieslant, Franeker 1622, p. 264, und
Schotanus, Geschiedenissen van Frieslandt, Franeker 1658, p. 325,
indem sie das Sneeker Stadtbuch von 1456 excerpirten, das im
Jus municipale Frisonum p. 209 steht. Ferner benutzte die Handschrift S. A. Gabbema, Verhaal van Leuwarden 1681, I, p. 120,
der sie selbst besafs. Im Jahre 1768 liefs Schwartzenberg, indem
er das Manuscript von den „Voogden van Gabbema Gasthuis" in
Leuwarden erhielt, in Charterboek van Friesland, Leuwarden I,
p. 97—120, 341—350 und 565—589, Stücke aus dem Manuscript
drucken, die ich nach ihm, mit Ausschlufs des Sneeker Stadtbuchs
von 1456 bei Schwartzenberg p. 565, in die Fries. Rq. p. 384—504
aufgenommen habe. Im Jahre 1782 verglich Adr. Heringa die
Handschrift für eine beabsichtigte Ausgabe „Friesischer Rechtsquellen." Aus seinem Nachlafs erwarb sie 1798 P. Wierdsma, dem

sie bei seiner unvollendeten Ausgabe der „Oude Friesche Wetten"
1782 nicht zugänglich gewesen war, wie sich aus p. 249 ergiebt,
wo er eine dem §. 15 des Westerlauwerschen Sendrechts ähnliche
Stelle aus einem andern, noch jüngeren Westerlauwerschen Manuscript
(vgl. unten §. 16) mittheilt, während der Paragraph (p. 58), wie das
ganze (p. 49 beginnende) Westerlauwersche Sendrecht in dem als
„Jus municipale Frisonum" bezeichneten Manuscript steht. Sein
Sohn P. Wierdsma lieh die Handschrift an Hettema, der sie 1847
„Oude Friesche Wetten" II, p. V bespricht und aus ihr p. 1—306
die Stücke druckt, von denen meine Friesischen Rechtsquellen aus
dem alten Druck einen bessern Text liefern konnten[1]). Nach
Wierdsma's Tode kaufte ich 1858 die auf Papier geschriebene
Handschrift. In ihr stehen p. 33—38 b die allgemeinen Siebzehn
friesischen Küren und p. 40—48 b die Vierundzwanzig Landrechte,
wie sie bei Hettema, Oude Friesche Wetten II, p. 69—96 abgedruckt sind. Der Text beider weicht nur unbedeutend von dem
des alten Drucks ab, den Fries. Rq. p. 3—39 und 41—79 wiedergeben.

Zur leichteren Uebersicht des Inhalts der erhaltenen Texte der
Küren und Landrechte habe ich die wichtigsten von ihnen in meinen
Fries. Rq. p. 2—81 neben einander gestellt.

§. 5. Das Vetus Jus Frisicum.

Für die Ermittelung des Inhalts des nicht auf uns gekommenen
Urtextes der Siebzehn Küren und Vierundzwanzig Landrechte und
für die Feststellung der Zeit, aus der sie herrühren, ist der lateinische Text von grofser Bedeutung, den uns eine Rechtssammlung,

---

[1]) Hettema's Abdruck der Handschrift in Oude Friesche Wetten II,
p. 1—306 übergeht von ihren in Fries. Rq. p. XXV verzeichneten Stücken
das in ihr p. 209 beginnende Sneeker Stadtbuch von 1456, sowie die werthlose Aufzeichnung über „Hoe dae Fresen toe fridom koemen" MS. p. 108-111 b,
die er in Vrie Fries Leuwarden 1839, I, p. 263—269 hatte abdrucken lassen;
desgleichen die sogenannte kleine friesische Chronik MS. p. 167 b—169,
die Hettema in Vrie Fries II, p. 117 hatte drucken lassen, endlich die
MS. p. 182—184 stehende sogenannte „Due cronika fan Hollandt."

das sogenannte Vetus Jus Frisicum, giebt, die in zwei Hunsingoer Rechtshandschriften erhalten ist, die dem Schluſs des dreizehnten Jahrhunderts angehören.

Das von Neuern mit dem Namen „Vetus Jus Frisicum" bezeichnete Schriftstück in den beiden Rechtshandschriften aus Hunsego, die der folgende Paragraph eingehender behandelt, ist in keiner Weise ein altes friesisches Gesetzbuch, wofür die alte Lex Frisionum gelten muſs, ebenso wenig ein Rechtsbuch in dem Sinne, den wir mit diesem Wort bei Bezeichnung des Sachsenspiegels und der sich an ihn reihenden Darstellungen des deutschen Rechts zu verbinden pflegen, sondern lediglich eine Abschrift mehrerer älterer friesischer Rechtsstatute, denen der Verfasser einige Sätze beigefügt hat, um durch sein Machwerk ein Hülfsmittel für die Kenntniſs des geltenden Rechts herzustellen. Neben dem Vetus Jus Frisicum steht eine Reihe ähnlicher Zusammenstellungen aus friesischen Landdistrikten, die in einzelnen Rechtshandschriften enthalten sind. Ich nenne als solche beispielsweise die, in friesischer Sprache redigirte Zusammenstellung des Rüstringer Rechts in der alten Oldenburger Rechtshandschrift, die von Neuern willkürlich mit dem verkehrten Namen Asegabuch belegt wird, oder die friesische, in den beiden Hunsegoer Rechtshandschriften neben dem Vetus Jus Frisicum eingeschriebene Zusammenstellung über im Hunsego geltendes Recht.

Von jenen andern Rechtszusammenstellungen unterscheidet sich das Vetus Jus Frisicum äuſserlich insbesondere dadurch, daſs es durchweg in lateinischer Sprache geschrieben ist. Um näher auf dasselbe eingehen zu können, lasse ich es am Schluſs des Paragraphen aus den beiden Hunsegoer Handschriften abdrucken und bezeichne in ihm seine verschiedenen Stücke mit den Nummern 1 bis 12; aus ihnen ergeben sich drei Bestandtheile, die ich unter A, B und C zusammenfasse.

A. No. 1 des Vetus Jus Frisicum ist ein lateinischer Text der Siebzehn allgemeinen friesischen Küren, von dem friesische Uebersetzungen und Ueberarbeitungen aus Hunsego, Fivelgo, Emsgo, Rüstringen und dem Westergo östlich der Zuiderzee, niederdeutsche aus Emsgo, Fivelgo, Land Wursten und Land Würden vorhanden sind; vgl. oben p. 21 in §. 4, No. 1—7.

No. 2 des Vetus Jus Frisicum gehört zu Küre 17.
Der lateinische Text liefert hier die fünf Causae oder Ausnahmefälle von dem in Küre 17 behandelten With-eth, das sind die
fünf Wenden, wie sie die Texte in friesischer Sprache bezeichnen.
Friesische Ueberarbeitungen sind von ihnen wie von den Siebzehn
Küren aus Hunsego, Fivelgo, Emsgo, Rüstringen und dem Westergo,
niederdeutsche aus Emsgo, Fivelgo, Land Wursten und Land Wührden
erhalten, vgl. oben p. 21 in §. 4, No. 1—7. Die fünf Wenden stehen im
friesischen Hunsingoer Manuscript von Wicht p. 109—112, gleichlautend im friesischen Hunsingoer Manuscript von Scaliger p. 51—53
(gedruckt in Fries. Rq. p. 32, Col. 2), in meinem friesischen Fivelgoer
Manuscript p. 12—14 (gedruckt in Hettema, Fivelgoer Landrecht
1841, p. 20—22), im I. Emsiger friesischen Manuscript zu Groningen
p. 65 (gedruckt Fries. Rq. p. 32, Col. 3), im Rüstringer Oldenburger Manuscript p. 59 (gedruckt Fries. Rq. p. 33, Col. 4) und aus
Westergo im alten Druck des Westerlauwerschen Rechts (gedruckt in
Schotanus Beschryvinge p. 70 und in Fries. Rq. p. 33, Col. 5),
sowie in meinem Manuscript aus dem Westergo, dem sogenannten
„Jus municipale Frisonum", p. 63 b und p. 65 a (gedruckt in Hettema,
Oude Friesche Wetten II p. 118 und 120).

No. 3 des Vetus Jus Frisicum ist erst später dem lateinischen Text der Siebzehn Küren als ein Schlufssatz hinzugefügt; von ihm ist eine Ueberarbeitung in friesischer Sprache in
den handschriftlichen friesischen Texten der Siebzehn allgemeinen
Küren aufgenommen, die als aus Hunsego, Fivelgo, Emsgo, Rüstringen
und dem Westergo erhalten oben p. 21 angeführt sind, in §. 4, No. 1
bis 7. Gedruckt ist der friesische Text aus dem friesischen Hunsingoer
Manuscript von Wicht p. 56, mit dem das Hunsingoer Manuscript
von Scaliger p. 79 übereinstimmt, in Fries. Rq. p. 28, Col. 2, und
in einem ähnlichen Text aus meinem friesischen Fivelgoer Manuscript p. 14 in Hettema, Fivelgoer Landrecht p. 20, ferner aus dem
I. friesischen Emsiger Manuscript zu Groningen p. 15 in Fries. Rq.
p. 28, Col. 3; sodann aus dem Oldenburger friesischen Rüstringer
Manuscript p. 46 in Fries. Rq. p. 29, Col. 4 und aus dem alten
Druck des friesischen Westergoer Rechts in Schotanus, Beschryvinge
p. 70 und in Fries. Rq. p. 29, Col. 5; mit letzterem stimmt fast

wörtlich überein die Fassung der Stelle in meinem friesischen Manuscript aus dem Westergo, dem sogenannten „Jus municipale Frisonum", p. 38 b, gedruckt in Hettema, Oude Wetten II p. 79.

Die Nummern 5, 6 und 7 des Vetus Jus Frisicum geben später vereinbarte Bestimmungen zu den in No. 2 verzeichneten fünf Wenden: und zwar enthält No. 5 den Fall der zweiten Wende mit wenig veränderten Worten; entsprechend steht er in einer weitern Ausführung im I. friesischen Emsiger Manuscript zu Groningen p. 65 (gedruckt Fries. Rq. p. 34), vergleiche ihn als Ueberküre 6 im friesischen Hunsegoer Manuscript von Wicht p. 73, gleichlautend im Hunsegoer Manuscript von Scaliger p. 21, unten in §. 15 gedruckt; und in meinem friesischen Fivelgoer Manuscript p. 101, gedruckt unten in §. 15. — No. 6 ist ein abweichender Text der vierten Wende in No. 2; er scheint in friesischer Fassung nicht vorhanden zu sein. — No. 7 ist ein jüngerer lateinischer Text einer sechsten Wende, den in friesischer Fassung aus Emsgo das I. Emsiger friesische Groninger Manuscript p. 67 als siebente Wende giebt (gedruckt Fries. Rq. p. 38, 14, Col. 3), und fast wörtlich übereinstimmend das I. friesische Emsiger Manuscript zu Groningen p. 32 (gedruckt Fries. Rq. p. 38, 14, Col. 2), er wird auch im niederdeutschen Emsiger Text MS. p. 81 als „Seuende sake" aufgeführt (gedruckt in Fries. Rq. p. 39, 14, Col. 6). Aus dem Westergo ist er erhalten im alten Druck des Westerlauwerschen Rechts, abgedruckt in Schotanus Beschryvinge p. 70 und in Fries. Rq. p. 39, 14, sowie in meinem Manuscript des Westergoer Rechts, benannt Jus municipale Frisonum p. 65 a, gedruckt in Hettema, Oude Wetten II, p. 120. Es fehlt diese Nummer in den friesischen Bearbeitungen der Wenden aus Hunsego, Fivelgo und Rüstringen.

No. 10 des Vetus Jus Frisicum ist ein Inhaltsverzeichnifs der einzelnen Siebzehn Küren, das die Rechtshandschriften in friesischer Sprache nicht enthalten.

B. No. 4 des Vetus Jus Frisicum ist ein lateinischer Text der Vierundzwanzig Landrechte; von ihm sind friesische Texte aus Hunsego, Fivelgo, Emsgo, Rüstringen und dem Westergo östlich von der Zuiderzee, niederdeutsche aus Fivelgo, Emsgo, Land Wursten und Land Wührden erhalten, vgl. oben p. 21 in §. 4, No. 1—7.

No. 11 des Vetus Jus Frisicum ist ein Inhaltsverzeichnifs der Vierundzwanzig Landrechte, das in den Rechtshandschriften in friesischer Sprache nicht vorhanden ist.

No. 9 des Vetus Jus Frisicum ist der lateinische Text einer späteren Vereinbarung über Bufsen von 60 Mark für drei Fälle: wenn Land nach erfolgter Vermessung zugetheilt ist; eine Sühne geschlossen und mit Eiden bekräftigt ist; oder nach Verlobung einer Braut die gegenseitig versprochene Treue gebrochen wird. Der lateinische Text sagt wörtlich: „Tres sunt causae, quae habent confirmari cum LX marcis: ubicumque terra dividitur et cum virga mensuratur et cum palo defigitur, haec est prima causa; secunda, ubi pacis conventio stabilitur et cum juramento conjuratur; tertia, ubicumque femina desponsata promittitur, et eorum uterque in alterutrum fidem promittit, quisquis illam frangit, tunc tenetur ille praenominatam pecuniam dare.“ Von den friesischen Texten finde ich diesen Satz nur in dem aus Fivelgo, mein Fivelgoer MS. p. 92 sagt: „Fior thing rorat scolanga: londcap met skefte bimeten an mith pale bisleten jefta londwixil, end unt-hetene breid, and ene senede son, bi LX mercum, hia ne kiasa ma marra.“ Und in niederdeutscher Sprache im Oldampster Landrecht aus dem Fivelgo von 1471: „drierleye dinck sint schelinge: lantkoep offte lantwissel mit schutten[2]) bemeten unde mit paelen beslaegen; ut-lovede bruyt; unde gesoende sone, by tsestich marcken, sie en-kosen merer.“ Verhandelingen pro excolendo jure patrio te Groningen 1846, VI, p. 694. In diesem friesischen und niederdeutschen Text sind also Landkauf und Landwechsel in zwei Fälle getrennt unter No. 1, sodann ist „senede son“ für den zweiten Fall

---

[1]) In den friesischen Texten finden sich noch weitere Wenden, vgl. sie aus Emsgo in Fries. Rq. p. 34, 7, aus Rüstringen Fries. Rq. p. 35, 4, aus Fivelgo im Fivelgoer Manuscript p. 81 bei Hettema, Fivelingoer Landregt p. 102.

[2]) Für „schutten“ liest eine andere Handschrift „sloethen“ Pro Excolendo VI, p. 740 und eine dritte „myt schafte stuckent bemetene“ Hettema Fivelgoer Landrecht. Dockum 1841, p. 231.

des lateinischen Textes und „unt-hetene breid" für den dritten gesetzt. Die Aufstellung der drei Causae, friesisch scolenga, niederdeutsch schelinge, scheint sich dem vierten allgemeinen friesischen
Landrecht anzuschliefsen. In ihm ist nach dem lateinischen Text
bestimmt, wie es gehalten werden soll, wenn eine Tochter von ihren
Eltern mit Ländereien ausgestattet ist, die Braut sie verkauft, und
ihr Bruder sie zurückfordern will; sie soll sie mit zwölf Ded-eiden
zurückbehalten. Zu diesen Worten fügen der friesische Hunsegoer,
Emsiger und Westergoer Text hinzu, dafs der Bruder seine unstatt-
hafte Forderung mit 60 Mark zu büfsen hat. Es sagt der Hunsegoer
Text (MS. W. p. 59; MS. Sc. p. 10): „sa achere fellane wed and
scolenga bi sextege merkum", Fries. Rq. p. 50, 7, der Emsiger: „sa
ach hi te fellane wed and scolenga bi sextege mercum", Fries. Rq.
p. 50, 7, und der Westergoer: „so aegh hy dan to fellane wed ende
scholinga bi sextich merkem", Fries. Rq. p. 51, 2. Im Rüstringer
und Fivelgoer Text fehlt der Zusatz. „Wed" bedeutet Bufse,
s. Fries. Wörterbuch p. 1129; das friesische schelinge (causa) kommt
nur in den bezeichneten Stellen vor. Vielleicht bezieht sich die
Aufstellung der drei Causae nur auf Hunsego und Fivelgo, da sie
nur in den Hunsegoer Handschriften des Vetus Jus Frisicum und
im Fivelgoer Recht stehen.

C. No. 8 des Vetus Jus Frisicum giebt einen lateinischen Text der allgemeinen friesischen Bufstaxen,
von dem mit nicht unbedeutenden Abweichungen friesische Texte aus
Hunsego, Fivelgo, Emsgo und Rüstringen erhalten sind, und zwar
im friesischen Hunsegoer MS. W. p. 112 und MS. Sc. p. 53 (gedruckt Fries. Rq. p. 82, Col. 2), in meinem friesischen Fivelgoer MS.
p. 49 (gedruckt Hettema, Fivelingoer Landregt p. 60), im I. Groninger friesischen Emsiger Manuscript p. 39—47 (gedruckt Fries. Rq.
p. 83, Col. 3), im Oldenburger friesischen Rüstringer MS. p. 49 (gedruckt Fries. Rq. p. 83, Col. 4).

No. 12 des Vetus Jus Frisicum. Die hier unter No. 12
aus den Hunsegoer Manuscripten des Vetus Jus Frisicum aufgenommenen Sätze sind wörtlich abgeschrieben aus dem Concilium
generale Innocenz III. vom Jahr 1216, wie Beucker Andreae
„Disquisitio de origine juris municipalis frisici, Trajecti ad Rhenum"

1840 p. 98 nachgewiesen hat. Er sagt: „Post hunc epilogum sequitur index viginti quatuor constitutionum (d. i. das Register der
Vierundzwanzig Landrechte) et tandem additamentum poste-
rioris aetatis, cujus Wiarda nullam fecit mentionem, von Wicht
autem veram indolem non introspexit (Ostfriesisches Landrecht Vorrede p. 148, Note: „Hiernach erscheint eine kurze Verordnung,
einen Schreiber im Gerichte zu gebrauchen und Protokoll halten zu
lassen"). Est enim illud canon concilii generalis anno 1216 Romae
habiti, qui etiam in Decretalium Gregorii IX collectione reperitur."

Es ergiebt sich aus dieser Uebersicht der zwölf Stücke des
Vetus Jus Frisicum, dafs sein Urheber es anfertigte, um A) die
Siebzehn Küren, B) die Vierundzwanzig Landrechte und C) die
Busstaxen, die im Lande Geltung hatten, für den Gebrauch zugäng-
lich zu machen. Er schrieb sie ab unter No. 1, 2 und 4 und 8,
mit Weglassung von Eingang und Schlufs, weil sie ihm für die
Benutzung der Küren und Landrechte unnöthig erscheinen mochten.
Der Abschrift des Textes der Siebzehn Küren fügte er unter No. 5,
6, 7 einige Sätze hinzu, durch die die in Küre 17 aufgestellten
Wenden später erweitert waren, endlich nahm er in No. 9 eine
spätere Vereinbarung auf, nach der Bussen von 60 Mark in einigen
Fällen bezahlt werden mussten. Sie scheint sich an das vierte Landrecht gereiht zu haben. No. 3 ist ein jüngerer Schlufssatz für die
Siebzehn Küren, No. 10 u. 11 sind Inhaltsverzeichnisse der Siebzehn
Küren und der Vierundzwanzig Landrechte, dahinter steht unter No. 12
eine Stelle aus dem römischen Concil Innocenz III. von 1216, die
vielleicht erst später hinzugeschrieben ist und nicht mehr dem angehört, der die früheren Stücke geschrieben hat.

Der Text des Vetus Jus Frisicum ist zuerst theilweise in
Wicht, Ostfriesisches Landrecht 1746, Vorbericht p. 147, gedruckt;
vollständig, aber incorrect herausgegeben durch de Rhoer in Verhandelingen door een genootschap pro excolendo jure patrio Groningen 1781, III. 1. Anhang, p. 1—32. Aus de Rhoer stellte Wiarda
Asegabuch, Berlin 1805, p. 12, 84 und 177 den lateinischen Text
der Siebzehn Küren, der Vierundzwanzig Landrechte und der Busstaxen neben den von ihm herausgegebenen friesischen Text dieser
Stücke in der Oldenburger Rüstringer Rechtshandschrift. Aus den

Hunsegoer Handschriften habe ich das Vetus Jus Frisicum in Fries. Rq. p. XXIII, p. 2, 40 und 82 aufgenommen, mit Uebergehung der unter No. 10 und 11 stehenden Inhaltsübersichten der Siebzehn Küren und Vierundzwanzig Landrechte; dasselbe that Hettema Oude Friesche Wetten 1846, I, p. 1—25.

Der Text des Vetus Jus Frisicum lautet:

(No. 1. Die Siebzehn Küren[1]).)

Prima petitio[2]). Hec est prima petitio et Karoli regis concessio omnibus Frisonibus, quod universi rebus propriis utantur, quamdiu non demeruerunt possidere.

Secunda petitio. Secunda petitio: pax omnibus ecclesiis et omnibus deo devotis, sub pena LXX et duorum talentorum; et talentum debet esse de VII denariis Agrippine, sic olim dicebatur Colonia. Sed quia illa moneta fuit remota, elegerunt populi viciniorem, et denarium leviorem, et commutaverunt pro LXX et duobus talentis LXXII[3]) solidos Rednathes[4]) monete. Quicumque pacem violaverit, solvet tria talenta sculteto, que sunt XX et unus solidus[5]), regalis banni.

Tertia petitio. Tertia[6]) petitio[7]) est, quod singuli bona sua possideant sine rapina, nisi ratione et iusta allegatione convincantur; tunc faciat, secundum quod iudicat suus asega[8]) secundum ius vulgi[9]) et omnium Frisonum. Ille asega non habet quemquam iudicare, nisi plebs elegerit ipsum[10]), et ipse coram imperatore

---

[1]) Den friesischen Text aus Westergo s. in Fries. Rq. p. 3, den aus Hunsego p. 2, aus Emsgo p. 2, aus Rüstringen p. 3, Rüstringer Text von 1327 p. 538, aus Fivelgo im Fivelgoer MS. p. 4—14.

[2]) Aus MS. W. p. 1 verglichen mit MS. Sc. p. 72.

[3]) MS. und Sc. schreiben: „LXX", emendire „LXXII."

[4]) MS. W. und Sc. „Reddathes", emendire „Rednathes."

[5]) MS. W. und Sc.: „sol'".

[6]) MS. W. und Sc.: „Tertio".

[7]) Ueber das Verhältniss von Küre 3 zu Landrecht 1 s. unten in § 10.

[8]) Ueber „a-sega", d. i. legem dicens, in Küre 3, 4, 15, 16 und 17 s. Fries. Wb. p. 609.

[9]) MS. W. und Sc.: „wlgi."

[10]) Mit „ipsum" beginnt in MS. W. p. 2.

Romano juraverit; tunc tenetur scire omnia iura, que sunt kesta et londriucht[1]), id est petitiones[2]) et edicta[3]); tunc debet iudicare inimico sicut amico, quia iuravit coram imperatore[4]), viduis et orphanis et omnibus advenis, sicut conjunctis sibi in tertia linea consanguinitate. Si ille acceperit iniusta munera et prohibitos denarios, tunc non debet deinceps iudicare, quia significat sacerdotem, et ipsi sunt oculi ecclesie, et debent iuvare et viam ostendere, qui se ipsos non possunt iuvare.

Quarta petitio. Quarta petitio est, quod tenetur in decem marcas[5]) (et marca debet constare de IV wedum[6]) et quelibet weda de XII denariis), quicumque invadat possessiones alterius sine conventione civili et sine auctoritate asega[7]) et populi licentia.

Quinta petitio. Quinta petitio est[8]), hereditatem avi et avie et avunculi et edeles, tredknia[9]) (et tredgia), debet teneri cum dediuramentis[10]), sine duello cum XII withiuramentis[11]).

---

[1]) MS. W. und Sc. „londriuch", emendire „londriucht".

[2]) In „petitio-nes" beginnt mit „nes" in MS. Sc. p. 73.

[3]) Das neben petitiones stehende „edicta" muſs ein späterer Zusatz sein, da die Edicta, die vorher friesisch als londriucht bezeichnet werden, erst später abgefaſst sein müssen, als die Küren; vgl. unten in §. 10.

[4]) Für imperatore schreibt MS. W. „impatore", Sc. „imparatore."

[5]) MS. W. „marcis", Sc. „marcas".

[6]) Ueber „weda", eine Münze, s. Fries. Wb. p. 1120.

[7]) Ohne Grund ändert Wiarda Asegabuch p. 14 das in MS. W. und MS. Sc. stehende asega, den fries. Genit. von asega, in asegae.

[8]) Ueber das Verhältniſs von Küre 5 zu Landrecht 7 und 21 s. unten in §. 10.

[9]) Ueber edel für proavus s. Wb. p. 721; für tredknia, d. i. ein im dritten Grad Verwandter, schreibt unten das 7. Landrecht threggia; s. thredknia im Fries. Wb. p. 1077.

[10]) Mit „dediuramentis" beginnt in MS. W. p. 3. Ded-juramentum für ded-eth, d. i. Thateid, ein über eine Thatsache, ein factisches Verhältniſs zu leistender Eid, verwendet der lateinische Text in Küre 5, sowie im Landrecht 7 und 21, ausserdem im Landrecht 4 und 5; s. ded-eth im Fries. Wb. p. 681.

[11]) With-juramentum für with-eth, d. i. Eid auf die Reliquien, braucht der lateinische Text in Küre 5, 6, 8 und im Landrecht 10; s. witha (Reliquien) im Fries. Wb. p. 1154.

Sexta petitio. Sexta petitio: emptam terram, et possessiones[1]) ecclesiarum datas vel oblatas teneri VII virorum[2]) withiuramentis; et illi non debent esse periurii vel homicide aut criminosi
rei carine.

Septima[3]) petitio. Septima petitio est, quod omnes Frisones in libera sede consistant; et hoc donavit[4]) eis Karolis rex, ut
Christiani fierent, et subiecti essent australi regi[5]), et clepskelde[6])
(denegarent)[7]), et huslotha solverent, quibus comparaverunt nobilitatem et libertatem, quia Frisones olim ultra oceanum[8]) subditi
erant.

Octava petitio. Octava petitio est[9]), quod nullus privatus
contra dominum suum nimis contendat. Si quid fuerit, quod ab

---

[1]) Im MS. W. und MS. Sc. verschrieben: „emptam terram et *possessione datas* ecclesiarum datas vel oblatas"; ich emendire „emptam terram
et *possessiones* ecclesiarum datas vel oblatas."

[2]) MS. W. schreibt „iurorum", MS. Sc. richtig „virorum".

[3]) Mit „Septima" beginnt in MS. Sc. p. 74.

[4]) MS. W. und MS. Sc.: „donat", emendire donavit, wie die friesischen
Texte das praeteritum ief haben, s. Fries. Rq. p. 10 u. 11.

[5]) MS. W. und Sc.: „rege", emendire „regi."

[6]) Ueber die Benennungen „clep-skelde", d. i. Klippschuld oder Kling-
schatzung, in Küre 7, und „hus-lotha", d. i. Hausabgabe, in Küre 7 und 12,
s. Fries. Wb. p. 874 und 833. Vgl. angelsächsisch „lot" für tributum in
Urkunde von 1159, und niederdeutsch „schot en lot".

[7]) Im MS. W. und MS. Sc. fehlt „denegarent". Die friesischen Texte
aus dem Westergo, Emsgo und Rüstringen zeigen, dafs die Friesen meinten, nach der Unterwerfung unter König Karl keine Klepskelde mehr gezahlt und statt deren Huslotha entrichtet zu haben: „dat hya . . . klip-
schielda foertege, ende huuslaga golde", Westergoer Text in Rq. p. 11, 16;
„thet hia . . . clepscelda urtege, and huslotha gulde", Emsgoer Text in Rq.
p. 10, 15; „thet wi clipskelde urtege . . . and tegotha and huslotha ur-
gulde", erstes MS. aus Rüstringen in Rq. p. 11,16; „thet wi...tha Rumeska
kininge tins ieve and tegotha ovir gulde, . . . tha lethogade hi us fon
Redbate tha deniska kininge, and fon there clipskelde", zweites MS. aus
Rüstringen in Fries. Rq. p. 539, 4—9. Es mufs im lateinischen Text der
Küre hinter „clepskelde" ein Wort ausgefallen sein, das das friesische
„foertege" übersetzte, etwa „reprobarent" oder „denegarent".

[8]) MS. W. und Sc. schreiben „occeanum".

[9]) Die Bestimmungen der Küre 8 weisen auf die des Landfriedens
Kaiser Friedrichs L von 1156 hin, s. unten in §. 8 No. 5.

3*

aliquo inquiratur ex parte regis, et si condempnari posset pena capitis, et ipse neget, tunc ipse se excuset cum XII viris withiuramentis; non[1]) oportet privatum cum rege et contra regem pugilem ducere. Postea debet privatus[2]) respondere et jurare, alioquin restat; vel est londraph, tnnc jurabunt IV nobiles et IV liberi et IV minus nobiles. Sic debet regi satis fieri.

Nona petitio. Nona petitio est, penam[3]) pacis et huslotha propter bannum regis solvere duobus denariis Rednathes monete. Si quis hoc contempserit, solvet regium bannum skulteto XX solidis et uno; ad comparandum VII stratas[4]) apertas et pervias pergere versus austrum, tres in terra et quatuor[5]) in aqua. Prima terrestris strata sursum versus Omersburch et deorsum versus Jevere, secunda versus Monasterium usque Emetha, tertia versus Coloniam usque Stauriam. Prima aquarum strata est Albia[6]), secunda Visera, tertia Emesa, quarta Renus[7]). Quicumque eos hiis VII stratis privat vel spoliat, tunc condempnabitur propter hoc[8]) in decem liudmerc[9]) et supremum[10]) bannum sculteto, qui est XX solidi et unus. Si etiam Frisones vel eorum mercatores hiis VII stratis fuerint[11])

---

[1]) MS. W. und MS. Sc. schreiben „tūc“, emendire „non“; s. die friesischen Texte der VIII. Küre in Fr. Rq. p. 12—13.

[2]) Mit „privatus“ beginnt in MS. W. p. 4.

[3]) Für penam pacis, wie MS. W. und MS. Sc. schreiben, ist vielleicht pecuniam pacis zu bessern; ein pēn lösten die Schreiber von MS. W. und Sc. irrig in pena auf. In den friesischen Texten aus Hunsego und Emsgo steht „frethepennengar“, in denen aus Westergo „ferdpenningen“, in dem aus Rüstringen „frethopannig“; s. Fries. Rq. p. 14, 2 u. 15, 2.

[4]) Mit „stratas“ beginnt in MS. Sc. p. 75.

[5]) Für „tres“, wie fälschlich MS. W. und MS. Sc. schreiben, emendire „quatuor“, wie die friesischen Texte geben, s. Fries. Rq. p. 14, 13 und p. 15, 15.

[6]) MS. Sc. „Albia“, MS. W. „Alba“.

[7]) MS. W. „remis“.

[8]) MS. Sc. „propter hoc“, MS. W. „propter“ (ohne hoc).

[9]) MS. Sc. „luidmerc“. Liud-merka, d. i. Leutemark, Volksmark in Küre 9, 11, 13 und Landrecht 13, daneben jeld-merka, d. i. Geldmarken unten in den Busstaxen (= Fries. Rq. p. 87, 5)· und reil-merka, d. i. Gewandmarke in Küre 12, s. Fries. Wb. p. 923 und 828.

[10]) MS. W. und MS. Sc.: „suppremum“.

[11]) Mit „fuerint“ beginnt in MS. W. p. 5.

spoliati, et hoc evenerit ex parte regis, tunc de pecunia plebis et de huslotha eorum dampnum debet suppleri; si autem evenerit ex episcopi[1]) parte, tunc de censu et de decimis dampna eorum et vincula debent emendari.

Decima petitio. Decima petitio est, Frisones non oportere exercitum ducere ulterius, quam ad Wiseram versus orientem, et versus occidentem usque Fli; versus austrum non remotius quam possint in vespere redire, ut eorum possint patriam tenere[2]) contra fluctus et contra gentilem exercitum. Petivit[3]) autem rex Karolus, quod ipsi ultra proficisci vellent, in orientem usque Hiddesekkere, et in occidentem usque Singfallum. Et optinuerunt id Frisones apud Karolum, quod ipsi bannos suos ultra non servarent, quam in orientem ad Wiseram, et in occidentem usque Fli.

Undecima petitio. Undecima petitio est[4]), servare pacem viduis et orphanis, decrepitis, et omnibus orbatis pueris, et palmariis, et romipetis, et veris[5]) penitentibus carinariis, et sanctorum legatis vel ecclesiarum, sub pena decem liudmerka; et illis duplicem compositionem, qui devoverunt bellum et arma, propter pacem et propter graciam, insuper XXI[6]) solidos sculteto.

Duodecima petitio. Duodecima petitio est[7]), pacem ecclesie et domus et conventus plebis et exercitus et colloquii, ubi familiares pactiones voventur, sub pena XXX et duarum reilmerkarum[8]),

---

[1]) MS. W. und MS. Sc. schreiben abgekürzt „epi.“

[2]) MS. W. „tenere“, MS. Sc. verschrieben „tenenere.“

[3]) Mit „Petivit“ beginnt in MS. Sc. p. 76.

[4]) Ueber das Verhältnifs von Küre 11 zu Landrecht 13 s. unten in §. 10.

[5]) Mit „veris“ beginnt in MS. W. p. 6.

[6]) MS. W. und MS. Sc. lesen „XX“, emendire „XXI“ nach den friesischen Texten.

[7]) Ueber das Verhältnifs von Küre 12 zu Landrecht 19 s. unten in §. 10.

[8]) MS. W. und MS. Sc. schreiben incorrect reilmerkum, vom Schreiber falsch aus reilmerk aufgelöst; „sub pena XXX et duarum reilmerkum“ ist zu bessern in „sub pena XXX et duarum reilmerkarum.“

hoc est VII et dimidia magna marka[1]); insuper XX[2]) solidi et unus dabuntur sculteto.

Tertia decima petitio. Tertia decima petitio est, pax populi sub pena decem liudmerkum[3]); et quelibet illarum marcarum secundum IV wedas, et quelibet weda secundum XII denarios[4]).

Quarta decima[5]) petitio. Quarta decima petitio est[6]): si quempiam Normanni accipiunt, et si quis fuerit relegatus vel venditus fuerit, si is reversus fuerit, et potuerit cognoscere ethel et proprios agros et sui patris fundum, si suus frater, vel suus inimicus[7]), sive suus vitricus[8]), sive suus gener, soror, sive suus proprius filius, suam terram exposuit vel vendidit vel permutavit, tunc habet ipse intrare in suam propriam possessionem et in sua predia, sine duello, secundum omnium Frisonum iura.

Quinta decima petitio. Quinta decima petitio est: si quis

---

[1]) Auch in den friesischen Texten aus Hunsingo, Emsgo und Westergo werden 32 Reilmerka = 7½ grofse Mark gerechnet, in dem aus Rüstringen = 8 liodmerka, s. Fries. Rq. p. 20, 15, wie in Rüstringen in Fries. Rq. p. 125, 5 die fulle merk zu sechzehn, die reilmerk zu vier Schillingen angegeben wird, s. Fries. Wörterbuch p. 924 unter merk No. 5.

[2]) MS. W. und MS. Sc. schreiben „XXX solidi et unus", emendire „XX solidi et unus" nach den friesischen Texten.

[3]) Ich vermuthe, dafs „liud-merkum" in den Manuscripten W. und Sc. falsche Lesart für „merka" ist; vgl. Küre 4, wo Marken, die ebenfalls 4 Weda oder 48 Denarii galten, marcae ohne Zusatz heifsen. In dem friesischen Emsgoer Text der Küre 13 wird in Uebereinstimmung hiermit von merca ohne Zusatz gesprochen, s. Fries. Rq. p. 20, 26; die beiden Rüstringer friesischen Texte der Küre setzen „reilmerka", unter denen sie kleine Marken verstehen; der friesische Hunsegoer Text der Küre spricht auch von „liudmerkum."

[4]) MS. W. und MS. Sc. schreiben „et quelibet illarum marcarum secundum IV *wedū*, et quelibet weda secundum XII *dena*", emendire „wedas" und „denarios."

[5]) Mit „Quarta decima" beginnt in MS. Sc. p. 77.

[6]) Ueber das Verhältnifs von Küre 14 zu Landrecht 3 und 20 s. unten in §. 10.

[7]) MS. W. und MS. Sc.: inimicus; es möchte verschrieben sein. Die friesischen Texte setzen balumond, d. i.: ein schlechter Vormund; ist inimicus aus „inimicus curator" verderbt?

[8]) In „vi-tricus" beginnt mit „tricus" in MS. W. p. 7.

oppresserit viduam vel virginem vel alterius viri uxorem, et fateri debet, et ipse per duellum convincitur, tunc debet hic caput suum redimere XII marcis[1]) a plebe, et ipsi wergeld, hoc est XII marce, ad solvendum ex hiis XX et unum solidum sculteto. Cognati eius tenentur, eum juvare, secundum asega judicium et secundum plebis londriucht[2]), si ipse solvere non habet.

Sexta decima petitio. Sexta decima petitio est[3]): quod omnes Frisones habent eorum inimicicias[4]) sive feithe[5]) cum pecunia emendare preter ligni clausuram[6]) et absque flagellatione, absque scopis et absque[7]) forficibus, extra terminos Saxonum. Quodsi fecerit capitalia mala vel furta, vel alia mortalia[8]) mala, si pecuniam non habet, tunc emendet cum suo proprio collo[9]) secundum asega iudicium et[10]) populi iustitiam, iuxta sculteti bannum et imperatoris licentiam; quia ille eque solvet omni populi, qui pendet; et mortale malum debet mortali pena refrigerari.

Septima decima petitio. Septima decima electio est et regis Karoli concessio, quod singuli Frisones placitent per duorum allegationes et secundum asega judicium; et singuli sciant sibi ipsis in reliquiis[11]), quid fecerint, preter quinque causas; illas tulit Karolus rex omnibus Frisonibus.

---

[1]) MS. W. und MS. Sc. lesen „XXI marce“; ich emendire XII marcis, entsprechend den friesischen Texten, s. Fries. Rq. p. 24, 5 und p. 25, 2—4.

[2]) Die Worte „et secundum plebis londriucht“ im Vetus Jus Frisicum dürften ein Zusatz zum ursprünglichen Text der 15. Küre sein, da sie auf die erst nach den Küren abgefaßten Landrechte verweisen. Vgl. oben p. 34 Note 3 zu Küre 3.

[3]) Die Bestimmungen der 16. Küre weisen auf die des Landfriedens Friedrichs I. von 1156 hin, s. unten in §. 8, No. 5.

[4]) MS. W. und MS. Sc.: „inimicicias.“

[5]) inimicicias sive feithe, d. i. „Fehde“, s. Fries. Wörterb. p. 730.

[6]) In clau-suram“ beginnt mit „suram“ in MS. Sc. p. 78.

[7]) MS. W. „absque“, MS. Sc. verschrieben „asque.“

[8]) Mit „mortalia“ beginnt in MS. W. p. 8.

[9]) MS. W. und MS. Sc. schreiben „cum suo proprio collo“, und in Uebereinstimmung setzen die friesischen Texte „mith sines selves halse“, Fries. Rq. p. 27, 13.

[10]) So schreibt MS. W., MS. Sc. „et *secundum* populi justitiam.“

[11]) MS. W. reliquus, MS. Sc. reliqu'.

(No. 2. Die fünf Wenden oder Ausnahmefälle von dem
in Küre 17 vorgeschriebenen With-eth[1]).)

Prima (causa) est: ubicumque clara die vel lucente sole
duo exercitus congregantur cum erecto vexillo et securitate, vel
ofledene[2]), quicquid ibi pugnatum fuerit in vulneribus et in mortuis,
tunc debet illud totum notorium vel iechta esse.

Alia est: ubicumque matrona accipitur lacrimans et clamans,
et sequitur eam scultetus cum plebe, quicquid ei factum fuerit, est
notorium. Primitus illi matrone[3]) werield[4]), et plebi pax, et sculteto
solvetur suus bannus.

Tertia[5]) causa est: ubicumque in synodo confirmata, vel in
placito bannito, vel in ordinato plebis conventu vel warve[6]) va-
dium fit, vel unius rei confessio, tunc non potest is iuramenta
prebere.

Quarta causa est: ubicumque dormientibus hominibus, aut
incaute vigilantibus, unus famosus fur capitur in foramine aut in
angulo, et ab eo accipitur in tergo[7]) aut in gremio illud furtum,
tunc non potest ille illius facti ullas reliquias vel iuramenta prebere,
ipse debet id sua pecunia inplere vel suo collo reddere.

Quinta causa est: ubicumque monetario infra suum ergaste-

---

[1]) Im Vetus Jus Frisicum stehen die hier unter No. 2 folgenden Sätze
am Schluſs der Küre 17. Es sind die fünf Fälle („causae"), in denen kein
„with-eth" gestattet war, oder, wie sie die friesischen Texte nennen, die
„fif wenda", die sie aber in abweichender Fassung geben, gedruckt in
Fries. Rq. p. 32. Das Vetus Jus Frisicum liefert in No. 5 einen abweichenden
Text des zweiten Falles, in No. 6 des vierten Falles und verzeichnet in
No. 7 einen weitern sechsten Fall.

[2]) Ueber „ofledene" d. i. Ableiten, Wegführen s. Fries. Wb. p. 957..

[3]) MS. W. „Primitus illi matrone", im MS. Sc. steht „Primitus illi
ratione matrone" und „ratione" ist durchstrichen.

[4]) Mit „ield" beginnt MS. Sc. p. 79. — Beide MSS. lesen „VII ield";
emendire „werield" nach den friesischen Texten in Fries. Rq. p. 34, 4, vgl.
auch oben Küre 15.

[5]) Mit „Tertia" beginnt in MS. W. p. 9.

[6]) warf, d. i. Gerichtsstätte, Gericht, Gerichtsversammlung; s. Fries.
Wörterb. p. 1126.

[7]) MS. Sc. „in tergo", MS. W. irrig „integro."

rium vel fabricam fad[1]) and[2]) falsa moneta accipitur; tunc non licet ei reliquias prebere, propter hoc, quia non deterior fur, quam[3]) is, qui furatur sanctis et dominis et omni populo.

(No. 3. Ein jüngerer Schlufssatz der Siebzehn Küren.)

Hec[4]) sunt XVII petitiones sive electiones, quas Frisones pecunia sua comparaverunt, quibus recte uti debent contra dominos et contra husengar[5]), quamdiu terra jacet et populi sunt. Deinde petivit[6]) rex Karolus et postea precepit eis, quod ipsi omnes legitimas et rectas res servarent[7]), quamdiu viverent; et quicumque eos petitionibus spoliarent, illos iudicavit et condempnavit[8]) coram deo et omnibus sanctis suis in celesti regno et terrestri. Amen[9]).

[1]) „fad" Verringerung, Verminderung, Beschneiden von Geld, s. Fries. Wörterb. p. 724.

[2]) MS. W. und MS. Sc. lesen „fad *aud* falsa", ich emendire „fad *and* falsa." Vgl. Landrecht 2, wo es heifst „providentiam *and* plicht", und in dem friesischen Hunsegoer und Emsiger Text „fad *end* falsc." Fries. Rq. p. 36, 29.

[3]) „quam" fehlt im MS. W., steht im MS. Sc.

[4]) Die folgenden Worte von „Hec sunt XVII petitiones" bis „Amen" dürften nicht im ursprünglichen Text der Siebzehn Küren gestanden haben und für einen späteren Zusatz des Vetus Jus Frisicum gelten müssen; s. unten in §. 10.

[5]) huseng (abgeleitet von hus) bedeutet Hausmann; s. Fries. Wörterb. p. 832.

[6]) In „pe-tivit" beginnt mit „tivit" in MS. W. p. 10.

[7]) Mit „servarent" beginnt in MS. Sc. p. 80.

[8]) MS. Sc. „contempnavit."

[9]) In den friesischen Ueberarbeitungen der Küren ist die vorstehende Stelle von „Hec" bis „Amen" fast wörtlich übertragen; vgl. die friesischen Texte aus Hunsego, Rüstringen und dem Westerlauwerschen Friesland in Fries. Rq. p. 28, desgleichen den friesischen Text aus Emsgo und den aus dem Fivelgo; doch fügt der Emsiger friesische Text hinzu: thet thing scelma halda mitha soghen liudwithem fon tha soghen selondum te Upstalesbame tiesdeis andere pinsterwika mith allera Fresana riuchte; Fries. Rq. p. 28, 32. Aehnlich lautet der Text des Fivelgoer MS. p. 14: Thit riucht achma and scolma halda mith sogen liude-withum, fon ta sogen selondum to Upstallisbame teysdey in ther pinxstra wika, alle Fresum to lowe ande to erum.

(No. 4. Die Vierundzwanzig Landrechte[1]).)

I Constitutio. Hec est prima imperialis[2]) constitutio[3]), id
est terre iustitia vel Frisonum ius illud primum, quod omnium hominum quilibet in suis bonis constat sine spolio, nisi sit, quod ter
neget rectas allegationes; tunc licitum est ei habere introitum vel
inmissionem, qui prius convenit; nisi sit, quod ille prebeat illarum
quatuor exceptionum vel nedskine[4]) quamlibet[5]), quam liber Friso
habet de iure facere. Prima est, quod ille bonnerus[6]) vel bedellus
actionem non indixit[7]) in atrio neque in domo; secunda, quod in-
firmus fuerit; tertia, quod ipsi inimicus suus viam cum viris et
cum armis prohibuerit; quarta, quod tempestas venti et inmeabilis
aqua iter abstulerit.

II Constitutio[8]). Secunda constitutio est: ubicumque illa
mater filii sui predia vendiderit vel permutaverit, cum suorum cognatorum consilio, antequam puer babeat[9]) annos; quando ille puer
annos habet, si placuerit sibi venditio, servet eam; si minime placuerit, tunc transeat ipse super sua predia, sine duello et sine

---

[1]) Den friesischen Text aus Westergo s. in Fries. Rq. p. 41, aus Hunsego
p. 40, aus Emsgo p. 40, aus Rüstringen p. 41, in dem Rüstringer MS. von
1327 nur ein Fragment, Fries. Rq. p. 540, aus Fivelgoer im Fivelgoer MS.
p. 14—24.

[2]) Das Wort „imperialis" mufs für einen Zusatz des Vetus Jus Frisicum
gelten, kann nicht im ursprünglichen lateinischen Text der Vierundzwanzig
Constitutiones oder Landrechte gestanden haben; s. unten in §. 10.

[3]) Ueber das Verhältnifs von Landrecht I zu Küre 3 s. oben p. 33,
Note 7.

[4]) ned-skine, d. i. echte Noth, impedimentum legitimum; s. Fries. Wörterb.
p. 947.

[5]) exceptionē vel nedskine quamlibet MS. W.; quamlibet ist in MS. Sc.
durchstrichen, vielleicht erst später; em. exceptionum vel nedskine quamlibet.

[6]) bonnerus, d. i. bonnere (bannere), der Banner, Büttel, Gerichts-
diener, der den Bann ansagt; s. Fries. Wörterb. p. 662.

[7]) MS. W. und MS. Sc. lesen „induxit", emendire indixit; die friesischen
Texte setzen „thet him sin bonnere nen thing eketh nebbe", Fries. Rq.
p. 43, 2 aus Rüstringen, p. 41, 23 aus Westergo, p. 40, Note 8 aus Emsgo.

[8]) Mit „secunda" beginnt in MS. W. p. II.

[9]) In „ha-beat" beginnt mit „beat" in MS. Sc. p. 81. „Habeat" MS. Sc.;
„habet" MS. W.

populi debito. Quisquis illum puerum impugnaverit vel spoliaverit super suis prediis, tunc perdet ille vel frangit X marcas coram populo, et tria talenta apud scultetum, id est[1]) XX et unum solidum, regii banni. Et universi populi debent illum iuvare et ille scultetus, quod ille super[2]) prediis consideat, que prius de iure habuit; nisi ita sit, quod mater ea exposuerit vel vendiderit vel permutaverit propter illarum[3]) capitalium necessitatum quamlibet, quatinus ipsa super ea vitam conservaret.

Prima necessitas est: ubicumque iuvenis puer captus et vinculatus fuerit ad septentrionem ultra oceanum[4]), vel in austrum ultra montes, tunc licet matri filii sui predia exponere et vendere, et filium suum redimere, et vite consulere.

Secunda necessitas est[5]): si anni mali fuerint, et illa fervida esuries per terram transeat, et ille puer esurie mori debeat; tunc licet illi matri sui filii predia exponere et vendere, et comparare filio suo[6]) vaccam et[7]) annonam, per que possit ei vitam servare.

Tertia est[8]): si puer ille est nudus et domus[9]) carens, et tunc illa tenebrosa nebula et frigidissima hiems in ortos et in sepes descendit, tunc transit quilibet omnium hominum in suam curtem[10]), et in suam domum, et in suum calidum thalamum, et illud[11]) agreste animal querit montium refrigerium[12]) et illam cavam arborem, ubi suam vitam possit conservare; tunc vagit et plorat ille puer infra annos, et deplangit sua nuda menbra et sue domus carentiam, et

---

[1]) MS. W. und Sc.: „et“.

[2]) „super“ steht in MS. Sc., fehlt in W.

[3]) „illas“ MS. W. und Sc.

[4]) In „oce-anum“ beginnt mit „anum“ in MS. W. p. 12. MS. W. und Sc. „occeanum.“

[5]) „est“ in MS. W.; fehlt in Sc.

[6]) MS. Sc. suo filio.

[7]) Mit „et“ beginnt in MS. Sc. p. 82.

[8]) „est“ in MS. W.; fehlt in Sc.

[9]) Im MS. W. et domo, aber domo nach Radirung corrigirt aus domus, MS. Sc. vel domus.

[10]) MS. W. und Sc. verschrieben curtam.

[11]) MS. W. und MS. Sc. „ille“; em. „illud“.

[12]) So MS. W. und Sc.; vielleicht verschrieben für refugium.

suum patrem, qui ipsi consulere debuit contra esuriem et contra
hiemis nivosum frigus, quod ille tam profunde[1]) et tam obscure
cum illis IV clavis est sub quercu et pulvere conclusus et coopertus;
tunc licet matri pueri predia vendere, propterea quia ipsa debet
habere providentiam and plicht[2]), quamdiu infra annos est, quod
nec in frigore nec in fame pertranseat.

III Constitutio. Tertia constitutio est[3]): si virum quempiam
Normanni accipiunt, et ille in exilium vel uter-londes[4]) ductus fuerit,
quisquis possessionem suam interim emat; quando iterum in londes[5])
redierit[6]), tunc transeat super[7]) proprium suum. Quisquis eum
inpugnaverit vel spoliaverit, tunc perdet ille X marcas apud plebem,
et tria talenta coram sculteto, quod unus et viginti solidi, regii
banni.

IV Constitutio. Quarta constitutio est: pater vel mater,
qui sue filie in dotem dederint propria predia[8]), quando ea de terminis suis traducta fuerint venditione vel permutatione in alios
terre terminos, et frater eius ea[9]) vendere voluerit, tunc licet retinere ea cum duodecim dediuramentis.

V Constitutio. Quinta constitutio est: Possessionem[10]), quam
tu queris ab isto viro, comparavit iste ab uno romipeta; ille duxit
inultra montem pecuniam et vitam, et salvavit cum illa pecunia
vitam et animam. Propterea licet ei illam tenere cum duobus dediuramentis, sine duello.

---

[1]) In „pro-funde" beginnt mit „funde" in MS. W. p. 13.

[2]) Die Mutter darf die Grundstücke des unmündigen Sohnes verkaufen,
indem sie providentia und „plicht", d. i. Obhut, für den Sohn hat, so lange
er unmündig ist, dafs er nicht an Kälte oder Hunger zu Grunde geht.

[3]) Vgl. Küre 14 oben p. 38, Note 6.

[4]) „in exilium vel uter-londes", d. i., wenn der Friese von den Normannen
ausser Landes geführt wird; s. uter-londes im Fries. Wörterb. p. 1118.

[5]) in londes MS. W.; in lendes Sc.

[6]) In „re-dierit" beginnt mit „dierit" in MS. Sc. p. 83.

[7]) MS. W. richtig *super*, MS. Sc. irrig *frater*; vgl. unten §. 6.

[8]) Predia ausgelassen in MS. W., steht in MS. Sc.

[9]) Mit „ea" beginnt in MS. W. p. 14.

[10]) MS. W. posessionem, MS. Sc. possionem, eine spätere Hand hat
über pos .. geschrieben ses.

VI Constitutio. Sexta constitutio est: si duo fratres fuerint, et alter uxorem duxerit, tunc concedit eis eorum pater rectam hereditatis divisionem post suos dies. Si illius filius sive filii filius post eum vixerit, quando illius pater[1]) non vixerit, tunc vult puer ille dividere, et[2]) suus patruus non vult, dicit quod ipse uno genu proximior sit; tunc licet illi puero intrare illius terre terminos, videlicet liudgarda[3]), cum VIII (et) consanguineis patris, et totidem[4]) cognatis matris. Quodsi cognati defecerint sibi, tunc licet ei comparare viros, qui cum eo iurent, si sibi suus[5]) patruus nocere voluerit.

VII Constitutio. Septima constitutio est[6]): avi hereditas et avie et avunculi et edeles et threggia[7]), debet vendicari[8]) cum[9]) dediuramentis.

[1]) MS. W. und Sc.: pu'i (= pueri), verschrieben aus pat' (= pater); vgl. unten in §. 6.

[2]) Mit „et" beginnt in MS. Sc. p. 84.

[3]) MS. W. liudgarta, MS. Sc. liudgarda. Liudgarda ist Leutegarten, Volksgarten, d. i. abgegrenzter Raum, Bezeichnung für ein Grundstück; s. Fries. Wörterb. p. 904.

[4]) MS. W. und Sc.: totidem; wahrscheinlich entstellt aus quatuor, wie die sämmtlichen friesischen Texte des Landrechts lesen; s. Fries. Rq. p. 52 und 53; im Hunsingoer Text: mith achta federmegum and mith fiwer modermegum, Fries Rq. p. 52, 28; im Emsiger Text: sa ach thet bern te swerane tuelevasum anda withem, mith achta federmegum and mith fiuwer modermegum p. 52, 28; Fivelg Text: twelfavasum, mit achte federmagum and mith fior magum, Fivelgoer MS. p. 18; der Rüstringer: mith fiuwer modermegon and mith achta federmegon, Fries. Rq. p. 53, 27; der Westergoer: tolvasum, mit acht fadermegen ende mit fiower modermegen, Fries. Rq. p. 53, 29.

[5]) In „su-us" beginnt mit „us" in MS. W. p. 15.

[6]) Vgl. Küre 5 oben p. 34, Note 8.

[7]) Ueber Ethla (proavus) und threggia (ein im dritten Grade Verwandter) s. Fries. Wb. p. 721 und 1077; vgl. Küre 5 oben p. 34, Note 9.

[8]) Die friesischen Texte brauchen hier *halda* mith ded-ethum, s. Fries. Wb. p. 791. Für das friesische „halda mith dedethum", d. i. halten, behaupten, erlangen, erstreiten mit Dedeiden, braucht der lateinische Text der Küre 5 *tenere* cum dedjuramentis, oben p. 34, setzt hier vendicare statt *vindicare* cum dedjuramentis und unten in den Bulstaxen bei Sol-dede *extorquere* cum uno juramento.

[9]) MS. W. und Sc. cum: vielleicht entstellt aus XII, wie die friesischen Texte lesen.

VIII Constitutio. Octava constitutio est, ubicumque vindicta vel benethe[1]) iacitur super unum virum, nec est ibi vulnus, et hoc dicitur quod cum fustibus sit cesus, tunc licet illam evadere cum XII iuramentis. Si ibi vulnus est, et illud confitetur, et de morte inficiatur, tunc licet heredi suum tertii gradus cognatum inducere, et sic debet habere satisfactionem.

IX Constitutio. Nona constitutio est: quisquis viderit cognato suo sanguinis effusionem inferri, vel cecari, qui sibi sit ita propinquus quod sibi sit infra tertium genu, si accurrerit et in sua causa fecerit vulnus aut letum[2]) aut ambo duo[3]); tunc reddat ille, in cuius causa pugnatum est. Quod reddere noluerit, tunc iuret ille alter in reliquiis[4]), quod ipse non fecerit propter antiquum[5]) odium, nec propter ullam causam, nisi quod ipsum defendere voluerit; sic solvat ipse, in cuius causa pugnatum fuerit.

X Constitutio. Decima constitutio est: sicubi vindicta super unius viri servum[6]) iacitur, tunc licet domino iurare cum uno withiuramento, vel ille servus calcet candentia[7]) ferra.

XI Constitutio. Undecima constitutio est: sicubi vindicta iacitur super unum virum de equi ungula vel pecoris cornu, de canis dente, et de porci fulmine, vel de galli aculeo; tunc licet XII iuramentis abiurare, et non debet in eum de iure plus promoveri[8]). Si quid dens fecerit vel cornu seu ungula, vel galli aculeus[9]), seu servus, vel infans infra annos, vel viri uxor, vel vir ipse

[1]) benethe (peinliche Klage, Klage wegen Mord), s. Fries. Wb. p. 624.

[2]) Mit „letum" beginnt in Ms. Sc. p. 85.

[3]) MS. W. und MS. Sc. schreiben vulnus aut letum aut *ambo duo*; die friesische Ueberarbeitung aus Hunsego hat nur: dat jeftha dolch jeftha *bethe*, Fries. Rq. p. 56, 29; im Emsiger Text: dath jeftha dolch jeftha beithe tua, p. 56, 30; im Westergoer: dulgh jefta daed jefta bede p. 57, 27.

[4]) MS. W. und Sc. reliquus, verschrieben aus reliquiis.

[5]) In „anti-quum" beginnt mit „quum" in MS. W. p. 16.

[6]) MS. Sc. mit veränderter Wortstellung: Sicubi vindicta iacitur super unius viri servum.

[7]) MS. W. und Sc. candantia; em. candentia.

[8]) MS. W. und Sc. beginnen hier das 12. Landrecht und lassen das wirkliche 12. Landrecht mit Initialen dahinter folgen. Es scheint aber der obenstehende Satz nur eine Ausführung des 11. Landrechts zu sein.

[9]) MS. W. aculeis.

post tergum fecerit, si id in reliquiis[1]) verificare voluerit, quod ipsi hoc fecerit involuntarium factum et unweld[2]); tunc debet id totum emendari[3]) cum dimidia emenda, nulla pena[4]) pacis debetur populo nec sculteto.

XII Constitutio. Duodecima constitutio est: si quis alteri perrexerit ad atrium[5]) et ad domum cum erecto vexillo, sine plebis verbo et sine sculteti banno, una clara die, si quid ibi pugnaverit in curtem aut intra domum, hoc debet totum emendari cum duplici emenda; et totum, quod ibi pugnatur de necessaria defensione, debet esse sine pace et sine emenda. Ad id debent iuvare[6]) populi et skultetus, propterea quia ad ipsum capite carens exercitus venit.

XIII Constitutio. Tertia decima constitutio est[7]): si quis inpugnaverit vel spoliaverit viduas vel orphanos seu orbos[8]), tunc debet id emendari duplici emenda, et plebi pax secundum duas liudmerkas[9]), tria talenta sculteto, que sunt unus et XX solidi, regii banni. Et omnibus diebus, quibus ille cum iniusto spolio subsistit, dabit sculteto singulis diebus unum et XX solidos, propterea quod ipsa sit de regis mundiburdio.

XIV[10]) Constitutio. Quarta decima constitutio est: quisquis

---

[1]) MS. W. reliqus; MS. Sc. reliq'.

[2]) et unweld, d. i. das, was ohne seinen Willen geschehen ist, eine nicht beabsichtigte Handlung; s. un-weldich, d. i. ohne Gewalt, ohne Absicht, in Fries. Wb. p. 1107.

[3]) Mit „emendari" beginnt in MS. Sc. p. 86.

[4]) In „pe-na" beginnt mit „na" in MS. W. p. 17.

[5]) MS. W. und Sc.: arrium; em. atrium.

[6]) MS. W. und Sc. schreiben irrig „iurare"; em. „iuvare".

[7]) Vergl. Küre 11 oben p. 37 Note 4.

[8]) MS. W. und Sc.: orbes; em. orbos.

[9]) Dafür steht in der fries. Bearbeitung des Landrechts aus Rüstringen: sa skil ma thet al twibete beta, and *tha liodon thene fretho bi tian merkon*, Fries. Rq. p. 63, 33; aus Emsgo: sa scel ma thet al twibete beta, *anta liudem thine frethe bi tian mercum*, p. 62, 33; aus Fivelgo: sa schel ma thet alle twibete beta *and tha liudum thene frethe bi X liudmerkum*. Fivelgoer MS. p. 20; aus Westergo: so beto hi her mit tvifalder bota, ende *da lioden dine ferd bi X lyoedmerkum*, Fries. Rq. 63, 31.

[10]) Mit „Quarta decima" beginnt in MS. W. p. 18.

alteri submersionem, id est wapeldepene[1]), vel[2]) unam perfusionem, id est suartnesueng[3]), fecerit, vel quemquam[4]) virum sine culpa vinculaverit; tunc est horum singulorum emenda XV (uncie)[5]) vel IV abiurare et unum fiaiuramentum.

XV Constitutio. Quinta decima constitutio est: sicubi hereditas relicta fuerit extra illas sex manus, et illarum nulla est, pater nec mater, frater nec soror, filius nec filii filius; tunc est illa inopinata hereditas, et dividant eam cognati, similiter sicut ipsi sunt cognati.

XVI Constitutio. Sexta decima constitutio est, quod nec viduam nec infantem oportet respondere pro terra, nec pro servis letariis[6]), nec pro meitele[7]) id est consolatione pauperum cognatorum, prius quam infans est in annis; alias debent respondere ad quelibet, que ad eos queruntur[8]).

XVII Constitutio. Septima decima constitutio est: quisquis vir unam rem in manus aut depositum dederit[9]), tunc id est iustum,

---

[1]) wapeldepene (submersio oder, wie unten in den Bufstaxen, demersio), d. i. Wassertaufe; s. Fries. Wb. p. 1125.

[2]) Mit „vel" beginnt in MS. Sc. p. 87.

[3]) suartnesueng, d. i. Hautbegiessung; s. Fries. Wb. p. 1058.

[4]) MS. W. qmqm, Sc. quamquam.

[5]) „uncie" fehlt in MS. W. und MS. Sc., ist zu ergänzen nach den friesischen Texten in Fries. Rq. p. 64 und 65.

[6]) Pro servis letariis, d. i. für Sklaven von Lassenart, Liten, liti; s. „let" in Fries. Wb. p. 894. Im MS. W. und Sc. pro servis letari, wo im MS. Sc. später corrigirt ist pro servis letari', d. i. letariis. Im fries. Huns. Text des 16. Landrechts setzt MS. W. p. 65 und MS. Sc. p. 14: thurwen ondertia nenes letma; der Emsiger fries. Text: thuruem ondsera umbe nenna lethma, Fries. Rq. p. 66, 19; der fries. Rüstringer: And ne thur (em. turven) ondwardia umbe lond ne umbe letar, p. 67, 16; der Westergoer fries. Text: Ne thoren anderda omland ner om letar, p. 67, 18. Der fries. Fiv. Text: ne thoren onderdia vmbe lond ne vmbe letar, MS. Fivelg. p. 21; das niederdeutsche Emsiger MS.: doren antwoerden voer lant noch voer letan, dat ist knechten; Fries. Rq. p. 67, 19.

[7]) Mei-tele (Mag-zahl) ist Benennung eines Theiles der compositio, der nicht an den nächsten Erben, sondern an gewisse Verwandte des Erschlagenen fiel; s. Fries. Wb. p. 931.

[8]) MS. W. schreibt qeruntur.

[9]) Mit „dederit" beginnt in MS. W. p. 19.

quod illi id representent illo ipso die, quo id habere voluerit; nisi illa abstulerit ei trium necessitatum quelibet, videlicet violenta rapina (sive nocturna exustio)[1]) sive nocturnum furtum[2]). Si est illud notum plebi, et civibus sit notorium, quod ipsi de suis bonis abreptum, vel exustum, vel nocte furtim ablatum sit: tunc non oportet ipsum rem ipsam presentare, propterea quod nullus hominum alterius rem ultra in suam custodiam accipere potest, quam suam propriam rem.

XVIII Constitutio. Octava decima constitutio est: ubicunque alicui viro inponitur, quod ipse feminam oppresserit, tunc ipse reddat duplum compositionis sue, si debet fateri; quod si inficiatur, abiuret per octo iuramenta in reliquiis[3]).

XIX Constitutio. Nona decima constitutio est[4]): si vir pugnat in excercitus pace, tunc emendat ille viro duplici emenda, et plebi pacem et tria talenta sculteto[5]).

XX Constitutio. Vicesima constitutio est[6]): si quemquam Normanni accipiunt[7]) et extra terminum ferunt, et illi eum reducunt, et quod ipse ad quamlibet[8]) villam veniens domos combusserit et viros occiderit et alios vinculaverit; quicquid ipse malefacit, quando ipse inde aufugit vel redemptus fuerit, tunc stat ille

---

[1]) Die Worte „sive nocturna exustio" fehlen im MS. W. und im MS. Sc., sind aber zu ergänzen. Weiter unten ist auch im lat. Text des 17. Landrechts von „exustum" zwischen abreptum und nocte furtim ablatum gesprochen. Der fries. Ems. Text des 17. Landrechts setzt: „hit ne nime him thira thrira neda huelik of: nedraf, *jeftha nedbrond*, jeftha nachtstelane", Fries. Rq. p. 68, 15; der fries. Rüstringer Text: „hit ne se thethet him of nimi thrira hauedneda hwelik: nedraf, *jeftha nedbrond*, tha nachtthiuvethe, Fries. Rq. p. 69, 2; im Fivelg. fries. Text: „hit ne se thettet him nime of thera thira (em. thrira) aft-neda: nedraf, *nedbrond*, nachtethuiwethe", MS. Fivelg. p. 21; im fries. Westerg. Text: „hit ne se dattet hem tria need of nime: needraef, *jefta needbrand*, jefta nachttiefta", Fries. Rq. p. 69, 3.

[2]) Mit „furtum" beginnt in MS. Sc. p. 88.

[3]) MS. W. und Sc. verschrieben „reliquus".

[4]) Vgl. Küre 12 oben p. 37, Note 7.

[5]) MS. W. „sculteto", MS. Sc. „skulteto".

[6]) Vergl. Küre 14 oben p. 38, Note 6.

[7]) In „accipi-unt" beginnt mit „unt" in MS. W. p. 20.

[8]) MS. W. und Sc. quēlibȝ, emendire quamlibet.

in populi cetu[1]) et bannito placito, et dicitur ad eum, quod omnia
illa mala fecit; tunc confitetur ille omnia, et dicit quod sic fecit,
et quod non oportet eum emendam dare neque pacem implere,
propterea quod ipse ea fecit quando servus fuit; et servus debuit
facere sicut ei dominus suus precepit, propter vite voluntatem.

XXI Constitutio. Vicesima prima constitutio est[2]): „Istam
hereditatem, quam tu a me queris, et propter quam me ad placitum
traxisti et bannisti, illam reliquit[3]) michi meus proavus et meus
avus et mea avia. Si ego eam nominare debeo, tunc nomino eam
mox, propterea licet michi illam cum dediuramentis retinere, sine
duello cum XII viris in reliquiis[4]) iuramentis.“

XXII Constitutio. Vicesima[5]) secunda constitutio est: nobilis femine wethma[6]) sunt VIII talenta et VIII uncie et VIII
denarii.

XXIII Constitutio. Vicesima tertia constitutio est: quisquis
unam matronam inpregnatam inpugnaverit, infra illam osseam urbem
unam vitam aufert vel duas; si debet fateri, tunc debet ille vitam
duplici emenda emendare[7]), et illi matrone liudwirdene[8]).

---

[1]) Mit „cetu“ beginnt in MS. Sc. p. 89.

[2]) Vgl. Küre 5 oben p. 34, Note 8.

[3]) MS. W. und Sc. schreiben „reliquid“.

[4]) MS. W. und Sc. schreiben „reliquus“.

[5]) Mit „vicesima“ beginnt in MS. W. p. 21.

[6]) „wethma“, d. i. Gewette, Gelobtes, Versprochenes, die einer edlen
Frau zugesicherte Summe, s. Fries. Wb. p. 1146; in der Inhaltsangabe des
22. Landrechts steht dafür de consolatione nobilis femine post
mortem mariti, s. unten p. 62 unter No. 11. Der friesische Hunsingoer
Text setzt: „etheles wives wetma“, MS. W. p. 67 und MS. Sc. p. 16; ebenso
der Fivelgoer im MS. Fivelg. p. 23 und der Westergoer im MS. „Jus municipale Frisonum“ p. 74b, wo im alten Druck des Westergoer Textes entstellt ist: „Elkes wives weetme“, Fries. Rq. p. 75, 7. Der Rüstringer fries. Text
braucht dafür: „thes etheles wives werthmond“ (d. i. der Kaufpreis für die
mond, das mundium, die Vormundschaft), Fries. Rq. p. 75, 8.

[7]) Mit „emendare“ beginnt in MS. Sc. p. 90.

[8]) MS. W. „liudwerdene“, MS. Sc. „liudwirdene“. Liudwirdene erkläre
ich aus liud (homo) und werdene (Schätzung, Werthschätzung), abgeleitet
aus werth, werd, wird, d. i. pretium, s. Fries. Wb. p. 1143. Liudwirdene ist
Schätzung eines Menschen, Leuteschätzung, Wergeld.

XXIV Constitutio. Vicesima quarta constitutio est: quisquis ad alterum[1]) perrexerit nocte in curtem vel ad domum cum uno candenti carbone, et res sue exuruntur, quas habet in curte vel in domo, in possessione et in fundo; si debet fateri, tunc debet venire ad quatuor angulorum quoslibet cum decem marcarum vadio in gratiam coram plebe, et in laris domo, cum sui capitis redemptione, et illi viro bona sua duplici emenda emendare, quemadmodum ea sui cives vel ulteriores vicini cum ipso affirmare voluerint; quod si inficiatur, tunc ille ad IV angulorum[2]) quoslibet in duello resistere, et in laris loco cum quinto, quia mortale factum debet mortali pena refrigerari.

(No. 5. Abweichender Text der unter No. 2 stehenden zweiten Wende)[3]).

Ubicunque femina rapta accipitur et ipsa deprehenditur infra domum et infra limen et ipsa inde extrahitur cum plebis coactione et skulteti banno flens et clamans, tunc non oportet iuramenta prebere.

(No. 6. Abweichender Text der unter No. 2 stehenden vierten Wende)[4]).

Quisquis alterius viri rem furatur in obscura nocte infra domum et infra limen[5]), et illa deprehensa fuerit in ipsius manu, tunc non potest facti ulla iuramenta prebere, quia notorius fur non potest culpabiliorem publicare.

---

[1]) MS. W. verschrieben: altum; MS. Sc. altū, d. i. altum, em. alterum, wie übereinstimmend in dem friesischen Text des Hunsingoer MS. W. p. 69 und MS. Sc. p. 17: sa hwa sa *otherum* fare nachtes to howe etc., sowie im fries. Text des Rüstringer Oldenburger MS.: sa hwa sa *to otheron* fari nachtes to hovi, Fries. Rq. p. 76 u. 77, 23, und im fries. Fivelgoer Text: sa hwa sa *otherum* fare nachtis to howe, Fiv. MS. p. 23.

[2]) Mit „angulorum" beginnt in MS. W. p. 22.

[3]) Vgl. oben p. 40 Note 1. Friesische Ueberarbeitungen von No. 5. vgl. in Fries. Rq. p. 34.

[4]) Vgl. oben p. 40 Note 1.

[5]) Mit „limen" beginnt in MS. Sc. p. 91.

(No. 7. Text einer jüngeren sechsten Wende zu den fünf Wenden in No. 2.)[1])

Ubicunque unus vir contra unum alium pugnat uno claro die cum gladio vel cum lancea, id est cum egge et orde[2]), et cum sui ipsius manibus in tantum pugnat, quod ipse illius vitam aufert, vel suorum sex menbrorum unum, et illud ad terram cecidit, et inde vadit cum sanguinolentis armis; tunc non potest illius facti iuramenta prebere.

(No. 8. Die Bufstaxen.)[3])

Crinis[4]) rapti emenda V solidi et IV denarii vel duo iuramenta.

Sanguinis effusio occulta tantumdem[5]); patens infra vestes decem solidos exigit et VIII denarios vel duo iuramenta. Patens effusio extra vestes requirit unum solidum et IX uncias vel tria iuramenta.

Pro mensurabili vulnere infra vestes X uncie et VIII denarii vel IV iuramenta.

Pro trium rugarum qualibet quinque solidi.

Pro superciliorum rasura IV uncie.

Pro iugi calvicio tantumdem.

Pro trium ossium fractura XII solidi cum iuramento. Pro trium ossium exitu[6]) tantumdem. Sinewega[7]) XII, lithwega[8]) X quodlibet.

Pro transverberato capite, pro transitu calvarie XII solidi.

[1]) Die hier im lateinischen Text gegebene Wende findet sich nicht unter den unter No. 2 oben p. 40 verzeichneten, dürfte jüngern Ursprungs sein; friesische Texte von ihr vgl. in Fries. Rq. p. 38.

[2]) „cum egge et orde"; s. eg (Schwert, Schwertschneide) im Fries. Wb. p. 699 und ord (Spitze, Spiefs) im Fries. Wb. p. 970.

[3]) Den friesischen Text aus Hunsego s. in Fries. Rq. p. 82, aus MS. W. p. 112 und MS. Sc. p. 53, aus Emsgo p. 83, aus Rüstringen p. 83, aus Fivelgo im Fivelgoer MS. p. 49—80.

[4]) Mit „Crinis" beginnt im MS. W. p. 23.

[5]) MS. W. und MS. Sc. lesen zweimal „tandem" und dreimal „tm̃dem", emendire in „tantumdem"; vgl. unten p. 69 in §. 6.

[6]) In „ex-itu" beginnt mit „itu" in MS. Sc. p. 92.

[7]) Unter „lithwega" und „sinewega" ist Gliedwasser und Sehnewasser verstanden; s. Fries. Wb. p. 906 und 1017.

[8]) In MS.W. und Sc. steht „sithwega", verschrieben aus „lithwega", wie es die fries. Texte, Fries. Rq. p. 82, 20 gewähren; vgl. unten p. 69 in §. 6.

Pro influxu sanguinis tantumdem.

Pro lapsu pie matris tantumdem.

Pro vertigine capitis XXXVI solidi.

Pro tumore et humiliatione X solidi sine iuramento.

Algor et calor X solidi cum iuramento.

Mutatio[1]) aëris XXXVI solidi.

Quinque sensuum cuiuslibet[2]) deprivatio[3]) XXXVI et waldewaxe tandumdem.

Pro superiori cilio[4]) IV uncie, pro inferiori V solidi. Pro hirqui lesione XXXVI solidi. Pro starblind tantumdem.

Pro oculo prorsus ceco centum solidi. Postea debent omnia facta, que in eo possunt recitari, in recta descriptione distingui.

Pro oculo, qui totus defluxit, XX geldmerka; tunc non potest ultra in scripto procedere.

Pro oculo, qui remansit, vel qui clausus est, vel cilium obstupuit, et oculum claudere nequit, vel deformem[5]) colorem ostendit, vel motum facit, XII solidi.

---

[1]) Im MS. W. p. 23 „Mutatio aeris", im MS. Sc. p. 92 mit irriger Initiale „Putatio aeris": es ist gemeint „Mutatio aëris", d. i. „Witterungswechsel". Der friesische Text des Hunsingoer MS. W. p. 114 und des MS. Sc. p. 55 setzt dafür „Wederwondelenga", d. i. Witterungswechsel. Der lateinische Text der Bufstaxen wiederholt unten p. 57, in MS. W. p. 28 und in MS. Sc. p. 95: „pro aeris mutatione tantundem" (d. i. XXIV solidi), wo der friesische Hunsingoer Text in MS. W. p. 120 und in MS. Sc. p. 60 setzt: „Tha weder-wondelenga sex and thritech scill'." Das Wort verwenden die Hunsingoer Bufstaxen in Fries. Rq. p. 340, 31, wo übereinstimmend MS. W. p. 122 und MS. Sc. p. 62 „tha wederwondelenga tuelef scill'" schreiben, und das niederdeutsche Wurster Recht in Pufendorf Observv. III, Appendix p. 95 „Wederwandelunge soss vnd druttich schillinge"; vgl. Fries. Rq. p. 84, Note 3.

[2]) Im MS. W. p. 23 und 24 und MS. Sc. p. 92 übereinstimmend „Quinque sensuum cuiuslibet deprivatio et waldewaxe XXXVI tm., wo die XXXVI solidi verstellt sind und tm. für tantumdem gesetzt ist. In „cujuslibet" beginnt mit „bet" in MS. W. p. 24.

[3]) Emendire „depravatio"; vgl. unten p. 55.

[4]) Im MS. W. p. 24 und MS. Sc. p. 92 verschrieben „pro superiori cilicio", im friesischen Hunsingoer Text MS. W. p. 116 und MS. Sc. p. 56: Thet ure hlid thes aga fiwer enza.

[5]) Beide MSS. haben „deformen."

De aure transfossa[1]) pro ingressu X uncie et VIII denarii, pro egressu tantumdem. Pro cartilaginis[2]) fractura IV solidi. Pro mulieris auris fossa X uncie et VIII denarii vel IV iuramenta[3]). Pro truncatione XXXVI solidi. Pro casu ad terram tantumdem. Pro tota aure ablata XI marce et quinque solidi et VIII denarii.

Pro barbe raptu decem solidi et octo denarii vel quatuor iuramenta. Pro barbe inferioris[4]) ustione quinque marce et due uncie. Pro superioris depilatione tantumdem. Pro barbe truncatione undecim marce et due uncie vel quatuor iuramenta[5]) et unum fiaeth.

De naso transfosso. Pro introitu undecim uncie et octo denarii. Pro egressu tantumdem. Pro qualibet interiorum ostiorum apertione duodecim solidi. Pro sanguinis fluxu in utraque nare duodecim solidi. Pro cartilagine quatuor solidi. Pro trium intestinorum ad terram lapsu cuiuslibet XXXVI solidi.

Pro labio superiore transpercusso foris decem uncie et octo denarii. Pro interiori pariete duodecim solidi. Pro sanguinis incursu tantumdem. Pro lapsu quatuor dentium, singulorum quinque marce et due uncie. Pro cuiuslibet interiorum lapsu XXXVI solidi. Pro quolibet eorum octo, qui ante prominent, IV marce et XXXII denarii. Pro[6]) lingua amputata dupla pars unius compositionis[7]). Pro labio abciso XIII marce et tertia pars unius marce.

---

[1]) Beide MSS. haben „tranfossa“, vgl. Fries. Rq. p. 86, 26.

[2]) Mit „cartilaginis“ beginnt in MS. Sc. p. 93.

[3]) „vel IV iuramenta“ emendire ich für iurām in MS. W. p. 24 und MS. Sc. p. 92; entsprechend setzt der friesische Hunsingoer Text des MS. W. p. 117 und des MS. Sc. p. 58 „ieftha fiwer ethar“.

[4]) Mit „inferioris“ beginnt in MS. W. p. 25.

[5]) Beide MSS. haben „iura“ verschrieben.

[6]) Mit „Pro lingua“ beginnt in MS. Sc. p. 94.

[7]) d. i. $\frac{2}{3}$ des Wergeldes: in der friesischen Ueberarbeitung aus Hunsego „en tuede ield“, MS. W. p. 118 und Sc. p. 58; desgleichen aus Fivelgo im Fivelgoer MS. p. 57; aus Emsgo in Fries. Rq. p. 91, 4. Der Rüstringer Text setzt dafür fiuwertindosta thrimine merk, Fries. Rq. p. 91, 4, d. i. 13$\frac{1}{3}$ Mark oder $\frac{1}{3}$ des Wergeldes.

Quisquis[1]) super caput vulneratus fuerit, si surdescit auris, tunc est emenda tredecim marce et tertia pars unius. Postea percussor debet habere in periculo suo aliam aurem per annum et diem; infra quod tempus si surdescit, erit emenda ut supra, que duplicata facit XXVII[2]) marcas et dupla unius.

Pro nervo colli, id est waldewaxa[3]), XXXVI solidi. Pro cuius lesione depravantur quinque sensus, et pro depravatione quorumlibet est emenda XXXVI solidi. Postea debilitatur ex eadem lesione — omni commoditate pristina carebit in balneo, in lecto, in curru; nec in lectica, nec in aqua, nec in via, nec in domo, nec in ecclesia, nec cum uxore sua, nec ad ignem suum, nec in ullo negotio sic se habere potest sicut prius: omnium istorum cuilibet est emenda duodecim solidi.

Pro brachio prorsus debili, si summa est debilitas, emenda XXXVI solidi; si media, XXIV solidi; si minima, XII[4]) solidi. Decima[5]) menbri[6]) gracilitate pro summa XXXVI solidi, pro[7]) media XXIV solidi, pro minima XX[8]) solidi. Pro tribus contractis menbris

---

[1]) Mit „Quisquis" beginnt in MS. W. p. 26.

[2]) 27²/₃ ist vielleicht entstellt aus 26²/₃, d. i. 2. 13¹/₃ Mark. Letzteres sind ²/₃ eines Wergeldes, das 20 Mark betrug; s. oben p. 54, Note 7. Doch haben auch die friesischen Texte aus Hunsego, Emsgo und Rüstringen den scheinbaren Rechenfehler. Der Hunsegoer Text sagt: „sa hwersa thi mon uppa thet haved undad werth, dauad him sin are ther fon: sa is thiu bote fiuvertendeste thrimine merk; sa achma thet other are en ple and en plicht ti nimane ier and dei. Dauad hit thenne binna tha iere and dei: sa is thiu bote fiuvertendeste thrimine merk; sa is hit achta end tuintegeste tuede merk", MS. W. p. 115 und MS. Sc. p. 56.

[3]) Ueber „waldewaxe" (Rückensehne, Rückgrat) s. Fries. Wb. p. 1123.

[4]) XXII solidi in MS. W. mit einem Punkt unter der ersten X, und MS. Sc. richtig XII solidi. Die fries. Texte aus H., E. und R. setzen „thiu minneste tuelef scillingar", Fries. Rq. p. 90, 10 und p. 91, 11.

[5]) MS. W. und MS. Sc. „Decima"; offenbar verderbt. Vielleicht aus de III, d. i. de tribus (menbri gracilitatibus), wie der Hunsegoer friesische Text setzt: „Thrira lith-smelenga the hagesta sex end thritech scillingar, thiu midleste fiwer and tuintech scillingar, thiu minneste tuelef scillingar." Fries. Rq. p. 90, 13.

[6]) Mit „menbri" beginnt in MS. Sc. p. 95.

[7]) Mit „pro" beginnt in MS. W. p. 27.

[8]) In MS. W. und MS. Sc. XX solidi, verschrieben aus XII solidi. Im

tantumdem; pro tribus stupidis tantumdem; pro tribus truncatis tantumdem. Pro trium menbrorum mobilitate videlicet lithwega XVIII uncie. Trium sex menbrorum quarumlibet[1]) emenda est, preter IV denarios quinque uncie, que sunt XXIV solidi.

Pollex est quasi tertia pars manus. Primus articulus pollicis tertia pretiosior est, quam alius digitorum quis. Pro trium digitorum primi articuli lapsu quinque marce et due uncie; medii articuli XXXVI solidi; minimi articuli XXIV solidi. Trium digitorum dextre manus quorumlibet tertia maior est emenda quam aliorum quorumlibet, propter consignationem, que fieri debet contra dyabolum. Unguis[2]) effugium quatuor uncie.

Pro ventris vulnere per utrumque latus septem marce et dimidia preter duos solidos. Tumor et humiliatio vulneris, videlicet abel and insep[3]), decem solidi. Nervi[4]) depravatio IV solidi. Pro interiori pariete XII solidi. Pro influxu[5]) tantumdem. Pro[6]) intestino scilicet inref[7]) XXIV solidi. Pro alio pariete XXIV solidi.

---

friesischen Text aus Hunsego und Emsgo „*tuelef* scillingar", Fries. Rq. p. 90, 15 und p. 91, 15.

[1]) Trium sex menbrorum in MS. W. und MS. Sc., verschrieben aus trium sex-mensurarum; der friesische Text aus Hunsego, Emsgo und Rüstringen setzt „tria *sex meta*", Fries. Rq. p. 90, 23 und p. 91, 23. Ebenso wird in den Bufstaxen oben p. 52 das friesische Metedolch durch mensurabile vulnus ausgedrückt; s. Fries. Wb. p. 927.

[2]) MS. W. und Sc. schreiben „Ignis." Ich emendire „Unguis", entsprechend dem „Neiles ofslech" im fries. Hunsingoer und Emsiger Text, Fries. Rq. p. 92, 5 und 93, 5, oder „Neiles offlecht" im friesischen Rüstringer Text, Fries. Rq. p. 93, 5.

[3]) Ueber „abel" (Geschwulst, erhöhte Narbe) s. Fries. Wb. p. 586, über „insep" (vertiefte Narbe) s. Fries. Wb. p. 852.

[4]) Im MS. W. und Sc. „Servi", ich emendire „Nervi" entsprechend dem friesichen „sine-werdene", wie denn auch im MS. W. am Rande der Seite von einer späteren Hand „ne" hingeschrieben ist.

[5]) Pro influxu MS. W. und Sc. für pro influxu sanguinis. Im fries. Text aus Hunsego: *thes blodes inrene*, MS. W. p. 120 und MS. Sc. p. 59, im fries. Emsiger Text: *thi inrene thes blodes*, Fries. Rq. p. 93, 16, der fries. Rüstringer Text hat nur: thi *inrene*, Fries. Rq. p. 93, 16.

[6]) Mit „Pro" beginnt in MS. W. p. 28.

[7]) Ueber „inref" (Eingeweide) s. Fries. Wb. p. 852.

Pro aëris mutatione[1]) tantumdem[2]). Pro pulmonis effluxione triginta et sex solidi. Pro adypis effluxione quinque solidi.

Pro baculi ictu X solidi et VIII denarii vel tria iuramenta.

Pro mosdolch id est concussione[3]) nervorum capitis VIII uncie.

Pro truncatione decem solidi vel duo iuramenta.

Pro impotentia vendentis, scilicet wonwara[4]), decem solidi.

Pro exspoliatione capitis femine, videlicet wifstrevene[5]), XVI denarii. Si quis eam voluerit opprimere et ipsa se defenderit, tunc est emenda septem marce et dimidia.

Pro alicuius compressione viginti duo solidi vel quatuor iuramenta.

Pro integra[6]) þerfusione[7]) triginta uncie vel quatuor iuramenta; pro media quindecim uncie vel duo iuramenta.

Pro domus invasione in aliquam familiam due marce, pro media due marce, pro minima quatuor uncie[8]).

---

[1]) Vgl. oben p. 53, Note 1.

[2]) Mit „tm̃dem" beginnt in MS. Sc. p. 96.

[3]) MS. W. liest Pro ... concuscione nervorum, MS. Sc. Pro ... contusione nervorum. Vgl. im Wurster Landrecht pro concussione nervorum capitis, Fries. Rq. p. 93, Note 14. Ueber mosdolch (concussio nervorum), s. Fries. Wb. p. 937 und in meinem friesischen Fivelgoer MS. p. 73: „Hwersa ma thene mon slait uppe en lith, and thet fel nout unbursten is, sa is tet en riucht mosdolch."

[4]) Ueber „wonwara", d. i. unvollständige Gewährleistung, s. Fries. Wb. p. 1159.

[5]) Ueber „wifstrewene", d. i. Abreifsen der Haube einer Frau, s. Fries. Wb. p. 1148.

[6]) Im MS. W. pro ingra, im MS. Sc. pro nigra, em. ingra, d. i. integra.

[7]) Das Landrecht 14 oben p. 47 bestimmt für submersio id est wapeldepene vel una perfusio id est suartnesueng „15 uncie vel IV abjurare." Die Bufstaxen verordnen für den höchsten Grad von Suartnesueng eine von 15 auf 30 Unzen gesteigerte Bufse bei 4 Eiden, von 15 Unzen für die mittelste Suartnesueng bei 2 Eiden. Ueber wapeldepene s. unten am Ende der Bufstaxen.

[8]) Die Stelle scheint verderbt; in dem friesischen Text der Bufstaxen aus Hunsego, Emsgo und Rüstringen fehlt sie, die jüngeren friesischen Bufstaxen aus Hunsego in Fries. Rq. p. 341, §. 75 und aus Emsgo in Fries. Rq. p. 230, §. 22 unterscheiden drei Grade der hem-sekene zu drei, zwei

Pro tribus ustis vulneribus duodecim solidi, pro tribus sectis vulneribus tantumdem.

Pro trium nervorum[1]) mobilitate duodecim solidi.

Pro pellis effugio quatuor uncie.

Pro calli lesione[2]) XVI denarii. Pro qualibet[3]) rugarum in collo tantumdem.

Pro qualibet trium perforationum[4]) (atus?) tantumdem.

De violenta percussione prostrati ad terram, postquam per se resurgere non potest quis, id est soldede[5]), V marce et due uncie; ille debent extorqueri cum uno[6]) iuramento vel abnegari cum quatuor et cum uno fia-iuramento: Pro eadem iniuria facta vidue vel debili in duplum.

Pro rapine emenda[7]) IV uncie.

Pro manus rapina una marca.

Pro depravatione loquele XXXVI solidi.

Pro nudati[8]) corporis rapina due marce.

Pro salive excussione tantumdem.

Pro dimersione in aquam, id est wapeldepene, V marce et due uncie[9])

und einer Mark Buſse. Ist danach oben im Text für die Hemsekene eine Buſse von zwei Mark angesetzt, für die geringste von vier Unzen oder einer halben Mark und wäre für die mittelste die auf zwei Mark angegebene Buſse in eine Buſse von einer Mark zu geben?

[1]) MS. W. pro trium nevorum, MS. Sc. richtig pro trium nervorum.

[2]) *calli* lesio in MS. W. und MS. Sc., scheint aus *colli* lesio verlesen zu sein; s. in der folgenden Zeile ruge in collo.

[3]) In „qua-libet" beginnt mit „libet" in MS. W. p. 29.

[4]) Ich emendire Pro qualibet trium perforationum (atus?) tantumdem; es steht Pro qualibet trium perforatione *atus* tantumdem in MS. W., Pro qualibet trium perforationum *atus* tantumdem in MS. Sc.; die friesischen Ueberarbeitungen der Buſstaxen übergehen die Stelle; „atus" scheint verderbt zu sein.

[5]) soldede, im fries. Huns. Text sullenge, (Sudelthat), Benennung eines schweren Vergehens, das mit Hinwerfen auf den Boden verbunden war; s. Fries, Wb. p. 1039 und 1055.

[6]) Mit „uno" beginnt in MS. Sc. p. 97.

[7]) Pro *rapine emenda* in MS. W. und MS. Sc.; neben dem pro *manus rapina* dürfte emenda verderbt sein.

[8]) MS. Sc. richtig „nudati", MS. W. entstellt Pro nudatione corporis.

[9]) In Landrecht 14 oben p. 47 hat der lateinische Text und überein-

vel VI iuramenta; pro media XXXVI solidi; pro minima XXIV solidi vel duo iuramenta.

Pro summi excessus ictu, id est swimslec[1]), V marce et due uncie vel VI iuramenta et unum fia-eth; pro media XXXVI solidi; pro minima XXIV solidi.

Benes onstal[2]) IV uncie vel unum iuramentum.

Si de cingulo femine de pube ipsius fuerit expilatio facta, emenda est VI marce et dimidia vel XII[3]) iuramenta.

Pro spiratione alicuius in vulnere XII solidi. Excidium, id est gersfel[4]), debet emendari pro confesso vel notorio secundum quod in eo pugnatum est.

Pro curie[5]) iniuria tertia pretiosior emenda, quam pro alio facto.

Pro summa vestium scissione XXII[6]) denarii vel tria iuramenta; pro media XVI denarii vel duo iuramenta; pro minima IV denarii et unum iuramentum.

Pro minima vinculatione[7]), id est slof-bende[8]), V solidi et IV denarii vel duo iuramenta.

Pro raptu precordii, id est hertafeng[9]), XVI denarii vel unum iuramentum.

Pro vinculo exercitus[10]) V marce et due uncie vel XII iuramenta; pro nigro vinculo[11]) debet emendari cum capitis redemptione vel XII iuramenta.

stimmend die friesische Ueberarbeitung aus H. E. R. und W. eine Bufse von 15 Unzen für wapeldepene. Hier ist sie auf 42 Unzen erhöht.

[1]) Ueber swimslec, d. i. Schwindel erzeugender Schlag, s. Fries. Wb. p. 1062.

[2]) Benes onstal, d. i. Anstehen, Ansitzen eines Knochen, s. Fries.Wb. p.966.

[3]) Mit „XII" beginnt in MS. W. p. 30.

[4]) Gersfel, d. i. Hinwerfen auf das Gras, den Rasen, die Erde, s. Fries. Wb. p. 775.

[5]) Ist „cure" zu emendiren?

[6]) XXII denarii in MS. W. und MS. Sc. scheinen verderbt zu sein.

[7]) Mit „vinculatione" beginnt in MS. Sc. p. 98.

[8]) slofbende (minima vinculatio) „schlaffes Fesseln", s. Fries.Wb. p. 1037.

[9]) Ueber „hertafeng", d. i. „Herzgriff", s. Fries. Wb. p. 817.

[10]) Vinculum exercitus, d. i. hiri-bende, here-bende, s. Fries. Wb. p. 816.

[11]) Der friesische Hunsingoer Text setzt dafür: Hvasa otherum ene swarde (em. swarte) bende on leith, tha honda uppa thene bec biut, and

(No. 9. Text einer jüngeren Vereinbarung über drei Fälle, die mit sechzig Mark gebüfst werden sollen.)[1]

Tres sunt cause, que habent confirmari cum LX marcis: ubicumque terra dividitur et cum virga mensuratur et cum palo defigitur, hec est prima causa; secunda: ubicumque pacis conventio stabilitur et cum iuramento coniuratur; tercia: ubicumque femina desponsata promittitur et eorum uterque in alterutrum fidem promittit, quisquis[2]) illam frangit, tunc tenetur ille prenominatam pecuniam dare.

(No. 10. Inhaltsverzeichnifs der Siebzehn Küren.)

(1[3]) De quieta possessione.

(2) De pace ecclesiarum et deo devotorum.

(3) De ordine judicii servando.

(4) De invasione.

(5) De successione avi et avie et superiorum.

(6) De possessionibus ecclesiarum retinendis.

(7) De libertate Frisonum.

(8) Ne[4]) subditus[5]) contra dominum contendat.

(9) De comparatione VII stratarum[6]) mercatorum.

(10) De meta ducendi exercitum.

(11) De treuga viduarum et orphanorum et aliorum quorundam.

(13) De pace populi servanda.

thene swarta doc ur tha achne bint end thene silrap an thene hals sleph (d. i. Wer Anderen eine schwarze Binde anlegt, die Hände auf den Rücken bindet, das schwarze Tuch über die Augen bindet und dié Schlinge an den Hals schlägt), jevere unsceldechis, en tuede jeld, jeftha achta ethar end enne fia-eth, MS. W. p. 121 und MS. Sc. p. 61.

[1]) Vgl. oben p. 30 No. 9.

[2]) Mit „quisquis“ beginnt in MS. W. p. 31.

[3]) Den Inhaltsangaben der einzelnen Küren sind die Zahlen derselben von mir beigefügt; das Verzeichnifs übergeht den Inhalt von Küre 12 nach Küre 11 und trägt ihn hinter Küre 17 nach.

[4]) Im MS. W. hat eine spätere Hand „De subditus“ in „Ne subditus“ verbessert; MS. Sc. verschrieben „De subditus.“

[5]) Mit „De subditus“ beginnt in MS. Sc. p. 99.

[6]) Im MS. W. und Sc. stratorum.

(14) De restitutione de exilio reversi.

(15) De oppressione viduarum et virginum.

(16) De redemptione inimicitiarum per pecuniam.

(17) Quod liceat per iuramenta excusare ex quinque causis.

(12) De pace vel securitate ecclesiarum vel domorum.

(No. 11. Inhaltsverzeichnifs der Vierundzwanzig Landrechte.)

(1[1]) De contumacia et tribus exceptionibus.

(2) De[2]) hereditate pupilli non vendenda.

(3) De restitutione reversi de exilio.

(4) De venditione dotis contra fratrem patris.

(5) De retinendo possessionem emptam a romipeta.

(6) De successione filii fratris cum patruo in hereditatem.

(7) De hereditate avi et avie et superiorum vendicenda[3]).

(8[4]) De eo, qui vulnus fatetur, sed letale negat.

(9) De eo, qui pro proximo suo pugnat.

(10) De reatu servi.

(11) De noxa animalium.

(12) De violenta inpugnatione.

(13) De spoliatione viduarum et orphanorum.

(14) De[5]) submersione et suffusione.

(16[6]) Infantes infra annos non respondere de quibusdam causis.

(15) De successione extra sex manus.

(17) De deposito.

(18) De raptu mulierum.

(19) De violenta treuga exercitus.

---

[1]) Die Zahlen der Landrechte, deren Inhalt das Verzeichnifs angiebt, fehlen im MS. W. und MS. Sc.

[2]) Mit „De" beginnt in MS. W. p. 32.

[3]) „vendicenda" in MS. W. und MS. Sc. für „vindicanda"; s. oben p. 45, Note 8.

[4]) Im MS. Sc. sind 8 und 9 umgestellt.

[5]) Mit „De submersione" beginnt in MS. Sc. p. 100.

[6]) Das Inhaltsverzeichnifs vermerkt in MS. W. und MS. Sc. den Inhalt des 16. Landrechts vor dem des 15.

(20) De reverso post exilium.

(21) De[1]) hereditate avi et avie.

(22) De consolatione nobilis femine post mortem mariti.

(23) De pugna contra inpregnatam.

(24) De incendiario.

(No. 12[2]). Eine Stelle aus dem römischen Concilium generale Innocenz III. von 1216, die in den Decretalen Gregor's IX. Lib. II. Tit. XIX *de probationibus* Cap. 11[3]) aufgenommen ist.)

Quoniam contra falsam assertionem iniqui iudicis innocens litigator, quandoque non potest veram negationem probare, cum negantis factum per rerum naturam nulla sit directa probatio, ne falsitas veritati preiudicet, aut iniquitas prevaleat equitati; statuimus, ut tam in ordinario iudicio quam extraordinario iudex semper adhibeat aut publicam personam, si potest habere, aut duos viros ydoneos, qui fideliter universa iudicii acta conscribant: videlicet citationes[4]) et dilationes, recusationes, exceptiones[5]) et productiones instrumentorum, interlocutiones et appellationes, renuntiationes, conclusiones et cetera, que occurrunt[6]), competenti ordine scribendo, designando loca et tempora et personas; et omnia sic conscripta partibus[7]) tribuantur, ita quod originalia penes scriptores remaneant, ut si super processu iudicis fuerit suborta contentio, per hoc veritas possit declarari, quatinus hoc adhibito moderamine sic discretis et honestis iudicibus deferatur, quod per inprovidos et iniquos

---

[1]) Mit „De" beginnt in MS. W. p. 33.

[2]) Gedruckt in der Vorrede der Fries. Rq. p. XXIII bei Besprechung des Inhalts des MS. W.

[3]) Die Abweichungen des Textes in den Decretalen lib. II, tit. XIX de probationibus Cap. 11 sind hier angeführt.

[4]) In „citatio-nes" beginnt mit „nes" in MS. Sc. p. 101.

[5]) Die Decretalen fügen hinzu: „petitiones et responsiones, interrogationes et confessiones, testium depositiones."

[6]) Die Decretalen: quae occurrerint. Boehmer bemerkt dazu: in concilio et aliquot antiquis codicibus *occurrant*.

[7]) In „par-tibus" beginnt mit „tibus" in MS. W. p. 34.

innocentium iustitia non ledatur. Judex autem, qui constitutionem istam neglexerit observare, si propter eius negligentiam aliquid difficultans emersit[1]), per superiorem iudicem animadversione debita castigetur, ne per ipsius processu[2]) presumatur, nisi quatenus in causa legitimis constiterit documentis.

(Hinter den eben angeführten Worten folgt in MS. W. p. 34—43, in MS. Sc. p. 102—109 eine Abschrift des lateinischen Textes des unechten Privilegiums Karls des Grofsen über friesische Freiheit, das unten im Cap. V, §. 4 abgedruckt ist.)

§. 6. Die beiden Hunsingoer Rechtshandschriften.

Die in vorigem Paragraph gedruckte, in neuerer Zeit mit dem Namen Vetus Jus Frisicum belegte Rechtssammlung, in welcher der einzige uns erhaltene lateinische Text der Siebzehn Küren und Vierundzwanzig Landrechte steht, ist durch zwei Rechtshandschriften aus dem Hunsego auf uns gekommen.

Die eine von ihnen, die sogenannte Wichtsche, besafs nach einer eingeschriebenen Bemerkung der Graf von In- und Kniphausen, Herr von Nienort und Vredewolt (nordwestlich von Groningen). Aus dessen Nachlafs kaufte sie 1742 der Advokat Sylman zu Groningen. Von ihm erhielt Matthias von Wicht Mittheilungen über sie, die er im Vorbericht zum Ostfriesischen Landrecht Aurich 1746 p. 56—59 und p. 146—152 veröffentlichte; in Folge dessen wird das Manuscript als Wichtsches bezeichnet. Nach Sylmans Tod erwarb es 1781 D. F. J. van Halsema zu Groningen, der bereits vorher im Jahre 1778 in den Beilagen zum zweiten Bande der „Verhandelingen der genootschap pro excolendo jure patrio te Groningen" den gröfsern Theil der in der Handschrift enthaltenen Stücke nach einer schlechten Abschrift der zweiten Handschrift sehr mangelhaft hatte abdrucken lassen, indem er seinen Text dabei durch das ergänzte, was durch Wicht aus der ersten Handschrift veröffentlicht worden war[3]). Nach Halsema's Tode erwarb Petrus Wierdsma den

---

[1]) Dafür lesen die Decretalen: quid difficultatis emerserit.

[2]) Dafür lesen die Decretalen „pro ipsius processu."

[3]) Halsema Pro Excolendo II Anhang, p. 1, Anm. sagt: „Uit het perkamenten handschrivt waar uit mijn afschrivt genomen, ontbrak 't eerste

3. December 1784 die Handschrift, der 1782 den ersten allein erschienenen Theil der Oude Friesche Wetten zu Leuwarden herausgegeben hatte und 1811 im Alter von 82 Jahren gestorben ist. Vgl. Eekhoff Leben von P. Wierdsma 1854. Sein Sohn, der Procureur criminel P. Wierdsma, lieh mir 1834 zu Leuwarden die Handschrift eine Nacht über (s. Fries. Rq. 1840 p. XXIII), und nach seinem Tode kaufte ich sie 1858.

Die andere Hunsingoer Handschrift wird die Scaligersche genannt, weil auf ihrem ersten Pergamentblatt steht: „ex donatione J. C. Scaligeri me tenet Ubbo Emmius." Doch ist mehrfach ausgeführt (vgl. auch Hettema Oude Friesche Wetten Leuwarden 1846 I p. VIII), dafs J. C. Scaliger sie nicht dem friesischen Historiker Ubbo Emmius geschenkt haben kann, da Julius Caesar Scaliger 1558 gestorben ist, während Ubbo Emmius erst 1547 in Greetsyl geboren wurde und 1594 nach Groningen kam, wo er 1625 als Rector der Universität starb. Auf Joseph Justus Scaliger, den 1609 als Professor zu Leiden verstorbenen Sohn des Vorgenannten, läfst sich die Schenkung nach den Vornamen im Manuscript nicht beziehen. Beachtenswerth ist aufserdem, dafs der Name des Ubbo Emmius an einer radirten Stelle des Pergamentblatts steht, und die ganze Notiz sichtbar von jüngerer Hand geschrieben ist, so dafs sie keinen Werth hat. Ob Ubbo Emmius die Handschrift benutzt hat, ist fraglich. Er citirt Historia rerum Frisicarum Lugduni Batavorum 1616 p. 152 die Hunsegoer Küren von 1252 (gedruckt in meinen Fries. Rq. p. 328—331) und erläutert, dafs sie „in vetusto sermone Frisico" geschrieben seien, nennt aber Zeugen, die in dem

blad, gelijk ook vervolgens nog een blad.. Gelukkiglijk heeft de heer Wicht... dit eerste gedeelte, gelijk ook nog enige weinige stukken tot eene proev uit 't zelve geboekt.... Mijn afschrivt begind eerst met de woorden Prima petitio." Im zweiten MS. fehlt das erste Blatt, auf dem der Prolog stand; von ihm gewährt das erste erhaltene Blatt nur noch einige Namen, die in Halsema's Abschrift der Scaligerschen Handschrift weggelassen waren. Desgleichen fehlt im Scaligerschen MS. ein Blatt zwischen MS. p. 8 und 9, das in der 17. Küre mit den Worten „te fellane" (in Fries. Rq. p. 28, 4) begann und im 2. Landrecht mit den Worten „scel thet" (in Fries. Rq. p. 44, 1) schlofs und bei van Halsema a. a. O. p. 1 und 9 aus Wicht, Ostfr. Landrecht gedruckt ist.

sogenannten Scaligerschen Manuscript, wie es vorliegt, nicht mehr enthalten sind. Dieses Manuscript schliefst mit den Worten „Acta sunt hec", indem drei Viertel des letzten Blattes fehlen; im Manuscript Wicht stehen auf der letzten Seite p. 136 hinter „Acta sunt hec" die Worte „anno gratie M°CCLII° presentibus dñis abbatibus Eylwardo, Heykone, et Fretherico et discretioribus Hunesgonie. Qui me scribebat, Elbertus nomen habebat." Indem Emmius Historia rerum Fris. p. 152 über die Hunsegoer Küren von 1252 berichtet, sagt er: „Quae omnia vetusto sermone Frisico exarata etiam nunc exstant. Principes actionis hujus in calce nominantur Eilwardus, Adoardius, Haico Rottumanus, Fridericus Mernaeus, abbates et qui caeteros anteibant in Hunesgonia." Diese Namen konnte Emmius nicht durch das sogenannte Scaligersche Manuscript, wie es jetzt vorliegt, kennen. Vielleicht nahm er sie aus dem Wicht'schen, und ergänzte dessen Angaben dadurch, dafs er bei den Aebten ihre Klöster hinzufügte. In dem ungenauen friesischen Text der Hunsingoer Küren von 1252, der sich in meinem oben p. 23 verzeichneten Fivelgoer Manuscript p. 116 — 122 findet, und den aus ihm Hettema Fivelingoer Landregt 1841 p. 156—164 abdruckt, lauten die Schlufsworte nur: „thit hebbat tha liude kern, and tha reddian efter biswern." Eine spätere Abschrift der Groninger Genootschap pro excolendo jure patrio nennt die Aebte nach ihren Klöstern; vgl. Fries. Rq. p. 331, Note 4. — Als Besitzer des Manuscript Scaliger sind mir bekannt: Werumaeus zu Groningen (nach Werum oder Wierum in den Ommelanden genannt). Aus dessen Nachlafs kaufte es 1783 den 18. October P. Wierdsma zu Leuwarden, nach einer von ihm in das Manuscript eingeschriebenen Bemerkung. Von dem Sohne Wierdsmas habe ich es gleichzeitig mit dem Wicht'schen Manuscript im Jahre 1858 gekauft. — Halsema benutzte 1778 bei dem Abdruck des Hunsingoer Rechts im II. Band der Verhandelingen der Genootschap pro excolendo jure patrio, wie oben p. 63 angeführt ist, eine Abschrift von der Handschrift, die ihm Werumaeus mitgetheilt hatte. Im Jahr 1781 liefs Jacob de Rhoer im III. Band der Verhandelingen pro excolendo jure patrio das Vetus Jus Frisicum aus der Handschrift, die ihm Werumaeus geliehen hatte, abdrucken, wie er in Pro excolendo jure patrio III, Deel 1, Anhang p. IV sagt.

Die beiden Hunsegoer Pergamenthandschriften führen auf eine ältere Handschrift zurück, und sind, wie ich nach ihrer Schrift vermuthe, am Schluſs des dreizehnten oder im Anfang des vierzehnten Jahrhunderts geschrieben. Die Schrift von beiden stimmt so überein, daſs man glauben könnte, sie rühre von ein und demselben Schreiber her, doch sind die Buchstaben im Manuscript Scaliger kleiner als die im Manuscript Wicht, und manche Schreibfehler beider Manuscripte verschieden. Am Schluſs des Manuscript Wicht auf p. 136 steht unmittelbar hinter den Hunsegoër Küren von 1252 „Qui me scribebat, Elbertus nomen habebat" [1]). Ob dieser im Manuscript Wicht genannte Elbert der Schreiber der den beiden Manuscripten zu Grunde liegenden Handschrift oder nur von Manuscript Wicht war, vermag ich nicht anzugeben, da in Manuscript Scaliger der untere Theil des letzten Blattes p. 119 fehlt. Die Gründe, die dafür sprechen, daſs beiden Handschriften eine gemeinsame zu Grunde liegt, sind:

A) Beide Handschriften enthalten dieselben Stücke, wie folgende Aufzählung und Vergleichung von ihnen zeigt:

a) MS. W. p. 1—34 das sogenannte Vetus Jus Frisicum (gedruckt vorstehend in §. 5, p. 33, sowie Fries. Rq. p. XXIII, p. 2—38, 40—80 und 82—96), es steht in MS. Sc. auf p. 72—101.

b) MS. W. p. 34—43 ein lateinischer Text des Privilegium Kaiser Karls über die Freiheit der Friesen (gedruckt unten in Cap. V, §. 4), in MS. Sc. p. 102—109.

c) MS. W. p. 44—46 Prologus (gedruckt in Fries. Rq. p. 343, 9). Im MS. Sc. ist das erste Blatt verloren, auf dem der Prologus bis Valeri-anus stand, die Worte „anus" bis zum Ende des Prologs stehen im MS. Sc. auf p. 1.

d) MS. W. p. 46—55 der Hunsegoër friesische Text der allgemeinen Siebzehn Küren (gedruckt in Fries. Rq. p. 2—28,), steht in MS. Sc. auf p. 1—8.

e) MS. W. p. 55—58, d. i. von den Worten der siebzehnten Küre „fellane hit ne se" (in Fries. Rq. p. 28, 4) bis „ther mithe"

---

[1]) Der Name „elbertus" ist mit kleinem Anfangsbuchstaben geschrieben; die letzten sieben Zeilen von MS. W. p. 136, die mit „Acta sunt hec" (in Fries. Rq. p. 331, 5) beginnen, haben gröſsere Schrift als die übrige Handschrift, doch stimmt sie sonst mit ihr überein.

im zweiten Landrecht (in Fries. Rq. p. 44, 1), fehlt in MS. Sc. zwischen MS. p. 8 und p. 9, stand auf den zwei Seiten eines verlorenen Pergamentblattes.

f) MS. W. p. 56—70 in friesischer Sprache die Vierundzwanzig allgemeinen Landrechte (gedruckt in Fries. Rq. p. 40—80), ferner MS. W. p. 70—72 friesisch quinque claves sapientiae (gedruckt in Fries. Rq. p. 342), MS. W. p. 72—73 friesisch „von drei Brüdern" (gedruckt in Fries. Rq. p. 331), MS. W. p. 73—74 friesisch Zusätze zur sechzehnten allgemeinen Küre (gedruckt in Fries. Rq. p. 30 und 31), MS. W. p. 74—95 friesisch Hunsegoer Bußtaxen (gedruckt in Fries. Rq. p. 331—337), MS. W. p. 95—97 friesisch die allgemeinen Ueberküren (gedruckt in Fries. Rq. p. 98—100, und unten §. 15), MS. W. p. 97—109 friesisch Hunsegoër Bußtaxen (gedruckt in Fries. Rq. p. 337—340), MS. W. p. 109—112 friesisch Zusätze zur siebzehnten allgemeinen friesischen Küre (gedruckt in Fries. Rq. p. 32—38), MS. W. p. 112—122 friesisch die allgemeinen Bußtaxen (gedruckt in Fries. Rq. p. 82—96), MS. W. p. 123—126 friesisch Hunsegoër Bußtaxen (gedruckt in Fries. Rq. p. 340—342), MS. W. p. 126 friesisch die Zehn Gebote (gedruckt in Fries. Rq. p. 342), MS. W. p. 127—132 friesisch das sogenannte Privilegium der friesischen Freiheit von Karl dem Grofsen (gedruckt in Fries. Rq. p. 351—356).

Die unter f angeführten Stücke giebt MS. Sc. p. 9—71 in derselben Reihenfolge.

g) Im MS. W. sind zwischen p. 132 und p. 133 drei Blätter ausgeschnitten. Auf ihnen müssen von den Hunsegoer Küren von 1252 die §§. 1—21 nebst den ersten Worten von §. 22 bis „thingat" (gedruckt in Fries. Rq. p. 330, 16) gestanden haben, die im MS. Sc. auf p. 110—116, 1 abgeschrieben und nach ihm in Fries. Rq. p. 328—330 gedruckt sind.

h) Im MS. W. steht auf p. 133—136 der Schlufs der Hunsegoer Küren von „thingat" im §. 22 (in Fries. Rq. p. 330, 16 bis p. 331, 8). Dem entspricht MS. Sc. p. 116—119, nur dafs hier vom letzten Blatt der untere Theil abgerissen ist, auf dem die Worte von „Acta sunt hec" an standen.

Ueberblickt man die vorstehenden unter a—h aufgezählten

Stücke, so ergiebt sich, dafs in MS. W. und in MS. Sc. dieselben Stücke enthalten waren. Jetzt fehlen in MS. W. drei später ausgeschnittene Blätter zwischen p. 132 und p. 133, auf denen die erste Hälfte der Hunsegoer Küren von 1252 stand; im MS. Sc. dagegen fehlt jetzt ein Blatt am Eingang, auf dem der gröfsere Theil des Prologus der allgemeinen friesischen Küren und Landrechte geschrieben war, dann ein Blatt zwischen p. 8 und p. 9, auf dem der Schlufs der siebzehnten allgemeinen Küre und das erste sowie der Anfang des zweiten allgemeinen Landrechts standen, endlich ein Theil des Blattes p. 119 mit den Schlufsworten der Hunsegoer Küren von 1252.

Ferner zeigt sich eine Abweichung in der Reihenfolge der in beiden Manuscripten aufgenommenen Stücke, und zwar weicht, wenn ich die Stücke in MS. W. in drei Massen zerlege, MS. Sc. von MS. W. nur darin ab, dafs in ihm die zweite Masse von p. 44 bis p. 132 des MS. W. vor der ersten von p. 1 bis p. 44 eingeschrieben ist.

Die beiden Manuscripte sind, während sie der ältere Wierdsma besafs, neu eingebunden; ob der untere Theil der letzten Seite des MS. Sc. zur Zeit des Ubbo Emmius noch vorhanden war, ist unbekannt. Durch Verbinden der Blätter in den Handschriften kann aber die erwähnte verschiedene Reihenfolge der ersten beiden Massen nicht veranlafst sein, da in MS. W. die erste Masse auf der Vorderseite des Blattes mit p. 43 schliefst, auf dessen Rückseite mit p. 44 die zweite Masse beginnt, und in MS. Sc. die zweite Masse auf der Vorderseite des Blattes mit p. 71 schliefst, auf dessen Rückseite mit p. 72 die erste Masse beginnt.

B) Dafs den Handschriften Wicht und Scaliger ein und dieselbe Handschrift zu Grunde liegt, folgt noch mehr als aus der Uebereinstimmung der in beiden Handschriften aufgenommenen Stücke daraus, dafs beide dieselben Worte in sehr vielen Stellen übereinstimmend in seltsamster Weise abkürzen[1]), sowie dafs sich in beiden einzelne übereinstimmende Schreibfehler finden, die jeden Sinnes entbehren. Als Beispiele für Letzteres mögen folgende genügen:

[1]) Zahlreiche derartige Abkürzungen zeigen die, unten in Cap. V §. 4 aus beiden Handschriften zum Text des Privilegium Kaiser Karls über Freiheit der Friesen gegebenen Varianten.

Im zwölften Landrecht oben p. 47 schreiben MS. W. p. 17 und MS. Sc. p. 86 übereinstimmend: „totum, quod (ibi) pugnatur de necessaria defensione, debet esse sine pace et sine emenda. Ad id debent *jurare* populi et scultetus", wo es unzweifelhaft „*juvare*" heifsen mufs, wie denn auch eine Rüstringer friesische Ueberarbeitung des zwölften Landrechts sagt: „Thes hagon him tha liode *to helpande* and thi frana", Fries. Rq. p. 63, 24.

Im sechsten Landrecht, wo die Beerbung des Vaters durch seinen Sohn und den Sohn eines verstorbenen Sohnes bestimmt wird, schreiben MS. W. p. 14 und MS. Sc. p. 83: „Si illius (d. i. „patris") filius sive filii filius post eum vixerit, quando illius pu'i (d. i. „pueri") non vixerit", s. oben p. 45, wo für „pueri" „pater" stehen mufs, wie denn auch die friesischen Texte in Fries. Rq. p. 53, 23 „alder", d. i. Vater, setzen.

In den Bufstaxen oben p. 52 bestimmte MS. W. p. 23 und MS. Sc. p. 91: „Crinis rapti emenda V solidi et IV denarii vel duo juramenta. Sanguinis effusio occulta *tandem* ... Pro superciliorum rasura IV unciae. Pro jugi calvicio *tandem*." Dagegen „pro trium ossium exitu *tm̃dem* ... Pro influxu sanguinis *tm̃dem*. Pro lapsu piae matris *tm̃dem*." Es wechselt hier „tandem" mit „tmdem", d. i. „tantumdem", ersteres ist in MS. W. und in MS. Sc. übereinstimmend falsch abgeschrieben.

In der 7. Küre oben p. 35 schreiben MS. W. p. 3 und MS. Sc. p. 74 übereinstimmend „Frisonibus hoc donavit Karolus, ut ... clepskelde et huslotha solverent", wo hinter clepskelde ein „denegarent" ausgefallen sein mufs, da König Karl angeblich die Friesen von der früheren willkürlichen Clepskelde befreite und dafür eine regelmäfsige Huslotha einführte. Auch im fries. Hunsegoer Text steht fälschlich: „ther ief him thi keneug Kerl, thruch thet hia cristen urde end tha suthera kenenga henzeg en herec urde and clepskelde gulde etc.", MS. Huns. W. p. 49 und Sc. p. 3. Es sollte gesagt sein, dafs Karl die Clepskelde abschaffte und Huslotha einführte, wie andere friesische Texte angeben.

In den Bufstaxen oben p. 52 bestimmen MS. W. p. 23 und MS. Sc. p. 92: „Sinewega XII (solidi), Sithwega X quodlibet". Das „Sithwega" beginnt in W. mit rother, in Sc. mit blauer Initiale, und ist in MS. W.

neben dem gemalten Buchstaben noch ein kleines „l" beigeschrieben. In beiden Manuscripten ist das Wort aus „lithwega", d. i. Gliedwasser, entstellt, wie es die friesischen Texte Fries. Rq. p. 82, 21 gewähren.

In den Hunsegoer Bußtaxen in Fries. Rq. p. 133, 10 schreiben MS. W. p. 81 und MS. Sc. p. 27: „Nosterlin ut-eriven, thet bine muge sin sawer nowet bihalda, sogen merk te bote, jeftha sogen etbar! *Thi axfeg*, blodelsa, dudslec, alrec achta scillengar", und in der Fries. Rq. p. 338, 4 gedruckten Stelle schreiben MS. W. p. 101 und MS. Sc. p. 44: „Is thet age stareblind end onsittande en lungensiama end griephalt end stefgensza end strumphelte thira jahwelick .. achma on ti ledane alsa en thrimen lif. *Faxfeg*, dudslec, blodelsa, allera ec achta scillingar." Beide Manuscripte schreiben an beiden Stellen für „faxfeng", d. i. Haargriff, wie sie das Wort in Fries. Rq. p. 82, 1 richtig brauchen, in der ersten „Thi axfeg", in der zweiten „faxfeg"; „feg" ist aus „fēg", d. i. „feng", entstellt, „Thi axfeg" aus „Faxfēg", wahrscheinlich indem für „axfeg" in der zu Grunde liegenden Handschrift „axfēg" stand, und vor dem Wort der Raum für ein einzumalendes initiales „F" freigelassen war, für das beide Handschriften Thi setzten, wie ich Fries. Rq. p. 333 Note 2 vermuthete. Ein friesisches Wort „axfeng" existirte nicht.

In dem Text des Inhaltsverzeichnisses der Siebzehn Küren im Vetus Jus Frisicum unterlassen MS. W. p. 31 und 32 und MS. Sc. p. 99 und 100 den Inhalt der zwölften Küre hinter dem der elften anzugeben und stellen die Inhaltsangabe der zwölften Küre hinter die der siebzehnten, vgl. oben p. 60 und 61. Durch ein Versehen hatte der Schreiber der von MS. W. und von MS. Sc. benutzten Handschrift die Inhaltsangabe der zwölften Küre übergangen und sie an den Schluß der Inhaltsangaben aller Küren zur Ergänzung hinzugeschrieben. Die Uebereinstimmung des Fehlers in gedankenloser Weise in MS. W. und MS. Sc. zeigt deutlich, daß sie dieselbe Handschrift abschrieben. In gleicher Weise registrirt das Inhaltsverzeichniß der Vierundzwanzig Landrechte des Vetus Jus Frisicum in MS. W. und in MS. Sc. den Inhalt des sechzehnten Landrechts vor dem des fünfzehnten, vgl. oben p. 61; auch hier wiederholen beide Manuscripte in gleicher Weise das Versehen der von ihnen benutzten Handschrift.

Hettema Oude Friesche Wetten Leuwarden 1846 I, p. VI und p. VIII behauptet, MS. W. sei eine Abschrift des MS. Sc. Er will dies auf die, vorstehend unter B. aus MS. W. p. 81 angeführte Stelle stützen, nimmt nach meinem Vorgang an, daſs „axfeg“ aus „fax-feng“ entstellt sei, hebt aber hervor, daſs „Thi axfeg“ im Manuscript Wicht in der Mitte der Zeile stehe, dagegen im Manuscript Scaliger das „Thi“ am Schluſs der Zeile und „axfeg“ im Beginn der folgenden, und zwar so, daſs nach „Thi“ noch ein kleiner unbeschriebener Raum vorhanden sei, der vielleicht durch einen farbigen Buchstaben ausgefüllt werden sollte. Daſs dies nicht genügt, um zu beweisen, daſs MS. W. eine Abschrift von MS. Sc. sei, leuchtet ein. Direkt dagegen, daſs das MS. Sc. dem MS. W. zu Grunde liegt, sprechen mehrere Worte, in denen MS. W. die richtige Lesart hat, die nicht aus der entstellten in MS. Sc. abgeschrieben sein kann. Ein Beispiel bietet oben p. 44, wo das dritte Landrecht bestimmt, daſs Einer, der aus der Gefangenschaft von den Nordmannen zurückkehrt, sein väterliches Gut ohne Unkosten wieder in Besitz nimmt, wenn es inzwischen verkauft ist; MS. W. p. 13 sagt: „quando iterum inlondes redierit, tunc transeat *super* proprium suum“; dafür hat sinnlos MS. Sc. p. 83: „tunc transeat *frater* proprium suum.“ Daſs „frater“ nur ein Schreibfehler ist, bestätigen die friesischen Texte: der Rüstringsche in Fries. Rq. p. 49, 14 sagt: „sa gunch hit (d. i. das Kind) *ova* sin ein erve“; der Hunsegoer in MS. W. p. 59 und in MS. Sc. p. 9: „sa farere ina sin ein god and *uppa* sin ethel“; der Emsiger in Fries. Rq. p. 48, 14: „sa farare a sin ein god and *oppa* sine ethel.“ Zu vermuthen ist, daſs MS. W. das in der Handschrift abgekürzte Wort richtig in „super“, MS. Sc. fälschlich in „frater“ aufgelöst hat.

Die friesische Sprache der beiden Hunsegoer Handschriften setze ich, wenn ich sie mit der der andern ältesten erhaltenen friesischen Rechtshandschriften, namentlich mit der der beiden Handschriften des Brokmerbriefs und der der Rüstringer Handschrift in Oldenburg vergleiche, in das dreizehnte Jahrhundert. Sie ist aber durch manche unfriesische Formen entstellt, die unleugbar von den Abschreibern herrühren. Jünger ist, wie jeder Leser einräumen wird, die friesische Sprache in den drei

Emsiger Handschriften aus dem vierzehnten und fünfzehnten Jahrhundert, sowie die in meiner friesischen, nach 1427 geschriebenen Fivelgoer Handschrift, die Fries. Rq. p. XVI, p. XX und oben p. 22 in §. 4 verzeichnet sind. Schwer zu vergleichen ist die Sprache der beiden Hunsegoer Handschriften mit der in den Handschriften, die aus dem Westerlauwerschen Friesland herrühren, da sich der friesische Dialekt vom Fli bis zur Lauwers von dem im Lande östlich der Lauwers bis zur Weser stets wesentlich unterschieden hat.

Das Recht der in den beiden Hunsegoer Handschriften aufgenommenen Rechtssatzungen erscheint überall älter als das vierzehnte Jahrhundert; namentlich ist in ihnen keine Spur von einer Benutzung der wichtigen Leges Upstalsbomicae von 1323 (gedruckt unten in §. 17) enthalten, über die sich das Hunsego, wie die es umschliefsenden Landschaften, mit dem Westergo verständigt hat, und deren Inhalt 1361 noch speciell vom Hunsego und von andern friesischen Landdistrikten in Groningen anerkannt und durch Zusätze vermehrt worden ist, s. unten §. 29. Auch die andern in meinen friesischen Rechtsquellen p. 343—351 gedruckten Statuten aus dem Hunsego, die der zweiten Hälfte des vierzehnten Jahrhunderts angehören, sind reich an Rechtsbestimmungen, die jünger sind, als die der beiden Hunsegoer Handschriften.

Die ältesten, mir bekannten friesischen Rechtshandschriften ausser den beiden Hunsegoern sind die zwei Handschriften des Brokmerrechts und die Oldenburger des Rüstringerrechts. Von ihnen ist die eine Handschrift des Brokmerrechts 1345 geschrieben (s. Fries. Rq. p. XV); ich erhielt sie 1840 in Göttingen durch Pertz aus der Bibliothek des Herzogs von Cambridge zu Hannover zur Benutzung und gab von ihr in meinen Friesischen Rechtsquellen ein Facsimile; sie ist jetzt der Königlichen Bibliothek zu Hannover einverleibt, und wird in Bodemanns Katalog der Handschriften zu Hannover 1867 p. 310 unter No. XXII, 1423 MS. aufgeführt. Die andere früher von Wicht benutzte Pergamenthandschrift des Brokmerrechts, die ich 1840 Fries. Rq. p. XV als verloren bezeichnete, wurde mir 1841 von Christian Ludwig Runde, nachdem sie wieder aufgefunden war, und er sie für die Oldenburger Regierung angekauft hatte, zur Vergleichung nach Berlin geschickt. Sie hat kein Jahr, ist in etwas älterer Schrift als die andere geschrieben; wie Wicht Vorbericht p. 155 meint, im dreizehnten Jahrhundert; jedenfalls nach 1276, da in ihr im Brokmerbrief die Bischofssühne von jenem Jabre berücksichtigt ist. Die Oldenburger Pergamenthandschrift des Rüstringer Rechts, das sogenannte Asegabuch, hat ebenfalls keine Angabe über das Jahr, in dem sie geschrieben ist; s. Fries. Rq. p. XIII. Sie ist ihrem Inhalt nach älter, als die 1327 datirte verlorene Rüstringer Handschrift, die nach einer Oelrichs'schen unvollständigen Abschrift in Fries. Rq. p. 536 gedruckt und Einleitung p. XIII besprochen ist. Die Schrift der Oldenburger Rüstringer Handschrift halte ich für älter, als die der beiden Brokmer Handschriften. In der Einleitung zu den Friesischen Rechtsquellen Göttingen 1840 p. XXIII setzte ich die beiden Hunsingoer Handschriften von Wicht und von Scaliger in den Schluſs des vierzehnten Jahrhunderts; ihre genauere wiederholte Vergleichung, die mir damals nicht möglich war, läſst sie mich jetzt für älter halten. Meiner früheren Annahme trat bei Hettema Oude Friesche Wetten 1846, I, p. VII. Er hatte 1834, als ich Leuwarden besuchte, die beiden Handschriften von Herrn P. Wierdsma geliehen, der es ihm überlieſs, ob er sie mir zur Vergleichung geben wolle. Hettema konnte sie nur eine Nacht entbehren, in der es mir nicht möglich war, das Scaliger'sche Manuscript durchweg neben dem Wicht'schen zu vergleichen. Dadurch, daſs ich dies in der Vorrede der Friesischen Rechtsquellen p. XXIII angab, ohne dabei Hettema zu nennen, habe ich mich gegen ihn in keiner Weise undankbar gezeigt, wie er mir dies Oude Friesche Wetten p. VII vorgeworfen hat.

Um das Jahr festzustellen, aus denen die am Schluſs des dreizehnten Jahrhunderts in den Hunsingoer Manuscripten von Wicht und von Scaliger abgeschriebene Hunsegoer Handschrift stammte, fehlt es mir an einem speciellen Grunde; ich setze sie nur wenige Jahre früher, als die beiden Abschriften. Sie kann nicht vor 1252 geschrieben gewesen sein, indem die Hunsegoer Küren von 1252 in ihr aufgenommen waren; aber auch diese waren es nicht in lateinischer Sprache, in der sie, wie ihr Schluſs zeigt, 1252 verfaſst wurden, sondern in einer friesischen Uebersetzung; wie denn neben dem im Vetus Jus Frisicum befindlichen lateinischen Text der Siebzehn allgemeinen friesischen Küren, der Vierundzwanzig Landrechte und der allgemeinen Bufstaxen die Hunsegoer verlorene Handschrift, zu Folge der beiden von ihr erhaltenen Abschriften, auch eine spätere friesische Ueberarbeitung von diesen Stücken für das Hunsego lieferte[1]).

Lediglich durch die beiden Hunsegoer Handschriften kennen wir das Vetus Jus Frisicum, in dem einzig und allein der lateinische Text der Siebzehn Küren und Vierundzwanzig Landrechte erhalten ist, und scheinen demnach berechtigt, den Text des Vetus Jus Frisicum, wie er im vorigen Paragraphen gedruckt ist, somit auch den uns erhaltenen lateinischen Text der Siebzehn Küren und Vierundzwanzig Landrechte als bald nach 1252 vorhanden anzunehmen.

§. 7. Die Siebzehn Küren sind nicht unter Karl dem Grossen verfasst.

Darauf, dafs mehrere Stellen der Siebzehn Küren bei einzelnen Rechtssätzen sagen, sie seien den Friesen von König Karl gegeben, hat man vielfach die Behauptung gestützt, die allgemeinen Siebzehn friesischen Küren seien unter ihm verfafst. Dies ist in aller Weise verwerflich. Die Aussage der Siebzehn Küren beweist überhaupt nichts, da sie für die Zeit des König Karl nicht als quellenmäfsig gelten kann; sie ist aber auch völlig unrichtig, wie jede Vergleichung der als von Karl herrührend angeführten Rechtssätze mit dem Inhalt der authentisch von ihm für Friesland erlassenen Gesetze zeigt.

1. Die Stellen der Siebzehn Küren, die des König Karl erwähnen, sind folgende:

Die Küre 1 bestimmt: „Haec est prima petitio et Karoli regis concessio omnibus Frisonibus, quod universi rebus propriis utantur, quamdiu non demeruerunt possidere"; s. oben p. 33. Uebereinstim-

---

[1]) In den beiden Handschriften steht hinter dem Vetus Jus Frisicum eine Abschrift des lateinischen Privilegium Karls des Grofsen, s. oben p. 63. Ist es richtig, dafs dies erst in den Jahren 1276 — 1287 verfafst wurde, wie ich unten in Cap. V. § 7 darzulegen suche, so mufs bald nachher jenes Privilegium in der älteren Hunsingoer Handschrift abgeschrieben sein, und wird sie dadurch speciell dem Ende des dreizehnten Jahrhunderts überwiesen.

mend bezeichnen die friesischen Ueberarbeitungen der ersten · Küre aus Hunsego, Fivelgo, Emsgo und Rüstringen ihren Inhalt als „thes kyning Kerles jeft", Fries. Rq. p. 2, 2; die Ueberarbeitung aus dem Westergo und die der Rüstringer Handschrift von 1327 übergehen es.

Küre 7 lautet: „Omnes Frisones in libera sede consistant, et hoc donavit eis Karolus rex, ut christiani fierent, et subjecti essent australi regi, et clepskelde (emendire „clepskelde denegarent") et huslotha solverent, quibus comparaverunt nobilitatem et libertatem, quia Frisones olim ultra oceanum subditi erant"; s. oben p. 35. Uebereinstimmend sagen die friesischen Ueberarbeitungen der Küre aus Westergo, Hunsego, Fivelgo, Emsgo und Rüstringen: „thet ur-jef us thi kinig Kerl", Fries. Rq. p. 10, 12.

Küre 10 sagt: „Decima petitio est, Frisones non oportere exercitum ducere ulterius, quam ad Wiseram versus orientem, et versus occidentem usque Fli, versus austrum non remotius, quam possint in vespere redire, ut eorum possint patriam tenere contra fluctus et contra gentilem exercitum. Petivit autem rex Karolus, quod ipsi ultra proficisci vellent, in orientem usque Hiddesekkere, et in occidentem usque Singfallum. Et obtinuerunt id Frisones apud Karolum, quod ipsi bannos suos ultra non servarent, quam in orientem ad Wiseram et in occidentem usque Fli"; s. oben p. 37. In ähnlicher Weise erklären die friesischen Ueberarbeitungen der Küre aus Westergo, Hunsego, Fivelgo, Emsgo und Rüstringen, dafs „kinig Kerl" den Friesen weitere Heerfahrt geboten und dann sich mit näherer begnügt habe; s. unten p. 79. Der Rüstringer Text setzt noch hinzu: „Nu skilu wi Frisa halda usera aldera kest and kera and thera kininga jeva, als us thi kinig Kerl an tha fria stole bifel", Fries. Rq. p. 19, 8.

In Küre 17: „Septima decima electio est et regis Karoli concessio, quod singuli Frisones placitent per duorum allegationes et secundum asega judicium; et singuli sciant sibi ipsis in reliquiis, quid fecerint, preter quinque causas; illas tulit Karolus rex omnibus Frisonibus"; s. oben p. 39. Aehnliches erklären als „thes kiningis Kerles jeft" die friesischen Texte der Küre aus Westergo, Hunsego, Fivelgo, Emsgo und Rüstringen, Fries. Rq.

p. 26, 26. In den friesischen Texten der fünf Wenden, d. i. der „quinque causae", wiederholen der aus Westergo und der aus Rüstringen, daſs König Karl die Wenden festgesetzt habe: „Tha Frisa thingadon withir thene kinig Kerl, thet hia moste alle seka mith tha withon fon wisa; tha nam hi of fif wenda, ther send alle Frison fremo and fere", Fries. Rq. p. 33, 2.

Der Schluſssatz der Siebzehn Küren lautet: Haec sunt septem-decim petitiones sive electiones, quas Frisones pecunia sua com-paraverunt... Deinde petivit rex Karolus et postea prae-cepit eis, quod ipsi omnes legitimas et rectas res servarent, quamdiu viverent; et quicumque eos petitionibus spoliarent, illos judicavit et condempnavit"; s. oben p. 41. Damit stimmen überein die friesischen Texte der Siebzehn Küren aus Westergo, Hunsego, Fivelgo, Emsgo und Rüstringen, nur daſs in den Texten aus Emsgo, Fivelgo und Westergo die Siebzehn Küren noch ausdrücklich als von König Karl verliehen bezeichnet werden: „Thit send tha sogenthena kesta, ther thi keneng Kerl alle Fresum ur-jef, and hia mit hira fia capaden", Fries. Rq. p. 28, 17.

2. Mit klaren Worten sprechen es die Friesen in den vier angeführten Artikeln aus, daſs ihnen die darin enthaltenen Rechte von König Karl verliehen seien, und deuten es am Schluſs der Küren für alle Siebzehn Artikel an. Dies genügt in keiner Weise, um zu behaupten, die Siebzehn Küren seien wirklich zur Zeit König Karls abgefaſst; im Gegentheil nöthigt die Art, wie das Statut über König Karl spricht, anzunehmen, daſs es erst zu einer Zeit auf-gezeichnet ist, als sich in Friesland Sagen über den groſsen König gebildet hatten, die das dreizehnte und vierzehnte Jahrhundert weiter entwickelten. Nach dem Statut sollen die Friesen bei ihrer Unterwerfung unter König Karl bestimmte Rechte von ihm gefor-dert und gegen Zahlung von Geld bewilligt erhalten haben.

Inbetreff der Begründung der einzelnen Rechtssätze heiſst es, König Karl habe sie den Friesen geschenkt, habe ihnen durch sie eine Concessio gemacht: „Et hoc donavit eis Karolus rex" in Küre 7; „Hec est prima petitio et Karoli regis concessio omni-bus Frisonibus" in Küre 1 und 17. Karl, wird erzählt, habe, in-dem er die einzelnen Rechte gewährte, Bestimmtes von den Friesen

gefordert: „petivit rex Karolus, quod Frisones ultra proficisci
vellent ... et obtinuerunt id Frisones apud Karolum" in Küre 10,
und „deinde petivit rex Karolus et postea praecepit eis, quod" im
Schlufssatz der Siebzehn Küren. Bei Aufzählung der fünf Ausnahmen
vom Reinigungseide, der sogenannten Wenden, die König Karl bestimmt haben soll, heifst es: „quinque causas tulit Karolus rex
omnibus Frisonibus" (im friesischen Rüstringer Text übertragen
durch: „tha nam thi kinig Kerl of fif wenda", Fries. Rq. p. 33, 4).
Da, wo der lateinische Text in Küre 1 und 17 von einer „concessio" König Karls des Grofsen spricht, setzen die friesischen
Texte „jeft" (Gabe) und für „donare" in Küre 7 das friesische „jeva."

Jede Vergleichung der authentischen, von Karl dem Grofsen
herrührenden Leges und Capitularien mit den Siebzehn Küren ergiebt, dafs sie nicht in der Zeit Karls aufgezeichnet sein können.
Die Leges Kaiser Karls sind von ihm für einzelne zum fränkischen
Reich gehörende Völkerschaften erlassen. Seine Capitularien sind
gesetzliche Verordnungen für das ganze Reich oder einzelne Theile
desselben. Mit einem Statut, wie es die Siebzehn friesischen Küren
sind, haben die Gesetze und Capitularien der Form nach nicht die
geringste Aehnlichkeit. Nirgends wird in der Lex Frisionum und
deren Additio berichtet, dafs König Karl einzelne Rechtssätze eingeführt habe, wie es in den angeführten Stellen der Siebzehn Küren
geschieht; am wenigsten werden einzelne Rechte, wie in den Küren,
als Petitiones oder Electiones bezeichnet, die der König den Friesen
geschenkt oder bewilligt und nach mit ihnen gepflogenen Unterhandlungen und gegen Geldzahlungen eingeräumt habe. Wenn offenbar
auch in dem lateinischen, dem ältesten erhaltenen Text der Siebzehn
Küren, ein ursprünglich vorhandener Eingang und Schlufs fehlt, so
kann er nach der ganzen Fassung der Siebzehn Küren doch nur
gesagt haben, wie es andere friesische Statute des dreizehnten und
vierzehnten Jahrhunderts thun: in dem und dem Jahre haben wir
benannte Personen uns dahin geeinigt, für die und die friesischen
Gegenden die folgenden Sätze als geltendes Recht aufzustellen,
während dann am Schlufs der Ausstellungsort angegeben, und das
Statut durch Unterschrift und Siegel der Aussteller beglaubigt wird.
Indem die Friesen die siebzehn Artikel als solche, die bei ihnen

geltendes Recht sein und bleiben sollten, aufzeichneten, fügten sie hinzu, daſs sie von Alters her in Friesland Rechtens gewesen seien, daſs sie bereits König Karl für alle Friesen anerkannt habe. Eine derartige Berufung auf König Karl kann an sich die behauptete Thatsache nicht beweisen; sie wird völlig werthlos; wenn die Vergleichung des von ihm erwiesener Maſsen den Friesen gegebenen Rechts zeigt, daſs es ein wesentlich verschiedenes war, daſs das Statut der Siebzehn Küren Rechtssätze als von König Karl den Friesen gegeben anführt, die in grellem Widerspruch mit denen stehen, die er nach der Lex Frisionum und deren Additio erlassen hat.

3. Es ist nicht erforderlich, hier den Inhalt aller Bestimmungen der Siebzehn Küren mit denen der Lex Frisionum und der Additio legis Frisionum zu vergleichen; bei vielen von ihnen geschieht es im Verlauf der Abhandlung; um ihren Gegensatz zu den Gesetzen Karls des Groſsen darzuthun, und daſs sie um Jahrhunderte später abgefaſst sind, mag ein Beispiel aus den Siebzehn Küren genügen.

Als Gesetze Karls des Groſsen für Friesland besitzen wir die Lex Frisionum und die Additio Legis Frisionum. In der Vorrede zur Lex Frisionum im III. Bande der Leges der Monumenta Germaniae, Hannover 1863 p. 642 habe ich gezeigt, daſs die Lex Frisionum, wie sie uns vorliegt, ein Volksrecht ist, das Karl der Groſse um 785 für ganz Friesland vom Sinkfal bei Brügge bis zur Mündung der Weser erlassen hat. Er legte ihr eine ältere, nicht auf uns gekommene Lex Frisionum zu Grunde, die nach der Eroberung des mittleren Frieslands vom Fli, oder der Mündung der Zuiderzee, bis zur Laubach von Karl Martell oder seinem Sohn König Pippin erlassen worden war. Nachdem Karl der Groſse das östliche, vorher noch heidnische und unabhängige Friesland von der Laubach bis zur Weser mit den angrenzenden sächsischen Landschaften unterworfen und dem fränkischen Reiche einverleibt hatte, publicirte er die ältere Lex, umgearbeitet für ganz Friesland von der Weser bis zum Sinkfal bei Brügge in Flandern[1]), also für

[1]) Ueber die Lage des Sinkfal vgl. Praefatio ad Legem Frisionum p. 634 und unten Cap. IV §. 7.

das östliche Friesland, das er erst 785 unterworfen hatte, für das mittlere, das seit 734, und das westliche, das bereits früher dem fränkischen Reiche einverleibt war; indem er den für das mittlere Friesland geltenden alten Text der Lex Frisionum modificirte, und den einzelnen Bestimmungen die Satzungen beifügte, in denen das Recht des östlichen Friesland zwischen Laûbach und Weser, sowie das des westlichen zwischen Sinkfal und Fli abwich. Die Additio zur Lex Frisionum enthält unter Karl dem Grofsen um 802 aufgezeichnete Abänderungen und Ergänzungen für ganz Friesland, wie sie die Umgestaltung der Verhältnisse im fränkischen Reich erforderlich gemacht hatte.

Vergleichen wir nun mit dem Inhalt der authentischen Gesetze König Karls die zehnte Küre. Nach ihr haben die Friesen nicht weiter Heerfahrt zu leisten, als im Osten bis zur Weser, im Westen bis zum Fli, im Süden nicht entfernter, als dafs sie am Abend heimkehren können, um ihr Land gegen die Fluthen des Meeres und das heidnische Heer zu schützen. Wohl habe König Karl verlangt, sie sollten weiter Heerfolge leisten, im Osten bis gen Hitzacker, im Westen bis zum Sinkfal; doch hätten die Friesen von ihm erreicht, dafs sie seinem Heerbanne nicht weiter zu folgen hätten, als im Osten bis zur Weser, im Westen bis zum Fli. Vgl. den lateinischen Text der Küre 10 oben in §. 5, p. 37 und die friesischen Ueberarbeitungen in Fries. Rq. p. 16.

Während die Lex Frisionum von Karl für Friesland vom Sinkfal bis zur Weser erlassen ist, er in ihr abweichendes Recht für die Friesen zwischen Sinkfal und Fli, für die vom Fli bis zur Laubach und endlich für die von der Laubach bis zur Weser unterscheidet, erscheinen in der zehnten Küre als Friesen nur die Bewohner der beiden früheren östlichen Drittel, die zwischen Weser und Fli; das friesische weite Land von der Mündung der Zuiderzee bis zur Grenze Flanderns bei Brügge, aus dem die spätern niederländischen Provinzen Holland und Zeeland entstanden sind, wird nicht zu Friesland gerechnet.

Die zehnte Küre erklärt es für eine Forderung König Karls an die Friesen, bis zum Sinkfal bei Brügge zu ziehen, von der er Abstand genommen habe. Nach der 785 von Karl publicirten Lex

Frisionum war das Sinkfal die Westgrenze Frieslands; hätte der König wirklich den Friesen, weil ihr Land den Fluthen des Meeres und den Einfällen der heidnischen Seeräuber ausgesetzt war, als ein Recht bewilligt, keine auswärtige Heerfolge zu leisten und nur ihre Grenzen zu vertheidigen, so hätte er von ihnen fordern müssen, bis zum Sinkfal zu ziehen, nicht aber, wie die friesische Küre 10 angiebt, nur bis zum Fli, jenseits dessen unter ihm das ganze westliche Drittel Frieslands erst begann und bis zum Sinkfal bei Brügge reichte. Unmöglich hätte ein Friese zur Zeit Karls in der angeblichen Forderung des Königs, Friesland bis zum Sinkfal zu schützen, finden können, dafs er von ihnen Heerfolge im Westen weit über die Landesgrenze hinaus verlangt habe, gleichwie eine derartige Forderung darin gelegen hätte, Heerfolge im Osten bis nach Hitzacker an der Elbe zu thun. Die zehnte Küre will nur Friesland von der Weser bis zum Fli geschützt wissen, nur diesem Lande gehörten die friesischen Gaue an, für die die Siebzehn allgemeinen friesischen Küren verfafst wurden; sie erklären, König Karl habe dem zugestimmt. Dafs sie das sagen, beweist unmittelbar, dafs die Siebzehn Küren erst lange nach ihm verfafst sind zu einer Zeit, als man über ihn nicht mehr Bestimmtes in Friesland wufste und alle Angaben aus sagenhaften Erzählungen schöpfte, die sich im Lande in reicher Fülle über den grofsen König entwickelt hatten.

Von einem Recht, das Karl den Friesen eingeräumt habe, keine Heerfolge aufserhalb ihrer Grenzen thun zu müssen, wissen aber auch seine Gesetze kein Wort. In den Chroniken erscheinen die Friesen, wie die Angehörigen der andern Völkerschaften des Reichs im königlichen Heere: z. B. sind 789, als der König gegen die Wilzen zieht, Friesen in seinem Heere; er selbst geht über die Elbe, und schickt einen aus Friesen und Franken bestehenden Heerhaufen die Havel aufwärts. Die Annales Laureshamenses erzählen 789: „et fuerunt cum eo in eodem exercitu Franci, Saxones, Frisiones autem navigio per Habola fluvium cum quibusdam Francis ad eum conjunxerunt“, M. G. I p. 174; vgl. auch die Annales Einhardi beim Jahre 789 in M. G. I p. 350. Ebenso finden wir 791 die Friesen zu Regensburg, als der König gegen die Avaren zieht;

er läfst das fränkische Hauptheer auf dem rechten Donauufer vor-
rücken, auf dem linken Franken, Sachsen und den gröfsten Theil
der Friesen. Die Annales Laureshamenses sagen: „Saxones cum
quibusdam Francis et manu plurima Frixonum de aquilonale parte
Danubii iter peregerunt", M. G. I. p. 176; vgl. auch die Annales
Einhardi in M. G. I p. 177. Sachsen und Friesen kehrten nach Beendi-
gung des Feldzugs durch Böhmen heim: „Saxones autem et Frisiones cum Theoderico et Meginfrido per Behaimos regressi sunt",
Annal. Einhardi in M. G. I. p. 177. Der hier genannte Theoderich
führt 793 bei einem Aufstand der Sachsen und Friesen gegen die
Franken ein Heer durch das friesische Rüstringen an der Weser,
das von den Sachsen vernichtet wurde; vgl. Annal. Einhardi in
M. G. I. p. 179, Poeta Saxo in M. G. I. p. 249 und Annales Mo-
sellani in M. G. XVI. p. 498. — Bestimmteres über die Heerfolge
der Friesen verordnet Karl der Grofse im Capitulare von 807: aufser
den Lehnsbesitzern sollen alle Berittenen gut gerüstet zum Placitum
kommen, von den Aermeren sollen sechs den siebenten dazu aus-
rüsten: „De Frisionibus volumus, ut comites et vassalli nostri, qui
beneficia habere videntur, et caballarii, omnes generaliter ad placitum nostrum veniant bene praeparati. Reliqui vero pauperiores,
sex septimum praeparare faciant, et sic ad condictum placitum bene
praeparati hostiliter veniant." M. G. Leges I. p. 149.

4. Das lateinische sogenannte Privilegium Kaiser Karls über
die Freiheit der Friesen, das nach Cap. V erst am Schlufs des
dreizehnten Jahrhunderts fabricirt sein kann, läfst Kaiser Karl den
Friesen umfassende Rechte gewähren. In geringerer Ausdehnung
ist dies der Fall in einer etwas ältern gereimten Erzählung in friesischer Sprache über von Karl den Friesen verliehene Freiheiten, die
in den oben p. 63 in §. 6 besprochenen Hunsegoer Rechtshandschriften
aus dem dreizehnten Jahrhundert aufgenommen ist, gedruckt in
Fries. Rq. p. 351. Von noch geringerem Umfang, und in mancher
Beziehung von anderer Beschaffenheit, sind die Rechte, die König
Karl nach dem lateinischen Text der Siebzehn Küren den Friesen
verliehen haben soll; auch sie können nach dem Inhalt der authentischen Gesetze Karls den Friesen nicht von ihm gegeben sein.
Alle Angaben in den spätern friesischen Rechtsaufzeichnungen über

König Karl und die von ihm den Friesen gewährten Rechte sind
ohne geschichtlichen Werth. In keiner der umfangreichen friesischen Rechtsaufzeichnungen, die aus dem zwölften und dreizehnten
Jahrhundert erhalten sind, findet sich eine einzige Stelle, die aus
der Lex Frisionum oder deren Additio genommen ist, so unleugbar
das in beiden behandelte Recht bei aller Verschiedenheit im Einzelnen zusammenhängt und in seinen Grundlagen übereinstimmt.
Die spätern Rechtsaufzeichnungen haben nirgends aus der Lex oder
deren Additio geschöpft[1]), ja man wird behaupten müssen, im
zwölften und dreizehnten Jahrhundert kannten die Friesen jene
Leges überhaupt nicht mehr, wufsten nicht einmal, dafs sie vorhanden seien. War nun aber die wirkliche Kenntnifs von Karls
Verhalten und seiner Gesetzgebung in Friesland nach kurzer Zeit
verschollen, und mögen dabei die zahlreichen Einfälle der Nordmannen nicht wenig eingewirkt haben, die das Land immer wieder
heimsuchten, oft zum grofsen Theil verheerten und zeitweise besetzten: so klang doch sein Name in Friesland unvergessen fort,
in dessen gesammte Verhältnisse er so gewaltig eingegriffen hatte,
in dessen östlichen Gegenden er zuerst das Heidenthum mit seinen
Tempeln und Menschenopfern vernichtet und in ihm das Land in
fränkischer Weise Grafen untergeordnet hatte. Friesische Rechtsaufzeichnungen des dreizehnten Jahrhunderts erzählen von Kämpfen
des guten König Karl, den sich die Friesen bei der Eroberung
Roms zu wärmstem Dank verpflichtet hatten, mit Radbod, dem
alten Fürst der Friesen, der ihnen für einen König der Dänen gilt,
zwischen dem und Karl ein Gottesurtheil zuletzt entschieden hat;
vgl. aus dem Westerlauwerschen Friesland die Sage über König
Karl und Radbod und die Küren des Magnus, Fries. Rq. p. 439
und p. 440. Bald beginnt man in Friesland alle alten Einrichtungen, die man beibehalten oder wiedererringen will, indem man
glaubt, sie seien seit einiger Zeit verdrängt, auf Karl den Grofsen
zurückzuführen; er soll sie gegründet oder wiederhergestellt haben;

---

[1]) Ohne allen Grund findet Beucker Andreae Jus municipale Frisicum
1840 p. 100 in dem oben p. 33 gedruckten Vetus Jus Frisicum und namentlich in den Siebzehn Küren einen Codex repetitae praelectionis der
Lex Frisionum.

auf seine Autorität beruft man sich im Streit. Unter dem, was die einzelnen Aufzeichnungen dem König beilegen, herrscht die gröfste Verschiedenheit. Es zeigt sich dies am deutlichsten bei dem, was er den Friesen als Freiheit nach dem lateinischen Privilegium über friesische Freiheit, nach der gereimten Sage in den Hunsegoer Handschriften und nach dem lateinischen Text der Siebzehn Küren verliehen haben soll. Die Verhältnisse verändern sich in Friesland im zwölften und dreizehnten Jahrhundert mehr und mehr. Die Rechte, die die Küren aufzählen, sind geringer, als die der friesischen gereimten Sage, und diese wieder, als die des lateinischen Privilegium; in allen dreien beruft man sich darauf, dafs König Karl sie verliehen habe. Keine dieser Berufungen hat einen geschichtlichen Werth. Wir sehen, wie die Sage über den König und die Freiheiten, die er den Friesen verliehen haben soll, an Umfang gewinnt; wir müssen aus dem Gegensatz der geringeren Rechte, die er den freien Friesen nach den Küren gegeben haben soll, schliefsen, dafs die Küren früher aufgezeichnet sind, als die in den Hunsegoer Rechtshandschriften erhaltene gereimte Sage, und sie wiederum früher, als das lateinische Privilegium. Der folgende §. 8 soll die Gründe angeben, die dafür geltend zu machen sind, dafs der lateinische Text der Siebzehn Küren im zwölften Jahrhundert verfafst ist. Die friesischen inneren Verhältnisse der zweiten Hälfte des zwölften Jahrhunderts entsprechen den Rechten, die bei ihrer Aufstellung in den Küren als von Karl dem Grofsen herrührend behauptet werden; im dreizehnten, und namentlich am Schlufs des dreizehnten Jahrhunderts, würden die Verfasser eines ähnlichen friesischen Statuts andere Rechte beansprucht und als von König Karl den Friesen verliehen bezeichnet haben. Am weitesten gehen die späten sagenhaften Küren des Magnus; nach ihnen hat Magnus, der der Fahnenträger der Friesen war, zu Rom unter Zustimmung aller Friesen als siebente Küre gewählt, dafs ihnen Papst Leo und König Karl eine besiegelte Urkunde gebe mit den Sieben Küren, Siebzehn Kesten, Vierundzwanzig Landrechten und Sechsunddreifsig Sendrechten; die Worte lauten: „Dae kaes Magnus dine saunda ker, ende alle Fresen oen sine ker jechten, dat him di paevs Leo ende di koningh Kaerl een breef wolden

jaen ende een insighel, deer hya mosten oen scriva saun kerren,
saunteen kesta, fiower ende XX landriuchta ende XXXVI sindriuchta",
Fries. Rq. p. 441, 30. Die Küren erzählen dann weiter, wie Papst
und König mit Mund und Hand versprochen hätten, die Urkunde
auszustellen, und wie, nachdem sie ausgestellt, die Friesen sie nach
Almenum bei Harlingen heimgebracht hätten. , Hiernach standen in
der Urkunde König Karls neben den Siebzehn Küren und Vierundzwanzig Landrechten, von denen das oben §. 5 gedruckte sogenannte
Vetus Jus Frisicum die ältesten lateinischen Texte enthält, die Sechsunddreifsig Sendrechte, unter denen das, Fries. Rq. p. 401 bis 410
gedruckte, Westerlauwersche Sendrecht der Utrechter Diöcese aus dem
dreizehnten Jahrhundert zu verstehen ist; auch die, Fries. Rq. p. 440
gedruckten, völlig sagenhaften Sieben Küren des Magnus, die in
einer Fassung auf uns gekommen sind, die dem Beginn des fünfzehnten Jahrhunderts angehören mag; s. unten Cap. V, §. 7. Das
älteste lateinische unechte Privilegium Karls gedenkt mit keinem
Wort der Siebzehn Küren und der andern hier neben ihnen genannten friesischen Rechtsaufzeichnungen.

5. Mit Rücksicht auf die Angabe der Siebzehn Küren, dafs
ihr Inhalt von Karl dem Grofsen herrühre, und auf die späterer
Rechtsaufzeichnungen, dafs sie von ihm urkundlich den Friesen
verliehen seien, haben viele Aeltere und seltsamer Weise auch noch
Neuere angenommen, die Siebzehn Küren rührten von König Karl
her. Sie haben meistens dabei nicht bestimmt ausgesprochen, ob
nach ihrer Ansicht nur der Inhalt der Siebzehn Küren auf König
Karl zurückzuführen sei, oder ob sie als ein bestimmtes Statut von
ihm erlassen oder bestätigt seien, von dem uns dann vielleicht nur
ein späterer abgeänderter Text erhalten wäre. Ich nenne hier
beispielsweise: Ubbo Emmius Historia rerum Frisicarum 1616 p. 71
und 87, Wicht Ostfriesisches Landrecht 1746, Vorbericht p. 97,
Halsema in Verhandelingen pro excolendo jure patrio 1778, II,
p. 152, 155, 416, de Rhoer in Pro excolendo jure patrio 1781,
III, 1, Vorrede zum Vetus Jus Frisicum p. XXVIII, Wiarda
Asegabuch 1805 p. XXIII, Acker Strathing Aloude Staat 1852,
II, 2, p. 270. Wiarda sagt ausdrücklich: „Aus den von mir angeführten Thatsachen folgere ich, dafs der Ursprung der Küren

und selbst der späteren Landrechte in die Epoche der Karolinger
fallen müsse. Ob aber Karl der Grofse selbst, wie es die Küren
vermelden, die Friesen damit begnadigt oder vielmehr die von
ihnen entworfenen und ihm überreichten Küren bestätigt habe, und
die Landrechte als Zusätze und Verbesserungen der Küren unter
einem seiner Nachfolger entstanden sein mögen, lasse ich dahin-
gestellt sein". Acker Strathing vertritt unmittelbar die am Schlufs
der vorigen Nummer angeführte Angabe der siebenten Küre des
Magnus. Nach ihm sollen, wobei er sich auf Hettema beruft, die
historisch völlig werthlosen Küren des Magnus den ursprünglichen
Vertrag enthalten, durch den sich die Friesen Karl dem Grofsen
unterworfen gehabt; seine Satzungen seien dann in die Siebzehn
Küren Karls aufgenommen.

Um das hohe Alter der Siebzehn Küren noch bestimmter darzuthun, hat man sich meistens in sehr unkritischer Weise auf
ihren Inhalt berufen. Daraus, dafs sie Rechtsverhältnisse behandeln, die in ähnlicher, wenn oft auch in sehr verschiedener Weise,
in der Lex Frisionum vorkommen, schliefst man, dafs sie der Zeit
Karls angehören, während dieselben Rechtsverhältnisse noch in
Urkunden und Statuten des dreizehnten und vierzehnten Jahrhunderts als in Friesland fortbestehend begegnen. Die Lex Frisionum spricht von Nobiles, Liberi, Servi, von Wergeld und Bufsen,
Königsbann und Friedensgeld, die Siebzehn Küren thun es auch;
es geschieht aber auch in den Hunsegoer Küren von 1252, in der
Bischofssühne von 1276, in den Emsiger Domen von 1312, in den
Leges Upstalsbomicae von 1323 und in nicht wenigen andern frühern
und spätern friesischen Rechtsaufzeichnungen.

Mit einem gewissen Schein für das hohe Alter der Siebzehn
Küren beruft sich Wiarda darauf, dafs in ihnen die Missi dominici
vorkämen, dafs sie über Einfälle der Nordmannen in Friesland
handelten, und dafs sie in friesischer Sprache abgefafst seien.
Alle drei Punkte beweisen aber nicht das Geringste.

6. Bei den Missi dominici hebt Wiarda Asegabuch
p. XXIII hervor, „dafs sie nach Abgang der Karolinger
nicht mehr in die fränkischen Provinzen gesandt worden seien" und doch in den Siebzehn Küren vorkämen,

diese also in der Zeit der Karolinger verfaſst sein
müſsten.

Man hat zu unterscheiden zwischen den in bestimmter Weise
von Kaiser Karl organisirten Missi dominici, die regelmäſsig alle
Jahre einzelne dafür bestimmte Theile des Reichs bereisen, die
königlichen Beamten in ihnen revidiren und alle Verhältnisse überwachen sollten, und zwischen den Bevollmächtigten, die die deutschen
Könige, wie in der Zeit Karls des Groſsen und seiner nächsten
Nachfolger, so in früherer und späterer Zeit zu bestimmten Zwecken
an einzelne Orte des Reichs entsendeten; vgl. Eichhorn, Deutsche
Rechtsgeschichte §. 160, und Waitz, Verfassungsgeschichte 3,
p. 386. Wenn irgend ein Dokument einen Legatus oder Nuntius
regis erwähnt, so berechtigt nichts anzunehmen, es sei von einem
Missus dominicus im Sinne der von Kaiser Karl, Ludwig dem
Frommen, und einigen der nächstfolgenden Kaiser, eigenthümlich
eingerichteten Missi dominici die Rede. Wenn der älteste Theil
der Lex Frisionum Tit. XVII, c. 3 von einem „legatus regis vel
ducis" spricht und angiebt, was für ein Wergeld und Fredum bei
dessen Tödtung zu zahlen ist, so vermag ich nicht mit Halsema
Pro Excolendo II, p. 35 und 79 und Andern an einen Missus dominicus im engern Sinne zu denken. Keine einzige Stelle der Siebzehn Küren kann irgendwie auf einen solchen bezogen werden. Ihr
ältester lateinischer Text erwähnt überhaupt keinen Legatus oder Nuntius regis, geschweige einen Missus dominicus oder regius; in spätern
friesischen Ueberarbeitungen der neunten und sechzehnten Küre (Fries.
Rq. p. 15, 10 und p. 26, 5) ist allerdings von einem „Weldega
Boda" des Königs die Rede, doch so, daſs nicht entfernt an einen
Missus dominicus im Sinne Karls des Groſsen gedacht sein kann.

7. Die Nordmannen, nimmt man an, wären nach dem
Jahre 1010 nicht mehr in Friesland eingefallen; da
nun die Küren über die Verhältnisse der Friesen zu
den Nordmannen und namentlich über die Art, wie sie
sich gegen ihre Einfälle zu vertheidigen hätten,
sprächen, so müſsten sie früher abgefaſst sein, und
ihre Angabe, es rühre das in ihnen enthaltene Recht
von König Karl her, werde dadurch bestätigt.

Der Grund ist haltlos. Die Einfälle der Nordmannen haben auch nach 1010 fortgedauert, und die Bestimmungen der Küren über Vertheidigung Frieslands gegen sie, und überhaupt über die Verhältnisse der Friesen zu den Nordmannen, nöthigen, ihren Ursprung in spätere Zeit herabzurücken, da sie mit Allem, was darüber aus dem Zeitalter Kaiser Karls überliefert ist, unvereinbar sind:

a) Die Behauptung Aelterer, dafs die letzten Einfälle der Nordmannen in Friesland um 1010 erfolgt seien, wiederholen Wicht Ostfriesisches Landrecht 1746, Vorbericht p. 99, Wagenaar Vaderlandsche Historie 1749, Buch VI, §. 17, Halsema in Verhandelingen pro excolendo jure patrio 1778, II, p. 153, Wiarda Asegabuch 1805, p. XXV, Acker Strathing Aloude Staat 1852, II, 2, p. 270. Sie berufen sich dabei auf Alpertus de diversitate temporum in M. G. VI. p. 704 und 705, demzufolge nicht 1010, sondern 1006 und 1007 Flotten der „Nordmanni" auf Merwe, Waal und Lek bis Tiel vorgedrungen sind. — Beim Jahre 1042 erzählt Adam von Bremen II, c. 74: „ipso tempore Ascomanni et piratae per ostium Wirrahae progressi usque ad Lismonam venerunt insperate omnia vastantes", M. G. IX. p. 332; die Stelle berichtet einen Einfall der Nordmannen auf der Weser bis Lesum. Die Nordmannen werden vielfach Ascomanni, d. i. Schiffmänner, genannt, wie auch Adam von Bremen Descriptio insularum aquilonis c. 213 die Benennung für sie braucht: „pyratae quos Dani Wichingos appellant, nostri Ascomannos", M. G. IX, p. 370. — Im Jahre 1306, den 27. August, schlug nach Occo Scarlensis Croniicke van Vrieslant Leuwarden 1597 fol. 36 b der Potestat Reiner Kamminga an der Lauwers einen Einfall der Nordmannen zurück und wurde dabei tödtlich verwundet; er sagt: „die Normannen quamen seer machtich in Vrieslandt, twelck zy met roof ende brandt seer devasteerden". Die Angabe des Occo wiederholen Emmius Hist. rer. Fris. p. 188, Winsemius Chronique p. 185, Schotanus Geschiedenissen p. 164, Tegenwoordige Staat van Friesland I, p. 441, Wiarda Ostfries. Gesch. 1791, I, p. 273, Westendorp Jaerboek van Groeningen 1832, II, p. 82.

b) Die Verhältnisse der Nordmannen in Friesland

erwähnen die Siebzehn friesischen Küren, die einige Jahrzehnte jüngern Vierundzwanzig Landrechte und die nur in friesischen Texten des dreizehnten Jahrhunderts erhaltenen Ueberküren. Es geschieht in folgenden Stellen: Die Küre 14 oben p. 38 bestimmt, dafs Friesen, die durch Nordmannen in die Gefangenschaft geführt werden, wenn sie heimkehren, ihre Grundstücke zurückerhalten sollen: „si quempiam Normanni accipiunt, et si quis fuerit relegatus vel venditus fuerit etc." Im 2. Landrecht oben p. 42 heifst es bei weiterer Ausführung des Inhalts der Küre 14: „ubicumque juvenis captus et vinculatus fuerit *ad septentrionem ultra oceanum* vel in austrum ultra montes etc.", und im Landrecht 3 oben p. 44: „si virum quempiam Normanni accipiunt, et ille in exilium vel uterlondes ductus fuerit", wo die friesischen Texte aus dem Westergo, dem Hunsego, Fivelgo und Emsgo auch von „Northmen" reden, der aus Rüstringen in Fries. Rq. p. 49, 10 von dem „*hethena thiade*", d. i. dem Volke der Heiden, aus dessen Land der Gefangene zurückkehrt. — Die Küre 10 behandelt, wie oben p. 79 No. 3 erörterte, die Heerfolge der Friesen und beschränkt sie auf die Grenzen Frieslands. Sie geschieht im Osten nur bis zur Weser, im Westen bis zum Fli, im Süden nicht weiter, als dafs die Ausziehenden Abends heimkehren können, auf dafs sie das Land gegen die Fluthen des Meeres und die Einfälle der Nordmannen schützen. Das ist der Sinn der Worte: „ut eorum possint patriam tenere contra fluctus et contra gentilem exercitum". Friesische Texte aus Westergo, Hunsego und Emsgo setzen dafür „wither thene hethena here", s. Fries. Rq. p. 18, 4 und 19, 6, der aus Rüstringen „with thene north-hiri", Fries. Rq. p. 19, 15. — Nach der siebenten Küre sind die Friesen frei und zahlen von ihren Grundstücken nur Huslotha. Das soll ihnen König Karl verliehen haben, während sie früher den Nordmannen Klipskelde zu zahlen gehabt hätten. Der ursprüngliche lateinische Text sagt hier nicht ausdrücklich, dafs Friesen den Nordmannen unterworfen gewesen, sondern nur: „Frisones olim *ultra oceanum* subditi erant", s. oben p. 35; und es setzt dafür der friesische Text aus dem Hunsego „*alle Fresa north herden* an tha grimma herna", Fries. Rq. p. 11, 21; der

aus dem Fivelgo „want *alle Fresan er nord ur hef herden* in tha grimma
herna“, Fivelgoer MS. p. 7; der aus Emsgo „*alle Fresa* er *north herden
over thet hef* an da grimma herna, and thet al hethen was, tether
Fresena was“, Fries. Rq. p. 10, 21; der aus Westergo *alle Fresen*
in dat *noerd koningryck* eer heerden oen da grimma herna“,
Fries. Rq. p. 11, 21; und der Text aus Rüstringen will wissen
„er *herdon wi north Redbate* tha unfrethmonne, al thet Frisona
was“, Fries. Rq. p. 11, 21. In dem Text aus Hunsego und
Emsgo sagt die zehnte Küre: „thruch thet sa scelen alle Fresa
fon tha northlindem fri wesa“, Fries. Rq. p. 18, 13. —
Nach dem zwanzigsten Landrecht kann ein von Nordmannen gefangener und zum Servus gemachter Friese bei seiner Heimkehr
nicht wegen Verbrechen, die er mit den Nordmannen in Friesland
beging, verklagt werden: „si quempiam Normanni accipiunt et extra
terminum ferunt, et illi eum reducunt, et quod ipse ad quamlibet
villam veniens domos combusserit et viros occiderit et alios vinculaverit; quicquid ipse malefacit etc.“, s. oben p. 49; übereinstimmend
in den friesischen Texten des zwanzigsten Landrechts. Die Siebzehn
Küren enthalten die Bestimmung nicht; s. unten § 10. — In den Ueberküren bestimmt §. 2, daſs sechs Seelande dem siebenten beistehen
sollen, wenn es von den Nordmannen verheert wird; im Hunsegoer
Text steht „fon tha northeska wiszegge“, im Fivelgoer „fon
tha norda wising“, in einem Emsiger „fon northeska wigandum“, in einem andern „fon tha Nordmannum“, s. unten §. 15.
Den Inhalt der zehnten allgemeinen friesischen Küre über Heerfolge entnimmt aus ihr der §. 5 der späten sagenhaften Küren des
Magnus und nennt dabei als Grund der Beschränkung der Heerfolge
auf die friesischen Landesgrenzen: „om dat-se dine owirra wariet
deis ende nachtis toienst dyn noerdkoninck ende toienst
dyn wylda wisingh mitta fyf wepen, mit swird ende schield,
mit spada ende furka, ende mit etkeris oerd“, Fries. Rq. p. 441, 18.

Die angeführten Sätze aus den Küren, Landrechten und Ueberküren enthalten unverkennbar Rechtsbestimmungen über die Nordmannen, die zu einer Zeit abgefaſst wurden, als die Friesen ihre
Einfälle zu erdulden hatten. Nicht nur der Inhalt der einzelnen
aufgestellten Sätze spricht dafür, sondern auch die ganze Art, wie

die älteste lateinische Fassung der Küren und Landrechte sich dabei ausdrückt. Unmöglich ist es, die Erwähnungen der Nordmannen in den Küren für unhistorische, lediglich sagenhafte und unbestimmte Erinnerungen zu halten, wie ich es bei ihren Berufungen auf König Karl annehmen muſs.

Wie die Küren und Landrechte in unbestimmter quellenwidriger Weise ältere Rechtssatzungen auf Karl zurückführen und sich dadurch als nicht in seiner Zeit abgefaſst dokumentiren, sprechen allerdings spätere friesische Rechtsaufzeichnungen in ganz unhistorischer Weise von den Nordmannen. Während der alte lateinische Text der Küren und Landrechte erörtert, wie sich die Friesen gegen die einfallenden Nordmannen vertheidigen sollen, wie die, von den Nordmannen weggeschleppten Friesen, die dann mit Haufen der Nordmannen in Friesland rauben und morden, bei ihrer Rückkehr wegen ihrer Verbrechen, die sie als Servi begangen haben, nicht verklagt werden können; wie der Friese, der aus der Nordmannischen Gefangenschaft heimkehrt, sofort seine Grundstücke wieder in Besitz nehmen kann, und es ungiltig ist, wenn sie während seiner Abwesenheit vererbt oder veräuſsert wurden: wollen spätere friesische Schriftstücke, die in der erhaltenen Fassung erst dem vierzehnten Jahrhundert angehören, wissen, daſs vor König Karl die Friesen den Nordmannen unterworfen waren, und Karl ihre Herrschaft in Friesland vernichtete. Da berichten sie aus dem Westergo: „wie wolde da suderna riucht herich wessa, hwant *wi Fresen alle noerd heerden* ende heiden weren", Fries. Rq. p. 407, 7; „al ont-se Kaerl noem deer Joe (d. i. Euch) di fridoem fan coem, deer eer sonder erem weren onder alle mannes fotem, want Joe dy dyvel dyne raed ghaef, dat Y mit wilker al deer-toe comen, dat Y dine ayndoem nomen ith *dis norsche koninghes hand*" p. 430, 2; „god syne gnade ghaf, sinte Willibrord hi Ju sante, hoe hi Joe dat leerde, dat Y fan da nordsca divelen keerde; dine raed hy mit Jo noem, dat Y to da Roemscha here coem, ende joven tins ende tiende, dat-se Joe bischyrmden *fan des nordscha koninghes handen*", p. 430, 13; „soe moet Y strida with *da nordscha hand*, ende mitta suderna hand", p. 430, 37; „dae sinte Willibrord dat land bikeerde, Fresen hy dat leerde, dat-se capeden mit guede, dat-se dy koningh

Kaerl noem in synre huede; *hoe-se da Noerdman ontcoeme*, deerom flegen hia to da herem fan Roeme", p. 437, 24; „dat-se (d. i. die Friesen) da suderna riucht ende hera herich were, want *hya alle in dat noerdsche koninghryck heerden*, ende alle heyden weren", p. 441, 15.

·Aus den authentischen Quellen ist bekannt, wie König Karl 785 das heidnische Friesland östlich der Lauwers bis zur Weser dem fränkischen Reich einverleibte und es den Bisthümern Münster und Bremen, die er im benachbarten, von ihm gleichzeitig unterworfenen Sachsen gestiftet hatte, überwies. Damals waren die Friesen nicht den Nordmannen unterthan, sie kämpften als Verbündete der Sachsen. Noch 781 gelang es dem Widukind, auch das Westerlauwersche Friesland bis zum Fli, das seit 734 den Franken unterworfen war, zum Aufstand gegen den König und zur Herstellung des Heidenthums zu bewegen[1]). König Karl führte längs der Nordseeküste, wie früher in Gallien, eine „maritima custodia" ein, liefs zur Vertheidigung der Küste Schiffe bauen und feste Plätze an den Mündungen der Flüsse errichten, in die er Besatzungen legte, um das Eindringen der Seeräuber zu verhindern. Nur einmal, erzählt Eginhard, plünderten während seiner Regierung die Nordmannen Friesland. Im Jahre 809 hatte sich der Kaiser mit dem Dänenkönig Gottfried wegen der Obotriten auf dem rechten Elbufer veruneinigt und wollte ihn 810 mit Krieg überziehen. Während er zu Achen ein Heer rüstete, erhielt er die Nachricht, Gottfried habe mit 200 Fahrzeugen die friesischen Küsten überfallen und Zinsen und Lösegeld erheben lassen, indem er sich rühmte, er werde den Kaiser zu Achen aufsuchen. Als Karl bis zur Weser bei Verden vorgedrungen war, erfuhr er die Ermordung Gottfrieds. Ich führe aus den Quellen dafür an die Annales Einhardi beim Jahre 800: „Rex Aquisgrani digressus litus oceani Gallici perlustravit, et in ipso mari, quod tunc piratis Nordmannicis infestum erat, classem instituit, praesidia disposuit", M. G. I, p. 187. Die Vita Karoli cap. 17: „Molitus est classem

---

[1]) Vgl. die Quellenzeugnisse, abgedruckt zur Lex Frisionum in M. G. Leges III, p. 644.

contra bellum Nordmannicum aedificatis ad hoc navibus juxta flu-
mina, quae et de Gallia et de Germania in septentrionalem influunt
oceanum, et quia Nortmanni Gallicum litus atque Germanicum
assidua infestatione vastabaut, per omnes portus et ostia fluminum,
qui naves recipi posse videbantur, stationibus et excubiis dispositis,
ne qua hostis exire potuisset, tali munitione prohibuit . . . Per hoc
nullo gravi dampno . . . Gallia atque Germania a Nordmannis
diebus suis affecta est, praeter quod . . . in Frisia quaedam
insulae Germanico littori contiguae a Nordmannis deprae-
datae sunt", M. G. II p. 452. Und die Annales Einhardi beim
Jahre 810: „Imperator Aquisgrani adhuc agens et contra Godofridum regem expeditionem meditans nuntium accepit, classem ducentarum navium de Nordmannia Frisiam appulisse, to-
tasque Frisiaco litori adjacentes insulas esse vastatas, jamque
exercitum illum in continenti esse, ternaque proelia cum Frisionibus
commisisse, Danosque victores tributum victis inposuisse et vecti-
galis nomine centum libras argenti a Frisionibus jam esse solutas,
regem vero Godofridum domi esse etc.", M. G. I p. 197. Vgl. über
Gottfried Dahlmann Geschichte Dänemarks I p. 25, über die Custodia
maritima Waitz Verfassungsgeschichte 4, p. 520.

Erst im Jahr 834 werden unter Kaiser Ludwig neue Einfälle
der Nordmannen in Friesland berichtet. Unter ihm wie unter seinen
Nachfolgern war die Küstenvertheidigung nicht mehr in kräftiger
Weise ausgeführt worden. Er hatte bereits 826 die Grafschaft
Rüstringen, die den östlichsten Theil Frieslands auf dem linken Weserufer umfaſste, dem zum Christenthum übergetretenen Dänenkönig
Heriold überlassen, wie später von ihm und seinem Sohn Lothar
die westlich der Zuiderzee gelegene Gegend von Kennemerland bis
Durstede am Rhein, dem Bruder Heriolds, dem Rorich, zu Lehn
gegeben wurde, die 882 Karl der Dicke auf den Dänen Gottfried
übertrug. Vgl. darüber die Annales Prudentii Trecensis beim
Jahre 837: „Ea tempestate Nordmanni irruptione solita Frisiam
inruentes in insula, quae Walacria (d. i. Insel Walchern) dicitur,
nostros imparatos aggressi, multos trucidaverunt, plures depraedati
sunt; et aliquamdiu inibi commorantes censu prout libuit exacto ad
Dorestadum eadem furia pervenerunt et tributa similiter exegerunt.

Quibus imperator auditis ... ad Noriomagum castrum, vicinum Dore-
stado, properare non distulit, cujus adventu Nordmanni audito
continuo recesserunt. Imperator vero generali conventu habito
publice cum his quaestionem habuit, quos principes ad eamdem
custodiam delegaverat. Qua discussione patuit, partim impossibili-
tate partim quorumdam inobedientia eos inimicis non potuisse resistere; unde et ad comprimendam Frisiouum inobedientiam strenui
abbates et comites directi sunt, et, ut deinceps illorum incursionibus
facilius obsisti queat, classis quaquaversus diligentius parari jussa
est", M. G. I p. 430. In den Annales Einhardi heifst es beim
Jahre 826: „In provincia Frisia unus comitatus, qui Hriustri vocatur, Herioldo datus est, ut in eum se cum rebus suis, si necessitas exigeret, recipere potuisset", M. G. I p. 214; in der Vita
Ludowici imperatoris: „dedit Herioldo comitatum in Fresia, cujus
vocabulum est Riustri", M. G. II p. 629, und Theganus cap. 33:
„Imperator magnam partem Fresonum dedit Herioldo", M. G. II
p. 597. Vgl. über Rüstringen unten in Cap. XI. Die Annales
Fuldenses berichten beim Jahr 850: „Rorih, natione Nordmannus,
qui temporibus Hludowici imperatoris cum fratre Herioldo vicum
Dorestadum jure beneficii tenuit, post obitum imperatoris defuncto
fratre apud Hlotarium, qui patri successit in regno, proditionis
crimine falso tentus et in custodiam missus est etc.", M. G. I p. 366,
und beim Jahre 882: „comitatus et beneficia, quae Rorich Nordmannus Francorum regibus fidelis in Kinnin tenuerat, Gotafrido,
duci Nordmannorum, Karolus imperator ad inhabitandum delegavit",
p. 396. Vgl. auch Annal. Bertiniani zum Jahre 850, M. G. I
p. 445.

Seit dem Jahre 834 berichten die Annalen über massenhafte,
fast jährlich wiederkehrende Einfälle der Nordmannen in Friesland,
wie in alle sächsischen, gallischen, spanischen und britannischen
Lande längs dem Ufer des Meeres. Vgl. über die Einfälle der
Nordmannen Zeuss Die Deutschen p. 529 und Dümmler Ostfränkisches
Reich 1862, I, p. 121 und p. 188.

Hier habe ich nur hervorzuheben, dafs Alles, was die friesischen Küren und Landrechte über die Nordmannen sagen, nicht zu
dem stimmt, was wir aus der Zeit Karls wissen. Unmöglich

konnten damals, als der gewaltige Kaiser durch seine Einrichtungen das ganze friesische Land von der flämischen Grenze bis zur Weser gegen die Einfälle der Nordmannen schützte, in Friesland Sätze aufgestellt werden, wie sie die Küre 10 enthält. Es konnte auch nicht geschehen, als Kaiser Ludwig 826 dem Nordmannen Heriold die Grafschaft Rüstringen geliehen hatte und seinem Bruder Rorich die Grafschaft im heutigen Holland überliefs, die unter Lothar und Karl dem Dicken den Dänen verblieb. Es sind Verhältnisse einer weit späteren Zeit, die die Abfassung der Siebzehn Küren veranlafst haben; ihr Inhalt liefert dafür den vollgültigsten Beweis.

8. Aus der friesischen Sprache, in der die Siebzehn Küren erhalten sind, läfst sich die Zeit ihrer Abfassung nicht entnehmen. Ein Irrthum von Wiarda ist es, wenn er Asegabuch p. X behauptete, die friesische Sprache habe sich allmälig seit dem Beginn des dreizehnten Jahrhunderts im Westen ins Flämische, im Osten ins Plattdeutsche verloren, es müfsten daher die Küren ältern Ursprungs sein. Wiarda sagt: „Zwei unter sich verwandte Deutsche Mundarten, die Niedersächsische oder Plattdeutsche und die der Friesischen Sprache besonders in ältern Zeiten mehr ähnliche Flämische oder Holländische Sprache, blühten rund um Friesland herum. An der einen Seite jenseit der Ems verlor sich die Friesische Sprache in die Holländische, an der andern Seite diesseit der Ems löste sie sich in die Plattdeutsche auf... Nach einer sorgfältigen Vergleichung der in Altfriesischer Sprache aufgesetzten Urkunden kann man sicher annehmen, dafs sie schon in dem Anfang des dreizehnten Jahrhunderts nicht mehr ganz rein geredet wurde etc." Auf Wiarda fufste, wie viele Spätere, Eichhorn Deutsche Rechtsgesch. §. 285 c; er sagt: „Die sogenannten 17 Willküren und 24 Landrechte müssen vor dem zwölften Jahrhundert verfafst sein, da sie noch in Altfriesischer Sprache vorhanden sind, diese sich aber seit dem zwölften Jahrhundert auf der einen Seite in den Flamländischen (Holländischen), auf der andern Seite in den Plattdeutschen (Sächsischen) Dialekt allmählig verlor."

Aus dem zwölften wie aus den frühern Jahrhunderten kennen wir die friesische Sprache nicht näher. Die ältesten auf uns gekommenen Schriftstücke in ihr gehören dem dreizehnten Jahrhundert an, sind in

Rechtshandschriftenaus dem Schlufs des dreizehnten und dem Beginn des vierzehnten Jahrhunderts erhalten, vgl. oben p. 21 in §. 4 und p. 72 in §. 6. Wie alle vorhandenen Aufzeichnungen zeigen, unterschied sich das Friesisch des östlichen Frieslands von der Laubach bis zur Weser, das Karl der Grofse erst 785 unterwarf, sehr bestimmt von dem Friesisch des mittleren zwischen Fli und Laubach gelegenen, seit 734 fränkischen Frieslands. Im Friesischen Wörterbuch habe ich die Formen der beiden friesischen Dialekte bei den einzelnen Worten, die in den Rechtsquellen begegnen, angegeben. Die Sprache des östlichen Frieslands kennen wir aus zahlreicheren und ältern Handschriften genauer; sie weicht in den einzelnen Gauen nur unbedeutend von einander ab; man sprach in Rüstringen an der Weser, in Brokmerland bei Aurich, in Emsigerland bei Emden, in Fivelingerland bei Apingadam und im Hunsingerland nördlich von Groningen einen im Wesentlichen übereinstimmenden friesischen Dialekt, dem der des Ostergo bei Leuwarden und der des Westergo bei Franeker gegenüberstand. Aus den erhaltenen Schriftstücken erhellt, dafs der Dialekt des östlichen Frieslands im vierzehnten Jahrhundert nur geringe Abschwächungen seit dem dreizehnten in seinen Formen erfahren hat, und dafs er sich damals in keiner Weise ins Plattdeutsche verloren hatte, wie Wiarda es bereits für den Beginn des dreizehnten Jahrhunderts behauptet. Es genügt, deswegen auf die aus dem Brokmerland erhaltenen Rechtshandschriften zu verweisen. Das Brokmerland hat sich erst. seit 1250 aus Theilen der alten Gaue Emesga und Asterga gebildet, vgl. unten Cap. III §. 3. Der umfangreiche sogenannte Brokmerbrief, der die lateinisch abgefafste Bischofssühne von 1276 benutzt, ist durchweg in der ältesten uns bekannten friesischen Sprache verfafst; er ist Fries. Rq. p. 151—181 nach einer Handschrift von 1345 gedruckt, vgl. oben p. 72 in §. 6. Darin, dafs die Siebzehn Küren in friesischer Sprache erhalten sind, liegt somit kein Grund, ihre Abfassung in das zwölfte Jahrhundert oder früher zu setzen; ein im neunten Jahrhundert verfafster friesischer Text der Siebzehn Küren müfste in friesischen Worten mit bedeutend abweichenden vollern Sprachformen geschrieben sein. Die wenigen in ältern lateinischen Urkunden vorkommenden friesischen Worte und Namen beweisen, daſs die friesische Sprache vom neunten bis zum dreizehnten Jahrhundert sich umgebildet hat, ähnlich wie es bei den benachbarten ihr verwandten andern deutschen Dialekten geschehen ist. Seltsam ist es, wenn Wiarda, um die Uebereinstimmung der ältern und spätern friesischen Sprache darzuthun, ausführt, daſs die friesische Sprache der Siebzehn Küren ein und dieselbe sei mit der angelsächsischen im sechsten Jahrhundert. Er sagt in der Vorrede zum Asegabuch Berlin 1805, p. VIII: „Redete und schrieb nun noch der Friese während der Kreuzzüge fast so wie der Angelsachse zu der Zeit des Königs Aethelbert im sechsten Jahrhundert, so folgere ich daraus, daſs die friesische Sprache sich bis dahin unvermischt erhalten und sich nicht weit von der Urquelle entfernt habe.“

§. 8. Die Siebzehn Küren sind im zwölften Jahrhundert verfaſst.

Fest steht es, daſs der oben p. 33 gedruckte lateinische Text der Siebzehn Küren und Vierundzwanzig Landrechte im dreizehnten Jahrhundert im Hunsego Geltung hatte, ebenso daſs mehrere der ältesten erhaltenen friesischen Texte der Siebzehn Küren und Vierundzwanzig Landrechte im dreizehnten Jahrhundert in Hunsego, Rüstringen und andern friesischen Landdistrikten zwischen Fli und Weser galten. Dem ältesten, aus dem dreizehnten Jahrhundert auf uns gekommenen lateinischen Text, und den ebenfalls aus dem dreizehnten Jahrhundert erhaltenen friesischen Texten der Siebzehn Küren liegt unbedingt ein älterer, verlorener lateinischer Text zu Grunde. Nach dem Recht in ihm nehme ich an, daſs er im zwölften Jahrhundert und, wie ich vermuthen möchte, um 1156, bei Upstalsbom von friesischen Landdistrikten zwischen Fli und Weser vereinbart ist.

Als Gründe, die für diese Zeit der Abfassung der Siebzehn Küren sprechen, führe ich folgende an:

No. 1. Daſs der lateinische Text der Siebzehn Küren und Vierundzwanzig Landrechte im dreizehnten Jahrhundert in Friesland vorhanden war, und daſs es bei mehreren der ältesten friesischen Texte der Fall war, ist unmittelbar durch die Handschriften erwiesen, in denen sie erhalten sind. Der §. 6 hat oben p. 72 erörtert, daſs die den beiden Hunsegoer Handschriften zu Grunde liegende verlorene ältere Handschrift, aus der wir den lateinischen und den friesischen Hunsegoer Text kennen, dem Schluſs des dreizehnten Jahrhunderts angehört, daſs dies ebenso bei der Oldenburger Rüstringer Handschrift mit dem älteren friesischen Rüstringer Text der Siebzehn Küren der Fall ist, sowie daſs die verlorene Oelrichs'sche Handschrift, die den jüngern friesischen Rüstringer Text lieferte, im Jahr 1327 geschrieben war.

Die Handschriften, die die Siebzehn Küren enthalten, sind keine Gesetzbücher oder Abschriften von Gesetzbüchern, sondern lediglich Aufzeichnungen einzelner Friesen über das in ihren Landdistrikten geltende Recht zu praktischen Zwecken[1]). Sie sammeln die nach ihrem Wissen in ihren Landdistrikten geltenden Rechtssatzungen, schöpfen dabei im Wesentlichen aus ihrer persönlichen Kenntniſs des heimischen Rechts, nehmen aber vielfach ältere Statute oder Aufzeichnungen von Rechtssatzungen in ihre Sammlungen auf, indem sie durch sie das im Lande geltende Recht darlegen wollen. Genaue, wortgetreue, vollständige Abschriften der aufgenommenen Stücke liefern meistens die Schreiber dabei nicht, wollen sie oft überhaupt nicht geben. Sie lassen bei der Aufnahme Sätze und Worte weg, die ihnen als nicht mehr praktisch oder als zu ihrem Zweck nicht förderlich erscheinen; ältere, lateinisch abgefaſste Stücke übersetzen sie groſsentheils und fügen, wo es ihnen dienlich scheint, abändernde Zusätze und Erklärungen hinzu. Die ganze Art, wie die Verfasser der Rechtssammlungen verfahren, hat nur einen Sinn, wenn man einräumt, daſs sie aus ihrer individuellen Kenntniſs von dem, was in ihrem Landdistrikt Rechtens war, bei ihren Auf-

---

[1]) Wiarda lieſs die Oldenburger Handschrift des Rüstringer Rechts 1805 unter dem Titel „Asegabuch, ein Altfriesisches Gesetzbuch der Rüstringer" drucken und besprach in seiner Vorrede p. V, „wie der Rüstringer das seinem Richter zur Richtschnur gegebene Gesetzbuch Asegabuch betitelt habe." Uebereinstimmend bezeichnete 1781 de Rhoer in Pro Excolendo III, I, Vorrede zum Vetus Jus Frisicum p. III die Hunsegoer Sammlung als das „Aloude Wetboek van Hunsingo."

zeichnungen schöpften und schöpfen wollten, daſs sie in ihrem
Wissen, Bestimmtes sei Rechtens, den vollgültigen Grund sahen,
es als Recht zur Anwendung zu bringen. So nur konnten sie sich
für befugt halten, die Worte älterer im Lande vereinbarter Satzungen,
die sie benutzten, abzuändern; sie hielten sie in ihrer älteren
Fassung nicht mehr für bindend und meinten, das, was sie in ihnen
vorfanden, nach ihrem Rechtsbewuſstsein ändern oder vervollstän-
digen zu dürfen. Daſs in der folgenden Zeit derartige Rechtssammlungen nicht als Gesetzbücher benutzt werden konnten, kann
nach der Verschiedenartigkeit ihres Inhalts und den inneren Wider-
sprüchen zwischen den einzelnen aufgenommenen Sätzen keinem
Zweifel unterliegen[1]). Sie müssen gleichsam nur für Handbücher
oder Compendien des Rechts gegolten haben, wenn ich den Ausdruck für eine so ungeordnete, jedes Systems entbehrende Zu-
sammenhäufung von Rechtsaufzeichnungen brauchen darf. Die Zeit,
in der derartige Rechtssammlungen in Friesland zuerst angefertigt
sind, ist nicht näher bekannt. Die Sammlung in den Hunsegoer
Rechtshandschriften ist nach 1252 erfolgt, da in ihr neben dem
friesischen Text der Siebzehn Küren und Vierundzwanzig Landrechte
eine friesische Uebersetzung der 1252 lateinisch abgefaſsten Hunsingoer Küren sich findet. In den Hunsegoer Handschriften steht
aber neben der in friesischer Sprache geschriebenen Sammlung ein
lateinischer Text der Siebzehn Küren, Vierundzwanzig Landrechte
und allgemeinen Buſstaxen. Er bildet das oben in §. 5 gedruckte,
von Neuern als Vetus Jus Frisicum bezeichnete zusammenhängende
Stück, das offenbar eine ältere Rechtssammlung ist, die der Verfasser des Hunsegoer Sammelwerks in seine Arbeit aufnahm. Rührt
die friesische Hunsegoer Sammlung aus der zweiten Hälfte des
dreizehnten Jahrhunderts her, so wird danach schon aus äuſsern
Gründen die lateinische Sammlung einer frühern Zeit zu überweisen
sein, und in dem Text der Siebzehn Küren und Vierundzwanzig
Landrechte im Vetus Jus Frisicum die Abschrift eines vor 1252 in

---

[1]) Wesentlich verschieden ist die Stellung des von Graf Edzard um
1515 als Gesetzbuch publicirten Ostfriesischen Landrechts, in das er, bei
Wicht p. 32—139, seltsamer Weise einen sehr abgeänderten Text der Siebzehn Küren aufnahm.

einzelnen Punkten gekürzten Textes der Siebzehn Küren und Vierundzwanzig Landrechte vorliegen. Dafs der lateinische Text der
Siebzehn Küren und Vierundzwanzig Landrechte in den Hunsegoer
Handschriften ein älterer ist als der friesische in ihnen, dem die
friesischen Texte aus dem Emsgo, Fivelgo und Westergo näher
stehen, während der friesische Rüstringer Text der Oldenburger
Handschrift eine weitere, abweichende Umarbeitung zeigt, und dies
bei dem Text der Rüstringer Handschrift von 1327 in noch höherem
Grade der Fall ist, ergiebt sich aus jeder Vergleichung des Inhalts der einzelnen Küren und Landrechte, die ich in Fries. Rq.
p. 2—39 und 40—81 durch Nebeneinanderstellen der einzelnen
Texte zu erleichtern gesucht habe.

Unzweifelhaft sind die friesischen Siebzehn Küren und Vierundzwanzig Landrechte, wie schon Wicht Ostfries. Landrecht 1746, Vorbericht p. 102, Halsema in Verhandelingen pro excol. jure patrio 1778,
II p. 157, und de Rhoer in Pro Excolendo 1781 III, 1, Vorrede zum
Vetus Jus Frisicum p. XI meinten, und Wiarda ohne genügende Gründe
bestritt, ursprünglich lateinisch abgefafst worden. Wiarda sagt Asegabuch p. LVI und p. 169, wo er seine Ansicht zusammenfafst: „Wenn,
wie aus meinen Anmerkungen näher hervorgehen wird, in dem lateinischen Texte viele Wörter unverändert Friesisch gelassen sind, andere
Wörter und einzelne Stellen sogar mifsverstanden und im schlechten
Latein fehlerhaft übertragen sind, so wird sich der Leser mit mir
überzeugen, dafs der friesische Text das Original, und der lateinische
Text eine verstümmelte Uebersetzung ist.“ Noch bis ins vierzehnte
Jahrhundert bediente man sich bei Abfassung aller friesischen Urkunden und Vereinssatzungen der lateinischen Sprache. Die vorhandenen friesischen Texte zeigen durchweg, dafs sie aus dem
lateinischen Text für die einzelnen Landdistrikte übersetzt sind;
oft sagen sie mit verschiedenen friesischen Worten mehr oder weniger genau das, was im lateinischen Text steht.

No. 2. Einen bestimmten Beweis für die Zeit des Vor-
handenseins der Küren und Landrechte liefern die Hunsegoer
Küren von 1252, indem sie sich in §. 32 auf das sechste
Landrecht berufen: „Thi federia andti nevakind, tha dele hiara
elderes god, ase thet sexte londriucht wise“, Fries. Rq. p. 330, 36,

7*

aus Manuscript Wicht p. 135 und Manuscript Scaliger p. 118; die citirte Stelle des Landrechts steht Fries. Rq. p. 52, 18 und nach dem lateinischen Text des Vetus Jus Frisicum oben p. 45.

No. 3. Die Siebzehn Küren und Vierundzwanzig Landrechte werden in friesisch abgefaßten „Prologen" der friesischen Rechtssammlungen erwähnt, die sich fast wörtlich übereinstimmend aus Rüstringen, Emsgo, Fivelgo, Hunsego und Westergo erhalten haben und vor dem Interregnum abgefaßt sein müssen, indem sie Friedrich II. als letzten unter den deutschen Königen nennen, die als Gesetzgeber angeführt werden. Der Prolog ist voll von Ungereimtheiten. Er handelt, nachdem er über das den Juden gegebene Recht gesprochen hat, über die ältesten römischen Kaiser. Die einzelnen Texte zeigen sich bei aller Verschiedenheit durch Auslassungen und Zusätze als aus einer, wahrscheinlich unter Friedrich II. verfaßten Aufzeichnung hervorgegangen.

In der Oldenburger Rüstringer Rechtshandschrift steht der Prolog in zwei abweichenden Texten. Der umfangreichere auf Manuscript p. 5 — 12 sagt: „Ac hildon thet riucht tha kininga, ther er Kerstes berthe weron; thet was thi erosta Saul and David, Salemon thi wisa . . .; thesse kiningar weron er Kersthes berthe. Ac hildon hit tha kiningar, ther efter Kerstes berthe kiningar weron ac sumilike Kersten weron, thi erosta was thi keiser Octavianus Augustus, Julius, Tiberius . . . . And thi ethela kining thi minnera Kerl, thet was thes kining Pippinges sunu; hi stifte and sterde trewa and werde. Bi sinere tid warth Brema emakad and Frisa wurdon kersten fon tha fiuwer biscopon; thi erosta was thi biscop Bonifacius, thet other was sancte Willebrord, thi tredda was thi biscop Willehad, thi fiarda was thi biscop Liudger. Thesse fiuwer hera bihulpon us Frison frihalses and fridomes with thene kinig Kerl, hwande alle Frisa er north herdon anda grimma herna. Therefter sa was sin sunu thi keyser Lodowik, and sine twene brother Kerlemon and Lodegarius, Carolus and Pippig, Carolus thi junga, Arnolfus, Conradus, Heinricus, bi sine tidon was sancte Otholric tho Auwesburch biscop; Otto sin sunu, and Otto sines suna sunu, under sine tidon warth Ruszlond and Poleneralond and Ungeron bikerd. Heynrik thi keyser, thi was hertoga te Beygeron;

Conradus, under sine tidon warth Bavenberg emakad; Heinricus, Conradus, Heinricus sin sunu, Liudgerus hertoga, Heinrikes feder fon Bruneswik, Frethericus, Philippus, Otto, Frethericus. Thesse kiningar hebbath ewesen kiningar to Rume efter Kerstes berthe; hia urjevon alle Frison efter thes kinig Kerles jeft frihalsa and fria spreka, ande setton and stedgadon allera kininga jeft, thet send allera Frisona kesta and londriucht. Hic expliciunt reges." Fries. Rq. p. 132, 7—133, 38.

An diesen Text des Prologs reiht sich im Oldenburger Rüstringer Manuscript p. 12 ein kürzerer; er beginnt: „Hir is eskrivin, thet wi Frisa alsek (für „alselik", d. i. „all solches") londriucht hebbe and halde, sa god selva sette and ebat, thet wi alle riuchta thing and alle afta thing hilde and ofnade, alsa longe sa wi lifde. Efter thiu bedon hit ande bennon alle irthkininga efter Juliano and Octaviano; Julius and Octavianus, alsa hiton tha forma twene, ther to Rume kyninga weron .... Ac hildon hit alle tha kyninga, ther er Kerstes berthe weron, thet weron tha hera Moyses and Samuel, Saul, thi kynig David and sin sunu Salemon. Ac hildon hit alle tha kyningar, ther efter Kerstes berthe weron; thi forma was thi keyser Octavianus Augustus, Julius, Tiberius ..., Pippig thi kynig and sin sunu thi minra Kerl; hi was minra and hi was bettra, hi stifte and sterde treuwa and werde. Efter him was thi kyning Lothewicus and Maximus, Maxianus, Maxencius, Thiadricus, Conradus, Liudgerus, Frethericus, Otto, Frethericus. Thesse kyningar setton kyninga jeft and allera Frisona kesta and londriucht." Fries. Rq. p. 134.

Der Text des Prologs im friesischen Emsiger Manuscript I zu Groningen p. 1—4 beginnt: „Dit is dat beghin der kesten. Hir is eskriven, thet wi al sellech londriucht halde, sa god selva ereste bad, thet wi alle afte thing and alle riuchte thing helde and ovenade, alsa longe sa wy lifde. Efter ebedenet and bennen alle erthkenengar: Heymereth and Ninus, sa heten tha forma, ther an erthrike kenengar weren; Julius Cesar, hi was thi forma, ther and Rume thet rike biset; fif ger efter him sin sustere sune Octavius Augustus, hi stifthte and sterkde thine grata fretha over alle tha warld; and under tha grata fretha, sa warth thi rika

Crist gheberen ... Tha heldenet efter alle tha kenengar, ther er Cristus berde kenengar worden; thet weren tha sogen goda kenengar, Aaron and Samuel, Saul and David, Salemon, Pippin rex and sine sune the minnere Kerl. Tha stod thet kenengrike fonda kenenghe Kerle al to sine sogenda, fon Kerle tho Kerlmonne, fon Kerlmonne to Lotharie, fon Lothario to ..., fon Lothewico to Augusto. Thi minnera Kerl, hi was minnera ande bethera, hi stifte ande stercte triuwa and werde, and hi sette thera kenenga jeft and allera liuda kest and londriucht and allera londa eckem sin riucht. Ac heldenet therefter alle tha kenengar, ther efter Cristus berda kenengar urden; thi forma was Julius, Octavianus ..., Thyadricus, Henricus, Conradus, Liudgerus, Frethericus, Henricus, Otto, Frethericus; thit fiuwer and fiuwerthech kenenga and othere moneghe, thera send alle soghentech, hebben to Rume kenengar ewesen and thet rike therbinna biseten; and biadat us te habbane and haldane alle riuchtlike thinghe, thet send kesta and londriucht." Fries. Rq. p. 246, 22 — 247, 26.

Der Text in meinem friesischen Fivelgoer Manuscript p. 3 und 4 lautet: „Hir is escriven, thet wi alsa dene landriucht halde, sa god selva erest bad, thet wi alle afte and alle riuchte thing helde. Eftertham beden hit and bonden[1]) alle ertkeningan: Julius, Octavianus, tha furma ther Rome (em. „to Rome") weren ... Alsa helden hit Aaron end Samuel, anta keningan David and Salomon, ther er Christus berde weren. And ther efter Christus berde weren, thet was thi ersta: Julius and Octavianus ..., Henricus, Conradus, Lucianus, Valerianus, Valentinus, Fredericus. Disse keningan jeven alla londum kesta and londriucht." Vgl. auch den Abdruck in Hettema Het Fivelingoer Landregt Dockum 1841, p. 6.

Der Text im friesischen Hunsegoer Manuscript von Wicht p. 44 lautet: „Iste prologus prestat nobis rectitudinem et justitiam, quam dedit Karolus rex omnibus populis, ut talem justitiam teneamus, sicut deus precepit nobis omne legitimum justitie observare. Incipit: Hir is gescriven, thet wi al selik londriucht

---

[1]) „bonden" für „banden", d. i. „bannten", s. unten p. 104 und „bande" in Fries. Wb. p. 661.

halde, sa god selva herest (em. „erest“) bad, thet wi alle riuchte thing
and alle afte thing helde, alsa longe sa wi livade; efter ebedenet and
benne (em. „bennen“) alle erthkenengar efter Juliano and Octaviano:
Julianus and Octavianus, sa heten tha forma, ther to Rome
kenengar weren . . . Tha heldenet efter alle kenengar, ther er
Christes berde weren, and alle tha kenegar, ther efter Cristis
berde Cristen urden; ther weren tha sogen kenegar Aaron ande
Samuel, Saul ande David, Salmon, Pippin rex and sin sune thi
minnera Kerl; hi was minnera and hi was betera, hi stifte and
sterde triwa ande werde, ande hi sette thera kenega jeft ande
allera liuda kest and londriucht, ande allera londa eccum
sin riucht. Ac helden-et[1]) tha kenegar, ther efter Cristes berde
weren; thi forma was Julius and Octavianus . . . Gallianus, Valerianus[2]), Severinus, Licianus, Dacianus, Commodius, Valentinus,
Mauricius[3]), Maximianus, Martinianus[4]), Humerius[5]), Maximius,
Thidericus, Heinricus, Conradus, Liudgerus, Frethericus, Heyn-
ricus, Philippus, Otto, Frethericus. Thit sintha sex and
fiuwertech kenenga, ther wesen hebbat[6]) efter Cristes berde, and
biadat us to hebbane and to haldane alle riuchtlike thing,
thet send kesta end londriucht.“ Fries. Rq. p. 342 und 343.

Der Text aus dem Westergo lautet im alten Druck: „Dit is
scryonn, dat wi alsoe deen landriucht halde, als god self baed.
Hy baed, dat wy hilde alle aefte tingh ende alle riuchta tingh.
Deerefter badent alle eerdsche koningen: Julius ende Octavianus,
also heten da eerdsche koningen, deer aerst weren to Roem ende
aeck deer efter hyarem weren, badent . . . want hit god self screef
ende bad et sine lyoed allen to halden, als hit hilden da koningen
Aaron ende Samuel, David ende Salomon, ende alle dae koningen,

[1]) MS.: helden net.
[2]) Im friesischen Hunsegoer Manuscript von Scaliger ist ein Blatt
verloren, und beginnt das erste erhaltene Blatt mit „anus“, ergänze „Valerianus“; es folgen dann die im Wichtschen Manuscript mit „Severinus“ be-
ginnenden Namen.
[3]) MS. Sc. schreibt: „Maricius“.
[4]) MS. Sc. schreibt: „Marcianus“.
[5]) MS. W. und MS. Sc. schreiben: „Humerius“.
[6]) MS. Sc. schreibt: Thit sex and fiuwertech kenenga het ther wesen.

deer eer Cristus berthe weren, ende efter Cristus berthe Cristen
worden. Di forma koningh was Pipwyn ende syn soen di minra
Kaerl, hi was minra ende was doch bettera, hi leet scriva trouwa
ende wird, dat sint kesta ende landriucht. Aeck hildent dae
koningen, deer efter Cristus berthe weren, ende Cristen weren. Di
aersta was Julius ende Octavianus . . . ., Valerianus, Marcianus,
Numerianus, Theodericus, Conradus, Fredericus. Disse
koningen joven alle lyoden kesta ende landriucht ende
alle landen syn sonderinga riucht." Fries. Rq. p. 588.

In meinem Manuscript des Westergoer Rechts von 1464,
dessen Inhalt Fries. Rq. p. XXV angeben, und das als Jus municipale Frisonum bezeichnet wird, steht hinter dem friesischen Text
der Siebzehn Küren auf p. 39: „Hyr is scrioven, dat wi also deen
landriocht halde, als God selva bad. Hi bad, dat wi alla afte
thyng ende alle riocht thing hilde. Deerefter bedin't ende banden
hit alle eerdkoninghen: Julius ende Octavianus, alsoe heten dae
aersta koninghen, deer ti Rome keyseren weren . . . Hwant
hi dat self scriove mei zyn fingerem, aec joved self use hera dat
riocht ti haldane . . . Also hit helden dae heren Moyses ende
Aaron ende Samuel ende dae holgha koninghen David ende Salomon
ende alle dae, deer eer Christus berte weren, ende aec hilden hit
dae koninghen, deer efter Christus berte weren ende Christen werden
. . . Dit was di aersta konyngh efter Christus berte Octavianus
Augustus, Julius . . ., Valerianus, Severus, Licinius, Datianus,
. . ., Theodericus, Numerianus, Maximianus, Liudgerus, Conradus,
Fredericus, Hinricus, Philippus, Otto, Fredericus.
Disse koninghen ieuven alla lioeden kesta ende landriocht
ende aller land ekinn zyn riocht. Dy aersta koning was
Puppin ende zyn soene di minra Kaerle; hi was minra ende
was doch bettra, hwant hi leet scriuva trouva ende wirde, dat
sind kjesta ende landriocht. Di Puppin het scriuva der
koningha jeva ende aller lioeda kesta, ende aller lioeda
sonderge landriocht."

Der Prolog läfst die Könige den Friesen ihr Recht und ihre
Freiheit verleihen. Im ersten umfangreicheren Rüstringer Text heifst
es: „Sie gaben allen Friesen nach König Karls Verleihung Freiheit

und freie Sprache und setzten und bestätigten aller Könige Gaben, d. i. aller Friesen Küren und Landrechte"; der zweite kürzere Rüstringer Text sagt: „König Karl gründete Treue und Wahrheit", und „diese Könige (und zwar als letzte Frethericus, Otto, Frethericus) setzten Königsgabe und aller Friesen Küren und Landrechte". Dasselbe erklären auch die andern Texte.

Die einzelnen Texte des Prologs erwähnen als die spätesten Könige, die den Friesen das Recht gesetzt haben sollen: Friedrich I. (1152 — 1190) in den beiden Rüstringer Texten der Oldenburger Handschrift, im Emsiger Text, in dem aus Hunsego nach der Wichtschen und der Scaligerschen Handschrift, sowie in dem Text aus dem Westergo im Manuscript von 1464; Heinrich VI. (1190 — 1197) im Emsiger Text, in dem aus Hunsego nach der Wichtschen und der Scaligerschen Handschrift und in dem des Westergo im Manuscript von 1464; Philipp (1198 — 1208) im ersten umfangreicheren Rüstringer Text der Oldenburger Handschrift, in dem aus Hunsego nach der Wichtschen und der Scaligerschen Handschrift und in dem Text des Westergoer Manuscripts von 1464; Otto IV. (1198 — 1218) in den beiden Rüstringer Texten, in dem aus Emsgo, in dem aus Hunsego nach der Wichtschen und der Scaligerschen Handschrift und in dem Westergoer Text im Manuscript von 1464; endlich Friedrich H. (1212—1250) in beiden Texten aus Rüstringen, in dem aus Emsgo, in dem aus Hunsego nach der Wichtschen und der Scaligerschen Handschrift und in beiden Westergoer Texten. — Kein späterer Kaiser als Friedrich IL wird hier in einem Text des Prologs angeführt, und doch würde gewifs unter all den zahlreichen Königen, die als solche angegeben werden, die den Friesen ihr Recht gesetzt und die angeblichen Verleihungen Karls des Grofsen bestätigt haben sollen, auf König Wilhelm hingewiesen sein, wenn der Prolog zu seiner Zeit oder nach seiner Zeit verfafst wäre. Von ihm erzählt der gleichzeitige Abt Menko von Witte-Wierum im Fivelgo, der die Friesen vor Achen aufsuchte, als sie unter dem König Wilhelm im Jahr 1248 Achen mitbelagerten und einnahmen, der König habe sie zum Dank mit grofsen Ehren entlassen: „a rege . . . cum multa honestate ac

106

gratiarum sunt actione remissi" M. G. XXIII, p. 541, und in der
dem König Wilhelm beigelegten Urkunde über friesische Freiheit
vom 3. November 1248 bestätigt und erneuert er den Friesen ausdrücklich ihre von Kaiser Karl verliehenen angeblichen Privilegien:
„Libertates ac privilegia concessa Frisonibus a Carolo Magno imperatore, antecessore nostro sanctae memoriae, liberaliter innovamus
et praesentis scripti patrocinio perpetuo confirmamus. Datum apud
Aquisgrani in curia magna nostra." Siehe unten Cap. V, Abschnitt II, über das angebliche, von mir für unecht gehaltene
Privilegium König Wilhelms von 1248.

No. 4. Für die Zeit der Abfassung der Küren legt auch
die Gegend, für die sie abgefafst sind, ein Zeugnifs ab.
Nach der zehnten Küre wollen die Friesen nicht weitere Heerfolge
leisten, als westwärts zum Fli, ostwärts zur Weser und südwärts
so weit, dafs sie Abends heimkehren können. Dies habe ihnen
König Karl zugesichert, nachdem er früher verlangt hätte, dafs sie
westwärts bis zum Sinkfal, ostwärts bis Hitzacker Heerfolge leisten
sollten: „Decima petitio est, Frisones non oportere exercitum ducere ulterius, quam ad Wiseram versus orientem, et versus occidentem usque Fli; versus austrum non remotius, quam possint in
vespere redire ... Petivit autem rex Karolus, quod ipsi ultra
proficisci vellent, in orientem usque Hiddesekkere et in occidentem
usque Singfallum. Et obtinuerunt id Frisones apud Karolum, quod
ipsi bannos suos ultra non servarent, quam in orientem ad Wiseram,
et in occidentem usque Fli"; s. oben p. 37. Die Karolingische Lex
Frisionum unterscheidet unter den Theilen, in denen sie galt, Friesland vom Sinkfal bis zum Fli als Westland, vom Fli bis zur Laubach als Mittelland, von der Laubach bis zur Weser als Ostland,
und giebt einzelne Rechtsverschiedenheiten aus den drei Theilen an.
Das Westland umfafste die spätern niederländischen Provinzen Zeeland und Holland nebst einigen weiter landeinwärts in der Gegend
von Utrecht gelegenen Gauen, somit einen sehr grofsen Theil des
nach der Karolingischen Lex Frisionum von Brügge in Flandern[1])
bis zur Wesermündung längs der Meeresküste sich erstreckenden

[1]) Darüber, dafs das Sinkfal bei Brügge lag, vgl. unten Cap. IV. §. 7.

friesischen Landes. Nach der zehnten Küre soll nun König Karl
den Friesen eingeräumt haben, dafs sie keine Heerfolge mehr über
das Fli hinaus zu thun brauchten. Seine ursprüngliche Forderung
soll gewesen sein, dafs sie westwärts bis zum Sinkfal, ihrer alten
Landesgrenze, zögen; dann aber soll er nachgegeben haben, dafs
sie es nur noch bis zum Fli thäten, also nicht mehr das ganze
zur Zeit Karls des Grofsen von ihnen bewohnte weite friesische
Westland vertheidigten, in dem die Karolingische Lex Frisionum
galt. Dafs eine solche Anforderung von den Friesen zur Zeit
Karls des Grofsen nicht gestellt oder gar von Karl bewilligt sein
kann, ist selbstverständlich. Die Verfasser der Küre 10 können
die Forderung, Heerfolge nicht weiter als ostwärts zur Weser und
westwärts zum Fli leisten zu dürfen, nur zu einer Zeit gestellt
haben, wo Fli und Weser ihre Landesgrenzen bildeten. Es sind
verbundene Friesen zwischen Fli und Weser gewesen, welche die
Siebzehn Küren vereinbart haben. Westwärts vom Fli in den
friesischen Landschaften zwischen Fli und Sinkfal haben die Siebzehn Küren niemals gegolten, während die oben p. 21 aus den
Landdistrikten zwischen Fli und Weser verzeichneten friesischen
Ueberarbeitungen der Siebzehn Küren und Vierundzwanzig Landrechte bekunden, dafs sie in den meisten hier vorhandenen friesischen Gauen gegolten haben. Die Vereinigung der friesischen
Landdistrikte, welche die Siebzehn Küren vereinbart haben, erstreckte sich vom Fli bis zur Weser, und nur in einer Zeit, wo
dies der Fall war, können die Siebzehn Küren verfafst sein. · Ich
werde in Cap. III zeigen, dafs der Upstalsbomer Bund im Beginn
des dreizehnten Jahrhunderts seit längerer Zeit bestand, dafs er
die Friesengemeinden zwischen Fli und Weser zu bestimmten
Zwecken zu vereinigen suchte, und es führt dies auf das zwölfte
Jahrhundert als die Abfassungszeit der Siebzehn Küren. Unter
Karl dem Grofsen und ebenso unter seinen Nachfolgern ist es unmöglich, an eine Abfassung der Siebzehn Küren zu denken.

Gleichwie sich die Küre 10 dadurch, dafs sie die Verpflich-
tung zur Heerfolge nur in dem friesischen Lande zwischen Fli
und Weser gelten lassen will, als in späterer Zeit abgefafst bekundet, geschieht es auch durch Küre 9. Sie verlangt, dafs die

Friesen auf drei freien Landstraſsen geschützt werden, und bezeichnet als solche die von Oldenburg nach Jever, von Münster nach Emden und von Koeln (Kuforden) nach Stavern. Die Ausgangsorte der drei freien friesischen Landstraſsen Jever, Emden, Stavern weisen auf eine bestimmte Zeit der Abfassung der Küren hin. Wären die Küren im neunten Jahrhundert verfaſst, so wären sicherlich als die drei Ausgangspunkte der friesischen Handelsstraſsen bedeutende friesische Handelsorte jener Zeit, z. B. Wykte-Durstede am Rhein oberhalb Utrecht, namhaft gemacht, nimmermehr Orte wie Jever und Emden[1]), die erst später aufgekommen sind und in dem im zwölften Jahrhundert sich näher verbindenden Lande zwischen Fli und Weser lagen, dem die Küren angehören.

No. 5. Einen speciellen Grund dafür, daſs die Siebzehn Küren nach 1156 verfaſst sind, glaube ich aus der Verschiedenheit des Rechts in den Küren 8 und 16 von dem des Landfriedens Kaiser Friedrichs I. von 1156 entnehmen zu können.

Die Worte der Küre 16 lauten: „Quod omnes Frisones habent eorum inimicitias sive feithe cum pecunia emendare praeter ligni clausuram et absque flagellatione, absque scopis et absque forticibus, extra terminos Saxonum. Quodsi fecerit capitalia mala, vel furta, vel alia mortalia mala, si pecuniam non habet, tunc emendet cum suo proprio collo secundum asega judicium et populi justitiam, juxta sculteti bannum et imperatoris licentiam; quia ille aeque

---

[1]) Als die vier friesischen freien Wasserstraſsen in Küre 9 werden Elbe, Weser, Ems und Rhein genannt. Eine Reihe Urkunden von 1243 bis 1408 nennen die Weser eine „strata regia" und handeln über freie, ungehemmte Fahrt auf ihr; über Weser siehe Urkunden unten Cap. IV. §. 11. In der Bischofssühne von 1276 vereinbart der Bischof Eberhard von Münster mit den vier friesischen Landdistrikten an der Emsmündung Emsgo, Brokmerland, Reiderland und Oldampt: „quod mercatores, qui allecia in hyeme quocumque tempore ante quadragesimam ducunt in Westfaliam, per novam extorsionem thelonii non graventur, et boves et equos, quos iidem Frisones ad forum ducunt, licite omni tempore vendant, et theloneum consuetum solvetur, quod stetit ab antiquo". Wilmanns Westf. Urkb. III, 1, p. 511 (aus Orig.) und Fries. Rq. p. 150.

solvet omni populo, qui pendet; et mortale malum debet mortali poena refrigerari", s. oben p. 39. — Die Küre 16 stellt hier auf, dafs alle Fehde, die ein Friese gegen den andern zu führen berechtigt ist, in Friesland von dem der Fehde Verfallenen mit Geld gesühnt werden kann, ohne dafs Stock („ligni clausura"), Staupen („flagellatio"), Besen („scopi") oder Scheere („forfices") Anwendung finden. Beging der Befehdete Hauptverbrechen, Diebstahl oder Mord, so ist er, wenn er kein Geld zahlen kann, nach dem Spruch des Asega und dem Volksrecht, nach Schulzenbann und des Königs Genehmigung zu hängen[1]).

Der Landfriede Heinrichs IV. von 1103 hatte bei Diebstahl unter 60 Denaren bestimmt: „depiletur et virgis excorietur et in utraque maxilla ferro usque ad dentes uratur"; bei Diebstahl über 60 Denaren: „manus ei abscidatur", M. G. Leges II p. 61, 16. Der Landfriede Friedrichs I. von 1156 bestimmte bei Diebstahl unter 5 Solidi: „scopis, forfice excorietur et tondatur", bei Diebstahl über 5 Solidi: „laqueo suspendatur", M. G. Leges II p. 103, 27.

Während durch Küre 16 und die Landfrieden von 1103 und 1156 das alte Fehderecht beschränkt werden soll[2]), liegt doch der Gegensatz des Inhalts der Küre und der Bestimmungen der Landfrieden auf der Hand; die Friesen wollen, dafs aller Diebstahl innerhalb der Grenzen Frieslands mit Geld gebüfst werden kann, dafs körperliche Strafe nur dann eintritt, wenn der Dieb seine verwirkte Bufse nicht zu zahlen vermag. Als stets zulässige Körperstrafen verzeichnet der Landfriede von 1103 bei Diebstahl unter 60 Denaren Haarabschneiden, Geifseln und Einbrennen in beide Kinnbacken bis auf die Zähne; bei Diebstahl über 60 Denaren Handabhauen. Im Landfrieden von 1156 tritt für Diebstahl unter 5 Solidi (d. i. 60 Denare der frühern Zeit) die körperliche Züchtigung ein wie 1103, bei Diebstahl über 5 Solidi Hängen, nicht

---

[1]) In den friesischen Texten der sechzehnten Küre aus Rüstringen und Westergo ist noch hinzugefügt als Strafe für Fälschung und Beschneidung von Münzen Abhauen der rechten Hand auf dem „thingstapul", d. i. Gerichtsblock, s. Fries. Rq. p. 27, 1—10.

[2]) Vgl. über Beschränkung des Fehderechts durch die sechzehnte Küre unten in Cap. III in §. 4.

Handabhauen wie 1103. Die Friesen wollen in Küre 16 innerhalb der Grenzen Frieslands gestatten, dafs, wer nicht fähig ist Bufse zu zahlen, bei Diebstahl gehangen werden kann; darin acceptiren sie für Zahlungsunfähige die Verordnung des Landfriedens von 1156, die alle Diebe über 5 Solidi hängen will. Auch die Friesen wollen in Friesland Diebe hängen lassen, aber nur, wenn sie nicht Bufse zahlen können. Es ist hier die Einwirkung des Landfriedens von 1156 sichtbar; gegenüber von dem Landfrieden von 1103 hätten die Friesen das Hängen in Friesland nicht eingeführt; der Landfriede von 1103 kennt für die Diebe über 60 Denare Handabhauen.

Auf Abfassung nach 1156, dem Jahre, in dem der Landfriede Friedrichs I. als Reichsrecht erlassen ist, führt in derselben Weise wie die sechzehnte Küre die achte. Die Verfasser der Küre 8 wollen beim Beweis ihrer Unschuld wegen einer Anklage auf Todesstrafe sich mit zwölf Eideshelfern frei schwören können, von denen bei Londraf vier Edelinge, vier freie Grundbesitzer und vier Liten sein sollen; sie wollen sich überhaupt nicht dem gerichtlichen Zweikampf unterziehen, wie er als einziges Gegenbeweismittel vom Landfrieden von 1156 und zwar nur für gewisse Fälle zugelassen wird. — Die achte friesische Küre lautet: „Quod nullus privatus contra dominum suum nimis contendat. Si quid fuerit, quod ab aliquo inquiratur ex parte regis, et si condempnari posset poena capitis, et ipse neget, tunc ipse se excuset cum XII viris withjuramentis; non oportet privatum cum rege et contra regem pugilem ducere. Postea debet privatus respondere et jurare, alioquin restat; vel est londraph, tunc jurabunt IV nobiles et IV liberi et IV minus nobiles. Sic debet regi satisfieri."

Im Landfrieden Friedrichs I. von 1156 wird in §. 1 bestimmt: Den, der im Frieden einen tödtet, trifft die Todesstrafe, aufser wenn es zur Vertheidigung seines Lebens geschah. Behauptet der Tödter, nur getödtet zu haben, um sein Leben zu vertheidigen, so wird unterschieden, ob das Gegentheil offenkundig ist, in diesem Falle tritt die Todesstrafe ohne Weiteres ein; ist es nicht offenkundig, dafs der Tödter die Tödtung beging, ohne dadurch sein Leben vertheidigen zu wollen, so steht ihm nicht etwa frei, sich mit Eideshelfern zu vertheidigen, er kann sich nur einem gerichtlichen Zweikampf unterwerfen. — Die Worte des Landfriedens lauten: „Si quis hominem infra pacem constitutam occiderit, capitalem subeat sententiam, nisi per duellum hoc probare possit, quod vitam suam defendendo illum occiderit. Si autem manifestum omnibus hoc fuerit, quod non necessario, set voluntate illum occiderit, tunc neque per duellum nec quolibet alio modo se excusabit, quin capitali dampnetur sententia", M. G. Leges II p. 101, 45. Der Paragraph 2 des Landfriedens von 1156 bestimmt, dafs bei Verwundungen dem Verletzer des Landfriedens die Hand abgehauen werden soll, und dafs in Beziehung auf seine Behauptung, er habe sich vertheidigen wollen, gleiches Recht wie in §. 1 gilt; also, wenn es nicht offenkundig ist, dafs er verletzt hat, ohne es zur Selbstvertheidigung zu thun, so kann er sich durch gerichtlichen Zweikampf reinigen, Eide sind ihm nicht gestattet. Die Worte des §. 2 lauten: „Si quis alium infra pacis edictum vulneraverit, nisi duello, quod vitam suam defendendo hoc fecerit, probaverit, manus ei amputetur, et, sicut superius dictum est, judicetur", M. G. Leges II p. 102.

Die Küre 8 bestimmt also wesentlich verschieden von dem Landfrieden von 1156, dafs einer, der getödtet hat, sich mit einem Zwölfereid frei schwören kann, während der Landfriede von 1156 ihm nur Reinigung durch gerichtlichen Zweikampf gestattet und dies nur, wenn er behauptet, zur Vertheidigung seines Lebens getödtet zu haben, und das nicht notorisch unrichtig ist. Die Stellung der achten Küre gegenüber dem Landfrieden wird sich hiernach in folgender Weise annehmen lassen: · Nach dem Landfrieden von 1156 wird bei einer Tödtung innerhalb des Friedens der, welcher getödtet hat, hingerichtet. Es wird präsumirt, dafs er nicht tödtete, um sein Leben zu vertheidigen. Behauptet er dieses, so findet seine Behauptung keine Beachtung, sofern das Gegentheil offenkundig ist; in Fällen, wo es nicht offenkundig ist, steht ihm zu, auf gerichtlichen Zweikampf zu provociren, bei dessen Ausgang zu seinen Gunsten ihn das Todesurtheil nicht trifft. Statt dieses im Landfrieden bestimmten gerichtlichen Zweikampfes will nun Küre 8 einen Zwölfereid gestatten. Die Zwölf haben dann zu schwören, dafs der angeklagte Tödter tödtete, um sein Leben zu vertheidigen.

In dieser Zulassung eines Reinigungseides statt des gerichtlichen Zweikampfes weicht die Küre von dem Landfrieden ab.

§. 9. Die friesischen Consules des dreizehnten Jahrhunderts sind den Küren und Landrechten fremd.

Der Hauptgrund für die Abfassungszeit der Siebzehn Küren und Vierundzwanzig Landrechte, der allein schon als beweisend gelten muſs, ist aus ihrem Recht zu entnehmen. Ich will, da es selbstverständlich nicht möglich ist, hier anzugeben, ob und wie alle einzelnen Rechtsinstitute im dreizehnten Jahrhundert seit dem zwölften Jahrhundert in Friesland umgebildet sind, nur anführen, daſs die gesammte Einrichtung der friesischen Gerichte seit dem Anfang des dreizehnten Jahrhunderts eine völlige Umgestaltung erfahren hat.

Nach den Siebzehn Küren und den sie weiter ausführenden Vierundzwanzig Landrechten beruft im Gau (Pagus) der Graf (comes), der die Grafschaft (den comitatus) über mehrere Gaue (Pagi) als erbliches Lehen besitzt, oder für ihn sein Beamter, der Schulz (scultetus), die freien und edlen Bewohner des Pagus zu den Gauversammlungen. Er oder sein Stellvertreter, der Schulz, ist es, der den Königsbann (bannus regius) ausübt und in der Versammlung des Volkes die Leute (populus, plebs, friesisch „liuda") das gerichtliche Urtheil sprechen (judicare) läſst und das gefällte Erkenntniſs vollzieht. Die Leute urtheilen, nachdem sie der vom König vereidete Asega über das geltende Recht belehrt hat.

Dem gegenüber nennen Aufzeichnungen des dreizehnten Jahrhunderts aus Friesland zwischen Weser und Fli Consules. An der Spitze der einzelnen Gaue oder an der Spitze der Theile von Gauen, wo eine Theilung der Gaue stattgefunden hat, stehen sechzehn Consules oder Richter. Sie bilden das Gericht des Landdistrikts, der Terra, sprechen Recht in kleineren oder gröſseren Versammlungen unter dem Vorsitz eines von ihnen, der ihren Spruch exequirt. Die Consules führen ihr Amt ein Jahr über. An bestimmten Tagen im Jahr, zu Walpurgis oder Kreuzestag, werden in den einzelnen Landdistrikten die für ein Jahr an die Stelle der früheren tretenden neuen Consules vereidet. Zu Consules berufen zu werden sind ausschliefslich die Besitzer bestimmter bevorzugter Grundstücke oder Ethel, gewisse Ethelinge oder Nobiles berechtigt.

Dafs wirklich den friesischen Küren und Landrechten die Verhältnisse in der angedeuteten Weise zu Grunde liegen, dafs sie in andern älteren friesischen Rechtsaufzeichnungen und in Urkunden des zwölften und des elften Jahrhunderts sich übereinstimmend aufweisen lassen, sowie dafs in den Rechtsaufzeichnungen seit dem Beginn des dreizehnten Jahrhunderts in Friesland Consules in der angedeuteten Weise auftreten, darzulegen und im Einzelnen zu begründen und weiter auszuführen, ist die Aufgabe, die mir im weiteren Verlauf der Abhandlung obliegt. Die einzelnen friesischen Gaue von der Weser bis zur Zuiderzee sind unten in Cap. VIII—XI besprochen, die Stellung der Grafen, ihrer Beamten, der Schulzen, und die der Asegen ist unten in Cap. VII, die der freien und edlen Bewohner der Gaue und ihre Betheiligung an den Gauversammlungen unten in Cap. XII behandelt; mit den Consules und ihrer eigenthümlichen Stellung beschäftigt sich speciell unten Cap. XIII. Hier, wo ich auf diese Verhältnisse nur zu sprechen komme, um die Abfassungszeit der Siebzehn Küren und Vierundzwanzig Landrechte festzustellen, mufs es genügen, auf sie im Allgemeinen hinzuweisen. Die Küren und Landrechte erwähnen nicht ein einziges Mal der Consules oder ihnen gleichstehender Personen. Unmöglich können sie durch einen seltsamen Zufall die überall im Lande vorhandenen Consules übergehen, da nach den Küren und Landrechten die freien und edlen Bewohner der Gaue unter dem Vorsitz der Grafen oder ihrer Beamten, der Schulzen, in den Gauversammlungen nach Belehrung des Asega eben die Functionen auszuüben hatten, die später den Gerichten der Consules oder Judices unter Vorsitz eines von ihnen oblagen.

Die Küren und Landrechte müssen unbedingt zu einer Zeit verfafst sein, in der noch keine Consules oder ihnen gleichstehende, nur nicht mit dem Namen Consules belegte, Judices in Friesland zwischen Weser und Zuiderzee vorhanden waren. Im Jahr 1216 werden das erste Mal Consules in Friesland genannt; für die folgenden Jahrzehnte beweisen im Original erhaltene Urkunden, dafs in fast allen Gauen Frieslands von der Weser bis zur Zuiderzee die Gerichte durch Consules oder ihnen gleichstehende Judices gebildet wurden. Berücksichtigt man aber die Art, wie damals in den unter verschiedenen Grafen stehenden, zu ganz verschiedenen Grafschaften gehörenden alten Gauen Frieslands, übereinstimmend derartige Gerichte sich gebildet hatten, so wird man die früheste Berufung von Consules in einem friesischen Landdistrikt nicht erst ins Jahr 1216 setzen und sich genöthigt sehen, die Aufzeichnung der Küren und Landrechte als bereits im zwölften Jahrhundert erfolgt anzunehmen.

Es hat das Entstehen von Consules eine so große Umgestaltung der gesammten inneren friesischen Verhältnisse zur Folge gehabt, daß ich es für die Untersuchung der einzelnen Punkte, mit denen sich die folgenden Capitel beschäftigen, für wesentlich förderlich halte, hier in Cap. II, das über die Quellen der Vereinstage in Upstalsbom spricht, eine Zusammenstellung der Quellenzeugnisse über friesische Consules vor dem Jahr 1323, in dem die Leges Upstalsbomicae vereinbart wurden, vorauszuschicken.

Ich gebe demnach unter A eine chronologische Zusammenstellung der Stellen, in denen vor dem Jahr 1323 Consules in Friesland zwischen der Weser und der Laubach vorkommen, unter B eine Zusammenstellung der Stellen, in denen es vor 1323 in Friesland zwischen Laubach und Zuiderzee der Fall ist. Die Zeugnisse für Friesland östlich und westlich der Laubach trenne ich, weil Vieles dafür spricht, daß westlich der Laubach erst später als östlich von ihr Consules oder ihnen gleichstehende Judices eingeführt wurden. Ich verzeichne dann unter C die einzelnen Gaue Frieslands von der Weser bis zur Zuiderzee und weise in ihnen das früheste Vorkommen von Consules nach. Es ergiebt sich aus dieser Zusammenstellung, daß im Laufe des dreizehnten Jahrhunderts in allen friesischen Gauen oder, wo durch Theilung oder Zusammenlegung der alten Gaue eine andere Abgrenzung der Landdistrikte stattgefunden hatte, in diesen Landdistrikten (Terrae) Gerichte, gebildet durch bestimmte nach Ablauf eines Jahres wechselnde Consules, an Stelle der Gauversammlungen getreten waren, in denen unter Vorsitz der Grafen oder Schulzen nach Belehrung der Asegen Recht gesprochen worden war.

Ganz unstatthaft ist es, wie es hin und wieder geschah, in den Consules der friesischen Landdistrikte oder Terrae, über deren Vorkommen zwischen den Jahren 1216 und 1323 hier unter A, B und C Quellenzeugnisse gesammelt sind, für städtische Consules zu halten. In der Zeit, in der in den friesischen Landdistrikten zufrühst Consules nachgewiesen sind, war in Friesland von der Weser bis zur Zuiderzee keine andere Stadt als das einzige Stavern vorhanden. Es war damals von geringer Bedeutung, übte keinen Einfluſs auf die Gestaltung der Verhältnisse in den benachbarten friesischen Gegenden, und wurde in ihm in einer den Friesen fremden Weise das Gericht durch Schöffen gebildet, die unter dem Vorsitz eines gräflichen Schulzen urtheilten; von dem umliegenden Sudergo war Stavern durch die Erhebung zur Stadt ausgeschlossen. In höchst überraschender Weise zeigt sich aber später in Stavern, wie in den friesischen Gauen, das Bestreben Consules einzuführen. Wie die Universitas terrae in dem einzelnen Landdistrikt Consules einführt, die nicht unter dem Vorsitz der Grafen oder ihrer Schulzen Urtheil sprechen, so thut es die Stadtgemeinde Stavern. Sie sucht die Gewalt der Grafen von Holland, unter der sie wie die benachbarten friesischen Gaue steht, zurückzudrängen. Sie vertreibt den Schulzen des Grafen aus Stavern, führt Consules statt der Schöffen ein, die unter einem von ihnen als Vorsteher fungiren. Nach kurzer Zeit machen aber dann die Grafen ihre Stellung wieder geltend, entfernen die Consules, setzen aufs Neue Schulzen und Schöffen ein. Dies wiederholt sich in Stavern vier bis fünf Mal in den Jahren 1246 bis 1327, und die Art, wie es geschieht, kann nur förderlich sein, die Umgestaltung der Verhältnisse in den friesischen Landdistrikten im dreizehnten Jahrhundert ihren Grafen gegenüber zu erkennen. Aus diesem Grunde lohnt es, hier, bei Nachweisung der Quellen für die friesischen Consules des dreizehnten Jahrhunderts, unter D die Quellenzeugnisse für die Entwickelung Staverns zusammenzustellen. Muſs nun aber für erwiesen gelten, daſs die Consules der friesischen Gaue, die im dreizehnten Jahrhundert nachzuweisen sind, in keiner Weise Consules einzelner friesischer Städte waren oder städtische Consules, die auf dem Lande aus irgend welchen Gründen in den benachbarten Gauen als thätig erscheinen, so kann es doch auch keinem Zweifel unterliegen, dafs es nicht zufällig ist, dafs seit dem Beginn des dreizehnten Jahrhunderts „Consules" von den Universitates der friesischen Terrae eingeführt werden und dafs gleichzeitig „Consules" in vielen deutschen Städten auftreten. Wie Stadtgemeinden, die ihren Herrn gegenüber eine unabhängigere Stellung gewinnen, Consules einführen, in derselben Weise thun es friesische Landdistrikte. Aehnliche und gleiche Verhältnisse, zu denen die gesammte Gestaltung des deutschen Reiches in jener Zeit führte, erzeugen ähnliche und gleiche Bestrebungen. Sie finden in deutschen Städten wie in friesischen Landdistrikten in der Einführung von Consules einen Ausdruck. Es erhält die Entstehung der Consules in den friesischen Landdistrikten aus der in den deutschen Städten eine Erläuterung, und darf andererseits die Entstehung der friesischen Consules in den Landdistrikten nicht unbeachtet bleiben, wenn es sich darum handelt, zu erkennen, wie das deutsche Städtewesen sich entwickelt hat. Unter E stelle ich hier noch kurz zusammen, wie in gleichzeitigen Quellen der Ausdruck Consules in deutschen Städten angewendet wird, und wie für ihn gleichzeitig andere Benennungen in friesischen Landdistrikten und deutschen Städten gebraucht werden.

Ich lasse hier unter A bis E die Nachweisungen für die bezeichneten Punkte folgen:

A. Stellen, die vor dem Jahr 1323 zwischen Weser und Laubach Consules erwähnen.

1. Zufrühst werden Consules genannt von dem 1237 verstorbenen Abt Emo in seiner Chronik des Kloster Witte-Wierum im Fivelgo, die gedruckt ist aus einer eigenhändigen Abschrift seines Fortsetzers, des um 1275 verstorbenen Abtes Menko. Beim Jahr 1216 gedenkt Emo der „consules terre", d. i. Fivelgoniae [1]). Beim Jahr 1219 erzählt er Streitigkeiten zwischen Orten im Fivelgo und erwähnt dabei die „consules anni" (im Fivelgo). Beim Jahr 1224 nennt er „consules terre" als anwesend zu Loppersum im Fivelgo westlich von Appingadam. Beim

---

[1]) Die Stelle ist oben p. 17 in §. 3 abgedruckt.

Jahr 1225 berichtet er: „abbas invitavit consules terre.“ Siehe M. G. XXIII p. 495, 48; 491, 9; 505, 41; 508, 49; oder Feith p. 79, 65, 100 und 110.

2. In den Jahren 1218 und 1224 nennt der Kreuzprediger Oliver, Scholasticus aus Köln, in zwei Briefen an die Friesen Consules. Er schreibt 1218 aus Damiette „abbatibus, prioribus, praepositis, decanis, plebanis et consulibus Frisiae.“ Den Brief rückt ein Worp, Prior des Kloster Thabor bei Sneek im Westergo, in sein Chronicon Frisiae Leuwarden 1847, I p. 146. Einen Brief von 1224 schreibt Oliver, nachdem er das Kreuz im Fivelgo gepredigt hat, „abbatibus, prepositis, decanis, consulibus et populo Frisie.“ Der Brief ist aufgenommen von Emo in seine Chronik des Kloster Witte-Wierum im Fivelgo; M. G. p. 499, 29 oder Feith p. 88.

3. In Urkunde von 1220, den 9. Juni, vereinbaren Bremen und die terra Rustringie: quod *sedecim conjurati de terra* (Rustringie) et sedecim conjurati de civitate (Bremensi) bis in anno convenient Elsflete, . . . quidcunque questionis ortum fuit, per consilium utriusque partis decisuri. Ehmck Bremisches Urkundenbuch 1873, I p. 140 (aus Orig.), früher Cassel Ungedruckte Urkunden 1768, p. 207. Siehe unten No. 24 die Urkunde von 1291, den 4. Mai; und vergleiche unten in Cap. III §. 27 No. 1.

4. In Urkunde von 1237, den 22. März, vereinbart die terra Herlingie (d. i. das Land Harlingen östlich von Norden bei Esens) mit der Stadt Bremen ähnliche Satzungen, wie es 1220 das Land Rüstringen gethan hatte; namentlich wird bestimmt: *Sedecim conjurati de terra* (Herlingie) et sedecim conjurati de civitate (Bremensi) bis in anno convenient Elsflete, videlicet in festo Waltburgis et in nativitate sancte Marie virginis, quicquid questionis ortum fuerit, per consilium utriusque partis decisuri etc. Ehmck Brem. Urkb. I p. 237 (aus Orig.), früher Sartorius Urkundliche Hanse p. 714, s. unten No. 20 die Urkunde von 1289, den 8. Juli, und vgl. unten in Cap. III §. 27 No. 2.

5. In Urkunde von 1238: Comes, judices et consules terre Wortsacie (d. i. des Landes Wursten auf dem rechten Weserufer unterhalb Bremen gegenüber von Rüstringen) compositionem

talem inire decrevimus cum civitate Hammenburgensi, quod si burgenses Hammenburgenses infra nostre jurisditionis terminos cum
navibus suis in arena resederint etc. Lappenberg Hamburger Urkundenbuch 1842 p. 440 (aus Orig.).

6. In Urkunde von 1248, den 1. Juni, treffen mit dem Domkapitel zu Bremen Vereinbarungen über Zahlung von Zehnten Consules ceterique de Rustringia, und unterzeichnen Radolfus
et Udo plebani de Rodenkerken (d. i. Rodenkirchen an der Weser
unterhalb Blexen im Butjadingerland von Rüstringen), Meynardus
diaconus; Radolfus et Eleke consules Rustringie; Uma filius
Rodwardi, Thetbundus Duding et Liawart Halling, *viri reliquiarum* etc. Ehrentraut Friesisches Archiv 1854 II p. 349 (aus einem
Bremer Copiar).

7. In Urkunde von 1250 gewährt der Bischof Otto von Münster
genti nostre Brokmannorum, quod omnes ecclesie constitute sub
consulatu Brokmannorum exempte sint a synodatione domini
Liutwardi de Hinte (d. i. Hinte nördlich von Emden). Er nennt
dabei sechs Orte, die unten Cap. III §. 3 nordöstlich von Emden
nachgewiesen sind in dem zur Münsterschen Diöcese gehörenden
Theil des Brokmerlandes. Die Urkunde druckt nach dem Original
Wilmans Westfäl. Urkb. Münster 1861, III, 1, p. 281; in Fries. Rq.
p. 138 ist sie aufgenommen aus Niesert Münstersches Urkb. I,
p. 71, der sie nach einem Münsterschen Chartular giebt.

8. (In den ältesten lateinischen Küren aus Emsiger- und
Brokmerland, die ich Fries. Rq. p. 135 und p. 137 aus dem Manuscript des Brokmerrechts von 1345 habe drucken lassen, und die
vor 1250 vereinbart zu sein scheinen: Deficiente vero ubique
justitia et veritate a filiis hominum diminuta ... placuit judicibus utriusque terre in unum convenientibus constitutiones
conscribere, quibus justitia et pax propagetur et injustitia eliminetur statutis ad hoc ex utraque terra sex judicibus, Emboni placitatori et suis sociis et Onnoni Bettamonna
et suis sociis, qui his negotiis interessent, ad hoc statuimus;
hi vero has constitutiones, que hic infra habentur, conscribere de-
crevere. Fries. Rq. p. 135, 1. In den Küren heißt es dann: Si
vero pax inter terras fuerit, et forte quis a Brocmannia in

Emesgoniam deambulaverit, et forte ab alienis capitur, mox judices, in quorum terra captus fuerit, ut eis innotuerit, eum statim incolumem redire compellant etc. p. 135, 25. In beiden Landen erwähnen die Küren vielfach Judices; es ist die Rede von der probatio duorum judicum, der affirmatio per quatuor judices, auch von consules, die ein factum beweisen sollen: Si Brocmannus in Emesgoniam aut e converso profectus fuerit, illic aliquantulum temporis commorando in aliquem forte terre sue conterraneum egerit, et hoc dixerit per consules eorum terre justo examine determinatum, ex eis producet duos eis proximiores, qui hoc verum affirment. Fries. Rq. p. 136, 9.

In den zweiten etwas jüngeren Küren von Emsiger- und Brokmerland sind die Richter nicht als consules bezeichnet; es heißt: Statuerunt judices Brocmannie et Emesgonie. Fries. Rq. p. 137, 9.).

9. (In einer friesischen Uebersetzung der Hunsingoer Küren von 1252 aus dem dreizehnten Jahrhundert, in Fries. Rq. p. 328 bis 331 gedruckt aus dem Scaligerschen Manuscript p. 110 bis 119 und von §. 22 an aus dem Wichtschen Manuscript p. 133 bis 136. Beide Manuscripte bespricht oben p. 63ff.

Der friesische Text der Küren verwendet für „Consules" das friesische „Red-jeva", d. i. Rathgeber, mit deren Stellung die Küren von 1252 sich großsentheils beschäftigen. Ihr Schluß lautet in lateinischer Fassung: „Acta sunt hec anno gratie MᵒCCLIIᵒ presentibus dominis abbatibus Eylwardo, Heykone, et Fretherico et discretioribus Hunesgonie, s. oben p. 65 und Fries. Rq. p. 331, 5. Küre 2 sagt: etta warve, ther alle Hunesgena redgevan hiara warf ledzie etc. Fries. Rq. p. 328, 11. Küre 3: etta smela warvum, ther achta redgevan jefta fiuwer tegadere cume etc. Fries. Rq. p. 328, 19. Küre 7: Hwasa thes thunresdeys, ther redgevan swerath et Uldernadomme etta warve, enne mon sle etc. Fries. Rq. p. 328, 10. Küre 8: Hoc redgeva sa swere er tha riucta thunresdey et Uldernadomme, and buta ta stavere, ther tha ebbetan therto sette, thet mane of tha *ethe* werpe, andere tha redgevum geve ene haudlesene and sin stavre alsa fule. Fries. Rq. p. 328, 16. Küre 9: Gef thi blata (der Arme, der einen Mann erschlagen hat) redgevum brocht werthe, thet makie hia as hit thiu wished wilkerad hebbe. Fries. Rq. p. 329, 4. Küre 11: sa jevere allera ombechta eckum sextech merka ande tha redgevum sextech merka (so zahle er 60 Mark Bufse jedem Amt und 60 Mark den Consuln als Bufse). Fries. Rq. p. 329, 21. Küre 12: sa gevere (der Nothzüchtiger) allera ombechta eckum sextech merka, and tha redgevum sextech merka. Fries. Rq. p. 329, 31. Küre 16: Tha redgevan ne moten umbe nenes redgeva kere, ni umbe nenne dom, ni umbe nenra honda thing, ther him to clage kume jeftha to redskipe here, nene meyde nime, ni nena monne fon hiara halvum nima ne lete, ur twene fiarderan biares. Fries. Rq. p. 329, 5. In derselben Küre: And hocne redgeva sa ma beclagie, sa rekerse wither twiskette jeftha undgunge mith tuelef ethum there sibbesta liva etc. Fries. Rq. p. 329, 22. Küre 17: Umbe raf and umbe metc-dolch nenne jechta te delane bota uses londes riucht, hit ne se thet hit on redgevana onderde den se etc. Fries. Rq. p. 329, 26. Küre 18: thettere (bei Urtheilen eines früheren Jahres) redgevum geve ene haudlesne. Fries. Rq. p. 329, 32. Küre 21: Alsa tha redgevan sweren hebbat, sa bifrethiese allera monnek etc. Fries. Rq. p. 330, 9. Küre 22: sa gelde thi redgeva thene brecma (statt des Verklagten) etc. Fries. Rq. p. 330, 18. Küre 25: Twiska thene thunresdey, ther redgevan swerath, and helgena missa nen ombecht, a sunderga nenne warf, ni balde, hia ne due thet bi alra redgevena worde, etc. Fries. Rq. p. 330, 6. Küre 29: thetter nen redgeva sinne berielda urherech ni kethe, hi nebbe etc. Fries. Rq. p. 230, 22. Schluss der Küren: Thit hebbat tha liude keren and redgevan uppe sweren. Fries. Rq. p. 331, 4).

10. In Urkunde von 1255, den 21. April, schliefsen die Geistlichen und die Consuln des Emsigerlandes bei Emden und des Nordenerlandes bei Norden einen Friedensvergleich mit Bremen: Abbas de Frebestum, prepositus de Langhene seu Sigeberch, prepositus de Insula, decanus de Emetha, decanus de Uttem, decanus de Hint, abbas de Norda, abbas de Scola dei, consules et tota plebs Emesgonie et Nordensium. Sie erklären: quod omnis dissensio, que inter civitatem Bremensem ex una parte et terram nostram ex altera

fuit exorta perpetua compositione est sopita. Im Fall eines Friedebruchs soll innerhalb eines halben Jahres der Friedebrecher 100 Münstersche Mark Bufse gezahlt haben, cujus emende medietatem civitas Bremensis, et terre nostre decani consulesque recipient. Es werden für Tödtungen und Verletzungen Bufsen vereinbart. Huic compositioni interfuerunt abbas de Norda Winandus, abbas Menco de Scola dei, frater Helpricus Bremensis, prepositus Focco de Insula, Sitatus orator, Folpertus Einretsa, Agga Alderes, Agga Ubbes, dominus Henricus Reineldes, Adda Poppenga. Istam compositionem servare juraverunt dominus Henricus Donelde, dominus Johannes filius Gerthrudis, dominus Herwardus de Bersem, dominus Liudfridus de Walle, consules Bremenses . . . ceterique burgenses quam plurimi. Ex parte Emesgonum juraverunt decanus Dedda de Emetha, Bena Hildesethes, dominus Ulgerus de Felerne (d. i. Faldern bei Emden), Memma de Felerne, Sebern Harenga et Metta frater suus, Kempa Walckenga, Habba de Sutherhusen (d. i. Suiderhusen nordöstlich von Emden), Kempa de Felerne et de diversis villis plures alii. Datum in Norda. Suur, Klöster in Ostfriesland 1838, p. 149 (aus Orig.) und Ehmck, Brem. Urkb. I, p. 306 (aus Orig.)

11. In Urkunde von 1258, den 9. Juni, vereinbaren das Fivelgo und die Stadt Groningen Satzungen: Nobiles homines terre Fivelgonie et cives de Groninge. Es stehen darin einander gegenüber: Cives de Groninge et commune Fivelgonie. Dabei werden bestimmt „due marce pro pace, una marca consulibus Fivelgonie et altera marca aldermannis Groniensibus“ und „si contigerit in civitate (Groningen) quod notum sit aldermannis, vel in Fivelgonia, quod notum sit consulibus, non permittetur se quisquam excusare. Driessen, Monumenta Groningana 1822, I, p. 34 (aus Orig.). Vgl. unten No. 17 die Urkunde von 1283, den 10. August.

12. In Urkunde von 1260, den 24. Februar, erklären Consules sedecim et tota terra Rustringie, quod Stedingi trans Huntam habitantes dem Erzbischof und der Bremer Kirche sich unterworfen hätten: „ad gratiam domini Hildeboldi archiepiscopi et ecclesie redirent“. Michelsen, Holsteinisches Urkb. 1842, II, p. 101 (aus Orig.).

13. In Urkunde von 1269, den 25. Juli, erneuert Emsigerland und Nordenerland mit der Stadt Bremen den Vertrag über Frieden vom 21. April 1255: Cum compositio, que olim inter cives Bremenses ex una et Emesgones ex parte altera facta fuit, fuisset per quandam gravem discordiam interrupta, et predictarum partium sollempnes nuncii in Norda apud domum fratrum predicatorum ad concordandam hujusmodi discordiam convenissent, tali modo inter partes extitit concordatum: ut forma compositionis antique, prout in litteris exinde confectis expressius continetur, inviolabiliter observetur, hoc addito de novo vel potius innovato, ut etc. Huic compositioni intererant abbas et prior de Norda, prior et frater Memmo ordinis fratrum predicatorum de Norda, consules de Norda, dominus Johannes cantor de Ile, Deddo prepositus de Emethen, Alricus filius Rendonis, Wibba Edinga, Ubba Frederinga, Harbernus Ovinga et Ado, cives de Emethen. Boydikinus Dux, Lutfridus de Walle, Henricus Doneldey junior, Eilmarus, Alexander de Stadhe, *tunc consules Bremenses.* Ut autem hec rata permaneant, venerabilis patris domini . . Monasteriensis episcopi, Deddonis prepositi de Emetha, Hesonis prepositi de Husum, Liudwardi prepositi de Uttum, terre Emesgonum; abbatis de Norda, prioris fratrum predicatorum de Norda, et terre Nordensis sigilla presentibus litteris in testimonium sunt appensa Actum in Norda. Urkundliche Hanse p. 726 (aus Orig.) und Ehmck, Brem. Urkb. I, p. 381 (aus Orig.).

Dem zwischen Bremen und Emsigerland vereinbarten Frieden treten bei die Federgoer (nördlich von Emden); es heifst am Schlufs der Urkunde vom 25. Juli 1269: „Quia vero consulibus et universitate Federgonum ignorantibus et absentibus predicta concordia facta fuit, ipsi postmodum per suas patentes litteras sunt protestati, se velle predictam formam compositionis inviolabiliter observare.

14. In Urkunde von 1269, den 29. Juli, erklären die Federgoer, dafs sie in den von der Stadt Bremen mit dem Emsigerland eingegangenen Vertrag eingeschlossen seien: Nobilibus viris ac honestis scabinis et burgensibus civitatis Bremensis consules et universitas Federgonum intelleximus, quod compositio ... inter vos

et omnes Emesgones ordinata, que a civibus in Emetha ... extitit violata, mediantibus fratribus in Norde de consilio ceterorum discretorum sit renovata. Tam primam compositionem quam secundam consilio et auxilio litteris et sigillis nostris libentissime volumus roborare ... Quia sigillo non utimur, litteram hanc sigillo Liudardi prepositi nostri fecimus roborari. Datum Utthem (d. i. Uttum nördlich von Emden). Ehmck Brem. Urkb. I, p. 383 (aus Orig.).

15. Im Jahr 1276 werden Consules genannt im Brokmerland, im Emsigerland bei Emden, im Reiderland südlich von Emden und im Altamt, einem westlich von Emden gelegenen Theil des alten Pagus Fivelga. Am 18. März 1276 hatte der Bischof Eberhard von Münster mit vier friesischen Landdistrikten seiner Diöcese, dem Reiderland, Emsigerland, Altamt und Brokmerland, die sogenannte Bischofssühne vereinbart: Fluctuante tempestate periculose litis iam ferme per quinque annorum curricula in partibus Frisie Monasteriensis dyocesis, videlicet quatuor terrarum Emesgonie, Brochmannie, Reyderlant et de Aldeambacht, sic tandem placuit domino Monasteriensi episcopo ab una et dictarum terrarum universitati a parte altera etc. Die Bischofssühne [1]) ist nach dem Original in Wilmans Westfäl. Urkb. III, 1, p. 508, nach andern Texten in Fries. Rq. p. 140 gedruckt; s. unten Cap. V, §. 15. In Urkunde vom 24. October desselben Jahres erklären, die Bischofssühne anerkennen zu wollen „Nos consules, jurati ac universitates Redensis (d. i. von Reiderland), Emesgonie, de Althammet (d. i. von Fivelgo-Altamt) ac Brocmannie terrarum Monasteriensis dyocesis." Wilmans a. a. O. p. 520 (aus Orig.). Ueber denselben Gegenstand handeln in Urkunde von demselben Tage „Consules jurati et universitates Emesgonie et Brokmannie terrarum Monasteriensis dyocesis." Wilmans a. a. O. p. 520 (aus Orig.).

16. (Beim Jahr 1280 erzählt die Continuatio Menconis nach einer Abschrift aus dem sechzehnten Jahrhundert: Anno domini MCC?

---

[1]) In der Bischofssühne wird von Judices gesprochen; darunter sind aber nicht Judices der einzelnen Landdistrikte oder Consules verstanden, sondern Judices des Bischofs, die Geistliche waren.

incepto scropulosa qaestio in terra Fivelgoniae oritur de consulatu, quam dignitatem quilibet habere voluit, etiamsi nihil juris in ea in illo anno habere dignoscebatur. Inter quos omnes principalis fuit Ebbo et sui. Nam carnali fratri suo Rodmaro, cui competebat hujusmodi potestas, auferre conatus est eam, sed non praevaluit. Inter cives forenses contradictionem sibi procuravit contra Adulphum de Tukawerth (d. i. Tuikwerd bei Farmsum) per quendam Tadeconem Rembrechta, qui minime baec attentasset sine instinctu praedicti laici Ebbonis. Nec et habuit effectum, sed fomitem controversiae inter nobiles generavit, quod ad infelicem exitum deductum est die dominico, qui vocatur skeynesmandeig (skneynosmandery liest Matthaeus), qua civile jus per novos jurantes consuetum est ab antiquo novari in terra Fivelgoniae; sed tunc omnino dissipatum est. Nam die praenotato non in foro, sed in Hechissel[1]) convenerunt. M. G. XXIII, p. 563, 38 oder Feith p. 252. — Am Eingang der Stelle hat das schwer zu lesende Manuscript nach Matthaeus die Worte „Anno domini CIƆCCLXXX jam incepto; nach Feith p. 252, desgleichen nach Bethmann und Arndt, wie Weiland angiebt, Anno domini MCC jam incepto; Weiland druckt Anno domini 1280 jam incepto M. G. XXIII, p. 563, 38. Vielleicht ist die Schrift des Manuscripts bei LXXX jetzt verloschen, und war zur Zeit des Matthaeus noch mehr erkennbar, so daſs anno domini 1280 gelesen wurde.

Bei demselben Jahr erzählt die Continuatio Menconis: Anno domini 1280 (Hunesgones arma receperunt). Isti Hunesgones antea ad duos annos arma deposuerunt in tanta voluntate, quod nihil in manibus nisi virgas portabant . . . Sed contentio, quae fuit de consulatu inter Duerdeconem de Kaldabera et Eysonem

---

[1]) Der Ort Hechissel, wo man nach der Continuatio Menconis statt „in foro", d. i. statt an der regelmäſsigen Gerichtsstätte des Fivelgo bei der spätern Stadt Appingadam, zusammenkam, ist verschollen. Er lag bei Godlinse, hieſs wahrscheinlich nach dem Flüſschen Heke. Das Feldwerther Deichrecht von 1303 bestimmt Judices ex occidentali parte *Heke,* qui dicitur Goldlinzera nesse, recipiunt terciam partem emendarum et alii ab orientali *Heke* binas partes omnium emendarum. Fivelg. Rechtsmanuscript p. 128.

Gerbranda, eos fecit perjuros, et subsequutum est bellum ama-
rum, in quo occisi sunt primo Duerdeco, postea Eyso, per quos
primo discordia mota fuit, et alii nobiles quam plures, ut Eppo
Hoyckna, Fevo Poptta, Rentho Nam, Schelto de Werffhusum
(d. i. Warfhuizen in der Marne des Hunsego), Osdo et Hayo, et
eorum complices. M. G. XXIII, p. 564, 14 oder Feith p. 253.

Beim Jahr 1284 berichtet die Comtinuatio Menconis in der
Abschrift aus dem sechzehnten Jahrhundert: Anno domini 1284
jus civile Fivelgonum, quod multo tempore floruerat, dissipatur.
Sed ne legentibus obscurus fiam etc. . . . Anno gratiae 1282 etc.
. . . Cum haec (d. i. Streitigkeiten zwischen Ebbo Menalda und der
Yda de Menterawalda, d. i. Menterwolde im Fivelgo, vom Dollart
überfluthet) ita confuse agerentur et pugil Robernus consulatum haberet et simul esset edictor, et alii quam plures
nobiles cum eo, ut Aylwardus Snelgera, ordinatum est proinde consilio inter consules, quod . . . Sed tali consilio promulgato, quia
non placuit Ebbonibus, mandatum consulum proterve con-
tempserunt. Quare consules irati praeceperunt, ut bene convenirent ad superbiam Ebbonis et suorum comprimendam. Et sic
anno domini 1283 festo apostolorum Petri et Pauli consules,
meliores, fortiores et agiliores terrae Fivelgoniae convenerunt Hellum
(d. i. Hellum im Fivelgo bei Schiltwolde) quasi vir unus, ut domum praedicti comburerent . . . Quo viso cum sepedictus Ebbo et
cognatio ejus tota ac amici quam plures, qui ipsum defendere
venerant, consulibus ac toti terrae resistere non possent nec
auderent, principibus placatis et consilio habito, probis et honestis
viris mediantibus, fecit coactus, quod prius voluntarie facere nole-
bat, deditque captivum in manibus domni Ougeri abbatis Floridi
Horti. Consules vero bene benedicebant communitati et recesserunt illa die cum gaudio et honore. M. G. XXIII, p. 565, 35 oder
Feith p. 256.)

17. In Urkunde von 1283, den 10. August, federa ac pacta
pacis perpetue inter nobiles homines de Menterne (d. i. Menterne im
Fivelgo, vom Dollart überfluthet) et cives de Groninge de consilio
consulum nec non discretorum ex utraque parte sunt ordinata. Es
folgen nun Vereinbarungen ähnlich den oben p. 121 No. 11 aus Ur-

kunde von 1258 excerpirten. Dann heifst es in der Urkunde: Si vero aliquis fuerit spoliatus hinc inde, quod plene constiterit judicibus, in quorum districtu contigerit, judices laesum juvabunt ad sua rehabendum secundum rei veritatem, et pro emenda marca sterlingorum laeso a laesoribus persolvetur, et judices marcam sterlingorum pro pace recipient violata. Driessen p. 43 (aus Orig.)

18. (Beim Jahr 1283 führt Emmius Historia rerum Frisicarum p. 178 aus ungedrucktem Original eine Urkunde an, in der Diudo Dodinga edictor terrae Hunesgoniae vorkomme).

19. In Urkunde von 1285, den 25. November, vereinbart mit der Stadt Bremen Urfehde das Land Wührden auf dem rechten Weserufer unterhalb Bremen gegenüber von Rüstringen: Sculteti, oldermanni totaque universitas terre Wordensis universis ... salutem. Noverint universi, quod nos in ecclesia Elsvlete (d. i. Elsfleth auf dem linken Weserufer im Lande Stedingen) juravimus consulibus totique civitati Bremensi unam firmam orveyde, que si a nobis violata fuerit, tunc dabimus nobili viro Cristiano, comiti in Aldenborg domino nostro ... et predicte civitati Bremensi quadringentas marcas Bremensis ponderis etc. In quorum testimonium sigillis ... comitis in Aldenburg et consulum civitatis Bremensis et nostro roborari procuravimus presens scriptum. Datum in ecclesia Elsvlete. Ehmck Brem. Urkb. I, p. 457 (aus Orig.). Vgl. unten No. 21 die Urkunde von 1291, den 26. März.

20. In Urkunde von 1289, den 8. Juli, erklären Embo et Hayco ceterique conjudices eorum necnon et consules ac tota universitas Herlingie den Consuln von Bremen, dafs sie an den Vereinbarungen von 1237 festhalten wollten. Ehmck Brem. Urkb. I, p. 490 (aus Orig.). Vgl. oben p. 117, No. 4 die Urkunde von 1237.

21. In Urkunde von 1291, den 26. März, erneuert das Land Wührden die Urfehde von 1285 mit Bremen: Sculteti oldermanni totaque universitas terre Wordensis salutem. Noveritis, quod, postquam nos violassemus compositionem sive orveyde, que ordinata fuit per nobilem virum Cristianum quondam comitem in Aldenburch, dominum nostrum bone memorie, in ecclesia Elsvlete (d. i.

Elsfleth auf dem linken Weserufer in Stedingen) inter nos et civitatem Bremensem, renovavimus eam iterato in ecclesia Ochtmunde de consensu et voluntate nobilium virorum Ottonis et Johannis comitum in Aldenborch, dominorum nostrorum, et juravimus consulibus totique civitatis Bremensi unam firmam composicionem seu orveyde etc. In quorum testimonium nostris et predictorum Wordensium sigillis presens pagina communitur. Presentes erant: ... milites, et Hermannus dictus Vel advocatus noster. Cassel Ungedr. Urk. p. 216 (aus Orig.); Ehmck Brem. Urkb. I p. 503 (aus Copiar). Vgl. oben p. 126 No. 19 die Urkunde von 1285, den 25. November.

22. In Urkunde von 1291, den 1. Mai, schliefst das Land Wursten eine Vereinbarung mit der Stadt Bremen: nos consules et universitas terre Wrtzacie ordinavimus amicabilem compositionem inter cives Bremenses ex una et cives de Wetwarden (d. i. Weddewarden im Lande Wursten) terre nostre ex parte altera ... videlicet quod cives Bremenses de cetero nunquam movebunt questionem aliquam dictis civibus de Wetwarden ... Nec (sic!) ipsi Bremenses vice versa et dicti cives de Wetwarden promiserunt consulibus terre nostre ... quod de cetero numquam spoliare debent aliquem mercatorem in aquis vel in terris .... Quod si aliquis eorum mercatorem aliquem spoliare vel vulneribus aut verberibus molestare presumpserit, consules terre nostre, qui pro tempore fuerint, conquerenti judicabunt, secundum quod in aliis litteris terre nostre civitati Bremensi traditis plenius continetur. Ehmck Brem. Urkb. I p. 504 (aus Orig.). Vgl. oben p. 117 No. 5 die Urkunde von 1238. (In Urkunde von 1269, den 29. September (Ehmck Brem. Urkb. I p. 384 (aus Orig.)) hatten die „Wurtzati" mit der Stadt Bremen eine Vereinbarung getroffen über Handelsverkehr auf der Weser, quia Wisera est libera et regia strata, und Bufsen für Verletzungen und Verwundungen. Dabei werden keine Consules im Lande Wursten genannt.)

23. In Urkunde von 1291, den 4. Mai, schliefsen zu Bremen die Sedecim et universitas terre Rustringie mit den cives Hamburgenses unter Vermittelung der Bremer Consules eine Compositio über die Behandlung des Schiffbruchs auf der Weser und

Beilegung aller früheren Streitigkeiten. Lappenberg Hamburger Urkundenbuch p. 716 (aus Orig.).

24. In Urkunde von 1291, den 4. Mai, ergänzen den Vertrag mit Bremen von 1220: „Sedecim et universitas terre Rustringie"; darin heißt es: „veniet ad *proximum placitum terre nostre quod nos achte vocamus*, ubi tunc Sedecim judicabunt"; „convincet uno de Sedecim terre nostre." Sartorius Urkundliche Hanse p. 733 (aus Orig.) und Ehmck Brem. Urkb. I p. 504 (aus Orig.). Vgl. unten in Cap. III § 27 No. 1.

25. In Urkunde von 1295, den 24. Juli, schließen „Sedecim ac universitas terre Rustringie" einen Vertrag mit dem Erzbischof Giselbert von Bremen und der Stadt Bremen zur Unterwerfung des Landes Wührden. Ehmck I p. 541 (aus Orig.), früher Sartorius Urkundl. Hanse p. 733. Vgl. unten in Cap. III §. 27 No. 1.

26. (Beim Jahr 1295 erzählt der gleichzeitige Continuator Menconis Streitigkeiten im Fivelgo: anno domini 1295 orta est dissensio magna et questio contra Menaldamum de Hellum (d. i. Hellum im Fivelgo). M. G. XXIII p. 568, 20, Feith p. 263. Dabei sagt er: Esschellus Merethia (Feith liest Esschellius Merethia) in Skelwalda (d. i. Schiltwolde im Fivelgo) incepit contendere pro consulatu cum Menaldamo. M. G. XXIII p. 568, 37 oder Feith p. 264, und tunc Hessellus consul occisus est ab Eppone fratre Ebbonis. M. G. XXIII p. 569, 48 oder Feith p. 267. Sodann berichtet der Continuator Menkonis beim Jahr 1295: Cum Snelgerani et eorum adhaerentes de quatuor fluitis emendare non possent per bellum, neque judices et consules terrae ut captivos a Menaldamensibus liberos de damno reciperent, nec surgeret eis spes aliquo modo emendandi, compulsi sunt necessitate magna, petitionibus adire abbatem M. G. XXIII p. 570, 35 oder Feith p. 269. Vgl. oben p. 125 beim Jahr 1284.)

27. In Urkunde von 1300, den 26. Juni, erklären judices, advocati, consules et universitas terre Nordensis (d. i. von Nordenerland), quod omnes discordia ... inter nobiles viros, dominos Adolphum et Johannem, comites Holsatie et Stormarie ... et incolas terrarum Astringie et Gevrem (d. i. Jever im Lande Astringen) super butiro ipsis dominis comitibus annis plurimis vio-

lenter retento, composita est. Lappenberg Hamb. Urkb. p. 770 (aus Orig.).

28. In Urkunde von 1303, einem Deichrecht von Feldwerth (= Oldekloster) im Fivelgo, das in dem von mir oben p. 23 nach 1427 gesetzten Fivelgoer Rechtsmanuscript p. 127 steht, heifst es: Hec constitutiones a iudicibus aggerum ab Omptata-tya (das Omptedazyl lag bei Zand im Fivelingeland, s. Aa. Woordenboek VIII, p. 447) usque in Delfzilen per quatuor consulatus erunt firmiter observande, videlicet quod secunda feria pentecostes omni anno judicia eorum in Feldwird renovabunt. Prima (em. primo) quod eadem pax erit inter ipsos, que in cetu consilium (em. consulum) terre Fyulgonie (em. Fivelgonie) observatur. Dann nec consules terre nec X iurati nec aliqui iudices intromittant se de iuredictione (em. iurisdictione) ipsorum ac emenda .... Item edictor[1]) eorum uno anno erit apud orientales, altero apud alios. Item quicunque alium in conventione ipsorum offenderit, iuxta statuta consulum punietur. Item cetus erit in Feldwird omni anno communiter observandus. Im MS. ist von späterer Hand hinzugeschrieben: Hec constitutiones conscripte sunt et renovate anno domini MCCC en III ipso die Gervasi et Protasi martirum. In cuius statuti testimonium sigill(a) domini abbatis in Feldwirth ac tocius terre Fyulg(onie) presentibus duximus appendenda. Rechts-MS. Fivelg. p. 128. Das hier genannte Ausstellungsjahr las Halsema in Verhandelingen pro excolendo jure patrio II p. 285, 377 etc. für 1303, Hettema Fivelingoer Landregt, p. 171 willkürlich für 1318.

29. In Urkunde von 1304, den 5. October: Discretis consulibus Ossenburgensis civitatis Sedecim quadrantis in Bante (d. i. in dem westlich der Jade bei dem überflutheten Ort Bant gelegenen Viertel Rüstringens; vgl. unten Cap. XI) declaramus, quod pacem et concordiam cupimus inconcusse retinere etc. Stüve in Wigand Westfälisches Archiv 1826 I, 4, p. 24 (aus dem Orig. in Osnabrück).

30. In Urkunde von 1304 vereinbaren in Bremen Consules ac

---

[1]) Vgl. „edictor" als Bezeichnung eines Sielgeschworenen unten p. 137 in Urk. vom August 1317.

tota universitas civitatis Bremensis, judices consiliarii totusque populus terre Wordzacie, dafs die früheren, 1269 den
29. September aufgestellten Satzungen über Schiffahrt auf der
Weser und Bufsen bei Verletzungen mit geringen Abänderungen
fortbestehen sollen. Ehmck II p. 39 (aus Orig.), früher in Cassel
Ungedruckte Urkunden p. 218 (aus Copie). Vgl. oben p. 127
No. 22.

31. In Urkunde von 1306, den 19. März: „Meyo Tamana ac
universi conjudices sui, Sedecim nuncupati, in terra
Astringie constituti ... Cum inter terram nostram et civitatem Bremensem super occisione Herderici Elleken facta ab illis
de Blomendal et super quibusdam bonis nostrorum conterraneorum
spoliatis ibidem, dissensionis materia fuisset exorta, tota predicta
discordia de labore discretorum virorum Meyonis Tamana, Hilderici
filii sui et Hilderici de Lovenerze junioris, nostrorum conjudicum,
Alexandri de Nigemborch, Eylardi Winman, ... civium Bremensium
ad pacem est deducta. In der Urkunde heifst es dann bei nicht offenkundiger Tödtung: Ille, cui factum imponitur, si de terra nostra fuerit,
cum universis terre nostre judicibus, Sedecim nuncupatis,
tunc terram nostram regentibus, si Bremensis, cum omnibus
consulibus tunc temporis in consulatu civitatis Bremensis existentibus,
in reliquiis poterit se expurgare, und bei nicht offenkundiger Be-
raubung: Ille, cui hujusmodi spolium imponitur, si Astringus fuerit,
cum omnibus Sedecim terre Astringie, si Bremensis, cum
universis consulibus in Brema, in reliquiis poterit se purgare. Sodann wird bestimmt: Si Astringus Bremensem super debitis in terra
sua voluerit incusare, si debitum denegaverit, ipsum cum duobus
Sedecim de terra nostra debet convincere etc. In quorum
omnium testimonium Nos Meyo Tamana, Ibo Meyana, Memba et
Thiard Membati, Poppo Embocana et Hayco, Idzico et Popeko,
Iniko Herana et Onniko Addana, Habbo Bengatis et Thiaddericus
Onnena, Redolfus Erana, et major Menwardus, Hildericus Sax-
mersna et Ayldo Addisna, Walebisna et Fekolfus Wibatisna, Ericus
Nyahusinga et pugil Hilderadus, Emo Goklinze et Hymmo Erikis,
Ulricus Benena et Hildericus Unana, nunc temporis judices
terre Astringie, Sedecim nuncupati, sigillo terre nostre

roborari fecimus. Ehmck II p. 66 (aus Orig.), früher Cassel Ungedruckte Urkunden p. 225 (aus Copiar).

32. In Urkunde von 1306, den 30. Mai, schreiben Prudentibus viris et suis amicis specialibus, scabinis, consulibus ac toti civitati Osnaburgensi, judices ac principales (Wigand druckt „principales"; steht im Orig. ppls, d. i. populus?) terre Rustringie. Stüve in Wigand Archiv für Geschichte Westphalens 1826, I, 4, p. 28 (aus dem Orig. in Osnabrück).

33. In Urkunde ohne Jahr, die ich, weil sie denselben Gegenstand mit der vorstehenden behandelt, um 1306 setze, schreiben „Viris prudentibus et honestis scabinis, consulibus ac plebi civitatis Osnaburgensis judices ac universitas terre Rustringhie. Stüve in Ehrentraut Friesisches Archiv 1854 II p. 426 (aus dem Orig. in Osnabrück).

34. In Urkunde. ohne Jahr, wohl noch 1306 zu setzen, schreiben „Honestis viris et discretis consulibus in Ossenbruch Sedecim terre Rustringie una cum juratis Oldessem (d. i. Oldensen von der Jade überfluthet) et Wiske (d. i. Wisk, lag bei Tossens). Stüve in Ehrentraut Archiv II, p. 427 (aus dem Orig. in Osnabrück).

35. In Urkunde von 1307, den 17. April, schreiben: Scabinis, consulibus ac communitatibus Monasteriensis, Osnabrugensis, Vechte, Wildeshusensis ac aliarum civitatum Westfaliae, judices ac principales (ob zu emendiren „populus"?) terre Rustringhie. Stüve in Wigand Archiv I, 4 p. 25 (aus Orig.).

36. Ein Schreiben von 1308: Domino Trajectensis ecclesie episcopo consules ac jurati terre Fiwilgonie nec non cives in Damme (d. i. das heutige Appingadam) reverentiam in omnibus ac federa pacis inviolabiliter observare. Da die in Groningen von Alters her per Vestros burgenses ceterosque mercatores Vestre iurisdictioni subiectos abgehaltenen (servati) Märkte wegen dortiger Excesse nicht besucht werden könnten, so theilen sie ihm mit, dafs sie wollten: nundinas apud Dammonem ac pacis federa inviolabiliter observari; et si quis ex Vestris rebus vel bonis captus fuerit vel detentus, universitas terre nostre cum XIX (ist vielleicht XII (oder XVI) zu lesen?) juratis ipsos quitos reddunt et solutos. Cod. diplom. Neerlandicus Utrecht 1848, I, 1, p. 17 (aus Orig.). — Vgl.

den Appingadammer Bauerbrief von 1327 aus der Pfingstwoche in Fries. Rq. p. 295 (excerpirt unten in §. 28).

37. In Urkunde von 1309, den 3. September: Luidolphus miles, dominus de Gronebeke, prefectus in Groninge, judices, jurati de Thrantia (d. i. der Drenthe südlich bei Groningen) et consules Fivelgonie erklären, daſs Streitigkeiten einiger Dorfschaften in der Drenthe über Deich- und Sielbauten an der Hunse vermittelt seien. Driessen p. 68 (aus Orig.). (Vgl. über denselben Gegenstand die Urkunde von 1321, den 1. August, der Universi judices terrarum Hunsgonie et Fivelgonie et consules in Groninge. Driessen p. 94; in ihr über das Siel an der Hunse, über das oppidani in Groninge significare tenebimur cetui Hunsgonie et Fivelgonie. — Desgleichen die Urkunde von 1322, den 24. Februar, in der Universi judices terrarum Hunsgonie, Fivelgonie et consules in Groninge genannt werden. Driessen p. 93 (aus Orig.).

38. In zwei übereinstimmenden Urkunden von 1310, vom 4. August und vom 7. September: Hunno dictus Onnenga orator terre Nordensis (d. i. Nordenerland in Ostfriesland) cum suis cocis et consulibus, videlicet Ometato dicto Mertenes, Eylbrando dicto Eylbrandesna, Thyadolfo dicto Uldenga et Bettone dicto Hinkena, propter pacem et concordiam, quam cum civitate Bremensi desideramus observare, statuimus infrascriptos articulos inter terram Nordensem et civitatem Bremensem observandos .... Inbetreff des auf zwanzig Bremer Mark festgesetzten Wergeldes wird vereinbart: si minus evidenter, ille, cui factum inponitur, si de terra nostra (der der Tödtung beschuldigt) fuerit, cum universis consulibus tunc terrram nostram regentibus, si Bremensis, cum omnibus consulibus tunc temporis in consulatu civitatis Bremensis existentibus, in reliquiis se poterit expurgare. Inbetreff eines Raubes wird bestimmt: Si minus manifeste spolietur quis, cui spolium inponitur, si Nordensis fuerit, cum omnibus consulibus Nordensium, si Bremensis, cum omnibus consulibus in Brema, in reliquiis se poterit expurgare. Bei Schuldforderungen heiſst es: Si Nordensis Bremensem super debitis suis in terra sua voluerit incusare, cum duobus consulibus

terre sue ipsum convincere debebit, si debitum sibi fuerit dene-
gatum; idem eciam Bremensis in civitate Bremensi cum duobus
consulibus faciat, si Nordensem denegantem debitum super debitis
voluerit incusare .... Facta sunt hec de consensu honestorum
virorum advocatorum Martini dicti Aldela, Kenonis dicti Kenesna,
et Mennonis dicti Mennenga cum consilio Scitati dicti Ulrekesna,
Swiththardi dicti Godinga et Tyonis Ebbena. An der Urkunde hängt
ein Siegel mit der Umschrift S. Advocatorum et consulum terre
Norde. Ehmck Brem. Urkb. II p. 111 (aus Orig.), nach ihm
Friedländer I p. 39; früher Cassel Ungedruckte Urkunden 1768,
p. 230.

39. In Urkunde von 1310, den 5. August, vereinbaren Harlingerland und Bremen, wie in vorstehender Urk. Nordenerland und
Bremen, Satzungen: Universis ... hanc litteram visuris Hayo
Ewana, Herro Haykana et Ulferus Edena, enunciatores terre
Herlingie et eorum conjudices universi in eadem terra
Herlingie constituti salutem ... Cupimus esse notum, quod
propter pacem et concordiam, quam inter nostram terram et
civitatem Bremensem desideramus perpetuis temporibus observari,
de communi consensu omnium proborum virorum terre nostre statuimus infrascriptos articulos etc. ... Facta sunt hec, ubi presentes eramus nos judices terre Herlingie antedicti necnon
discreti viri Tammo viceprepositus nostre terre, Foko Ymelonis
frater suus, Hayo Wiardinga, Reynardus Everdinga, Betto Idinga
et plures alii fide digni. Ehmck Brem. Urkb. II p. 113 (aus Orig.),
früher Cassel Ungedruckte Urkunden p. 234 (aus einer Copie). Die
Satzungen stimmen mit den zwischen Nordenerland und Bremen
vereinbarten überein, in den im vorigen Excerpt angeführten Worten
steht nur judicibus tunc terram nostram regentibus für
consulibus etc., judicibus terre Herlingie für consulibus
Nordensium, und Herlingus ... cum duobus judicibus terre
sue für Nordensis cum duobus consulibus terre sue. Ehmck II
p. 114 (aus Orig.).

40. In Urkunde von 1310 am Stephanstage (in die sancti
Stephani pape et martiris) schreiben Consulibus totique universitati
civitatis Osnaburgensis judices Frisie in Bante über Besuch

des Marktes zu Bockhorn (d. i. Bockhorn westlich der Jade). Stüve in Ehrentraut, Friesisches Archiv II p. 431 (aus Orig.).

41. In Urkunde ohne Jahr, um 1310, schreiben Consulibus civitatis Osnaburgensis judices dicti Sedecim quadrantis Rustringie in Bovajatha. Sie versprechen den Osnabrückern sicheres Geleit zu dem in Bockhorn am Tage „assumtionis Mariae" zu haltenden Markte. Stüve in Ehrentraut II p. 429 (aus Orig.).

42. In Urkunde ohne Jahr, um 1310: Consulibus civitatis Osnaburgensis universi judices dicti Sedecim quadrantis Rustringie in Bovajatha.... Noveritis, quod nundinas ex antiqua consuetudine in Bochorna observatas etc., ähnlich wie in vorstehender Urkunde. Stüve in Ehrentraut Fries. Archiv II p. 430 (aus Orig.). Das Siegel, dessen sich das Viertel bedient, führt die Umschrift S. (JU)D(JCUM) Quadrantis Rustringie de Ban(te). Ehrentraut II p. 430.

43. In Urkunde von 1312, den 9. Juni: judices ac ppls (d. i. populus) terre Rustringhie Bremensis dyocesis . . . ad forum in Oldensum (d. i. das östlich der Jade gelegene, von ihr überfluthete Oldensen in Rüstringen) mercationem exercere volentes invitamus. Stüve in Ehrentraut II p. 428 (aus Orig.).

44. In Urkunde von 1312, den 27. Juli: Consulibus totique universitati Osnaburgensis civitatis judices in Bante innotescimus . . . quod . . . pacem firmam ad forum Bochorna pergentibus concedimus etc. Stüve in Ehrentraut II, p. 432 (aus Orig.).

45. In Urkunde von 1312, den 27. Juli: judices vulgariter dicti Sedecim in Bante . . . pacem firmam concedimus . . . mercatoribus terre Westfalie ad annale (em. annuale) forum pergentibus in Bockhorna etc. Stüve in Ehrentraut II, p. 433 (aus Orig.).

46. In Urkunde von 1312, den 26. December (in die Stephani pape et martiris): Decanus totumque capitulum ecclesie Bremensis . . . de consensu judicum aldermannorum et totius populi terre Wangie (d. i. das mit Astringen eng verbundene Wangerland nördlich von Jever) statuimus infrascriptos articulos etc. Ehrentraut II, p. 354 (aus Bremer Copiar.).

47. (Ein Statut des Emsigerlandes, die sogenannten Emsiger

Domen von 1312, beginnt im lateinischen Text, den die Handschrift des Emsiger Rechts zu Groningen aus dem vierzehnten Jahrhundert p. 1 — 11 (dritte Lage) enthält: „Nos Liudwardus de Westerhusen, Habbo de Hinth, Sibernus Ulberna de Fiskwert, Folquardus de Twixlum[1]) ceterique consules terre Emesgonie." Sie erklären, quod nos, communicato consilio prudentum, nec non de communi diffinicione consulum terre, statuta a singulis decrevimus observandum. Fries. Rq. p. 182, 1. (Die friesische Uebersetzung setzt dafür im zweiten Manuscript des Emsiger Rechts zu Groningen p. 1—9 (zweite Lage): Anno domini 1312, tha seten Liudward van Westerhusum, Habba van Hinte, Wiardus van *Emeda*, Sibern van Viscwert, Folkert fon Tuixlum and alle emsgane rediewen" Fries. Rq. p. 182, 1, und die friesische Uebersetzung in der früher von Wierdsma besessenen, von mir erkauften Handschrift des Emsiger Rechts, p. 43—53: Anno domini 1312, tha setten tha mene riuchterar anda haudlingar alsa bi noma: Liurd Andsna to Westerhusum, Habbo to Hint, Wiard *drusta to Emutha*, Sibran to Fiskwerth anda Folkard to Twixlum ... inna Amasgalonde. Fries. Rq. p. 183. In der jüngeren niederdeutschen Uebersetzung lautet diese Stelle: „In den yare unses heren MCCC ende XII, do setteden Lyuwerth van Westerhusen, Wyardus van *Emeden*, Hara (in den älteren Texten „Habba" oder „Habbo") van Hynte, Sybrant van Fisckwert, Folkard van Twickslüm ende alle emescha rediewa dat is richters. Fries. Rq. p. 183, 1.)

Dann bestimmt Dom I: Quicumque occiderit aliquem sollempni loco, id est in cetu omnibus consulibus prefixo (wofür die friesische Uebersetzung in II. fries. Emsiger Groninger Rechtsmanuscript setzt: „it ene *mene tinge*, thet *alle Emsgane redieua* haldath" und in meinem Emsiger Manuscript: „ynna annen biropenen feligen dey, ther alla tha *amesga riuchtrar* forgatherad send", im niederdeutschen Emsiger Manuscript: „to enen *menen werve ofte dage*, den *alle Emesinghen redien* holdet,") infra ebdomadas sex in valore XXI markarum ... et consulibus in XX marcis (die

---

[1]) Die vier genannten Orte sind Westerbusen, Hinte, Visquard und Twixlum.

friesische Uebersetzung im II. friesischen Emsiger Groninger Rechtsmanuscript: „tha *mena rediewem* tuintich merka to fretha", in meinem Emsiger Manuscript: *„tha riuchterem* XX merka to brecma",
im niederdeutschen Text: XX marke *den ghemenen rechteren* tho
vrede) existentibus ex alia parte amnis X marce dantur, et ex hinc
consulibus X marce. Fries. Rq. p. 182, 17, 21. — Dom III
bestimmt: Si pauper in cetu consulum et Emisgonie quempiam occiderit (in der friesischen Uebersetzung des II. Emsiger
Rechtsmanuscripts heifst es: *„in Amsgena rediewa thinge"*). Fries.
Rq. p. 184, 17. — In Dom X wird über Beweis für gewisse Fälle
bestimmt: ex diffinicione consulum tocius Emisgonie concedi-
tur jus abjurandi etc. Fries. Rq. p. 192, 10.)

48. In Urkunde von 1313, den 1. August: advocati et
consules totius terre Nordensis ... noveritis, quod consanguinei et amici Folberti dicti Eyelerkesna, ut dicitur in civitate
Bremensi occisi, receperunt a predicta civitate Bremensi pro homicidio viginti marcas Bremensis ponderis et argenti. Sie erklären:
Cum qua pecunia civitas predicta et omnes cives ibidem cum consanguineis et amicis prefati Folberti ac tota terra habent sonam
firmam et compositionem etc. Datum in Norda. Ehmck II, p. 137
(aus Orig.), nach ihm Friedländer I, p. 43.

49. In Urkunde von 1314, den 24. Juli: „Consulibus in
Ossenbrugke judices in Bovajatha constituti ac universi
jurati quadrantis terre Rustringie de Bonte ... de consilio prudentum nostrorum et de consensu totius nostre universitatis
annuale forum ... statuimus in Bochorne, quae villa in nostro
quadrante sita est. Stüve in Ehrentraut II, p. 434 (aus Orig.).
Vgl. Urk. von 1310 oben p. 137.

50. In Urkunde von 1315, den 3. Juni, erklären: „Judices
et universitas totius terre Rustringie aput Ekwertherbrughe (d. i. Eckwarderbrück) in communi concilio nostro,
quod dictus populus et universitas terre nostre privilegia
et constitutiones inter terram nostram et civitatem Bremensem
antea conscriptas cum constitutionibus infra positis secundum omnes
suas clausulas debebunt ... observare, eo tamen mutato, quod sicut
ab olim in Elsflete, ita amodo in Haregerhorne (d. i. Elsfleth und

Hargerhorn am linken Weserufer im sächsischen Stedingen) consules Bremenses et judices terre nostre ... annis singulis ...
convenient, ibidem quicquid questionis inter civitatem Bremensem et
terram nostram ortum fuerit, utriusque partis consilio amicabiliter
decisuri. Ehmck Brem. Urkb. II, p. 161 (aus Orig.), früher kurz
angeführt in Cassel Bremensia 1766, I, p. 325. Vgl. unten
Cap. III, §. 27.

51. In Urkunde von 1317, den 18. Juli: Judices ac universitas terre Astringie..., cum inter civitatem Harderwic
et nostros mercatores super quibusdam bonis mutuo venditis materia
dissensionis saepius fuisset exorta ... de labore Heronis de Lourendse et çum consilio Folcolsi Idsekana et suorum sociorum judicum Astringorum et omnium scabinorum de Harderwic est
adpacata. Dann wird vereinbart: Si venditio mutua facta fuerit
in Harderwic, cum duobus scabinis debet debitor convinci, si in
Astringia, cum duobus Sedecimis debet debitor convinci, si
debitum denegaverit suo creditori. Schwartzenberg I, p. 156 (aus
Schrassert Beschryvinge van Harderwyck II, p. 9).

52. In Urkunde von 1317, den 25. Juli, wird ein Deichrecht
für eine neue Eindeichung in Zand im Fivelgo bestätigt: Sunt haec
confirmata in Appengadampne (d. i. Appingadam) per consules
in communi coetu, videlicet per Epponem de Weywerth (d. i.
Weywert im Fivelgo Ostamt), qui tunc fuit edictorum (em. „edictor“) consulum, et per Gayconem Rodberna, per Homeconem de
Tukawerth (d. i. Tuikwerth, im Fivelgo Ostamt neben Farmsum)
et Epponem Boutata, per Hayconem de Enim (d. i. Enum im
Fivelgo Westeramt) et Dodeconem de Aldersum (d. i. Oldersum
bei Ten Post nördlich von Witte-Wierum), per Aylwardum Snelgera
et Styonem Aylwarda, per Epponem Menalda (zu Hellum bei
Schildwolde) et Tyonem Luidmera (em. Liudmera) et per alios
consules discretos“, Driessen p. 82, nach ihm Fries. Rq.
p. 291, 28.

53. Eine Urkunde vom August 1317, ein dem vorstehenden nahverwandtes Sielrecht der drei Delfsiele des Fivelgo bestimmt die Stellung der Judices trium aqueductuum, videlicet de
Delfsilum, und sagt dann: Si alique cause fuerint suborte, quas

presens scriptum non contineat, dompnus abbas de Werum (d. i.
Witte-Wierum) et sex edictores (consulum), videlicet skepperan
trium aqueductuum, secundum jus Fivelgonie terminabunt. Es bemerkt dann die Urkunde: Ut autem omnia predicta firmiter perseverent, judices horum trium aqueductuum fideiussores in alterutrum
dabunt omni anno in dimidio consulatu Aldersum (Oldersum
bei Witte-Wierum) sub pena unius marce sterlingorum. Driessen
p. 86 (aus Orig.), nach ihm Fries. Rq. p. 289, 10, 23.

54. In Urkunde von 1318, den 3. April (?) geben Judices
ac ppls, d. i. populus, terre Rustringhie, den Westphalen
Geleit ad forum nostrum annuale in oppido nostro Blekete (em.
Blekece, d. i. Blexen) super Weseram sito. Datum Ekwertherbrughe
anno domini MCCCXVIII secunda feria proxima post leta te (über
dem ersten e ein Strich, über dem a und zweiten e ein anderes
Abkürzungszeichen; ob zu emendiren letare?) Stüve in Ehrentraut
II, p. 425 (aus Orig.)

55. In Urkunde von 1321, den 23. October: Viris nobilibus et
discretis judicibus seu consulibus civitatis in Arnum (d. i. Stadt
Arnhem in Gelderland) Ailwardus Mensana, Thitardus Ebecana,
enunciatores judicum terre Herlingie, necnon tota universitas ... notificamus, quod Vestris indigenis et concivitaten-
cibus ... pacem firmam intimamus observari etc. Sigillum judicum omnium Herlingorum est appensum. Nyhoff, Gelderland I,
p. 195 (aus Orig.).

56. In Urkunde von 1321, den 23. October: Viris nobilibus et
discretis judicibus seu consulibus civitatis Hardervicensis (d. i. von
Harderwyk in Gelderland) Aylwardus Mensana, Thiardus Ebecana,
enunciatores XIV (ist „XIV" in „judicum" zu emendiren, wie
die vorstehende Urkunde für Arnhem liest?) terrae Harlingiae
necnon tota universitas praedictae terrae etc. In cuius
rei testimonium sigillum omnium judicum Harlingorum (est)
appensum. Schwartzenberg I, p. 163 (aus Schrassert Harderwyck
II, p. 10).

57. In zwei Urkunden, von 1321, den 1. August, und 1322,
den 24. Februar: Ecbertus prefectus in Groninge, filius domini
Adulfi, Ecbertus prefectus, filius Godekini, et Otto scultetus

ibidem salutem. Sciant tam posteri quam presentes, quod universi judices terrarum Hunsgonie, Fivelgonie et consules in Groninge cum hominibus de Threntawalda (d. i. Dreut-
wolde im Gorecht) nostre jurisdictionis, in hanc formam compositionis . . . concordabant, (worauf die Urkunde von 1309, den
3. September, oben p. 137 No. 37, eingerückt ist.)

B. Frühestes Vorkommen von Consules bis zum Jahr
1323 zwischen Laubach und Fli.

1. (In Urkunde von 1246, den 1. März: Scultetus, scabini,
consules ac tota civitas Staurensis (d. i. in der Stadt Stavern
im alten pagus Sudergo, später zum Westergo gerechnet) universis
praesentium litterarum impectoribus (für inspecturis?) salutem in
domino. Praesenti scripto protestamur et recognoscimus, quod
talem compromissionem inivimus cum bonis hominibus universis
civibus Trajectensibus, videlicet si quis ex nostris concivibus eorum
concivibus aliqua bona vendiderit, neminem alium monere debet
pro ipso debito suo, vel vexare cum pignorum captione vel aliis
modis, nisi illum solummodo, cui ipsa bona sua vendiderit, quem
ibidem impetere debet per justitiam ad hoc debitam, quae ibidem
facienda est ei. Eadem per omnia simili modo praedicti cives
Trajectenses nostris civibus versa vice facient. Datum et actum
Stauriae anno domini MCCXLVI quinta feria post Matthiae Apostoli.
Beucker Andreae Jus municipale Frisicum, Utrecht 1840, p. 473,
der p. 412 angiebt, das Dokument im Archiv der Stadt Utrecht
gefunden zu haben.)

2. In Urkunde von 1270, den 21. Mai: Nos Grietmanus,
jurati ac universitas ad cetum in Wyldinghen (d. i. das
spätere Wonzeradeel im Westergo) pertinentes notum facimus,
quod discordia . . . inter cives Trajectenses ac nos et homines
nostros *in districtu nostri cetus* commorantes . . . sopita est. In
cujus facti memoriam presens scriptum *sigillo nostri cetus* ac
sigillis religiosi viri, abbatis Floridi Campi, et domini Ernesti
decani in Bodelswerde (d. i. Bolsward im Westergo) civibus
Trajectensibus dedimus roboratum. Eekhoff in Vrye Fries II,
p. 25 (aus Orig. in Utrecht), früher in Beucker Andreae Jus
municipale Frisonum p. 471 (aus Orig.). Nach Beucker Andreae

p. 111 trägt das Siegel von Wildingen die Inschrift „Magnus dux Frisonum".

3.. In Urkunde von 1290, den 30. Juni: Universis . . . Nos ... abbas conventus S. Odulphi ordinis beati Benedicti Stauriae, scultetusque, ceterorumque universitas civium, G. praepositus Henlesen (em. Hemelem, d. i. Hemelum im Westergo), A. decanus Stauriae et G. decanus Bodelswaert (d. i. Bolsward im Westergo) cum judicibus et consulibus, coetuum Fornacker (em. Fronacker, d. i. von Franeckera-deel im Westergo), Veldenzee (em. Weldenzie, d. i. Wonzeradeel im Westergo), Hemlem (d. i. Hemelum im Westergo), Harich (d. i. Harich grenzt mit Gritenie Hemelumer Oldevart und wird später zu Gritenie Gaasterland in Zevenwouden gerechnet) salutem. Universitati Vestrae praesentium testimonio declaramus, quod pro bono pacis in unum Stauriae convocati jura seu plebiscita ejusdem per bella civilia quasi exinanita (d. i. vernichtet) restauravimus, omni guerra seu defensione civium composita. Statuimus igitur, quod infra civitatis terminos non debeant pati vel sinere pro homicidio domorum incendia vel fracturas, nec personarum captivitatem, pecorum vel rerum mobilium rapinam, domorum vel navium invasionem, sub poena octoginta librarum principi, judicibus et totidem communitati etc. etc. Super omnia autem volumus, ut jura seu libertates a gloriosissimis imperatoribus, videlicet domino Carolo, et ejusdem successoribus domino Heinrico et ejus patre, imperatoribus augustis, civibus Stauriae indultae et conscriptae, seu constitutiones ab eisdem civibus inveniendae, ratae maneant et inconvulsae. Matthaeus Analecta III, p. 472, aus ihm Mieris I, p. 506 und Schwartzenberg I, p. 123 (verderbter Text).

4. In Urkunde von 1296, den 15. August: „Universis Christi fidelibus ... Ado, gretmannus in Wildinge (d. i. Wonzeradeel), Garwardus, Amelungus, gretmanni in Froneckere, Hisselinus, Wibrandus, Jarichus, gretmanni in Wenbirge (für Weinbrige, d. i. Wymbritzeradeel), salutem ... Noverint universi, quod nos habita diligenti ratione et maturo consilio prudentum in publico cetu de Hertwerch (em. Hertwerth, d. i. Hertwerd im Wonzera-deel, die alte Gerichtsstätte des Westergo) sub anno in-

carnationis dominice 1296, homines Hamburgenses ad portum
Stauer (em. Staueren) . . . aneckere (em. Froneckere, d. i. Franeker
im Franekera-deel des Westergo) . . . et consules Staurenses etc. . . . und prohibemus prefatis Stauerensibus necnon aliis
penis (entstellt, vielleicht aus prenominatis, prescriptis, abgekürzt)
forensibus nostre iurisdictioni subjectis videlicet . . . Snek (d. i.
Sneek im Wymbritzeradeel des Westergo) . . . magna fossa sub
pena bis octoginta librarum. Hanc paginam tribus sigillis, videlicet
Wildinge, Froneckere et Wenbirge duximus muniendam. Lappenberg
Hamb. Urkb. p. 745 (aus dem zum Theil unleserlichen Orig.).

5. In Urkunde von 1298, den 10. April: „Omnibus praesentia
visuris scabini Stauriae, Hoythetus gretmannus coetus Weldenzie (d. i. Wonzeradeel), de Hymeswalt (d. i. Eems-woude im
Wonzeradeel) oriundus et sui consules, Ulbodus Folcnathi
gretmannus coetus Waghenbruckghe (d. i. Wymbritzeradeel)
et sui consules salutem . . . Noscat(is), quod in praesentia nostra
constituti Stauriae (d. i. zu Stavern), scabini de Hyrderwiich (d. i.
die Schöffen der Stadt Harderwyk), mediantibus nobis, amicabilem
inierunt compositionem secundum modum terrae observandam cum
parochianis de Suthergo (bei Stavern) de occisione cujusdam Eyleni,
praestito juramento pacis de praefatis parochianis de Suthergo.
Nyhoff Gelderland I, p. 61 (aus dem Orig. im Archiv zu Harderwyk).

6. (In Urkunde von 1299, den 12. April: Wy scepene, raedsmannen ende ghemene port van Staueren huldigen dem
Grafen Johann von Holland wie dem Grafen Florenz und erhalten
bestätigt die ihnen von Graf Florenz 1292 verliehene städtische
Küre. Schwartzenberg I, p. 132 (aus Manuscript des van Wyn)).

7. (In Urkunde von 1301, den 10. Mai, schreibt König Albrecht
aus Speier: abbatibus prioribus decanis totique clero devotis suis
dilectis, necnon prudentibus viris gritmannis, consulibus, ju-
dicib̈us ac universitatibus singularum terrarum Ostvrisie (d. i. von dem östlich der Zuiderzee bis zur Lauwers belegenen Friesland, dem sogenannten Westerlauwerschen Friesland)
et aliarum terrarum circumpositarum quocumque censeantur nomine, fidelibus suis delectis gratiam suam, er erneuere den Landfrieden, den er 1298 bei seinem Regierungsantritt gesetzt habe.

Aus dem Orig. in Utrecht excerpirt von Bethmann nach Böhmer Regesta von 1246—1313, 1844, p. 225, gedruckt in Vrye Fries II, p. 27 (aus Orig.). Vgl. über die Urkunde unten in Cap. III, §. 9.

8. (In Urkunde von 1303, den 1. October: „Universis . . . scabini ac consules Staurienses (d. i. der Stadt Stavern) quicquid honoris possunt et amoris, tenore presentium publice protestamur, quod Reynerus dictus Schahne bone memorie, qui juxta portum dictum Marsdyp (d. i. das Marsdiep zwischen den Inseln Texel und Wieringen westlich der Zuiderzee) fuit submersus, dum vixit, noster fuit concivis verus et burgensis"; über dessen Erben geben sie nähere Auskunft. Schwartzenberg I, p. 134 (aus dem Lehnsarchiv von Holland)).

9. In Urkunde von 1310, den 25. April, schreibt Graf Wilhelm III.: Gritemanno de Wildinghen (d. i. Wonzera-deel) et suis judicibus, dafs sie die oppidani von Stavern nicht behelligen sollen. Mieris II, p. 106 (aus dem Pergament-Register der Urkundenkammer von Holland), nach ihm Schwartzenberg I, p. 150. Vgl. über die Urkunde unten in Cap. III, §. 9.

10. In Urkunde von 1310, den 4. Mai, excommunicirt Bischof Guido von Utrecht: Fresones coetuum de Stellingwerf et de Scoterwerf (d. i. von Stellingwerf und Schoterland im alten Pagus Woldago), cui in spiritualibus subesse noscuntur, et nonnulli de Stellingwerf in temporalibus de jure subesse debebunt. Als Grund giebt er an, dafs sie die Utrecht gehörende terra de Vollenho (d. i. Vollenhove, südlich von Stavern an der Zuiderzee aufserhalb Frieslands) geplündert hätten; der Bischof schreibt an omnes et singulos stellingos majores, judices et consules dictorum coetuum, quibuscunque nominibus censeantur, necnon universitates ipsorum coetuum. Matthaei Anon. Ultraj. p. 89.

11. In Urkunde von 1310, den 4. Juli: „Nos Guillelmus, comes Hannoniae, Hollandiae, Zeelandiae et dominus Frizìae et nos grietmanni, conjudices districtus de Vroenackere, districtus in Wildinghe, districtus in Weenbrugge omnes et singuli totaque communitas de Westergo notum fieri volumus, quod . . . nos comes Willelmus . . . et nos grietmanni, conjudices totaque communitas de Westergo . . . compactio-

nem et pacem fecimus. Darin heifst es: Nos Grietmanni sive
conjudices predicti totaque communitas de Westergo...
recognoscimus comiti predicto ... omnem jurisdictionem in tota
terra de Westergo etc. In quorum testimonium nos Willielmus
comes predictus sigillum nostrum et nos grietmanni et conjudices sigilla districtus Vroenackere, Wildinghe et de
Weenbrugghe pro tota communitate de Westergo presentibus litteris duximus apponenda. Schwartzenberg I p. 149 nach
Mieris II p. 106 (aus dem Hennegauer Archiv p. 245). Vgl. über
die Urkunde unten in Cap. III §. 9.

12. Im Jahr 1313 schreiben dem Grafen Wilhelm mehrere
Geistliche des Westerlauwerschen Frieslands necnon gretmannus,
judices, consules cetus Wagenbrugghe necnon gretmannus, judices et universi consules cetus de Lyarich
(entstellt aus Lyâerich, d. i. Lemmer, d. i. das spätere Lemsterland
in den Zevenwouden im alten Pagus Woldago), die Rechte von
Stavern nicht beeinträchtigen zu wollen. Ad nostrum auditum provenit, quod scabini Staurie suis patefecerint rogationibus, se non
esse ausos a nobis et communitate nostre terre in civitate
eorum regere et judicare ultra concives eorum etc. Mieris II p. 139
(aus dem Pergament-Register der Urkundenkammer von Holland),
nach ihm Schwartzenberg I p. 152. (Der Ausstellungstag ist unsicher. Einige setzen die Urkunde feria prima diebus rogationum,
andere feria secunda diebus rogationum, den 21. oder den 22. Mai).

13. In Urk. von 1314, den 23. Juni: Universis Christi fidelibus praesentia visuris Wibrandus de Burnwerth (d. i. Bornwerd im
Westdongera-deel des Ostergo), Bernardus de Reysim (d. i. Reitzum
im Ferwerdera-deel des Ostergo), Wiggherus de Etwerth (d. i. Ydaard
im Ydaardera-deel des Ostergo), Jaricus Siirda de Ripikerka (d. i.
Ryperkerk im Tietjerkstera-deel des Ostergo), Thitardus de Merwerthe (?) et Folpertus de Demingwere (?), dicti gretmanni et
eorum conjurati districtus Winnighe (d. i. Wyns östlich
von Leuwarden, im Tietjerkstera-deel des Ostergo, wo die Gerichtsstätte des Ostergo lag) salutem sempiternam. Schwartzenberg I
p. 248, der eine Urk. von 1389 aus Orig. abdruckt, in der die Urk.
von 1314 aufgenommen ist.

14. In Urkunde von 1314, den 25. November, schreibt König Ludwig grietmannis, consiliariis et communitatibus terre Frizie de Westergo et Ostergo, dafs sie dem Grafen Wilhelm zu gehorchen hätten. Mieris II p. 146 (aus dem Hennegauer Archiv), nach ihm Schwartzenberg I p. 154. Vgl. über die Urkunde unten in Cap. III §. 9.

15. In Urk. von 1315, den 5. Mai: „Judices et consules ac tota universitas oppidi de Yhlike (d. i. Stadt Ylst im Wymbritzera-deel des Westergo) salutem sculteto, scabinis et universitati civitatis Trajectensis" etc. Cod. Neerl. dipl. I, 1, p. 18 (aus Orig.).

16. 1315, den 28. October, schreiben „sculteto et scabinis de Harderwich ... grietmanni et eorum judices districtuum Froneckerae, Wenbrendyn (verderbt aus Wen-brizen oder Wein-bricke) et Wildinge in partibus Frisiae, quod nos *de communi consilio et consensu ac voluntate* nostrorum judicum vobis damus firmum conductum ad terram nostram veniendi ... praecipiendo *omnibus nostrae jurisdictioni subjectis, . . .* ne quis ... vos audeat molestare. Schwartzenberg I p. 155 (aus Schrassert Harderwyck II p. 8).

17. In Urk. von 1318, den 12. Januar: .. Wi abt van Lidlem (d. i. Lidlum im Barradeel des Westergo), commenduer van Snake (em. Sneeke, d. i. Sneek im Westergo) prior van Florcamp, ende proest van Hemelem (d. i. Hemelum südöstlich von Sneek), prelaten van Oestvriesland in Westergo, ende wi griecmanne (em. grietmanne) van Fronekere (d. i. Franekera-deel), van Wildinghe (d. i. Wonzera-deel) ende van Waghenbrugghe (d. i. Wymbritzera-deel), ende wi poirters van Harlinghe (d. i. Harlingen im späteren Barradeel des Westergo westlich von Franeker) van Snake (em. Sneeke) ende van Dorylse (em. der Ylse, d. i. Ylst im Wymbritzera-deel des Westergo) ende dat meere (em. meene) land van Oestvriesland in Westergo maken cond ..., dat wi willen houden stade ende vast alse ghedane soene, alse ghesoent es bi den edelen here, den grave van Holland als van den twiste ende omminne (em. onminne), die ghewesen hevet tuschen den poirters van Campen an die ene zide, ende ons, ende

onse mieneland (em. meeneland) van Oestvriesland in Westergo an die ander zide, in aller manieren als hy gheseghet end bezeghelt es bi den voernoemden grave, ende hier na van pointe te pointe ghescreven staet.

Wi Willaem, grave van Henegouwe, van Holland, enz ... Ghegheven te Harlaem ... in 't jaer ... MCCC ende zeventiene." In orkonde alle deser dinc, dat wi die vaste ende stade willen houden, so hebben wi prelaten, griecsmanne (em. grietmanne), poirters ende dat meene land van Oestvriesland in Westergo vorgheseghet, desen brief bezeghelt met onsen zeghelen. Mieris II p. 191 (aus Pergament-Register des Archivs von Holland), nach ihm Schwartzenberg I p. 158.

18. In Urkunde von 1318, den 11. Mai, treffen Vereinbarungen „Abbates Clarikampi, Dockum, Orti sancte Marie, Bethanie, et universitas gretmannorum in Ostergo ceterorumque judicum cetum in Wininghe (d. i. Wyns östlich von Leuwarden im Ostergo) regentium, ac consules civitatis Groniensis. Sie bestimmen, quod de spolio vel rapina, que contingit inter nos seu nostros, si notoria est, actor ex Frisonibus reum culpabilem reddet cum duobus judicibus, quatuor civibus et totidem cognatis; et e converso actor de Groninghe reum culpabilem reddet cum duobus consulibus, similiter cum quatuor civibus et totidem consanguineis vel cognatis etc. Driessen p. 89 (aus Orig.).

19. (In Urk. von 1318, den 15. Mai: Universis ... consules civitatum et commune in Groninghe et in Dockum testimonium veritatis ... Tale consilium seu pactum inter nos sumus arbitrati, quod pacem et concordiam debemus ad invicem fideliter observare, et nullus nostrorum debet alium in sua civitate per spolium, per arestationem, vel bonorum obligationem, ceu quoquo modo, molestare etc. Driessen p. 92 (aus Orig.)).

20. In Urkunde von 1323, den 24. April: „Honestis viris et discretis sculteto et scabinis de Herderwyck gretmanni et eorum conjudices districtuum Fronekere et Bereni (em. Berem, d. i. Bierum, nach dem die spätere Grietenie Barradeel im Westergo hiefs) in partibus Prisiae utilitatem servare et justitiae complementum singulis exhibere. Schwartzenberg I p. 165 (aus Schrassert Harder-

wyck II p. 11). — Nach Nyhoff Gelderland I p. XXIV Note 3 steht im Original der Urkunde im Archiv von Harderwyck MCCXXIII statt MCCCXXIII, was ein Schreibfehler sein müſste.

21. In Urkunde von 1323, den 12. Juni: Frater Ludolphus abbas monasterii in Florido campo ordinis Cisterciensis, universis... rei geste notitiam. Noveritis, quod singuli germani (em. gretmanni) terre nostre in festo Odulfi confessoris Hertwerth (d. i. zu Hertwerd im Wonzera-deel, der Gerichtstätte des Westergo) convenientes, communi consilio et assensu ordinarunt, quod oppidani de Harlinge jurisdictioni districtus Fronecker (d. i. des Franekeradeel im Westergo) in posterum debeant subjacere. Schwartzenberg I p. 166 (aus dem Privilegienbuch von Franeker fol. 14 vso).

22. In Urkunde von 1323, den 12. Juni: Sicco abbas monasterii S. Martini in Luidenkerka (d. i. Luidingakerk im Franekeradeel) universis rei geste noscere veritatem. Noveritis, quod omnes et singuli germani (em. gretmanni), qui ad generalem cetum pro communi concilio terre nostre Hertwerth solent convenire, taliter ordinarunt, quod oppidani d' Harlinge (em. de Harlinge, d. i. Stadt Harlingen) *jurisdictioni* gretmanni suorumque conjudicum in districtu cetus Fronekere (d. i. Franekera-deel) *debeant subjacere*. Cujusmodi ordinatio nobis presente in predicto cetu fuit facta. Schwartzenberg I p. 166 (aus dem Privilegienbuch von Franeker).

23. In den Leges Upstalsbomicae von 1323, den 18. September: „Nos greetmanni, judices, clerus et prelati terre Westergo cum ceteris zelandiis Frisie ad concordiam et reformationem constitutionum Opstallisbaem habitarum ... ordinavimus etc. Vgl. unten in §. 17.

C. Vorkommen von Consules nach den einzelnen Landdistrikten (Terrae) zwischen Zuiderzee und Weser vor dem Jahr 1323. Die Zeugnisse dafür sind in dem chronologischen Verzeichniſs der Consules oben p. 116 bis p. 146 unter A und B angeführt.

1. Rüstringen, der alte Pagus Riustri auf dem linken Weserufer. Er zerfiel in das Viertel Bovajatha, das Land westlich der Jade, auch nach dem überflutheten Bant benannt, und in das

Land Butajatha, d. i. Butjadingerland mit Stadland an der Weser. Die Gerichtstätte lag zu Eckwarderbrücke unfern Eckwarden an der Jade.

1248 einigen sich mit dem Domkapitel zu Bremen Consules ceterique de Rustringia, und unterzeichnen Radolfus et Eleke, consules Rustringie; Uma filius Rodwardi, Thetbundus Duding et Liawart Halling, *viri reliquiarum;* s. oben p. 118 No. 6. 1260 werden genannt Consules sedecim et tota terra Rustringie, 1291 und 1295 Sedecim et universitas terre Rustringie, 1304 Sedecim quadrantis in Bante (d. i. die in der Quadrans Bant befindlichen von den sechzehn Consules Rüstringens), 1306, 1307, 1312 und 1318 Judices ac populus terre Rustringhie, 1306 Judices ac universitas terre Rustringhie, 1306 Sedecim terre Rustringie una cum juratis Oldessem (d. i. das von der Jade überfluthete Oldensen westlich von Tossens) et Wiske (d. i. Wisk, lag bei Tossens), 1310 Judices Frisie in Bante, in zwei Urkunden um 1310 Judices dicti Sedecim quadrantis in Bovajatha, 1312 Judices in Bante, 1312 Judices vulgariter dicti Sedecim in Bante, 1314 Judices in Bovajatha constituti ac universi jurati quadrantis terre Rustringie de Bonte, 1315 Judices et universitas totius terre Rustringie aput Ekwertherbrughe in communi concilio nostro, quod dictus populus et universitas terre nostre etc., vgl. oben p. 136 No. 50. — Mehrere der Rechtsaufzeichnungen, die in den beiden alten in friesischer Sprache aus Rüstringen auf uns gekommenen Rechtshandschriften (s. oben p. 73 in §. 6) neben den allgemeinen Siebzehn Küren, Vierundzwanzig Landrechten und Bufstaxen enthalten sind, behandeln die Verhältnisse der Redjeva in Rüstringen. Die einzelnen Stellen, in denen sie es thun, sind im Friesischen Wörterbuch p. 987 aus den Friesischen Rechtsquellen verzeichnet.

2. Land Wursten[1]) auf dem rechten Weserufer gegenüber von Rüstringen.

---

[1]) In dem friesischen Lande Wührden auf dem rechten Weserufer unterhalb Bremen finde ich keine Consules. Zwei Urkunden aus den Jahren

1238 werden genannt Consules terre Wortsacie, 1291
Consules et universitas terre Wurtzacie, vgl. oben p. 127
No. 22, 1304 Judices, consiliarii totusqne populus terre
Wordsacie, oben p. 130, No. 30.

3. Astringen, im alten Pagus Asterga und Wanga.

1306 stellen eine Urkunde aus Meyo Tamana ac universi
conjudices sui, Sedecim nuncupati, in terra Astringie
constituti. Dieselbe Urkunde nennt judices tunc terram
nostram regentes, ferner omnes Sedecim terre Astringie
und duo Sedecim de terra nostra, am Schlufs Meyo Tamana
Ibo Meyana,..., nunc temporis judices terre Astringie,
Sedecim nuncupati, vgl. oben p. 130 Nr. 31, 1312 werden erwähnt Decanus ... ecclesie Bremensis de consensu judicum, aldermannorum et totius populi terre Wangie (d. i. des mit
Astringen verbundenen Wangerlandes nördlich von Jever), 1317
Judices ac universitas terre Astringie und in Astringia
cum duobus Sedecimis debet debitor convinci, s. oben p. 137
No. 51; 1327 Judices et universitas terre Astringie
Bremensis dyocesis, s. unten in §. 23.

4. Harlingen, östlich von Norden.

1289 werden genannt Embo et Hayco ceterique conjudices eorum necnon et consules ac tota universitas
Herlingie, s. oben p. 126 No. 20, 1310 Hayo Ewana, Herro
Haykana et Ulferus Edena, enunciatores terre Herlingie et
eorum conjudices universi in eadem terra Herlingie constituti, die Urkunde nennt auch judices terre Herlingie und
judices tunc terram nostram regentes. 1321 erscheinen Ailwardus Mensana, Thitardus Ebecana, enunciatores judicum
terre Herlingie necnon tota universitas, und in demselben
Jahre 1321 nennt eine Urkunde Ailwardus Mensana, Thiardus
Ebecana enunciatores XIV (em. „XIV“ in „judicum“) terrae
Herlingiae necnon universitas praedictae terrae. Daran ein
Sigillum omnium judicum Harlingorum; vgl. oben p. 138 No.56.

1285 und 1291 nennen *Sculteti, oldermanni totaque universitas terre
Wordensis;* s. oben p. 126 No. 19 und 21.

5. Nordenerland gehörte nebst Harlingerland zum alten Pagus Nordendi.

1255 schliefsen einen Vertrag mit Bremen Consules et tota plebs Emesgonie et Nordensium, s. oben p. 120 No. 10; 1269 erneuern sie diesen Vertrag: Huic compositioni intererant abbas et prior de Norda, prior et frater Memmo ordinis fratrum predicatorum de Norda, consules de Norda; 1300 stellen eine Urkunde aus Judices, advocati, consules et universitas terre Nordensis, 1310 Hunno dictus Onnenga orator terre Nordensis cum suis cocis et consulibus; die Urkunde nennt universi consules tunc terram nostram regentes, 1313 werden erwähnt Advocati et consules totius terre Nordensis, oben p. 136 No. 48.

6. Brokmerland, aus Theilen des alten Pagus Emesga und Pagus Asterga entstanden.

Durch Urkunde von 1250 gewährt Bischof Otto von Münster genti nostre Brokmannorum, quod omnes ecclesie constitute sub consulatu Brokmannorum exempte sint a synodatione domini Liutwardi de Hinte (d. i. Hinto nördlich von Emden), s. oben p. 118 No. 7. Um 1250 heifst es in den Emsiger-Brokmer Küren: Placuit judicibus utriusque terre (d. i. von Emsigerland und Brokmerland) in unum convenientibus constitutiones conscribere statutis ad hoc ex utraque terra sex judicibus, Emboni placitatori et suis sociis et Onnoni Bettamonna et suis sociis. Die Küren erwähnen dann der probatio duorum judicum, der affirmatio per quatuor judices. Beim Beginn einer Klage gegen Angehörige des andern Landes: et hoc dixerit per consules eorum terre justo examine determinatum, ex eis producet duos eis proximiores, qui hoc verum affirment. Die zweiten etwas jüngeren Emsiger-Brokmer Küren brauchen „judices" für „consules", 1276 Consules, jurati ac universitates Redensis (d. i. Reiderland südlich von Emden), Emesgonie, de Althammet (d. i. Altamt im Fivelgo) ac Brocmannie terrarum, 1276 Consules, jurati ac universitates Emesgonie ac Brocmannie, indem sie der von Bischof Eberhard von Münster mit den Landschaften abgeschlossenen Bischofssühne beitreten, vgl. oben p. 123 No. 15. — Sehr ausführlich behandelt der sogenannte Brokmerbrief die Verhältnisse der Redjeva im Brokmerlande. Er ist nach 1276 in friesischer Sprache verfaſst und in Fries. Rq. p. 151—181 gedruckt nach den oben p. 72 besprochenen Handschriften. Ueber die Redjeva im Brokmer- brief vergleiche die im Friesischen Wörterbuch p. 987 angeführten Stellen.

7. Emsigerland, das nebst Brokmerland, Reiderland, Mormer- land und Overledingerland den alten Pagus Emesga bildete.

Die unter Brokmerland angeführten, vor 1250 zu setzenden Emsiger-Brokmer Küren nennen Judices und Consules utrius- que terrae (d. i. von Emsigerland und von Brokmerland). 1255 schlieſsen einen Friedensvergleich mit Bremen Consules et tota plebs Emesgonie et Nordensium, s. oben p. 120 No. 10. Der Vergleich wird 1269 erneuert. In Urkunde von 1276 treten der Bischofssühne bei Consules jurati ac universitates Redensis (d. i. von Reiderland), Emesgonie, de Althammet ac Brocmannie terrarum, vgl. oben p. 123 No. 15. In den Emsiger Domen von 1312: Liudwardus de Westerhusen, Habbo de Hinth, Sibernus Ulberna de Fiskwert, Folquardus de Twixlum (die vier genannten Orte sind Westerhusen, Hinte, Visquard und Twixlum bei Emden), ceterique consules terre Emesgonie und in cetu omnibus consulibus prefixo; daneben wird erwähnt in cetu consulum et Emisgonie; s. oben p. 135 No. 47. — In den Rechtssamm- lungen in friesischer Sprache aus Emsigerland, die in Handschriften aus dem vierzehnten und fünfzehnten Jahrhundert erhalten sind (s. Fries. Rq. p. XVI und p. XVII) und neben Ueberarbeitungen der allgemeinen Küren und Landrechte friesische Texte von Emsiger Buſstaxen, von dem dem Brokmerbrief nahe verwandten Emsiger Pfennigschuldbuch und den Emsiger Domen von 1312 liefern, werden mehrfach Redjeva genannt. In den Domen von 1312 heiſsen die „Consules" des lateinischen Textes „Redjeva". Die Stellen der Emsiger Rechtshandschriften verzeichnet Fries. Wb. p. 987 aus den Friesischen Rechtsquellen.

8. Federga, ein altes Gau nördlich von Emden, später mit Emsigerland verbunden.

Im Jahr 1269, den 25. Juli, treten dem zwischen Bremen und Emsigerland vereinbarten Frieden die Federgoer bei; die Ur-

kunde schliefst: Quia vero consulibus et universitate Federgonum ignorantibus et absentibus predicta concordia facta fuit,
ipsi ... sunt protestati, se velle predictam formam compositionis
... observare, s. oben p. 122, No. 13. Durch Urkunde vom 29. Juli
desselben Jahres erklären, dem Vertrag zwischen Bremen und Emsigerland beigetreten zu sein, Consules et universitas Federgonum,
s. oben p. 123, No. 14.

9. Fivelgo, der alte Pagus Fivelga, der in Fivelingeland,
Aldeombecht, Asterombecht und Westerombecht zerfiel. Gerichtstätte bei Appingadam.

Beim Jahr 1216 erwähnt Emo von Witte-Wierum Consules
terre (d. i. Fivelgoniae); beim Jahr 1219 Consules anni (in Fivelgonia), 1224 und 1225 Consules terre (d. i. Fivelgoniae), s. oben
p. 116, No. 1. In einem Vertrag von 1258, oben p. 121 No. 11,
der Nobiles homines terre Fivelgonie und des Commune Fivelgonie mit der Stadt Groningen kommen vor Consules Fivelgonie. 1276 werden genannt Consules, jurati, ac universitates Redensis, Emesgonie, de Althammet (d. i. von Altamt
im Fivelgo) ac Brocmannie terrarum, s. oben p. 123, No. 15. Die
Continuatio Menconis erzählt beim Jahr 1280 quaestio in terra
Fivelgoniae oritur de consulatu, 1282 cum (in Fivelgonia) pugil
Robernus consulatum haberet et simul esset edictor, 1283
Consules, meliores, fortiores et agiliores convenerunt, und spricht
über Consules ac tota terra; s. oben p. 124 No. 16. Beim Jahr
1295 berichtet die Continuatio: Esschellus Merethia in Skelwalda (d. i.
Schiltwolde im Fivelgo) incepit contendere pro consulatu (im
Fivelgo) cum Menaldamo. Hessellus consul occisus est. Der Continuator Menconis nennt dabei Judices et Consules terrae; s. oben
p. 128, No. 26. 1303 wird genannt cetus consulum terre Fyul-
goniae (em. Fivelgonie); vgl. oben p. 129, No. 28; 1308 werden erwähnt Consules ac jurati terre Fivelgonie, 1309 Judices, jurati
de Thrantia (d. i. aus der nichtfriesischen Drenthe südlich bei Groningen) et consules Fivelgonie, 1317 per consules in communi coetu videlicet per Epponem de Weywerth (d. i. Weywert
im Fivelgo-Ostamt), qui tunc fuit edictorum (em. „edictor") consulum, s. oben p. 137, No. 52; 1321 und 1322 universi judices

terrarum Hunsgonie et Fivelgonie, s. oben p. 138, No. 57. —
Die Rechtssammlungen aus Fivelgo, die in friesischer Sprache ältere
Rechtsaufzeichnungen enthalten und in ihnen Redjeva nennen, sind
nur in jüngeren Texten auf uns gekommen. Den ältesten erhaltenen Text liefert das nach 1427 geschriebene, oben p. 23 besprochene Fivelgoer Manuscript.

10. Hunsego, der alte Pagus Hunesga. Die Gerichtstätte
lag zu Onderdendam im Upga nördlich von Groningen.

In der friesischen Ueberarbeitung der Hunsingoer Küren von
1252 wird die Stellung der Redjeva im Hunsego näher behandelt. So sagt §. 2: etta warve, ther alle Hunesgena
redgevan hiara warf ledzie; §. 3: etta smela warvum, ther achta
redgevan jefta fiuwer tegadere cume; §. 7: hwasa thes thunresdeys, ther redgevan swerath et Uldernadomme etta warve,...
enne mon sle etc.; §. 8: hoc redgeva sa swere er tha riucta
thunresdey et Uldernadomme etc.; §. 9: gef thi blata (d. i. der
Arme, der einen Mann erschlagen hat) redgevum brocht werthe,
thet makie hia as hit thiu wished wilkerad hebbe; §. 11: sa
jevere allera ombechta eckum sextech merka ande tha redgevum sextech merka (d. i. er zahle sechzig Mark jedem Amt
und sechzig Mark den Redjeven als Bufse); §. 16: tha redgevan
ne moten umbe nenes redgeva kere, ni umbe nenne dom,
ni umbe nenra honda thing, ther him to clage kume, jeftha to
redskipe here, neue meyde nime; §. 21: alsa tha redgevan
sweren hebbat, sa bifrethiese allera monnek etc.; vgl. oben p. 119,
No. 9. 1280 erzählt die Continuatio Menconis: Contentio fuit de
consulatu (in Hunesgonia) inter Duerdeconem de Kaldabera et
juvenem Eysonem Gerbranda; 1283 nennt eine Urkunde Diudo
Dodinga edictor terrae Hunesgoniae; 1321 und 1322
stellen eine Urkunde aus Universi judices terrarum Hunsgonie et Fivelgonie, s. oben p. 138, No. 57. — Die Hunsegoer
Rechtssammlungen in friesischer Sprache, die aus den beiden Hunsingoer Rechtshandschriften des dreizehnten Jahrhunderts bekannt
sind (s. oben p. 63 in §. 6) und neben den friesischen Ueberarbeitungen der allgemeinen Küren, Landrechte, Bufstaxen und Ueberküren
ältere Rechtsaufzeichnungen aus Hunsego abschreiben, nennen aufser

in dem Text der Hunsingoer Küren von 1252 nur ausnahmsweise Redjeva, vgl. Fries. Rq. p. 336, 5 und p. 355, 21.

11. **Humsterland**, Theil des alten Pagus Hug-merke.

In der niederdeutschen Ueberarbeitung der Statuta Hummerke (d. i. von Humsterland), que universitas voluit, sagt §. 5: Soe wat so dar schiet an den menen redgiane warve, Fries. Rq. p. 358, 10, desgleichen p. 359, 19; §. 29: Een redgia moet byvreden ene sake by twen scillingen, en also vele moet er byreden and syn antwordt; twe by veer scillingen byvreden, en also vele to reden; dree redgiaen byvrede by eenre hovetlosene p. 361, 29; vgl. auch Fries. Rq. p. 362, 16.

12. **Langewold**, Theil des alten Pagus Hug-merke.

Die niederdeutsche Ueberarbeitung der lateinischen Küren von 1250: statuta sunt haec jura ab omnibus laicis in Langewolda commorantibus ... in Sibaldebuere hove (d. i. Sibaldebuuren im Süden von Langewold). §. 5 bestimmt Vierhundert Mark als Bufse für Todtschlag dem Lande hundert en den redger hundert mark; de redgen sullen des den lande behelpen, Fries. Rq. p. 366, 20; vgl. p. 366, 3 und 24, p. 368, 26 und 368, 13. §. 32: Waerso de redger sweert voor hillige cruisdach, de breket tegen dat lant XXX marck, des sullen em de redgen helpen toe der hand, daer se zworen hebben, p. 368, 33. Bei Eideshelfern wird bestimmt, de bueren to winnen binnen de clauwe, daer syn redger over gesworen heeft, p. 367, 19 und so helpe de redger den clager antworden to den darden warff, p. 367, 31, und Alle warfdagen en alle rechtdagen, soe sy des redgen gelt vier hondert ponden, den lande hundert ponde, des sullen hem de redgen behelpen eerse selven eenige broeke moeten nemen, p. 369, 1. In der niederdeutschen Ueberarbeitung der Langewolder Küren von 1282: alle warfdagen en rechtdagen en rekendagen, so waer de redgen sitten, so sy des redger gelt by (IV) hondert ponden, den lande hondert ponden, des sal em de redger behelpen eerse enige broecke moeten nemen, so sy haer broecke hundert ponden, Fries. Rq. p. 369, 16 und §. 27 besagt: Die nyen redgen sullen zweren in des hilligen cruces dach in den warve, alsse de olde redgen af gekent hebben in der meene luide warff, p. 371, 30; siehe auch p. 372, 12.

13. **Vredewolt**, Theil des alten Pagus Hug-merke.

In dem nur in niederdeutscher Ueberarbeitung erhaltenen „lant-recht, dat der elemetha Vredewolt hebben gekoeren", sagt §. 10: De rechteren en alle lude bevredet to den warve to gaende, ende van dan to farende, by de veerfolde broke de rechteren by de twyfolde de elemetha, Fries. Rq. p. 378, 17, und §. 18 lautet: Waersoe men neme eyn oniarich beern over syn wille, dat men dat weder ghevet by hondert marke, de redgien hondert marken to frethe, ende den kynde also vole to boete, p. 379, 7, und §. 25: to warende myt twee redgen, *der dene doem deleden*, p. 379, 17.

14. **Ostergo**, d. i. der alte Pagus Ostergo westlich der Lauwers, nach der Gerichtstätte zu Wininge, d. i. Wyns östlich von Leuwarden, districtus in Wininge genannt. Theile des Gaues sind das Westdongera-deel, Ferwerdera-deel, Ydaardera-deel und Tietjerkstera-deel.

In einem Schreiben vom 10. Mai 1301 fordert König Albrecht die Friesen östlich der Zuiderzee auf, seinen Verfügungen zu gehorsamen und den Frieden im Lande zu wahren. Er schreibt allgemein: Gritmannis, consulibus, judicibus ac universitatibus singularum terrarum Ostvrisie et aliarum terrarum circumpositarum, s. oben p. 141, No. 7. 1314, den 23. Juni, stellen eine Urkunde aus Wibrandus de Burnwerth, Bernardus de Reysim, Wiggherus de Etwerth, Jaricus Siirda de Ripikerka, Thitardus de Merwerthe (?) et Folpertus de Demingwere (?), dicti gretmanni et eorum conjurati districtus Winnighe, s. oben p. 143, No. 13; es sind die Grietmannen zu Bornwerd im späteren Westdongera-deel, zu Reitzum im späteren Ferwerdera-deel, zu Ydaard im späteren Ydaardera-deel, zu Ryperkerk im späteren Tietjerkstera-deel und andere nach unermittelten Orten benannte Grietmannen des Ostergo, die mit ihren Conjurati oder Consules zu Winnighe, der alten Gerichtstätte des Ostergo versammelt sind. Am 25. November 1314 fordert König Ludwig die Friesen des Ostergo und Westergo auf, dem Grafen Wilhelm zu huldigen; er schreibt: „Grietmannis, consiliariis et communitatibus terre Frisie de Westergo et Ostergo, s. oben p. 144, No. 14. Im Jahr 1318 treffen Vereinbarungen zur Förderung des Landfriedens universitas gretmannorum in Ostergo ceterorumque judicum cetum in Wininghe regentium, ac consules civitatis Groniensis (d. i. der Stadt Groningen), s. oben p. 145, No. 18.

15. Westergo, der alte westlich des Ostergo am Fli belegene Pagus Westergo. Er zerfällt in das Franekera-deel, Wonzera-deel und Wymbritzera-deel; mit ihm verbindet sich Hemelumer Oldevaard südlich von Stavern im alten Pagus Sudergo, das östlich davon liegende Harich oder Gasterland und das östlich daran grenzende Lemsterland in den Zevenwouden im alten Pagus Woldago. Die Gerichtstätte ist zu Hertwerd im Wonzeradeel.

Im Jahr 1270 Grietmannus, jurati ac universitas ad cetum in Wyldinghen (d. i. Wonzeradeel) pertinentes und in districtu nostri cetus commorantes, s. oben p. 139, No. 2. Urkunde von 1290 zeigt, wie sich die Stadt Stavern im alten Pagus Sudergo verbindet cum judicibus et consulibus coetuum Fornackere (em. Fronackere, d. i. Franekeradeel), Veldenzee (em. Veldenzie, d. i. Wonzeradeel), Hemlem (d. i. von Hemelumer Oldevaard südlich von Stavern im alten Pagus Sudergo), Harich (d. i. Gasterland), s. oben p. 140, No. 3. Im Jahr 1296 erklären, der Stadt Hamburg Zollbegünstigungen zugesichert zu haben, Ado, gretmannus in Wildinge; Garwardus, Amelungus, gretmanni in Froneckere; Hisselinus, Wibrandus, Jarichus, gretmanni in Wenbirge (für Wenbrige, d. i. Wymbritzeradeel) ... in publico cetu de Hertwerch (em. Hertwerth, d. i. Hertwerd); 1298 scabini Stauriae, Hoythetus gretmannus coetus Weldenzie et sui consules, Ulbodus Folcnathi gretmannus coetus Waghenbruckghe (d. i. Wymbritzera-deel) et sui consules, s. oben p. 141, No. 5. 1310 schreibt Graf Wilhelm III. von Holland: gritemanno de Wildinghen et suis judicibus, s. oben p. 142, No. 9. In Urkunde von 1310 unterwerfen sich dem Grafen Wilhelm als ihrem Landesherrn Grietmanni, conjudices districtus de Vroenackere, districtus in Wildinghe, districtus in Weenbrugge omnes et singuli totaque communitas de Westergo, s. oben p. 142, No. 11; im Jahr 1313 schreiben an Graf Wilhelm Gretmannus, judices, consules cetus Waghenbrugghe necnon gretmannus, judices et universi consules cetus de

Lyarich (d. i. Lemmerich im Lemsterland der Zevenwouden),
s. oben p. 143, No. 12; · im Jahr 1314, den 25. November,
fordert König Ludwig von den Gritmannis, consiliariis et
communitatibus Frisie de Westergo et Ostergo, dem
Grafen Wilhelm zu huldigen, s. oben p. 144, No. 14; im Jahr
1315 Grietmanni et eorum judices districtuum Froneckerae, Wenbrendyn (verderbt aus Wen-bridze oder Wein-
bricke) et Wildinge in partibus Frisiae, s. oben p. 144, No. 16;
1318 grietmanne van Fronekere, van Wildinghe ende
van Waghenbrugghe, s. oben p. 144, No. 17. 1323 Gretmanni et eorum conjudices districtuum Fronekere et Bereni
(em. „Berem", d. i. Bierum im späteren Barradeel des Westergo
westlich von Franeker) in partibus Friziae; 1323 singuli
germani (em. gretmanni) terre nostre Hertwerth convenientes. In Urkunde von 1323, den 12. Juni, erklären omnes et
singuli germani (em. gretmanni), qui ad generalem cetum
pro communi concilio terre nostre Hertwerth solent convenire, beschlossen zu haben, quod oppidani de Harlinge (d. i. von
Harlingen westlich von Franeker) jurisdictioni gretmanni suorumque conjudicum in districtu cetus Fronekere debeant
subiacere. Den 18. September 1323 vereinbaren Gretmanni, judices, clerus et prelati terre Westergo mit andern friesischen Landdistrikten die Leges Upstalsbomicae, um die Macht des Grafen
Wilhelm im Westergo zu bekämpfen und sich seiner Landeshoheit
zu entziehen, s. oben p. 146, No. 23.

16. Woldago. Zum alten Pagus Woldago gehörten die
Landdistrikte Stellingwerf, Schoterland und Lemsterland.

(In einer niederdeutschen Uebersetzung einer Urkunde von 1309,
den 11. November: Heer Aemilius, abt van Stavoren, mitsgaders
de schout, schepenen ende ghemeente des voornoemden plaetses,
de rechters van Stalling, in de Lemmer ende Kuynre (d. i. Kuinder-
zyl bei Vollenhove unfern der friesischen Grenze) mitsgaders hare
medehulpers etc. Winsemius Chronique van Vrieslant 1622, p. 188,
aus ihm Schwartzenberg I, p. 135).

Im Jahr 1310 excommunicirt der Bischof von Utrecht Fresones coetuum de Stellingwerf et de Scoterwerf, cui in

spiritualibus subesse noscuntur, et nonnulli de Stellingwerf in temporalibus de jure subesse debebunt, und nennt dabei Stellingos majores, judices et consules dictorum coetuum ... necnon universitates ipsorum coetuum, s. oben p. 142, No. 10. In Urkunde von 1313 sind mit Westergo verbunden gretmannus, judices et universi consules cetus de Lyarich (d. i. von Lemmerich im Lemsterland); vgl. oben p. 156 unter Westergo.

D. Consules in der Stadt Stavern.

Der Ort Stavern an der Zuiderzee mufs nach seiner Lage zu dem alten *Pagus̩ Suder-go* gehört haben, der mit dem Wester-go, Oster-go und Wolda-go das friesische Land inter Flevum et Laubacum, d. i. von der Zuiderzee bis zur Lauwers, umfafste; vgl. unten Cap. VIII.

1. Im Jahr 1118 bestätigt König Heinrich V. an Stavern ein städtisches Privilegium, das sein Vater Heinrich IV. gegeben hatte in Uebereinstimmung mit den Satzungen des Markgrafen Egbert (geboren 1056, gestorben 1090), der die Grafschaft über Stavern, Ostergo und Westergo vom Reiche zu Lehn besafs[1]). Der König befreit die Staurenses von dem generale placitum, quod dicitur bodthing, unter dem sie wie die Bewohner des umliegenden Gaues

---

[1]) Ueber Graf Egbert vgl. unten Cap. VIII. In Urkunde von 1077, den 30. October, verleiht Kaiser Heinrich IV. die Grafschaft Stavern, die dem Markgrafen Egbert wegen Hochverrath aberkannt ist, dem Bisthum Utrecht: Haec sententia principum nostrorum judicio super Egbertum quondam marchionem dicta est ... de bonis justo judicio sibi ablatis beato Martino ... Trajectensis ecclesiae patrono comitatum quendam de Stavero in proprium tradendo firmavimus, Schwartzenberg I, p. 67. Im Jahr 1086, den 7. Februar, erklärt Heinrich IV., es seien dem Markgraf Egbert die ihm durch Begnadigung zurückgegebenen Güter wegen neuen Hochverraths aberkannt worden, und gebe er an Utrecht die Grafschaft über Westergo und Ostergo zurück: Praedia (Egberti marchionis), et quae a nobis habuerat beneficia, imperiali nostrae ditioni ... adjudicarunt. Ex eisdem beneficiis beato Martino ad ecclesiam Trajectensem ... quendam comitatum Frisiae, nomine Ostergowe et Westergowe, cum

gestanden hatten. Ein besonderer Stadtfrieden (pax civitatis), verschieden von dem des übrigen friesischen Landes (pax, quam omnis possidet Frisia) gilt in dem vom Gau ausgeschiedenen Orte. Dem Grafen verbleiben seine Grafenrechte in der Civitas. Nähere Bestimmungen werden erlassen über das in der Stadt geltende Recht, über Zweikampf, über Niederbrennen und Zerstören der Häuser als Strafe, über Zahlung von Bufsen. Die Staurenses sollen Begünstigungen im Rheinzoll geniefsen. Der sehr verderbte Text der Urkunde lautet: Heinricus rex notum ... facimus, qualiter nos Staurensibus omne jus, quod *a Karolo rege deterratum*[1]) *est* et ab ipsius loci probatissimis est decretum et inventum, et quod ab aliis sapientibus patrisque nostri fidelibus est collaudatum, tam legale jus quam morale[2]), et illud precipue, quod comes Egbartus specialiter eis majore quodam dilectionis affectu constituit — scilicet, ut cum extraneis aut etiam inter se duellum propter aliquam causam non confligant; generale placitum quod dicitur bod-thing non opservent; pecuniamque, quam et de perpetrato homicidio debent et inde[3]) inter se dividant, et nullus alius[4]) excepto suo comite, cui priori prout eis placuerit partem inde distribuant; fracturas et combustiones domorum ut patientur inter se, nisi ob has quatuor causas: utpote si quis hominem vel mulierem interfecerit morte, quae dicitur

omni jure et utilitate, quam Ekbertus in hoc comitatu habuit, in proprium tradidimus, Schwartzenberg I, p. 67. In Urkunde von 1089, den 1. Februar, restituirt Kaiser Heinrich an Utrecht die Grafschaft, die er dem Egbert zurückgegeben hatte, nachdem sie diesem wegen erneuter Empörung abermals aberkannt war: de bonis (Egberti marchionis) comitatum quendam in Fresia, qui vocatur Westergouwe et Ostergouwe, sancto Martino in Trajecto reddidimus etc. Schwartzenberg I, p. 68. Ein und dieselbe Grafschaft wird nach ihren Theilen, nach Stavern, Westergo und Ostergo, benannt: In Urkunde von 1204, den 24. Juni, trifft der Bischof von Utrecht Vereinbarungen de comitatu Fresie in Oostergo et Westergo et in Staveren. Kluit II, 1, p. 207.

[1]) Ist zu bessern „determinatum"?

[2]) „tam legale jus quam morale", d. i. das durch Gesetze und durch Gewohnheit begründete Recht.

[3]) Waitz em. „exinde."

[4]) W. em. „nulli alii."

morth, aut si quis pacem, quam omnis possit (em. „possidet" mit
Boucker Andreae Jus municipale Frisicum p. 380) Frisia, scilicet in
domibus, per homicidium violaverit, aut communem pacem totius
civitatis illius infregit, aut mulierem vi in ea oppresserit: ob has
quatuor causas promittimus (em. permittimus) fracturas et combustiones domorum, ita tamen ut alicujus innocentis domus, licet
etiam facientibus consanguinitate conjunctus sit, dampnum non
patiatur; quod si aliquis stipantibus parentibus (et) amicis pecuniis[1])
pati voluerit[2]), aut comiti, ne fiat, contradixerit, aut comes aliquam
causam inductus facere voluerit[3]), inimicus sit regis, et causa sub-
jecta communis in manu sit regis — haec omnia scripta scripsimus, pater meus ipsis Staurensibus scripsit et consignavit,
et nos etiam consignamus et confirmamus. Scripsimus eis
insuper de theloneo, quantum dare debeant euntes et redeuntes per
Renum, et de comitatu utveřgheferdi (ich em. „ut voc̃", d. i. ut vocatur, „gheferdi") oř (em. „over") Naghelam[4]); quod si quis eis infregit,
jugiter sit inimicus regis. Et ut haec semper rata permaneant, hanc
cartam sigilli nostri impressione signamus, et Coloniensi episcopo
suo sigillo sub banno consignari fecimus etc. Waitz Urkunden 1871
p. 25, früher Schwartzenberg I p. 71 (aus dem Register der Lehnskammer von Holland und dem von Hennegau). Beuckèr Andreae Jus
municipale Frisicum, p. 379 bemerkt, dafs er eine übereinstimmende
Abschrift des H. van Wyn benutzt habe. Nach ihrem Schlufs wurde
die Urkunde 1118 zu Mainz durch Erzbischof Friedrich von Köln
im Auftrage des Kaisers ausgestellt. Bei Beurtheilung ihres Inhalts kommen zwei Urkunden von 1122 den 2. Juni (bei Mieris I,

---

[1]) W. em. „penam."

[2]) W. em. „noluerit."

[3]) W. em. „aliqua causa inductus facere noluerit."

[4]) Unter comitatus, ut vocatur gheferdi over Naghelam, dürfte gemeint
sein Geleit (d. i. comitatus, gheferde) bei Nagel. In Urkunde von 1204
vereinbaren der Bischof von Utrecht und der Graf von Holland, quod de
cetero nulla unquam occasione Rhenus apud Swathenburg (d. i. bei Zwammer-
dam in Rynland) obstruetur. Insuper feodum *de Nagele* . . . comes de Los
resignavit episcopo. Item comes non prohibebit mercatores quoscunque
deferre salem vel quaslibet alias merces ad terram episcopi etc. Kluit II, 1
p. 267.

p. 86 und p. 87) in Betracht, in denen Heinrich V. für die Bürger von Utrecht die auf dem Rhein zu erhebenden Zölle regelt.

2. Consules begegnen in Stavern zum ersten Male 1246. Die Städte Utrecht und Stavern vereinbaren, dafs bei Verkäufen ihrer Bürger wegen Zahlung nur die Käufer, nicht andere Concives eorum verklagt, gepfändet oder irgend wie behelligt werden sollen. Die Urkunde stellen aus: Scultetus, scabini, consules ac tota civitas Staurensis. Beucker Andreae Jus municip. Fris. p. 473; s. oben p. 139 No. 1. Das Original der Urkunde mit beschädigtem Siegel Staverns in weifsem Wachs bewahrt das Utrechter Archiv nach Codex diplom. Neerland. Utrecht 1848, I, 1, p. 9.

3. Nach 1246 hatte der Graf die Consules in Stavern beseitigt. Im Jahr 1290 wurden sie aufs Neue von Stavern eingeführt, indem sich die Stadt mit den benachbarten Landdistrikten des Westergo verband. In Urkunde von 1290, den 30. Juni, treten zu Stavern zusammen die Consules der Landdistrikte des Westergo mit dem Abt des St. Odulphuskloster zu Stavern, dem Schulzen und der Universitas civium (de Stavern) und erklären, dafs das durch die Kriege im Lande gestörte Recht der Stadt wieder gelten solle, wie es die Kaiser Karl, Heinrich IV. und Heinrich V. der Stadt verliehen hätten. Sie erwähnen dabei Bufsen, die der communitas der Stadt, deren judices, d. i. consules, und dem Princeps, d. i. dem Landesherrn, dem Grafen von Holland, gezahlt werden sollen. Die Worte der Urkunde erläutern unmittelbar die des städtischen Privilegium von 1118. Sie lauten: Nos ... abbas S. Odulphi ... Stauriae, *scultetusque* ceterorumque universitas civium, ... praepositus Hemelem, ... decanus Stauriae et ... decanus Bodelswaert cum judicibus et consulibus coetuum Fornacker (em. Fronacker), Veldenzee (em. Veldenzie) Hemlem, Harich salutem ... Universitati Vestrae praesentium testimonio declaramus, quod *pro bono pacis in unum* Stauriae *convocati* jura seu plebiscita ejusdem per bella civilia quasi exinanita (d. i. vernichtet) restauravimus, omni guerra seu defensione civium composita. Statuimus igitur, quod infra civitatis terminos non debeant pati vel sinere pro homicidio domorum incendia vel fracturas; nec personarum captivitatem; pe-

corum vel rerum mobilium rapinam; domorum vel navium in-
vasiones violentas, — *sub poena octoginta librarum principi*,
judicibus et *totidem* communitati etc. Inhibuimus etiam,
ut Staurienses nec frangant vel incendant domos aliquorum extra
civitatem pro homicidio; neque extranei pro eodem vel ob aliam
causam domos civium Stauriae, naves, vel res mobiles ausu
temerario invadere praesumant. Sanxivimus insuper, ne propter
debita pecuniaria seu aliarum rerum aliquis audeat rapinam facere
Stauriensibus, vel personarum detentiones, vel rerum arresta-
tiones, nisi pro debito legitime requisiti et obtenta licentia etc.
Ordinamus nihilominus, ne aliquorum pertinacia Stauriam euntes et
exeuntes in negotiis et mercaturis audeat impedire. Super omnia
autem volumus, ut jura seu libertates a gloriosissimis imperatoribus,
videlicet domino *Carolo*, et ejusdem successoribus, domino *Heinrico*
et ejus *patre*, imperatoribus augustis, civibus Stauriae *indultae*
et conscriptae, seu constitutiones ab eisdem civibus inveniendae,
ratae maneant et inconvulsae .... Datum et actum Stauriae, anno
gratiae MCC nonagesimo, pridie Kalendas Julii. Schwartzenberg I
p. 123 (aus Matthaei Analecta ed. Harckenroth 1738 III, p. 472).

Darauf, dafs nach der Urkunde die Stadtfreiheit in Stavern
bereits durch Karl den Grofsen begründet sein soll, ist kein Gewicht zu legen. Auch das Privilegium von 1118 beruft sich auf
ihn, es geschieht aber in ganz unbestimmter Weise. Man that
es, wie die friesischen Landdistrikte in den Siebzehn Küren ihr
altes Recht oder was sie als solches beanspruchten, durch ihn begründet glaubten, und wie das dreizehnte und vierzehnte Jahrhundert immer neue Satzungen als von ihm den Friesen verliehen
behauptete; vgl. oben p. 83.

4. Im Jahr 1292 sind die Consules in Stavern nicht mehr
vorhanden. In der niederdeutschen Uebertragung der 1292 von
Graf Florenz an Stavern verliehenen städtischen Küre heifst es:
„schepenen sullen oerconde dragen by den eede, die sie sweren
doen sy schepen werden, ende die schepene sal die poorte kiesen
by rade ons schouten, ende die vernieuwen alle jare." Mieris Charterboek I p. 544 aus Schotanus, Beilagen p. 13 mit Varianten aus

11

einer Abschrift im Archiv von Hennegau; aus ihm Schwartzenberg I p. 126.

In der alten niederdeutschen Uebersetzung einer Urkunde von 1292 den 1. April, in der Stavern dem Grafen Florenz huldigt: Wi scepenen ende ghemiente van Staveren maken condt etc., dat wi bi onzen vrien wille ende onbedwonghen van yemene voir ons ende alle onze nacomelinghen wonachtich binnen Staveren, ghehuldet hebben ende med ghesworen ede, *ende ontfaen hebben in onsen rechte heere* enen moghenden hoghen prinche, *heeren Florens, grave van Holland*, van Zeeland, ende heere van Vriesland, ende alle zine nacomelinghen die grave zullen wesen te Hollandt ewelike ghedurne, omme die vrihede ende recht dat hi ons ende onsen nacomelinghen ghegheven heeft, alze hier na ghescreven staet, etc ... und am Schluſs der Urkunde: Van doetslaghen ende van hoghen zaken zal men die onsculde doen med twaelven, ende *hi zal ons zetten toit enen scoute, wien hi wille; alle dese dinghe*, die voirschreven zien, *mede te berechten*, jof die niet voirscreven en zien, *met scepenen.* Waer dat zake, dat die scoute ons ende die poirte van Staveren niet orbaer en ware, ende hi dat ter wareyde mochte gheproeven, hi zoude ons enen anderen zetten, die hem goed dochte etc. Schwartzenberg I p. 124 (aus dem Register der Lehnskammer von Holland).

5. Im Jahr 1296 sind wieder Consules in Stavern vorhanden. In einer im Original erhaltenen groſsentheils unleserlichen Urkunde von 1296, den 15. August, die Lappenberg Hamburger Urkundenbuch 1842 I p. 745. veröffentlicht hat, erklären sechs versammelte Grietmannen aus den Landdistrikten Wildingen, Franeker und Weinbrigge (d. i. Wymbritzeradeel), aus denen damals die terra de Westergo bestand, daſs nach Beschluſs des Coetus in Hertwerd den Hamburgern Zollbegünstigungen gewährt sein sollen beim Besuch des portus Stauer ... (ergänze Stauerensis), von Franeker u. s. w. Sie erwähnen dabei der Consules Staurenses, s. oben p. 140 No. 4.

6. Nicht vorhanden waren 1298 in Stavern Consules nach einer Urkunde von 1298, den 10. April, die in Nyhoff Gelderland 1830, I p. 61 aus dem Original gedruckt ist: omnibus praesentia

visuris *scabini Stauriae*, Hoythetus gretmannus coetus Weldenzie....
et sui consules, Ulbodus Folcnathi gretmannus coetus Waghenbruckghe et sui consules.... Noscat(is), quod in praesentia nostra
constituti Stauriae (d. i. zu Stavern) scabini de Hyrderwiich (d. i.
die Schöffen von Harderwyk), mediantibus nobis, amicabilem inierunt
compositionem etc.; s. oben p. 141 No. 5.

7. Vorhanden sind die Consules wieder im Jahr 1299. In
einer alten niederdeutschen Uebertragung einer Urkunde von 1299,
den 12. März, bei Schwartzenberg gedruckt aus einer Handschrift
des H. van Wyn: Wy scepene, raedsmannen ende ghemene
port van Staveren huldigen dem Grafen Johann von Holland
wie einst dem Grafen Florenz und erhalten die städtische Küre von
1292 bestätigt, s. oben·p. 141 No. 6.

8. In Urkunde von 1303, den 1. October: Scabini ac consules Staurienses, Schwartzenberg I p. 134 (aus dem Register
der Lehnskammer von Holland), s. oben p. 142 No. 8.

9. Keine Consules sind in Stavern im Jahr 1307 vorhanden:
Honorabilibus viris et discretis, sculteto ac scabinis civitatis Tra-
jectensis judex et scabini oppidi Stauriae. Codex diplomat.
Neerlandicus Utrecht 1848, I, 1 p. 17 (aus Orig.).

10. Desgleichen sind die Consules nicht vorhanden in einer
niederdeutschen Uebersetzung einer Urkunde von 1309 den 11. November: de schout, schepenen en gemeente (van Stavoren), Winsemius p. 188, s. oben p. 156 No. 16.

11. Nicht vorhanden sind Consules in Urkunde von 1313, den
21. Mai. Es erklären dem Grafen Wilhelm Geistliche und gretmannus, judices, consules cetus Waghenbrugghe, necnon gretmannus,
judices et universi consules cetus de Lyarich (d. i. von Lemsterland) ..., quod scabini Staurie .... suis patefecerint rogationibus, ... se non esse ausos a nobis et communitate nostre terre in
civitate eorum regere et judicare ultra concives eorum etc. Mieris
II p. 139 (aus dem Pergamentregister des Archivs von Holland),
nach ihm Schwartzenberg I p. 152; s. oben p. 143 No. 12.

12. Mehrere Urkunden aus den folgenden Jahren erwähnen
in Stavern Schulz und Schöffen und zeigen, daſs in der Stadt keine
Consules vorhanden waren, so Urkunde vom 2. September 1320 bei

Schwartzenberg I, p. 162 und Mieris II p. 242 (aus dem Pergament-register des Archivs von Holland); desgleichen zwei Urkunden vom Mai 1322 bei Mieris II p. 285 und p. 288 und zwei Urkunden vom Februar 1325 bei Schwartzenberg I p. 168 und p. 169. — Nach dem Aussterben des alten holländischen Grafenhauses im Jahr 1299 hatte die Nachfolge des Johann von Avesnes zu Streitigkeiten und Kämpfen geführt. Im Jahr 1314 befahl König Ludwig den Friesen im Ostergo und Westergo, dem Sohn des Johann von Avesnes, dem Grafen Wilhelm, zu huldigen. Die Westergoer suchten sich aber der Macht des Grafen Wilhelm zu entziehen und vereinbarten zu diesem Zweck am 18. September 1323 die Leges Upstalsbomicae; vgl. unten Cap. III §. 9. Von einer Betheiligung der Stadt Stavern an ihnen wissen wir nichts. Noch 1324 setzt Graf Wilhelm in der Stadt Schulzen ein, und schwören die Bürger ihm Gehorsam. Später empörte sich indessen auch Stavern gegen den Grafen. Vier Ur-kunden aus dem Jahr 1327 handeln über Unterwerfung Staverns unter Graf Wilhelm und Zahlung von Bufsen wegen des Aufstandes. Es waren in Stavern Consules eingeführt worden. Consules ac opidanorum universitas Staurie unterhandeln 1327 mit dem Grafen; s. Schwartzenberg I p. 177, p. 178 und p. 179.

E. Name der Consules.

Im dreizehnten Jahrhundert — wir können es zufrühst für das Jahr 1216 nachweisen — wurden von den Universitates fast aller friesischen Gaue oder Landdistrikte (Terrae) von der Weser bis zur Zuiderzee und vorübergehend auch von der Stadtgemeinde Stavern „Consules" an ihre Spitze berufen.

1. Das Vorkommen des Namens „Consules" ist aus zahlreichen im Original erhaltenen Urkunden und andern Aufzeichnungen für das dreizehnte Jahrhundert nach den einzelnen Jahren oben p. 116 bis p. 146 in Friesland von der Weser bis zur Zuiderzee nachgewiesen. Aus der p. 146 bis p. 157 gegebenen Zusammenstellung des Namens Con-sules nach den einzelnen Landdistrikten von der Weser bis zur Zuiderzee ergiebt sich, dafs er östlich von der Lauwers fast regel-mäfsig zur Bezeichnung der mit ihm belegten Personen gebraucht

wird, während es westlich von der Laubach bis zur Zuiderzee seltener geschieht, dort meistens andere Ausdrücke zur Bezeichnung derselben Personen gebraucht werden. — Für Consules wird ausnahmsweise Consiliarii verwendet: In Urkunde von 1304 Judices, *consiliarii* totusque populus terre Wordzacie, oben p. 130, No. 30; in Urkunde von 1314 Grietmanni, *consiliarii* et communitates terre Frizie de Westergo et Ostergo, oben p. 144, No. 14. — Das Amt und der Amtssprengel eines Consuls heifst Consulatus: In Urkunde von 1250 aus Brokmerland: omnes ecclesie constitute *sub consulatu Brokmannorum*, oben p. 118, No. 7. Die Continuatio Menconis erzählt beim Jahr 1280: Quaestio in terra Fivelgoniae oritur de *consulatu*, quam *dignitatem* quilibet habere voluit, und: Contentio fuit de *consulatu* (in Hunesgonia) inter Duerdeconem de Kaldabera et juvenem Eysonem Gerbranda, oben p. 124, No. 16, beim Jahr 1282 cum (in Fivelgonia) pugil Robernus *consulatum* haberet, oben p. 125, No. 16, und beim Jahr 1295 Esschellus Merethia in Skelwalde (d. i. Schiltwolde im Fivelgo) incepit contendere pro *consulatu* cum Menaldamo, oben p. 128, No. 26; in Urkunde von 1303 hec constitutiones *per quatuor consulatus* (Fivelgonie) erunt firmiter observande, oben p. 129, No. 28; und in Urkunde von 1317 *in dimidio consulatu Aldersum*, oben p. 138, No. 53, d. i. zu Oldersum im Fivelgo.

Judices werden die Consules östlich der Lauwers genannt in Rüstringen, im Land Wursten, in Astringen, Wangerland, Harlingen, Nordenerland, Brokmerland, Emsgo, Fivelgo und Hunsingo: 1238 *Judices* et consules terre Wortsacie, oben p. 117 No. 5; vor 1250 *Judices* utriusque terre (d. i. von Brokmerland und Emsigerland), oben p. 118 No. 8; 1283 *Judices* im Fivelgo oben p. 126 No. 17; 1289 Embo et Hayco ceterique *conjudices* eorum necnon et consules ac tota universitas Herlingie, oben p. 126 No. 20; 1295 *Judices* et consules terrae (Fivelgoniae), oben p. 128 No. 26; 1300 *Judices*, advocati, consules et universitas terre Nordensis, oben p. 128 No. 27; 1304 *Judices*, consiliarii totusque populus terre Wordzacie, oben p. 130 No. 30; 1306 Meyo Tamana ac universi *conjudices* sui, Sedecim nuncupati, in terra Astriugie constituti, und cum universis terre nostre *judicibus tunc terram nostram* (d. i. Astringia) *regentibus*, und Meyo Tamana ... *nunc temporis judices*

terre Astringie, oben p. 130 No. 31; 1306 *Judices* ac populus terre
Rustringie, oben p. 131 No. 32; um 1306 *Judices* ac universitas
terre Rustringhie, oben p. 131 No. 33; 1307 *Judices* ac populus
terre Rustringie, oben p. 131, No. 35; 1310 enunciatores terre
Herlingie et eorum *conjudices universi* in eadem terra Herlingie
constituti, und *Judices tunc terram* nostram *regentes*, oben p. 133,
No. 39; 1310 *Judices* Frisie in Bante (in Rüstringen), oben p. 133
No. 40; 1310 *Judices*, dicti Sedecim, quadrantis Rustringie in
Bovajatha, oben p. 134 No. 41; um 1310 universi *judices*, dicti Sedecim, quadrantis Rustringie in Bovajatha, oben p. 134, No. 42;
1312 *Judices* ac populus terre Rustringhie, oben p. 134, No. 43;
1312 *Judices* in Bante, oben p. 134, No. 44; 1312 *Judices*, vulgariter dicti Sedecim, in Bante, oben p. 134, No. 45; 1312 de con-
sensu *judicum*, aldermannorum et totius populi terre Wangie, oben
p. 134, No. 46; 1314 *Judices* in Bovajatha constituti, oben p. 136
No. 49; 1315 *Judices* et universitas totius terre Rustringie aput
Ekwertherbrughe in communi concilio nostro, und *judices* terre
nostre, oben p. 136, No. 50; 1317 *Judices* ac universitas terre
Astringie, oben p. 137, No. 51; 1318 *Judices* ac populus terre
Rustringhie, oben p. 138, No. 54; 1321 enunciatores *judicum* terre
Herlingie necnon tota universitas, oben p. 138, No. 55; 1322 enunciatores XIV (em. *judicum*) terrae Harlingiae necnon tota universitas praedictae terrae, und sigillum omnium *judicum* Harlingorum,
oben p. 138, No. 56; 1321 und 1322 Universi *judices* terrarum
Hunsgonie (et) Fivelgonie, oben p. 139, No. 57. — Westlich der
Lauwers ist der Ausdruck Judices verwendet im Ostergo, Westergo
und Woldago: 1290 *Judices* et consules coetuum Fronackere, Wel-
denzee (für „Wildinghen"), Hemlem, Harich (im Westergo), oben
p. 140, No. 3; 1301 Gritmannis, consulibus, *judicibus* ac universitatibus singularum terrarum Ostvrisie, oben p. 141 No. 7; 1310
Gritemanno de Wildinghen et suis *judicibus*, oben p. 142, No. 9;
1310 Omnes et singulos stellingos majores, *judices* et consules . . .
coetuum (de Stellingwerf et de Scoterwerf (im Woldago)), oben p. 142
No. 10; 1310 Grietmanni, *conjudices* districtus de Vroenackere,
districtus in Wildinghe, districtus in Weenbrugge, und grietmanni,
conjudices totaque communitas de Westergo, oben p. 142, No. 11;

1313 Gretmannus, *judices*, consules cetus Wagenbrugghe necnon gretmannus, *judices* et universi consules cetus de Lyarich, oben p. 143 No. 12; 1315 Gretmanni et eorum *judices* districtuum Froneckerae, Wenbrendyn et Wildinge in partibus Frisiae, oben p. 144 No. 16; 1318 Universitas gretmannorum in Ostergo ceterorumque *judicum* cetum in Wininghe regentium, oben p. 145 No. 18; in den Leges Upstalsbomicae von 1323 Nos greetmanni, *judices*, clerus et prelati terre Westergo cum ceteris zelandiis Frisie, oben p. 146 No. 23.

Die Sedecim heifsen die Consules der Terrae nach ihrer Zahl in der Terra in Rüstringen und Astringen: In zwei Urkunden von 1291 *Sedecim* et universitas terre Rustringie, oben p. 127 No. 23 und p. 128 No. 24; und in No. 24 veniet ad proximum placitum terre nostre, quod nos achte vocamus, ubi tunc *Sedecim judicabunt*; 1295 *Sedecim* ac universitas terre Rustringie, oben p. 128 No. 25; 1304 *Sedecim* quadrantis in Bante (in Rüstringen), oben p. 129 No. 29; 1306 Universi conjudices, *Sedecim nuncupati*, in terra Astringie constituti, und cum omnibus *Sedecim* terre Astringie, sowie cum duobus *Sedecim* de terra nostra (d. i. Astringia), oben p. 130, No. 31; um 1306 *Sedecim* terre Rustringie, oben p. 131 No. 34; um 1310 Judices, *dicti Sedecim*, quadrantis Rustringie in Bovajatha, oben p. 134, No. 41; 1310 Universi judices, *dicti Sedecim*, quadrantis Rustringie in Bovajatha, oben p. 134, No. 42; 1312 Judices, *vulgariter dicti Sedecim*, in Bante, oben p. 134 No. 45; 1317 Judices ac universitas terre Astringie und *duo Sedecimi*, oben p. 137, No. 51.

Jurati werden ausnahmsweise die Consules genannt: 1270 Grietmanus, *jurati* ac universitas ad cetum in Wyldinghen (im Westergo) pertinentes, oben p. 139, No. 2; 1276 Consules, *jurati* ac universitates Redensis, Emesgonie, de Alt-hammet ac Brocmannie terrarum, oben p. 123 No. 15, d. i. von Reiderland, Emsiger- und Brokmerland im Emsgo und von Altamt im Fivelgo; 1308 Consules ac *jurati* Fiwilgonie, oben p. 131 No. 36; und 1314 Gretmanni et eorum *conjurati* districtus Winuighe (im Ostergo), oben p. 143, No. 13. — Nicht an allen Stellen ist es sichtbar, ob man bei den Jurati an Consules zu denken hat; so werden, wie unten Cap. III

§. 5 ausführt, Jurati von Upstalsbom genannt, siehe die Stellen aus Emo bei den Jahren 1216, 1224 und 1231 oben p. 16 No. 1—4; und treten Conjurati von Rüstringen und Harlingen 1220 und 1237 in Elsfleth an der Weser mit Bremischen Conjurati zusammen: In Urkunde von 1220: *Sedecim conjurati de terra (Rustringie)* et sedecim conjurati de civitate (Bremensi) bis in anno·convenient Elsflete, ... quidcunque questionis ortum fuit, per consilium utriusque partis decisuri, oben p. 117, No. 3; in Urkunde von 1237: *Sedecim conjurati de terra (Herlingie)* et sedecim conjurati de civitate (Bremensi) bis in anno convenient Elsflete, ... quicquid questionis ortum fuerit, per consilium utriusque partis decisuri, oben p. 117 No. 4. Auch Kirchengeschworene und Deichgeschworene werden Jurati genannt, s. oben p. 129 No. 28; und der Ausdruck Jurati dient im Allgemeinen zur Bezeichnung von vereideten Schiedsleuten, s. unten Cap. III §. 6.

In friesischer Sprache hiefsen die in lateinischen Schriftstücken des dreizehnten Jahrhunderts Consules oder Judices genannten Personen Red-jeva oder Riuchter. Red-jeva war von der Weser bis zur Lauwers, Riuchter westlich der Lauwers gang und gäbe, wie es sich bei den beiden entsprechenden Ausdrücken Consul und Judex zeigte. Das friesische red-jeva bezeichnet wörtlich, wie das althochdeutsche rat-kepo, mittelhochdeutsche rat-gebe, altsächsische rad-gebo und angelsächsische raed-gifa einen, der Rath giebt (qui consilium dat); siehe Fries. Wb. p. 987. Das Wort will dasselbe ausdrücken, was man unter dem lateinischen consul oder consiliarius verstand[1]); im neueren Hochdeutsch ist die Form Rathgeber für Rathgebe üblich geworden, und gilt seit dem Mittelalter

---

[1]) Ueber die Anwendung des Wortes Consilium vergleiche in Urkunde von 1315: „convenient (consules), quicquid questionis inter civitatem Bremensem et terram nostram (d. i. Rustringia) ortum fuerit, utriusque partis *consilio* amicabiliter *decisuri*", oben p. 137, No. 50; in Urkunde von 1318: „Consules civitatum et commune in Groninghe et in Dockum tale *consilium* seu *pactum* inter nos *sumus arbitrati*", oben p. 145, No. 19; in Urkunde von 1323: „singuli gretmanni terre nostre (d. i. Westergo) Hertwerth convenientes *communi consilio et assensu ordinarunt*", oben p. 146, No. 21.

für den städtischen Consul der Ausdruck Rathmann. Zufrühst begegnet in Friesland der Name Redjeva, oder in gekürzter Form Redia, in den in friesischer Sprache aus Rüstringen, Brokmerland, Emsigerland, Hunsego und Fivelgo auf uns gekommenen Rechtshandschriften. Sie können aber nicht feststellen, ob der Ausdruck Red-jeva bereits im Beginn des dreizehnten Jahrhunderts in Friesland zur Bezeichnung der Consules gebraucht wurde, da nach oben p. 72 keine von ihnen vor der zweiten Hälfte des dreizehnten Jahrhunderts geschrieben ist. Die ältesten in ihnen enthaltenen Stücke sind Uebersetzungen von lateinisch abgefafsten Statuten einzelner friesischer Landdistrikte. Die darunter befindlichen friesischen Texte der Siebzehn Küren und Vierundzwanzig Landrechte kennen keine Red-jeva, wie der ihnen zu Grunde liegende lateinische Text nichts von Consules weifs. Es begegnen Redjeva in der Uebersetzung der lateinisch abgefafsten Hunsingoer Küren von 1252, die die Hunsingoer Handschriften aus dem Schlufs des dreizehnten Jahrhunderts geben, vgl. oben p. 119 No. 9; in den friesischen Uebersetzungen der älteren und neueren Rüstringer Küren aus dem dreizehnten Jahrhundert, die in der Oldenburger Rüstringer Handschrift aus dem dreizehnten Jahrhundert stehen, und aus ihr Fries. Rq. p. 115 gedruckt sind; in dem nach 1276 abgefafsten Brokmerbrief, der aus zwei Brokmer Handschriften bekannt ist, von denen die eine im Beginn des vierzehnten Jahrhunderts, die andere 1345 geschrieben ist, gedruckt in Fries. Rq. p. 151; im friesischen Text der 1312 lateinisch abgefafsten Emsiger Domen in einer Handschrift aus dem fünfzehnten Jahrhundert, gedruckt in Fries. Rq. p. 182. Die einzelnen Stellen in friesischen Rechtsaufzeichnungen, in denen Redjeva vorkommen, sind in Fries. Wb. p. 987 verzeichnet. Dafs Redjeva und Riuchter, wie Consul und Judex, vielfach für ein und denselben richterlichen Beamten gebraucht wird, unterliegt keinem Zweifel. Da, wo die lateinischen Emsiger Domen von 1312 von *Consules* sprechen, setzt die friesische Uebersetzung der Groninger Handschrift *Redjeva*, die in meiner aus Wierdsmas Nachlafs erkauften Emsiger Handschrift *Riuchter*, und der jüngere niederdeutsche Emsiger Text sagt: *rediewa dat is richters;* s. oben p. 135 No. 47. — Das Amt und der Amtssprengel der Red-jeva wird

Red-skip genannt, wie lateinische Dokumente dafür Consulatus gebrauchen, vgl. die Stellen im Friesischen Wörterbuch p. 990.

2. An der Spitze der Consules erscheint in den einzelnen Landdistrikten einer von ihnen, für den verschiedene Benennungen gebraucht werden: Er heifst Edictor im Fivelgo: die Continuatio Menconis berichtet beim Jahr 1282: „cum pugil Robernus *consulatum haberet et simul esset edictor"*, oben p. 125 No. 16, in Urkunde von 1317 „per Epponem de Weywerth, qui tunc fuit edictorum (em. *edictor*) *consulum* (Fivelgoniae)", oben p. 137 No. 52; im Hunsego: in Urkunde von 1283 „Diudo Dodinga *edictor* terrae Hunesgoniae", oben p. 126 No. 18; Orator im Nordenerland: in Urkunde von 1255 „Sitatus *orator* (terre Nordensis)", oben p. 121 No. 10, und in Urkunde von 1310 „Hunno dictus Onnenga *orator* terre Nordensis cum suis cocis[1]) et consulibus", oben p. 132 No. 38; Enunciator in Harlingen: in Urkunde von 1310 „Hayo Ewana, Herro Haykana et Ulferus Edena, *enunciatores terre Herlingie* et eorum conjudices universi in eadem terra Herlingie constituti", oben p. 133 No. 39; in zwei Urkunden von 1321 „Ailwardus Mensana, Thitardus Ebecana, *enunciatores* judicum terre Herlingie necnon tota universitas", oben p. 138 No. 55 und No. 56; Placitator in Emsigerland und Brokmerland: in den vor 1250 verfafsten Emsiger-Brokmer Küren: statuti ad hoc ex utraque terra (d. i. Emesgonia und Brokmannia) sex judices *Embo placitator et sui socii et Onno Bettamonna et sui socii,* oben p. 118 No. 8. Zwischen Fli und Hunse ist dafür Gret-mann, d. i. Klagemann, üblich, vgl. Fries. Wb. p. 784. Zufrühst finde ich das Wort in Urkunde von 1270: „*Grietmannus*, jurati ac universitas ad cetum in Wyldinghen pertinentes", oben p. 139, No. 2; sodann in Urkunde von 1296 „Ado, *gretmannus* in Wildinge; Garwardus, Amelungus, *gretmanni* in Froneckere; Hisselinus, Wibrandus, Jarichus, *gretmanni* in Wenbirge", oben p. 140, No. 4, d. i. in den drei alten Theilen des Westergo; desgleichen in Urkunde von 1298 „Hoythetus

---

[1]) Auch im Brokmerland nennt der Brokmerbrief Fries. Rq. p. 156, 27 und p. 174, 29 Kokar; vgl. Fries. Wb. p. 876. Der Nom. Plur. „kokar" ist gebildet von „kok", wie „keddar" von „ked" (edictor), s. unten p. 172.

gretmannus coetus Weldenzie et sui consules, Ulbodus Folcnathi *gretmannus* coetus Waghenbruckghe et sui consules", oben p. 141, No. 5; in Urkunde König Albrechts von 1301 „*Gritmannis*, consulibus, judicibus ac universitatibus singularum terrarum Ostvrisie", oben p. 141, No. 7; in Urkunde von 1310 „*Gritemanno* de Wildinghen et suis judicibus", oben p. 142 No. 9; in Urkunde von 1313 „*Gretmannus*, judices, consules cetus Wagenbrugghe, necnon *gretmannus*, judices et universi consules cetus de Lyarich (für Lyãerich, d. i. Lemsterland)", oben p. 143, No. 12; in Urkunde von 1314 „Wibrandus de Burnwerth, Bernardus de Reysim, Wiggherus de Etwerth, Jaricus Siirda de Ripikerka, Thitardus de Merwethe et Folpertus de Demingwere, dicti *gretmanni et eorum conjurati districtus Winnighe*", oben p. 143, No. 13; in Urkunde des Königs Ludwig von 1314 „*Grietmannis*, consiliariis et communitatibus terre Frizie de Westergo et Ostergo", oben p. 144, No. 14; in Urkunde von 1315 *Grietmanni* et eorum judices districtuum Froneckerae, Wenbrendyn et Wildinge", oben p. 144 No. 16; in Urkunde von 1318 „*Grietmanne* van Fronekere, van Wildinghe ende van Waghenbrugghe", oben p. 144, No. 17; in Urkunde von 1318 „Universitas *gretmannorum* in Ostergo ceterorumque judicum cetum in Wininghe regentium", oben p. 145, No. 18; in Urkunde von 1323 „*Gretmanni* et eorum conjudices districtuum Fronekere et Bereni (em. Berem)", oben p. 145, No. 20; in Urkunde von 1323 Singuli germani (em. *gretmanni*) terre nostre ... Hertwerth convenientes", oben p. 146 No. 21; in Urkunde von 1323 „Omnes et singuli germani (em. *gretmanni*), qui ad generalem cetum pro communi concilio terre nostre Hertwerth solent convenire, ... ordinarunt, quod oppidani de Harlinge *jurisdictioni gretmanni* suorumque conjudicum in districtu cetus Fronekere debeant subjacere", oben p. 146, No. 22; die Leges Upstalsbomicae von 1323 erklären vereinbart zu haben „*Greetmanni*, judices, clerus et prelati terre Westergo cum ceteris zelandiis Frisie", oben p. 146, No. 23.

Für **Brokmerland** kennt der in friesischer Sprache nach 1276 abgefaßte Brokmerbrief unter den Red-jeva einen, der dem Edictor des Fivelgo und Hunsego, dem Orator des Nordenerlandes oder Enunciator des Harlingerlandes entspricht, und nennt ihn

Kethere, d. i. Verkünder. Der Name ist aus „ketha" (künden, verkündigen, ansagen) gebildet, siehe Friesisches Wörterbuch p. 867. Der Paragraph 215 des Brokmerbriefs bestimmt: Renald Hengana, *tha hi redia was and kethere*, tha kas hi and alle sine sithar thissa kera, and alle liudem was't wille, Fries. Rq. p. 180, 1, das will sagen: „Als Renald Hengana Red-jeva war und Kethere, da kürte er und alle seine Genossen diese Küre, und Allen war es genehm." Neben den sechzehn Redjeva, von denen einer als ihr Kethere fungirte, kommen nur im Brokmerbrief die *Tale-men*, d. i. Rede-mannen oder Klage-mannen, vor, vgl. über sie Fries. Wb. p. 1063. Für Kethere braucht der Brokmerbrief Fries. Rq. p. 153 in den §§. 10—18 das gleichbedeutende Ked, Verkünder, in der Mehrzahl Keddar, und giebt den Namen auch dem, der unter den Tale-men den Vorsitz führt, s. Fries. Wb. p. 860. In den nur in einer alten niederdeutschen Uebersetzung erhaltenen Küren von Humsterland, sowie denen von Langewold aus dem Jahr 1282 begegnet der Kethere oder Keeder in derselben Weise wie im Brokmerland; es bestimmen die Küren von Humsterland §. 12: „*Van den kethere. — Wat kethere so der kethe ioff kundighe boven dere zythen off mede-rechters woordt* en boven dat breef, so breke he weder synen sythen ene halve marck engelsch. Al daer dar de zythen ontwe spreket umme enen doem, welk dar de mynre sythen off de maerre dat recht hebbet by den breve, soe gae dat voert; en *wat redgiaen so der teghen kethe*, so breke he ene halve marck engelsch. Soe-weso des breves gherecht, en darop horich wyl wesen, so sy he des daghes sonder breckma", Fries. Rq. p. 359. In den Küren von Langewold besagt §. 26: „De *keeder* sal wesen dat ene iaer byt osten, dat ander iaer byt westen", Fries. Rq. p. 371, und §. 38: „Inredene wonden en doerslagen hoefden, de sal de prester *mit den keeder*, dat is mit den bode des landes, en *mit dren de naaste redigen* beschouwen, of het is wanboete; en den doem salmen hem geven; dat hebben de luiden gekoren"; Fries. Rq. p. 372.

3. Die Consules deutscher Städte.

Ernste und immer wieder erneute Untersuchungen haben herausgestellt, dafs in Deutschland im elften Jahrhundert Orte oder Städte von den Gauen, in denen sie lagen, ausgeschieden waren und besondere Gemeinden bildeten, in denen unter dem Vorsitz von Grafen, Schulzen oder Vögten von bestimmten Schöffen das Recht für deren Bewohner gesprochen wurde. Erst im zwölften Jahrhundert begegnen in einzelnen deutschen Städten, indem ihre Stellung und Macht sich hebt und weiter entwickelt, wie es bereits einige Jahrzehnte früher in Städten Italiens und Frankreichs der Fall war, von ihnen auf ein Jahr gewählte Personen, die mehrfach den Namen „Consules" führen. Sie treten neben die alten Schöffen und erlangen im Lauf des dreizehnten Jahrhunderts vielfach das Stadtregiment. Hegel fafste „Geschichte der Städteverfassung von Italien" 1847 I, p. 312 seine Ansicht über die Entstehungsart der Consules in den Worten zusammen: „Im 12. Jahrhundert erhielt der Consultitel bekanntlich eine neue Wichtigkeit, indem er bei selbstgewählten Obrigkeiten der Städte, zuerst (zu Anfang des zwölften Jahrhunderts) in Italien, später im südlichen Frankreich, endlich auch in Deutschland, den Anfang der Städtefreiheit bezeichnete." „Die Consuln der neuen Art finde ich in Ravenna zuerst in einer Urkunde vom Jahr 1115 erwähnt bei Fantuzzi Mon. Rav. T. V, p. 163: Consules (die zuvor namentlich aufgeführt werden) dictae civitatis cum populo eis designaverant." Ficker Forschungen zur Reichs- und Rechtsgeschichte Italiens 1870, III p. 315 erklärt: „In den Städten (Italiens) finden wir die Gerichtsbarkeit, welche früher dem Grafen, dem Bischofe oder dem ständigen Missus zustand, seit dem Beginne des zwölften Jahrhunderts grofsentheils in den Händen einer neuen Behörde, der Konsuln. Vereinzelt können wir nachweisen, wie ihnen dieselbe vom Gerichtsherrn ausdrücklich überlassen wurde; so 1093 zu Blandrate, freilich unter Vorbehalt der schweren Straffälle und des gerichtlichen Zweikampfes für den Grafen." „Ein näherer Zusammenhang mit der ältern Gerichtsverfassung ist sicher nicht anzunehmen." „Zu den frühesten Zeugnissen kommt die von Böhmer Acta Imperii 815 beigebrachte Urkunde, nach welcher

1095 genannte zehn Konsuln von Asti vom Bischofe mit der Burg Annone für die Gemeinde belehnt werden." „Auch treten die Konsuln keineswegs als ausschliefslich oder vorzugsweise richter- liche Behörde auf; sie erscheinen als ein Ausschufs der an- gesehensten Bewohner des Orts, später wohl der verschiedenen Stände zur Leitung aller allgemeinen Angelegenheiten der Gemeinde, dem dann neben anderem auch die Uebung der Gerichtsbarkeit zufiel." etc.

In Frankreich werden um dieselbe Zeit Jurati genannt, die die Stellung der Consules inne haben.

In Deutschland ist zufrühst in Köln, und specieller seit dem Jahr 1112 die Entwickelung der inneren städtischen Verhältnisse nachzuweisen, die seit der zweiten Hälfte des dreizehnten Jahr- hunderts zu einem dauernden festen Rathscollegium, „Consilium", führte. Die Feststellung der frühesten städtischen Verfassung Kölns wird dadurch erschwert, dafs wir unmittelbar aus Köln kein älteres städtisches Statut besitzen. Das Soester alte Recht, das auf Köln zurückführt und die älteren städtischen Einrichtungen und die Ver- hältnisse der Consules bespricht, kann nicht, wie Seibertz Urkb. I p. 48 annahm, dem Jahr 1120 angehören, wird erst im Beginn des drei- zehnten Jahrhunderts oder doch nach 1165 aufgezeichnet sein, da in ihm die Verhältnisse der Consules mit einer weit umfangreicheren Thätigkeit sich darstellen, als es in der Urkunde für Medebach von 1165 der Fall ist[1]). Dafür, dafs in Cöln zuerst im Jahr 1112 eine geschworene Einigung der Bürger zusammengetreten ist, macht Hegel Verfassungsgeschichte von Cöln 1877, p. 21 und p. 27 die Annales Colonienses maximi geltend. Sie sagen kurz: Conjuratio Coloniae facta est pro libertate, M. G. XVII p. 749. Hegel hebt hervor, dafs in diesen Worten der Ausdruck Conjuratio im tech- nischen Sinne, nicht als vorübergehende Verschwörung, sondern als geschworene Einigung zu verstehen ist, p. 27. Hier, sagt er, liegt der Anfang der Selbstregierung der Bürger, welche sich seitdem

---

[1]) Leider kenne ich nicht eine Abhandlung von Nitzsch über das Soester Recht, die Waitz Deutsche Verfassungsgeschichte 1876, 7, p. 404 erwähnt.

auch in der unabhängigen Haltung der Stadt gegenüber dem Erzbischof und den auswärtigen Verhältnissen bekundet. Auf p. 113
wird von ihm dann weiter ausgeführt, wie in den Jahren 1216—1225
unter Erzbischof Engelbert versucht worden sei, einen Rath einzuführen; doch war er zufolge Aussage des Erzbischof Konrad wieder
abgeschafft, unter dem Vorgänger Konrads, dem Erzbischof Heinrich
von Molenark (1225—1238) aber wieder eingeführt worden, und
erst seitdem könne er als fortdauernde Institution in Cöln betrachtet
werden. Hegel beruft sich dabei auf die Worte des Schiedspruchs
des Erzbischofs Konrad von 1258: Ipsi cives, inscio domino
archiepiscopo ac irrequisito et sine ejus consensu, suos concives,
qui nec civitati nec ecclesie fidelitatem juraverunt, eligunt in
consilium civitatis, ut spretis aliquibus scabinis juratis de
consilio non juratorum civitas ipsa regatur. Quod quidem cum
temporibus Engelberti episcopi bone memorie committeretur, ipse
optinuit, id ipsum reici atque tanquam illicitum reprobari, Lacomblet
Urkb. II p. 247. Noch 1258 bestreitet Konrad die verfassungs-
mäfsige Existenz des Rathes, nachdem er sie 1242 und 1252
anerkannt hatte: in Urkunde von 1242 heifst es: ut juxta ordinationem scabinorum et consilii ac aliorum discretorum civium
vel majoris partis eorundem dictam pecuniam disponant colligendam,
prout eis competentius et decentius videbitur expedire, Hegel p. 116
aus Quellen II p. 229. In Urkunde von 1252 ertheilt der Erzbischof
einen Befehl den Richtern, Bürgermeistern, Schöffen und allen Rathmannen (consulibus universis Colon.) Hegel Cöln p. 116 aus
Quellen II No. 308. Anerkannt wurde der städtische Rath in Cöln in
den Beitrittserklärungen der Städte des Rheinischen Bundes von
1254. Sie schreiben 1255 an Consules universique cives sancte
Colonie oder gleichbedeutend an Judex (oder Judices), scabini, consules et universi cives in Colonia, Hegel p. 116 aus Quellen II
No. 343, 344, 359 und 360, und ebenso in einem Schreiben von
1255 der Judices, scabini ceterique consules et cives Colon.
Hegel p. 116 aus Quellen II No. 365. Vergleiche auch, wie die
Consules auftreten in den Acten des Rheinischen Bundes aus den
Jahren 1254 etc. bei Weizsäcker Der Rheinische Bund 1879, p. 15 ff.
„Demnach bildete in Cöln der Rath mit den Schöffen zusammen die

Stadtregierung, erst mit der Zeit verdrängte er die alte Stadt-
obrigkeit, indem er die Schöffen auf das Gericht beschränkte",
s. Hegel p. 116.

Unter andern deutschen Städten kommen Consules vor in
Lübeck 1188, siehe Hegel II p. 464; den Inhalt der Rathswahl-
ordnung, die in den Sammlungen lübischer Statuten, und namentlich
in dem Codex der lübischen Statuten von 1240 abgeschrieben ist,
behandelt Frensdorff Stadtverfassung von Lübeck 1861, p. 25, 99. In
Hamburg nennt eine Urkunde vom 24. December 1190 Consules
bei Lappenberg Hamburger Urkundenbuch I, p. 259 (aus Copiar).
Im Jahr 1198 wird in Speier durch Philipp von Schwaben ein
Rath eingeführt: secundum ordinationem Henrici felicis memoriae imperatoris augusti (d. i. Heinrichs VI., † 1197) civitati tam autoritate
domini regis (d. i. Friedrichs II.) quam nostra indulsimus, ut libertatem habeat, duodecim ex civibus eligendi, qui per juramentum
ad hoc constringantur, ut universitati, prout melius possint et sciant,
provideant et eorum consilio civitas gubernetur, excerpirt bei
Arnold Freistädte 1854, I p. 179 aus Remling Speierer Urkundenbuch
p. 137. In Basel hebt König Friedrich II. 1218 den städtischen
Rath auf. Er scheint 1212 der Stadt gestattet gewesen zu sein;
siehe Heusler Verfassungsgeschichte von Basel 1860 p. 107 ff., vergleiche Ochs Basel, I p. 290 und Arnold I p. 376. In Strafsburg
ist das Vorhandensein eines Rathes zuerst durch eine Urkunde König
Friedrichs II. von 1214 constatirt: quod nullus in civitate Argentinensi consilium instituere debeat vel aliquod habere temporale
judicium, nisi de consensu et bona voluntate episcopi et ejus
concessione;... nullus hominum illas terras in civitate vel extra habere debeat vel sibi ex eisdem aliquid vendicare, nisi de manu
episcopi, qui ipsas terras ab imperio et de manu nostra se tenere
recognoscit. Zuletzt gedruckt in Urkundenbuch der Stadt Strafsburg, herausgegeben von W. Wiegand, 1879, I p. 127 (aus Copie,
Original ist verloren). Ob in Strafsburg bereits einige Jahre früher
Consules vorkommen, hängt von der zweifelhaften Abfassungszeit
des zweiten Strafsburger Stadtrechts ab. Grandidier, dem Gaupp
Stadtrechte des Mittelalters, I, p. 47 und Arnold Freistädte 1854
I p. 328 folgen, setzte sie nach 1214, Winter Geschichte des Rathes

in Strafsburg 1878 p. 32 will sie vor 1214 annehmen. Die dafür geltend gemachten Gründe sind nicht absolut beweisend. In dem zweiten Stadtrecht ist gesagt: „duodecim ponantur consules annuatim", Urkundenbuch von Strafsburg I p. 477, wo Wiegand es aus Grandidier abdruckt und um 1200 setzt[1]).

Von den Städten, die durch ihre nähere Beziehung zu Friesland von besonderer Bedeutung für die Entwickelung des Landes sind, ist auf Bremen, Utrecht und Groningen hinzuweisen.

[1]) In Flandern begegnen Consiliarii 1225 und 1228 in Gent, Warnkönig Flandrische Rechtsgeschichte II, Urkb. p. 32 und p. 39; ein Consilium wird 1240 in Brügge erwähnt, Warnkönig II, Urkb. p. 98. Im dreizehnten und vierzehnten Jahrhundert heifsen die Jurati in Flandern Coremanni oder Keuremannen, ein Ausdruck der soviel als Electi besagen will. Vergleiche Warnkönig I p. 368, II, 2 p. 55 und III, 1 p. 278. In den Städten Hollands werden in der zweiten Hälfte des dreizehnten Jahrhunderts neben Scabini vielfach Jurati genannt; vergleiche Mieris Urkb. der Grafen von Holland und De Wall Dordtrecht. In der Handfeste für Dordtrecht von 1252 erklärt König Wilhelm: „quamcunque electionem juris (d. i. Küre, Satzung) justiciarius, scabini et *consiliarii*, salvo jure nostro, fecerint, ratum observabimus, nec nos nec aliquis judex noster amplius judicabit, quam scabini sententiaverint", Van den Bergh Urkb. von Holland, 1866, I, 1, p. 292 (aus Orig.) oder Mieris I p. 263. Keiner kann Zweikampf (duellum) verlangen; man kann Niemand „de lite vel de pugna reum probare, nisi scabinus vel *consiliarius* vel in Durdrecht aliquis heredatus" etc. Im Jahr 1284 erklärt Graf Florenz V.: „wi geloven onsen porteren, dat wi hem scepenen ende *raetsmanne* maken ende setten zullen in alre maniere, dat onse vader scepenen ende *raetsmannen* plach te zetten, ende het bi sinen tide plach (in Dordrecht) te wesen", Holländ. Urkb. II p. 221 oder Mieris I p. 435. Im Jahr 1289 verordnet Graf Florenz V. für Dordtrecht: „dat wy gheven onsen lieven poorteren van Dordrecht, als dat scepenen ende *raetsmannen* warheide van quadyen besitten mogen ende die corregieren na haren goetdencken", De Wall I p. 80. Im Jahr 1291: „dese core sine uutghegheven bi den baliu, rechtere, scepenen ende *raetsmanne van Dordrecht*", De Wall, I, p. 83 (aus Orig.). Im Jahr 1296 verordnet Johann von Avesnes für „de ghemeene stede van Dordrecht",... „dat sy onder hem kiesen moghen van jare te jare neghen scepenen ende *twe borghemeesters*" ... und nach Verlauf des Jahres sollen elf Personen neue kiesen, und zwar mit Stimmenmehrheit, s. De Wall I, p. 95. In Urkunde von 1296: „Scabinis, *consulibus totique universitati oppidi Dordracensis*", De Wall, 1 p. 96.

In Bremen werden das erste Mal im Jahr 1225 Consules genannt; indem der Bischof Gerhard II. den Bremer Bürgern den Zoll zu Bremervörde erläfst, werden die Zeugen unterschieden als Geistliche, Ministeriales und *Consules*. — In Urkunde von 1233 erklärt Bischof Gerhard II., nach dem Beginn der Kreuzpredigt gegen die Stedinger habe er mit den civibus Bremensibus über Hilfeleistung Näheres vereinbart. Dies hätten viele Ministerialen der Bremer Kirche, der Grafen von Oldenburg und der Grafen von Stotel, sowie *die zwölf consules Bremenses* unterzeichnet. — Im Jahr 1237 beauftragt Papst Gregor IX. den Bischof von Münster zu erwirken, dafs ein Vertrag vollzogen werde, den über Erbauung gewisser Burgen der Bischof und das Domkapitel in Bremen abgeschlossen habe mit *Consules et commune* von Bremen. — Eine Urkunde von 1238 über Abtretung eines Grundstücks in Bremen an das Deutschordenshaus vor Bremen stellen aus *die zwölf consules Bremenses*. — Im Jahr 1238 schenkt der Bremer Bürger Alardus de Walie dem Deutschordenshaus ein steinernes Haus auf der Langen Gasse zur Krankenpflege. Es unterzeichnen *die zwölf Consules civitatis*. — In Urkunde von 1243 erfolgt in Bremen vor Vogt, *Consules* und Bürgern die Uebertragung von Gütern durch das Bremer Domkapitel; es unterzeichnen Geistliche, der Vogt („advocatus") Werner und „*consules*: Otto miles, Conradus de Aldenborch" etc. (zusammen zweiundzwanzig benannte Personen). — In zwei Urkunden von 1244 des Abtes von Hude über Gutsverkäufe an das Deutschordenshaus vor Bremen wird als anwesend genannt *ein derzeitiger Bremer Consul*. — Bischof Gerhard II. schenkt 1247 den Bremer Bürgern ein Stück Land in Bremen. Unter den Zeugen sind *consules Bremenses* unterzeichnet. Es verkaufen dann die *Consules et tota communitas civitatis Bremensis* das Land an Bremer Bürger, und unterzeichnen mehrere Consules Bremenses. — Einen oben p. 118 No. 6 excerpirten Vertrag von 1248 zwischen dem Bremer Domkapitel und den Rüstringern unterzeichnen *neun Bremer Consules*. — Siehe die angeführten Urkunden in Ehmck Brem. Urkb., 1873 I p. 159 ff. — Aus fast allen folgenden Jahren sind Urkunden erhalten, die die in Bremen fungirenden Consules sogar namentlich ergeben; vergleiche Ehmck I p. 279 ff.

Vor 1225 sind in Bremen keine Consules nachzuweisen, wahrscheinlich entstanden sie erst kurz vorher.
Donandt Geschichte des Bremer Stadtrechts 1830 I p. 120 setzt
voraus, dafs sie schon früher vorhanden gewesen seien, er will sie
namentlich in den Burgenses einer Urkunde von 1206 sehen. Indem in ihr Bischof Hartwig II unter Beirath des Capitels, der
Ministerialen und der Bürger in Bremen die Vererbung der
Wif-rade bestimmt, unterzeichnen vier Geistliche, zehn Ministerialen und sechzehn Burgenses. Dadurch, dafs letztere es thun,
ist nicht erwiesen, dafs sie damals Rathmannen in Bremen gewesen sind. Mehrere von ihnen waren später Consules, so unterzeichnet Alard von Wunstorf 1225 als Consul, s. oben p. 178.
Auch Ehmck Brem. Urkb. 1873 I p. 123 vermuthet das Entstehen von Consules in Bremen schon unter Bischof Hartwig II.
Dafs die Stadt eine unabhängigere Stellung während seiner Regierung (1185—1207) gewonnen hat, ist nach der Art der Kämpfe,
die er in seiner Diöcese zu bestehen hatte, zu vermuthen. Eine
bestimmte Urkunde, in der Hartwig der Stadt Privilegien gewährt
hätte, ist nicht erhalten; doch nimmt Ehmck mit Rücksicht auf
eine Aeusserung Gerhards I. aus dem Jahr 1217 an, dafs eine
solche vorhanden gewesen sei. Wäre es auch geschehen, so mufs
ich dennoch bezweifeln, dafs Hartwig an Bremen Consules gestattet
habe. Seiner Stadt Stade erklärt er 1204, ihr die den Bürgern
von seinen Vorfahren ertheilten Rechte bestätigen und vermehren
zu wollen; er erwähnt dabei in keiner Weise Consules in Stade.
Im Jahr 1209 bestätigt König Otto an Stade Privilegien, wie sie
der Stadt namentlich von seinem Vater Heinrich dem Löwen gewährt seien. Er spricht über die Stellung des Grafen oder Wik-
vogts zur Stadt, über die Klassen ihrer Bewohner, über Gerichte
und Abgaben; nirgends aber nennt er Consules, und ich vermuthe
demnach, dafs noch damals in Stade und in Bremen keine Consules
existirten. Dafs das angebliche Privilegium für Bremen von Kaiser
Heinrich V. von 1111, den 14. Mai, bei Ehmck I p. 30, unecht ist,
unterliegt keinem Bedenken. Nach ihm soll freilich der König der
Stadt Bremen Befreiung von auswärtigen Gerichten, die Jurisdiction
auf der Weser und das Recht des Raths, Gold und Bunt zu tragen,

sowie die Verzierung des Rolandsbildes mit dem Reichswappen verliehen haben. Es heifst: „Proconsules et consules ipsius civitatis
Bremensis dignos facimus, hanc graciam et libertatem eis dantes
et concedentes, ut se ac eorum vestes et indumenta auro et vario
opere, ut militibus est concessum, — possint et valeant ador-
nare" etc. Das falsche Privilegium läfst Heinrich V. der Stadt
Bremen die Freiheiten bestätigen, die Karl der Grofse und andere
Könige vor ihm ihr ertheilt hätten: „Confirmamus illa jura, que
sancte recordationis Karolus imperator ad instanciam petitionis
sancti Willehadi, ac ceteri predecessores nostri Romanorum impera-
tores eidem civitati Bremensi concesserunt." In der zweiten Hälfte
des vierzehnten Jahrhunderts erzählt Rynesberch in seiner Bremer
Chronik: Do sick de leue hilghe here sunte Willehadus der kercken
to Bremen umme bede willen coningk Karles underwand ..., bat he
to dem ersten den groten keyser, koningh Karle umme vriheyt der
ṣtadt to Bremen ... Dar ock de sunte Willehadus enen openen
beseghelden breff upnam, den de rad van Bremen wol bewaret
heft: unde is ens vornyget van olders weghene van vele heren,
Lappenberg Bremer Geschichtsquellen 1841 p. 56. Und beim
Jahr 1111 nennt Rynesberch p. 60 bestimmte Rathsherren in
Bremen und läfst das Privilegium Karls durch Heinrich V. bestätigen. Dafs die Worte Rynesberchs unmittelbar auf denen des
falschen Privilegium von 1111 fufsen, hat Ehmck I p. 597 hervorgehoben. Sie erinnern unmittelbar an die späteren friesischen Sagen
von dem Freiheitsbrief, den König Karl dem Fahnenträger der
Friesen, Magnus, zu Rom übergeben haben sollte; s. oben p. 83.
Wenn noch Zöpfl Alterthümer des deutschen Reichs und Rechts
III, p. 176 ff. das Bremer Privilegium von 1111 für halb echt erklärte und aus ihm eine Bremer Stadtverfassung mit Consules vor
dem Jahr 1111 annehmen wollte, so ist das von Schumacher in
den Bremischen Jahrbüchern 1864 I, p. 261 widerlegt worden. —
Ueber die Art, wie sich die Stadt Bremen mit dem friesischen
Lande Rüstringen im Jahr 1220 über bestimmte zu Elsfleth zu-
sammentretende Vereinstage verständigte, siehe die oben p. 117 No. 3
excerpirte Urkunde und unten in Cap. III §. 27.

. **In der Stadt Utrecht finde ich Consules zufrühst in**

einer Urkunde von 1233, den 27. März: Nos scultetus, schabini, *consules* ac jurati civitatis Traiectensis pro communi omnium utilitate statuimus etc., Codex diplomaticus Neerlandicus 1848 I, 1, p. 7 (aus Orig.). Sie stellen Satzungen auf über Verkauf und Kauf von Wein in Utrecht und Köln. Im Jahr 1251 erneuern scultetus, scabini, consules ac jurati civitatis Trajectensis die Bestimmungen von 1233. Die Urkunde erwähnt Cod. diplom. Neerl. I, 1, p. 7 Note 2, drucken ab Forschungen zur Deutschen Geschichte Göttingen 1869, IX p. 524 (aus Orig.). In den folgenden Jahren müssen aber die Consules in Utrecht beseitigt worden sein. In Urkunde von 1258, den 23. März, heifst es: Nos judices, scabini et universitas civium civitatis Trajectensis inferioris, Lacomblet Niederrheinisches Urkundenbuch 1846 II p. 256[1]). Im Jahr 1271 wurden aufs Neue Consules durch einen Aufstand eingeführt. In diesem Jahr empörten sich unter Bischof Johann die Bewohner des Kennemerlandes im alten Pagus Kinhem nordwestlich der Zuiderzee, vertrieben den Adel, zerstörten die Burgen und wollten totam Trajectensem dioecesim in vulgarem communitatem redigere nach Beka, dessen Historia freilich erst in der ersten Hälfte des vierzehnten Jahrhunderts verfafst ist, Historia Ultrajectina Utrecht 1643 p. 92. Sie zogen siegreich vor Utrecht, die Bürger glaubten, die Tartaren kämen, aber einer der Kennemaren rief: *„Salutat vos amicos libera gens Kinemariae"*, und verlangte, „quatenus omnes nobiles communitatem aggravantes ab urbe proscribatis, et eorum facultates egenis seu pauperibus erogetis, s. Beka p. 92. Er findet Beifall: „statim ejecerunt tribunitiae dignitatis illustres viros et nobiles, *statueruntque* de senioribus cujuslibet officii scabinos et *consules,* qui judicium sive justitiam in urbe facerent, et ad communem utilitatem civilia jura disponerent. Igitur expulsis a civitate cunctis nobilibus, vulgus novae potestatis percussit cum Kinemariis foedus inseparabilis amicitiae, Beka p. 93. Die Empörung dauerte fort; vor Harlem erlitten die Kennemaren Verluste, endlich nach zwei Jahren gelang es dem vertriebenen miles Zuederus de Boesinchem, Utrecht einzunehmen:

---

[1]) Wie in Stavern im friesischen Westergo, das mit Utrecht in den nächsten Beziehungen stand, zuerst 1246 Consules auftreten, wie sie im Lauf des dreizehnten Jahrhunderts mehrfach aufgehoben und wieder eingeführt wurden, ist oben p. 157 erörtert.

„vulgares viros ab urbe proscripsit, et antiquos scabinos cum magistris civium potestati pristinae restauravit", Beka p. 93[1]). Noch in zwei Urkunden von 1274: scultetus, scabini, consules et universi cives Trajectenses, Holländ. Urkb. I, 2 p. 118 (aus Orig.).

Die Stadt Groningen ist erwachsen aus der alten Villa Cruoninga in dem nichtfriesischen Gau Thrianta, die im Jahr 1040 Kaiser Heinrich III. dem Bischof von Utrecht schenkte. Die Stadt Groningen trat seit dem zwölften Jahrhundert mit Friesen in den benachbarten Landdistrikten Hunesga und Fivelga in die engsten Beziehungen, und gewann im vierzehnten Jahrhundert in ihnen eine landesherrliche Stellung. Wie sie im Jahr 1361 sich mit den friesischen Landdistrikten von der Zuiderzee bis zur Ems verband und die alten Vereinstage zu Upstalsbom wieder ins Leben zu rufen und nach Groningen zu verlegen suchte, ist unten §. 29 und in Cap. III §. 25 erörtert. Inbetreff der älteren Verfassung der Stadt bemerke ich hier nur: Es finden sich in Groningen Rathmannen unter verschiedener Benennung. Seit 1245 werden sie Seniores oder Aldermanni genannt, seit 1276 Consules, im Stadtbuch von 1425 Rathmannen; ihre Vorsteher heißen Rationales oder Burgimagistri 1262: In Urkunde von 1245 „aldermanni ac universitas in Groninge", Driessen p. 630 aus De Sitter in Tegenwoordige Staat der Ommelande 1794, II p. 102, nach dem Original. Bei Feith Archief van Groningen 1853 ist die Urkunde nicht verzeichnet, also wohl verloren. In Urkunde von 1254 „Acta sunt hec in Gronynghe in generali synodo presentibus et audientibus . . . abbatibus . . . clericis . . . militibus et omnibus senioribus de Gronynge et aliis quam plurimis clericis et laicis", Driessen p. 27 (aus Copiar). In einem oben p. 121 No. 11 excerpirten Vertrage von 1258 zwischen cives de Groninge und nobiles homines terre Fivelgonie ist verabredet: Wird Jemand aus einem Rechtsgebiet in dem andern getödtet, dann „duae marcae

---

[1]) Nach van Spaen Inleiding to de Historie van Gelderland II, Urkk. p. 43 sollen in Zutphen bereits 1134 Consules vorhanden gewesen sein; eine Urkunde sagt: Nos magistri civium, scabini et consules civitatis Zutphaniensis attestamur, quod coram nobis in forma judicii et scabinatus comparuit Theodoricus Calcar canonicus etc. Doch scheint in der Urkunde 1234 statt 1134 gelesen werden zu müssen.

pro pace, una marca consulibus Fivelgonie, et altera marca *alder-mannis Groniensibus*. Si reus evaserit, *aldermanni Gronienses* vel consules, si in Fivelgonia occiderit, testabuntur, quod amici (rei) satisfacere non valebunt. Verum si cum cultello, vel in domo aliqua, pariter in taberna, occisus fuerit, tertia parte pretiosius persolvetur. Si contigerit in civitate, quod notum sit *aldermannis*, vel in Fivelgonia, quod sit notum consulibus, non permittetur se quisquam excusare; si autem ipsis notum non fuerit, se manu duodecima expurgabit, quod nec cultello nec in domo homicidium perpetraverit", Driessen p. 36 (aus Orig.). In Urkunde von 1262 *Consiliarii in Groninge* protestamur, quod nos conburgensibus nostris vendidimus aream de communitate civium ... Datum existentibus *quatuor rationalibus civitatis*, domino Geldmaro Remian, domino Thedrico de Heltmen, domino Nicolao Pavs, et Gerardo iuvene Huginge; *aldermannis* vero Udone, etc. (im Ganzen 11 Namen), Driessen aus einer Abschrift des Originals von Ubbo Emmius, ungenau in Rengers Werken nach Feiths Ausgabe von 1852, I p. 66. Driessen p. 633 glaubte die Identität der Aldermanni und Consules bezweifeln zu müssen, die abwechselnde Bezeichnung genügt aber dafür nicht, und die Annahme, dafs 1255 eine Umgestaltung der Groninger Stadtverfassung erfolgt sei, durch die erst zwölf Consules und vier Bürgermeister eingeführt wären, stützt sich nur auf Emmius Historia rerum Frisicarum 1616, p. 155. De Sitter hatte ihr bereits 1794 in Tegenwoordige Staat van Ommelande II p. 102 widersprochen, die Verschiedenheit der Aldermanni und der Consules bestritten und dies durch Beibringung der Urkunde von 1245 begründet. Aus den Jahren 1245—1292, in denen in Groningen die Rationales und die Aldermanni oder Consules erwähnt werden, sind nur noch vier Urkunden erhalten, während Emmius in der 1604 zuerst erschienenen Abhandlung De agro Frisiae p. 75 ihrer elf benutzte. In Urkunde von 1276, den 1. November: Egbertus prefectus et consules in Groninghe. Datum ... Henrico Kalemer, Frethico Cordinghe, Renoldo filio Rembordi et Frethico Butzel existentibus *quatuor rationalibus civitatis*, Driessen p. 558 (aus Copie). In einer ungedruckten Urkunde vom Jahr 1276, die Westendorp Jaarboek van Groningen 1832 II p. 13 excerpirt, sind Schiedsrichter für Kl. Essen in der

Drenthe: „de prefect Ecbertus en de *aldermannen in Groningen* en de schulte van Eelde" (in der Drenthe). Ob hier „aldermanni* im lateinischen Text stand, ist nicht sicher. In der oben p. 125 No. 17 excerpirten Vereinbarung von 1283 zwischen Nobiles homines de Menterne (im Fivelgo) ex una parte et cives de Groninge ex parte altera: „de consilio consulum ... ex utraque parte", Driessen p. 43 (aus Orig.). In Urkunde von 1291 schliefsen „Justitiarii et *consules* ac commune de Groninghe" mit dem „Castellanus de Covardia (d. i. Koevorden), commune terre Threnthie" ein Bündnifs, Driessen p. 53 (aus Orig.). Desgleichen in Urkunden von 1292, 1300, 1301, 1303, 1309, 1317, 1318, 1319, 1322; siehe Driessen p. 910.

4. Die Reichsgesetzgebung gegenüber den Consules.

Ueber das Verhalten der deutschen Kaiser zu den Consules in den friesischen Landdistrikten fehlen bis zum Jahr 1301 alle unmittelbaren Nachrichten. Im zwölften Jahrhundert behandeln die deutschen Kaiser die einzelnen friesischen Grafschaften zwischen Fli und Weser im Wesentlichen nicht anders als die des übrigen Deutschland. Heinrich IV. hatte dem Bisthum Bremen die Grafschaften geschenkt, zu denen die friesischen Gaue von der Weser bis zum Laubach gehörten, eine Gegend, die der Bremer und der Münsterschen Dioecese zugetheilt war; siehe unten Cap. IX, X und XI. Im Jahr 1077 verlieh er dem Bisthum Utrecht die Grafschaft in den zu dessen Diöcese gehörenden friesischen Gauen von der Laubach bis zur Zuiderzee, nachdem sie ihrem Lehnsinhaber, dem Markgrafen Egbert, wegen Hochverraths aberkannt worden war; nach erfolgter Begnadigung und abermaliger Empörung Egberts erneuerte er die Schenkung in den Jahren 1086 und 1089; siehe unten Cap. VIII und oben p. 157 Note 1. Mehrfache sich widersprechende Verleihungen der Grafschaft von den deutschen Königen an das Bisthum Utrecht und die Grafen von Holland veranlafsten den Kaiser Friedrich I. im Jahr 1165, einen gemeinsamen Besitz der Grafschaft durch den Bischof von Utrecht und den Grafen von Holland anzuordnen. In der sehr ausführlichen Urkunde darüber ist von gewählten jährlichen Consules der einzelnen Gaue nicht die Rede, der Graf oder sein Stellvertreter ist es, der das Gericht abhält; es

heifst: „exercebit comes judicia et justitias comitatus"; und inbetreff eines von Bischof und Graf gemeinsam zu erwählenden Stell-
vertreters, den sie nach ihrem Gutdünken wieder entfernen können,
bestimmt der Kaiser: „bannum et potestatem judicandi a manu
imperatoris accipiat"; vgl. unten Cap. VIII. Noch im Jahr 1204
erneuern der Graf von Holland und der Bischof von Utrecht die
früher versuchte Verständigung über den gemeinsamen Besitz des
„comitatus Frisiae in Oostergo et Westergo et Staveren", bestimmen
namentlich: „communi consensu mittent comitem unum in Frisiam
ad servanda *placita saecularia*", und setzen fest: Monetarii, thelo-
nearii, *sculteti*, villici, et *omnes beneficiati in comitatu illo manentes*,
feuda vel officia sua primum recipient de manu episcopi (Trajectensis) et postea de manu comitis Hollandiae, et utrique jurabunt fidelitatem; vgl. unten Cap. VIII. Wie in der friesischen
Grafschaft westlich der Laubach, ist auch in den östlich von ihr
belegenen friesischen Grafschaften zwischen Laubach und Weser für
das zwölfte Jahrhundert eine Stellung der Grafen nachzuweisen, mit
der es sich nicht verträgt, dafs damals in ihnen eine freie Wahl
von jährlichen Consules durch die Landdistrikte bestanden habe,
die unter Vorsitz einzelner von ihnen Recht gesprochen hätten.
Beispielsweise verweise ich auf die Verhältnisse der friesischen
Grafschaft an der Emsmündung im heutigen Ostfriesland. Cap. X
legt dar, wie sich dort unter den Ravensbergern die Grafenverhält-
nisse gestaltet hatten, und wie nach deren Aussterben mit Otto
von Ravensberg um 1245, dessen Tochter, die Gräfin Jutta von
Montjoie, im Jahr 1252 die Grafschaft an das Bisthum Münster
veräufserte, die darauf König Wilhelm an Münster zu Lehen gab. —
Die früheste bestimmte königliche Anerkennung von Consules in
Friesland findet sich im Jahr 1301. In Urkunde vom 10. Mai dieses
Jahres befiehlt König Albrecht *gritmannis, consulibus, judicibus ac*
universitatibus singularum terrarum Osturisie ac aliarum terrarum
circumpositarum, die von ihm über den Landfrieden getroffenen Anordnungen zur Ausführung zu bringen, s. oben p. 141 No. 7; und
in einer Urkunde von 1314 gebietet König Ludwig *grietmannis,*
consiliariis et communitatibus terre Frizie de Westergo et Ostergo,
dem Grafen Wilhelm von Holland zu huldigen, dem von ihm die

Grafschaft geliehen war, über deren Besitz nach Aussterben des alten holländischen Grafenhauses Streitigkeiten obgewaltet hatten; vergleiche oben p. 144 No. 14.

Näher kennen wir im dreizehnten Jahrhundert das Verhalten der deutschen Kaiser gegenüber den städtischen Consules. Kaiser Friedrich II. sieht in der Wahl von Consules in deutschen Städten ohne Zustimmung ihrer Landesherrn einen revolutionären Act, den er mit Gewalt unterdrückt, dann aber wieder gestattet und anerkennt. Ich hebe inbetreff des Verhaltens der Kaiser gegenüber den Consules deutscher Städte nur einige Thatsachen aus, die geeignet sind, die Entwickelung von Consules in den friesischen Landdistrikten des dreizehnten Jahrhunderts und in der Stadt Stavern aufzuklären. Sie commentiren unmittelbar das Verhalten des Grafen Wilhelm im Jahr 1323 gegenüber dem Westergo und der Verschwörung seiner Richter oder Consules mit denen anderer friesischer Landdistrikte, sowie die seine Auffassung bestreitenden Erklärungen der Ostergoer bei Leuwarden und der Jeverschen Astringer, die von Graf Johann von Oldenburg, vom Bremer Domkapitel und dem Kölner Kanonikus Dietrich von Xanten durchweg als richtig anerkannt werden.

König Friedrich II. muſs 1212 im September oder 1214 im November während seines Aufenthaltes *in der Stadt Basel die Einführung eines Raths gestattet haben*, den er 1218 wieder aufhob. Im Jahr 1218 erklärt Friedrich II., nach Rechtsspruch des Erzbischofs Theoderich von Trier könne in der Bischofsstadt ohne Einwilligung des Bischofs kein Rath eingeführt werden; deſshalb hebe er den früher eingeführten Rath in Basel wieder auf: *Consilium, quod usquemodo Basileae fuit, revocamus, deponimus ac totaliter infringimus, atque privilegium, quod inde habent Basilienses, cassamus omninq.* — Im Jahr 1214, den 7. März, erklärt Friedrich II. zu Rothweil bei dem Streit des Bischofs Heinrich und der Bürger von Straſsburg: *quod nullus in civitate Argentinensi consilium instituere debeat* vel aliquod habere temporale judicium nisi de consensu et bona voluntate episcopi et ejus concessione, s. oben p. 176. — Im Jahr 1214, den 24. November, erklärt Friedrich II. dem Erzbischof Michael von Arles mit Rücksicht darauf, daſs die

Stadt Arles das Haupt der Provence und ein bevorzugter Sitz des Reiches sei, sollen die Regalien seiner Diöcese und die Stadt mit der Vollmacht, daselbst Rathmannen zu ernennen und sie im Dienst des Reiches zu erhalten, dem Erzbischof zustehen. Ficker in seiner Umarbeitung von Böhmers Regesten Friedrichs II. 1879 p. 192. An demselben Tage, dem 24. November 1214, bestätigt Friedrich II. den Consuln in Arles ihre Rechte. Er schreibt den Consuln, den Rittern und dem Volk überhaupt der Stadt und Burg Arles, und bestätigt ihnen nach dem Vorgang seines Grofsvaters Friedrich I. das Consulat und alle Herrlichkeit, dergestalt dafs durch die jährlich zu ernennenden Consules (Rathmannen) daselbst Recht gesprochen, und Alles, was zur streitigen und freiwilligen Jurisdiction gehört, ausgeübt werde, doch mit Vorbehalt der Rechte des Erzbischofs bei Ernennung der Consules. Ficker Regesten Friedrichs II. p. 192. — Im Jahr 1218, den 13. September, hebt Friedrich II. das Consilium in Basel auf, das unter seiner Genehmigung eingeführt sei, da er eine solche Einrichtung wider den Willen des Bischofs nicht befugt gewesen sei einzuführen, wie er nach dem Gutachten des Erzbischofs von Trier erkannt habe. In der Urkunde, M. G. Leges II p. 230 (aus Orig.), erwähnt der Kaiser das Weisthum des Erzbischofs, „nos nec posse nec debere in civitate predicti principis Basiliensis dare vel instituere consilium citra ejusdem episcopi assensum et voluntatem, und erklärt, nachdem er das in Basel früher von ihm gestattete Consilium wiederaufgehoben hat: *omnino inhibemus, ne Basilienses de cetero consilium,* vel aliquam institutionem novam, *quocumque nomine possit appellari, fatiant aut instituant* sine episcopi sui assensu et voluntate. — In Urkunde von 1219, den 11. Januar, schreibt Friedrich II. *consilio* et universis civibus Argentinensibus, dafs er auf von ihren Bevollmächtigten ihm ausgesprochene Gesinnungen der Treue und Anhänglichkeit allen nicht unverdienterweise gegen sie getragenen Groll aufgegeben habe, nimmt ihre Personen und Sachen, so lange sie dem Reiche die Treue bewahren, in seinen Schutz, will sie in allen Rechten und Ehren erhalten, durch die sie von seinem Grofsvater, Vater und Vatersbruder ausgezeichnet seien, namentlich in Bezug auf Beden und auf Abgaben. Hinsichtlich des früheren Verhaltens sagt er:

„considerata puritate devocionis vestre, quam nuntii vestri exposuerunt, ut de cetero de preteritis excessibus ad plenum emendati ad obsequia imperii et ad fidelitatis circa regiam nostram majestatem observantiam animo sitis ferventiores, omnem rancorem... pure remittimus." Strafsburger Urkb. I p. 135 (aus Copie). — In Urkunde von 1219, den 29. August, für Pavia bewilligt König Friedrich II. die freie Wahl von Consules oder Rectoren mit Angabe ihrer Befugnisse, und bestätigt an Pavia dessen angegebene Freiheiten, Rechte und die Regalien in der Stadt sowie den aufgezählten Ortschaften ihres Gebiets. Ficker Regesten Friedrichs II. p. 240, nach beglaubigter Abschrift zu Pavia. — In Urkunde von 1219, den 11. September, nimmt Friedrich II. die Stadt Strafsburg mit allen ihren Einwohnern in seinen besonderen Schutz, gestattet und bestätigt, dafs wo deren Bürger in ganz Elsafs Eigenthum haben, es Keinem erlaubt sei, von deren Besitzungen und Leuten Abgaben und Leistungen zu verlangen, bestätigt ferner das schon von seinem Vorfahren Lothar III. und Philipp (s. Urkunden von 1129, den 20. Januar, und von 1205, den 16. Juli, in Strafsb. Urkb. I p. 61 und p. 119) denselben ertheilte Recht, dafs Klagen gegen sie nur innerhalb der Stadt vor den städtischen Richtern angebracht werden können. Strafsburger Urkundenbuch I p. 136. — In Urkunde von 1220, den 6. December, „bestätigt Friedrich II. für den Patriarchen von Aquileja den Rechtsspruch, dafs die Städte, Burgen und Dörfer, die ihm untergeben sind, ohne seinen Willen keine Ortsvorstände und Rathmannen wählen dürfen." Ficker Regesten Friedrichs II, p. 277. (Muratori Script. 16, 102. Cappeletti Chiese d'Italia 8, 285. Kandler Cod. Istriano. Oesterr. Archiv 21, 208, extr. Huillard 2, 76, gebessert nach einer Abschrift im Archiv zu Venedig). — In Urkunde vom Februar 1231 cassirt Friedrich II. zu Ravenna auf Antrag Bertholds von Aquileja „omnino Potestates, Consules, Rectores et Judices civitatum, villarum et opidorum per totam jurisdictionem patriarche Aquilegensis — et per totam terram Istrie nominatim Polense, Justinopolitanum et Parentenium, exactores insuper collectarum, statuta theloneorum et cudende monete ac omnes alias constitutiones, conjurationes seu conspirationes, alienationes quoque terrarum pertinentium ad comitatum, que per Hermannos (für Arimannos?) aut nobiles, qui vocantur Edelingen, facte fuerint" u. s. w., trifft auch wichtige Bestimmungen über die Jurisdiction des Patriarchen in ganz Istrien. In dem Neuen Archiv Hannover 1879, V p. 237, aus Aggiunte inedite al Cod. diplom. Istro-Tergestino del secolo XIII (nach einer gleichzeitigen Copie in Venedig). — In dem Reichsgesetz vom Januar 1232 verordnet Friedrich II.: Cum ex neglectu juris ... in partibus Alemannie adeo in usum redacte sint quedam consuetudines detestande, quibus et principum imperii juri detrahitur ... et imperialis ... auctoritas enervatur, nostre incumbit sollicitudini precavendum, ne huiusmodi consuetudines, quas censemus pocius corruptelas, in diuturniora tempora protrahantur. Volentes igitur, ut libertates et dona, que dilecti nostri et imperii principes ... nunc possident, et sunt pro tempore possessuri, latissima interpretatione gaudeant, ... *hac nostra edictali sanctione revocamus in irritum et cassamus in omni civitate vel oppido Alemanie comunia, consilia et magistros civium seu rectores vel alios quoslibet officiales, qui ab universitate civium sine archiepiscoporum vel episcoporum beneplacito statuuntur,* quocumque pro diversitate locorum nomine censeantur ... Ut igitur talis omnino removeatur enormitas et abusus, nec auctoritatis aliquo velamine pallietur, omnia privilegia, litteras apertas et clausas, quas vel nostra pietas vel predecessorum nostrorum, archiepiscoporum etiam et episcoporum, super societatibus, *comunibus seu consiliis,* in preiudicium principum et imperii, sive private persone dedit, sive cuilibet civitati, ab hac die in antea in irritum revocamus, ac frivola penitus et inania iudicamus. M. G. Leges II p. 286 nach den Originalen des Gesetzes, die in mehreren Archiven aufbewahrt werden; nach dem Original *für Bremen* auch in Ehmck Brem. Urkb. I p. 198.

Im dreizehnten Jahrhundert wählen die Gemeinden (Universitates, Communitates) vieler deutscher Städte von Basel bis Bremen und von Utrecht bis Lübeck jährliche Con'sules, siehe oben p. 173. In den Jahren 1214 und 1218 erklärt Friedrich II., dafs nach dem bestehenden Recht in deutschen Städten keine Consules ohne Einwilligung ihrer Landesherrn gewählt werden können. Im Jahr 1232 sieht er sich gezwungen, feierlich als Reichsgesetz zu proclamiren, dafs in allen

Städten Deutschlands die Wahl der ohne Einwilligung der Landesherrn gewählten jährlichen Consules ungültig sei. Er hebt alle und
jede früher von ihm, von seinen Vorgängern oder von einzelnen Bischöfen
darüber ertheilten Privilegien auf; sie beeinträchtigten, sagt er,
das Recht der Inhaber der Grafschaften, und seien durchaus rechtswidrig erlassen; siehe oben p. 189. — In den friesischen Landdistrikten von der Weser bis zur Zuiderzee wählen im
dreizehnten Jahrhundert deren Universitates oder Communitates jährliche Consules. Im Jahr 1216 sind sie zufrühst nachzuweisen, s. oben p. 116. Im zwölften Jahrhundert
waren sie in Friesland noch nicht vorhanden. Damals bestand in
dessen Grafschaften die alte mit der Stellung der Consules unver-
einbare Verfassung der Gerichte, wie sie die Siebzehn friesischen
Küren und Vierundzwanzig Landrechte aufweisen, die in jener Zeit,
ich nehme an nach dem Jahr 1156, verfaſst sein müssen, s. oben p. 112.
In grellem Widerspruch mit aller Geschichte steht es, wenn die friesische Volkssage, wie sie sich in der zweiten Hälfte des dreizehnten Jahrhunderts gestaltet hat, den Friesen durch Karl
den Groſsen unter andern Freiheiten das Recht verleihen
läſst, sich jährlich neue Redjeven zu wählen. Der zum
Theil gereimte Bericht über den Freiheitsbrief der Friesen von
Karl dem Groſsen in den Hunsingoer Rechtshandschriften aus dem
Schluſs des dreizehnten Jahrhunderts sagt: *„Alder bibad hit thi*
kening Kerl opinbere, thet Fresan ieralic nige redian him kere“,
Friesische Rechtsquellen p. 355, 19, d. i.: Dort (d. i. zu Rom, nachdem die Friesen die Burg für den König erobert hatten) gebot es
König Karl offenkundig, daſs die Friesen sich jährlich neue Red-
jeven wählten; und in dem in lateinischer Sprache abgefaſsten vom
Jahr 802 datirten Freiheitsprivilegium Karls des Groſsen für die
Friesen: *Statuimus* etiam, *ut* usualiter *eligant consules* quotquot
sibi viderint expedire, qui in causis secularibus, de quibus ipsis
quaestio inita fuerit, iudices ipsorum existant; Fries. Rq. p. 355, 15.
Daſs das Privileg Karls erst ums Jahr 1286 verfaſst sein dürfte,
siehe unten in Cap. V. — In derselben Weise wie Kaiser Karl
den friesischen Landdistrikten, soll er der Stadt Bremen nach
der falschen Urkunde Heinrichs V. von 1111 und den Aufzeich-

nungen in Rynesberchs Chronik das Recht ertheilt haben, sich jährliche Consules zu wählen, siehe oben p. 180. Es haben diese Angaben nicht den geringsten geschichtlichen Werth. Alles, was sie über das Verhalten Karls des Grofsen gegenüber von Friesland und Bremen und die älteren Zustände Frieslands und der Stadt Bremen in oft seltsam übereinstimmender Weise berichten, bekundet sich als spätes Machwerk. Wollte man aber etwa meinen, ohne es irgend quellenmäfsig begründen zu können, es dürfte in der Wahl von jährlichen Consules durch die Gemeinden der einzelnen Landdistrikte eine uralte, dem friesischen Volk eigenthümliche Einrichtung zu erkennen sein, die durch die Grafschafts- und Gerichtsverfassung Karls des Grofsen zurückgedrängt, im dreizehnten Jahrhundert neues Leben gewonnen habe, so dafs nur der Name „Consules", der in den deutschen Städten seit dem zwölften Jahrhundert gangbar geworden war, auf uralte friesische Gerichtspersonen übertragen worden wäre, so wird das durch das gleichzeitige übereinstimmende Vorkommen von Consules in sächsischen Landdistrikten ausgeschlossen. Es begegnen in Sachsen Consules im Lande Ditmarschen östlich der Elbmündung an der Eider, im Lande Hadeln an der Küste der Nordsee zwischen Elb- und Wesermündung und im Lande Stedingen auf dem linken Weserufer westlich von Bremen. Im Lande Dithmarschen, dem alten Pagus Thietmaresca, nennt Urkunde von 1265 Consules: Advocatus, milites, *consules et tota communitas terre Thetmarsie*, Michelsen Ditmarscher Urkb. 1834 p. 11 (aus Orig.). In Urkunde von 1281, den 7. Mai, schliefsen Dithmarschen und die Stadt Hamburg einen Vertrag: Milites, advocati et *universitas terre Thitmarsie* salutem. Cum compositio quondam inter civitatem Hamburgensem ex parte una et *nostram terram* ex altera facta sit etc. Lappenberg Hamb. Urkb. p. 650 (aus Orig.). In Urkunde von 1283 (Nos) *consules et universitas terre Ditmarcie* ... comeciam Holtsacie ... efficaciter defendemus. Michelsen Dithmarsch. Urkb. p. 13 (nach Orig.). Urkunde von 1286 enthält ein Abkommen zwischen Advocatis, militibus et *universitati terre Thitmarsie* und Jurati et tota communitas parrochie in Brunesbutle (d. i. Brunsbüttel). Michelsen Dithmarsch. Urkb. p. 14. In Urkunde von 1291 schliefsen Jurati *terre*

Titmarcie einen Vertrag mit Parrochiani de Merna et de Brunesbutle (d. i. mit den Angehörigen der Kirchspiele Marne und Brunsbüttel). In Urkunde von 1323: Nos advocati, *consules*, jurati
totaque universitas terre Dhitmarcie . . . protestamur, quod dominus
Ericus dux Jucie placitavit pacem tali modo, quod Albea, Eydria,
Trea et Sorka omnibus mercatoribus ac navigantibus pre Dhitmarcis
omnibus ab omnibus impedimentis et injuriis debent esse liberi
atque tuti. Michelsen p. 21 (aus Orig.). In Urkunde von 1323 be-
schweren sich in Lübeck über eine Excommunication advocati, *consules*, clavigeri, jurati *ac tota communitas terre Thetmarcie*, Urkb.
der Stadt Lübeck II, 916. In Urkunde von 1325: Advocati, *consiliarii terreque Thietmarcie universitas* recognoscimus, quod nobilis
vir Gherardus comes . . . et sui heredes debent lacunam . . . in
Palenhudhen (d. i. Pahlhude) sitam et omnia bona sua apud Eydriam
sita . . . in perpetuum possidere, Michelsen p. 25 (aus Orig.). In
Urkunde von 1341: Nos clavigeri, jurati et tota communitas par-
rochiarum in Weslincburen (d. i. Weslingbuhren), in Nyenkerken (d. i.
Neuen-kirchen) . . . recognoscimus . . ., quod omnia et singula per
seniores terre nostre (d. i. Dithmarschen) . . . placitata consentimus,
Michelsen p. 25 (aus Orig.). In Urkunde von 1345 Wie voghede, *rhat-
ghevere*, slütere, tzvorene und dhe ghantze meynheyt to Meldorpe etc.
bekennen . . ., dath ghedeghedinit is . . . Michelsen p. 26 (aus Orig.)
In Urkunde von 1358: Clavigeri, jurati . . . ac communitas in parochiis
Lunden (d. i. Kirchdorf Lunden) et Hem (d. i. Hemme im Kirchspiel Neuenkirchen) in provincia Thitmarcie Hamborgensis dyocesis.
Michelsen p. 27. — Im Lande Hadeln erwähnt Consules Urkunde
von 1298: Jurati, *consules* et *universi terram Hadelerie inhabitantes*,
Lappenber ~ Land Hadeln 1829 p. 34. In Urkunde von 1300: Sculteti,
scabini, *judices* ac *universitas terre Hadhelerie*. Lappenberg Hamb.
Urkb. p. 763 (aus Orig.), oder Land Hadeln p. 34. In Urkunde von 1310: Sculteti, scabini et *universitas terre Hadelerie*
und 1315 Sculteti, scabini, *consules et universitas terre Hadelerie*,
Lappenb. Hadeln, p. 35. In Urkunde von 1357: Schepen, schulten,
richtheren unde de meent von Hadeln. Lapp. Hadeln p. 35 etc.
— Für das Land Stedingen, das die sächsische Gegend
an der Weser südlich der Mündung der Harrierbrake in die

Weser umfaſst, die sie vom friesischen zu Rüstringen gehörigen Stadland schied, führe ich nur an, daſs in ihm in Urkunde von 1306, den 1. September, Consules auftreten: Nos *consules sive judices ac universi cives et incole totius terre Stedingie* ultra Huntam (d. i. die Hunte, die südlich von Elsfleth in die Weser mündet) ... promittimus inviolabiliter observare volentes, quod si nobiles viri Johannes et Christianus comites in Oldenborch aut ipsorum heredes compositionem, quam nobis sub sigillis ipsorum et literis patentibus promiserunt, violaverint ..., Bremensis ecclesie archiepiscopum et non alium in verum dominum et protectorem perpetuum eligemus, facturi sibi et suis successoribus omnem justitiam, quam dicti comites in terra nostra a retroactis temporibus habuerunt ... Datum Elsvlete. Ehrentraut Friesisches Archiv, II p. 353 (aus Orig.). In den Jahren 1220 und 1291 wurden von Bremen mit dem friesischen Rüstringen, und 1237 und 1289 von Bremen mit dem friesischen Harlingen Vereinstage zu Elsfleth in Stedingen verabredet; siehe Excerpte oben p. 117 No. 3, No. 4, p. 126 No. 20, p. 128 No. 24.

§. 10. Entstehungsart der Küren und Landrechte.

1. Neben den Siebzehn Küren treten in allen erhaltenen Texten die Vierundzwanzig Landrechte auf.

Oben im §. 5 ist angegeben, daſs, wie die Siebzehn Küren, so auch die Vierundzwanzig Landrechte aus dem Hunsego in lateinischer Fassung im „Vetus Jus Frisicum" erhalten sind; daſs, wie von den Küren, so auch von den Landrechten Ueberarbeitungen in friesischer Sprache aus Rüstringen, Emsgo, Fivelgo, Hunsego und Westergo auf uns gekommen sind; und daſs niederdeutsche Texte von beiden aus dem Lande Wursten und dem Lande Wührden, sowie aus dem Emsgo und aus dem Fivelgo existiren.

Wie oben p. 21 und p. 77 erörterte, giebt meiner Ansicht nach das Vetus Jus Frisicum den verlorenen ursprünglichen lateinischen Text der Küren und Landrechte in einzelnen Stellen gekürzt und in manchen Worten entstellt. Die friesischen Texte sind Ueberarbeitungen des ursprünglichen lateinischen Textes der Küren und Landrechte aus den einzelnen Landdistrikten, die niederdeutschen niederdeutsche

13

Ueberarbeitungen der friesischen Texte von Küren und Landrechten aus einer noch späteren Zeit.

2. **Die Vierundzwanzig Landrechte sind jünger als die Siebzehn Küren.** Sie setzen die Küren voraus, führen das in ihnen Enthaltene weiter aus, ändern es in einzelnen Punkten, fügen Anderes hinzu. Bewiesen wird dies durch Vergleichung der Küren 3, 5, 11, 12, 14, 15 mit den ihnen verwandten Landrechten:

Die **Küre 3** oben p. 33 bestimmt, dafs Jedem sein Besitz verbleibt, wenn er ihn nicht durch rechtes Erkenntnifs verwirkt hat; dabei soll, wie gesagt ist, der vom Volk erwählte und von Königs wegen vereidete Asega kundthun, was Rechtens ist, und soll seine Stelle verlieren, wenn er sich bestechen läfst. — In dem ersten Landrecht oben p. 42 ist die Bestimmung der dritten Küre weiter ausgeführt, dafs Jeder seinen Besitz behält, wenn er ihn nicht von Rechtswegen verwirkt hat. Die Küre erörtert, was für ein Recht der Asega dabei kundzuthun hat; das Landrecht führt aus, dafs bei dreimaligem Nichterscheinen auf erfolgte Vorladung der Friese seinen Besitz verliert, dies aber eine Ausnahme erleidet, wenn echte Noth ihn hinderte, und verzeichnet vier solcher Nothfälle. — Vgl. die einzelnen Texte der dritten Küre in Fries. Rq. p. 4, und die des ersten Landrechts in Fries. Rq. p. 40.

Nach **Küre 5** oben p. 34 sollen bei einem Streit über Erbschaft bis in den dritten Grad zwölf Eide auf die Reliquien Beweiskraft haben, und gerichtlicher Zweikampf ausgeschlossen sein. — Das siebente Landrecht oben p. 45 wiederholt den Inhalt der Küre 5, sagt aber nur, dafs bei Streit über Erbschaft bis in den dritten Grad der Beweis mit Eiden zu führen sei. Das einundzwanzigste Landrecht oben p. 50 läfst in Uebereinstimmung mit Küre 5 einen, der eine Erbschaft bis in den dritten Grad als ihm zustehend gegen einen Kläger behaupten will, sagen, er sei bereit, die Erbschaft als von seinem Urgrofsvater her auf ihn vererbt durch zwölf Reliquieneide zu beweisen, mit Ausschlufs des gerichtlichen Zweikampfes. — Vgl. die Texte der fünften Küre in Fries. Rq. p. 8, und die der Landrechte 7 und 21 in Fries. Rq. p. 54 und p. 72.

Küre 11 oben p. 37 bestimmt bei dem Frieden der besonders gefriedeten Personen eine Bufse von 10 Liudmerk und bei denen, die die Waffen abgeschworen haben, eine doppelte Bufse; dem Schulzen 21 Schilling. — Das Landrecht 13 oben p. 47 ändert dies dahin, dafs alle gefriedeten Personen doppelte Bufse, das Volk (die „plebs", in den friesischen Texten die „liuda") zwei Mark Friedensgeld, der Schulz 21 Schillinge Königsbann erhält. — Vgl. die Texte der Küre 11 in Fries. Rq. p. 18, und die des Landrechts 13 in Fries. Rq. p. 62.

Küre 12 oben p. 37 bestimmt Frieden in der Kirche, im Hause, bei versammeltem Volk (d. i. „thing-frethe") und Heer (d. i. „here-frethe") und bei Familienzusammenkünften bei einer Bufse von 32 Reilmark, gerechnet zu 7½ grofse Mark; und 21 Schillinge dem Schulzen. — Das Landrecht 19 oben p. 49 trifft die Ab-änderung, dafs im Heerfrieden eine doppelte Bufse zu zahlen ist, dem Volke ein Friedensgeld und dem Schulzen 21 Schillinge. — Vgl. die Texte der Küre 12 in Fries. Rq. p. 20, und die des Landrechts 19 in Fries. Rq. p. 70. Beachtenswerth ist die übereinstimmende Neuerung im Landrecht 13 „debet emendari *duplici emenda* et *plebi pax*" und im Landrecht 19 „emendat *duplici emenda* et *plebi pacem.*"

Küre 14 oben p. 38 bestimmt: Wenn die Normannen Jemand gefangen nehmen, wegführen oder verkaufen: kehrt er heim, so kann er den Besitz seiner Güter wiederergreifen, wenn sie inzwischen veräufsert sind. Gerichtlicher Zweikampf ist dabei ausgeschlossen. — Den Fall nimmt auf das dritte Landrecht oben p. 44, bestimmt, dafs, wenn die Normannen Jemand aus Friesland in die Gefangenschaft führen, er, wenn er heimkehrt, sein Landgut, das während seiner Abwesenheit verkauft ist, wieder in Besitz nehmen kann. Dabei fügt das Landrecht hinzu, dafs wer den auf sein Gut Zurückgekehrten angreift oder beraubt, dem Volk zehn Mark und dem Schulzen einundzwanzig Schillinge als Königsbann zahlen soll. Verwandte Bestimmungen enthält Landrecht 20 oben p. 49. Es verordnet: Wenn ein Friese in normannische Gefangenschaft geräth, und die Normannen mit ihm als ihrem Sklaven ins Land einfallen, und er dort Verbrechen begeht, so ist er derentwegen nicht verantwortlich, weil er sie als Sklave vollbracht hat. —

Vgl. die Texte der Küre 14 in Fries. Rq. p. 22, und die der Landrechte 3 und 20 in Fries. Rq. p. 48 und p. 70.

Nach Küre 15 oben p. 38 sind bei Nothzucht, wenn der Thäter
sie eingesteht oder mit gerichtlichem Zweikampf überführt wird,
ein Wergeld von 12 Mark und dem Volke 12 Mark zu zahlen.
Von den 24 Mark erhält der Schulz 21 Schillinge. — Das Landrecht 18 oben p. 49 ändert dies dahin ab, dafs die Genoth-
züchtigte ein doppeltes Wergeld erhält; leugnet der Angeschuldigte,
so soll er acht Reliquieneide schwören. — Vgl. die Texte der
Küre 15 in Fries. Rq. p. 22, und die des Landrecht 18 in Fries.
Rq. p. 68.

3. Benennung der Küren und Landrechte. Als eine
Verschiedenheit im Texte der Küren und Landrechte
stellt sich heraus, dafs in den Küren von den Verfassern überal
bestimmte Forderungen („petitiones") aufgestellt werden, von
denen mehrfach gesagt wird, dafs sie von König Karl gewährt
seien. Die Vorstellung, dafs König Karl die friesischen Verhältnisse
geordnet habe, wird in den Küren öfter wiederholt, in den Landrechten ist von ihr nichts zu finden.

Die einzelnen Siebzehn Küren bezeichnen sich im
alten lateinischen Text als Petitiones, die einzelnen
Vierundzwanzig Landrechte als Constitutiones:
Der alte lateinische Text im Vetus Jus Frisicum oben p. 33 sagt
von der ersten Küre: haec est prima petitio et Caroli regis
concessio, er verzeichnet dann die secunda petitio, tertia petitio bis sexta decima petitio. Bei der siebzehnten Küre
oben p. 39 heifst es: septima decima *electio* est et regis Caroli
concessio. Wenn das Vetus Jus Frisicum in der dritten Küre oben
p. 33 sagt „judicat asega secundum jus vulgi et omnium Frisonum", und inbetreff des Asega angiebt „tenetur scire omnia jura,
quae sunt kesta et londriucht, id est petitiones et edicta", so
ist hier unverkennbar ein späterer Zusatz in den alten lateinischen
Text der Küre aufgenommen. Keine nähere Bezeichnung der Küren
ist es, wenn der lateinische Text in Küre 14 oben p. 38 sagt „secundum *omnium Frisonum jura*", in Küre 15 oben p. 39 „secundum

plebis londriucht" und in Küre 16 oben p. 39 „secundum asega judicium et *populi justitiam.*"

Der alte lateinische Text der Vierundzwanzig Landrechte im Vetus Jus Frisicum oben p. 42 beginnt: Haec est prima (imperialis) constitutio, id est terrae justitia vel Frisonum jus illud primum." Dann verwendet der lateinische Text für die folgenden Landrechte „secunda constitutio", „tertia constitutio" bis „vicesima quarta constitutio."

Als Siebzehn Petitiones stellen die Friesen Sätze auf, von denen sie fordern, daſs sie in Friesland fort und fort gelten und keine Abänderung erfahren sollten. Sie erklären, sie seien ihr altes Recht, das sie seit König Karl und durch seine Anerkennung unverändert besäſsen und zu besitzen hätten.

Als Petitio 1 erklären die Friesen als ihr Recht den ungestörten Besitz ihres Eigen, wenn es nicht verwirkt sei.

Petitio 17 sagt, wie die gerichtliche Anklage gegen Friesen erfolgen müsse, und welche Vertheidigungsmittel ihnen zuständen.

Petitio 7 ist, daſs die Friesen auf ihrem freien Stuhl sitzen, nur Huslotha, keine Klepskelde zu zahlen haben: hoc donavit eis Karolus rex.

Nach Petitio 10 haben die Friesen keine weitere Heerfolge zu leisten, als bis zur Weser und zum Fli. Das haben die Friesen von König Karl eingeräumt erhalten: optinuerunt id Frisones apud Carolum, der verlangt gehabt, daſs sie weiter zögen, im Westen bis zum Sincfal bei Brügge, und im Osten bis gen Hitzacker.

Der Schluſssatz der Siebzehn Petitiones, die die Friesen aufstellen, sagt im Allgemeinen, daſs das in ihnen enthaltene Recht den Friesen für alle Zeit zustehe, das König Karl ihnen gewährt habe, und das sie stets zu brauchen hätten: Haec sunt XVII petitiones sive electiones, quas Frisones pecunia sua comparaverunt, quibus recte uti debent contra dominos et contra husengar, quamdiu terra jacet et populi sunt. Deinde petivit rex Karolus et postea precepit eis, quod ipsi omnes legitimas et rectas res servarent, quamdiu viverent; s. oben p. 41.

Die Friesen stellten bei Vereinbarung der Siebzehn Petitiones bestimmte Rechtssätze auf, die bei ihnen gelten müssten, indem sie

sie für ihr altes Recht erklärten, die seit König Karl stets in Friesland bestanden hätten. Spätere friesische Rechtsaufzeichnungen wissen ausführlich zu erzählen, wie König Karl den Friesen von Dank erfüllt für ihre herrlichen Thaten bei der Eroberung Roms köstliche Gaben spenden und herrliche Rechte gewähren wollte, wie aber ihr Fahnenträger Magnus im Einklang mit dem Begehren aller Friesen nur verlangte, dafs die Friesen freie Friesen seien, und Karl ihnen dies in einer Urkunde sicher stellte, die nach dem Glauben der späteren Zeit die Siebzehn Küren, die Vierundzwanzig Landrechte, die Sechsunddreifsig Sendrechte und die Sieben Küren, d. i. die sogenannten Küren des Magnus, enthielt, deren Inhalt uraltes Recht der Friesen sei; vgl. unten Cap. V. §. 7. Freilich waren die Sätze, die die Friesen in den Küren aufstellten, nicht Sätze, wie sie König Karl den Friesen einstmals gewährt hatte, waren Sätze, die zu seiner Zeit nach ihrem ganzen Inhalt unmöglich gelten konnten; vgl. oben p. 77 ff. Es war eben das alte Volksrecht, wie es in der Mitte des zwölften Jahrhunderts in Friesland galt, das die Friesen als uralt gewahrt wissen wollten; gegen dessen Abänderungen, wie sie namentlich der Landfriede Kaiser Friedrichs I. im Jahr 1156 nach den Ausführungen oben p. 108 herbeiführte, sie sich sträubten. Sie stellten, indem sie die Sätze vereinbarten, die wir später unter dem Namen der Siebzehn Küren kennen, sie als Forderungen, petitiones, auf, die in ihrem uralten Recht begründet seien, die ihnen der gute König Karl einstmals verliehen habe. In diesem Sinne wurden die siebzehn Sätze als Petitiones bezeichnet.

Im Gegensatz zu den Petitiones heifsen die jüngeren Vierundzwanzig Landrechte in ihrem alten lateinischen Text Constitutiones. Die versammelten Friesen stellen Sätze auf, von denen sie wollen, dafs sie bei ihnen gelten, nennen sie Constitutiones, wie das Wort „Constitutio" abwechselnd mit Statutum mehrfach in älteren friesischen Vereinsstatuten des dreizehnten Jahrhunderts gebraucht wird. Zum Beispiel erklären die Emsiger und Brokmer vor 1250, indem sie Küren vereinbaren, in der oben p. 118 No. 8 aus ihnen angeführten Stelle: Deficiente ubique justitia et veritate a filiis hominum diminuta ... placuit judicibus utriusque terrae in unum con-

venientibus *constitutiones conscribere*, quibus justitia et pax propagetur et injustitia eliminetur. Im Jahr 1290 bestätigen die
Landdistrikte des Westergo in der oben p. 140 unter No. 3 excerpirten Urkunde der Stadt Stavern die ihr von Kaiser Karl, Heinrich IV.
und Heinrich V. verliehenen Rechte und räumen ein, ut *constitutiones
a civibus Staurensibus inveniendae* ratae maneant et inconvulsae.
Im Jahr 1315 beschliefsen die Rüstringer in ihrer Landesversamm-
lung zu Eckwarderbrück nach der oben p. 136 unter No. 50 excerpirten Urkunde, quod populus et universitas terrae nostrae privilegia et *constitutiones* inter terram nostram et civitatem Bremensem
antea *conscriptas* cum *constitutionibus* infra positis secundum omnes
suas clausulas debebunt ... observare; und 1323 erklären die
Westergoer in den Leges Upstalsbomicae, indem sie die Verbindung
der Landdistrikte, die den alten Küren und Landrechten zu Grunde
lag, in veränderter Gestalt herstellen wollen: ad reformacionem
constitutionum Opstallisbaem habitarum et *constitutarum* ordinavimus
diversitates litterarum, oben p. 146, No. 23.

Für Petitio wird gleichbedeutend E l e c t i o gebraucht: „Septima
decima e l e c t i o est et regis Karoli concessio“ in Küre 17 und „Haec
sunt septemdecim petitiones sive e l e c t i o n e s“ im Schlufssatz der
Siebzehn Küren.

Die friesischen Ueberarbeitungen der Siebzehn Küren verwenden
in denselben Stellen für Petitio, indem sie die Bezeichnung Electio
im älteren lateinischen Text ins Friesische übersetzen, die Bezeichnung K e s t und K e r e. Beide Wortformen sind gebildet aus dem
friesischen „kiasa“, d. i. kiesen, küren, wählen; die Substantiva „kest“
und „kere“ bedeuten sowohl den Act des Wählens, die Wahl, als das
Gekürte, Beliebte, Gewählte, die beschlossene Satzung; s. Fries. Wb.
p. 863 und p. 866. Der Rüstringer friesische Text setzt für Kest
„L i o d - k e s t“, d. i. „Volks-küre“, s. Fries. Wb. p. 904, der niederdeutsche Emsiger „W i l l e - k o e r.“

Zur Bezeichnung der Sätze, die als Vierundzwanzig Constitutiones später vereinbart wurden, braucht eine Stelle im lateinischen
Text der dritten Küre, die offenbar für einen späteren Zusatz gelten
mufs, e d i c t a; es heifst: „tunc tenetur (asega) scire omnia jura,
quae sunt kesta et londriucht, id est petitiones et *edicta*, oben

p. 34. Die friesischen Ueberarbeitungen der Vierundzwanzig Constitutiones nennen sie Landrechte, sprechen vom 1. 2. 3. u. s. w. bis zum 24. londriucht; s. Fries. Rq. p. 40—81. Unter londriucht ist das Recht eines Landdistrikts oder Landes, einer Terra, das jus terrae verstanden, und hier speciell das Recht, das die verbundenen friesischen Landdistrikte als bei ihnen geltendes Recht aufgestellt haben, das jus vulgi et omnium Frisonum, wie es die dritte Küre nennt.

Die Aufführung der einzelnen Artikel der Siebzehn Küren als Prima petitio, Secunda Petitio u. s. w. läfst sich kaum als erst in späterer Zeit dem Statut hinzugefügt denken, es sind eben einzelne siebzehn Petitiones, die als Electiones, friesisch als Kesta oder Kera, niederdeutsch als Wille-koeren bezeichnet werden und von den Urhebern des Statuts aufgestellt waren. Das Statut erhielt nach der Zahl der siebzehn als geltend aufgestellten Sätze den Namen der Siebzehn Küren, der septemdecim petitiones sive electiones im lateinischen Text, der singuntine kesta oder liod-kesta in den friesischen Texten, und nannte man die Vierundzwanzig durch Vereinbarung der einzelnen Terrae oder Landdistrikte später aufgestellten Sätze „Constitutiones", in friesischer Sprache die „24 londriuchta."

4. Der Ort, an dem die beiden Statute vereinbart sind, ist nicht authentisch überliefert, doch ist anzunehmen, dafs es zu Upstalsbom geschehen ist. Am Schlufs der Siebzehn Küren sagt der friesische Text der ersten Emsiger Handschrift in Groningen, nachdem er den Nachsatz des lateinischen Textes in ähnlicher Weise, wie der friesische Hunsegoer gegeben hat: „Thet thing scelma halda mitha sogen liud-withem fon tha sogen selondum te Upstalesbame tiesdeis andere pinsterwika mith allera Fresana riuchte", Fries. Rq. p. 28, 32; und in meinem friesischen Fivelgoer Manuscript p. 14 heifst es am Schlufs der Siebzehn Küren: „Thit riucht achma and scolma halda mith sogen liude-withum fonta sogen selondum to Upstallisbame teysdey in ther pinxtrawika alle Fresum to lowe ande to erum." Die Worte beider Texte sagen, dafs das Thing zu Upstalsbom am Pfingstdinstag von sieben Liud-

witen (d. i. Volkszeugen) aus sieben Seelanden gehalten werden solle. Beide Texte geben als Zusammenkunftsort der Friesen, um den Inhalt der vereinbarten Küren zur Geltung zu bringen, den Upstalsbom an; sie setzen voraus, dafs die Friesen in Upstalsbom die Küren vereinbart haben. Absolut beweisend sind aber die Worte nicht, da sie erst nach der Mitte des dreizehnten Jahrhunderts bei der friesischen Ueberarbeitung des lateinischen Textes der Siebzehn Küren für Emsgo und Fivelgo hinzugefügt sein dürften. Der lateinische Text im Vetus Jus Frisicum aus den ersten Jahrzehnten des dreizehnten Jahrhunderts spricht am Schlufs nur über die Septemdecim petitiones sive electiones, die König Karl den Friesen gegeben habe; auch dieser Schlufssatz des lateinischen Textes kann nicht der ursprünglichen Fassung der Siebzehn Küren angehören. Es mufs in dem lateinischen Text der Siebzehn Küren, wie ihn uns das sogenannte Vetus Jus Frisicum erhalten hat, der ursprüngliche Eingang und Schlufs der Küren weggelassen sein; in ihm würde, wie ich schon oben p. 77 vermuthete, gestanden haben, wer sie vereinbart hat, und wo es geschehen ist.

Sind wir demnach nicht berechtigt, in den angeführten friesischen Worten einen directen Beweis für die Abfassung der Siebzehn Küren in Upstalsbom zu erblicken, so sagen sie doch, dafs man dies zur Zeit der Abfassung des friesischen Textes, d. i. etwa 100 bis 150 Jahre nachher, that. Die Annahme stimmt zu Allem, was aus der Beschaffenheit der Siebzehn Küren gefolgert werden kann. Wie ich oben in §. 8, p. 96—112, erörterte, müssen die Siebzehn Küren nach 1156 von friesischen Gauen zwischen Fli und Weser vereinbart sein. Einzelne Jurati aus ihnen kamen im Beginn des dreizehnten Jahrhunderts nach alter Sitte, wie der gleichzeitige Abt Emo aus dem Fivelgo in der oben p. 16 angeführten Stelle berichtet, zu Upstalsbom zusammen. In Upstalsbom versammelten sie sich nach Aufstellung der Leges Upstalsbomicae von 1323 durch ihre Judices selandini in den Jahren 1324—1327, und werden auch dort bald nach 1156 die Siebzehn Küren und einige Jahre später die Vierundzwanzig Landrechte vereinbart haben.

III. Die Ueberküren.

§. 11. Handschriften der Ueberküren.

Die Ueberküren sind nicht in lateinischer Sprache erhalten, in der sie unzweifelhaft ursprünglich, wie die Siebzehn Küren und Vierundzwanzig Landrechte, aufgezeichnet wurden, indem noch lange nach ihrer Entstehung bis in den Beginn des vierzehnten Jahrhunderts in Friesland alle Documente lateinisch abgefafst wurden. Wir kennen sie nur in friesischen an mehreren Stellen von einander abweichenden Ueberarbeitungen und noch jüngeren niederdeutschen aus den friesischen Texten angefertigten Uebersetzungen. Dadurch wird die Feststellung der Entstehungszeit der Ueberküren und des Ortes, an dem sie vereinbart sind, sowie der friesischen Gegend, für die sie gegolten haben, wesentlich erschwert, und sind überhaupt die einzelnen Sätze der Ueberküren für Ermittelung der alten friesischen Verhältnisse nur mit grofser Vorsicht zu benutzen. Unbeachtet dürfen indessen die Ueberküren in keiner Weise bleiben, da sie Punkte berühren, die in allen andern friesischen Rechtsquellen übergangen sind.

Es ist erforderlich, die einzelnen Texte der Ueberküren, die auf uns gekommen sind, genau mit einander zu vergleichen, um nach Möglichkeit herauszustellen, welche Bestimmungen in den Ueberküren ursprünglich aufgestellt, ob diese später durch Zusätze verändert oder aber durch Interpolation einzelner Schreiber der Handschriften entstellt sind. . Um dies thun zu können, müssen die Handschriften, in denen die Ueberküren erhalten sind, genauer beachtet werden.

A. Handschriften der Ueberküren:

1) In meiner friesischen Wicht'schen Pergamenthandschrift des Hunsingoer Rechts, die oben p. 63 näher besprochen wurde, steht p. 95 ein friesischer Text der Ueberküren.

2) Ebenso steht in meiner friesischen Scaliger'schen Pergamenthandschrift des Hunsingoer Rechts, über die oben p. 64 gehandelt wurde, p. 39 ein friesischer Text der Ueberküren.

3) Meine Papierhandschrift des Fivelgoer Rechts, oben p. 23 angeführt, liefert p. 100 einen friesischen Text der Ueberküren.

4) In der ersten friesischen Pergamenthandschrift des Emsiger Rechts im Besitz der Genootschap pro excolendo jure patrio zu Groningen, in Fries. Rq. p. XVI verzeichnet, steht p. 75 ein friesischer Text der Ueberküren.

5) Einen friesischen Text der Ueberküren theilt aus einer verlorenen friesischen Pergamenthandschrift des Emsiger Rechts mit Wicht Ostfriesisches Landrecht 1746 p. 824. Er nimmt ihn aus einer Handschrift des Ostfriesischen Landrechts, in die er nach einer beigeschriebenen Notiz im Jahr 1629, den 25. März, durch Imel Agena aus Upgand aus einer „in alter Mönchsschrift geschriebenen" Pergamenthandschrift des Boteric Suntkena fon Manslach Drost in Gretsiel eingetragen sei, vgl. Fries. Rq. p. 98, Note 3.

6) In der niederdeutschen Pergamenthandschrift des Emsiger Rechts im Besitz der Genootschap pro excolendo jure patrio zu Groningen (siehe Fries. Rq. p. XVII) steht p. 81 ein niederdeutscher Text der Ueberküren.

7) Die Fries. Rq. p. XVIII verzeichnete niederdeutsche Pergamenthandschrift des Emsiger Rechts, die einst Eggeric Beninga besaß und jetzt in der königlichen Bibliothek zu Hannover aufbewahrt wird, und zwar unter No. XXII, 1424 MS. nach Bodemann Katalog der Handschriften zu Hannover, Hannover 1867, p. 310, enthält p. 26a einen niederdeutschen Text der Ueberküren.

8) Im Ostfriesischen Landrecht des Grafen Edzard von 1515, Lib. III cap. 100, steht ein niederdeutscher Text der Ueberküren. Vom Ostfriesischen Landrecht sind zahlreiche Handschriften vorhanden, s. Fries. Rq. p. XVIII. Gedruckt ist es nach der späten Auricher Handschrift in Mathias von Wicht Ostfriesisches Landrecht 1746, wo sich p. 822 die Ueberküren finden. Einzelne Stellen älterer Handschriften des Ostfriesischen Landrechts, namentlich aus der des E. Beninga von 1527 in der Universitätsbibliothek zu Göttingen habe ich in Fries. Rq. angeführt. Sie erwähnen speciell, daß Graf Edzard bei Aufnahme der Ueberküren in sein Gesetzbuch

mehrere von ihnen übergehen zu müssen glaubte, weil sie mit dem
Zustand Ostfrieslands zu seiner Zeit und dem Recht der christ-
lichen Kirche unvereinbar seien; siehe Fries. Rq. p. 99, Note 10
und Note 12 sowie p. 100, Note 4.

In keine der niederdeutschen Rechtshandschriften aus den Groninger Ommelanden, die dem fünfzehnten und sechzehnten Jahrhundert angehören und als Ommelander Landrecht bezeichnet zu
werden pflegen, scheint ein Text der Ueberküren aufgenommen zu
sein. Ich habe in Fries. Rq. p. XX neun derartige Manuscripte
aufgezählt, die ich im Herbst 1834 zu Groningen benutzte. Ein
anderes als Ommelander Rechtsmanuscript bezeichnetes habe ich
1858 aus dem Nachlafs von P. Wierdsma erkauft. Eine Abschrift
einer derartigen Handschrift überreichten im Jahr 1571 die Ommelande dem Herzog Alba, der als Gouverneur Angaben über das in
der Provinz geltende Recht verlangte; sie war angefertigt nach
einem Exemplar, das damals Edzard Rengers besafs; s. Verhandelingen van het genootschap pro excolendo jure patrio te Groningen
1781, III, Stuk 2, Anhang p. 50. In Schotanus Beschryvinge van
de heerlyckheidt van Frieslandt tusschen 't Flie end de Lauwers
Franeker 1664, p. 106—125 ist hinter dem alten Druck des friesischen sogenannten Westerlauwerschen Landrechts ein Stück einer
derartigen Handschrift abgedruckt, das die Magnusküren, die Siebzehn Küren, die Vierundzwanzig Landrechte und die Sechsunddreifsig
Sendrechte (eine niederdeutsche Uebersetzung des friesischen, in
Fries. Rq. p. 401—410 eingerückten Sendrechts) umfafst. Die vorerwähnten Rechtshandschriften aus den Ommelanden enthalten neben
einigen lateinischen Stücken niederdeutsche Uebersetzungen älterer
friesischer Statute ans Fivelgo, Hunsingo, Vredewolt, Langewolt,
Humsterland, sowie einige spätere in niederdeutscher Sprache verfafste Rechtsaufzeichnungen aus den Ommelanden. Irrthümlich hält
man die in den Handschriften in niederdeutscher Uebersetzung mehrfach aufgenommenen Magnusküren für die Ueberküren, und daraus
dürfte sich die irrige Angabe erklären, dafs in den Ommelanden
Handschriften mit den Ueberküren sich vorfänden.

B. Alter der Handschriften der Ueberküren.

1) Die ältesten unter den Handschriften, in denen die Ueberküren stehen, sind unbedingt die auf p. 202 unter No. 1 und No. 2
angeführten friesischen Hunsingoer Handschriften. Es ist oben
p. 73 gezeigt, dafs die beiden Pergamenthandschriften nach dem
Jahr 1252 geschrieben sein müssen, indem in ihnen eine friesische
Uebersetzung der lateinisch aufgezeichneten Hunsingoer Küren von
1252 steht. Die beiden Hunsingoer Handschriften werden am
Schlufs des dreizehnten oder doch spätestens im Beginn des vierzehnten Jahrhunderts vor 1323 geschrieben sein. Sie sind Abschriften einer einige Jahre älteren verlorenen friesischen Hunsingoer Handschrift.

2) Die Fivelgoer Rechtshandschrift, die ebenfalls einen friesischen Text der Ueberküren enthält, ist eine Papierhandschrift in
klein Octav aus dem fünfzehnten Jahrhundert. Nach ihrer Schrift
dürfte sie dem Schlufs des fünfzehnten Jahrhunderts angehören.
Sie ist jedenfalls nach 1427 geschrieben, indem sie p. 39—45 die
„Focka Ukana Wilkeran" vom 24. April 1427 enthält. Hettema,
der die Handschrift unter dem Titel „Het Fivelingoer en Oldampster
Landregt" Dockum 1841 herausgab, liefs unbeachtet, dafs von dem
eben bezeichneten Stück, einem Vertrag der ostfriesischen Häuptlinge Focke Ukens, Hiske Propst zu Emden, Enno zu Greetsiel und
Ymele zu Grimersum, mit den friesischen Landdistrikten Reiderland, Fivelgeland, Oldamt, Hunsingeland, Midog, Langewold, Vrede-
wold und Humsterland zwischen Ems und Laubach („de lande, de
ligghen tuschen der Lauwersche ende der Eemze"), ein Original in
Groningen erhalten ist, und dafs von ihm bereits Idsinga Het Staatsrecht der Vereenigde Nederlanden Leuwarden 1765, II p. 345—348
einen Abdruck lieferte[1]. Und doch ist die Art, wie der Schreiber

---

[1] Die Urkunde ist nach dem Abdruck bei Idsinga datirt: Int jaer
uns heren dusent veerhundert XXVII, des vyften daghes na Paeschen,
ebenso im Fivelgoer Manuscript: Datum anno domini MCCCCXXVII quinta
feria post Pascha, d. i. den 24. April 1427. Damit stimmen überein die
Angaben über die Urkunde von Feith in Register van het archief van Groningen 1853, I p. 76, und der von ihm an Friedländer mitgetheilte, in dessen

der Handschrift beim Abschreiben dieser Urkunde verfährt, in aller
Weise geeignet, seine ungenaue Behandlung der von ihm aufgenommenen Stücke zu veranschaulichen: bei sehr vielen Worten
ändert er die im Original gebrauchten Wortformen nach seiner
Sprechweise, er läfst Worte aus, fügt andere ein, setzt z. B., wo
das Original „van I Arnemsche gulden" spricht, dafür „van fiif
merken"; am schroffsten tritt sein Verfahren am Schlufs der Urkunde hervor; er sagt MS. p. 45 „Item *met korte worden: alle water
ende alle pen, de sal men holden na oelden zede ende woent to des
landis besten. Ende weso stelt bouen vier gulden wert goedis, dat
men met nochliken tuge ouertugen mach, dan sal men hanghen.
Datum anno domini MCCCCXXVII quinta feria post Pascha."* Hier
hat allerdings der Schreiber die Urkunde sehr bedeutend „gekürzt."
Die dafür stehenden Worte füllen in Idsingas Abdruck in folio
einundvierzig Zeilen! und enthalten specielle Bestimmungen über
das in Betreff der angeregten Punkte vereinbarte Recht. Dafs das
Fivelgoer Manuscript nicht dem *vierzehnten Jahrhundert* angehört,
wie *Hettema* angiebt, kann keinem Zweifel unterliegen. Unrichtig
ist die Angabe in *Friedländer* Ostfriesisches Urkundenbuch, II p. 333
(der ohne Grund den fehlerhaften Abdruck des Manuscrips aus Hettema
aufnimmt), *dafs* dem Manuscript *die* in ihm *p. 39—45* füllenden
Willküren des Focke Ukena *später hinzugefügt sind.* Die Schrift
und Dinte, mit der im Fivelgoer Manuscript die Küren von 1427
geschrieben sind, unterscheidet sich in keiner Weise von der im
übrigen Manuscript; auf Pagina 39 des Manuscripts beginnt mit

Ostfriesischem Urkundenbuch 1876, II, p. 333 gegebene Abdruck des Groninger Originals. Nach einer in einigen Nebenpunkten abweichenden eigenhändigen Abschrift des Ubbo Emmius in Groningen ist die Urkunde in
Friedländer II p. 333 abgedruckt. Sie giebt als Ausstellungszeit an: anno
domini MCCCCXX octavo, feria sexta post festum Pasche, d. i. 1428, den
9. April. Emmius setzt hiernach Historia rerum Frisicarum p. 307 den Vertrag ins Jahr 1428, desgleichen de Sitter in Tegenwoordige Ommelande
1793, I, p. 149 und Suur Häuptlinge in Ostfriesland 1846 p. 137, während
ihn Wiarda Ostfriesische Geschichte 1791, I p. 435 und Westendorp Jaerboek van Groningen 1832, II p. 425 nach dem Groninger Original ins Jahr
1427 stellen. Für 1428 scheinen andere 1427 von Focke Ukena abgeschlossene Verträge zu sprechen.

der dritten Zeile der niederdeutsche Text der Focke Ukena Willküren; die beiden ersten Zeilen der Seite lauten: „ief en meynwif
mei hine (d. i. den Dieb) lesa dar vten bodelhws is, to afta; sa
mei hi sin hals bihalde", Worte, die einer Aufzeichnung über älteres
friesisches Recht in friesischer Sprache angehören, wie aus Hettema
zu ersehen ist, wo die Stelle p. 58 abgedruckt ist.

3) Aus dem Emsigerlande sind in zwei Handschriften friesische
Texte der Ueberküren erhalten und in zwei andern niederdeutsche,
die als Uebersetzungen der friesischen anzusehen sind. Die eine oben
p. 203 unter No. 5 verzeichnete friesische Handschrift ist verloren,
der Text aus ihr so mangelhaft überliefert, dafs ein Urtheil über
das Alter und die Eigenthümlichkeit der verlorenen Handschrift
kaum noch möglich sein wird. Ueber die Abfassungszeit und Beschaffenheit der ersten oben p. 203 unter No. 4 angeführten Groninger friesischen Handschrift, in der der friesische Text der Ueberküren steht, herrscht wie über zwei andere aus dem Emsigerland
erhaltene friesische Rechtshandschriften die gröfste Meinungsverschiedenheit. Man hat abwechselnd geglaubt, die drei Handschriften
in den Schlufs des dreizehnten, um 1300, ins vierzehnte und ins
Ende des fünfzehnten Jahrhunderts stellen zu müssen, hat in ihnen
getreue und sorgfältig geschriebene Aufzeichnungen gefunden, und
demgegenüber angenommen sie seien voll von zahllosen Schreib-
fehlern und Ungenauigkeiten. Ich sehe in ihnen späte, ins fünfzehnte
Jahrhundert zu setzende Abschriften älterer wenig vor und nach 1300
geschriebener friesischer Emsiger Rechtshandschriften, die von
Schreibern herrühren, die der älteren friesischen Sprache und des
älteren friesischen Rechts wenig kundig waren. Bei der Wichtigkeit
der ersten friesischen Emsiger Groninger Handschrift nicht nur für
den Text der Ueberküren im Allgemeinen, sondern insbesondere für
Ort und Zeit der Abfassung der Ueberküren, mufs ich hier näher
auf die drei auf uns gekommenen friesischen Rechtshandschriften
aus Emsigerland eingehen. Bereits oben p. 72 wurden sie angeführt
und erwähnt, dafs sie mit Angabe ihres Inhalts in Friesische Rechtsquellen p. XVI verzeichnet sind.

Ueber die erste friesische Emsiger Pergamenthandschrift
zu Groningen halte ich mein ungünstiges Urtheil in Fries. Rq. p. XVI

durchweg fest. Wiarda Asegabuch 1805, p. LXV behauptete, sie sei viel älter, vor 1312 und schön geschrieben. Seine Worte wiederholt Hettema Oude Friesche Wetten Leuwarden 1846, I p. XII. Der Schreiber der Handschrift verschreibt zahllose Buchstaben und Worte, reifst Worte und Sätze sinnlos aus einander, mischt niederdeutsche Worte und Formen ein, versteht oft nicht, was er schreibt, er verwechselt mit einander t und r, braucht nicht selten für f und t dasselbe Zeichen, noch öfter verwechselt er u und n, oder ni und m, oder in und iu, auch w und m und in und w. So schreibt er z. B. in Küre 11 „tiu alde bote", Fries. Rq. p. 20, 1, für „tuiwalde bote", wie der friesische Hunsingoer Text liest, Fries. Rq. p. 20, 1; im der Küre zu Grunde liegenden lateinischen Text steht „et duplicem compositionem", oben p. 37. In Küre 15 hat das Groninger Manuscript „fiuwer autwinghe merkum", Fries. Rq. p. 24, 9, für das im Hunsingoer stehende „fiuwer and tuintechga merkum", Fries. Rq. p. 25, 4. Das Manuscript schreibt: „huuele", p. 2, 7, für „huuelc"; „byrechnath", p. 6, 12, für „bytecnath"; „thrira merca", p. 6, 30, für „thera merca"; „to ene eme monne", p. 12, 6, für „to ene eine monne" (d. i. einem eigenen, unfreien Manne); „us", p. 14, 18, für „is"; „Hamneres", p. 14, 18, für „Hammeresburch"; „Cufor", p. 14, 22 für „Cuforda"; „thrucht", p. 18, 14, für „thruch"; „farfasteren", p. 18, 26, für „karfasteren"; „comskelde", p. 24, 2, für „compskelde"; „alla", p. 32, 3, für „alra"; „thin punt", p. 44, 18, für „thriu punt"; „bemthe", p. 58, 19, für „benethe" (Klage, Mordklage); „scale", p. 58, 20 und 21, für „scalc" (Knecht); „huadlas", p. 62, 23, für „haudlas" (hauptlos); „hunde", p. 68, 11, für „huande"; „thettet alle ewer se", p. 72, 8, für „thettet all wer se"; „ther umbe ne thort hi", p. 72, 9, für „thorf hi." Zahlreiche andere Beispiele ergeben die Noten zu dem Abdruck des Emsiger Textes der Küren und Landrechte in Friesische Rechtsquellen p. 2 ff. Sehr oft braucht der Schreiber für ältere friesische jüngere niederdeutsche Wortformen, oder setzt anderwärts niederdeutsche Worte für ältere friesische, fügt sogar nicht selten friesischen Worten zu ihrer Erklärung niederdeutsche bei. Ich führe beispielsweise an: Küre 4 nennt er *„De veerde kest":* „Thet iste fiarde kest", Fries. Rq. p. 6, 28, wo im Hunsingoer Text steht: Quarta petitio: Thet is thiu fiarde kest"; in der fünften Küre: „*De V. fon da lawen:* Thet iste fifte kest", p. 8, 6; sodann „*De VI. kest. Van erwe:* Thet iste sexte kest", p. 8, 17; „*Dit is de XVII. kest:* Thet istiu sogentendeste kest", p. 26, 25; „*Dat anderde londriucht:* Thit istet other londriucht", p. 42, 23; „*Dit is dat sovende londriucht:* Thet is teth soghende londriucht", p. 54, 6. Irrthümlich sagt er „*De twalefte kest:* Theth istet tuelefte londriucht", p. 62, 10. In der Handschrift sind nur ältere Stücke über friesisches Recht enthalten; es stehen darin nicht die Bischofssühne von 1276, nicht das sogenannte Emsiger Pfennigschuldbuch, auch nicht die Emsiger Domen von 1312. Berücksichtigt man dies, und dafs in den beiden Manuscripten des Brokmerbriefs, die aus dem Beginn des vierzehnten Jahrhunderts und aus dem Jahr 1345 herrühren, unverkennbar einer späteren Zeit angehörende Rechtssatzungen aufgezeichnet sind, so führt dies zu der Annahme, dafs der unkundige Schreiber des Manuscripts eine ältere friesische Emsiger Rechtshandschrift ungenau abgeschrieben und durch Einschiebung einzelner, dem ihm geläufigen niederdeutschen Dialekt angehörender Worte und Wortformen entstellt hat. Dafs die abgeschriebene friesische Emsiger Handschrift nicht älter ist, als die oben p. 63 besprochenen friesischen Hunsingoer Handschriften aus dem Schlufs des dreizehnten Jahrhunderts, wird zu folgern sein aus ihrem Inhalt und der in ihr gebrauchten Sprache. Es dürfte letztere sie sogar vielleicht einer etwas späteren Zeit überweisen, wenn nicht eben manche der in ihr begegnenden friesischen Wortformen Aenderungen des Abschreibers sind, und deswegen eine Bestimmung der Zeit jener Handschrift aus ihrer Sprache im Einzelnen kaum möglich ist. Die Schrift und Schriftweise der ersten Emsiger Groninger Handschrift ist unverkennbar jünger als die des Brokmerbriefs von 1345, von der ein Facsimile meinen Friesischen Rechtsquellen beigegeben ist. Ich setze sie unbedingt ins fünfzehnte Jahrhundert. Bei Benutzung der Handschrift ist demnach die ihr zu Grunde liegende etwa um 1300 zu setzende, höchst mangelhaft überlieferte ältere Handschrift des Emsiger Rechts und die Handschrift selbst, wie sie aus dem fünfzehnten Jahrhundert vorliegt, zu unterscheiden.

14

Um über die zweite friesische Emsiger Rechtshandschrift zu Groningen und die Zeit, der sie augehört, ein Urtheil
abzugeben, darf man nicht aufser Acht lassen, dafs sich in ihr
unmittelbar vier Lagen unterscheiden, die zum Theil, wenn auch
von späterer Hand, auch abgesondert paginirt sind und Abschriften
von sehr verschiedenen Stücken über friesisches Recht enthalten.
In der ersten Lage von dreiunddreifsig Seiten steht p. 1 — 7 ein
altes in friesischer Sprache abgefafstes Formular eines Fiaeides,
gedruckt Fries. Rq. p. 245 — 246, dann p. 7 — 33 ein friesischer
Text der Emsiger Bufstaxen, gedruckt Fries. Rq. p. 212 — 240; in
der zweiten Lage von vierunddreifsig Seiten steht p. 1 — 9 ein
friesischer Text der Emsiger Domen von 1312, gedruckt Fries. Rq.
p. 182 — 192; p. 9 Zusätze zum ersten allgemeinen Landrecht, gedruckt Fries. Rq. p. 40 Note 8; p. 9 — 18 ein friesischer Text der
1276 lateinisch vereinbarten Bischofssühne, gedruckt Fries. Rq.
p. 140 — 150; p. 18 — 34 ein friesischer Text des Emsiger Pfennigschuldbuchs, gedruckt Fries. Rq. p. 194 — 208; die dritte Lage enthält in niederdeutscher Sprache das 1448 zwischen Fivelgo, Hunsingo und der Stadt Groningen vereinbarte sogenannte Ommelander
Landrecht; es ist nach einer späteren, aber korrecteren Abschrift
in Fries. Rq. p. 315 — 324 gedruckt; vgl. daselbst p. 315, Note;
die vierte Lage giebt auf elf Seiten nur eine Abschrift des lateinischen Textes der Emsiger Domen von 1312, gedruckt Fries. Rq.
p. 182 — 193.

Die hier in der Handschrift an einander gereihten Stücke gehören in der Fassung, in der sie aufgenommen sind, dem Schlufs
des dreizehnten, sowie dem vierzehnten und dem fünfzehnten Jahrhundert an. Ein friesischer Text der im zwölften Jahrhundert
lateinisch abgefafsten Küren und Landrechte, wie er aus dem
dreizehnten Jahrhundert erhalten ist, findet sich in der Handschrift nicht, dagegen hat sie Zusätze zum ersten allgemeinen Landrecht in einer Fassung, die ihrer Sprache nach dem Schlufs des
dreizehnten oder dem Beginn des vierzehnten Jahrhunderts angehört; sodann giebt sie das Formular eines Fiaeids in friesischer Sprache, wie er im dreizehnten Jahrhundert im Emsigerland und in ähnlicher Weise in den benachbarten friesischen Land-

distrikten geschworen sein mufs. Mone liefs 1834 im Anzeiger für Kunde des deutschen Mittelalters Nürnberg, Jahrgang III p. 145 den Text eines „Pergamentblättchens in Duodez in starker Fractur des 14. Jahrhunderts" abdrucken, der mit den ersten, p. 245, 1—19 gedruckten, Zeilen des im Emsiger Manuscript stehenden Formular des Fiaeides fast wörtlich übereinstimmt[1]). Er vermuthet wegen der Kleinheit des Formats, das abgedruckte Blatt sei aus einem Gebetbuch, nicht aus einem Rechtsbuch genommen; was ich, so lange uns keine älteren friesischen Gebetbücher vorliegen, um so mehr bezweifeln mufs, da fast alle mir bekannten friesischen Rechtsmanuscripte ganz kleines Format haben. Von meinen friesischen älteren Manuscripten mifst das dritte friesische Emsiger Manuscript (Pergament) 19 cm in der Höhe, 13½ cm in der Breite, das oben p. 63 angeführte alte friesische Hunsingoer Wichtsche Manuscript (Pergament) 19¼—20 cm in der Höhe, 15—15½ cm in der Breite, das Scaligersche (Pergament), oben p. 64, 23½—24 cm Höhe, 15¼—16 cm Breite, das friesische Fivelgoer Manuscript (Papier), oben p. 23, 18 cm Höhe, 12¾ cm Breite, das oben p. 204 erwähnte niederdeutsche Ommelander Manuscript (Papier) nur 13¼ cm in der Höhe, 9 cm in der

---

[1]) Die Varianten in Mones Abdruck sind: Für „hilge", Fries. Rq. p. 245, 1, hat Mone „helge"; für „godes", p. 245, 3, Mone „godis"; für „alsa helpe dy god", p. 245, 3, M. „alsa helpe thi god"; für „alle propheta godis", 245, 5, M. „alle godis propheta"; für „fiower", 245, 7, M. „fiowir"; für „hio" („hio" steht für „hiu", 224, 15, dürfte verschrieben sein für „hia", plur. nom. von „hi"), 245, 8, M. „iha" (für „hia" geschrieben); für „drochtenes", 245, 9, „drochtens"; hinter „drochtens", 245, 9, hat M. eine Lücke, in der im Groninger Manuscript die folgenden zwölf Worte stehen: „to domes-dey, sa thu thinne eth elle riuchte swere and naut", Mone ergänzt ungenügend durch „elle riuchte suere and nawit"; für „martilar", 245, 12, M. „martirar"; für „thi troiwa sente Nyclaus", 245, 13, M. „thi troiwa sente Nycolaus"; für „Katherina", 245, 14, M. „Katerina"; für „hilgha", 245, 16, M. „belga"; für „a himelrike", 245, 16, Mone „t himelrike", was er in „ut himelrike" ergänzt, wohl statt „et himelrike"; für „naut", 245, 18, M. „nawit." Die Form „dy", für das friesissche „thi" bei Mone, dürfte von dem niederdeutschen Schreiber des Emsiger Manuscripts herrühren; in „martilar", für „martirar" bei Mone, wird er, wie vielfach, l aus r verlesen haben, im Formular Fries. Rq. p. 245, 12 braucht er „martir"; „bio" hat Abschreiber fehlerhaft für „bia" geschrieben.

Breite. Es wird das von Mone abgedruckte Blatt einer alten verlorenen Handschrift des Emsiger Rechts angehören; auch in meinen
alten Handschriften aus dem Hunsingo sind, wie oben p. 64 angeführt ist, einige Blätter ausgeschnitten.

Neben dem lateinischen Text der Emsiger Domen von 1312
enthält die Handschrift eine friesische Uebersetzung von ihnen, die
aus dem vierzehnten Jahrhundert stammt. Das niederdeutsche sogenannte Ommelander Landrecht ist 1448 vereinbart. Dafs der
Schreiber, der nach 1448 den niederdeutschen Text des Ommelander Landrechts ungenau abschrieb, nicht mehr der friesischen
Sprache mächtig war, in der der Fiaeid und das Emsiger Pfennigschuldbuch niedergeschrieben sind, dafs von ihm auch nicht der
freilich wohl jüngere Text der Uebersetzung der Bischofssühne von
1276 und der Emsiger Domen von 1312 herrührt, kann mir nicht
zweifelhaft sein. Ich halte es für ganz unhaltbar, wenn Wiarda
Asegabuch 1805 p. LXV und p. LXVI sagt, das erste friesische
Emsiger Groninger Manuscript sei vor 1312 geschrieben und viel
älter, als das zweite friesische Emsiger Groninger Manuscript, in
dem sich ein friesischer Text der Emsiger Domen von 1312 finde,
„dessen Sprache, die sich schon sehr dem Plattdeutschen nähert,
sein jugendliches Alter verräth." Die Worte und Wortformen der
friesischen Uebersetzung der lateinischen Emsiger Domen von 1312
sind in der zweiten friesischen Emsiger Handschrift, abgesehen von
einzelnen dem Abschreiber angehörenden Aenderungen, friesisch,
nicht niederdeutsch, nähern sich nicht dem Plattdeutschen, wie er
sich ausdrückt. Die ältesten Aufzeichnungen in friesischer Sprache,
die uns erhalten sind, stammen aus der zweiten Hälfte des dreizehnten Jahrhunderts, wie oben p. 94 nachgewiesen wurde. Die
friesische Sprache des Brokmerbriefs, der nach 1276 verfafst ist,
und den wir aus einer Handschrift aus dem Beginn des vierzehnten
Jahrhunderts und aus einer andern fast übereinstimmenden Handschrift aus dem Jahr 1345 kennen, ist im Wesentlichen das Friesisch,
das sich in dem Text der zweiten Groninger Handschrift vom
Fiaeid, sowie in dem dem Brokmerbrief nahe verwandten Pfennigschuldbuch findet, und wenig verändert in dem friesischen Text der
Bischofssühne und der Emsigor Domen verwendet ist. Im Friesischen

Wörterbuch habe ich die einzelnen Wortformen und Worte aus den Emsiger Handschriften neben denen, die sich im Brokmerbrief, in den ältesten Rüstringer Aufzeichnungen und in denen des Hunsingo vorfinden, verzeichnet unter dem Buchstaben E. Der niederdeutsche Dialekt, der später im Brokmer- und Emsigerlande gangbar wurde, ist nicht aus dem älteren Friesisch, das früher in jener Gegend gesprochen wurde, hervorgegangen, sondern ist die niederdeutsche aus den benachbarten Gegenden eingewanderte Sprache, die die friesische Volkssprache verdrängte, wenn sie auch einzelne Ausdrücke und Wortformen aus ihr aufgenommen hat. In älterer Zeit bediente man sich bei Rechtsaufzeichnungen des Lateinischen. Die ältesten Rechtssatzungen, die durch Vereinbarung der Emsiger und Brokmer entstanden und Fries. Rq. p. 135 aus der Brokmer Handschrift von 1345 gedruckt sind, brauchen die lateinische Sprache, wie die auch im Emsigerland geltenden Siebzehn Küren und Vierundzwanzig Landrechte im zwölften Jahrhundert in lateinischer Sprache abgefaßt wurden; die Bischofssühne wurde 1276 in lateinischer Sprache mit dem Bischof von Münster von dem Emsgo und den ihm benachbarten, zur Münsterschen Dioecese gehörenden Landdistrikten vereinbart, s. oben p. 123 No. 15; ebenso geschah es mit den Emsiger Domen von 1312 im Emsigerland; auch die Leges Upstalsbomicae von 1323, die wie in andern friesischen Landdistrikten, auch für das Emsigerland Geltung erlangen sollten, wurden von den Westergoern an der Zuiderzee in lateinischer Sprache aufgestellt. Auch die Erlasse, die wir von den Upstalsbomer Vereinstagen aus den Jahren 1324 und 1327 besitzen, die an der Grenze des Emsigerlandes aufgezeichnet wurden, und an denen 1324 die „Judices in Emesgonia" als betheiligt erscheinen (vgl. sie unten in §. 18, 19 und 27), sind lateinisch. Niederdeutsch dagegen sind die Vereinbarungen der Ostfriesischen Häuptlinge mit den Fivelgoern und Hunsingoern von 1428, von denen mehrere mit Siegeln versehene Ausfertigungen erhalten sind, während sie als Focke Ukena Keran von 1427 der friesischen Fivelgoer Handschrift eingereiht sind, s. oben p. 205. Daß die friesischen Texte der Siebzehn Küren und Vierundzwanzig Landrechte für Uebersetzungen des lateinischen Textes gelten müssen, nicht aber, wie Wiarda mit

Andern annahm, deren Urtexte sind, wurde oben p. 99 ausgeführt. In gleicher Weise ist der friesische Text der Bischofssühne von 1276 und der der Emsiger Domen von 1312 im zweiten Emsiger Manuscript eine Ueberarbeitung der lateinischen Texte von beiden, und diese Uebersetzung, die nicht in dem ersten friesischen Emsiger Manuscript enthalten ist, wird bald nach dem Jahr 1312 angefertigt sein. Der Schreiber, der im zweiten friesischen Emsiger Manuscript friesische Texte des alten Fiaeides, des Emsiger Pfennigschuldbuchs, der Bischofssühne von 1276, der Emsiger Domen von 1312 abschrieb, war der friesischen Sprache der von ihm abgeschriebenen Texte wenig kundig, wie er überhaupt ungenaue Abschriften lieferte. Es wird noch einer näheren Vergleichung bedürfen, ob die Abschrift des niederdeutschen sogenannten Ommelander Landrechts, die sich in der dritten Lage des Emsiger Manuscripts vorfindet, ein und derselben Hand angehört, die die früheren Stücke der Handschrift angefertigt hat. Wiarda Asegabuch p. LXVI erörtert, dafs die vierte Lage (sie enthält nur den lateinischen Text der Emsiger Domen von 1312) der zweiten Groninger Handschrift, die nach seinem Tode in den Besitz der Genootschap pro excolendo jure patrio zu Groningen übergegangen ist, nicht ursprünglich zu dem Manuscript gehört habe, sondern von dem früheren Besitzer demselben nur beigefügt und nachgebunden sei. Auch das dünnere Pergament, die schwärzere Dinte, und die ältere, auch schönere Schrift bewährten es. Ueber die dritte Lage äufsert er sich nicht. Wie dem aber auch sei, die zahlreichen Fehler und Mifsverständnisse in der Abschrift der ersten und zweiten Lage des Manuscripts beweisen, dafs der Abschreiber die von ihm abgeschriebenen, nach 1312 niedergeschriebenen friesischen Texte nicht mehr verstand. Sein Machwerk wird nach 1448 zu setzen sein. Zur Charakterisirung des Abschreibers führe ich nur an: in der Abschrift des friesischen Emsiger Pfennigschuldbuchs steht Manuscript p. 27 „sa ne thur hi mith na nene onrere agen stonda", Fries. Rq. p. 201, 34; „onrere" ist verlesen für „onsere" oder „onswere"; die Worte bedeuten nicht: so soll er mit keinem ungerührten Auge dastehen, sondern: er darf mit keinem Freischwören entgegen treten! Gleich darauf schreibt er sinnlos: „bihala tham ther him lemd is", Fries. Rq.

p. 201, 36, indem er „lemd" (gelähmt) aus „lend" (geliehen) ver-
liest; vgl. die dem §. 30 des Emsiger Pfennigschuldbuchs entsprechende Stelle des Brokmerbriefs §. 153 in Friesische Rechtsquellen p. 172. Im §. 4 des Emsiger Pfennigschuldbuchs schreibt
das zweite Groninger Manuscript „tiug" (Zeugnifs) zweimal für „ting",
d. i. thing, Fries. Rq. p. 195, 15 und 17; es wird bestimmt, dafs
wenn bei verliehenen Sachen der Ausleiher sich genöthigt sieht,
andere statt ihrer anzunehmen, er den vierten Theil ihres Werthes
in Abrechnung bringen darf. Der Schreiber des Groninger Manuscripts versteht den Satz nicht; vgl. dessen Fassung in dem,
Fries. Rq. p. 195 daneben gestellten friesischen Text des dritten
Emsiger Manuscripts.

Die dritte friesische Emsiger Rechtshandschrift,
die früher Wicht, dann Wierdsma zu Leuwarden besafs und jetzt
mir gehört, enthält p. 1—43 Emsiger Bufstaxen, gedruckt Fries. Rq.
p. 213—243; dahinter p. 43—53 einen friesischen Text der Emsiger
Domen von 1312, gedruckt Fries. Rq. p. 183—193; endlich p. 53—88
einen friesischen Text des Emsiger Pfennigschuldbuchs, gedruckt
Fries. Rq. p. 194—211. Wichts Ansicht im Vorbericht zum Ostfriesischen Landrecht p. 167, dafs sie später geschrieben sei, als
die oben p. 72 besprochene Handschrift des Brokmer Rechts von
1345, kann keinem Bedenken unterliegen. Er vermuthet, es sei
nach 1425 geschehen, da Manuscript p. 9 „post?geldene" erwähnt,
worunter Postulatusgulden zu verstehen seien, die erst nach 1425
geprägt wären. Ihm stimmen bei Wiarda Asegabuch 1805 p. LXV
und Hettema, Het Emsiger Landregt van 1312, Leuwarden 1830,
p. VIII. Nach den Schriftzügen und der ganzen Schreibweise der
Handschrift möchte ich glauben, sie sei in die erste Hälfte des
fünfzehnten Jahrhunderts zu setzen. Die Schriftprobe bei Hettema
von dem Manuscript p. 76 ist ungenügend, sie giebt kein getreues
Bild der Schrift, es sind sogar darin Worte verlesen, er setzt „son"
für „fon", „wavn path" für „wayn path" (d. i. Wagenweg). Auch
der Inhalt der Handschrift spricht für die erste Hälfte des fünfzehnten Jahrhunderts. Es ist in ihr keine Abschrift von den sogenannten Focke Ukena Keran von 1428 enthalten, die für Ostfriesland von grofser Bedeutung gewesen sein müssen; ihre Original-

texte sind oben p. 205 verzeichnet, und ist erwähnt, daſs ein nieder-
deutscher Text von ihnen in meiner Fivelgoer Handschrift des
Fivelgoer Rechts aufgenommen ist. Auch von dem niederdeutschen
sogenannten Ommelander Landrecht von 1448, gedruckt in Fries.
Rq. p. 315—324, ist kein Text in der Handschrift abgeschrieben.
Dies wurde 1448 zwischen Groningen und den Landdistrikten der
Ommelande vereinbart, muſste aber bei der engen Beziehung, die
damals zwischen Ostfriesland und den Ommelanden stattfand, für
Emsigerland sehr wichtig sein, wurde daher auch der vorstehend
besprochenen zweiten Emsiger Handschrift eingereiht. Die friesischen Texte der Emsiger dritten Handschrift muſs der Abschreiber
aus einer älteren, den Text in friesischer Sprache liefernden Emsiger
Handschrift genommen haben, die nach 1312 angefertigt war, da
sie die Emsiger Domen von diesem Jahr darbot neben einem friesischen Text von speciell das Emsigerland betreffenden Buſssatzun-
gen und einem Text des Emsiger Pfennigschuldbuchs. Es fehlen
in ihr Texte der älteren Rechtsaufzeichnungen, die im Emsgo galten,
wie die Siebzehn Küren, die Vierundzwanzig Landrechte, die allgemeinen Buſstaxen und die Ueberküren.

Von dem für die Kenntniſs des friesischen Rechts so wichtigen
Emsiger Pfennigschuldbuch, dessen Satzungen in dem ihm
eng verwandten Brokmerbrief groſsentheils wörtlich stehen, sind
zwei friesische Texte, im zweiten und dritten Emsiger Manuscript,
auf uns gekommen. Das Verhältniſs beider zu einander und zu
dem Brokmerbrief giebt Aufschlüsse über die Zeit, der die aufgenommenen Paragraphen angehören, sowie darüber, wann der
friesische Text von ihnen in die beiden friesischen Handschriften
des Emsiger Pfennigschuldbuchs und die des Brokmerbriefs aufgenommen sein muſs. Der friesische Text des Pfennigschuldbuchs
in E III ist eine spätere durch Zusätze vermehrte Ueberarbeitung
des Textes in E II, während in E III nur einige Paragraphen
fehlen, die E II hat, die aber ihrem Inhalt nach dem älteren
Recht angehören, und in dem von E III abgeschriebenen Text des
Emsiger Pfennigschuldbuchs als nicht mehr practisch weggelassen
sein dürften. Im Brokmerbrief sind nur einige der E III eigenthümlichen, in E II fehlenden Paragraphen zu finden. Die Friesischen

Rechtsquellen p. 583 und p. 584 liefern Vergleichungstafeln der Paragraphen des Emsiger Pfennigschuldbuchs und der des Brokmerbriefs. *Ich führe hier die Paragraphen an, die in E III stehen und nicht in E II vorhanden sind;* die wenigen von ihnen, die im Brokmerbrief wiederkehren, füge ich in Klammern bei. Im Emsiger Pfennigschuldbuch sind in MS. E. III p. 57 hinter §. 8 zwei Paragraphen eingeschoben, die gedruckt sind in Fries. Rq. p. 208, 5—17 (auch im Brokmerbrief §. 93 und §. 101 in Fries. Rq. p. 164 und p. 165); in MS. E. III p. 63 hinter §. 12 ein Paragraph eingeschoben, gedruckt in Fries. Rq. p. 208, 18; in MS. E. III p. 66 hinter §. 26 ein Paragraph eingeschoben, gedruckt in Fries. Rq. p. 208, 27; in MS. E. III p. 70 ist hinter §. 37 ein Paragraph eingeschoben, der E II (sowie dem Brokmerbrief) fremd ist, gedruckt in Fries. Rq. p. 203, 36, während in E II §. 38, in Fries. Rq. p. 203, 30, verwandte Sätze aufstellt (die im Brokmerbrief §. 168 in Fries. Rq. p. 174 wiederkehren); hinter §. 32·ist in E III p. 70 ein Paragraph eingeschoben, gedruckt Fries. Rq. p. 208, 5; hinter diesem §. 32 drei Paragraphen in E III p. 70 und p. 71 eingeschoben, gedruckt in Fries. Rq. p. 208, 10 — p. 209, 2 (auch im Brokmerbrief als §. 87, 86 und 89 in Friesische Rechtsquellen p. 163); sind ferner in E III p. 72 und p. 73 eingeschoben zwei Paragraphen, gedruckt in Fries. Rq. p. 209, 3—21; ferner ein Paragraph eingeschoben in E III p. 75, gedruckt in Fries. Rq. p. 209, 12 (auch im Brokmerbrief §. 160, p. 173); dahinter p. 74 und 75 drei Paragraphen in Fries. Rq. p. 209, 22—15; ein Paragraph in E III p. 80 hinter §. 50 eingeschoben, in Fries. Rq. p. 209, 16; dahinter in MS. E III p. 80 zwei Paragraphen, gedruckt in Fries. Rq. p. 209, 21—30 (auch Br. §. 103, p. 165 und §. 97, p. 164); dahinter in E III p. 81 ein Paragraph, gedruckt Fries. Rq. p. 210, 1; dahinter in E III p. 81 ein Paragraph, gedruckt Fries. Rq. p. 210, 8 (auch Br. §. 52 u. 53, p. 159); dahinter in E III p. 82 drei Paragraphen, gedruckt Fries. Rq. p. 210, 14—23; dahinter in E III p. 82 ein Paragraph in Fries. Rq. p. 210, 24 (auch Br. §. 158, p. 158); dahinter in E III p. 83, 84 und 85 eingeschoben vier Paragraphen, gedruckt in Fries. Rq. p. 210, 29—15; dahinter in E III p. 85 ein Paragraph eingeschoben, in Fries. Rq. p. 210, 16 (auch Br. §. 128,

p. 169); dahinter in E III p. 86 und 87 sechs Paragraphen eingeschoben, gedruckt in Fries. Rq. p. 210, 20 — p. 211, 5. —
*Die Paragraphen des Emsiger Pfennigschuldbuchs, die in E III
fehlen und in E II stehen*, während sich nur einige von ihnen im
Brokmerbrief finden, *sind folgende:* Emsiger Pfennigschuldbuch §.15,
gedruckt in Fries. Rq. p. 198, 10 (auch im Brokmerbrief §. 105,
p. 165); es sind ältere Rechtsaufzeichnungen; vergleiche die Hunsingoer Küren von 1252, §. 9 in Fries. Rq. p. 329, 9. Der §. 20,
in Fries. Rq. p. 199, 21, ist verwandt dem §. 116 des Brokmerbriefs,
in Fries. Rq. p. 167; er hat Bestimmungen, die an den Paragraphen von E III, MS. p. 74, in Fries. Rq. p. 209, 22, erinnern,
der in E II fehlt. Der §. 24, gedruckt in Fries. Rq. p. 200, 30 (kehrt
wieder im Brokmerbrief §. 132 in Fries. Rq. p. 169). Der §. 32, in
Fries. Rq. p. 202, 21, fehlt in E III (steht aber übereinstimmend im
Brokmerbrief §. 155, in Fries. Rq. p. 173); der Satz, dafs bei Be-
streitung von Darlehen für den Schilling ein Eid zu leisten sei,
rührt her aus den alten lateinischen Emsiger-Brokmer Küren, die
aus dem Brokmer Manuscript von 1345 in Fries. Rq. p. 135 gedruckt sind, s. p. 135, 21; er ist in E III weggelassen, weil er
dem späteren Recht nicht mehr entsprach; vergleiche auch die Bestimmungen, die sich in dem alten Formular des Fiaeids aus Manuscript E II in Fries. Rq. p. 246, 18 finden. Der §. 37 in E II enthält
über Jaucheabzüge eine eigene Bestimmung aus Emsigerland, die
sich in keiner andern friesischen Rechtsquelle findet, nur in die
niederdeutschen Texte herübergenommen ist, s. Fries. Rq. p. 203, 23;
vergleiche die verwandten Bestimmungen über Gräben auf dem Felde,
die in Fries. Rq. p. 204, 1 aus E III gedruckt sind und in E II
fehlen, aber im Brokmerbrief §. 87, in Fries. Rq. p. 163, stehen.
Der §. 43, in Fries. Rq. p. 205, 14, fehlt in E III, steht auch nicht im
Brokmerbrief; es sind Bestimmungen, die früher zwischen Emsigerland und Brokmerland vereinbart gewesen sein mögen. Die Paragraphen 20 und 50 von E II, in Fries. Rq. p. 199, 22 und p. 207, 31,
sind nicht wörtlich in E III enthalten, verwandt ist ihnen ein Paragraph in E III, p. 61, gedruckt Fries. Rq. p. 199, 15, und im Brokmerbrief §. 109 und §. 116, in Fries. Rq. p. 166, 21 und p. 167, 13.
    Die Uebereinstimmung vieler Paragraphen des

Brokmerbriefs mit den beiden Texten des Emsiger Pfennigschuldbuchs, wie sie E II und E III überliefern, ist eine so wörtliche, daſs sie sich nicht aus einer ursprünglichen Gemeinschaft des Rechts erklären läſst. Es muſs ihnen eine Emsigerland und Brokmerland gemeinsame Aufzeichnung zu Grunde liegen. Wahrscheinlich gehört sie einer Zeit an, in der noch die Trennung des Brokmerlands vom Emsigerland als eines besondern Landdistrikts nicht erfolgt war. Der ältesten Grundlage der Aufzeichnung wird am nächsten die in E II stehen; aus späteren gemeinsamen Aufzeichnungen stammen die Stellen, die ebenfalls in E III und im Brokmerbrief stehen; daneben enthält der Brokmerbrief eigenthümliche Aufzeichnungen aus Brokmerland, der Text des Emsiger Pfennigschuldbuchs in E III eigene Aufzeichnungen aus Emsigerland; vgl. z. B. Brokmerbrief §. 160 in Fries. Rq. p. 173, 19 mit E III p. 73 in Fries. Rq. p. 209, 12: Der Brokmerbrief bestimmt für Ackerpacht jährliche Kündigung, nur bei gedüngtem Auricher Geestland eine dreijährige, E III hat allgemein bei gedüngtem Lande dreijährige Kündigungsfrist, in E II fehlt der Paragraph. Der auf uns gekommene friesische Text des Brokmerbriefs muſs nach 1276 geschrieben sein. Er nennt in §. 54 die „biscopes sone", Fries. Rq. p. 159, 25. Unter ihr ist der im Jahr 1276 zwischen dem Bischof Eberhard und den friesischen Landdistrikten Emsigerland, Brokmerland, Reiderland und Altamt im alten Fivelga abgeschlossene Vergleich gemeint, von dem das Emsiger Manuscript E II (Lage 2) eine friesische Uebersetzung, das zweite alte Brokmer Manuscript von 1345 den lateinischen Text giebt, von dem noch die Originalurkunden erhalten sind, s. oben p. 123 No. 15. Im Jahr 1250 wird urkundlich der Consulatus Brokmannorum erwähnt, s. oben p. 118, No. 7; über die vorausgegangene Bildung des Brokmonnalondes aus Theilen der alten Gaue Emesga und Asterga handelt unten Cap. III §. 3. Im zwölften Jahrhundert zur Zeit der Abfassung der Siebzehn Küren und Vierundzwanzig Landrechte gab es noch kein besonderes Brokmonnalond. In den Rechtshandschriften aus Brokmerland sind keine Abschriften der Siebzehn Küren und Vierundzwanzig Landrechte und der anderen allgemeinen friesischen Rechtsaufzeichnungen zu finden. Die jüngere, von 1345, enthält neben den lateinischen zwischen

Emsiger- und Brokmerland vereinbarten Küren (in Fries. Rq. p. 135), die der ersten Hälfte des dreizehnten Jahrhunderts angehören, und dem lateinischen Text der Bischofssühne von 1276, in friesischer Sprache den sogenannten Brokmerbrief. In der älteren um 1300 zu setzenden Brokmer Handschrift steht nur der Brokmerbrief in einem fast völlig übereinstimmenden Text. Er mufs in den letzten Jahren des dreizehnten Jahrhunderts aufgezeichnet sein, enthält viele Bestimmungen, die dem älteren Text des Emsiger Pfennigschuldbuchs in der zweiten Groninger Handschrift fremd sind, und die beiden gemeinsamen grofsentheils in korrecterer Abschrift, während die Aufzeichnung des Pfennigschuldbuchs, wie es E II giebt, einige Jahrzehnte früher erfolgt sein wird[1]).

Die drei friesischen Manuscripte aus dem Emsigerland können keineswegs als Abschriften ein und derselben älteren Handschrift aufgefafst werden. Die verschiedenen in ihnen enthaltenen Stücke ordnen sich der Zeit nach in folgender Weise: der friesische Text der Küren in E I (gedruckt in Fries. Rq. p. 2—28); der friesische Text der Landrechte in E I (gedruckt in Fries. Rq. p. 40—80); der friesische Text der allgemeinen Bufstaxen in E I (gedruckt in Fries. Rq. p. 83—97); Zusätze zu Küren und Landrechten, die Wenden etc. in E I (gedruckt Fries. Rq. p. 30—38, p. 240), und in E II (Lage 2) zum ersten allgemeinen Landrecht (gedruckt Fries. Rq. p. 40 Note 8); der Prologus in E I (gedruckt in Fries. Rq. p. 246); friesischer Text der Ueberküren in E I (gedruckt unten in §. 15); altes Formular eines Fiaeids in E II (Lage 1), (gedruckt in Fries. Rq. p. 245. 246); Emsiger Bufstaxen in friesischer Sprache in E I, E II (Lage 1) und E III, (gedruckt Fries. Rq. p. 212—243); die Bischofssühne von 1276, friesischer Text in E II (Lage 2) (gedruckt in Fries. Rq. p. 140—150); das Emsiger Pfennigschuldbuch, friesischer Text, in E II (Lage 2) und in E III (gedruckt in Fries. Rq. p. 194—211); die Emsiger Domen von 1312, lateinischer Text in E H (Lage 4), friesischer Text in E II (Lage 2) und in E III (gedruckt in Fries. Rq. p. 182—193). Abgesondert enthalten die friesischen Emsiger Manuscripte noch in friesischer Sprache: ein

---

[1]) Ueber die beiden Brokmer Handschriften s. oben p. 72.

Stück über das Erbenehmen dreier Brüder in E I und in E III
(gedruckt in Fries. Rq. p. 244); Was Augustinus sagt über ein
ungebornes Kind in E I und in E III (gedruckt in Fries. Rq. p. 240);
Woraus Gott den Menschen geschaffen hat in E I (gedruckt in
Fries. Rq. p. 211); Vom Priester in E I und in E III (gedruckt in
Fries. Rq. p. 242).

Die drei friesischen Emsiger Handschriften E I, E II und E III,
die alle drei nicht vor dem fünfzehnten Jahrhundert geschrieben
sind, geben Abschriften von Texten sehr verschiedener Zeit angehörender friesischer Rechtsaufzeichnungen. E III enthält die
korrecteren Abschriften, mag bald nach 1425 geschrieben sein;
E II nach 1448, wenn wirklich ein und derselbe Schreiber die dritte
Lage der Handschrift und ihre beiden ersten schrieb. Die Handschrift ·E I ist vielleicht noch einige Jahre jünger. Dagegen sind
in E I die ältesten Stücke abgeschrieben, die in lateinischer Sprache
in der zweiten Hälfte des zwölften und im Beginn des dreizehnten
Jahrhunderts aufgezeichnet wurden, und zwar in einer friesischen
Sprache, wie sie nach der Mitte des dreizehnten Jahrhunderts im
Emsigerland gesprochen sein muſs. Der Abschreiber verstand den
Text, den er abschrieb, nicht, ihm war die ältere friesische Sprache
nicht mehr geläufig. Er verunstaltete seine Abschrift durch Ein-
mischen von Formen und Worten aus seinem niederdeutschen Dialekt.
In E II hat man die darin verbundenen Lagen zu unterscheiden.
Lage 4 überliefert einen lateinischen Text der 1312 abgefaſsten
Emsiger Domen, Lage 2 eine friesische Uebersetzung der lateinisch
1276 vereinbarten Bischofssühne und der Emsiger Domen von 1312.
Beide sind aus älteren friesischen Uebersetzungen abgeschrieben,
die aus der ersten Hälfte des vierzehnten Jahrhunderts herrühren
mögen. Dabei giebt E H im Formular des Fiaeids, in dem Emsiger
Pfennigschuldbuch und andern Stücken Abschriften aus älteren friesischen Handschriften, die etwa der Mitte des dreizehnten Jahrhunderts angehört haben mögen. Der Schreiber von E II schrieb
weniger nachlässig ab, als der von E I, doch verstand auch er
den von ihm abgeschriebenen Text nicht mehr. In E III ist sichtbar ein späterer friesischer Text des Emsiger Pfennigschuldbuchs
abgeschrieben, als der, den E II abschrieb. Der Schreiber macht

sich dabei wenigerer Mifsverständnisse schuldig, als die der beiden andern Texte[1]).

Neben den friesischen Rechtshandschriften sind aus Emsigerland andere in niederdeutscher Sprache vorhanden, in denen sich auch Texte der Ueberküren finden, wie oben p. 203 unter 6 und 7 angegeben wurde, wo ich ein derartiges Manuscript zu Groningen, ein anderes, das früher Beninga'sche zu Hannover, namhaft machte. Die niederdeutschen Emsiger Rechtshandschriften haben für die Erforschung des älteren friesischen Rechts eine weit geringere Wichtigkeit, als die in friesischer Sprache, indem die älteren in ihnen aufgenommenen Stücke nur Uebersetzungen der friesischen Texte sind, die erst im fünfzehnten Jahrhundert angefertigt wurden, und zwar von Leuten, die des friesischen Rechts und der älteren friesischen Sprache wenig kundig waren. Unverkennbar versteht der niederdeutsche Emsiger Groninger Text in Fries. Rq. p. 201, 34 den §. 30 des Emsiger Pfennigschuldbuchs nicht; der Paragraph bestimmt, dafs ein Hausbesitzer, dessen Haus, wie offenkundig, verbrannt ist, wegen Rückgabe fremder, dabei mitverbrannter Sachen verklagt, nicht zur Leistung von Eiden verpflichtet ist.

[1]) Nicht in den drei friesischen Emsiger Rechtshandschriften steht der Aufsatz über Verfahren der Sendgerichte, den Friesische Rechtsquellen p. 248—257 geben. Ich habe ihn einer Abschrift Oelrichs' in Wolfenbüttel entnommen, die nicht angiebt, woher er stammt. Sein Schlufs, in Fries. Rq. p. 257 Note 13, sagt, dafs ihn Folcardus aus Reide (südlich von Emden) im Jahr 1457 geschrieben hat. Mehrfach werden in dem Text der Propst zu Emden und Orte bei Emden genannt; s. Fries. Rq. p. 250, l. 20; 256, 28; 257, 24. 10. Eine andere friesische Ueberarbeitung desselben Aufsatzes aus dem Westergo steht in meinem Manuscript Roorda p. 13, von dem unten in §. 16 erörtert ist, dafs es nach 1480 geschrieben sei. Aus ihm hat Hettema den Aufsatz in Jurisprudentia Frisica 1834, I p. 4 ff. abgedruckt, er erwähnt III p. 33, dafs Oxford eine abgesonderte Handschrift des von ihm abgedruckten Stückes besitzt; der Aufsatz ist eine friesische Umarbeitung von des Joannes Andreae Summula de processu judicii ed. Wunderlich, Basileae 1840. Eine dänische Uebersetzung der Summula hat Kold. Rosenvinge Kopenhagen 1832 4° herausgegeben, eine hochdeutsche das Corpus juris germanici I, Pars 2, p. 147 ff. Ueber Joannes Andreae, der 1348 zu Bologna starb, und seine Summula siehe Rudorff in Zeitschrift für Historische Rechtswissenschaft XI, p. 97 ff.

Den Satz kennt das siebzehnte Landrecht; im Emsiger Text heifst es: „sa ne thorf hi him umbe theth god firer na nen ondsere (d. i. ontswere, s. Fries. Wb. p. 967) stonda", Fries. Rq. p. 68, 20; und im Brokmerbrief sagt §. 153: „sa ne thur hi ther mith na nene onszere ajen stonda", Fries. Rq. p. 172, 12; im fries. E H ist hier im Emsiger Pfennigschuldbuch verlesen: „sa ne thur hi mith na nene onrere agen stonda", Fries. Rq. p. 201, 34, d. i. so darf er mit keinem ungerührten Auge stehen; und der niederdeutsche Emsiger Text übersetzt sinnlos: „so endorf he daer myt ghenen bedroveden oghen umme staen", Fries. Rq. p. 201, 34. Dem niederdeutschen Uebersetzer sind die älteren friesischen Rechtsausdrücke fremd, z. B. im sechsten Landrecht, wo es im lateinischen Text heifst: „tunc licet illi puero intrare illius terre terminos, videlicet liud-garda", oben p. 45, wofür im friesischen Fivelgoer Manuscript p. 18 steht: „sa mot thet kind hit innia on thene liudgarda twelfavasum" (em. „twelvasum"), und im friesischen Westergoer: „so aegh dat kind hine to winnen in den lioedgarda tolvasum", Fries. Rq. p. 53, 27, übersetzt der niederdeutsche Emsiger Text des Eggeric Beninga sinnlos: „so moghen de sulven kyndere den *lindgarden,* dat is de erve, mit XII vrunden wynnen." Es unterscheiden sich die niederdeutschen Emsiger Rechtshandschriften dadurch von den friesischen Emsiger Rechtshandschriften, dafs in ihnen vielfach Sätze aus römischem und kanonischem Recht aufgenommen sind; vergleiche in dieser Beziehung die von mir in Fries. Rq. p. 551—557 aus dem Hannoverschen Manuscript abgedruckten Stellen. — Ueber die Zeit, in der die niederdeutschen Emsiger Texte angefertigt sind, und die der Handschriften, in denen sie uns aufbehalten sind, herrscht grofse Meinungsverschiedenheit. Ich glaube, sowohl das Groninger als das Hannoversche Manuscript in die zweite Hälfte des fünfzehnten Jahrhunderts setzen zu müssen. Bodemann bezeichnet die Hannoversche Handschrift im Katalog der Handschriften der Bibliothek zu Hannover, Hannover 1867, p. 310 als „eine schöne Pergamenthandschrift des XIV. Jahrhunderts, 26 Blatt, 4⁰." Dem mufs ich widersprechen: Die Schriftzüge der Handschrift sind nicht die des vierzehnten Jahrhunderts, vergleiche das Facsimile der Brokmerhandschrift von 1345, das ich meinen Friesischen Rechtsquellen beigegeben habe, und das des Groninger Stadtbuchs von 1425 in dessen Ausgabe in Verhandelingen der Genootschap pro excolendo jure patrio, Deel VI. Auch der Inhalt der Handschrift, und namentlich die starke Benutzung des fremden Rechts in ihr spricht für das fünfzehnte Jahrhundert. In den aus älterem Recht entnommenen Theilen giebt das Groninger niederdeutsche Manuscript eine Uebersetzung eines dem zweiten Groninger friesischen Manuscript ähnlichen Textes, das Hannoversche niederdeutsche Manuscript die Uebersetzung eines Textes, der meinem friesischen Emsiger Manuscript näher steht. Als Beispiel dient §. 4 des Emsiger Pfennigschuldbuchs. In ihm hat das niederdeutsche Groninger Manuscript die in Fries. Rq. p. 195 neben den friesischen Text des zweiten Groninger friesischen Manuscripts gedruckten Worte, das Hannoversche Manuscript p. 27 b dagegen: „Item om gheleent gelt, koeren, botteren, ofte om lanthure, salmen ghene waer beden off gheuen; dan wilmen waer gheuen, so sal die vierde penninck affvallen, ut supra", übereinstimmend mit den friesischen Worten von E III: „Anda erve, jeftha korn, jeftha buthere, jeftha londhere, schelma nen weir biade jeftha reke; welma ther weir on reke, sa falt thi fiarde pannigh of; ieff hit tofara tha prester anda tha riuchtar seid se, sa nawt", MS. p. 55.

Kaum zu bezweifeln ist, dafs die niederdeutschen Emsiger Rechtshandschriften, wie die ihnen zu Grunde liegenden friesischen vor 1515 geschrieben sind, wo Graf Edzard das Ostfriesische Landrecht abfassen liefs, das grofse Stücke aus den älteren Emsiger Rechtshandschriften aufnahm, dabei aber vielfach so modificirte, dafs jene nicht mehr in der Praxis brauchbar sein konnten[1]).

[1]) Der Eingang des Ostfriesischen Landrechts, in dem sich Graf Edzard über sein Gesetzbuch ausspricht, trägt kein bestimmtes Datum, doch mufs die Publication nach Wicht Vorbericht p. 195 im Jahr 1515 erfolgt sein. Die Beningasche Handschrift des Ostfriesischen Landrechts in Göttingen ist 1527 geschrieben. Von den oben p. 220 nach ihrer Entstehungszeit aufgezählten Aufzeichnungen in den Emsiger Rechtshandschriften sind im Ostfriesischen Landrecht mit Abänderungen und Zusätzen aufgenommen: die Siebzehn Küren nebst den Wenden bei Wicht p. 32—139, die Vierundzwanzig Landrechte p. 139—206, die Ueberküren p. 822—838, Emsiger Bufstaxen p. 694—821, das Emsiger Pfennigschuldbuch p. 241—300, die Emsiger Domen von 1312 p. 645—670, das Stück vom Erbenehmen p. 312 ff. aus

§. 12. Verhältniss der Texte der Ueberküren.

Die Verschiedenheit der einzelnen unten in §. 15 abgedruckten Texte der Ueberküren könnte vielleicht veranlassen anzunehmen, dafs die Texte aus dem Hunsego und Fivelgo einer andern Redaction der Ueberküren angehören, als die aus dem Emsgo. Doch beschränkt sich die Verschiedenheit des Inhalts beider Texte eigentlich nur auf den die erste Ueberküre bildenden Eingang beider Texte. Im Hunsego-Fivelgoer Text der ersten Ueberküre ist vereinbart, dafs, wenn einer der friesischen Landdistrikte zur Landesvertheidigung zusammentritt, er durch Anzünden einer aufgesteckten Pechtonne den anderen verbundenen Landdistrikten verkünden solle, dafs er zur Landesvertheidigung zusammengetreten sei; die Emsiger Texte der Ueberküre 1 besagen dagegen, dafs die verbundenen Friesen jährlich einmal zu Pfingsten in Upstalsbom zusammentreten sollen, um zu berathen, ob eine Aenderung im bestehenden Recht zu beschliefsen sei. Der friesische Hunsegoer und Fivelgoer Text stimmen fast wörtlich mit einander überein, nur fehlen im Fivelgoer Text die Sätze, die im Hunsegoer wie im Emsiger Text als fünfte Ueberküre stehen. Der Gegensatz zwischen dem friesischen Hunsego-Fivelgoer Text einerseits und dem friesischen Emsiger Text andererseits ist unverkennbar. Die zweite, dritte, vierte und fünfte Ueberküre des Emsiger Textes stimmen im Wesentlichen mit denen des Hunsego-Fivelgoer Textes überein. Als sechste Ueberküre steht im Emsiger Text ein wesentlich anderer Rechtssatz als im Hunsego-Fivelgoer

fremdem Recht, zum Theil wörtlich nach den Aufzeichnungen im niederdeutschen Emsiger Manuscript B., die Friesische Rechtsquellen p. 551—557 abdrucken. Der Tractat von den Sieben Seelanden, p. 839—843, ist eine Uebersetzung des in friesischer Sprache erhaltenen Aufsatzes von 1417, den unten Cap. IV behandelt; ihn scheint Graf Edzard in das Ostfriesische Landrecht nicht aufgenommen zu haben. Er fehlt in den älteren Handschriften, wurde erst jüngeren beigeschrieben, so namentlich der bei Wicht abgedruckten späten Handschrift des Auricher Hofgerichts; s. unten Cap. IV. Die allgemeinen friesischen Bufstaxen sind nicht in das Ostfriesische Landrecht aus den friesischen Emsiger Handschriften aufgenommen, wie auch bereits die niederdeutschen Emsiger Rechtssammlungen sie übergehen.

Text. Die sechste und siebente Ueberküre des Hunsego-Fivelgoer Textes fehlen als solche im Emsiger Text, doch stehen die in ihnen enthaltenen Sätze in den Emsiger Rechtshandschriften als Zusätze der zweiten Wende hinter den Siebzehn allgemeinen Küren, s. Fries. Rq. p. 32. Sie enthalten weitere Ausführungen des Inhalts der zweiten Wende, d. i. des zweiten Falles, in dem ein Reinigungseid ausgeschlossen ist, wie ihn der lateinische Text der Wende oben p. 40, und nach ihm mit geringen Modificationen der friesische Hunsingoer, Westergoer und Rüstringer Text in Fries. Rq. p. 32—35 giebt. Man hat im Emsgo die Bestimmungen, die als sechste und siebente Ueberküre im Hunsego und Fivelgo galten und wohl gleichzeitig mit den andern Ueberküren vereinbart waren, dem Text der zweiten Wende beigeschrieben, deren Inhalt sie weiter ausführten, und hat diese Sätze dann in dem Text der Ueberküren weggelassen. In Folge dessen enthält der Emsiger Text der Ueberküren im friesischen Emsiger Manuscript zu Groningen und im alten Text bei Wicht nur fünf der Ueberküren des Hunsego-Fivelgoer Textes; s. unten p. 239.

Unterscheidet sich demnach der Hunsego-Fivelgoer Text von dem Emsiger Text im Wesentlichen nur durch die erste der Ueberküren, die ihren Eingang in beiden Texten bildet, so dürfte diese Verschiedenheit nicht genügen, um eine ursprünglich verschiedene Redaction der Ueberküren in den beiden Texten anzunehmen. Die friesischen Uebersetzungen der Ueberküren im Hunsego und Fivelgo mögen die alte Vereinbarung über Aufstecken einer Pechtonne, wie man sie einstmals bei Aufstellung der Ueberküren beschlossen hatte, aus dem Lateinischen ins Friesische übertragen haben, während die friesischen Uebersetzungen aus dem Emsgo diese alte Vereinbarung, die dem alten Uebersetzer nach Aufhören der Upstalsbomer Vereinstage nicht mehr practisch erschien, wegliefs und dafür die ihm bekannte Notiz einfügte, dafs einst die Friesen jährlich in der Pfingstwoche zu Upstalsbom zu haltende Vereinstage vereinbart hatten.

Der niederdeutsche Text der Ueberküren, den die Emsiger niederdeutschen Rechtshandschriften liefern, ist unverkennbar aus dem älteren friesischen Text des Emsgo übersetzt. Er enthält den Eingang, wie ihn die friesischen Emsiger Texte als Ueberküre 1 geben, s. Fries. Rq. p. 99, 1—7; sodann giebt der niederdeutsche Text übereinstimmend die im friesischen Emsiger Text stehenden Ueberküren 2 bis 6, und fehlen in ihm, wie dort, die Ueberküren 6 und 7, die der niederdeutsche Emsiger Text wie der friesische den Wenden beigefügt hat, s. Fries. Rq. p. 99 und p. 35. Der Verfasser des niederdeutschen Textes verstand vielfach nicht mehr das ältere Friesisch. Für einen Uebersetzungsfehler halte ich es, wenn er in der zweiten Ueberküre „van den northescha *gygandüm*" spricht, s. Fries. Rq. p. 99, 11. Es sind keine nordischen Giganten, sondern Seeräuber gemeint. In der zweiten Ueberküre vereinbaren friesische Landdistrikte, wie sie sich gegenseitig Hülfe leisten wollen bei Einfällen von nordischen Seeräubern. Es spricht dabei der Hunsegoer Text „fon tha northeska wiszegge", der Fivelgoer „fon tha norda (für nord-) wising." Für „wising" oder gekürzt „wiszeg" braucht das Angelsächsische „vicing", Adam von Bremen „withing.", um einen Seeräuber zu bezeichnen, einen, der zurückweicht, flieht, sobald er Beute gemacht hat. Der friesische Emsiger Text zu Groningen verwendet dafür „fon northeska wigandum", d. i. von nordischen Kämpfern, Nordmannen. „Wigand" wird in den Hunsingoer Handschriften der Hunsingoer Bufstaxen allgemein für einen Mann gebraucht: „sa se nenne vigande tein neth", Fries. Rq. p. 336, 27 und 30, d. i. „wenn das Weib keine Söhne geboren hat"; vgl. Fries. Wb. p. 1148 und 1149. — Ebenso versteht der Uebersetzer den Sinn der Worte „dom" und „drecht" in der vierten Ueberküre nicht. Die Ueberküre vereinbart, dafs ein Weib als Ehefrau gelten soll, wenn sie heimgeführt wurde „mith horne and mith hlude, mit *dome* und mith *drechte*", das will sagen: wenn der Bräutigam die Braut öffentlich unter feierlicher Begleitung in sein Haus heimgeführt hat. Im sechsten friesischen Landrecht sagt der lateinische Text: Si (fratrum) ... alter *uxorem duxerit*, tunc etc., oben p. 45. Dies erklärt der friesische Hunsingoer Text: „jef thi brother wif halat ti howe and ti huse mith *dome* and mit *drechte*", Fries. Rq. p. 52, 14; der Westergoer: „ief di broder een wyf halet to howe ende to huis, mit hoern ende mit *drechte*", Fries. Rq. p. 53, 14; und das friesische Emsiger Manuscript zu Groningen: „(ief) thi brother wif halath to houe and to huse, mith *dome* and mith *dregte*, mith horne and mith liude",

15*

Fries. Rq. p. 52, 15, indem es fehlerhaft „liude", d. i. „homini", für „lude", d. i. mit „Laut, Klang", schreibt. Die Worte der vierten Ueberküre übersetzt der niederdeutsche Emsiger Text: „myt horne ofte myt lude, myt *dome, dat is goede,* myt *drechte, dat is werschup,* Fries. Rq. p. 99, 18. Bei dem friesischen „dom" kann nicht an ein-dom (Eigenthum), Fries. Wb. p. 702, gedacht werden, eher an dom (judicium), Fries. Wb. p. 690, sodafs man den Ausspruch vor den versammelten Blutsfreunden, dafs die Braut dem Bräutigam als Ehefrau in sein Haus folge, darunter zu verstehen hätte. Ebenso ist das friesische „drecht" dem Uebersetzer fremd, wenn er es durch „werschup" interpretirt. Es ist der im alten Recht übliche Ausdruck für das Brautgefolge. Das friesische Wort „drecht" bedeutet Volkshaufen, Schaar. Es wird von dem Excommunicirten gesagt, er sei „buta tha helich-drachta"[1]), das will sagen, von der heiligen Schaar, von der Gemeinschaft der Heiligen ausgeschlossen, s. Fries. Wb. p. 691. Schon der Lex Salica ist der Ausdruck geläufig; die Lex Salica emendata 14, 10 sagt: „Puella quae *druchte* ducitur ad maritum", wo die Glosse Estens. es durch „per nuptiatores" erklärt, Fries. Wb. p. 691. Aufgehellt wird das Verhältnifs durch folgende Stelle meines Fivelgoer Manuscripts p. 90: „Breidg' (d. i. breidgome). Sa thi breidgoma slain is in *drecht,* sa fulgat thio breyde tha lyke to howe ende to grewe and to huse, and wint thermithe here *drechtpund* and thene wetma, thet sent XVIII enza and thet inreste iefta thet uterste rider und-schawidis (em. unschawidis) kern. Sa ach thet mundlase meydene to kiasan hire fremeda formunde, thet kapade se mith schette ende mit scillinge, tha cap-stedene, hire halse-pund thet sen XIII enza ende VIII panningan", d. i. „Wenn der Bräutigam in dem Drecht (d. i. in dem Brautgefolge) erschlagen ist, so folgt die Braut der Leiche zum

---

[1]) Im niederdeutschen Wurster Rechtsmanuscript wird: „sa leith-ma hini ... buta tha helich-*drachta*" des friesischen Rüstringer Textes (Fries. Rq. p. 124, 19) durch „so grafftmen denne ... buthen der hilligen *draht*" übersetzt, was Pufendorf Observationes juris universi III Anhang p. 88 und Wiarda Asegabuch p. 311 mifsverstanden, indem sie „aufserhalb des heiligen Drahtes" übersetzten und dabei an einen eisernen um den Kirchhof gezogenen Draht dachten.

Hof, zum Grab und zum Haus, und gewinnt damit ihre Drecht-
pfund und den Wetma, d. i. achtzehn Unzen und das innerste oder
äufserste Rind unbesehen gewählt. So hat das vormundlose Mädchen
zu wählen ihre fremden Vormünder, das kaufte sie mit Schatz und
Schilling, die Kaufstätte (?); ihr Halspfund (?) das sind dreizehn
Unzen und acht Pfennige. Bei Hettema Fivelingoer Landregt p. 116
sind Worte der Stelle verlesen, andere unrichtig übersetzt.

§. 18. Name und Abfassungszeit der Ueberküren.

Der Name „Ur-kere" ist durch „Ueberküre" zu erklären. Die
Ur-kera werden in friesischer Sprache im Hunsegoer Manuscript
einfach „Keran", d. i. „Küren", genannt, s. unten p. 236, im Emsiger
Text „Ur-kera", s. p. 236, in der niederdeutschen Emsiger Uebersetzung „de nye koer", s. Fries. Rq. p. 99, im Ostfriesischen Landrecht Manuscript des E. Beninga von 1527 p. 51 „de VI over-
koeren", s. Fries. Rq. p. 99, Note 10, im Wicht'schen Ostfriesischen
Landrecht p. 822 „de VI aver-koeren." Es sind hier also diese
Satzungen als Küren, Ur-küren, Ueber-küren bezeichnet. Die
friesische Form „ur-kere" ist in den niederdeutschen Texten durch
„over-kere", d. i. Ueberküre, wiedergegeben, und ist das „ur" oder
„over" in derselben Weise gebraucht wie im Namen des in niederdeutscher Sprache abgefafsten „overrecht van Hunsingelande",
s. Fries. Rq. p. 348, 1. Unhaltbar deutet Wiarda Ostfriesische Geschichte I p. 284 und Landtage der Friesen bei Upstalsbom, zweite
Ausgabe, 1818, p. 60 „Urkera" durch „Urkühren" oder „Haupt-
kühren." Wie der lateinische verlorene ursprüngliche Text der
Ueberküren sie bezeichnet hat, wissen wir nicht, wahrscheinlich als
„novae constitutiones", wie die Leges Upstalsbomicae von 1323
unten §. 17, Art. 13 sie nennen. Der alte Eingang der Ueberküren
wird, wie es andere ähnliche im dreizehnten und vierzehnten Jahrhundert vereinbarte Statuten thun, die Art ihrer Abfassung und die
dabei thätigen Personen, der alte Schlufs Ort und Zeit der Abfassung angegeben haben. In den friesischen Texten der Ueberküren sind Eingang und Schlufs weggelassen. Der friesische Text
der Fivelgoer Rechtshandschrift giebt den Ueberküren keinen Namen,

beginnt damit, daſs die Friesen die einzelnen Sätze gekürt hätten, die die andern Texte als sieben Ueberküren aufzählen. Sie nennen diese Sätze Küren, wie sie es bei den allgemeinen Siebzehn Küren thun; sie sollen damit als neue Küren bezeichnet werden im Gegensatz zu den Siebzehn älteren Küren, und den Namen „Neue Küren" verwenden denn auch für sie niederdeutsche Texte. Als Urküren im Sinne von Hauptküren konnten die alten friesischen Texte die Sieben Ueberküren ihrer Beschaffenheit nach unmöglich bezeichnen wollen. So deutet nur Wiarda ohne Beachtung alles älteren friesischen Sprachgebrauchs das friesische Wort „urkeran."

Ueber die Zeit der Abfassung der Ueberküren fehlt eine bestimmte Auskunft, und besteht darüber die gröfste Meinungsverschiedenheit.

Werthlos ist die Angabe des Eggerik Beninga in seiner Ostfriesischen Historie in Matthaei Analecta IV p. 63, daſs die Ueberküren gleichzeitig mit den Emsiger Domen im Jahr 1312 zu Upstalsbom abgefaſst seien. Er sagt: „Up desulvige plaetse, genoemt de Upstalsboom, sinnen ook de XII Emsige dohme de von dootslagen holden, desgelycken oock de agt overkoere verordnet, ingesettet und belevet." Von den Emsiger Domen zeigt der ältere in lateinischer Sprache erhaltene Text, daſs sie nicht zu Upstalsbom, sondern im Emsigerland von dessen Consules, d. i. Red-jeven, im Jahr 1312 vereinbart sind, s. oben p. 134, No. 47. Die Angaben des im Jahr 1562 verstorbenen Chronisten E. Beninga über Upstalsbom beruhen fast ausschliefslich auf Notizen, die er in niederdeutschen Rechtshandschriften des Emsgo aus dem fünfzehnten und sechzehnten Jahrhundert gefunden hatte, und können nicht als authentisch gelten; s. unten Cap. III §. 29.

Verleitet durch Beninga nahm Ubbo Emmius im Jahr 1616 in seiner Historia rerum Frisicarum p. 190 an, die Ueberküren seien gleichzeitig mit den Emsiger Domen im Jahr 1312 verfaſst. Daſs dem nicht so sei, ergiebt sich schon aus dem Vorkommen der Ueberküren in Handschriften aus dem dreizehnten Jahrhundert, wie oben in §. 11 p. 205 ff. nachwies.

M. von Wicht im Ostfriesischen Landrecht 1746 Vorbericht

p. 97, F. J. van Halsema in Verhandelingen der genootschap pro
excolendo jure patrio 1778, H p. 416, Wiarda Asegabuch 1805
p. XXIV, Beucker Andreae Jus municipale Frisicum 1840,
p. 108 ff. glaubten die Zeit der Abfassung der Ueberküren daraus
bestimmen zu können, dafs in ihnen von Einfällen plündernder
Nordmannen in Friesland die Rede ist. Wiarda setzte danach die
Abfassung der Ueberküren vor 1010, Halsema ins Ende des elften
oder den Anfang des zwölften Jahrhunderts, Beucker Andreae unter
Herzog Magnus von Sachsen (1059—1106). Ich habe bereits oben
p. 87 inbetreff der Abfassungszeit der Siebzehn Küren und Vierundzwanzig Landrechte erörtert, dafs Einfälle plündernder Nordmannen noch in viel späterer Zeit in Friesland vorkommen. Es
kann aus ihrer Erwähnung die Abfassungszeit der Ueberküren so
wenig, wie die der Siebzehn Küren und Vierundzwanzig Landrechte
bestimmt werden. — Beucker Andreae identificirt bei seiner Besprechung der Ueberküren mit ihnen die sagenhaften ganz unhistorischen Sieben Küren des Magnus, die Fries. Rq. p. 440 gedruckt sind. Er glaubt, indem er in Magnus, dem sagenhaften
Fahnenträger der Friesen unter Karl bei Eroberung Roms, den
sächsischen Herzog Magnus finden zu können meint, die Ueberküren speciell den Jahren 1059—1106 überweisen zu können[1]).

Keinem Zweifel kann es nach dem Inhalt der Ueberküren unterliegen, dafs sie jünger sind als die Siebzehn Küren und Vierund-

---

[1]) Die dem Ende des vierzehnten Jahrhunderts angehörenden Magnusküren stammen aus dem Westergo und sind friesisch erhalten im alten
Druck des sogenannten Westerlauwerschen Landrechts als viertes Stück,
das Fries. Rq. p. 440 wiedergeben, s. Fries. Rq. p. XXV; desgl. in meiner
aus Wierdsma's Nachlafs erkauften Papierhandschrift aus dem Westergo von
1464, dem sogenannten Jus municipale Frisonum, p. 31, als drittes Stück,
s. Fries. Rq. p. XXVI; sowie in meiner nach 1427 geschriebenen Papierhandschrift des Fivelgoer Rechts p. 24. Eine niederdeutsche Ueberarbeitung
von ihnen giebt das späte niederdeutsche Ommelander Landrecht, s. oben
p. 204. Ueber Magnus vergleiche unten Cap. V §. 7; Beucker Andreae
p. 113 Note 1 glaubt die von Wicht behauptete Verschiedenheit der Ueberküren von den Küren des Magnus durch Hinweisung auf ihre abweichenden Texte widerlegen zu können. Jede Vergleichung beider zeigt die Un-
möglichkeit seiner Annahme.

zwanzig Landrechte. Ihr lateinischer verlorener Text muſs nach der Mitte des zwölften Jahrhunderts vereinbart sein. Es muſs dies aber vor der Mitte des dreizehnten Jahrhunderts geschehen sein, da wir die Ueberküren wie die Siebzehn Küren und Vierundzwanzig Landrechte in friesischer Uebersetzung in Handschriften aus dem Schluſs des dreizehnten Jahrhunderts kennen, wie dies oben p. 96 bei den Siebzehn Küren näher ausgeführt ist; vergleiche auch die Ausführung oben p. 207, daſs in der ersten friesischen Emsiger Handschrift, in der p. 75 die Ueberküren stehen, eine ältere friesische Handschrift abgeschrieben ist, die dem Schluſs des dreizehnten Jahrhunderts angehört haben muſs. Ein bestimmtes Jahrzehnt für die Ueberküren zu ermitteln, wird durch die Verschiedenheit der friesischen Texte, in denen sie uns erhalten sind, sehr erschwert. Eine nähere Zeitgrenze glaube ich daraus entnehmen zu können, daſs in dem in friesischen Rechtshandschriften aus Rüstringen, Emsgo, Fivelgo, Hunsingo und Westergo befindlichen Prolog über die Könige, die den Friesen ihr Recht bestätigt haben sollen, als letzter Friedrich II. genannt wird, und übereinstimmend gesagt ist, daſs die Könige den Friesen die Siebzehn Küren und Vierundzwanzig Landrechte bestätigt hätten, während der Ueberküren nicht gedacht wird, die also zur Zeit der Abfassung des Prologs kaum vorhanden sein konnten, und somit erst nach dem Jahr 1212, dem Regierungsantritt Friedrichs H., abgefaſst sein werden; über den Prolog s. oben p. 100. Hiermit stimmt überein, daſs die Ueberküren nicht im lateinischen Vetus Jus Frisicum stehen, jener Rechtssammlung, durch die, wie oben p. 98 erörtert hat, einzig und allein der lateinische Text der Siebzehn Küren und Vierundzwanzig Landrechte bekannt ist, und die im Beginn des dreizehnten Jahrhunderts zusammengestellt sein dürfte, vielleicht vor Anfertigung des verlorenen lateinischen Textes des Prologus über die Könige, die den Friesen ihr Recht bestätigten, der unter der Regierung Friedrichs H., also nach 1212, verfertigt sein muſs.

Was aber den Zeitpunkt anlangt, vor dem die Ueberküren aufgezeichnet wurden, so findet sich eine friesische Uebersetzung von ihnen in den beiden Hunsegoer Handschriften aus dem Schluſs des dreizehnten Jahrhunderts, die, wie oben p. 66 erörterte, auf eine ältere nach 1252 geschriebene Handschrift zurückweisen. Die beiden Hunsegoer Handschriften enthalten eine friesische Ueberarbeitung der 1252 vereinbarten und ursprünglich lateinisch abgefaßten Hunsegoer Küren. Vor dem Schluß des dreizehnten Jahrhunderts, nach 1252, muß ich demnach die Abfassung des friesischen Textes der Ueberküren annehmen. Vor diese Zeit ist aber die Vereinbarung des lateinischen Textes der Ueberküren zu setzen, und nehme ich demnach an, daß ihr verlorener lateinischer Text einige Jahre nach 1212, aber vor 1252 vereinbart wurde. Aus Emos gleichzeitiger Chronik wissen wir, daß in den Jahren 1216, 1224 und 1231 Jurati von Upstalsbom thätig waren, die die Friesen nach altem Brauch gewählt hatten, wie er sagt: „quos universitas Frisonum de more vetustissimo creaverat apud Upstellesbame", oben p. 16, und daß bald darauf mehrjährige Streitigkeiten und Kämpfe zwischen den friesischen Gegenden, und namentlich zwischen dem Fivelgo und Hunsingo ausbrachen, die das Zusammentreten der Upstalsbomer Vereinstage unmöglich machten. Vielleicht also, mehr wage ich aber auch nicht zu sagen, sind die Ueberküren um 1224 zur Ergänzung der älteren, wie ich annahm bald nach 1156 verfaßten, Küren und der einige Jahre jüngeren Landrechte in Upstalsbom vereinbart worden. Es würde damit auch im Einklang stehen, daß Rüstringen im Jahr 1220 Vereinstage mit Bremen einging, s. oben p. 117 No. 3, wodurch es sich von den Upstalsbomer Vereinstagen ausschloß; daher denn die Ueberküren für Rüstringen nicht vereinbart worden wären und demgemäß in den Rüstringer Rechtshandschriften sich nicht vorfinden.

Als einen ferneren Grund, die Ueberküren in den Beginn des dreizehnten Jahrhunderts zu setzen, wird sich auch anführen lassen, daß in der Ueberküre 6 und zwar nach dem Hunsego-Fivelgoer wie nach dem Emsiger Text der Frana oder Schulz (d. i. scultetus) das Gericht unter Königsbann hält, und dabei keine Red-jeva oder Consules genannt werden. Die Friesen vereinbaren in der Ueberküre, daß bei gewaltsamer Entführung eines Weibes ein Bote an seine Blutsfreunde zu senden sei, und daß diese ihn zum Frana zu schicken haben. Der Frana hat dann das thing (Gericht) so nahe bei dem Brauthaus zu hegen, daß er die Dachrinne mit seines

Speeres Spitze erreichen kann. Dann soll der Frana das Weib aus dem Hause nehmen und das Brauthaus niederbrennen mit königlicher Gewalt, Bann, oder Königsbann (bannus regius). Vom Wergeld des Weibes sollen die Leute (friesisch „liuda"; „plebs", „populus" in lateinischen Aufzeichnungen) ihren Antheil, der Frana den seinen erhalten. Friesische Consules werden zufrühst im Jahr 1216 erwähnt, siehe oben p. 116. Sie kommen in den folgenden Jahrzehnten in allen Landdistrikten vor von der Weser bis zur Zuiderzee, sind in dem einen früher, im andern später eingeführt, s. oben p. 116 und p. 146. Schulzen der Grafen werden auch noch erwähnt im Beginn des dreizehnten Jahrhunderts, so namentlich im Westergo und Ostergo in Urkunde von 1204, s. oben p. 185, in Urkunde von 1217 im Emsgo, u. s. w. In manchen Landdistrikten werden erst später die Schulzen im Gericht der Consules durch einen von ihnen, der als ihr Sprecher fungirt, verdrängt; s. oben p. 170, und vergleiche unten in Cap. VII über Schulzen.

§. 14. Heimat der Ueberküren.

Nur der Emsiger Text der Ueberküren giebt an, dafs sie sich auf Versammlungen zu Upstalsbom beziehn, die andern Texte gedenken des Upstalsbom nicht. Nach dem ersten friesischen Manuscript des Emsiger Rechts zu Groningen und dem verschollenen Manuscript des Botterik Suntkena, aus dem von Wicht Ostfriesisches Landrecht p. 824 die Ueberküren mitgetheilt hat, lautet die erste Ueberküre: „thet tha Fresa kome enes a jera to Upstalsboma a tyesdey anda there Pinxtera-wika, and ma there birethe alle tha riucht, ther Fresa halda skolde; jef aeng mon eng bethera wiste, theth ma thet littere lette and ma theth bethere helde", s. unten p. 236. Aufser dieser Stelle im Emsiger Text haben wir kein Zeugnifs dafür, dafs die Ueberküren sich auf Upstalsbomer Vereinstage beziehn. Ich halte dies aber nicht für unrichtig, da die Lage von Upstalsbom nahe der Grenze des alten Emesga vermuthen läfst, dafs die Angabe der Emsiger Rechtshandschrift richtig ist. Es traten zu Upstalsbom Jurati zusammen; es thaten es in den Jahren 1216, 1224 und 1231 Jurati aus den Upstalsbom benachbarten

Gauen, namentlich aus dem Fivelga westlich der Ems; es thaten es 1323 bis 1327 Judices aus den verschiedenen friesischen Land-distrikten zwischen Fli und Weser; so werden denn auch die Ueber-küren in Upstalsbom vereinbart worden sein, wie es der Emsiger Text angiebt. Beachtung verdient, dafs sich auch inbetreff der Siebzehn Küren nur in dem Emsiger und dem Fivelgoer friesischen Text eine Stelle findet, die Upstalsbom nennt, während es in den friesischen Texten aus Rüstringen, Hunsego und Westergo, sowie in dem allen zu Grunde liegenden lateinischen Texte nicht der Fall ist. Allerdings ist der friesische Emsiger Text uns nur aus der nicht näher bekannten verlorenen Handschrift des Botterik Suntkena und dem der zweiten Hälfte des fünfzehnten Jahrhunderts angehörenden ersten friesischen Groninger Manuscript erhalten. Letzteres ist aber für eine Abschrift einer ins dreizehnte Jahrhundert zu setzenden in friesischer Sprache geschriebenen Emsiger Rechtshandschrift zu halten, s. oben p. 209, und es wird demnach die Angabe des Emsiger Textes als aus dem dreizehnten Jahrhundert stammend aufzufassen sein.

Ueber die Ausdehnung des friesischen Landes, für das die Ueberküren vereinbart worden sind, und in dem sie gegolten haben, fehlt es an bestimmten Angaben. Es finden sich Texte der Ueber-küren nur in Rechtsmanuscripten aus Hunsego, Fivelgo und Emsgo, sie fehlen in denen aus Rüstringen und aus dem Westergo, wie das Handschriftenverzeichnifs der Texte der Ueberküren oben p. 202 in §. 11 zeigt. Wir kennen also die Ueberküren nur aus Friesland auf beiden Seiten der Ems, nicht aus Friesland westlich der Lauwers, nicht aus Rüstringen, und werden vermuthen müssen, dafs die Ueberküren nur für die friesischen Gegenden östlich der Lauwers bis gen Rüstringen, nicht für Friesland zwischen Fli und Laubach, nicht für Rüstringen vereinbart worden sind, während die Siebzehn Küren und Vierundzwanzig Landrechte vom Fli bis zur Weser galten.

§. 15. Abdruck der Ueberküren.

Es folgt hier in erster Columne der Hunsingoer Text aus dem Wichtschen Hunsingoer Manuscript und dem Scaligerschen

Hunsingoer Manuscript, und ist ihm in einer Note am Schluſs jeder
Ueberküre der Fivelgoer Text aus dem Fivelgoer Manuscript beigegeben; in zweiter Columne der Emsiger Text nach dem Groninger ersten Emsiger Manuscript mit Hinzufügung der Abweichungen aus dem verlorenen Emsiger Text des Botterik Suntkena nach
Wichts Angaben.

Hunsegoer Text.

Thit send tha sogen keran
thera Fresena.

Tha alle Fresa[1]) skipad weren,
tha leweden hia: hoc hira sa erest
thene londgong nome, thet hia
ene pictunna bernde, end tha
otherum thermithe kethe, thet hia
londgung nimen hede[2]).

Thi other kere alra Fresena:
gef ther eng lond urherad urde,
ouder[9]) fon tha sutherna se-

Emsiger Text.
Fan tha urkera.

Thit send tha urkera allera
Fresena[3]).

Theth forme[4]), theth hia gader
kome enes a iera to Upstelesbame[5]) a tyesdey anda there
Pinxtera - wika, and ma there
ratte[6]) alle tha riucht, ther Fresa
halda skolde; ief aeng mon eng[7])
bethera wiste, theth ma thet
littere lette[8]), and ma theth bethere helde.

Thiu othere kere: ief there
soghen selonda aeng urherath
urde, auder fon tha suther sa-

[1]) Huns. MS. Sc. „Fresa“, Huns. MS. W. „Fresan.“

[2]) Der Fivelgoer Text im Fivelgoer Manuscript lautet: „Tha alle Fresan
schipat weren, tha leueden-se: hok hira sa erist then londgung nome, thet
hia ene pictunna barnde, and tha otherum thermithe kuth dede, thet hia
then londgung nimen hede, anda keren thet tha to riuchte.“

[3]) Der alte Text bei Wicht Ostfriesisches Landrecht p. 824 sagt: „Thet
send tha sex urkere aller Fresena.“

[4]) Für „Thet forme“ etc. liest der alte Emsiger Text bei Wicht: „Thiu
forme urkere aller Fresena is“ etc.

[5]) Wichts alter Text: „Upstalsboma.“

[6]) Für „ratte“ liest Wichts alter Text: „birethe.“

[7]) Für „eng“ liest Wichts alter Text „eng riucht.“

[8]) Für „littere lette“ in Wichts altem Text: „lichtere sette.“

[9]) „ovder“ in Huns. MS. W. und Huns. MS. Sc., in Ueberküre 5 „uder“,
für „auder“, d. i. „ahweder.“

Hunsegoer Text.

reda[1]), ieftha fon tha northeska wiszegge[2]), thet tha sex[3]) tha sogenda hulpe, thet hit alsa wel machte, sa thera sex[4]) hoc[5]).

Thi[8]) thredda kere: jef thera sogen selonda eng welle unriuchte fara, liude ravia, ieftha morth sla, thet tha sex[9]) thet sogende thuinge, thettet elle riuchte fare[10]).

Thi fiarda kere: hwersa ma wif halat mith horne and mith lude, mith dome and mith drechte[14]),

Emsiger Text.

reda ridderum, ieftha fon northeska wigandum[6]), thet tha sex tha soghenda hulpe[7]), thet hit alsa wel machte, sa there sexta hoc.

Thiu thredde kera: ief[11]) thera soghen selonda aeng welde liude rawia[12]) ieftha morth sla, tha sex thet soghenda bithuinghe[13]), theth hit elle riuchte fore.

Thiu fiarde kere: hwersa ma ene frowa halde[15]) mith horne and mith hlude, mit dome and

---

[1]) „sered“ ein Gerüsteter, ein Ritter, s. Fries. Wb. p. 1007.

[2]) „wiszeg“ für „wiszeng“, d. i. „wikeng“ (Seeräuber), s. oben p. 227.

[3]) Huns. MS. Sc. „sex“, Huns. MS. W. „sexe.“

[4]) Huns. MS. Sc. „sex“, Huns. MS. W. „sexa.“

[5]) Im Fivelgoer Text: „Jefter eng lond urherat worde fon ta sutherna sereda herum jefta fon ta norda (für nord-) wising, thet ta sex tha sogenda hulp, thet hit alsa wel machte, sa othera sex.“

[6]) Im alten Emsiger Text bei Wicht: „ayder fon tha Suthersaxe ief fon tha Nordmanum.“

[7]) Im alten Emsiger Text bei Wicht: „sa schellath tha sex tha sogenda to hilpe kume, thet se allyke wael muge.“

[8]) Huns. MS. Sc. „Thi²“, Huns. MS. W. „Thit.“

[9]) Huns. MS. Sc. „sex“, Huns. MS. W. „sexe.“

[10]) Im Fivelgoer Text lautet die dritte Ueberküre: „Ac keren se thet: jef ter eng lond fon ta sogen selandum welde unriucht fara, liude rawia jefta morthia, thet thet sexte thet sogende bithunge (im Fivelgoer Manuscript verschrieben für bitwinge), thet thet alle riuchte fore.“

[11]) Im alten Emsiger Text bei Wicht „ief ther en fon tha soghen selondum welde unhorsam hwirthe.“

[12]) Ich emendire „rawia“, im Emsiger Groninger Manuscript verschrieben „rawena“; vgl. Fries. Wb. p. 984.

[13]) Im alten Emsiger Text bei Wicht *„stiura“* für „bithuinge.“

[14]) Ueber „dom“ und „drecht“ s. oben p. 227.

[15]) Im alten Emsiger Text bei Wicht: „hwersa ma hir ene frowe halleth.“

Hunsegoer Text.	Emsiger Text.
thet hiu emmer scolde aftne[1]) stol[2]) bisitta[3]).	mith drechte, thet hiu skolde ammer aftne stol bisitta[4]).

Thi fifta kere: wersa en mon nime en wif to quern and to ku[5]), uder en ti alsa dena thianeste sa him gad were, end him thenna en[6]) kind gader wrde, end[7]) thet kind skenade, and thet wif liavade, thet bise thenne[8]) afte nome; thet hiu ni thet kind, ni machte nenne aftne stol bi-

Thiu fifte kere: hwersa hir en mon wif nime to ku and querna, and to alsa dene thianeste[9]) sa him gad were, and him bi there wiwe en kind mene urde[10]); ief theth kind skenade, and him theth wif liawade[11]), theth hi hia afte nome[12]), thet hio nere thet kind; thet kind ne machte

---

[1]) Ich bessere „aftne stol", d. i. ächten, ehehaften, gesetzlichen Stuhl, Ehesitz, ehelichen Sitz, vgl. Fries. Wb. p. 589. Im Huns. MS. W. p. 96 und im Huns. MS. Sc. p. 39 steht „afne stolt", ein offenbarer Schreibfehler, der schon in dem ihnen zu Grunde liegenden älteren Hunsingoer Manuscript vorhanden gewesen sein wird.

[2]) Huns. MS. W. und Huns. MS. Sc. „stolt", emendire „stol."

[3]) Im Fivelgoer Text lautet die Ueberküre: „Thet thredde: hwer ma en wif halat mith horne and mith hlude, met *becna* and mith drechte, thet hio schulde ammermar aften stol bisitta."

[4]) Im alten Emsiger Text bei Wicht: „thet hiu scoelde annen aften stoel bisitte."

[5]) „Wo ein Mann nimmt ein Weib zu Mühle und zu Kuh", d. i. eine Viehmagd im Gegensatz der Tischmagd, die in der Lex Frisionum 13, 1 bezeichnet wird als „ancilla, quae nec mulgere nec molere solet, quam bortmagad vocant"; s. Note 99 zu Lex Frisionum M. G. Leges III p. 667.

[6]) Huns. MS. Sc. und Huns. MS. W. „end" für „en."

[7]) Huns. MS. W. und Huns. MS. Sc. „end" für „and."

[8]) Huns. MS. W. „thenne", Huns. MS. Sc. „thenna."

[9]) Im alten Emsiger Text bei Wicht: „huersaer hir annen (verschrieben im alten Text aus „an" oder „en") mon hwint en fona (d. i. fovna oder fomna (Jungfrau), vgl. Fries. Wb. p. 726) iefta en wyf to syn thianste."

[10]) Im alten Emsiger Manuscript bei Wicht: „anda hi bi hyr een kynt winne."

[11]) Im alten Emsiger Text bei Wicht: „anda hiu him liawet."

[12]) Im alten Emsiger Text bei Wicht: „sa thet hi hia hwelde to afte nime."

Hunsegoer Text. | *Emsiger Text.*

sitta, ni thera kinda nen, ther hiu bi him tege[1]).

Thi sexta kere[2]): hwasa wif ur wald and ur willa nome, sa achte hiu thene boda tha friundum ti sendane, tha friund tha frana[3]); thi frana thet thing alsa nei te lidzane, thet hi tha osa mith sine etgeres-orde reka muge; thi frana hia ther-ut ti[4]) nimane, and thet breidhus ti[5]) bernane mith there keniglika wald; hire

aftne stol bisitta, ner thera kinda nen, ther hiu bi him teghe[6]).

([7]) Hwersa ma ene frowa ur wald and ur willa a nede nimith, and hiu wepande and hropande ther sitte, and thet bifolgie thi frana and tha liude; and hiu thenna inna vurpane ware and inna ene beid thinze hire ned keme and clagie, and thera berna thria (?) se[8]); sa huet sa hire eden is, sa istet alsa iechte, and

---

[1]) Im Fivelgoer Text fehlt diese Ueberküre.

[2]) Die beiden folgenden Satzungen, die der Hunsingoer unter den Ueberküren als sechste und siebente, der mit ihm wesentlich übereinstimmende Fivelgoer Text als vierte und fünfte Ueberküre giebt, fehlen im Emsiger Text der Ueberküren, stehen aber im ersten Emsiger Manuscript zu Groningen als zweite Wende hinter der siebzehnten allgemeinen Küre, s. Fries. Rq. p. 32. Ich stelle sie hier neben die beiden entsprechenden Ueberküren des Hunsego-Fivelgoer Textes und klammere sie ein.

[3]) Frana, d. i. Schulz, vergleiche oben p. 234.

[4]) Huns. MS. W. „ti“, Huns. MS. Sc. „til.“

[5]) Huns. MS. W. „ti“, Huns. MS. Sc. „til.“

[6]) Im alten Emsiger Text bei Wicht: „sa mey hiu, noch thet kint, noch der kinden en, ther hiu bi him teghe, aften stoel bisitte.“

[7]) Die folgenden Sätze sind hier aus dem ersten friesischen Emsiger Manuscript p. 66 eingeschoben. Der erste Satz bis zu den Worten „Nelma thet wif“ bildet die zweite der allgemeinen Wenden, d. i. der Ausnahmefälle vom Reinigungseid, wie sie der lateinische Text oben p. 40, und wie sie mit geringen Abweichungen der friesische Hunsegoer, Westergoer und Rüstringer Text der Wenden giebt, gedruckt in Fries. Rq. p. 32. Der zweite Satz von „Nelma“ an entspricht der sechsten Ueberküre des Hunsego-Fivelgoer Textes, ist im Text des ersten friesischen Emsiger Groninger Manuscripts der zweiten Wende angereiht, indem er sie weiter ausführt, s. oben p. 226.

[8]) Das Emsiger Manuscript schreibt: „and thera berna thria se“; ist wohl entstellt. Der niederdeutsche Emsiger Text setzt dafür: „ende se dan kynder the, ofte enes kyndes, Fries. Rq. p. 35, 4. Ist etwa „thriu“

wergeld te weddane, tha liudem
thet hira end[1]) tha frana thet sin[2]).

ne mey ma there dede na nene
withe biada. — Nelma thit wif
ac nawet fri leta, sa ach hiu
thene boda friundem te sendanne,
tha friunde tha frana, thi frana
ach theth thing alsa nei to lidzane, thet hi tha osa mith sines
speres orde retsia mughe. Sa
ach hi mit there kenenglika wald
tha frowa ther-ut to nimane, and
thet breithuis to bernane, and
there frowa wethiema hira wer-
gelt and tha liudem hire fretha
and tha frana sin bon.)

Thiu sexte kere: theth thera
frouuena ek ene fri kere ach,
huuene hiu hire lif lyde, and hire
fereth mengde[4]); and thi brother
hine bikiasa moste, hwether sinre
suster iewe[5]).

Thi sogenda kere: ief ther
en mon en wif nede nome, end[3])

([6]) Jef hi thenne mit there
wiwe flechtich werthe to enne

für „thria" zu lesen und „thriu" für triu geschrieben und an „triuwe"
(fidelis) zu denken? s. Fries. Wb. p. 1094.

[1]) Huns. MS. W. und Huns. MS. Sc. „end" für „and."

[2]) Im Fivelgoer Text lautet die Ueberküre: „Thet fiarde: wasa wif ur
wald and ur willa nome, sa ach hio thene boda to tha frundem to sendan,
tha friund to tha frana, thi frana thet thing also ney to ledzane, thet hi
tha osa mith sine etgers-orde bitetsa muge; thi frana hia ther-ute to
niman, and thet bredhuse to barnane mith ther kenliker wald; hire wer-
jeld tho weddianne and tha frana thet sin."

[3]) Huns. MS. W. und Huns. MS. Sc. „end" für „and."

[4]) Im alten Emsiger Text bei Wicht: „thet en jewelikes frouwes persona, thiu mey hiren keyr hebbe, huette monne thet hiu nime hwel."

[5]) Im alten Emsiger Text bei Wicht: „sa mey aec thi brother hine
bikiase, hweth hi siner suster iewe hwel to boltschette."

[6]) Der folgende eingeklammerte Satz fehlt in dem Text der Ueber-

Hunsegoer Text.	*Emsiger Text.*
hi thenna to ene othere huse fletech urde, fon tha othere to tha thredda, fon tha thredda to there kerka; tha thriu hus al ti[1]) bernane, end tha sziurka te brekane end[2]) hia ther-ut ti[3]) nimane[4]).	othere huse, fon othere huse toda thredda, [fon tha thredda] inna tha ziurka, sa achma tha triu hus al to bernande and tha ziurka to brekande, and theth wif ther-wth to nimane; and hire werield to wediane, and tha liudem hira frethe, and tha frana sin bon.)

IV. Die Leges Upstalsbomicae von 1323.

§. 16. Texte der Leges Upstalsbomicae.

Ich unterscheide vier lateinische Texte, die unbedeutend von einander abweichen: 1. Der Text in meinem Manuscriptum Roorda p. 303 — 310, er ist in Hettema Jurisprudentia Frisica III p. 18 gedruckt, und sind Varianten aus ihm nach Hettema in Friesische Rechtsquellen p. 531 mitgetheilt; 2. Der Text in des Worp von Thabor Chronik von Friesland, herausgegeben Leuwarden 1847 von Ottema, I p. 177; 3. Der Text in Siccama Lex Frisionum Franekerae 1617, p. 53—62; er erhielt den Text durch Upko von Burmannia,

küren im ersten friesischen Emsiger Groninger Manuscript und in dem alten Emsiger Text bei Wicht. Er ist im ersten friesischen Emsiger Groninger Manuscript hinter den Siebzehn allgemeinen Küren der zweiten Wende angereiht, indem er das in der zweiten Wende Enthaltene weiter ausführt; vergleiche oben p. 226.

[1]) Huns. MS. W. „ti“, Huns. MS. Sc. verschrieben „til.“

[2]) Huns. MS. W. und Huns. MS. Sc. „en“ für „end“, dies für „and.“

[3]) Huns. MS. W. „ti‘, Huns. MS. Sc. verschrieben „til.“

[4]) Im Fivelgoer Manuscript lautet die Ueberküre: „Thet fifte: jefter en mon wif nede nome and hi thenna to ena othera hus flechtich wrde, fon ta othera to tha thredda, fon ta thredda to ther tzurka, tha thria hus to barnane, and tha tzurka tho brekane an (emendire „and“) hia ther-ut to nimane.

vielleicht aus einer spätern Abschrift der Chronik des Worp; 4. Der Text in Schotanus Geschiedenissen van Friesland Franeker 1658, Tablinum p. 16. Er giebt die Quelle des Textes nicht an, doch möchte auch sie eine Abschrift der Worp'schen Chronik sein. — Die geringen Abweichungen der Texte 2, 3 und 4 weisen auf eine gemeinsame Quelle.

Alle andern gedruckten Texte führen auf diese vier zurück. Mieris Groot Charterboek Leyden 1754, II p. 325 ist aus Schotanus genommen; Gaertner Lex Saxonum Leipzig 1730 und Wiarda Landtage zu Upstalsbom erste Ausgabe Bremen 1777 p. 174, zweite Ausgabe Leer 1818 p. 111 haben den Text des Siccama wiedergegeben; der Druck in Friesische Rechtsquellen 1840, p. 102—108 ist aus Siccama und Schotanus genommen, und sind zu ihm p. 531 Varianten aus Manuscript Roorda nachgetragen nach Hettema Jurisprudentia Frisica Leuwarden 1835, III p. 18; Friedländer Ostfriesisches Urkundenbuch Emden 1874, I p. 46 druckt eine Abschrift der Leges in Aurich, die Emmius habe anfertigen lassen, die aber werthlos ist, und aus dem von Siccama herausgegebenen Burmannschen Text oder aus einer schlechten Abschrift von ihm genommen zu sein scheint.

Von den vier Texten tritt der des Manuscriptum Roorda den drei andern durch eine Reihe von einzelnen Sätzen und Worten gegenüber, die als ursprünglich gelten müssen und in ihm stehn, während sie in jenen fehlen; doch haben auch die drei andern Texte einzelne richtigere Lesarten als der erste Text. Ich lege dem im folgenden Paragraphen gegebenen Text den Text aus dem Manuscriptum Roorda zu Grunde, berichtige ihn in einzelnen Stellen aus den andern Texten und verzeichne in den Noten alle Varianten der vier Texte.

1. Ueber das Manuscriptum Roorda, ein auf Papier geschriebenes Manuscript, das ich bei meinem Abdruck der Leges Upstalsbomicae in Fries. Rq. p. 102 nicht kannte, aus dem ich aber in den Nachträgen zu den Friesischen Rechtsquellen p. 531 aus dem inzwischen erschienenen Abdruck von Hettema in Jurisprudentia Frisica Leuwarden 1835 III p. 18 abweichende Lesarten nachtragen

konnte. Im Jahr 1858 kaufte ich die Handschrift zu Leuwarden aus P. Wierdsmas Nachlafs.

Der Inhalt des Manuscripts ist: 1a. *MS. p. 1—7* das Stück „*Haet is riucht*" ähnlich dem ersten Stück im alten Druck des sogenannten Westerlauwerschen Landrecht, aus ihm in Fries. Rq. p. 434—438 aufgenommen; das Stück findet sich auch in meinem im Jahr 1464 geschriebenen Westerlauwerschen Manuscript „Jus municipale Frisonum" p. 1—7, und zum Theil in meinem nach 1427 um das Ende des fünfzehnten Jahrhunderts geschriebenen Fivelgoer Manuscript p. 1—3. — 1b. *MS. p. 8—10 die §§. 1—15 des Schulzenrechts, in Fries. Rq. p. 387.* — 2. *MS. p. 13—302 ein grofsentheils aus kanonischem und römischem Recht im fünfzehnten Jahrhundert zusammengeschriebenes Rechtsbuch,* s. Fries. Rq. p. XXVI; mit Weglassung von vielen Nachweisungen und Citaten abgedruckt von Hettema unter dem unglücklichen Titel „Jurisprudentia Frisica" I p. 1—256 und II, p. 1—310. Der erste Theil des Machwerks besteht aus einer friesischen Umarbeitung von des Joannes Andreae Summula de processu judicii, die nach einer Uebersetzung für die Emdener Propstei, die im Jahr 1457 von Folcardus zu Reide bei Emden abgeschrieben wurde, in Fries. Rq. p. 248—257 gedruckt ist; vgl. oben p. 222 Note 1. — 3. *MS. p. 303—310 eine friesische Uebersetzung und ein ihr zur Seite gestellter lateinischer Text der Leges Upstalsbomicae von 1323.* Den lateinischen Text s. unten p. 250, den friesischen in Fries. Rq. p. 532—535 aus Hettema Jurisprudentia III, p. 2—16. — 4. *MS. p. 311—312 Abschrift einer Bulle des Papstes Leo* (Leo X. (?) 1513—1521), s. Hettema Jurisprudentia III p. 30.

Ich bezeichne das Manuscript, wie mehrfach geschehen, als Manuscript Roorda, ohne sicher angeben zu können, ob es einst einem Roorda gehörte. Peter Wierdsma liefs es in braunen Lederband binden wie die Mehrzahl seiner friesischen Rechtshandschriften, und benutzte es in seinen Oude Friesche Wetten Campen 1782, p. 249, indem er bemerkt: „in een MS. betreklyk de Friesche rechten, geschreeven op het einde der vijftiende eeuwe, waarin verscheiden andere wetten gevonden worden, vindt men 'er een, die misschien de §. 15 (des Westerlauwerschen Sendrechts, in meinen

Friesischen Rechtsquellen p. 406 aus dem alten Druck des Westerlauwerschen Landrechts aufgenommen) in rechter leezing voorstelt,
met deeze worden: Hweerso een man jefta een wyf etc.", vgl. die
Stelle in Fries. Rq. p. 408 Note 16, sie steht in dem Manuscript
p. 17 im Titel de judiciis, s. Fries. Rq. p. 406. Nach dem Tode von
P. Wierdsma besaſs sein Sohn, der Procureur crimineel P. Wierdsma,
das Manuscript. Er lieh es an Hettema, der es 1834 und 1835
als Jurisprudentia Frisica zu Leuwarden mit einer holländischen
Uebersetzung theilweise abdrucken lieſs und III p. 28 ungenügend
beschrieb.

Es lassen sich im Manuscript vier verschiedene Hände unterscheiden: 1. Die Seiten 1—271 sind mit einer flüchtigen sehr ins
Cursiv fallenden Schrift unter Anwendung zahlloser Abkürzungen
geschrieben. 2. Auf pagina 272 beginnt unmittelbar als Fortsetzung des friesischen Textes und zwar mitten in dem Wort „onwy —
tenheed" eine andere Schrift. Sie ist weit sorgfältiger mit fast
stehenden Buchstaben und weit wenigern Abkürzungen geschrieben;
sie reicht bis p. 310. 3. In dem zweiten der beiden eben bezeichneten Stücke sind von einer dritten Hand zum Theil längere
Stellen auf dem Rande beigeschrieben; auf den Seiten 303—310
ist neben der friesischen Uebersetzung der Leges Upstalsbomicae
deren lateinischer Text am Rande beigeschrieben. Dieser dritte
Schreiber muſs wie der erste und zweite seiner Schrift nach dem
Ende des fünfzehnten Jahrhunderts angehören. 4. Die Seiten 311
und 312 sind nachlässig geschrieben, noch später als die früheren
Seiten der Handschrift. Die Schrift ähnelt der des ersten Stückes.

Das gesammte Manuscript von p. 1—310 muſs seiner Schriftweise
nach dem Ende des fünfzehnten Jahrhunderts angehören, wie auch
P. Wierdsma annahm. Jedenfalls ist es nach 1480 geschrieben, da im
ersten Theil von ihm p. 32 in dem „de citatione" überschriebenen
Abschnitt eine Vorladung des Bolswerder Dekans, als päpstlichen
Legaten, von 1480 excerpirt ist. Es stehen in ihr die Worte: „Her A.,
bi der nede godis decken to B., byfellen riuchter fan us hera da
paus, her C. persona to S., salicheed in gode! Ick habe ontfinzen
da breeff us hera da pauses in aldulcke wirden: Petrus, een kneppa
der kneppena godis onse lyawe soen A., decken to B. salicheed

ende een decken- (?) benedynghe! Foer us is commen D. fan Starem
clagien, dat E. ende F. jelkirs presteren ende leyen fan Dockem
hym schyldich se, ende wal' due (d. i. wald due) in syn gued; al-
deerom byfel ick dy myt pauslicker macht, dat tu da igghen gaer
laye, ende da secka urstande ende urhera, sonder byropinghe ende
du da to schedene; ende due du deer deerin, deer du wilte, ende
byfel 't hemmen by da ban, dat hya-et festlycke-halde. Da orkenen,
deer aldeer-to naemd sint, jef ze da wird naet sidze willet, ende
se dat lete om fryonscip, om hat, om nyd, jefta om anxta, dat tu
se dwinghe by da banne, dat hya da wird foertbringa. Utjown to
Roem. By derselva macht byfel ick dy, dat tu disse selve lyud,
urscriowen E. ende F. tofara us laye, entlicke op den freed after
Pinxtera to Bolswert, D. burger to Starem to riuchta andwert.
Utjown to Bolswert, bysyglet myt us sigel. Datum anno domini
MCCCCLXXX altera die post translacionis S. Martini." In dem
1457 von Folcardus zu Reide bei Emden abgeschriebenen, grofsen-
theils wörtlich übereinstimmenden Processus judicii in Fries. Rq.
p. 250 ist ein auf den Propst von Emden in der Münsterschen
Diöcese sich beziehendes älteres Beispiel einer Citation statt der
hier angeführten eingerückt. Eine im MS. p. 13 angeblich von
S. A. Gabbema's Hand beigeschriebene Notiz bemerkt bereits: „post
annum 1480 videntur hae leges scriptae, vide titulum de citatione."
Ob Gabbema das Manuscript vor Wierdsma besafs, weifs ich nicht.
Hettema Jurisprudentia III p. 32 vermuthet, es möge sich vor
Wierdsma im Besitz von Bendix Hero's zoon, Roorda und Upko
von Burmannia befunden haben. Unrichtig ist seine Annahme, dafs
der Text der Leges Upstalsbomicae, den Siccama nach Mittheilung
Upko's von Burmannia seiner Lex Frisionum beifügte, aus dem
Manuscript genommen sei, wie die zahlreichen Lesarten darthun, die
ich unten p. 250 ff in §. 17 zu dem Abdruck des Roorda'schen Textes
aus Siccamas Ausgabe des Burmanniaschen Textes angeführt habe.
Dafür, dafs das Manuscript früher von Roorda besessen und nach
ihm das Manuscript Roorda genannt worden sei, bemerkt Hettema
Jurisprudentia III p. 31, dafs er in einem Exemplar des alten
Drucks des sogenannten Westerlauwerschen Landrechts Varianten

als aus dem Manuscriptum Roordanum herrührend von Gabbema beigeschrieben gefunden habe.

2—4. Ueber die drei andern Texte. Worp war von 1523 bis zu seinem Tode im Jahr 1538 Prior des Klosters Thabor bei Sneek im Wijmbritzeradeel des Westergo, s. Worperi Tyaerda ex Renismageest, prioris in Thabor, chronicorum Frisiae libri tres .ed. Ottema Leuwarden 1847, III p. 370. Er verfaſste seine Chronik, wie Ottema a. a. O. p. 370 annimmt, zwischen den Jahren 1490 und 1516, in ihr überarbeitet er die geschichtlichen Aufzeichnungen des im Jahr 1527 verstorbenen Laienbruders Peter zu Thabor. In diesen, herausgegeben in Amersfoordt Archief voor Frieslandt Leuwarden 1824, I p. 2 — 443, sind beim Jahr 1323 die Upstalsbomer Gesetze übergangen. Worp hat sie seiner Erzählung einverleibt. Er bemerkt I p. 177: „Sequuntur articuli in communi conventione pro conservatione reipublicae a Frisionibus concepti et ordinati tempore pacis“ und rückt darauf einen Text der Leges Upstalsbomicae ein, ohne anzugeben, woher er ihn entnahm. Ottema hat seine Ausgabe des Worp nach einer Abschrift von dessen Autographum veranstaltet, von der er meint, sie sei noch während Lebzeiten des Worp geschrieben, während unter mehreren andern Abschriften, die ihm zu Gebote standen, die älteste etwa 30 Jahre jünger sei als die benutzte. — Die Abdrücke der Leges Upstalsbomicae von Siccama und Schotanus stimmen so genau mit dem in der Ottema'schen Ausgabe der Worpschen Chronik überein, daſs ich nur glauben kann, sie sind aus einer andern Abschrift des Worp genommen, und zwar der Abdruck Siccama's aus einer ungenaueren als der des Schotanus. Es fehlen einzelne Worte, die in der Ottema'schen Ausgabe stehn, sind mehrere andere, namentlich bei Siccama, verlesen, wie sich dies aus den p. 250 ff in §. 17 unter dem Text angeführten Varianten von Worp, Siccama und Schotanus ergiebt. — Die meisten Abweichungen einzelner Worte bei Worp, Siccama und Schotanus erklären sich aus irrigen Auflösungen von Abkürzungen, deren der Text des Manuscript Roorda nicht wenige darbietet. Als ganze Sätze, die das Manuscript Roorda enthält, während sie in den drei andern Texten fehlen, führe ich an den Artikel 9, wir kennen ihn nur durch das Manuscript Roorda; von Artikel 23 fehlt der zweite längere Abschnitt in den Texten W. S. und Sch., in Artikel 35 fehlen die Worte „et vulnus incisionis simplici emendetur emenda"; daneben giebt MS. R. so viele einzelne Worte richtiger als die drei andern Texte, daß nur durch Benutzung von MS. R. möglich ist, einen zusammenhängenden verständlichen Text der Leges Upstalsbomicae herzustellen. Allerdings dürfen dabei auch die drei andern Texte nicht unbeachtet bleiben. Im Verlauf des Artikels 22 „de moneta" übergeht MS. R. die nähern Angaben über den Courswerth der Heller: es fehlen die Worte „quatuor Halren pro uno Milite; tres Lovenensche pro uno Enghelsche", die doch gewiß dem ursprünglichen Text der Leges Upstalsbomicae nicht fremd gewesen sein dürften. Einige andere Beispiele ergeben sich aus den Noten zum Text der Leges Upstalsbomicae unten p. 250 in §. 17. Nach der Schreibweise des Manuscript Roorda auf den Seiten 303 — 310 war in das Manuscript zuerst die unvollständige friesische Uebersetzung der Leges Upstalsbomicae eingetragen; erst später schrieb ein anderer Schreiber neben die einzelnen Artikel ihren lateinischen Text. Meistens war es vermöge des breiten Randes des Manuscripts möglich, den lateinischen Text auf dem äußern Rande beizufügen, doch mußte der Schreiber aus Mangel an Raum bei einzelnen Artikeln die Sätze am unteren Rande der Seiten des Manuscripts fortsetzen. Daß der Schreiber des lateinischen Textes verstand, was er schrieb, wird im Allgemeinen angenommen werden können. Woher er seinen Text nahm, ist in keiner Weise überliefert; sehr möglich, daß damals noch das Original der Leges Upstalsbomicae im Westergo aufbewahrt wurde. Bei andern Urkunden über Friesland wissen wir, daß es damals zu Almenum bei Harlingen geschah, s. unten Cap. V §. 7. Die Abweichungen zwischen MS. R. und den drei andern Texten lassen in ihnen in keiner Weise verschiedene Recensionen der Leges Upstalsbomicae unterscheiden. Sie erklären sich aus Ungenauigkeiten der Schreiber, sind von geringerem Umfang, als es bei den meisten andern Abschriften eines und desselben Dokuments der Fall ist. Es dürfte der lateinische Text der Leges Upstalsbomicae, wie wir ihn herstellen können, im Wesentlichen nicht von ihrem Originaltext abweichen.

Die Werthlosigkeit des Textes der Leges Upstalsbomicae, den
Friedländer im Jahr 1874 veröffentlichen zu müssen glaubte, weil
er „unter den Augen des berühmten friesischen Geschichtsschreibers
Ubbo Emmius abgeschrieben sei", zeigt jede Vergleichung mit den
andern Texten. Keine einzige Lesart in ihm verdient den Vorzug.
Nicht selten sind in ihm Worte ausgelassen oder verunstaltet. Als
Stellen, die in dem Emmius'schen Text der Leges Upstalsbomicae bei
Friedländer fehlen, führe ich an: den Artikel IX, den nur MS. Roorda
liefert; vom Artikel XXIII die zweite grössere Hälfte in MS. Roorda,
die auch Worp, Siccama und Schotanus nicht geben; in Art. XIX
fehlt „nasi", das in MS. Roorda, Worp, Siccama, Schotanus steht
und offenbar für ursprünglich gelten mufs; in Art. XXXIV fehlt
„auribus", das MS. Roorda, Worp, Siccama, Schotanus haben. In
Art. XXXV fehlen die Worte des MS. Roorda „et vulnus incisionis
simplici emendetur emenda", die auch Worp, Siccama und Schotanus
nicht geben. — Entstellt sind im Text der Leges Upstalsbomicae des
Emmius bei Friedländer: in Art. XVII „ferdbant" für „ferdban" (d. i.
frethobannus) der andern Texte; in Art. XIX „membrorum volatilium"
für „notabilium" in MS. Roorda, Worp, Schotanus, während Siccama
auch entstellt „volatilium" liest; in Art. XXI „immiserint" für „miserint"
bei Worp, Siccama, Schotanus und „mittent" in MS. Roorda; in
Art. XXII „cophinos" sinnlos für „copkinos" (d. i. Diminutiv von „kop",
caput) in MS. Roorda, Worp, Siccama, Schotanus; „volucres vulgo
vleigers" und „vleigeren" für „fliegeren" in MS. Roorda, für „fliegers" und „fliegeren" bei Worp, „vliegers" und „fliegeren" bei
Schotanus, „vlieghers" und „vliegeren" bei Siccama; „penningern"
für „pennigen" in MS. Roorda, „penningen" in Worp und Schotanus,
„penninghen" bei Siccama; „antiquae ligesken" wie Siccama, für
„alde engelsche" in MS. Roorda, „antiquae Engelsche" in Worp,
„antiqui Liegescen alias Engelse" in Schotanus; „halden" entstellt
aus „halren" in MS. Roorda, Worp, Schotanus; in Art. XXIV „qui
suae iurisdictionis sunt", wie Siccama, für „cujuscumque conditionis
sint" in MS. Roorda, Worp, Schotanus; in Art. XXXIII bei „non
promoverit" fehlt „non", wie bei Siccama und Schotanus, das richtig
in MS. Roorda und in Worp steht; in Art. XXXIV „aefte tynech"
verderbt für „aefta tiugh" in MS. Roorda, „aeffte tyoech" bei

Worp, „aeffte t'joeg" bei Siccama und Schotanus, (d. i. testimonium legitimum, vgl. über beide Worte Fries. Wörterbuch unter „aft"); in Art. XXXV *„permissione"*, wie Siccama, entstellt für „percussione" in MS. Roorda, Worp, Schotanus.

Es stimmt der Text bei Friedländer fast überall mit dem des Siccama überein, einzelne abweichende Worte kommen kaum in Betracht, z. B. im Art. XXXIII „qui sibi juramentum ordinaverit", wo MS. Roorda „qui juramentum sibi ordinaverit", Worp, Siccama, Schotanus „qui juramentum illi ordinaverit" lesen; in Art. XXXIV „in juramentis audiatur" wie MS. Roorda, Worp, Schotanus, für „juramentis audiatur" bei Siccama.

Von den Leges Upstalsbomicae von 1323 ist eine friesische Uebersetzung vorhanden, die dem Ende des vierzehnten Jahrhunderts angehören dürfte. Sie ist in zwei Texten erhalten: einer findet sich in dem oben p. 25 angeführten sogenannten alten Druck einer Rechtshandschrift des Westergo, ein anderer in meinem oben p. 242 besprochenen aus Wierdsmas Nachlass erworbenen Manuscript Roorda. Der alte Druck wird um 1475 gesetzt, das Manuscript Roorda ist nach 1480 geschrieben. Der alte Druck giebt unvollständiger als das Manuscript Roorda die friesische Uebersetzung der Leges Upstalsbomicae. Es fehlen in ihm die Artikel 21, 22, 25 — 36 ganz, im Manuscript Roorda stehen von ihnen die Artikel 21, 22 und 25 — 29. Sodann fehlen im alten Druck mehrfach einzelne Sätze, die das Manuscript Roorda giebt. Doch hat der alte Druck manche Zusätze, die im Manuscript Roorda fehlen, und braucht mitunter abweichende Ausdrücke und Wortformen. Unten p. 250 in §. 17 beim Abdruck des lateinischen Textes der Leges Upstalsbomicae habe ich in den Noten einzelne Stellen aus der friesischen Uebersetzung aufgenommen, die mir für deren Verständnifs förderlich zu sein scheinen.

Niederdeutsche Uebersetzungen aus dem fünfzehnten Jahrhundert finden sich in mehreren der niederdeutschen Rechtshandschriften der Ommelande aus dem fünfzehnten und sechzehnten Jahrhundert, die, wie oben p. 204 erwähnt, als Ommelander Landrecht bezeichnet zu werden pflegen, so namentlich in den Fries. Rq. p. XXI No. 2 unter b und f angeführten Handschriften der Genootschap pro exco-

lendo jure patrio zu Groningen. Stellen aus ihr sind in Fries. Rq.
p. 102—108 in den Noten zu den Leges Upstalsbomicae gedruckt. —
Neuere Bücher über Friesland geben mehrfach niederdeutsche Uebersetzungen der Leges Upstalsbomicae, so namentlich Pierius Winsemius Chronique van Vrieslandt Franeker 1622 p. 192. Sein
Text ist vielfach gekürzt, zerfällt dabei aber in 40 Artikel; so
bildet Artikel 22 des Manuscript Roorda die Artikel 19, 20 und 21,
Artikel 33 in Manuscript Roorda die Artikel 32, 33, 34, 35, Artikel 34
in Manuscript Roorda die Artikel 36, 37, 38 bei Winsemius. Wiarda
Landtage der Friesen 1818 p. 127 fügt seinem Abdruck des lateinischen Textes der Leges Upstalsbomicae aus Siccama und der
friesischen Uebersetzung des sogenannten alten Druckes eine hochdeutsche Uebersetzung bei.

§. 17. Abdruck der Leges Upstalsbomicae von 1828, den 18. September [1]).

In[2]) nomine domini amen. Anno nativitatis domini MCCCXXIII
altera die Lamberti, nos greetmanni[3]), judices, clerus et prelati
terre Westergo[4]) cum ceteris[5]) zelandiis Frisie ad concordiam et
reformacionem constitutionum Opstallisbaem[6]) habitarum et[7]) constitutarum[8]) ordinavimus[9]) diversitates literarum sub hac forma

[1]) Ueber den Inhalt der Leges Upstalsbomicae s. unten Cap. III §. 10.

[2]) Mit R. ist der dem Abdruck zu Grunde liegende Text des Manuscript Roorda p. 303—310 bezeichnet, mit W. der Text von Worp, mit S.
der des Siccama, mit Sch. der in Schotanus Tablinum; s. oben p. 242.
Die friesische Uebersetzung der Leges Upstalsbomicae in der Westergoer
Rechtshandschrift nach dem alten Druck steht in Fries. Rq. p. 102—107;
die friesische Uebersetzung des Manuscript Roorda p. 303—309 in Fries.
Rq. p. 532—535 aus Hettema Jurisprudentia Frisica. Jene bezeichne ich
in den Noten mit Fries. A., diese mit Fries. R.

[3]) „greetmanni“ R. W., „grietmanni“ S. Sch. Ueber „gretmon“ s. oben
p. 170.

[4]) „terre Westergo“ R., „terrarum Ostergo et Westergo“ W. S., „terrarum in Oostergoe et Westergoe“ Sch., vgl. unten Cap. III §. 10.

[5]) „ceteris“ R., „caeteris“ W. Sch., „coeteris“ S.

[6]) „Opstallisbaem“ R. W. Sch., „Obstalsbaem“ S.

[7]) „habitarum et“ R., fehlt in W. S. Sch.

[8]) „constitutarum“ R. W. Sch., „constitutorum“ S.

[9]) „ordinavimus“ R. W. Sch., „ordinamus“ S.

singulis articulis reformatis et conscriptis nunc et perpetuo[1]) valituris[2]).

Primus articulus.

Si aliquis princeps secularis aut[3]) spiritualis, cuiuscunque nominis vel[4]) dignitatis[5]) existat[6]), nos Frisones[7]) vel aliquos ex nostris impugnaverit, volens nos iugo subicere servitutis, communi concursu[8]) et[9]) armata manu nostram libertatem mutuo tueamur.

Secundus articulus.

Ut res furtive[10]), cuiuscunque fuerint conditionis, apud quem-

---

[1]) „perpetuo" R. W. S., „in perpetuum" Sch.

[2]) In Fries. A.: „Dit is di wilker, deer ward eniget MCCC ende XXIII des lettera deis efter sinte Lambertus dei, ende wi elingze (?) mitta VI zelandum"; in Fries. R.: „Hier beginnet da wilkaren fan Opstallisbaem ..., wy greetmaen ende riuchteren, presteren ende prelaten *fan Westergo myt ellis dae selanden fan Freesland* to eenre eendrachticheed and to eenre weermakinga dis ferda and der nya settingha fan Opstallisbaem, so habbet wy ordinered" etc., MS. R. p. 303. In der niederdeutschen Ommelander Uebersetzung: „Dit is de wilkoer, die daer is gheeniget ... mit anneminge der seven zeelande" etc. In Fries. A. ist „elingze" in den Worten „wi elingze mitta VI zelandum" verderbt, es fehlt die Aufzählung, dass die Grietmannen, Richter, Praelaten und der Clerus sich einigten. Fries. R. hat dafür „ellis" (d. i. „sonst", „alias", s. Fries. Wb. p. 703). Unstatthaft ist es, in „elingze" einen besonderen friesischen Namen für Richter und Praelaten mit Wiarda Landtage p. 127 zu sehen, oder an Edelinge zu denken.

[3]) „aut" R., „vel" W. S. Sch.

[4]) „vel" R. W. Sch., „seu" S.

[5]) In Fries. A. „enich *landishera* ..., hit se biscop ief grewa"; in Fries. R. „enich forsta jefta *landishera,* se hit biscop se hit grewa", MS. R. p. 303.

[6]) „existat" R. W., „existit" S., „sit" Sch.

[7]) „nos Frisones" R. und W., „qui nos Frisones" S. Sch.

[8]) „coi cursu" R., d. i. „communi cursu"; zu berichtigen nach W. S. und Sch. in „communi concursu".

[9]) „et" R. W. Sch., „vel" S.

[10]) „res furtive" R., „*res furto sublatae*" W. S. Sch.

cunque[1]) reperiantur[2]), vero ac[3]) legittimo restituantur possessori[4]) pretio redemptionis[5]) minime persoluto; furem vero sus-
pendio precipimus condempnari. Quod si aliquis[6]) res furtivas[7]),
aut furem violenter detinuerit, aut scienter, ad satisfaciendum de
dictis furtis teneatur, et in penam iudicibus[8]) viginti mercas solvat
sterlingis[9]). Idem de spoliis vel[10]) rebus spoliatis volumus[11])
observari.

Tertius articulus.

Quod[12]) incendiarii nocturni concrementur, diurni vero dampnum incendii, taxatione premissa, septuplum[13]) recompensent, et
in pena XX mercarum[14]) iudicibus maneant obligati[15]); detentores
vero[16]) eorundem puniantur pena de furibus iam[17]) premissa. Idem
de publicis depopulatoribus agrorum[18]) firmiter observetur.

Quartus articulus.

Si quis precio vel pecunia corruptus, dominum suum occiderit,

---

[1]) „apud quemcunque“ R. W. S., „et apud quemcunque“ Sch.

[2]) „reperiantur“ R. W., „reperiuntur“ Sch., „inveniuntur“ S.

[3]) „vero ac“ R. W. Sch., fehlt in S.

[4]) „possessori“ R. W., „domino possessori“ S. Sch.

[5]) „pretio redemptionis“ R., „precio solutionis“ W. S. Sch.

[6]) „Quod si aliquis“ R., „si autem aliquis“ W. Sch., „si autem res
aliquas“ S.

[7]) „res furtivas“ R., „res furto sublatas“ W. S. Sch.

[8]) judicibus R. W., fehlt in Sch., „iudicibus „poenam“ R.

[9]) „sterlingis“ R., „sterlingen“ W. S. Sch.

[10]) „vel“ R., „et“ S., „et de“ W. Sch.

[11]) „volumus observari“ R., „observari volumus“ W. S. Sch.

[12]) „Quod“ R., fehlt in W. S. Sch.

[13]) „septuplum“ R. S., „septuplo“ W., „sextuplo“ Sch. Die fries.
Uebersetzung A. „di jelden *saunfald*“, und Fries. R. „da jelde dine schada
saunfald.“

[14]) Für „mercarum“ „merca“ R., „marcarum“ W. S. Sch.

[15]) „iudicibus maneant obligati“ R., „maneant iudicibus obligati“ W. S. Sch.

[16]) „vero“ R. W. S., „autem“ Sch.

[17]) „jam“ R. S. Sch., fehlt in W.

[18]) „depopulatoribus agrorum“ R., „agrorum depopulatoribus“ W. S. Sch.

seu alteri cuicunque[1]) ad[2]) occidendum tradiderit, et de hoc fuerit convictus[3]), de crimine premisso[4]) puniatur, sicut de incendiariis nocturnis[5]) est iam[6]) premissum. Item apostata, a suo prelato legittime ammonitus[7]), si se emendare noluerit[8]); et detentorem[9]) eiusdem in XX mercis duximus puniendum; et omnes nostri fori, impedientes quoscunque religiosos[10]), ne suos subditos excedentes libere corrigant, ad penam viginti mercarum obligamus.

Quintus articulus.

Ut[11]) quicunque captivaverit sacerdotem[12]), eidem teneatur in

[1]) „alium quemcunque“ R. W. Ich emendire „alteri cuicunque“, wie S. und Sch. lesen.

[2]) „ad“ R., fehlt in W. S. Sch.

[3]) „fuerit convictus“ R., „convictus fuerit“ W. S. Sch.

[4]) „de crimine premisso“ R., „de tali crimine“ W. S. Sch.

[5]) „incendiariis nocturnis“ R. W. Sch., nur incendiariis S.

[6]) „est iam“ R. W., „iam est“ Sch. nur „est“ S.

[7]) „legittime ammonitus“ R., „legitime admonitus“ W. S., „admonitus legitime“ Sch.

[8]) Der lateinische Text fügt im Folgenden hinzu, dass den Apostata dieselbe Strafe treffen soll, die für den incendiarius nocturnus bestimmt worden ist, und geht dann über auf die Strafe derer, die den Apostata beherbergen. In den beiden friesischen Uebersetzungen wird die Strafe des Apostata übergangen; A. sagt: „Huaso moniken iefta ioncfrouwen onthalt, deer fan hiara prelate monet sint ti klaester ti kommen, di wrbert XX merka; huaso hinderet, dat hise naet redelic biriuchta moet, di wrbert also wel XX merka“; in Fries. R.: „Hwaso monicken jefta munickfrouwen onthalt, deer fan hira prelaten riuchtelick moned sint to claester to kommen, wytlick and hiase naet betterya nellet, dy wrberth tuntich merka with da riuchteren. Ende hwaso gastlica prelaten deer-oen hindereth, dat se hiara broderen ende hiara susteren deer misdwaet naet ne moten byriuchta ney da oerda, dy wrberth also wel XX merka with da riuchteren“; MS. R. p. 304.

[9]) „et detentorem eiusdem“ R., „detentorem eiusmodi“ W., „delictorum huiusmodi“ S., „delictorum eiusmodi“ Sch.

[10]) „quoscunque religiosos“ R., „quoscumque praelatos religiosos“ W. Sch., „quoscunque praelatos ut religiosos“ S.

[11]) „Ut“ R., fehlt in W. S. Sch.

[12]) „captivaverit sacerdotem“ R. W. Sch., „sacerdotem captivaverit“ S.

X mercis[1]) pro emenda, et in[2]) iudicibus eadem pena percellatur[3]). Quicunque vero laycum captivaverit, leso in quinque mercis[4]) et iudicibus totidem teneatur[5]).

Sextus articulus.

Quicunque iurati seu consules, ad negotium pacis in Opstallisbaem[6]) deputati, ad locum eundem, tempore quo properaverint, eundo[7]), ibidem morando ac redeundo[8]), sub pena quadringentarum[9]) mercarum tranquilla pace letentur[10]); cuius pecunie medietas[11]) iudicibus, et medietas heredibus tribuatur. Aliis vero ad locum predictum properantibus, vinculum[12]) pacis sub pena octoginta mercarum conservetur, et iudicibus tantumdem persolvatur.

Septimus articulus.

Si quis hominem alterius terre et[13]) insule[14]) occiderit, judicibus in sexaginta mercis[15]), et heredibus in totidem, obligatus[16]).

---

[1]) „mercis" R., „marcis" W. S. Sch.

[2]) „in" R., „a" W. Sch., „pro" S.

[3]) „procellatur" R., „percellatur" W. Sch., „puniatur" S.

[4]) „mercis" R., „marcis" W. S. Sch.

[5]) „teneatur" R. W. S., „persolvere teneatur" Sch.

[6]) „Opstallisbaem" R. W. Sch., „Obstalsbaem" S.

[7]) Für „tempore, quo properaverint eundo" R., „euntes" in W. S. Sch.

[8]) „ibidem morando ac redeundo" R., „ibidem commorantes ac redeuntes" W. S. Sch.

[9]) „quadringentarum" R. W. Sch., „quadraginta" S.

[10]) „letentur" R. W. Sch., „locentur" S.

[11]) „cuius medietas iudicibus et medietas heredibus" R., „cuius pecuniae medietas judicibus, alia medietas heredibus" W. S., „cuius pecuniae medium aliud iudicibus, aliud heredibus" Sch.

[12]) „vinculum conservetur" R. W. Sch., „vincula — conserventur" S.

[13]) „et" R., „aut" W. S. Sch.

[14]) In der friesischen Uebersetzung A.: „Huc *zeland* orem een man ofslacht", und Fries. R.: „hueck *zeland* dattet se, deer orem een man off-daeth", MS. R. p. 304.

[15]) „mercis" R., fehlt in W. S. Sch.

[16]) „obligat⁹" R., „sit obligatus" W. S. Sch.

Octavus articulus.

Si quis iudicibus[1]) communitatis alicuius terre rebellis extiterit, et alie insule fuerint[2]) in adiutorium evocate[3]), cuilibet insule venienti, in penam sue rebellionis, contumax[4]) centum mercis[5]) persolvere[6]) teneatur.

Nonus articulus[7]).

Quicunque arma deportare iuventus fuerit, in quinque marcis se noscat iudicibus obligatum.

Decimus articulus.

Ut[8]) quicumque iudex negligens vel iniuste iudicans inventus fuerit, in XX mercis[9]) punietur.

Undecimus articulus.

Pax[10]) in perpetuum[11]) observetur, et[12]) iudices sub pena periurii discordantes ad pacem studeant revocare, dissensiones[13]) et lites rite terminando[14]).

---

[1]) In Fries. A.: „Huaso *da riuchteren* in siin dele wrherich wirt, end ma da oder zeland ti helpe ladet, also manich so deer kompt", etc.; in Fries. R.: „Hwaso *da riuchteren* in syne deel wrherich wirth and ma da oder seland to helpe wt-ladie, also manich zeland, so dyr commet" etc. MS. R. p. 305.

[2]) „fuerunt" R., richtig „fuerint" W. S. Sch.

[3]) „evocate" R., „evocatae" W. S. Sch.

[4]) „contumax" R., fehlt in W. S. Sch.

[5]) „mercis" R., „marcas" W. S. Sch.

[6]) „persolvere" R., „solvere" W. S. Sch.

[7]) Artikel 9 fehlt in W. S. und Sch.; sie zählen den folgenden Artikel als 9. Artikel u. s. w. In Fries. A. und R.: „Dyo nyogende seeck: hwaso dis byschinen wirth, dat hi wepen drege, dy wrberth fyff merck with da riuchteren"; MS. R. p. 305.

[8]) „Ut" R., fehlt in W. S. Sch.

[9]) „mercis" R., „marcas" W. Sch., „marcis" S.

[10]) „Pax" R., „Ut pax" W. S. Sch.

[11]) „imperpetuum" R., em. „in perpetuum."

[12]) „et" R. Sch., fehlt in W. S.

[13]) „discensiones" R., em. „dissensiones", wie W. S. Sch. lesen.

[14]) „terminando" R., „determinando" W. S. Sch.

Duodecimus articulus.

Ut[1]) quicunque laycum occiderit, in septuplum iudicibus et heredibus condempnetur; mutilationes vero et lesiones membrorum in septuplum puniantur.

Tredecimus articulus.

Homicidia[2]) vero et lesiones seu[3]) iniurie alie clericorum[4]), in decupla pena, dummodo in sacris fuerint constituti, legittime puniantur.

Quartus decimus articulus.

Quicunque puerum, masculum[5]) vel feminam, infra[6]) legittimos annos ad matrimonium[7]) contrahendum[8]) acceperit vel tradiderit, sine scitu[9]) tutoris et proximioris heredis[10]), pena centum mercarum[11]) puniatur, et puerum restituat; et eidem[12]) secundum antiquum wilker[13]) et constitutiones novas[14]) satisfaciat[15]).

---

[1]) „Ut" R., fehlt in W. S. Sch.

[2]) „Homicida" R., em. „homicidia", wie W. S. Sch. lesen.

[3]) „seu" R. W. S., fehlt in Sch.

[4]) In Fries. A. und R. „ane papa . . ., off ane dyaken, joff ane subdyaken", MS. R. p. 305.

[5]) „masculum" R. W. Sch., „vel masculum" S.

[6]) „infra" R. W. Sch., „intra" S.

[7]) „matrimonium" R., fehlt in W. S. Sch.

[8]) „contrahendum" R. W. S., „ad contrahere" Sch.

[9]) „citu" R., em. „scitu", wie W. S. Sch. lesen.

[10]) „proximiores heredes" R., em. „proximioris heredis", wie W. Sch. lesen. „proximioris et tutoris et heredis" S.

[11]) „mercarum" R., „marcarum" W. S. Sch.

[12]) „eidem" R. S. Sch., „eidem puero" W.

[13]) „wilker" R. W., „wilkerren" Sch., „willekeur" S.

[14]) „constitutiones novas" R., „novas constitutiones" W. S. Sch.

[15]) Die fries. Uebersetzung A.: „Hueerso ma een knappa iefta een famna ti bede ieft, iefta nimpt, buta rede des mondes ende sibsta eerwena, di haet wrberd hundert merk; ende dat kynd weder op syn gued bi bode dera riuchtera; ende da kinde da wald ti betane, als di alde wilker seyt"; und in Fries. R.: „Hwaso een kneppa iefta famna bynna aefta jeram to bosta jout iefta nympt buta reed dis mondis and dis sibsta eerwa,

Quintus decimus articulus.

Predia emenda, vel vendenda[1]), vel commutanda[2]), cedant homini[3]), viro vel mulieri, a cuius patribus[4]), vel avis[5]) processerunt[6]), nisi[7]) alius eum[8]) in consanguinitate[9]) precellat proximior[10]).

Sextus decimus articulus.

Successiones[11]) hereditatum[12]) quocunque modo evenerint, proximo secundum leges et canones cedant[13]) successori, nisi discedens cum consilio sui[14]) rectoris[15]) in ultimo testamento aliter duxerit

dera wrberth ayder hondert merka; and jeta scheller dat kynd wederjouwa, ende beta al-deer-to da kiinde da wrwalda, als dy alda wilker seyt;" MS. R. p. 305. Unter dem hier angeführten antiquus wilker ist die elfte der Siebzehn Küren oben p. 37, und unter der Constitutio nova die sechste Ueberküre oben p. 239 gemeint.

1) „emenda vel vendenda" R. W. S., „vel emenda vendenda" Sch.

2) „vel commutanda" R., fehlt in W. S. Sch.

3) „homini" R., fehlt in W. S. Sch.

4) „prib9" R., d. i. „patribus", „patribus" W., „parentibus" Sch., „partibus" S.

5) In Fries. A.: „deer fan da fedrien ief *fan da swyrdsida* wtkommen se"; in Fries. R.: „deer hit fan syne fedriem jefta fan syne aldfederem *fan der swirdsyda* fan ecomen is", MS. R. p. 306.

6) „processerunt" R. S. Sch., „processerint" W.

7) In Fries. A. „hit ne se dat di oder niaer *in da sib* se, ende *in da legeren dis landis*; ende sint hia lika sib, dio swyrdsida ende dio spindelsida, so is nier dio swyrdsida"; in Fries. R. „hit ne se dat dy oder nyaer *in da sib* se, and *in da leger dis landis*; and sint hia lyck sib, dyo swirdsyde ende dyo spindelsyde, so is doch nyer dyo swirdsyde"; MS. R. p. 306.

8) „eum" R. W. Sch., „illum" S.

9) „consanguinitate" R. W. S., „sanguinitate" Sch.

10) „proximitas" R., em. „proximior", wie W. S. und Sch. lesen.

11) „Successiones" R. S. Sch., „Successores" W.

12) In Fries. A.: „Dio sexteensta seeck is, dat alle lawa, deer lawiget wirdet fan gode, *datse al deer lawie, deerse di daed brenghe*"; in Fries. R. „Dyo sexteenste seeck, dat alle lawa fan eerwe and fan tilbara, *huse hia een menscha tocomme mit riuchta, datse aldeer blywe alda hia dy daed bringhe*", MS. R. p. 306.

13) „cedant" R. W. Sch., „succedant" S.

14) „sui" R., fehlt in W. S. Sch.

15) In Fries. A. „mit siin bigetris rede", in Fries. R. „myt synes presters rede", MS. R. p. 306.

ordinandum; transgrediens vel[1]) in contrarium agens[2]) et violentiam faciens pena XX mercarum[3]) a iudicibus puniatur.

Decimus septimus articulus.

Omnes sententias diffinitivas, que vulgo ferdban[4]) nuncupantur, inviolabiliter[5]) statuimus observari, nisi per iudices successores et quatuor clericos meliores et prelatum[6]) districtus illius, necessario et necessitatis evidentia, insto tamen modo, fuerint transmutande[7]).

Decimus octavus articulus.

Si quis autem homicidium perpetravit post compositionem[8]) et osculum pacis[9]), a patria sua per annum proscriptus maneat; papam[10]) et non alium visitet absolvendus. Castrum[11]) autem, si

[1]) „vel‑ R., „aut“ W., „autem vel“ Sch., „autem“ S.

[2]) „transgrediens autem in contrarium“ S.

[3]) „mercarum‑ R., „marcarum“ W. S. Sch.

[4]) „ferdban“ R. W. Sch., „ferdband“ S. Ueber ferd‑ban (Friedebann, gebannter Friede) vgl. Fries. Wb. p. 763.

[5]) „inviolabiliter“ R. W. S., „inevitabiliter“ Sch.

[6]) „meliores et praelatum districtus illius“ R., „meliores et doctiores et unum praelatum districtus illius“ W., für „et unum“ „unumque“ in Sch., für „doctiores“ „ditiores“ in S.

[7]) Die friesische Uebersetzung A. lautet: „Dio XVII. seec is, dat alle *ferdban* stande fest, deer da grietman duaet, sonder wandel; hit ne se, dat da efterkommende riuchteren, bi rede IV dera wisera papena ende enis prelatis in da dele, dat eendue om epenbere netreft ende betticheid, endese hit dan veer riuchte due.“ Fries. R.: „Dio sau(n)teenste seeck: Dat alle *ferdban* fest stande, sondel (em. sonder) wandel, deer da greetman dwe, hit ne se, dat da eeftercommende riuchteren, by reed fyower dera wiisera papena in da dele, ondue, and by enis prelatis redena, eeft in da deel, truch oponbera netticheed and nedtreft.“ MS. R. p. 306.

[8]) In Fries. A.: „wr sette sone ende swerren ede“; in Fries. R.: „efter setter soen and *freededan*‑, MS. R. p. 306.

[9]) „perpetraverit“ nach pacis: W. S. Sch.

[10]) In Fries. A. und R. „and *dy paus iefta syn boda*“, MS. R. p. 306.

[11]) In Fries. A.: „Hat by *een stheenhuus*, dat schilma thiwerpa; haeth by *een holten huus*, dat heert oen hof ende an koninges wara“; in Fries. R.: „And baet by *een steenhuys*, dat schelma towerpa; hat by *een hauten huus*, dat heert an hoff and an konninges warra“, MS. R. p. 306. In der nieder-

quid habeat[1]), destruatur; domus autem lignea, quam habuit, sententia iudicum diffinitiva[2]) publicetur.

Decimus nonus articulus.

Mutilationes membrorum notabilium[3]) ex indignatione[4]), utpote oculorum, pedum, manuum, nasi[5]) vel labiorum[6]), puniantur sicut de homicidiis est premissum.

Vicesimus articulus.

Conspiratores[7]) contra rem publicam et ordinationes predictas, pena XX mercarum[8]) puniantur, et conspirationes[9]) eorundem[10]) sub eadem pena precipimus penitus[11]) aboleri[12]).

Vicesimus primus articulus.

Fratres et ordinum mendicantium maiores et minores[13]), et fratres[14]) de Stauria, dummodo discretos mittent, fratre Folperto[15])

---

deutschen Ommelander Uebersetzung: „heft by een holten huis, dat salmen barnen, end syn ghuedt hort in dat hoff end an des koninges weere."

[1]) „quod habeat": W. „quod habet" S. Sch.

[2]) „diffinitiva" R., fehlt in W. S. Sch.

[3]) „notabilium" R. W. Sch., „volatilium" entstellt S.

[4]) „ex indignatione" R., „ex indignatione factae": W. Sch., „factas" S.

[5]) „nasi" R. W. Sch., fehlt in S.

[6]) „labiorum" R. W. Sch., „labrorum" S.

[7]) In Fries. A. und R.: „Dyo tuntichste seeck: hwaso with disse mena netticheed and disse voerseyda ordineringa and settinghe selscipet and reth, swerd jefta fiucht, jefta deer-sa hinderet, dy wrberth tuntich merka with da riuchteren." MS. R. p. 306.

[8]) „mercarum" R., „marcarum" W. S. Sch.

[9]) Für „conspirationes" in Fries. A. und R.: „jeen-selscipinge and jeen-swerringe", MS. R. p. 307.

[10]) „eorundem" R. W. Sch., „eorum" Sch.

[11]) „penitus" R. W. Sch., fehlt in S.

[12]) „aboleri" R. W. S., „abolere" S.

[13]) „Fratres et ordinum mendicantium majores et minores" R.; dafür „Fratres ordinis praedicatorum et ordinis minorum" W. S. Sch.

[14]) „Et fratrum de Stauria" R.

[15]) „Folperto" R. W., „Pholberto" S., „Folperdo" Sch.

penitus excluso [1]), admittere decrevimus et statuimus ad petendum; nec alios admittimus, nisi completa petitione predictorum [2]).

Vicesimus secundus articulus.

De moneta Turonenses et de Anglia sterlingos, et Monasterienses seu Oesnaburgenses, Lovenenses, Dortracenses, Hallenses, et Copkinos argenteos et rotundos, Milites, et Volucres, denarios admittimus [3]); Turonense pro quatuor Monasteriensibus vel [4]) Oesnaburgensibus [5]), vel pro tribus sterlingis [6]) novis de Anglia computato [7]). Solidum autem sterlingorum novorum [8]) vel quatuor Turonenses [9]) pro quindecim Monasteriensibus vel [10]) Oesnaburgensibus [11]), qui vulgo Nye-pennigen [12]) nuncupantur, computamus. Duodecim

---

[1]) „miserint" nach „excluso" W. Sch., ausgelassen in S.

[2]) In Fries. A. steht nur: „Dio XXI. seec is om dera browena bede"; in Fries. R.: „Dio een and tuntichste seeck: Dat *da Jacopinen* and *da mynra broren* and *da Staringera broren*, also fyr so hia vndersceidelicke broren to bidden wtseynde, oerliff joun is in alle zelanden elmisse to biddene, bybala *Folperte*, dy landis-wrredir *fan Starem*, dy is allinna wtnymen; and ellis fan alla oerden ne moten neen broren bidda da elmisse een (em. eer?) disse triiu broren beden habbet." MS. R. p. 307.

[3]) R. schreibt: De moneta turonēs) de anglia et sterlingos z mōstei'ens) seu oesnabḡens) louenēs) Dortracēs) hallēs) et copkinos arḡeteos z rotūdos milites z volucres denai'os admittimꝯ. Dafür haben W. S. und Sch.: De moneta, Turonenses (Thuringenses S.) et (et fehlt in Sch.) de Anglia sterlingos (sterlinges in Sch.), et (et fehlt in S.) Monasterienses seu Osnabruggenses (Osnabrugenses S., Ossenaburgenses Sch.), Lovanenses (dafür Sch. Lovanienses, fehlt in S.), Dordracenses, Hallenses, et Copkinos argenteos, et rotundos, Milites vulgo ridders et volucres vulgo fliegers, denarios admittimus.

[4]) „vel" R. W. Sch., „seu" S.

[5]) „Oesnaburgensibus" R., „Osnabruggensibus" W., „Ossenaburgensibus" Sch., „Osnaburgensibus" S.

[6]) „sterlingis" R., „sterlingen" W. S. Sch.

[7]) „computato" R. W. Sch., „computatis" S.

[8]) „novorum" R. W., „minorum" Sch., fehlt in S.

[9]) Turonenses R. W. „Thuronenses" S. Sch.

[10]) „vel" R. W. Sch., „seu" S.

[11]) „Oesnaburgensibus" R., „Osnabruggensibus" W., „Ossenaburgensibus Sch., Osnabrugensibus S.

[12]) „Nye-pennigen R., „Nye penningen" W. Sch., „Nūe penninghen" S.

Alde - engelsche[1]), vel[2]) sex Ridderen, vel sex Fliogeren[3]), pro quindecim Monasteriensibus vel Oesnaburgensibus[4]), et[5]) quinque Copkini[6]) pro sterlingis decrevimus computari[7]); ([8]quatuor Halren pro uno Milite; tres Lovenensche pro uno Engelsche). Moneta autem minorum[9]) denariorum, qui[10]) vulgo cleyne pennigen nominantur, in pondere admittimus decem et septem[11]) pro uno sterlingen ponderandos et computandos[12]). Si quis in pondere deliquerit, et huiusmodi denarios portauerit, falsarius computabitur, et per iudices iudicio[13]) furti corrigetur. Omnem autem aliam monetam[14]), quoad[15]) partes Frisie, communi decreto Frisonum[16]) interdicimus, et sub interdicto ponimus, [17])ac penitus aboleri decrevimus, perabolemus[18]) et abolemus[19]) in perpetuum per presentes[20]).

1) „Alde-engelsche" R., „antiquae Engelsche" W., „antiqui Liegescen, alias Engelse" Sch., „antiquae Ligescen" S.

2) „vel" R., „pro" W. S. Sch.

3) „Fliogeren" R., „Fliegeren" W. Sch., „Vliegeren" S.

4) „Oesnaburgensibus" R., „Osnabruggensibus" W., „Osnaburgensibus Sch., „Osnabrugensibus" S.

5) „et" R. W. Sch., „vel" S.

6) „Copkini" R. W. S., „Copkinis" S.

7) Dahinter in MS. R. „etc."

8) Die eingeklammerten Worte fehlen in R., sind aufgenommen aus W. S. Sch., doch schreibt S. „halders" für „halren", Sch. schreibt *tres coelensche* alias loewense" für „tres lovenensche"; vgl. oben p. 247.

9) „minorum" R. W. Sch., „nummorum" S.

10) „q̄ — nominantur" R., „quae nominantur" W., „qui — nominantur" S. Sch.

11) „septem sterlingis" R., zu bessern nach W. Sch. in „pro uno sterlingen", fehlt in S.

12) „ponderandos et computandos" R., „computandos et ponderandos" W. Sch., „computandos et numerandos" S.

13) „judicio furti" R., „furti judicio" W. S. Sch.

14) „Omnem autem aliam monetam" R. W. Sch., „Quantum autem ad aliam monetam" S.

15) „quoad" R. W. Sch., „quod ad" S.

16) „Frisonum" R. W. Sch., „Frisiorum" S.

17) „p ac penitus" R.; Hettema löst dies in „plene ac penitus" auf.

18) „perabolemus et abolemus" R., „perabolemus" fehlt in W. S. Sch.

19) „abolemusque" Sch.; hierfür setzt S. „ab de nunc."

20) In Fries. A. steht nur: „Dio XXII seec is om da monta"; in R.:

Vicesimus tertius articulus[1]).

Si quis zelandinus in aliam zelandiam pro querimonia[2]) pecunie vel rei cuiuslibet se transtulerit[3]), infra[4]) triduum finem sui negocii per iudices consequatur; sin autem, in expensis iudicis, scilicet greetmanni[5]) et conjudicum[6]) suorum, maneat, quousque finem sui negocii et querimonie[7]) (per judices consequatur)[8]).

. . . .

„Fan der montha, dat ma in alla zelanden innyma ende wtjowa schil Grate Tornaische, Nye Engelsche fan England, and Alde Engelsche, Monstera ieff Osenbrugsche penninghen, Lonschen (em. Lovenschen), *Hollandsche*, Thordrachtsche, Halleren, and Kopkiin, deer silveren ende triind (em. rund) se, and Ridderen, ende Flyogeren; also datma recknye dyne grata Tornaysche foer fyower Monstre penningen iefta foer fyower Osenbrugsche penninghen jeffta foer treme (em. tre nie) Engelsche. Dyne schillingh nyere Engelscha penninghen iefta fyower grate Tornaische schelma recknia foer XV Munstera ieff Osenbrugsche penningen, de in der lekena tonga nyye penningen heten sin. And toleff alde Engelsche, jefta sex Ridderen, iefta sex Flyogeren, schelma recknya foer fyfteen Monstra iefta Osenbrugsche penningen. Fyff Copkiin foer diin Engelscha, fyouwer Halren foer diin Ridder, tree Lonsche (em. Louensche) foer diin Engelscha. Da montha dera clenera penninghen da selma aldus reknya, datma sauteen (em. saunteen) makie fan da nya Engelscha, and dat hia lyck wichtich se; end hwaso in der wichta misdeth, ayder hy se falschie, iefta meer off da nya Engelscha maket dan saunteen clene, and iofter hwa elkis clene pannigen drege byhala dissem, deer hiir nu fan scryoun is, dy is een falscher, and diin schillet da riuchteren also byriuchta als ane tyeff. Jelkis alle montha, deer to Freeslande comme, da wrbieda wy riuchteren mit mena rede and mit meenra settinga alra Fresena byhala disse monthan, deer hiir fan escreuen is.“ MS. R. p. 307.

[1]) Von diesem Artikel, den das Manuscript Roorda liefert, steht in Worp und übereinstimmend in Siccama und Schotanus nur der Eingang bis „querimonie per judices consequatur.“ Daneben sind im MS. Roorda die Schlufsworte des Worp „per judices consequatur“ weggelassen, und ist der Anfang des folgenden Satzes entstellt, vgl. p. 263 Note 1.

[2]) „pro querimonia“ R. W. Sch., „per querimoniam“ S.

[3]) „se transtulerit“ R., „venerit“ W. S. Sch.

[4]) „infra“ R. W. S., „intra“ Sch.

[5]) „greetmanni“ R. W., „grietmanni“ S. Sch.

[6]) „coniudicium“ R., emendire „conjudicum“, wie W. S. und Sch. lesen.

[7]) „et querimonie“ R. S. Sch., fehlt bei W.

[8]) Die Worte „per judices consequatur“ sind im MS. Roorda weg-

(Si non[1])) octo mercis excedat . . . . [iudices zelandini duo cum predictis testibus causam accionis cedunt], nisi veritas et veritatis iudicium lucide appareat, testibus sex civium et septem consanguineorum, qui proximi sint vel fuerint, et testimonio zelandini iudicis unius, qui de territorio sit in quo accio agitur, comprobentur vel pùrgentur; si autem accio querimonie octo mercas[2]) excedat, iudices zelandini duo cum predictis testibus causam accionis comprobabunt et purgabunt[3]).

gelassen, ich ergänze sie aus Worp, mit dem Siccama übereinstimmt, Schotanus hat nur „consequatur“ ohne „per iudices.“

[1]) Die folgenden Worte des Artikels fehlen bei Worp, Siccama und Schotanus. Im Text des MS. Roorda ergänze ich durch Conjektur „si non“ und streiche die im Text eckig eingeklammerten Worte: „judices zelandini duo cum predictis testibus causam accionis cedunt.“ Im MS. Roorda ist der Satz entstellt. Der Schreiber ließ die Endworte des vorstehenden Satzes „per iudices consequatur“ aus und verwirrte den folgenden Satz im Eingang, indem er die Worte „Si non“ ausließ und die eckig eingeklammerten Worte aus dem Schluß des Artikels heraufnahm. Der Artikel will anordnen, wie der Beweis zu führen ist, wenn das Klageobject 8 Mark nicht erreicht, und wie, wenn es 8 Mark übersteigt. Im ersten Fall wird der Beweis geführt durch einen judex selandinus, 6 cives und 7 consanguinei; im zweiten Fall durch 2 Judices zelandini, 6 cives und 7 consanguinei. In MS. Roorda ist bei Behandlung des ersten Falles ein „si non“ ausgefallen, und müssen die eckig eingeklammerten Worte unrichtig sein, da im ersten Falle nicht 2 Judices zelandini verlangt sein können, indem der verschiedene Beweis beider Fälle darin besteht, daß im ersten Fall nur ein judex zelandinus, im zweiten zwei gefordert werden. Die eckig eingeklammerten Worte des MS. Roorda zeigen sich auch dadurch als unrichtig eingeschoben, daß sie von „predictis testibus“ sprechen, während in dem frühern Theil des Artikels „testes“ nicht erwähnt sind, und die Worte „predicti testes“ ihre angemessene Stelle am Schluss des Artikels finden.

[2]) MS. R. „merces.“

[3]) In Fries. A.: „Dio XXIII. seec is: huck zelandre faert in een oer seland om clage, mara of minra, soe schillet him da riuchteren binna trim deghum helpa hoder redis ief riuchtis; duase dit naet, so schil di clager wessa op des greetmans kost ende synre siana, al ont dio claghe eint se, aider mit rede ief mit riuchte. Is dio clag minre so acht merck, so schilma thi da oenprovinga ief ti da sikringa habba sex buren ende VII sibben ende *een opstallingh*; isse mara, so schil hi habba *II opstallingen*, ende

Vicesimus quartus articulus.

Ad robur autem et roboris diuturnitatem[1]) constitutionum predictarum statute[2]) decrevimus et statuimus, ut quilibet judex zelandinus, in festo Pasche noviter electus, sub iuramento sue commissionis, iureiurando deponat et affirmet, pacis et ordinationis
predicte[3]) articulos se cum suis subditis perpetuo observare, et in
id ipsum plebs vel populus[4]) sue iurisdicionis, cuiuscunque condicionis sint[5]) vel existant, iureiurando vel fide media se[6]) obligent
et astringant[7]).

dae schillet wessa fan dae lande, dier dioe claghe oen is." In Fries. R.:
„Dyo trya and tuntichste seeck: hueck zelandere so in oer seland omme
clage faert ayder om penningh schielda, iefta om odere hoe dene schielda
ho bit se, so schillet him da riuchter deer da clage in hiara deel is bynna
trym degem helpa enis eyndes. Andne dwaed se dat naet, so schel hy
deer da claegh haet deer-eefter wessa in des greetmannis and in der syena
kost, al ont syn clage to eynd comt ayder mit reed jefta mit riuchte.
Deer-eefter fan gued-schada and fan clagen deer mynra synt so acht
merck, hit ne se, datma da wird ful wel wythe ieffma onriuchta wille, so
schelma habba to da sykeringa sex buren, and saun meghen, and *aen
opstallingh*; and dy *opstallingh* schel wessa fan da lande, deer dyo claegh
oen is; and aldus deen riucht ist fan da vntiughe. And is dyo claghe iefta
dy gued-schada mara so acht marck, so schellet ty da sykeringa jefta ty da
oenprowyngha *tweer opstallingen* and sex buren and saun megan, deer
dam sibst se, deerma oen talath." MS. R. p. 308.

[1]) „diuturnitatem" R. S. Sch., „diurnitatem" W.

[2]) statute" R., fehlt in W. S. Sch.

[3]) „predicte" R. S., „praedictos" W. Sch.

[4]) „plebi vel populo" R.; ich lese „plebs vel populus" mit W. S. Sch.

[5]) „cuiuscunque condicionis sint" R. W. Sch., „qui sunt" S.

[6]) „se" fehlt in R., emendirt nach W. S. Sch.

[7]) In Fries. A.: „Dio XXIV. seeck is: Ti der nia settinga habba wi
alle meenlyc set, dat *elck riuchtar, deer swert thi da riuchte thi Opstallisbame* — dat hy to Paeschum deer comme ende festgade ende *creftgade
alle da secka des heiligha ferda*, so fyr, so hi riucht-edich bliuwa wil";
in Fries. R.: „Dyo fyower and tuntichste seeck ty eenre kreftichheed and
ty dera langheed dis kreftis deera meenra settinga, so habba wy meenlyck
seth, dat *jewelick riuchter deer nyes swer ty da riuchte fan Opstallisbaem*,
eth Pascha-tyde aldeer comme, also fyr so hy riucht-edich blywa wil, dat
hy festigie ende *creftigia schil alle da secka dis ferda* and der ordine-
rynga and der meenra settingha, and alle lyued deer to drywa mit riuchte

Vicesimus quintus articulus.

Quod[1]) iudices seculares de rebus et personis ecclesiasticis se non intromittant, sub poena XX mercarum[2]).

Vicesimus sextus articulus.

Quod[3]) clerici, si pro eleccione iudicum secularium munera recipiant[4]), in quadruplum restituant[5]), si de hoc convicti fuerint, de cetero eleccione carituri, ipsa eleccione ad communitatem illius clericorum districtus devoluta[6]).

Vicesimus septimus articulus.

Si aliqui alicuius districtus a communitate se separaverint[7]) per contumaciam[8]), per iudices redire compellantur[9]).

Vicesimus octavus articulus.

Si quis hominem occiderit, ab ingressu ecclesie iuxta consuetudinem antiquitus observatam per annum integrum arceatur; alioquin iudicibus[10]) in decem mercis[11]) maneat obligatus. Si vero

and mit eed-swerringha iefta mit hand-trouwen, deer in syne deel se, ho deen lyoed, so hit se ayder gastlick iefta wraldsch, datse *dyne helliga ferd* ewelick halde." MS. R. p. 308.

[1]) „Quod" R., fehlt in W. S. Sch.

[2]) „mercarum" R., „marcarum" W. S. Sch.

[3]) „Quod" R., fehlt in W. S. Sch.

[4]) „recipiant" R., „acceperint" W. Sch., „acceperunt" S.

[5]) „restituant" R. W. S., „constituantur" Sch.

[6]) Für „communitas ... clericorum" in R. haben W. S. Sch. nur „communitas" und hat auch die friesische Uebersetzung: „Deer-eefter schellet hia ymmermeer wessa sonder kerre, ty da odera papena wether faert in da dele." MS. R. p. 309.

[7]) „aliqui — separaverint — compellantur" R. W. Sch., „aliquis — separaverit — compellatur" S.

[8]) „a communitate se separaverint per contumaciam" R., „per contumaciam a communitate se separaverint" W. S. Sch.

[9]) In Fries. R. „jeff enighe lyued fan eniga dele hya scheda willet mit wrheergenisse fan der meenth" etc. MS. R. p. 309.

[10]) In Fries. R. „da riuchteran in syne deel", MS. R. p. 309.

[11]) „alioquin iudicibus in decem mercis" R. W. Sch., „alioquin in decem mercis iudicibus" S.

idem plenam emendam heredi[1]) prestare non poterit[2]), captus eidem heredi[3]) tribuatur. Si vero aliquis[4]) contumaciter eum detinuerit[5]), pro eo satisfacere compellatur; iudex vero, in cuius territorio[6]) detentus fuerit[7]), si conscius fuerit, et ipsum repetere negligat, ceteris iudicibus[8]) in XX mercis[9]) maneat obligatus.

Vicesimus nonus articulus.

Quod[10]) nulli clerico soli in testamento et in[11]) ultimis voluntatibus absque duobus vel tribus testibus fides adhibeatur[12]).

Tricesimus articulus.

Si aliquis[13]) alicui iudicum[14]) infra[15]) terminum sue iurisdictionis, iniuriam gravem vel mortem irrogaverit[16]), in decuplum puniatur.

[1]) „heredi" R. „heredibus" W. S. Sch.

[2]) „prestare non poterit" R. Sch., „non potest praestare" S., „non poterit praestare" W.

[3]) „eidem heredi tribuatur" R., „eisdem heredibus tradatur" W., „eisdem heredibus traditur" Sch., „eiusdem heredibus tradatur" S. In Fries. R. „so schelmane faen and da eerffnama *jouwa*." MS. R. p. 309.

[4]) „aliquis" R. W. Sch., „alius" S.

[5]) „detinuerit" R. W. S., „continuerit" Sch.

[6]) In Fries. R. „in syn *deel*", MS. R. p. 309.

[7]) „fuerit" R. W. S., „erit" Sch.

[8]) In Fries. R. „tojeens da riuchteran in syn ayna dele", MS. R. p. 309.

[9]) „mercis" R. „marcis" W. S. Sch.

[10]) „Quod" R., fehlt in W. S. Sch.

[11]) „in" R. W. Sch., fehlt in S.

[12]) In Fries R.: „Dyo nyogen ende tuntichtste seeck, dat neen papa allynna ty trowen nis in der lesta tyd jefta in da lesta willa *enis cranckes iefta enis syeckes menscha* sonder orkenscips twyra off tryra, deer ma trouwelick hete", MS. R. p. 309.

[13]) „aliquis" R., „quis" W. S. Sch.

[14]) „alicui iudicum" R., „alicui iudici" W. S. „alicui" Sch.

[15]) „infra" R. W. S., „intra" Sch.

[16]) „irrogaverit" R. W. S., „minatus fuerit (alias irrogaverit)" Sch.

Tricesimus primus articulus[1]).

Ut[2]) quicunque in iudicio debitum quod ab eo petitur, se asserit persolvisse[3]), assercioni sue, nisi duobus testibus fide dignis presentibus de specie et quantitate debiti exprimentibus, non credatur quoquo modo.

Tricesimus secundus articulus.

Si quis clericorum, sine consilio aliorum, quorum interest, aliquem[4]) nominaverit, in perpetuum voce nominandi sit cariturus. Si quis[5]) vero nominacioni tali consenserit, pena XX mercarum[6]) iudicibus maneat obligatus, ac[7]) eleccio maneat irrita.

Tricesimus tertius articulus.

Quod[8]) iudices cuiuslibet districtus compellant electores iudicum secularium, sub pena XX mercarum[9]), ut eligant iudices dominica in albis, vel saltem in illa septimana. Et si quis singulariter elegerit, puniatur[10]) pena XX mercarum[11]); electus similiter, si eleccioni consenserit; et ille similiter[12]), qui iuramentum sibi[13]) ordinaverit. Et quicunque[14]) electus fuerit a maiori et saniori parte, preferatur[15]). Si vero iudex secularis electionem predictam non[16])

[1]) W. u. Sch. stellen Art. 31 u. 32 um.
[2]) „Ut" R., fehlt in W. S. Sch.
[3]) „persolvisse" R., „solvisse" W. S. Sch.
[4]) „aliq." R., „aliquem" W. S. Sch.
[5]) „Si quis ... tali" R., „Si quis tali ... W. S. Sch.
[6]) „mercarum" R., „marcarum" W. S. Sch.
[7]) „ac" R. W. Sch., „et" S.
[8]) „Quod" R., fehlt in W. S. Sch.
[9]) „mercarum" R., „marcarum" W. S. Sch.
[10]) „puniatur ... mercarum" R., mercarum ... puniatur" W. S. Sch.
[11]) „mercarum" R., „marcarum" Sch. S. W.
[12]) „ille" R. W. Sch., „illi" S.
[13]) „sibi" R. S., „illi" W. Sch.
[14]) „quicunque" R. W. S., „qui" Sch.
[15]) „preferatur" R. W. Sch., „proferatur" S.
[16]) „non" R. W., fehlt in S. Sch.

promoverit per tres dies[1]), sicuti[2]) pro homicidio esset[3]) proce-
dendum[4]), contra[5]) ipsum procedatur. Greetmannus[6]) ille negligens
cuilibet[7]) greetmanno[8]) et suis coniudicibus[9]) cuiuslibet districtus,
XX[10]) mercas[11]) sterlingorum persolvat.

Tricesimus quartus articulus.

Quod[12]) iudices terre nostre in antiquo districtu Fraenker[13])
iuxta multitudinem iuramentorum exhibitorum causas non diffiniant[14]),
sed secundum iuramenta a predecessoribus[15]) nostris antiquitus con-
stituta seu consueta. Et nullus sacerdos ad iurandum admittatur, nisi
iuramento suo deponat, se fuisse presentem, et oculis vidisse, vel auribus[16]) rem gestam personaliter audivisse. Item nullus sacerdos alienus
extra congregationem cetus Hertwirth[17]) in iuramentis audiatur, nisi
factum extra huiusmodi districtum fuerit[18]) perpetratum, iuramentis[19])

[1]) „per tres dies" R., „infra tres dies" W. S. Sch.

[2]) „sicuti" R., „uti" W., „ut" S. Sch.

[3]) „esset" R. W. Sch., „est" S.

[4]) „sic" vor „contra" W. S. Sch., fehlt in R.

[5]) „contra" R., „contra homicidam" W. S. Sch.

[6]) „greetmannus" R. W., „grietmannus" S. Sch.

[7]) „cuiuslibet" R., em. „cuilibet", wie W. S. Sch. lesen.

[8]) „greetmanno" R. W., „grietmanno" S. Sch.

[9]) „coniudicibus" R. W. Sch., „iudicibus" S.

[10]) „XX" fehlt in R. W. Sch., ist zu ergänzen, steht in S.

[11]) „mercas" R., „marcas" W. S. Sch.

[12]) „Quod" R., fehlt in W. S. Sch.

[13]) „Fraenker" R. „Franecker" W. „Franeker" S. Sch., Ort Franeker
in Franekera-deel des Westergo, s. oben p. 155.

[14]) „diffiniant" R. W., „definiant" S. Sch.

[15]) „a predecessoribus" R., „ab antecessoribus" W. S. Sch.

[16]) „auribus" R. W. Sch., „auribus suis" S.

[17]) „Hertwirth" R., „Hertwerth" W., „Hertwert" S. Sch.; „Hertwerd",
die Gerichtsstätte des Westergo im Wonzera-deel, s. oben p. 155.

[18]) „nisi factum . . . fuerit perpetratum" R. W. Sch., nisi factum fuerit
. . . . . . perpetratum S.

[19]) „in iuramentis" R. W. Sch., zu emendiren „iuramentis", wie
S. liest.

nihilominus, que aefta tiugh[1]) vulgo nuncupantur, in suo robore duraturis[2]).

Tricesimus quintus articulus.

Si quis asserit se habere caput[3]) graviter lesum, et petit incidi, obliget se iudicibus pignore octo talentorum, quod amittat[4]), si testa illesa reperiatur, et vulnus incisionis simplici emendetur emenda[5]); si vero lesa inveniatur[6]) et[7]) de consilio quorum interest, primo, secundo et tertio transfodiatur: primo lesus plenam emendam habebit; secundo plene emende dimidietatem[8]); tertio quartam partem eiusdem[9]) plene emende consequatur; et si pluries[10]) testam transfodi contingat, leso exinde penitus[11]) nihil tribuatur, dum ex una incisione et ex unius vulneris hoc accidat percussione[12]).

Tricesimus sextus articulus.

Si quis contra alium querimoniam deposuerit, actor in principio litis omnia iuramenta seu probaciones allegando[13]) proponat ad ampliora ulterius[14]) non audiendus, ut reus plenam se deliberandi habeat facultatem.

[1]) „aefta tiugh" R., „aeffte tyoech" W., „Aeffte t'ioeg" S., „Aefte t'joeg" Sch.

[2]) „duratur9" R., em. „duraturis", wie W. S. Sch. lesen.

[3]) „capud" R.

[4]) „amittat" R. W., „amittet" Sch., „admittatur" S.

[5]) „et vulnus incisionis simplici emendetur emenda" R., fehlt in W. S. Sch.

[6]) „inveniatur" R., „inventa fuerit" W. S. Sch.

[7]) „et" R., fehlt in W. S. Sch.

[8]) „dimidietatem" R., „medietatem" W. S. Sch.

[9]) „eiusdem" R., fehlt in W. S. Sch.

[10]) „pluries" R. W. S., „saepius" Sch.

[11]) „penitus" R., fehlt in W. S. Sch.

[12]) „percussione" R. W. Sch., „permissione" S.

[13]) „allegando" R. W. S., „allegandas" Sch.

[14]) „ulterius" R., fehlt in W. S. Sch.

V. Elf Urkunden über Upstalsbom von 1324 bis 1327.

§. 18. Upstalsbomer Urkunde vom 5. Juni 1324 über Streit Rüstringens mit Bremen.

Die Urkunde[1]) vom 5. Juni 1324 ist im Bremer Archiv im Orginal erhalten und aus ihm zuerst von Wicht Ostfriesisches Landrecht Aurich 1746, Vorbericht p. 112 gedruckt, später von Cassel Sammlung ungedruckter Urkunden Bremen 1768, p. 239, von Ehrentraut Friesisches Archiv Oldenburg 1854, II p. 381, und von Ehmck Bremisches Urkundenbuch 1873, II p. 244. Aus Ehmck druckt sie ab Friedländer Ostfriesisches Urkundenbuch Emden 1874, I p. 53.

Mit dieser Urkunde stimmt die im folgenden Paragraph gedruckte vom selben Tage überein, ausser dass ihr Eingang und Schluss abweicht. Ohne mich überzeugende Gründe hält Ehmck beide Urkunden nur für verschiedene Ausfertigungen ein und derselben Urkunde, er verzeichnet die Abweichungen der ersten Urkunde als Lesarten der zweiten. Ich gebe die erste Urkunde nach Ehmck:

Universis hanc litteram visuris seu audituris universitas judicum selandiarum Frisie in Upstallesbome congregatorum salutem et pacem in domino sempiternam. Tenore presencium duximus firmiter protestandum, quod omnis dissentio et discordia inter consules et cives Bremenses ex una et Frisones terre Rustringie ex parte altera super occisione cujusdam Rustringi, Broder nomine, per Bremenses occisi, exorta, est ad pacem et perpetuam concordiam, prout dicti consules Bremenses et judices terre Rustringie coram nobis recognoverunt, totaliter reformata, ita quod Rustringi Bremensibus super predicta occisione non debebunt de cetero querimoniam commovere. Est etiam adjectum, quod cives Bremenses et Rustringi erunt et manebunt una gens et unus populus, sicut a tempore cujus non est memoria exstiterunt, debebuntque omnia et singula, que in litteris et privilegiis suis in invicem[2]) ab antiquo

---

[1]) Ueber den Inhalt der Urkunde s. unten Cap. III. §. 12.
[2]) Die Worte „suis in invicem" fehlen bei Wicht.

datis et[1]) confectis continentur, in omnibus et singulis suis clausulis firmiter et inviolabiliter observare, nec in aliquo perpetuis
temporibus contraire; eo addito, quod si inter Bremenses et Ru-
stringos quacumque occasione et super re quacumque dissensionem
vel rancorem quocumque tempore contingeret — quod absit — in
futurum suboriri vel jam esset suborta, pars una alteri, videlicet
nec Bremenses Rustringis nec Rustringi Bremensibus bella movebunt, nec quemquam rebus vel corpore aliquatenus ledent, nec
spolium in Bremenses[2]) aut quemquam alium pro causa hujusmodi
committent, nisi prius, si invicem dicte partes secundum privilegia
eorum concordare non poterint, de jure partis utriusque per nos,
universos judices terrarum selandiarum in Upstallesbome et successores nostros, plenarie sit discussum et licentia habita de nobis
judicibus supradictis. Debebunt etiam tam Bremenses quam Rustringi
nostro[3]), et successorum nostrorum judicum terrarum Frisie in
Upstallesbome congregandorum, in hoc casu, stare et contenti esse
decisioni[4]) et facere quicquid nos et successores nostri decreverimus
et dixerimus communiter et concorditer faciendum. Preterea, si qua
partium, sive Bremenses sive Rustringi, dicte decisioni nostre stare
noluerit[5]) vel bella parti alteri sine nostra et successorum nostrorum
judicum Frisie licentia speciali super quacumque re vel occasione
quavis moverit, nos partem alteram contra partem nobis non[6])
obtemperantem et bella, ut est dictum, moventem debebimus et

---

[1]) „datis et confectis" bei Wicht und Cassel, „et" fehlt bei Ehrentraut und Ehmck.

[2]) „Bremensem" bei Wicht.

[3]) Nach Ehrentraut und Ehmck schreibt das Original dieser und das
der folgenden Urkunde „nostro", Wicht und Cassel drucken „nostra",
Ehmck ändert in „nostre"; vgl. über den Sinn der Stelle unten Cap. III
§. 12.

[4]) Nach Ehrentraut und Ehmck im Original dieser und der folgenden
Urkunde „decisioni"; Wicht und Cassel drucken in der ersten Urkunde
„decisione".

[5]) Wicht und Ehmck „noluerint".

[6]) „non" fehlt nach Ehrentraut im Original, steht bei Wicht und Cassel,
in der zweiten Urkunde vom 5. Juni 1324 lesen auch Ehrentraut und Ehmck
„non".

volumus cum omnibus terris nostris adjuvare et assistere fideliter et constanter. Ceterum recognoscimus, quod nos et quilibet nostrum communiter[1]) et divisim cum civibus Bremensibus societatem et amicitiam contraximus specialem, quod ipsi et eorum quilibet in terris et in omnibus finibus nostris[2]) ea pace et securitate ac omni jure, quibus nostri conterranei gaudent, frui et gaudere[3]) debebunt, et excedens et delinquens contra eorum aliquem, ac si contra nostrum conterraneum peccaverit, punietur. In cujus rei testimonium sigillum totius Frisie presentibus est appensum. Datum in Upstallesbome anno domini millesimo CCCXXIIII feria tertia in ebdomada penthecostes.

Das an der Urkunde hängende Siegel in grünem Wachs ist bei Ehrentraut Friesisches Archiv II hinter p. 438 abgebildet. Es stellt die Jungfrau Maria mit dem Christuskind dar, der zur rechten Seite ein mit Schild und Schwert, zur linken ein mit Lanze und Schwert bewaffneter Mann steht; unter ihr zwei knieende Figuren. Das Siegel führt die Umschrift:

His signis vota sua reddit Frisia tota
cui cum prole p(ia sit) clemens virgo Maria.

Das Siegel beschreiben auch Wicht, Cassel und Ehmck a. a. O.

§. 19. Zustimmung von Emsgo, Norden, Harlingen, Astringen, den 5. Juni 1824.

In der Urkunde[4]) bringen die Richter von Emsigerland, Nordenerland, Harlingen und Astringen, und die Gesammtheit der in Upstalsbom versammelten seeländischen Richter Frieslands einen Vergleich zwischen Bremen und Rüstringen zu Stande. Die Urkunde ist im Original im Bremischen Archiv erhalten und aus ihm zuerst in Ehrentraut Archiv II p. 384, dann in Ehmck Bremisches Urkundenbuch II p. 244 gedruckt; aus Ehmck nimmt sie Friedländer Ostfriesisches Urkundenbuch I p. 53. Ich gebe hier nur

---

[1]) Wicht „conjunctim.“

[2]) In der zweiten Urkunde lesen Ehrentraut und Ehmck „omnibus nostris finibus.“

[3]) Für „frui et gaudere“ hat Wicht nur „frui.“

[4]) Ueber den Inhalt der Urkunde s. unten Cap. III §. 12.

Eingang und Schluss der Urkunde, durch den sie von der in §. 18 eingerückten abweicht, während sie im Uebrigen wörtlich übereinstimmt:

„Universis hanc litteram visuris seu audituris in Emesgonia, Norda, Herlingia et Astringia terrarum judices ac universitas judicum selandiarum Frisie in Upstallesbome congregatorum salutem in domino. Tenore presencium ...... In cujus rei testimonium sigilla nostra duximus presentibus apponenda. Datum in Upstallesbome anno domini millesimo CCCXXIIII feria tertia in ebdomada penthecostes."

Nach Ehrentraut und Ehmck hängen an der Urkunde noch vier Siegel aus weissem Wachs: Das erste ist dasselbe, das sich an der vorigen Urkunde findet; das zweite ein längliches Siegel mit der Umschrift „*Sigillum Iudicum .... Emesgonum*", in Nischen stehen zwei Heilige (nach Ehmck „zwei weibliche Figuren"). Das dritte ist das runde Siegel des Nordenerlandes, abgebildet in Suur Geschichte der Klöster in Ostfriesland 1838 p. IV. Es stellt dar einen Bischof in halber Figur mit der Beischrift „scs. Liudgerus", an jeder Seite von ihm zwei Sterne, unter ihm vier kleine knieende Figuren, es hat die Umschrift „*sigillum advocatorum et consulum terre Norde.*" Das vierte ist das Siegel des Harlingerlandes, länglich, in Nischen stehen zwei Heilige mit Krummstäben und Bischofsmützen, daneben die Namen Willehadus und Magnus; unten undeutlich drei Brustbilder in Nischen (nach Ehmck „eine halbe Figur und zwei Köpfe"); die Umschrift lautet: „*Sigillum judicum omnium Herliggorum*". Das fünfte Siegel, das von Astringia, ist von der Urkunde abgefallen.

§. 20. Vergleich Rüstringens mit Bremen den 27. Oktober 1824.

Die Urkunde[1]) vom 27. Oktober 1324 ist nach dem Original im Bremischen Archiv gedruckt in Ehrentraut Friesisches Archiv II p. 386 und in Ehmck Bremisches Urkundenbuch II p. 248:

Universis hanc literam visuris seu audituris .. judices et universitas terre Rustringie salutem in domino. Tenore presentium

---

[1]) Ueber den Inhalt der Urkunde s. unten Cap. III §. 12.

duximus firmiter protestandum, quod omnis dissensio et discordia inter nos ex una et . . consules ac cives Bremenses ex parte altera super occisione cujusdam nostri compatriote, Broder nomine, per Bremenses occisi exorta, est ad pacem et perpetuam concordiam totaliter reformata, nobisque ac consanguineis et amicis ejusdem occisi pro dicto homicidio est per . . consules et cives predictos plenarie satisfactum. Est etiam in dicta ordinatione inter nos facta specialiter hoc adjectum, quod pro Ecberto de Dockum per nostros occiso Bremenses satisfacere minime tenebuntur, nosque cives Bremenses jam dictos ab omni querimonia, si que eis super morte dicti Ecberti movebuntur, indempnes debebimus conservare. Preterea omnia et singula privilegia ab olim inter terram nostram et civitatem Bremensem data, in omnibus suis clausulis inviolabiliter observare de cetero volumus et debemus. In cujus rei testimonium sigillum terre nostre presentibus duximus apponendum. Datum Blekesa (d. i. Blexen am linken Ufer der Weser im Butjadingerland) anno domini millesimo CCCX̊XIIȊI in vigilia beatorum Simonis et Jude apostolorum.

An der Urkunde hängt nach Ehrentraut II p. 387 und Ehmck II p. 248 ein rundes Siegel, auf ihm sitzt Karl der Grosse mit gekröntem Haupte, in der rechten Hand das Scepter, in der linken den Reichsapfel. Ihm zur Rechten steht ein Mann mit einem Helm, die linke Hand am Schwert, in der rechten eine Lanze. Zur Linken Karls ein Mann mit Helm, ein Schwert an der Seite, in der linken Hand einen runden Schild, in der rechten eine Lanze. Ueber dem Haupte Karls KAROL, an seiner rechten Seite R, an der linken EX; umschrieben „*Sigillum universitatis terre Rustringie*“.

§. 21. Judices selandini aus Fivelgo und Hunsingo vermitteln den 6. Juli 1325 in Farmsum.

Die von Neuern als Farmsumer Sendbrief bezeichnete Urkunde[1]) vom Jahr 1325 ist von Schotanus Geschiedenissen van Friesland Franeker 1658 Tablinum p. 110 in einer fehlerhaften alten niederdeutschen Uebersetzung unterm Jahr 1355 veröffentlicht worden.

---

[1]) Ueber den Inhalt der Urkunde s. unten Cap. III §. 13.

Den lateinischen ursprünglichen Text der Urkunde benutzte Halsema in seiner Verhandeling over den Staat en Regeringsvorm der Ommelanden im zweiten Theil der Verhandelingen der Genootschap pro excolendo jure patrio Groningen 1778 p. 205, 207, 299, 455, 479. Er kannte nicht das Original der lateinischen Urkunde, sondern nur eine alte Abschrift von ihr. Er bezeichnet die Urkunde als „briev 1325" unter Hinzufügung von H. S., d. i. Handschrift, und sagt p. 479: „Dit verdrag, in't Latijn opgesteld, bevindt zig als noch mede onuitgegeven." Spätere, die fast die sämmtlichen von Halsema benutzten ungedruckten Urkunden veröffentlichten, wie namentlich Driessen[1] Monumenta Groningana inedita Groningen 1822, übergehen die Farmsumer Urkunde von 1325, und auch Feith Register van het Archief van Groningen Groningen 1853, I p. 16 verzeichnet keine Abschrift der Urkunde. Der lateinische Text der Urkunde scheint demnach verloren gegangen zu sein. Ich füge, wie ich es bereits Fries. Rq. p. 292 gethan, der aus Schotanus entnommenen alten, ungenauen, niederdeutschen Uebersetzung die von Halsema angeführten Worte der lateinischen Urkunde in den Noten bei.

Ueber den Streit, der den in der Urkunde behandelten Vergleich veranlasste, sind keine nähern Nachrichten erhalten. Neuere, wie Idsinga Staatsrecht der vereenigde Nederlanden 1758 I p. 416, Tegenwordige Ommelanden 1793 I p. 89 und Westendorp Jaerboek van de provincie Groningen 1832 II p. 134, berichten ihn nur nach dem Text der Urkunde bei Schotanus und Halsema.

Allen luden sy kundich ende openbaire, de desse schryfft sien ofte horen lesen, dat wy Nonna Uwinga van Honingahan (em. Hovingaham), Uneka Nawada van de Barch (d. i. van Bargum), Aiddo Winda (?) van Uphuysen, Hayko Haykinga van Nyendarp[2],

---

[1] Driessen p. 137 citirt aus Halsema eine der von diesem angeführten Stellen der Urkunde von 1325.

[2] Die genannten vier Orte, nach denen Richter des Reiderlands benannt werden, sind: „Barch" für „Bargum", d. i. Karckborgum, Middelsteborgum, Verstenborgum, sie liegen an dem linken Ufer der Ems im Reiderland; „Nyendarp" für „Nienthorp", d. i. Niendorp oder Neudorp, ein Kirchdorf im Reiderland auf dem linken Emsufer bei Hatzum;

rechters in Reyderlandt, wo dat[1]) een schelonge was en twydracht tusschen Hessel provest tho Fermsum[2]) ende syne broeders, als Sickens ende Baykes van der eenre syde, unde de meene meenheyt in den Oldeampt ende Holwerdra syntvast myt dat volck ofte lude van deer voorschreeven provestie tho den Oldenampt van de andere syde; welcke sake was tusschen den voirschreven partyen verresen van dere vangenisse des officiaels van Munstere, ende van der interdict ofte kercslach en banne, de swaire weren; welcke voirschreven sake unse rechters voirscreven woirede tho voirestaen, also dat de meene rechters wt Frieslandt ende elinge ende guede mans voire den meene bequemheyt, nutticheyt unde vrede weren sick voiredragende saken (em. „faken“?) alse daire te doene was[3]), also edat vele seken woirden hyre unde daire geroert, op dat laeste, dat de vorschreven lude hyr worden op oens, als hyre-na steyt geschreven. Wy vorschreven rechters desse sake voire-staen tusschen den partyen vorschreven myt dere hulpe godes ende vele wyse priesteren ende andere mannen, besunderlinge twe wt Fywelingelandt, als Geerloff to Voerehusen[4]) ende Luluff Ubbema[5]), unde twe wth Hunsegalande

---

Honingahan (em. Houinga-ham), ein vom Dollart überflutheter Ort; das Decanatsregister, Ledebur p. 108, verzeichnet Howengehom als vom Dollart überfluthet. Emmius Descriptio Frisiae Orientalis p. 65 nennt als vom Dollart überfluthet „Hommigeham“; Up-huyzen unbekannt.

[1]) Die Worte im lateinischen Urtext lauten: „quod controversie et litigia inter dominum *prepositum Hesselum Fermessensem* et suos fratres ... ex parte una *et homines de terra Aldampte et Holwyrdra syndfeest* cum tota prepositura predictis adherentibus ex parte altera ... dirimenda ..., Halsema II p. 455.

[2]) Farmsum bei Appingadam im Fivelgo.

[3]) Der lateinische Urtext sagt: „singuli judices terre Frisie aliique nobiles pro communi utilitate et pacis conformitate ad locum, qui vulgariter Upstallbam nuncupatur, confluerent“; Halsema II p. 207.

[4]) Für „Voerehusen“ schreibt der lateinische Text „Gethusum“, beide Namen sind im Fivelgo nicht aufzufinden; der Ort mag vom Dollart überfluthet sein. Ein Meed-huizen, früher Met-husum, liegt bei Farmsum im Fivelgo. Westendorp Jaerboek van Groningen p. 135 setzt für Voerehusen Vier-huizen beim Hoogesand, westlich vom Dollart im Fivelgo.

[5]) Der judex selandinus Luluff, der hier Ubbema genannt ist, wird in dem lat. Text bei Halsema genannt Luidolphus Obbama, s. pag. 277 Note [2])

als Tiaerd Goscalsma (em. „Goscalcsma") ende Folckmare Onseda[1]), ende desgelycken wth der stadt van Groningen twe, als Goert Sickinga ende Roeloff Buninga[2]), soe hebbe wy desse zake, vormits consent ende toewoert desser vorschreven partyen, aldus end egt ganschelycken als hyre-nae steyt geschreven.

(§. 1.) Int aerst, dat de provest tho Fermsum en syne hulperen sollen den erbaren heren Lodewick bischop tho Munstere van den ban, ende den officiael voire eene beteringe ende vangenscap . . ., synen schaden enen yegelycken . . . tho betalen etc.

(§. 19.) Item[3]) op dat desse vorschreven puncten gevestiget woireden ende in weerden holden, ende hyre no ist worden holden, so sint thoe dessen breeff vele guedere lude segele ende landes segele thogehangen unde gedruckt, als de eerste provest Hessel tho Fermsum ende des landes segel van Eemschelandt, ende Reydereland, ende Oldeampt, Fyvelingelandt, ende Hunsengeland, ende dere stad van Groeninghen.

Item die borge van dessen vorschreven puncten ende recht van beyden to holden sint gheset; int eerste Ned Gerlycks-zoën,

In Urkunde vom 11. Juli 1326 Driessen p. 626 aus Original gedruckt erscheint *Luidolphus Obbama* unter den Richtern des Fiwelgo und in Urkunde von 1338 vermittelt Streitigkeiten *Luidolphus Obbeman*, Driessen p. 137 (aus Orig.).

[1]) Der Name „Folckmare Onseda" Schot. „Folckmarus Onsta" im lateinischen Text, weist auf Folckmar Onsada oder Onsatha oder Onseda oder Onsetha hin. In Urkunde von 1364 Folcmarus Onsatha de Souwerth (d. i. Sauwert), Driessen p. 246 (aus Orig.); in Urkunde von 1371 Onno Onsada pro nobilibus ac iudicibus in Upga, d. i. im Viertel Ubbega des Hunesga, Driessen p. 327 (aus Orig.) ist erwähnt Folcmarus Onsicha, wo Onsitha zu lesen ist.

[2]) Im lateinischen Urtext heisst es: „inter quos precipue judices selandini duo de finibus Fywelgonie Gerliffus de Gethusum et Luidolphus Obbama, et Hunsgonie Tytardus Goschalksma et Folckmarus Onsta, et de civitate Groningen [tot] Gherardus Sickinga et Rodolphus Bynninga, nobis consilium addiderunt . . " Halsema II p. 299.

[3]) Ich vermag nicht zu beurtheilen, inwieweit die folgenden Worte des alten niederdeutschen Textes eine Uebersetzung des lateinischen Originaltextes sind, oder ob sie nur angeben wollen, wie die Originalurkunde untersiegelt sei.

Brundluidiga[1]) (?) van Voorhusen, de hebben ghelovet, dat de provest sal nicht inbreken dat voirschreven is van den banne ende van den kondighen des bannes. Item Kenro Kenringe[2]) (?) unde Etto syn broeder tho Loederminze[3]), Syabben - zoen tho Enum[4]) ende Wilbo van Lynppingehusen[5]) (?), desse veere hebbenen gelovet der helfften, dat provest Hessel ende syn broeders sollen sundere schaden holden in geestelycken unde in wertliken rechte de ghenen de sint van Holwirda sintfest[6]) ende die oire to horen. Item Thys Brundzema (?)[7]) van Ernewert hevet ghelovet de veerden deel des andere helftes. Item Abeko Hildroarda (?) ende Woko Dodema[8]) by der Westermaet hebbenen tohope gelovet de veerden deel des selven helftes voirschreven. Item jonge Dodo Dodinda[9]) (em. „Dodinga“), Ernsta Nena (?) hevet gelovet also vele, als desse dre de hyre naest geschreven sint, behalven een sesten deel; ende den sesten deel hevet gelovet Gayko Gaykinga tho Garreaweere[10]) ende

[1]) Brundluidiga(?), ist zu emendiren Brun Liudinga? Nach dem Ort Voorhusen nennt der Text von Schotanus oben p. 276 den Iudex selandinus aus Fivelgo Gerliffus, wo der lateinische Text Gethusum liest.

[2]) „Kenro Kenringe“ entstellt, etwa aus „Keno Keninga“?

[3]) „Loederminze“ Schotanus, d. i. „Leermens“ im Fivelgo bei Loppersum, im Jahr 1506 Leermens, Schwartzenberg II, p. 66, „Ledermense“ im Decanatsregister, Ledebur p. 105.

[4]) Enum bei Loppersum im Fivelgo.

[5]) „Wilbo van Lynppingehusen“ Schotanus, entstellt aus Wabbo (?) van Liuppingehusen (?). In Urkunde von 1326, Driessen p. 626 (aus Orig.), ist genannt ein Wabbo Folkirda neben Folcmarus Onsitha, Luidolphus Obbama, Thitardus Godescalkisma, Aleco Dodama, die auch der Farmsumer Sendbrief erwähnt.

[6]) Holwirda, Holwierde im Fivelgo nördlich von Appingadam am Dollart. In Urkunde von 1337 Holwierden regtschap.

[7]) „Thys Brundzema van Ernewert“ Sch. Den Ort „Arnewerth“ nennt die Continuatio Menconis beim Jahr 1230, M. G. XXIII, p. 572, 10, bei Krewert, das am Dollart im Fivelgo liegt. Ernewert wird von ihm überfluthet sein; der Name des Mannes ist entstellt; Westendorp. Jaerboek II p. 127 schreibt „Thys Bronrema van Arwerd“, was offenbar auch unrichtig ist.

[8]) Vgl. in Urkunde von 1326 „Aleco Dodama“, Driessen p. 626 (aus Orig.).

[9]) „Dodo Dodinda“ Sch., entstellt aus „Dodo Dodinga“.

[10]) „Garreaweere“, d. i. Garreweer bei Tjamsweer im Fivelgo.

voire alle schade, de van desse zake ryset daire hy voire lovet. Gescheen is dit voire recht, als men schreeff duysent dree hundert ende vyff en twintich[1]) op den achtenden[2]) dach dere hilligere apostolen dach Petri et Pauli.

§. 22. Weiss-Ostergoer den 28. März 1326 über Verbindung mit Westergo an Graf Wilhelm.

Die Ostergoer in Friesland westlich der Lauwers schreiben an Graf Wilhelm von Holland, dass sie die ihnen benachbarten Westergoer an der Zuiderzee gegen ihn nicht unterstützt hätten. Die Urkunde[3]) ist in Mieris Groot Charterboek der graaven van Holland Leyden 1754 II p. 385 aus dem Perkament Register van de Charterkamer van Holland E. L. 10 pag. 20 gedruckt. Aus Mieris druckt sie ab Schwartzenberg Groot Placaat en Charterboek van Vriesland Leuwarden 1768 I p. 174.

Preexcellenti principi et illustri domino, domino Willelmo, comiti Haynnonie, Hollandie, Zeelandie ac domino Westfrisie, grietmanni ceterique judices Albe Oestriginis pacis et concordie federa irrefragabiliter observare[4]). Dominationis et magnificentie Vestre litteris diligentius perspectis ac perspicatius intellectis plenius vidimus contineri, quod injurias eorum de Westergoe nobis intimastis, de quibus injuriis Vobis seu Vestris hominibus indebite illatis sincere et toto corde condolemus, et quia per nos et ex culpa nostra non evenerunt, merito nobis non debent imputari. Vidimus etiam in eisdem litteris contineri, quod ad litteras alias per nostros cleri-

---

[1]) Bei Schotanus steht „duysent dreehundert viif en *viiftich*", ich bessere 1325, da Halsema II p. 479, der den Farmsumer Sendbrief aus dem lateinischen Urtext benutzte, ihn als in diesem Jahr verfaßt angiebt. Auch de Sitter in Tegenwoordige Stad en Lande 1793 I p. 89 setzt ihn 1325, und auf diese Zeit weisen auch die in dem Dokument erwähnten Personen hin.

[2]) Die Worte des alten niederdeutschen Textes dürften eine unrichtige Uebersetzung sein von „in octava apostolorum sanctorum Petri et Pauli", vgl. unten Cap. III § 13.

[3]) Ueber den Inhalt der Urkunde s. unten Cap. III §. 11, No. 1.

[4]) „observare" ist vielleicht geschrieben für „observamus" oder „observare declaramus."

cos, veros et legitimos procuratores nostros, Vestro consilio vel
Vestris consiliariis in Alcmaria perlatas, ad quas rationabiliter quoad omnia et singula, in eisdem litteris contenta responsum fuerat
et honeste. Ad ultimum vero punctum seu articulum, ad quem
respondistis, et super quo certificari voluistis nostris litteris patentibus, scilicet an illis de Westergo in eorum injuriis et violentiis
vellemus assistere et astare ipsos in eorum injuriis et violentiis
defensando, dominationi Vestrae publice rescribimus per presentes,
quod ipsos de Westergoe in injuriis et violentiis eorundem non
intendimus aliquatinus tueri sive defensare nec jurisdictionem Vestram,
quam in Stauria vel in Westergo habetis, quovis modo proponimus
perturbare sive impedire, immo potius efficaciter volumus toto nostro
conamine, ubicunque facultas nostra sese ad hoc optulerit, promovere, quamquam ex relatu intellexerimus, vos dixisse, sive intel-
lexisse, quod essemus confederati et assecurati illis de Westergo
ad Vestram jurisdictionem retardandam seu impediendam, et cum
hoc nunquam nostre intentionis exstiterit, hiis dictis, tanquam fri-
volis et veritati dissonis, nullatenus credentiam seu fidem adhibeatis
in futuro tempore seu presenti. Hiis grate premissis dominationem
Vestram, omni honore condignam, omni, qua valemus, petitione
cum instantia duximus exorandam, quatinus dicto intuitu ac nostre
petitionis pariter interventu, homines nostros seu de Alba Astrigine
a Vestris hominibus arrestatos cum eorum navibus, bonis, rebus
quitos et liberos permittatis. Rogamus et dominationem Vestram
perpendentius et attente, quatenus hominibus terre nostre pro mercaturis suis Vestram terram visitantibus, cum · familiis, bonis et
rebus conferre dignemini sub litteris Vestris patentibus per omnes
Vestros districtus salvum firmum conductum et securum, et Vestre
terre homines, quocienscumque et quamcumque nostram terram
visitaverint in eorum negotiis promovendis, prompti sumus et fuerimus et parati in omnibus promovere. In cujus rei testimonium
sigillum universitatis zelandie Albe Astriginis presentibus duximus
apponendum. Datum anno domini MCCCXXVI in die sancti Sixti
pape et martyris[1]).

---

[1]) Unter dem Text der Urkunde steht bei Mieris und Schwartzenberg:
„Istam litteram dominus non acceptavit, sed posita est sub Engbelberto.‟

§. 28. Astringer bei Jever den 10. Februar 1327 an Graf Wilhelm.

Am 10. Februar 1327 schreiben die Astringer bei Jever an Graf Wilhelm von Holland, dass sie die Westergoer in Friesland an der Zuiderzee nicht gegen ihn unterstützt hätten. Die Urkunde[1]) ist von Mieris Charterboek 1754 II p. 413 aus dem Perkament Register van de Charterkamer van Holland E. L. 10 pag. 21 gedruckt; aus Mieris in Schwartzenberg Charterboek 1768 I p. 176, und aus ihm in Friedländer Ostfriesisches Urkundenbuch 1874 I p. 55.

Nobili domino viroque magnifico, domino Willelmo comiti Haynnonie etc., judices et universitas terre Astringie Bremensis dyocesis paratam in omnibus complacendi voluntatem. Litteras Vestre nobilitatis opidanis in Wangheroech, insule terre Astringie, et nobis per mercatores, quos Vestri officiati bonis eorum ablatis in captivitate detinuerunt, suspicantes, eos esse Vestros inimicos, vel quandam conspirationem seu confederationem cum inimicis Vestris iniisse, transmissas recepimus continentes:

„Nos Willelmus, comes Haynnonie etc., sapientibus et habitatoribus ville de Wangeroch facimus notum, quod illi de Westergie et de Stauria in nostri honoris prejudicium et dedecns fideles et amicos nostros de Stauria expulerunt, et habitatores eorum ibidem fregerunt pacem et concordiam, per eos juratam, quam nobiscum inierant, violando; verum quod illi de Astringia confederationem fecerunt cum eisdem et sciverunt, nos eosdem prosequi, propter quod quidam nostri officiati in terra nostra de Zelandia, intelligentes, quosdam Frisones, ibidem transeuntes, esse de confederatione predicta, eos captivos detinuerunt cum rebus eorum, qui captivi dicunt, se esse opidanos viros de Wangheroch[2]), Bremensis dyocesis; et quod Vobis injuriari non vellemus, Vobis signamus, quodsi Vestras

---

Ueber diese Worte äussert sich Mieris nicht, wahrscheinlich fand er sie der von ihm benutzten Abschrift beigeschrieben.

[1]) Ueber den Inhalt der Urkunde s. unten Cap. III §. 11 No. 2.

[2]) Bei Mieris verschrieben Wagheroch für Wangheroch.

litteras appertas sub sigillis judicum et comitatum[1]) terre Astringie
transmisissetis, continentes, quod non sitis de dicta confederatione,
nec predictis rebellibus assistere velitis contra nos, patiemur, quod
Vos ire et redire cum rebus Vestris et mercemoniis salvi et securi
valeatis per omnes nostros districtus, et predictis captivis, si Vestri
sunt oppidani, bona eis ablata, restitui faciemus, alioquin dissimu-
lare non poterimus, cum horrore, quin Vos et omnes consimiles
prosequi debeamus tanquam fautores nostrorum rebellium predictorum. Datum apud Hagham in Hollandia" etc.

Verum quia terram Astringie singulari jurisdictione et judicio
speciali gubernamus et dominis comitibus in Oldenburch et singulis
dominis imperialibus et spiritualibus, qui reditus in dicta terra jure
hereditario vel legitima proscriptione habere dinoscuntur, integraliter
et liberaliter persolvemus et animo libenti ac sine contradictione
qualibet persolvemus in futurum, nec ullam cum illis de Westerghie
et de Stauria inivimus vel inire volumus confederationem, ut Vestre
magnificentie rebellemus, sed quia malicia furum, incendiariorum et
aliorum malefactorum in tota Frisia ita invaluit, ut nullus in dicta
Frisia terra sua bona salva et illesa quibat retinerei propter quod
comunitas terre Frisie in loco, qui Opstellebom dicitur, ordinavit
congregationem statuendo ibidem, ut malitiam predictorum debita
castigatione seu consimili correctione refrenarent, nec eisdem hominibus de Westergia antedictis in aliquo alio, preterquam diximus,
consilium[2]), auxilium favorem impertimur nec tendimus impertiri,
quod coram Vestra nobilitate litteris presentibus sigillo nostro
Astringie comitatum[3]) sigillatis et coram omnibus, quibus presentia
fuerunt exhibita, fide nostra recognoscimus et publice protestamur.

---

[1]) Mieris und Schwartzenberg lesen „comitatum"; ist im Original cou-
nitatum für communitatum geschrieben? Ich vermuthe, dafs comitatum als
ein aus comitatus gebildeter Genetivus zu erklären ist. Der Graf verlangt
von den Astringern ein Schreiben, untersiegelt von ihren Judices und dem
Comitat, dem sie angehören, sie erklären, eigene Jurisdictio (d. i. Judices)
zu haben und den Comites von Oldenburg, d. i. deren Comitat, seien sie
unterworfen.

[2]) Bei Mieris verschrieben „concilium", vgl. consilium bei Mieris in
Urk. vom 23. Februar 1327 unten p. 286.

[3]) Vgl. oben Note 1.

Quare Vestram preclaram nobilitatem in domino affectuose rogamus, quatinus amore justicie, quam in Vobis omnes transeuntes per verum dominum commendant, nostris mercatoribus antedictis, cum litterarum Vestrarum promissum, bona eorum, a Vestris servitoribus ablata, occupata seu arrestata, restitui faciatis et conterraneis terre Astringie per Vestros terminos seu districtus Vestrum conductum prestetis, ut salvi et securi valeant pertransire, ut apud summum judicem gloriam consequamini sempiternam. Datum Gevere[1]) anno domini MCCCXXVII in die beate Scolastice virginis.

§. 24. Graf Johann von Oldenburg den 14. Februar 1827 an Graf Wilhelm.

In einem Schreiben vom 14. Februar 1327 erklärt der Graf Johann von Oldenburg dem Grafen Wilhelm von Holland, dafs die Jeverschen Astringer die Westergoer an der Zuiderzee nicht gegen ihn unterstützt hätten. Die Urkunde[2]) ist von Mieris Charterboek Leyden 1754, II p. 414, aus dem Perkament Register van de Charterkamer van Holland E. L. 10. p. 21 gedruckt[3]).

Nobili viro ac in Christo suo dilecto consanguineo, domino Willelmo, comiti Haynnonie, Zeelandie, ac domino Frisie, Johannes dei gratia comes in Oldenburch, paratam in omnibus obsequendi ac complacendi voluntatem. (Quod cum) ex (relatione)[4]) Thethardi Flandriam navigare cupientes, tempestate ipsos deducente, in Hollandiam, Vestrum dominium seu districtum devenissent, a Vestris servitoribus seu officiatis mercimoniis, utensilibus navis ac aliis rebus spoliati, nullis suis demeritis, ut asserunt, requirentibus, et in captivitatem ducti ac carcerali custodie mancipati[5]), suspicantibus, dictos Frisones seu mercatores ex occidentalibus partibus esse Frisie

---

1) Mieris liest „Genere“, emendire „Geuere“, Friedländer „Gevere.“

2) Vgl. unten Cap. III §. 11 No. 3.

3) In den Urkundenbüchern von Schwartzenberg und Friedländer ist die Urkunde übergangen.

4) Die Worte „*Quod cum*“ „*relatione*“ fehlen bei Mieris, scheinen nach der nächstfolgenden Urkunde ergänzt werden zu müssen.

5) Mieris schiebt hinter „mancipati“ ein „sunt“ in eckigen Klammern ein.

et Vestros inimicos et quandam confœderationem et conspirationem, ut Vestre magnificentie resisterent, iniisse cum eisdem: licet ex Vestra benignitate liberi dimissi[1]), tamen ex tali causa, licet non culpa, bona ipsorum adhuc tenentur occupata. Verum quia homines terre Astringie predicte[2]) nobis et nostris heredibus annuum censum, quem jure hereditario in dicta terra hactenus habemus et possidemus, integraliter et liberaliter persolvunt et hactenus persolverunt, unde ipsos circumquaque pro nostris viribus tanquam nostros tributarios defendere tenemur ac firmiter placitare, nec ullam cum Westfrisonibus antedictis, ut eisdem assistant, vel assistere intendant, inierunt confederationem, sed scilicet amicabilem ad invicem in loco, qui dicitur Opstalisbame, habent congregationem, ordinantes ibidem, ut fures, incendiarios, propriorum dominorum traditores, ac alios malefactores quadam proscriptione[3]), seu pena communi feriant et malitiam reprimant perversorum, quod fide nostra pro eisdem prestita duximus presentibus firmiter protestandum, quapropter Vestre preclare nobilitati ac consanguinitati, qua non modicum confidimus, duximus quam intime supplicandum, quatinus nostri perpetui servicii ac amoris respectu dictis mercatoribus, nostris tributariis seu conterraniis bona, quae per viros officiatos adhuc occupata seu arrestata, plenarie restitui faciatis et reliquis mercatoribus dicte terre conductum firmum nostris tam prestetis, ut de cetero cum suis mercemoniis Vestros districtus, omni impedimento procul moto, salvi ac liberi valeant pertransire, quod apud Vos et Vestros loco seu tempore opportuno volumus utique grata vicissitudine promereri. Datum Oldenburch nostro sub sigillo anno domini MCCCXXVII in die Valentini martiris.

[1]) Mieris schiebt hinter „dimissi" ein „sint" in eckigen Klammern ein.

[2]) Astringia ist hier zum ersten Mal in dieser Urkunde genannt.

[3]) Emendire „quadam proscriptione" für „quandam proscriptionem" bei Mieris.

§. 25. Das Bremer Domkapitel den 22. Februar 1327 an Graf Wilhelm.

Am 22. Februar 1327 schreibt das Bremer Domkapitel an den Grafen Wilhelm von Holland, dafs die Jeverschen Astringer die Westergoer an der Zuiderzee nicht gegen ihn unterstützt hätten. Die Urkunde[1]) ist von Mieris Charterboek, II p. 412, aus dem Perkament Register van de Charterkamer van Holland E. L. 10 p. 21 gedruckt; nach ihm in Friedländer Ostfriesisches Urkundenbuch 1874 I, p. 56[2]).

Nobili viro ac magnifico domino Willelmo, comiti Haynnonie etc. Otto prepositus, Fredericus decanus, totumque capitulum ecclesie quidquid poterit obsequii et favoris. Ad audientiam nostram ex relatione Thithardi naute ac suorum connautarum de Astringia Bremensis dyocesis pervenit, quod cum ipsi cum suis mercimoniis in Flandriam navigare cupientes, tempestate ipsos deducente, non sine gravi periculo et labore severiciam maris evadentes in Hollandiam, in Vestrum dominium seu districtum, devenissent, a Vestris servientibus seu officialibus mercimoniis, utensilibus navis ac aliis rebus spoliati, in captivitatem ducti et carcerali custodie mancipati, asserentibus, dictos Frisones ex occidentalibus partibus esse Frisie et Vestros inimicos, vel quandam conspirationem seu cònfederationem, ut Vestre magnificentie resisterent, fecisse cum eisdem, licet ex Vestra benignitate liberi dimissi[3]), tamen ex tali causa, non ex culpa, bona eorum in presenti detinentur occupata. Verum quod homines terre Astringie dominis temporalibus tributa seu redditus, quae vel quos jure hereditario habere dinoscuntur, inte-

---

[1]) S. unten Cap. III §. 11 No. 4.

[2]) Die Urkunde ist in den Urkundenbüchern von Schwartzenberg und Ehmck übergangen. — Mieris setzt die Urkunde auf den 18. Januar. Als Cathedra Petri principis apostolorum rechnete man nach Kluit Primae lineae collegii diplomatici 1780 Tabula 2 p. 27 und nach Grotefend Handbuch der Chronologie 1872 p. 114, früher den 22. Februar, erst seit 1558 bestimmte Papst Paul IV. den 18. Januar für das Fest.

[3]) Mieris schiebt hinter „dimissi“ ein „sint“ ein.

gräliter et liberaliter persolvunt nec ullam cum Frisonibus occidentalibus, ut eisdem assistant, inierunt confederationem, sed annualem
ad invicem habent congregationem, ut fures, incendiarios, propriorum dominorum traditores ac alios malefactores communi pena
feriant et malitiam reprimant perversorum, quapropter Vestre preclare nobilitati, cum venerabilis pater et dominus, dominus Johannes,
Bremensis ecclesie archiepiscopus, in ecclesiam Bremensem non
existat, sed agat in remotis, litteris presentibus affectuose supplicamus, quatinus memoratis mercatoribus bona eorum taliter ablata,
occupata seu arrestata restitui faciatis, ut excellentie Vestre ad
similia vel majora simus obligati. Datum Bremis, anno domini
MCCCXXVII in Chathedra beati Petri principis apostolorum.

§. 26. Der Kölner Canonicus Dietrich von Xanten den 23. Februar 1827 an Graf Wilhelm.

Am 23. Februar schreibt der Kölner Kanonikus Dietrich von
Xanten an den Grafen Wilhelm von Holland, dafs die Jeverschen
Astringer die friesischen Westergoer an der Zuiderzee nicht gegen
ihn unterstützt hätten. Die Urkunde[1]) ist von Mieris Charterboek,
II p. 414, aus dem Perkament Register van de Charterkamer van
Holland E. L. 10 p. 21 gedruckt[2]).

Illustri principi et magnifico domino, domino Willelmo, comiti
Haynnoniae etc. Thidericus de Zantis, sancti Gereonis Coloniensis
ecclesie canonicus, quidquid potest obsequii et favoris. Nobilitati
Vestre notifico per presentes, quod homines de terra Astringie,
quos Vestri servientes, seu officiales in captivitate detinuerunt et
bona abstulerunt, et pro quibus litteras Vestre magnificentie recepi,
de dyocesi Bremensi veraciter esse dinoscuntur, nec ullam cum
Frisonibus occidentalibus conspirationem seu confederationem, ut
eisdem auxilio, consilio vel favore assistant et Vestre excellentie
resistant, inierint, sed quandam cum dictis Westfrisonibus sive

---

[1]) S. unten Cap. III §. 11 No. 5.
[2]) Die Urkunde ist übergangen von Schwartzenberg, Ehmck und Friedländer.

occidentalibus habent[1]) annualem congregationem in loco, qui dicitur Opstelisbame, ut fures, incendiarios, propriorum dominorum traditores ac alios malefactores equali pena puniant et communi proscriptione de terris eorum expellant, ac idem homines dicte terre Astringie suo speciali judicio utuntur et omnibus dominis temporalibus sive spiritualibus, qui reditus in dicta terra habent seu possident, justitie faciunt complementum, unde Vestre preclare nobilitati supplicando affectuose, quatinus memoratis Frisonibus bona ablata seu occupata restitui faciatis, ut Vobis ad servicia maneam obligatus. Datum Breme anno domini MCCCXXVII in vigilia Mathie apostoli.

§. 27. Jeversche Astringer den 26. Juli 1327 an Graf Reinald von Geldern.

Am 26. Juli 1327 bitten die Jeverschen Astringer den Grafen Reinald von Geldern, sich bei dem Grafen Wilhelm von Holland zu verwenden, dafs ihren Kaufleuten das von dessen Dienern Genommene erstattet werde. Die Urkunde[2]) hat Nijhoff Gedenkwardigheden uit de Geschiedenis van Gelderland Arnhem 1830 I p. 213 nach dem Original im Archiv der Stadt Arnhem drucken lassen[3]).

Illustri principi viroque magnifico, domino Reynoldo, comiti comitatus Ghelriae, judices ac universitas terrae Astringhiae Bremensis dyoc. salutem in eo, qui justitiam non denegat postulanti. Pro benivolentiae Vestrae merito, qua nostris exhibetis negotiis, et placita nostra cum domino Wilhelmo, comite Hollandiae, viriliter assumitis, multis Vobis assurgimus actionibus gratiarum, volentes id apud Vestros mercatores de Arnum[4]) et de Herderwic, cum ad terram nostram venerint pro equis emendis, tali effectu promereri,

---

[1]) Ich emendire „habent" für „hanc" bei Mieris, vgl. „habent" in den beiden vorstehenden Urkunden in §. 24 und §. 25.

[2]) S. unten Cap. III §. 11 No. 6.

[3]) In den Urkundenbüchern von Mieris, Schwartzenberg, Ehmck und Friedländer steht die Urkunde nicht.

[4]) „Arnum" druckt Nyhoff nach dem Original für „Arnem", d. i. Arnhem.

si deus nos in vita conservaverit et honore, quod poteritis dicere, nos Vestros fuisse amicos. Hinc est quod Vestrae nobilitati, de qua magnam gerimus confidentiam et quam pluribus insigniis percepimus adornatam, duximus appensius supplicandum, quatenus dei omnipotentis remuneratione et nostrae petitionis intuitu, nostris antedictis mercatoribus de Geuere bona eorum, a servitoribus memorati domini Wilhelmi, comitis Hollandiae, ablata, occupata seu arrestata secundum litterarum ipsius saepefati domini promissum restitui miseriter[1]) ordinatis. Accedentes quod si nostra petitio senserit effectum in praemissis, Vestrae dominationi quantum facultas nostra suppetit, volumus[2])... in perpetuum complacere et ad perpetua anthidota firmiter obligari. Quiccunque autem pro dei reverentia feceritis in praemissis aut nostri causa facere decreveritis, nobis litteris Vestris supplicamus intimari. Datum Geuere, anno domini MCCCXXVII dominica die proxima post festum beati Jacobi apostoli.

§. 28. Die Judices selandini bestätigen in Upstalsbom den 2. Juni 1327 das Statut für Appingadam.

Der sogenannte Appingadammer Bauerbrief ist, nachdem ihn am Sonntag nach Himmelfahrt 1327, d. i. den 24. Mai[3]), Judices selandenses und die Consules des Fivelgo auf Ansuchen von Appingadam aufgezeichnet und mit dem Siegel des Fivelgo und der Gemeinde Appingadam besiegelt hatten, zu Upstalsbom in der Pfingstwoche, die den 31. Mai begann, von den versammelten Judices selandini von ganz Friesland bestätigt und mit dem Siegel von ganz Friesland besiegelt. Die Versammlung der Judices selandini in Upstalsbom fand am Dinstag der Pfingstwoche statt, an ihm,

---

[1]) Nijhoff „misediter", emendire „miseriter."

[2]) Nijhoff p. 214 bemerkt, daß hier in der Urkunde zwei Worte unlesbar seien.

[3]) In der Urkunde steht „datum sub annis domini 1327 dominica infra octavam ascensionis." Der Himmelfahrtstag fiel 1327 auf den 21. Mai, s. Grotefend Chronologie p. 162, „dominica infra octavam ascensionis" also auf Sonntag den 24. Mai.

oder dem 2. Juni, mufs daher die Bestätigung des Statuts angenommen, und es als diesem Tage angehörend bezeichnet werden, vgl. unten Cap. III §. 14.

Das Dokument ist gedruckt in Harkenroth Oostfriesche Oorspronkelijkheden Groningen zweite Ausgabe 1731 p. 552 bis 557 nach dem im städtischen Archiv zu Appingadam befindlichen Original und in A. Matthaeus Veteris aevi Analecta Hagae Comitum 1738 IV p. 834 nach einer 1558 von den Grafen Edzard, Christoph und Johann von Ostfriesland veranstalteten und bestätigten Copie. Aus diesen Quellen ist das Statut vollständig abgedruckt in Friesische Rechtsquellen 1840 p. 295—298. Hier gebe ich nur seinen Eingang und Schlufs, sie lauten:

Universis Christi fidelibus hanc presentem paginam inspecturis seu audituris, nos judices selandenses necnon et consules Fiwelgonie salutem in filio virginis gloriose, que est omnium vera salus. Tenore presencium clare et dilucide duximus declarandum, quod iudices universitatis in Apingadamme accedentes ad presenciam nostram nobis humiliter supplicarunt, quatenus iura, consuetudines et statuta, secundum que predecessores eorum consueverunt indicare a multis retroactis temporibus, confirmare ex certa scientia et tueri dignaremur; nos igitur attendentes, publice utile esse, ut quisquis suis juribus, consuetudinibus et statutis, dum tamen racionabiliter, utatur inconcusse, et ut civitates et oppida suis juribus permaneant, sicut eciam communis consensus omnium Frisonum in Upstallesbame[1]) in publico cetu libere diffinivit, ipsorum iura, consuetudines et statuta, que infra hic sequuntur, duximus conscribenda, et certa scientia ratificamus et presentibus confirmamus.

§. 1. Primo quod judices supradicti causas et querimonias omnium hospitum confluencium ad oppidum in Appingadamme, etiam de quibuscunque causis et negocys sine contradictione qualibet iudicabunt ......[2]) Datum sub sigillo terre nostre ac communitatis

---

[1]) Harkenroth liest „Upstallesbame"; Matthaeus „Upstallesbome."

[2]) Die Fortsetzung des Appingadamer Statuts von §. 1 bis §. 30 steht in Fries. Rechtsquellen p. 296, 5 etc.

in Appingadamme sub annis domini MCCCXXVII dominica infra-
octavam ascensionis.

Et nos judices selandini tocius Frisie in Upstallesbame congregati statuta oppidi in Apingadamme coram nobis recitata ac
sigillo sue terre Fiwelgonie[1]) roborata tamquam rationabilia et
honesta ex certa scientia ratificamus ac presentibus confirmamus,
contradictores statutorum predictorum tamquam reipublice rebelles
censemus pena publica puniendos. In cuius rei perpetuam memoriam
hanc literam, instrumento super statutis predictis confecto, duximus
transfigendam atque sigillo tocius Frisie roborandam. Datum et
actum in Upstallesbame in octava pentecostes anno domini millesimo trecentesimo vicesimo septimo.

Harkenroth bemerkt: „Dies Transfix ist mit dem aushängenden
alten friesischen Siegel besiegelt", ohne eine Beschreibung des
Siegels zu geben. Emmius Historia rerum Frisicarum 1616 p. 196
sagt, nachdem er den Schluſs des Appingadammer Bauerbriefs eingerückt hat: „Sigilli imago erat vir toto corpore armatus, dextra
lanceam tenens, sinistra strictum ensem ferens in humerum incli-
natum, consistens sub arbore." Inwieweit diese Angabe richtig ist,
dürfte fraglich sein, vgl. unten Cap. III §. 22, No. 1 über das
Friesische Siegel.

VI. Das Groninger Statut von 1361.

§. 29. Die Groninger Vereinsurkunde von 1861.

Im Jahr 1361 versuchte die Stadt Groningen, die 1323 in den
Leges Upstalsbomicae aufgestellte Verbindung friesischer Landdistrikte unter Verlegung der Vereinstage von Upstalsbom nach
Groningen, zu ihren Gunsten zu erneuern. Die Vereinsurkunde
darüber ist vom 9. September 1361 datirt. Ihr Original wird aufbewahrt im Ommelander Archiv zu Groningen in Doos B, No. 16,
und ist nach ihm gedruckt in Driessen Monumenta Groningana

[1]) Matthaeus liest Fivelingoniae.

Groningen 1822, II p. 229, früher weniger sorgfältig in Idsinga
Staatsrecht der vereenigde Nederlanden Leuwarden 1758, I p. 437.
Neben der Originalurkunde besitzt das Groninger Archiv mehrere
ältere Abschriften, wie Feith Register van het Archief van Groningen, Groningen 1853, I p. 25 angiebt. Ungenau gedruckt ist
die Urkunde in Lünig Spicileg. secul. p. 784; ihm folgen die Abdrücke bei Mieris Charterboek III p. 128 und bei Schwartzenberg
Charterboek I p. 225. Aus Idsinga genommen ist der Abdruck in
Wiarda Landtage der Friesen, Leer 1818, p. 194. Nach Driessen
drucken meine Friesischen Rechtsquellen 1840, p. 109, und Friedländer Ostfr. Urkundenbuch 1874, I p. 85.

Die Urkunde, deren Inhalt unten Cap. III §. 25 näher angiebt,
lautet:

In dei nomine amen. Nos gretmanni et iudices Westergo,
Ostergo, prepositure Hummercensis, Hunsgo, Fiolgo,
Aldammecht, Reydensis, Emesgonie ac Brocmannie, et
consules in Groningge cum ceteris iudicibus, partibus Frisie,
nobis ut debent adherere volentibus, pro utilitate Frisonice libertatis,
cum prelatis et clericis nostris in Groningge congregati,
omnes articulos confederacionis et pacis contentos in presenti litera, cui hec presens cedula est transfixa, et sigillis nostrarum terrarum sigillata, quos articulos predecessores nostri in
Upstalligisbame conceperunt et ordinaverunt, decrevimus
nunc resuscitare, innovare et ratificare, et approbamus in hiis
scriptis cum addicione paucorum articulorum ad sex annos,
a data presentium continue et immediate sequentes, firmiter observandos.

(1) Primus articulus additus est iste, quod quicunque
commiserit homicidium et non satisfecerit de wergeldo, dum pro-
fugando transierit ad alienam terram inter terras nostras iam
dictas, et ibidem detentus fuerit, si tunc amici interfecti conque-
rantur in terra ubi homicida detinetur, extunc detentor illius homicide debet ipsum amovere infra octo dies immediate sequentes, aut
solvet pro eo amicis interfecti XL marcas antiquas et totidem iudicibus illius districtus.

(2) Item quicunque detinet aliquem aposthotam, et, si publice admonitus ut ipsum amoveat, infra idem tempus non amoverit, condempnabitur iudicibus sui districtus ac conventui suo in XL marcas antiquas; et idem detentor respondebit de omni forefacto, quod talis aposthota, quam diu secum est, perpetrabit; nec monasterium seu conventus, a quo talis aposthota exivit, ad aliquam teneatur emendam de quocunque delicto per dictum aposthotam in sua aposthasia perpetrato, nec etiam conventus suus emendam petat de tali aposthota de quibuscunque offensis suis illatis.

(3) Item tertius articulus additus, quod omnes gretmanni singulorum districtuum zelandie, cum uno iudice et uno prelato seu clerico ydoneo, singulis annis in octava beati Johannis baptiste in Groningge compareant et causas pro utilitate communi pertractent, nec sine communi consilio negocio infecto recedant; contrarium facientes penam viginti marcarum singulis zelandiis persolvant.

(4) Item quod singuli districtus terrarum suos iudices eligant secundum consuetudinem suam hachtenus in suis districtibus observatam. — Item quod nec consules in Groningge, nec aliqui terrarum predictarum, debeant detinere aliquem proscriptum alicuius loci, postquam iudicibus illius loci, ubi proscriptus moratur, fuerit publicatum, sub pena viginti marcarum antiquarum.

(5) Item nemo Frisonum teneatur ad aliquod theoloneum insolitum et inconsuetum in zelandiis supradictis.

(6) Item sexto, si alicui zelandie, sive in orientali parte Prisie, sive occidentali aut meridionali seu australi parte de zelandiis supradictis, aliqua evidens necessitas gravatione vel inpugnatione, in preiudicium Frisonice libertatis, et minus iuste contigerit imminere, tunc omnes alie zelandie, per nuncios ydoneos et literas patentes in adiutorium evocate, a die evocationis de propinquo infra octo dies, et de longinquo infra quatuordecim dies, consiliando auxiliando et manu armata defendendo, sub pena ducentarum marcarum antiquarum, singulis zelandiis applicandarum, ad talem zelandiam inpugnatam vel inpugnandam convenire debent et comparere, ac ibidem stare et manere non omittant ad tantum tempus, quod talis zelandia, cui necessitas imminet, sit defensa et adiuta; et

nemo abinde recedere debet, nisi de communi consilio et unanimi omnium zelandiarum ibidem existentium et perdurantium; et non venientes nicholominus ad id faciendum compellentur.

(7) Item septimo, si aliqua questio contigerit oriri de aliquo vel aliquibus articulo vel articulis in aliqua zelandia de predictis in hiis literis principalibus et transfixis non expresso vel expressis, de tali vel talibus unaqueque regio gaudebit suis privilegiis et constitucionibus specialibus, aut consuetudinibus solitis laudabilibus et honestis, iuri tamen non inimicis.

Datum, actum, confederatum et transfixum ac sigillatum sub sigillis nostrarum terrarum predictarum, anno domini MCCC sexagesimo primo in crastina nativitatis beate Marie virginis gloriose. Nach Driessen p. 232—234 hängen an der Urkunde folgende Siegel: das von Westergo, bei dem die Umschrift „Sigillum ... *Westergo"* stehe, (nach der Abbildung in Friesche Oudheden namens het Friesch Genootschap van geschied- oudheid- en taalkunde te Leuwarden, Aflevering 3 1872 zeigt es einen Stern mit der Umschrift „Sigillum consulum Westergo); das von Ostergo; das von Hummerke mit der Umschrift „S. Universitatis *terre Humerke";* das von Hunsingo; das von Fivelgo mit der Umschrift „Sigillum *terre Phiwilgonie"* und das von Groningen mit der Umschrift „S. *Civitatis Groniensis."*

Nach dem Eingang der Urkunde treten der Confoederatio mit der Stadt Groningen bei „Gretmanni et judices" von Westergo, Ostergo, Humsterland, Hunsego, Fivelgo, Altamt, Reiderland, Emsigerland, Brokmerland. Die Urkunde soll nach ihrem Schluſs besiegelt werden mit den „sigillis nostrarum terrarum predictarum." Hiernach hätte man an der Urkunde neun Siegel auſser dem der Stadt Groningen zu erwarten. Nach Driessen p. 232 hängen an der Urkunde an fünf Pergamentstreifen die Siegel der ersten fünf Terrae, sind dann zwei Pergamentstreifen vorhanden, von denen die Siegel abgefallen sind; und es fragt sich, ob die Urkunde nur mit dem Siegel von Groningen und denen von sieben Terrae untersiegelt worden ist, wie Driessen annimmt. Er meint, daſs an den beiden Pergamentstreifen ein sechstes Siegel für Oldamt, ein siebentes für Reiderland, Emsigerland und Brokmerland gehangen haben möge. Nach dem, was aus dem vierzehnten Jahrhundert über die vier letzten Landdistrikte bekannt und unten in den Capiteln IX und X zusammengestellt ist, muſs ich annehmen, daſs, wenn wirklich 1361 Reiderland, Emsigerland und Brokmerland beigetreten wären, jedes sein besonderes Siegel an die Urkunde hätte hängen lassen. Eine Vertretung zweier der Landdistrikte durch den dritten würde bei den vielfachen damaligen Streitigkeiten zwischen ihnen sich kaum annehmen lassen. Nahe liegt die Vermuthung, daſs indem der Versuch Groningens miſslang, die Upstalsbomer Vereinigung von 1323 zu seinen Gunsten zu erneuern und an ihre Spitze zu treten, die von ihm ausgestellte Vereinsurkunde nicht von allen Landdistrikten, die ihr Eingang aufzählt, vollzogen ist. Die Urkunde sagt nach Aufzählung von neun Landdistrikten, daſs neben ihnen auch die übrigen friesischen Landdistrikte beizutreten hätten: „cum ceteris judicibus, partibus Frisie, nobis ut debent adherere volentibus.“ Der Wunsch Groningens kam nicht zur Ausführung. Es traten 1361 nicht nur keine anderweitigen friesischen Landdistrikte der Confoederatio bei, sondern werden auch die östlich von Reiderland gelegenen Landdistrikte Emsigerland und Brokmerland die Urkunde nicht vollzogen haben[1]).

Groningen suchte nach 1361 durch specielle Verträge mit einzelnen Landdistrikten seinen Zweck zu erreichen. Am 29. August

---

[1]) Driessen p. 234 giebt an, daſs auf der Urkunde von 1361 von einer mit dem Original gleich alten Hand geschrieben stehe: „Litera octo terrarum et Groninge de apostatis non detinendis.“ Wenn diese Worte nicht erst später auf die Urkunde gesetzt sind, so entsprechen sie doch keinenfalls ihrem Inhalt; nach ihr traten neun, nicht acht Terrae mit Groningen in die Confoederatio. Wie die Stadt Groningen 1361 das Vereinsstatut aufstellte und die einzelnen Landdistrikte zum Beitritt zu bewegen suchte, sind im Jahr 1323 die Leges Upstalsbomicae vom Westergo aufgestellt, die andern Landdistrikte in Friesland, für die die Leges gelten sollten, werden in der Urkunde nicht namhaft gemacht. Ihr Beitritt scheint erst später erfolgt zu sein. Im Jahr 1427 vereinbart die Stadt Groningen mit Landdistrikten in den Ommelanden und in Ostfriesland die sogenannten Focke Ukena Keran. Von ihnen sind Originalausfertigungen vom Jahr 1427 und vom Jahr 1428 vorhanden. Der Beitritt der östlichen Landdistrikte scheint erst 1428 erfolgt zu sein, s. oben p. 205.

1361 werden zwischen Groningen und dem Landdistrikt Langewold,
der der Confoederatio von 1361 nicht beigetreten war, Streitigkeiten beigelegt wegen der vor 1357 gemeinsam zerstörten Burg
Selwerd im Hunsego nördlich von Groningen; siehe die Urkunde
von 1357, den 2. Juni, Driessen p. 207 (aus Orig.); über die ihm
im Original vorliegende Urkunde von 1361 berichtet Emmius Historia
p. 206 und de agro Frisiae p. 24; s. de Sitter Tegenwoordige Staat van
Stad en Lande I p. 97. Am 7. April 1366 verabredet Groningen mit
dem nach der Urkunde von 1361 der damaligen Confoederatio nicht
beigetretenen Humsterland speciell eine ausführliche Friedenseinigung: „confederationem pacis et vinculum mutue amicitie", s. Driessen
p. 256 (aus Orig.).   Endlich brachte nach Emmius die Stadt
Groningen am 19. August 1368 mit einer gröfseren Zahl
friesischer Landdistrikte eine Friedenseinigung zu
Stande, in der sie die Verabredungen von 1361 wieder aufnahm
und zur Geltung zu bringen suchte.   Leider kennen wir den Inhalt
des Vertrages nur durch Emmius, der über ihn, aus der mit zehn
Siegeln befestigten Originalurkunde zu Groningen, in seiner Abhandlung de agro Frisiae inter Lavicam et Amasim p. 24 und in der
Historia p. 209 in verschiedener Weise berichtet.   Schotanus Geschiedenissen van Frieslandt 1658 p. 190 stützt sich lediglich auf
Emmius, und nur auf ihn berufen sich bei ihren Angaben über die
Urkunde De Sitter im Tegenwoordige Staat van Stad en Lande
1793, I p. 99 und Westendorp Jaerboek van Groningen 1832 II
p. 209.   Wichers Reductie der Stadt Groningen 1794, I p. 52 bemerkt, dafs das Original der Urkunde noch in Groningen vorhanden,
aber durch Alter fast unleserlich geworden sei, so dafs er ihren
Inhalt nur aus Emmius geben könne.   Driessen, ohne Wichers zu
erwähnen, erklärt p. 255, die Urkunde nur aus Emmius zu kennen,
und bittet etwaige Besitzer der Urkunde um ihre Mittheilung.   Feith
Register van het Archief van Groningen 1853 I p. 26 verzeichnet
weder das Original noch eine Abschrift der Urkunde.   Wahrscheinlich wird demnach die im Jahr 1794 bereits unleserliche
Urkunde zu Grunde gegangen sein.   Nicht wenige ältere Groninger
Urkunden, die Emmius im Original benutzte, sind, wie oben p. 183
erwähnte, nicht mehr in Groningen aufzuweisen.   Vielleicht er-

klären sich die verschiedenen Angaben bei Emmius über den Inhalt
der Urkunde von 1368 daraus, daſs sie bereits zu seiner Zeit nicht
mehr völlig lesbar war. Nach Emmius Historia p. 209 hatten mit Groningen die Urkunde abgeschlossen Langewold, Fredewold, Hunsingo,
Fivelingeland („Fivelgonii"), Oldamt („Praefectura vetus"), Reiderland („Reideria"), Westerwoldingerland („Westerwoldii"), endlich
die Praefectura ab occasu dicta, worunter der im vierzehnten Jahrhundert vom Fivelingeland abgetrennte westliche Theil zu verstehen
ist, das Fivelgo-Westamt gegenüber vom Fivelgo-Ostamt. Nach
der Abhandlung de agro Frisiae p. 24 sind in der Urkunde von
1368 ebenfalls genannt Langewold, Fredewold, Hunsingo, Fivelingeland („Fivelgonia"), Oldamt („Praefectura vetus"), Reiderland („Rei-
derii"), Westerwoldingerland („Westerwoldii"), ferner Humsterland
(„Hummerzia"), nicht aber die Praefectura ab occasu dicta. Auſser
mit dem Siegel der Stadt Groningen soll nach Emmius Historia die
Urkunde mit neun Siegeln einzelner Terrae bestätigt sein, während
er in der Descriptio de agro Prisiae nur angiebt, daſs es mit den
Siegeln der vorher genannten Terrae der Fall war. Wenn wirklich
neun Landdistrikte untersiegelt haben, so ist in der Historia
und in der Descriptio ein Landdistrikt zu wenig aufgezählt. Vermuthen möchte ich, daſs Emmius in der Historia Humsterland
übergangen hat, und ferner, daſs er in der Descriptio die Praefectura ab occasu dicta ausgelassen hat. Wäre dies richtig, so
würden danach im Jahr 1368 die Landdistrikte von der Lauwers
bis zur Ems der Confoederatio beigetreten sein, von denen nur
Fredewold, Langewold und das westlich der Ems, südlich von
Oldamt gelegene Westerwoldingerland bei Ausstellung der Urkunde
von 1361 von Seiten Groningens noch nicht zum Anschluſs bewogen
waren. Wie weit die Angaben des Emmius über den Inhalt der
schwer lesbaren Urkunde von 1368 lediglich aus dem der Urkunde
von 1361 ergänzt sind, dürfte kaum zu bestimmen sein. Bemerkens-
werth ist, daſs während die Urkunde von 1361 nur einmal im
Jahr regelmäſsige Vereinstage und in der Johanniswoche anordnet,
die Urkunde von 1368 nach Emmius dagegen zwei Vereinstage,
acht Tage nach Pfingsten und in der Woche nach Mariae Geburt,
ansetzt.

CAPITEL III.
Vereinstage zu Upstalsbom.

I. Ort Upstalsbom.
§. 1. Stätte Upstalsbom.

Ueber die Stätte des Upstalsbom bei Aurich in Ostfriesland, von der friesische Quellen des dreizehnten und vierzehnten Jahrhunderts berichten, daſs damals an ihr Bevollmächtigte aus verbündeten friesischen Landdistrikten zusammengekommen seien, um über gemeinsame Angelegenheiten zu berathen und zu beschlieſsen, besitzen wir eine Reihe von Angaben aus dem sechzehnten Jahrhundert; sie besagen übereinstimmend, daſs der Upstalsbom bei Aurich zwischen Westerende und Rahe stand, an einer Stätte, die noch heute allgemein mit dem Namen Upstalsbom bezeichnet wird.

Das älteste Zeugniſs über den Standort des Upstalsboms findet sich in einer Handschrift des Ostfriesischen Landrechts von Eggerik Beninga, die im Jahr 1527 geschrieben ist und jetzt auf der Göttinger Bibliothek aufbewahrt wird. Da wo der Emsiger Text im Eingang der oben p. 236 gedruckten friesischen Ueberküren, über Zusammenkünfte der Friesen beim Upstalsbome (to Upstelesbame) handelt, ist erläuternd bei Nennung des Namens Upstalsbom hinzugefügt: „by den Upstalsboem by Aurick tuschen Westerende und Raden", vgl. Friesische Rechtsquellen p. 99 Note 10; andere Handschriften des Ostfriesischen Landrechts haben nur „to Upstalsboem bei Aurick", s. Wicht Ostfriesisches Landrecht p. 823. Uebereinstimmend mit dem Zusatz in der Beninga'schen Handschrift des Ostfriesischen Landrechts bezeichnet E. Beninga in seiner einige Jahre später um 1540 geschriebenen Ostfriesischen Chronik den Ort des Upstalsbom, indem er sagt: „De andere richtplaets is over de Eems in Oestfrieslant by der stadt Awrick tuschen twe dorpen Westerende und Reden, genoemt de Upstalsboom, so noch vorhanden",

Historie van Oestfrieslant Buch I Cap. 40 in Matthaeus Analecta 1738 IV p. 61. Dafs der edele Eggerik Beninga, geboren 1490, gestorben 1562, in dem von ihm besessenen zwei Meilen westlich vom Upstalsbom belegenen Grimersum, der am Hofe des Grafen Edzard aufgewachsen lange Zeit gräflicher Rath zu Aurich gewesen war, die Stelle des nahe am Wege von Aurich nach Emden stehenden Upstalsboms, von dem er in seinem Landrecht und seiner Chronik berichtet, genau kannte, mufs als selbstverständlich gelten. Wenn er nun schreibt, der Upstalsbom sei noch vorhanden, so kann es keinem Zweifel unterliegen, dafs zu seiner Zeit an der von ihm bezeichneten Stelle zwischen Aurich und Westerende bei Rahe ein Upstalsbom genannter Baum stand, von dem man glaubte, dafs unter ihm zweihundert Jahre früher die Zusammenkünfte friesischer Abgeordneter gehalten worden seien. Wie sollte Eggerik Beninga dazu gekommen sein, eine solche bestimmte Angabe zu erfinden!

Specieller berichtet über den Upstalsbom im Jahr 1582 Johann Rengers, ein friesischer Edelmann, der etwa sechs Meilen vom Upstalsbom entfernt zu ten Post bei Witte-Wierum westlich von Appingadam im Fivelgo angesessen war. Während seines wechselvollen Lebens spielte er keine unbedeutende politische Rolle, die ihn vielfach nach Ostfriesland führte, wie er denn auch nach seinen Aufzeichnungen längere Jahre zu Bremen und zu Uphusen, eine halbe Meile östlich von Emden, am Wege nach Aurich, im Exil zubrachte. Johann Rengers erörtert nun, wie einst die Friesen beriethen „bij Aurick in eenen bosch onder eenen eeckenbom, genoempt Upstalles-boom", Rengers Werken Groningen 1853 III p. 14. Dann schreibt er an einer andern Stelle seiner Bücher in der angeführten Ausgabe 1852 I p. 46: „de Upstalles-boem, welkes boems truncus offte stamme nu im jare 1582 noch blijcket", und endlich I p. 69: „to Upstallesboem, welcke boem noch anno 1584 is gebleken." — Nach Rengers beriethen also die Friesen einst unter einem Eichenbaum, der der Upstalsbom genannt wurde und bei Aurich in einem Gehölz stand; noch im Jahr 1582 war der Stamm des Baumes, oder wie er beim Jahr 1584 sagt, noch der Baum sichtbar. — Diese einfachen Worte können unmöglich einen Verdacht erregen. Rengers wufste es nicht anders, als dafs die

alte Eiche, bei der die Friesen einst gerathschlagt hatten, bei
Aurich stand. Noch in den Jahren 1582 und 1584, wo er bei der
Abfassung seines Buches des Upstalsboms erwähnt, fügt er die
Bemerkung hinzu, dafs damals noch der Stamm des Eichenbaumes
sichtbar sei; eine Angabe, die gewifs nicht aus der Luft ge-
griffen ist.

So wenig diese Rengers'sche Angabe über den Upstalsbom mit
der einige Jahrzehnte älteren des E. Beninga im Widerspruch steht,
ist es der Fall bei einer dritten, die sich in der im Jahr 1586 zu
Groningen verfafsten, 1588 zu Cöln gedruckten Schrift des um 1516 zu
Dockum geborenen, angeblich 1587 verstorbenen Magister Cornelis
Kemp findet. Nach ihr kamen die Friesen einst zusammen „in
colle quodam paulo eminentiore, ab incolis perpetuo tempore
appellato vulgari nomine Obstalsboom, prope Auricam"...
„qui locus („Obstalsboem"), licet retroactis multis annis et seculis,
cultore vacuus, horrendam nemorum densitatem induerit, tamen quibusvis eum intuentibus ultro ostendit speciem alicujus antiquitatis fuisse"; De origine, situ, qualitate et quantitate Frisiae
libri tres, autore M. Cornelio Kempio Docomiensi Frisio, Coloniae
1588, II cap. 12, p. 160. Die Worte sagen einfach: auf einem
kleinen, wenig sich hebenden Hügel bei Aurich, der Opstalsbom
genannt wird, kamen die Friesen einst zusammen; der Ort war in
früheren Zeiten ohne Cultur mit dichtem Walde bedeckt, gewährt
auch jetzt noch einen alterthümlichen Anblick. Ein Mifsverständnifs
ist es, wenn Möhlmann die Worte des Cornelis Kemp so übersetzt,
dafs sie besagen sollen, zu seiner Zeit habe jener Ort das Ansehen
eines schrecklich düstern Waldes angenommen. Er übersetzt die
Worte des Kemp: „Dieser Ort sei zwar in vielen Jahren und Jahrhunderten keiner Pflege mehr gewürdigt, und habe deshalb das
Ansehen eines schrecklich düstern Waldes angenommen, doch könne
keiner, der ihn besehe, verkennen, dafs er etwas Alterthümliches
habe." Möhlmann Kritik der Friesischen Geschichtschreibung Emden
1862 p. 37.

Wieder einige Jahre später aufgezeichnet sind die Angaben des
Ubbo Emmius über den Upstalsbom. In der ersten im Jahr 1596 zu
Franeker veröffentlichten Dekade seiner friesischen Geschichte schreibt

er im zweiten Buch: „Locus habendis comitiis non procul
Aurica in campo, quem Upstalsbomum dixerunt, omnium
fere Frisicarum regionum medius, fuit constitutus", Rerum Frisicarum Historia autore Ubbone Emmio Lugduni Batavorum 1616
p. 35. In der zweiten zuerst im Jahr 1598 erschienenen Dekade
der Friesischen Geschichte kommt Emmius im Buch 13 näher auf
den Upstalsbom zu sprechen und bemerkt beim Jahr 1323: „Is
locus (Upstallesbomus), ut dixi, in agro Auricano est,
in Frisia Orientali cisamasana haud plus medio ab
Aurica oppido milliari Germanico ad occasum hybernum,
ubi tres ingentes quercus, quarum una ad nostram usque
memoriam pene emortua pervenit, aperto ac patente campo
prope contiguis ramis se attollebant, ad bina ternave stadia circumcirca aedificiorum nihil habens. In hoc porro, quasi in propria
libertatis area, tentoriis ad usum lato spatio in modum castrorum
militarium positis, postquam illuc perventum erat, sub dio peragebantur velut caelo teste, quae comitiorum ratio poscebat" p. 192.
In seiner Abhandlung De Frisia orientali/et reipublicae ejus statu
sub primis comitibus 1615, p. 5 sagt er: „In Orientali Frisia comitiorum totius gentis liberae locus proprius, velut libertati quaedam dicata area erat, quem Upstallesbomum dicebant, in
Auricano agro a praegrandibus et vetustis quercubus
in patenti campo ingentes ramos in latum porrigentibus,
juxta quos sub caelo velut deo teste comitia agi solebant." Endlich
finden sich in des Emmius im Jahr 1605 zuerst veröffentlichten
Descriptio Chorographica Frisiae Orientalis die Worte: „Unum
superest in Auricano agro, quod silentio praeterire nefas dixi.
Locus est non procul Westerenda patenti in campo,
Upstallesbomi nomine, in margine viae militaris, jam
nihil nisi antiquas et emorientes quercus tres ostsen-
dens"... „Verendum forte sit, quod locum hunc sine honore
nunc relinquimus, augendo dedecori nostro apud posteros pariter et
hodiernos recte judicantes esse possit"; gedruckt in der ͜Gesammt-
ausgabe von Emmius Werken Leyden 1616 im Anhang Abtheilung 2
auf p. 59.

Ubbo Emmius war im Jahr 1547 zu Greetsiel geboren, drei

Meilen westlich vom Upstalsbom, war seit 1579 Rector der Schule zu Norden, seit 1587 der Schule zu Leer, seit 1594 Professor zu Groningen und starb dort 1625 [1]). Dafs der fleifsige und talentvolle Mann, der neben vielen Urkunden und ältern Aufzeichnungen, die seinen Vorgängern unbekannt waren, des Beninga Ostfriesische Chronik benutzt hat, ergiebt sich aus vielen Stellen seines umfangreichen Geschichtswerks; dafs er aber seine Angaben über den Upstalsbom aus eigener Ortskenntnifs geschöpft hat, stehe ich nicht an zu behaupten und sehe keine Veranlassung anzunehmen, Ubbo Emmius habe das, was er über den Upstalsbom erkundete, ungenau referirt oder gar um irgend eines Zwecks willen falsch dargestellt. Die Stätte Upstalsbom, sagt er, liegt eine halbe Meile westlich von Aurich bei Westerende im offenen Felde, zur Seite der Heerstrafse; es standen an ihr dicht neben einander drei mächtige Eichen, von denen nur noch eine seine Zeit erlebt habe, doch fast abgestorben sei. Für keine wirkliche Verschiedenheit der Emmius'schen Angaben kann ich es halten, wenn er in der einen Stelle sagt: „ubi tres ingentes quercus, quarum una ad nostram usque memoriam pene emortua pervenit", an der andern „locus jam nihil nisi antiquas et emorientes quercus tres ostendens." Emmius will sagen: Drei Eichen haben dort gestanden, sie sind im Absterben begriffen, eine von ihnen ist zum Theil noch vorhanden. Von einem Widerspruch der Emmius'schen Angaben unter einander, der irgendwie ihre Glaubwürdigkeit beinträchtigen könnte, sehe ich keine Spur. Aber auch die Verschiedenheit in dem Bericht des Emmius über die Stätte des Upstalsbom von dem des Cornelis Kemp scheint mir der Art, dafs keine Veranlassung vorliegt, den einen von ihnen einer absichtlichen Entstellung der Wahrheit zu zeihen [2]).

---

[1]) Eine sorgfältige Zusammenstellung über das Leben des Emmius giebt B. Bunte im Programm des Progymnasiums zu Leer, 1880.

[2]) Möhlmann Kritik p. 122 meint: „Die Beschreibung des Ortes ist bei Kemp eine ganz andere, namentlich sticht der von ihm genannte schrecklich düstere Wald gegen die drei fast abgestorbenen Eichen des Emmius gewaltig ab, ohne dafs es bis auf weitere Untersuchung möglich wäre, das Unrichtige des Einen oder Andern näher nachzuweisen, oder gar über den Widerspruch abzurtheilen. Nur das ist mit Sicherheit zu sagen, dafs jeden-

Alle vier genannten Schriftsteller aus dem sechzehnten Jahrhundert geben ein übereinstimmendes, im Wesentlichen gleiches Bild von der Oertlichkeit des Upstalsbom zu ihrer Zeit. Die Stätte liegt nach E. Beninga bei Aurich zwischen den Dörfern Westerende und Rahe; nach Rengers und Kemp bei Aurich; nach Emmius unfern der Heerstrasse von Aurich nach Emden, nicht weit von Westerende. Nach Rengers war der Upstalsbom ein Eichenbaum in einem Gehölz, dessen Stamm („truncus") er 1582 gesehen haben will, und den er als Baum 1584 im Allgemeinen bespricht. Kemp beschreibt Upstalsbom als einen kleinen Hügel, der vormals mit dichtem Wald bedeckt gewesen, zu seiner Zeit noch nicht bebaut sei und alterthümlich aussehe. Emmius endlich erwähnt zu Upstalsbom drei Eichen, die im freien Felde mehrere hundert Schritt („ad bina ternave stadia") von allen Häusern entfernt gestanden hätten, von denen eine halbabgestorben noch zu seiner Zeit übrig sei.

Diese vier angeführten Berichte aus dem sechzehnten Jahrhundert[1]) stimmen mit dem überein, was neuere Berichterstatter

falls auch mit dieser Emmius'schen Nachricht es nicht ängstlich genau genommen werden darf, da er beim Jahr 1323 sagt von den daselbst im offenen und freien Felde sich erhebenden 3 grossen Eichen, deren Zweige (eine etwas poëtische der Phantasie entnommene Ausmalung) sich fast verschlungen hätten, habe „eine beinahe abgestorben bis auf seine Zeit sich erhalten", was mit den erst erhaltenen dreien nicht wohl zu vereinen ist." Möhlmann unterscheidet nicht die Zeiten, von denen Kemp und Emmius sprechen. Kemp giebt an, dass die Stätte in der ältesten Zeit mit dichtem Wald bedeckt gewesen sei, und dass sie noch später alterthümlich ausgesehen habe; Emmius hebt hervor, wie zu seiner Zeit die Eichen, die dort früher gestanden, fast abgestorben seien.

[1]) Die Angaben über die Stätte des Upstalsbom bei Pierius Winsemius, Christian Schotanus und Menso Alting sind lediglich aus Emmius entnommen. Winsemius Chronique van Vrieslant Franeker 1622 pag. 191 sagt: „Obstalsbeem eene plaetse niet verre eertydts van Auryck ghelegen, met drie groote eyckenboomen beset"; Schotanus De Geschiedenissen van Friesland Franeker 1658 p. 170: „Upstalsboom was een vlack velt op't zuydwest van Aurick ontrent een halve duytsche myle gheleghen; daerop stonden drie hooghe eyckenboomen met de tacken ende croon meest malkanderen roerende, hebbende in't ronde op 200 oft 300 treden geen huysen ontrent etc."; Menso Alting Descriptio Frisiae Amstelaedami 1701 p. 191:

über Upstalsbom angeben. Matthias von Wicht Ostfriesisches Landrecht 1746, Vorbericht p. 106, meint: dass der Upstalsbom dem Beschauer eine gewisse Ehrfurcht einflösse; der Hügel von ziemlich erhöhter Lage sei mit Eichbäumen besetzt gewesen, von denen man noch vor wenigen Jahren einige Ueberbleibsel gesehen, jetzt ständen auf ihm zwei Reihen junger Eichen. Die erhöhte Stätte, auf der der Upstalsbom stand, sei für die grossen Volksversammlungen, die aus den Friesischen Gegenden vom Rhein bis zur Elbe zusammenkamen, besonders geeignet gewesen. Pagina 109–111 sagt er, aus den Namen der dem Upstalsbom benachbarten Orte könne man erkennen, dass sich über sie der zu den Versammlungen benutzte Raum ausgedehnt habe. Der Ort Rahe oder *Rade*, ¼ Meile östlich vom Upstalsbom, werde davon geheissen haben, dass an ihn die Parteien abgetreten seien, um sich über die beim Upstalsbom zu behandelnden Sachen zu *berathen*, wie dies bereits Harkenroth und Funk angeführt hätten; *Schirum*, ¾ Meilen südöstlich vom Upstalsbom, führe vielleicht seinen Namen, weil man dort die Ur-

„Quamdiu nulla partium Frisiae a societate divulsa, status conventui locus fuit ex communi consensu in ipso totius Frisiae meditullio, uti par erat, *patenti in campo, unis passuum millibus ab arce Auricana ad occasum hibernum.* Huic *nomen* inventum *ab annosis et excelsis quercubus numero paucis (tres omnino fuisse fama est) Upstellesbome* vocabulo ex tribus composito: Up, Stel et Bome, Latine ad statutas arbores." Nicht minder sind die Angaben der meisten Späteren nur aus Emmius entnommen, z. B. das, was Focke Sjoerds Beschryvinge van oud en nieuw Friesland Leuwarden 1765 I p. 61 über Upstalsbom sagt. — Nichts Näheres ergiebt sich aus Jancko Douwama's 1526 verfasstem Boeck der partyen. Er erzählt, wie 1323 die Friesen beschlossen hätten, zu Upstalsbom zusammenzukommen: dan de meesten stemmen seiden: men solden gene nije plaets beramen, dan men solden comen, daer men van *Upstallesboeme* plegen to vergadderen. Nu steet in de plaetz een boem; daer umme menen summigen luden dat de plaetz van de boem de name heft; de dat menen, de foelen quelick, dat is de plaetz, daer to geordineert worden van de aller erste, dat men daer vergadderen solden, to weten van Vhastij (sic!) often hoer raet. En op de plaetz is van anbegin aldaer altydt de foergadderingen gewest. Daer om wast, dat de olden spraecken, dat men genen plaetz beramen solden, dan solden comen ende bij en ander foergadderen ther platzen, de van Upstallesboeme daer to ordineert ende berampt were" etc. Jancko Douwama's Geschriften Leuwarden 1849 p. 28.

theile geläutert habe; *Fahne*, ¼ Meile südlich vom Upstalsbom, wäre genannt, weil an ihm die *Fahne* aufgestellt war, die man bei Hegung der Gerichte, bei Execution und bei Heerzügen gebraucht habe; Bankstede oder *Bane-stede*, ½ Meile südwestlich vom Upstalsbom, könne so heissen, weil dort die Verbrecher *gebannt* (von „banna"), oder aber als Mörder verklagt seien (von „bonia" oder „bona makia"); Ochtelbur, ¾ Meilen südwestlich vom Upstalsbom, möge statt *Achtebur* stehen und so genannt sein, weil man dort die *Acht* vollzogen, geächtet hätte; *Barstede,* ¾ Meilen westlich vom Upstalsbom, habe den Namen geführt, weil man an ihm die Klage („bare") an*gestellt*, ge-baret (verklagt) habe.

Die Angaben Wichts über den Upstalsbom sind von geringem Werth. Seine unzulässigen Deutungen der Namen der dem Upstalsbom benachbarten Ortschaften genügen in keiner Weise, um einen Raum von mehr als 1 ½ Quadratmeilen für den alten Versammlungsplatz der Friesen bei Upstalsbom anzunehmen.

Auch Halsema in Verhandelingen Pro Excolendo jure patrio Groningen 1778 II p. 208 Note deutet mit Wicht die Namen der dem Upstalsbom benachbarten Orte aus der Thätigkeit der dort gehaltenen Volksversammlungen, die älteren unten Cap. X nachgewiesenen Formen der Ortsnamen widerlegen es.

Wiarda Von den Landtagen der Friesen bei Upstalsbom 1777 p. 17 und 111 berichtet, dass von den drei Eichbäumen des Emmius zu Upstalsbom nur noch einige Wurzeln vorhanden seien, vor einigen Jahren habe man zum Andenken an die vormals dort gehaltenen Friesischen Landtage die Höhe mit einem kleinen Graben umgeben und auf sie eine Buche gepflanzt. In der zweiten Ausgabe der Landtage Leer 1818 p. 8 vermuthet Wiarda, die Erhöhung, auf der der Upstalsbom stand, möge nicht von der Natur gebildet sein, da sie in der ganzen Umgegend sich vereinzelt finde. Aus einem Aschenkrug, den man 1815 5 ½ Fuss tief in ihr ausgegraben habe, und aus Scherben, die sich auch sonst in der Umgebung zeigten, schliesst er, dass sie ein altes, von Menschenhänden aufgeworfenes, vorchristliches Hünenbett sei. Ohne Grund nimmt Wiarda Landtage 1777 p. 108 und p. 130 an, dass das Feld, auf dem beim Upstalsbom die Volksversammlungen der Friesen gehalten seien,

etwa eine Quadratmeile umfasst habe. Ob die von Wicht angeführten Orte nach der Thätigkeit der Upstalsbomer Versammlungen
benannt seien, wagt er 1818, Landtage p. 10, nicht zu entscheiden,
doch scheint ihm 1777 p. 132 der Name Aurich Beachtung zu verdienen; nach den Friesischen Obrigkeiten, die dort residirten,
möchte der Ort benannt sein; Aurich ist aber aus Awerk gekürzt,
s. unten §. 3.

Die ausführlichste Beschreibung des Upstalsbom aus neuerer
Zeit, den auch ich im Jahr 1834 besucht habe, finde ich in
Friedrich Arends Erdbeschreibung des Fürstenthums Ostfriesland
Emden 1824 p. 109. Ich rücke sie hier wörtlich ein: „Die Stelle[1])
liegt ohngefähr ¾ Stunde südwestwärts Aurich auf der Rahester
Gaste (d. i. der Geest bei Rahe) nördlich des nach Westerende
gehenden (alten Post-) Weges. Schwach erhebt sich, 150 Schritt
vom Wege, der Boden, und bildet eine Höhe von etwa 1000 Schritt
Umfang. Auf dem Gipfel derselben liegt der Hügel des Upstal-
booms, von den Einwohnern Boombarg (Baumberg) genannt. Ein
längliches Viereck, etwa 138 Fuss lang, vorn 52, hinten 44 Fuss
breit, mit schräg abgestochenen Seiten und kleinem, kaum ein paar
Fuss breiten, zugewachsenem Graben umringt, zur Seiten und hinten
mit Krüppelholz besetzt. Das ist alles, was von einem der merk-
würdigsten Denkmahle der friesischen Vorzeit übrig geblieben. Die
drei Eichen, von denen Emmius vor 200 Jahren noch eine, doch
ganz abgestorbene sah, sind verschwunden; vielleicht pflanzte man
hernach andere hin, denn *Funk* Chronik I p. 21, welcher *vor
100 Jahren* zu Aurich Prediger war, *erwähnt eines Baums als im
Gipfel und obern Theil verdorrt, und nur auf ein paar Ellen Höhe
noch grün;* welches der, zu Emmius Zeit schon abgestorbene, nicht
sein kann. *Gegenwärtig entdeckt man* zwischen dem Gestrüpp,
nahe am östlichen Rand, 11 Schritt vom südlichen Eingang, *noch
die 3 Fuss hohen Stubben dreier Eichen,* die 6, 7, 8 Fuss von
einander, in einem Dreieck stehen; *zwei* derselben *halten einen Fuss
im Durchschnitt* (d. i. im Durchmesser), *der dritte* im Osten, aber

---

[1]) Die folgende Beschreibung des Upstalsbomer Hügels von Arends
wiederholt Onno Klopp Geschichte Ostfrieslands 1854 I p. 78.

zwei *Fuss*, vielleicht derselbe, den Funk gesehen. *Der Hügel ist vorn kaum einen Fuss hoch, erhebt sich gegen die Mitte zu drei Fuss oder etwas mehr.*" — „Der Hügel war anfänglich rund, wird aber wohl nicht gröfsern Durchmesser gehabt haben als jetzt noch in der Länge, nur an den beiden Seiten hat die gierige Hand des Menschen ihn stark eingezwängt. Die Anhöhe, worauf er sich erhebt, dehnt sich nordseits noch 150 Schritt aus, und dacht sich dahin stark ab, ost- und südseits bis 200 Schritt mit geringerem Fall, sowie westseits, wo sie sich, schmäler werdend, einige hundert Schritte hinzieht. Einige der vor dem Hügel liegenden Aecker, worauf, wie die Sage lautet, die Abgeordneten auf und abwandelten, werden noch jetzt Spatzier- oder Wandel-äcker[1]) genannt; sie gehen bis zum Fuss der Anhöhe auf 200 Schritt Länge hin. Es lässt sich nicht bezweifeln, dass der Upstalshügel ein uraltes sogenanntes Hunnengrab ist, und vielleicht eben des-halb, die Asche erhabener Helden umfassend, zum allgemeinen Ver-sammlungsort der Friesen erwählt wurde. Beim Abpflügen der Seiten sollen früher mehrmals Scherben von Urnen mit aufgepflügt worden sein, und noch 1816 hat man in der Mitte, auf 3 ¼ — 4 Fuss Tiefe (nach Angabe eines Mannes, so die Urne mit ausgegraben hat) eine ganze Urne gefunden, mit aschartigem fetten Sande an-gefüllt und einem kalkartigen mit einem Knopf versehenen Deckel bedeckt."

Eekhoff Beknopte Geschiedeniss van Friesland Leuwarden 1851 p. 51 sagt: „De plaats, waer men bijeenkwam, noemde men den Opstalsboom, een beplante heuvel in de nabijheid der stad

---

[1]) Unter Wandeläckern sind Aecker zu verstehn, an denen der Besitz wechselt, die nicht an einen bestimmten Hof gebunden sind, nicht solche, auf denen man wandelte. — Auch Wiarda Landtage 1777 p. 130 hat die Angabe, dass vor dem Hügel des Upstalsbom zwei lange Aecker liegen, welche von den dortigen Bauern Wandeläcker genannt werden. „Sie er-zählen", sagt er, „dass solange sich das Volk zu Rahde aufgehalten, die Vornehmsten auf diesen Aeckern hin und hergegangen, oder, wie man hier sagt, gewandelt haben." Auch Onno Klopp Geschichte Ostfrieslands Hannover 1854 I p. 81 kennt die beiden Wandeläcker, auf denen die Ab-geordneten zur Besprechung streitiger Fragen auf- und abgewandelt seien.

Aurik in Oest-Friesland, welke nog in wezeu is. Daer vergaderden sick de Freesen."

§. 2. Name Upstalsbom.

Der Name begegnet in folgenden Formen:

Upstalesbam: in einem Zusatz zu den Siebzehn friesischen allgemeinen Küren aus dem ersten friesischen Emsiger Manuscript zu Groningen p. 75: „Thet thing scel-ma halda mitha soghen liud-withem fon tha soghen selondum *te Upstalesbame*", Fries. Rq. p. 28, 35; und übereinstimmend in meinem Fivelgoer Manuscript p. 14: „thit riuchte ach-ma and scol-ma halda mith sogen liude-withum fon ta sogen selondum *to Upstallisbame*", s. oben p. 200. — In der Bestätigung des Appingadammer Bauerbriefs von 1327: „communis consensus omnium Frisonum in *Upstallesbame* (so Harkenroth aus dem Original, dafür liest Matthaeus aus einer Copie „Upstallesbome") in publico coetu libere diffinivit" und „nos judices selandini tocius Frisie in *Upstallesbame* congregati" und „Datum et actum in *Upstallesbame*", vgl. oben p. 289 (nach Orig.).

Opstallisbam: in den Leges Upstalsbomicae von 1323 schreibt das Manuscript Roorda im Eingang p. 303: „ad reformacionem constitutionum *Opstallisbaem* habitarum", oben p. 250, und p. 304 in Art. 6 „ad negotium pacis in *Opstallisbaem* deputati", oben p. 254; übereinstimmend steht in dem Worp'schen Text der Leges Upstalsbomicae und in dem von Schotanus *Opstallisbaem*." In der Friesischen Uebersetzung der Leges Upstalsbomicae im MS. Roorda p. 303 lautet der Eingang: „to eenre eendrachticheed and to eenre weermakinga dis ferda and der nya settingha *fan Opstallisbaem*, oben p. 251 Note 2, und in Art. 6, MS. p. 304, „hwasa ane riuchter daed slacht, deer in da wey is ty *Opstallisbaem*", Fries. Rq. p. 533. In der Friesischen Uebersetzung einer Westergoer Rechtshandschrift nach dem alten Druck heisst es in der Einleitung: „da wilkerren *fan Opstallisbame*", oben p. 251 Note 2, und in Art. 6: „Hwaso een riuchter daed slacht in dae wei *to Opstallisbame*", Fries. Rq. p. 103, 26. — In einem Schreiben von 1327 des Grafen Johann von Oldenburg an Graf Wilhelm von Holland: homines terre Astringie ... habent amicabilem ad invicem in loco, qui dicitur *Opstalisbame,* congregationem", s. oben p. 284 (aus Holländischer Urkundenschrift).

Upstallesbom: in der jüngeren Handschrift des Emo zu Groningen beim Jahr 1216: „propter juratos, quos universitas Frisonum de more vetustissimo creaverat apud *Upstallesbome"*, s. oben p. 16 (die ältere Handschrift liest „Upstellesbame"). — In Urkunde von 1324 der in Upstalsbom versammelten Friesen über Streit der Rüstringer mit Bremen: „Universis hanc literam visuris seu audituris ... universitas judicum selandiarum Frisiae *in Upstallesbome* congregatorum" und „Debebunt etiam tam Bremenses quam Rustringi nostro et successorum nostrorum judicum terrarum Frisiae in *Upstallesbome* congregandorum, in hoc casu, stare etc." und „Datum in *Upstallesbome"*, s. oben p. 271 (aus Orig. in Bremen). Die drei Stellen stehen auch in einer zweiten Urkunde vom selben Tag, die den Inhalt der vorigen wiederholt, s. oben a. a. O. p. 272 (aus Orig. in Bremen).

Upstellesbam: in Menkos Handschrift von Emo's Chronik beim Jahr 1216: „propter juratos, quos universitas Frisonum de more vetustissimo creaverat apud *Upstellesbame"*, s. oben p. 16. Das erste friesische Emsiger Rechtsmanuscript zu Groningen hat MS. p. 75 als erste Ueberküre folgende: „Thit send tha urkera allera Fresena: Theth forme, theth hia gader kome enes a jera *to Upstelesbame"*, s. oben p. 236.

Opstelisbam: In einem Schreiben von 1327 des Kölner Kanonikus Dietrich von Xanten an den Grafen Wilhelm von Holland: „homines de terra Astringie ... habent annualem congregationem in loco, qui dicitur *Opstelisbame"*, s. oben p. 286 (aus einer Holländischen Urkundenabschrift).

Upstellesbom: In Menkos Handschrift des Emo beim Jahr 1224: „Aderant ibi (d. i. in Loppersum) consules terre (d. i. Fivelgoniae) et jurati de *Upstellesbome"*, s. oben p. 17 (die späte Groninger Abschrift liest „*Upstallebomes"*). Beim Jahr 1231 in Menkos Handschrift des Emo: „ortum est bellum inter Ernerenses et Uthusenses propter insulam, quam jurati *aput Upstellesbome* Uthusensibus adiudicaverant", s. oben p. 18 (die späte Groninger Abschrift liest durch einen Schreibfehler „Upstellebones").

Upstalsbom: In der ersten Ueberküre der verlorenen Emsiger Handschrift steht nach Wicht: „Thiu forme urkere aller Fresena is, thet hia ense a jera to gadera koma to *Upstalsboma*", s. oben p. 236 Note 5. — Im Farmsumer Sendbrief von 1325: „singuli judices terre Frisie aliique nobiles pro communi utilitate et pacis conformitate ad locum, qui vulgariter *Upstallbam* nuncupatur, confluerent", s. oben p. 276 Note 3. Nach Siccamas Text der Leges Upstalsbomicae im Eingang: „ad reformacionem constitutionum in *Obstalsbaem* habitarum" und in Art. 6: „ad negotium pacis in *Obstalsbaem* deputati", s. oben p. 250 Note 6 und p. 254 Note 6. In einem Schreiben der Jeverschen Astringer an den Grafen Wilhelm von Holland von 1327: „comunitas terre Frisie in loco, qui *Opstellebom* dicitur, ordinavit congregationem", s. oben p. 282 (aus Holländischer Urkundenabschrift).

Upstalligis-bam: In Urkunde von 1361 verbündet sich Groningen mit friesischen Landdistrikten und erneuert „articulos, quos predecessores nostri in *Upstalligisbame* conceperunt", s. oben p. 291 (aus Orig.).

Die älteste friesische Sprachform aus Friesland östlich dem Laubach ist Upstallesbam, in Friesland westlich dem Laubach steht dafür Opstallisbam, Niederdeutsch Upstallesbom. Für Upstallesbam schreibt die Chronik des Emo aus Witte-Wierum im Fivelgo abgeschwächt Upstellesbam und Upstellesbom; eine Urkunde von 1327 Opstelisbam. Vereinzelt brauchen spätere Abschriften die gekürzten Formen: Upstalsbom, Upstallbam, Obstalsbaem, Opstellebom [1]).

Daneben verwendet eine Groninger Originalurkunde von 1361 die Form Upstalligisbam.

A. Der Name Upstallesbam ist zu deuten durch Baum des Upstal oder Opstal. Upstal bezeichnet eine erhöhte Stelle. Das friesische „stal" ist Stelle (locus), vgl. im Friesischen Wörterbuch p. 1044; das Wort wird in friesischen Zusammensetzungen gebraucht,

---

[1]) Für Schreibfehler muss gelten „Upstellebon" in der jüngeren Groninger Abschrift des Emo beim Jahr 1231.

wie „kamp-stal" (d. i. Kampfplatz, Platz zum gerichtlichen Zweikampf), vgl. Fries. Wb. p. 858. Up-stal ist zusammengesetzt mit
„up" im Osterlauwerschen oder „op" im Westerlauwerschen Friesisch. „Up" wird in vielen friesischen Namen in dieser Weise verwendet. So wird bereits beim Jahr 782 das Gau Riustri als Ut-
rhiustri und Up-rhiustri in der Vita Willehadi in M. G. II p. 382
und p. 389 unterschieden; jenes bedeutet das äufsere abwärts nach
dem Meere zu gelegene Rüstringen, dieses das weiter oberhalb an
der Weser.

Den Ausdruck Upstal verwenden speciell zwei Flämische Urkunden für eine erhöhte Stelle. In Urkunde des Grafen Fernand
von Flandern für Gent von 1213 heisst es: „dedimus omnem terram,
quae vulgo dicitur *upstal*, infra Gandensem scabinatum jacentem, ad
communem utilitatem ipsius oppidi . . . supradicta vero terra et
omnes, qui eam inhabitabunt, eadem lege et justitia gubernabuntur,
qua universi burgenses in Gandavo . . . debent gubernari", Warnkönig
Flandrische Staats- und Rechtsgeschichte 1836 II, 1 Urkb. p. 31 (aus
Orig.)[1]. Eine Urkunde von 1241 des Grafen Thomas von Flandern
sagt: „communitati villae Ypreusis quitavimus in perpetuum . . .
terram illam, quae vulgo dicitur *upstal*, jacentem prope villam prae-
dictam, et dictam terram eis donavimus perpetuo possidendam pro
annuo censu sex denariorum nobis persolvendo", Warnkönig a. a. O.
p. 167 (aus Orig.). In der Umgegend von Berlin wird Upstal zur
Bezeichnung einer erhöhten Stelle gebraucht, auf der in den Weiden
das Vieh lagert. Unrichtig ist es, dafs die Stelle deswegen Upstal
heifse, weil man auf ihr das Vieh aufstellt.

Keinen Werth hat es für die Erklärung des Namens Upstallesbam, dass, wie mehrfach hervorgehoben ist, in einer Urkunde von
1248 eine Stal-eke in Hagen im Bremischen vorkommt. Die Ha-
gener Dorfeiche wurde nach der Stelle, dem Platz oder Locus, auf
dem sie stand, Stal-eke genannt. Die Urkunde sagt: „actum juxta
castrum Haghen prope quercum vulgariter *staleke* nuncupatum",
Lindenbrog Scriptores Septentrionales p. 175. Unzulässig ist es,
Upstallesbam aus Up-stallesbam durch den erhöhten Stallesbaum

---

[1] Warnkönig deutet irrig Upstal durch „offene Stelle".

zu deuten; es ist der Baum des Upstal, den der Name bezeichnet, nicht der Obere-Stallesbaum[1]).

. B. Aus Up-stal-bam wollten Halsema, Wiarda, Klopp und Perizonius den Namen deuten. Halsema in Verhandelingen pro excolendo jure patrio 1778 II p. 205 nimmt an, dafs „stal" für „stol" (Gerichtsstuhl) stehe, Upstal Obergericht bedeute und Upstals-bom Obergerichtsbaum sei; er sagt, das Wort ist zusammengestellt „uit up, op, stal, stoel en bom, boom: eu dus is Up-stals-boom een over of opper gerechtsboom, een boom, waar bij 't algemeen of hoogste gerecht der Friesche natie gehouden wierde. In deze bete-kenis vindt men 't voorzetsel over gebezigd omtrent de lijvstraffe-like gerechten, als zijnde de oppersten." Unmöglich kann unter Up-stalles-bam ein Obergerichtsbaum verstanden sein. Das friesische „stal" bedeutet gar nicht Gericht, dafür verwendet die friesische Sprache das ganz verschiedene Wort „stol" (Stuhl, sedes), s. Frie-sisches Wörterbuch p. 1050; und auch Up-stol bildet die Friesische Sprache nicht für Obergericht; sie könnte dafür vielleicht „upper-stol" setzen; nirgends wird der Baum bei Aurich Up-stols-bom genannt. — Der Halsema'schen Erklärung tritt Wiarda Landtage 1818 p. 5 bei. Er behauptet unrichtig, dafs in friesischen Denk-mälern „stal" auch im Sinne von Stuhl (Gerichtsstuhl) gebraucht werde. „Figürlich", sagt er, „wird Stuhl für den Sitz eines Re-genten, eines Oberhaupts im Volke und der Richter genommen, man spricht von Königs-Stuhl, Fürsten-Stuhl, Bischofs-Stuhl, päpst-lichem Stuhl, Richter-Stuhl, Frei-Stuhl, Ding-Stuhl und dann wieder von Stuhlherren und Stuhlgenossen. Auch in den friesischen Gesetzen bedeutet Stuhl einen Gerichtsstuhl und das Gericht selbst, das geist-liche Gericht wird der Sendstoel genannt." Vergleiche Belegstellen über die Verwendung des friesischen Stol Friesisches Wörterbuch

---

[1]) Selbstverständlich dachte Jakob Grimm Rechtsalterthümer 1828 p. 795 bei Upstalsbom an einen Baum des Upstal, an einen Baum auf höherer Stelle, unter dem die Friesen zusammenkamen; er sagt: „stal ist locus, upstal ist locus editus, clivus, worauf der Baum stand." Ueber die Partikel „up" in Compositionen s. J. Grimm Grammatik II 1. Ausgabe p. 786. Die Grimmsche Namenserklärung wiederholt Noordewier Nederduitsche Regts-oudheden Utrecht 1853 p. 366.

p. 1050, in denen aber nirgends „stal“ für „stol“ begegnet, und
„Kerkstal“ nicht etwa für Kirchengericht, sondern für einen Stand
in der Kirche gebraucht wird: „dat dio frie Fresinne ... mitte
manne ... to tzierka ging, kerkstal stoed ..., da prester offarade,
ende dat aeft also bigingh also di fria Fresa mitter frie Fresinne
schulde“, Fries. Rq. p. 410, 2. „Up“, sagt Wiarda p. 6, „bedeutet
in dem Namen Upstalsbom etwas höheres, oberes, im Gegensatz
des niedrigen oder unteren“, und es stellte demnach „Upstalsbom“
einen Obergerichtsbaum dar, bei welchem sich nicht die Stellingen
oder Staller (Richter) einzelner Gaue, sondern die Opstallingen (die
Oberrichter von dem ganzen Friesland) versammelten. Und in der
That war Upstalsbom das Obergericht der ganzen friesischen Republik,
tribunal supremum Frisionum.“

Die falsche Etymologie von Upstalsbom durch Obergerichtsbaum
wiederholen Onno Klopp Geschichte Ostfrieslands 1854, I p. 80
und Perizonius Geschichte Ostfrieslands 1868, I p. 98; letzterer
sagt: das Wort Upstalsboom zusammengesetzt aus Up oder Op d. i.
obere, Stall d. i. Stuhl, wie das Wort stool z. B. noch im Englischen
Chorstuhl vorkomme, und Boom d. i. Baum, würde etwa Baum des
Ober-(Gerichts-)Stuhls bedeuten.

C. Die oben p. 291 angeführte Urkunde von 1361 schreibt
abweichend Upstalligisbam für Upstallesbam, verläfst die naheliegende Namensdeutung aus Upstallesbam (Baum der erhöhten
Stelle) und denkt an den Baum eines Upstallig, indem sie Upstallig
als eine gekürzte Form für Upstalling oder Opstalling nimmt.
Vielleicht dachte der Schreiber der Urkunde, indem man im Jahr
1361 durch sie in Groningen Versammlungen von Richtern einführen wollte, wie sie um 1323 zu Upstalsbom in Ostfriesland
stattgefunden hatten, an den Ausdruck Opstalling, der zu seiner
Zeit in den Groninger Ommelanden für Judex gang und gäbe
war, und bildete in Folge dessen für die Zusammenkünfte der
Friesen, die man nach Groningen verlegen wollte, den Namen
Upstalligisbam für Upstallesbam [1]). — Johann Rengers van

---

[1]) Die friesischen Uebersetzungen der Leges Upstalsbomicae von 1323
aus dem Westergo brauchen *opstalling* für judex selandinus, s. oben p. 263,

ten Post, geboren 1542, gestorben 1626, legt der Deutung des Namens Upstalsbom die Form Upstallingisbom zu Grunde. Er weifs, dafs die Stätte bei Aurich Upstalsbom heifst, meint aber, Upstalsbom stehe für Upstallingisbom, sei eine gekürzte Namensform, und der Name bedeute den Baum der Upstallinge, ein Ausdruck, mit dem die Richter in den Groninger Ommelanden bezeichnet worden seien, s. Rengers Werken Groningen 1852 I p. 45 u. 46. — In derselben Weise deutet **Folkert Harkenroth** in seiner Ausgabe von Eggerik Beninga's Historie van Oestfriesland Emden 1723 p. 58 den Namen Upstalsbom durch Baum der Opstallinge und bringt Stellen bei, in denen in den Ommelanden der Ausdruck Opstalling für die mit Richterqualität bekleideten Grundbesitzer oder Häuptlinge vorkommt; siehe auch die Note in der Ausgabe des Beninga in Matthaeus Analekta 1738 IV p. 62. Wiarda Landtage 1818 p. 5, der, wie p. 311 erwähnt wurde, Upstalsbom durch Obergerichtsbaum erklärte, meint der Deutung der Form Opstallingsbom durch Baum der Opstallinge beitreten zu können, nur dürfe man bei Opstalling nicht an Häuptling denken, müsse es durch Oberrichter erklären. — **Matthias von Wicht** Ostfriesisches Landrecht 1746, Vorbericht p. 108 deutet ebenfalls Upstalsbom aus Stalling, glaubt aber Upstallingsbam durch „bei der Stellinge Baum" erklären zu können; Stallinge werde von Nithard für die altsächsischen Nobiles oder Capitanei gebraucht. „Von diesen Stellingen", sagt er, „hat dann der Upstallings-boem, zusammengezogen Upstallis- oder Upstallsboem, als der Baum oder die Bäume, wobei die Stallinge, d. i. die Altgeschlechter, die Seniores populi, die Consules, Judices, Jurati und Hovelingen zum allgemeinen Landtag zusammengekommen, seinen Namen erhalten"; „Up ist nicht, wie F. Harkenroth meint, eine zum Wort Stelling gehörige Silbe, sondern ist ein Vorwort und bedeutet ad, apud, bei ... Upstallingsboom will soviel sagen als bei dem Baum der Stellingen, bei Stellingsbaum." Dafs die in den ältern Aufzeichnungen stets gebrauchte Form Upstallesbam nicht für eine Kürzung von Upstalligisbam, das zuerst in der Ur-

Note 3. Eine niederdeutsche Uebersetzung aus den Ommelanden setzt *upstallinck dat is een hovelinck*, s. Fries. Rq. p. 106 Note 19.

kunde von 1361 begegnet, erklärt werden kann, leuchtet ein; die Form Upstallingisbam wird überhaupt nicht verwendet, und noch in neuerer Zeit heifst der Ort bei Aurich Upstalsbom.

D. Wenn Menso Alting Notitia Germaniae Inferioris Amstelodami 1701 II p. 191 erklärt: „Upstellesbome vocabulum ex tribus compositum Up, Stel et Bome, Latine ad statutas arbores", so wird dies durch die Form des Namens Upstallesbam ausgeschlossen, auch M. v. Wicht Ostfriesisches Landrecht Vorbericht p. 107 verwirft die Deutung.

Seltsamer Weise hat Schweckendieck „Ueber die Gerichtsverfassung der alten freien Friesen" in einem Programm des Emdener Gymnasiums 1839 p. 9 mit dem Namen des Upstallesbam den nördlichen Baum in Verbindung gebracht, dessen mehrere ältere friesische Rechtsaufzeichnungen erwähnen. Es wird in ihnen „thet northalde tree" oder „en northhalden bam" d. i. ein nordwärts gerichteter Baum für den Galgen gebraucht. In der sechzehnten allgemeinen Küre ist die Rede von Fällen, die mit Galgen und Rad bestraft werden sollen: „proprio collo emendet secundum asega judicium ..., quia ille aeque solvet omni populo, qui pendet", oben p. 39. Dies führen die friesischen Ueberarbeitungen der sechzehnten Küre weiter aus; der Hunsegoer und Emsiger Text sagt: „sa ach hi bi riuchte thet northalde tre and thet tianspetzie (Variante „niugunspatze") fial", Fries. Rq. p. 30, 12. Wo im vierundzwanzigsten Landrecht steht „mortale factum debet mortali poena refrigerari", oben p. 51, sagen der Hunsegoer und Emsiger Text: „hi ach to wariane thet northhalde tre and thet skerde fial", Fries. Rq. p. 80, 13; der Rüstringer Text verwendet dafür: „thene mon skil-ma opa en reth setta", Fries. Rq. p. 81, 9 und 13. Uebereinstimmend mit dem Emsiger Text der sechzehnten Küre brauchen die Emsiger Bufstaxen: „hi ach bi riuchte thet north-halde thre an thet fial (Variante „skerpe fial") to wariane", Fries. Rq. p. 238, 17 und 24. Das Hunsegoer Recht sagt: „hi ach bi riuchte thene suarta doc and thene northhalda bam; alle liuden ielter (d. i. bezahlt da) te thonke thi ther hongat", Fries. Rq. p. 36, 20. Im Brokmerbrief bestimmt §. 147: „sa skelma hine setta oppa enne tianspesze fial and oppa enne northhaldne bam", Fries. Rq. p. 171, 17. Die

dem Schlufs des fünfzehnten Jahrhunderts angehörende, oben p. 242
als Manuscriptum Roorda verzeichnete Rechtshandschrift aus dem
Westergo verhängt als Strafe für schwere Räuber: „so aeghma ...
hyna ... fyf deda to dwaen ...., syn tweer eermen ende syn
tween tyeg-schonken entwa to steten myt eenra ielrena stile jeff
stipa, so aeghma hyna *buta dyck to feren;* ende aen baem myt
hem ende een tyel (? fyel, fial) aldeer op to sitten, deer eer in
neen wayn kaem; ende hyne al deer op to setten. Hym ne aegh
neen wyn to wayen, ende neen man to bysyaen, ende neen dawen
to bytiaen, neen sonne to byschinene", das will sagen: Man hat an
ihm fünf Thaten zu vollziehen: Man hat seine Arme und seine
zwei Oberschenkel entzwei zu schlagen mit einem ellernen Stil oder
Stock, man hat ihn aufserhalb des Deichs zu führen und einen
Baum mit ihm und ein Rad darauf zu legen, das vorher an keinen
Wagen kam, und ihn darauf zu legen. Ihm hat kein Wind zu
wehen, ihn kein Mond (Mond oder Mann?) zu bescheinen, kein Thau
zu bethauen, keine Sonne zu bescheinen. MS. Roorda p. 220, daraus in
Hettema Jurisprudentia Frisica II, p. 182, vgl. Fries. Rq. p. 424 Note 1.
Der Baum mit dem Rade zur Hinrichtung des Verbrechers wurde
im spätern Friesland westlich der Lauwers aufserhalb des Deiches
aufgerichtet, und der Verbrecher im Sande des Meeres verscharrt;
andere friesische Stellen bestimmen, dafs der Verbrecher am nördlichen Meeresstrande hingerichtet und verscharrt werden sollte: „sa
achma hine te ferane inna thet northhef" Huns. Text in Fries. Rq.
p. 30, 24; und „sa achma north inna thet hef hine te ferane and
theron te sansane" (d. i. und ihn darin zu versenken), Emsiger Text
in Fries. Rq. p. 30, 25. Es erinnert dies an die altheidnische Strafe
am Schlufs des auf uns gekommenen Textes der Karolingischen
Additio legis Frisionum: „Qui fanum effregerit et ibi aliquid de
sacris tulerit, ducitur ad mare et in sabulo, quod accessus maris
operire solet, finduntur aures ejus et castratur et immolatur diis,
quorum templa violavit." Vergleiche die Noten 69 und 70 zur Lex
Frisionum in M. G. Leges III p. 697. Die spätere Vita Wulframi
in Acta Sanctorum Benedict. III, I p. 360 erzählt, wie der Heilige
Wulfram Friesen errettet, die zum Opfertode durch Erhängen und
Ertränken im Meere beim Steigen der Fluth bestimmt waren, und

zur Taufe und dem geistlichen Stande gewinnt, s. Rettberg Kirchengeschichte II p. 517. — Dafs bei dem Namen des Upstalsbom nicht
an den Baum zu denken ist, der zur Hinrichtung am Strande des
Meeres aufgestellt wurde, springt in die Augen.

E. Ganz unmöglich ist die Erklärung, die Hettema Friesch
Woordenboek Leuwarden 1832 p. 61 von Upstalsbom giebt: „Opstalsboom, Opstaolsbaeem, opstalsboom vergaderplatz van de staten
van Friesland. Het kommt mij vor zamengesteld te zijn van opstalling (een staat, hooge of operregter) en boom of bodem (plaats)",
und „opstalling, opstaolling (hoofding, staat des lands) van op
(hoog), stal (geregt) en ling (maat, genoot); d. i. hooge regter."
Die friesischen Wörter „boden" (terra), Fries. Wörterb. p. 656, und
„bam" (arbor) sind völlig verschieden. Letzteres ist in dem Namen
Upstalles-bam nicht zu verkennen. Upstalles-bam unterscheidet sich
formell von Upstallinges-bam, in letzterem ist upstalling eine Ab-
leitung von upstal, nicht aber ein Compositum aus upstal-ling.

Keine nähere Beachtung verdient es, wenn Jancko Douwama
in seinem 1526 verfafsten Boek der Partijen p. 28 diejenigen tadelt,
die „menen, dat de plaetz Upstalsboem van de boem de name
heft", er sagt, sie „foelen quelick"; der Ort habe stets Upstalsbom geheifsen, als Platz, an dem immer die friesischen Volksversammlungen gehalten wurden; s. die Stelle excerpirt oben p. 303.

Nichts spricht dafür, dafs in Upstalsbom in der ältesten Zeit
Volksversammlungen der Friesen gehalten wurden, und dafs dort
ein friesischer Gerichtsplatz war. Wahrscheinlich traten zuerst in
der Mitte des zwölften Jahrhunderts in der unbewohnten, von
dichtem Walde bedeckten Gegend einige friesische Bevollmächtigte
zusammen und thaten es unter einer Eiche, die man, weil sie auf
einer 3—4 Fufs erhöhten Stelle, auf einem Upstal, stand, den
Upstallesbam nannte. In den quellenmäfsigen Erwähnungen des
Upstalsbom aus dem dreizehnten Jahrhundert, die oben in Cap. II
p. 16—19, p. 200 und p. 236 gesammelt sind, wird ohne weitern
Zusatz von dem Upstallesbom, bei dem die Einzelnen zusammentraten, gesprochen. Unter den Stellen, in denen oben p. 250, p. 254,
p. 270—290 aus dem vierzehnten Jahrhundert Upstalsbom nachgewiesen ist, sprechen fünf, indem sie die Stätte, auf der der

Baum stand, nach dem Baum benennen, von einem „locus" Upstalsbom: Leges Upstalsbomicae von 1323 Art. 6 „ad *locum* praedictum,
d. i. *Opstallisbaem*", s. oben p. 254; Farmsumer Sendbrief von
1325: „qui ad *locum*, qui vulgariter *Upstallbam* nuncupatur, confluerent", s. oben p. 276 Note; Brief der Jeverschen Astringer von
1327: „in *loco*, qui *Opstellebom* dicitur", oben p. 282; Brief des
Grafen Johann von Oldenburg von 1327: „in *loco*, qui dicitur
Opstalisbame" oben p. 284; Brief des Kölner Canonicus Dietrich
von Xanten von 1327: „in *loco*, qui dicitur *Opstelisbame*", oben p. 287.

§. 8. Lage des Upstalsbom.

Die Umgegend des Upstalsbom und namentlich die ihm benachbarten Dörfer Rahe und Westerende bei Aurich, zwischen denen
der Upstalsbom stand, gehörten später zum Brokmerlande. Der
gröfsere Theil dieses uns seit der Mitte des dreizehnten Jahrhunderts näher bekannten Landdistrikts war ursprünglich ein Theil
des alten Emesga; dafs aber auch die Dörfer um Aurich, die der
Bremer Diöcese zugetheilt waren, während das übrige Brokmerland
unter Münster stand, zum alten Emesga gehört hätten, mufs ich
bestreiten und vindicire sie dem mit dem Emesga im Nordosten
hier grenzenden Asterga.

Von den später zum Brokmerlande gerechneten Ortschaften
gehörten die Kirchen zu Aurich, zu Weene, Westerende, Barstede
und Bangstede zur Diöcese Bremen; während die südlich von diesen
Orten gelegenen Kirchen zu Oldendorf (später Aurich-Oldendorf genannt), zu Holtrop und zu Simonswalde dem Münsterschen Dekanat
Leer überwiesen waren, und das übrige Brokmerland bis zum Jahr 1250
einen Theil des im Westen mit ihm grenzenden, nördlich von Emden
sich ausbreitenden Münsterschen Dekanats Hinte bildete, seit jenem
Jahr aber in kirchlicher Hinsicht einem besonderen Münsterschen Dekan
untergeordnet war. Im Stader Copiar von 1420 heifst es: „Infrascripte
ecclesie pertinent ad scholastriam Bremensem; sex habet sedes: ...
sexta sedes est in Aurica et habet sub se ecclesias infrascriptas: primo
Wyscede (d. i. Wiesens ½ Meile östlch von Aurich oder Wiesede zwei
Meilen östlich von Aurich bei Marx), item Wene, item Westerenstede (d. i. Westerende), Kerstede (emendire „Berstede") et Bangk-

stede", Hodenberg Bremer Geschichtsquellen Celle 1856 I p. 53,
s. nähere Nachweisungen über die einzelnen Kirchorte unten in
Cap. VI (bei der Diöcese Bremen). Das münstersche Dekanatsregister
aus dem fünfzehnten Jahrhundert nennt unter der „Sedes XI in
Lere: Aldedorp, Holtorp, Sonneswolde (emendire „Simonis-wolde"),
Helne, ... Lanzene (emendire „Langene") ..., Stretholt (emendire
„Strec-holt"), Beckbunt etc.", Ledebur Fünf Münstersche Gaue Berlin
1836 p. 110, s. die Orte näher nachgewiesen unten Cap. VI (bei
der Diöcese Münster). Ebenfalls im Münsterschen Dekanatsregister
heifst es: „Sedes X in Brockmannia: Butae (d. i. Engerhafe,
neben ihm lag und ist hier übergangen die Kirche zu *Marienhafe*,
vgl. über sie unten in Cap. VI), Curia sancti Victoris (d. i. Victorbur), Wibboldes-hoff (d. i. Wiegbolds-bur), Bete-kerke (d. i. Bedekaspel), Vorletz (d. i. Forlitz), Suda-walda (d. i. Blaukirchen, das
früher Südwolde hiefs, s. Arends Ostfriesland p. 118), Burhoff (d. i.
Burhafe), Uterla-bur (d. i. Ochtel-bur), Sigelum (d. i. Sigelsum),
Wester-ripis (d. i. Riepe)", Ledebur p. 109; desgleichen im Münsterschen Dekanatsregister: „Sedes IX in Hynt: Suderhusum (d. i. Suur-
husen), Hynt (d. i. Hinte), Loppersum (d. i. Loppersum), Hesinge-
husum (d. i. Eisinghusen), Area (emendire „Area sanctae Mariae",
d. i. Marienwehr), Hertzewege (d. i. Harssweg), Westerhusum (d. i.
Westerhusen), Awrandes-were (d. i. Grofs- und Klein-Albrunsweer),
Middelum (d. i. Midlum), Febescum (d. i. Freepsum), Ostedele (d. i.
Osteel, lag aber im Norden des Dekanats Brokmerland am Meere)",
Ledebur p. 109; s. die Orte näher nachgewiesen unten in Cap. VI
(bei der Diöcese Münster).

Man hat mehrfach die Richtigkeit der erhaltenen Angaben über
die ältern kirchlichen Verhältnisse des Brokmerlandes in Zweifel
gezogen; frühere Schriftsteller (s. unten Cap. VI) haben gemeint,
Aurich werde ursprünglich zu Münster gehört haben; in neuerer
Zeit behauptete Hodenberg Diöcese Bremen Celle 1858, I p. 32, es
müsse der Landstrich, auf welchem die Kirchen von Aurich-Oldendorf und Holtrop erbaut sind, unerachtet beide Kirchen im Bremer
Dekanatsregister übergangen und im Münsterschen Dekanatsregister
aufgezählt werden, ursprünglich dem Bremer Sprengel zugetheilt
gewesen sein. Ich sehe keinen Grund, die übereinstimmenden An-

gaben der Quellen zu verwerfen, und glaube, dafs sich die Abgrenzung der Dekanate aus der Beschaffenheit des Landes und der Zeit der Erbauung der einzelnen Kirchen erklärt.

Südlich von der Stadt Norden beginnt an der Nordsee eine niedrige Bruchgegend und erstreckt sich von dort über drei Meilen weit landeinwärts bis in die Nähe von Simonswalde, indem sie Aurich im Osten liegen läfst. Bei Simonswalde steht dies ungefähr eine Meile breite Tiefland durch das Fehnker- und Krummetief in Verbindung mit dem etwa 1½ Meilen entfernten grofsen Hochmoor, das sich östlich von Aurich etwa sechs Meilen lang bis in die Nähe von Apen hinzieht und bei einer Breite von mehr als einer Meile an den meisten Stellen noch heute unpassirbar ist. Ein Blick auf das elfte und zwölfte Blatt der Papenschen Karte des Königreich Hannover läfst die Lage und Ausdehnung des bezeichneten Bruches und Hochmoores am besten erkennen[1]). Dieser Bruch und Moorstrich wurde nun bei Stiftung der Diöcesen Münster und Bremen zur Grenze beider benutzt, das Land ihm südwestlich wurde an Münster, das ihm nordöstlich an Bremen zugetheilt; jenes gehörte zum alten Emesga, dieses zum alten Asterga.

Dafs das bezeichnete Hochmoor die Grenze der Diöcesen Münster und Bremen bildete, steht urkundlich fest; die an der Südwestseite desselben gelegenen Kirchdörfer Hollen, Remels (auch Lengen genannt), Strackholt, Bagband, Aurich-Oldendorf, und Holtrop werden ausdrücklich zur Münsterschen Diöcese gerechnet, s. die oben p. 318 angeführte Stelle des Münsterschen Dekanatsregisters, dagegen zur Diöcese Bremen die vom Hochmoor nordöstlich gelegenen Kirchdörfer Apen, Westerstede und Bockhorn im Oldenburgschen, sowie Marx und Wiesede in Ostfriesland. Das Bremer Dekanatsregister von 1420 sagt: „Prepositura S. Willehadi habet .. ecclesias ... in Apen .. Weszterstede etc.", Hodenberg Brem. Geschqu. I p. 55; sodann: „archidiaconatus Rustringie habet .. ecclesiam in Buckherne etc.", Hodenberg a. a. O. p. 54; ferner: „prepositura Repeszholdensis: ecclesiam in Markes", Hodenberg p. 37 und nennt

---

[1]) Ueber dieses Bruch- und Hochmoor, sowie die einzelnen Wege, die erst in späterer Zeit durch dasselbe angelegt sind, s. unten Cap. VI.

in der „scolastria Bremensis" unter der „sedes in Aurica: ecclesiam Wyszede", Hodenberg p. 53.

Später umfaſste das allmälig mehr und mehr entwässerte sich an das Hochmoor im Norden anschlieſsende Bruchland die als zu Münster gehörend oben p. 318 nachgewiesenen Kirchen zu Riepe, Ochtelbur, Blaukirchen, Forlitz, Bedekaspel, Burhafe, Engerhafe, Victorbur, Siegelsum, Marienhafe und Osteel, während die beiden am Ostrande desselben gelegenen Kirchen zu Bangstede und Barstede zu Bremen gehörten, und nordöstlich dem Bruch entlang Bremer Kirchen zu Weene, Stadt Aurich, Westerende, Arle, Hage und Norden standen. Die angeführten Münsterschen Kirchen s. oben p. 318, die Bremer Kirchen nennt das Bremer Dekanatsregister von 1420: „Infrascripte ecclesie pertinent ad scholastriam Bremensem: ... Quarta sedes est in Erle ..; quinta sedes est in Norda et habet sub se ecclesiam in Hagha ..; sexta sedes est in Aurica et habet sub se ecclesias infrascriptas: primo Wyszede (d. i. Wiesede), item Wene, item Westerenstede (d. i. Westerende), Kerstede (emend. „Berstede") et Bangkstede", Hodenberg Brem. Geschqu. I p. 53.

Die von Adam von Bremen in seine Hamburger Kirchengeschichte Buch I cap. 13 aufgenommene Stiftungsurkunde des Bisthums Bremen, die in der mitgetheilten Fassung nicht, wie sie angiebt, aus dem Jahr 788 stammen kann[1]), unbedingt aber für das elfte Jahrhundert hinsichtlich der Abgrenzung der Bremer Diöcese gegen die Diöcesen Osnabrück und Münster beweisende Kraft besitzt, nennt bei Beschreibung der Diöcesangrenze, die im friesischen Lande die Diöcesen Bremen und Münster scheidet, „Endi-riad[2]) palus Emisgoe et Ostergoe disterminans." Uebereinstimmend mit den angeführten Worten der Urkunde sagt ein wahrscheinlich dem dreizehnten Jahrhundert angehörendes Scholion zu Adam von Bremen: „hanc Fresiae partem (d. i. den der Bremer Diöcese angehörenden Theil von Friesland) a reliqua Fresia palus Emisgoe terminat", M. G. IX p. 289. Dieser Palus, der das Emsgo vom Ostergo abgrenzt, wie die Urkunde sagt, oder dieser Emsgoer

[1]) Vgl. über die Bremer Stiftungsurkunde unten Cap. VI.
[2]) Für „Endi-riad" des Wiener Codex finden sich als Varianten auch „Eddin-riad" und „Eddi-riad."

Palus (palus Emisgoae), der nach dem angeführten Scholion das zur Bremer Diöcese gehörende Friesland vom angrenzenden Münsterschen Friesland trennt, ist eben der oben im Einzelnen nachgewiesene Moor- und Bruchstrich, welcher beide Diöcesen schied, die alte durch die Natur gegebene Grenze der friesischen Gaue Emesga und Asterga.

Erst lange nachdem die Abgrenzung der Diöcesen Münster und Bremen erfolgt war, sind die meisten Kirchen im Emesga und Asterga gestiftet. Auf altem Boden des Emesga dürften die drei Kirchen zu Simonswalde, Aurich-Oldendorf und Holtrop von dem Münsterschen Leer aus gegründet sein, dessen Decan sie wie die im Süden mit ihnen grenzenden Orte später untergeben waren, von Bremen aus dagegen im Asterga die Kirchen in den auf Höheboden gelegenen Dörfern. Wene, Aurich und Westerende, sowie die in dem ihnen benachbarten Barstede und Bangstede. Die Kirche zu Aurich stiftete erst um das Jahr 1270 der Graf von Oldenburg, der auch in der Folge das Patronat über sie hatte, vergleiche unten p. 340 unter B.

Der Gegensatz des Pagus Asterga und des Pagus Emesga und die Grenze beider in der angegebenen Weise ist für die Entwickelung der innern Verhältnisse im alten Friesland von grosser Bedeutung gewesen, indem der Pagus Asterga andern Grafen übergeben und von ihnen vererbt wurde, als der Pagus Emesga[1]). Weil die Bearbeiter der Ostfriesischen Geschichte dies verkannten, kamen sie zu einer völlig falschen Auffassung der ältern staatlichen Verhältnisse der Gegend. Verleitet wurden sie zu ihrem Irrthum wesentlich dadurch, dafs sie in der Mitte des heutigen Ostfrieslands das Brokmerland als einen eigenthümlichen uralten Pagus annahmen zwischen dem Pagus Asterga im Osten und dem Pagus Emesga im Westen. Ich habe oben p. 318 nachgewiesen, dass im fünfzehnten Jahrhundert in der Münsterschen Diöcese die sämmtlichen Kirchen des Brokmerlandes ein eigenes Dekanat bildeten, mit Ausschluss der drei Kirchen zu Aurich-Oldendorf, Holtrop und Simons-

---

[1]) Die ältern Grafen im Asterga wie die des Emesga behandeln unten Cap. X und XI.

walde, die dem Dekan zu Leer untergeben waren. Bis 1250 hatten die in diesem Jahr durch den Bischof Otto von Münster zu einem eigenen Dekanat verbundenen Brokmer Kirchen unter dem Dekan von Hinte gestanden. In einer im Original erhaltenen Urkunde vom 16. Februar 1250 erklärt der Bischof ausdrücklich: „quod *omnes ecclesie constitute sub consulatu Brocmannorum exempte sunt* a *synodatione domini Lutwardi de Hinte;* et pertinebit ad nos et successores nostros, synodalibus laicorum per nostros nuntios providere. Ad quod ordinate sunt sex ecclesie, videlicet Curia sancte Marie (d. i. Marienhafe), Butac (emendire Buta-e, d. i. Engerhafe), Wibadeshof (d. i. Wiegboldsbuhr), et Lopessumwalde[1]) (d. i. Südwolde, später Blaukirchen genannt, östlich von Loppersum), Godekakirl (emendire Godekakirc, d. i. später vielleicht Bedekaspel) et Aldegundeswald (ist vielleicht Forlitz[2]))", Wilmans Münstersches Urkb. p. 281 (aus Orig.). Statt der sechs Kirchen verzeichnet die oben p. 318 angeführte Stelle des Münsterschen Dekanatsregisters aus dem fünfzehnten Jahrhundert zehn Kirchen im Decanat „Brockmannia". Es waren neue Kirchen zu Victorbuhr, Bedekaspel, Burhafe, Ochtelbur, Siegelsum und Riepe entstanden[3]). Mit dem zunehmenden Anbau des Bruchs hing offenbar die Anordnung des neuen Dekanats zusammen. Das gesammte zur Münsterschen Diöcese gehörende Land hatte den friesischen Pagus Emesga gebildet, in ihm schied sich im Beginn des dreizehnten Jahrhunderts als ein besonderer Landdistrikt von dem Emesganalond das Brokmonnalond. Die ältesten in lateinischer Sprache erhaltenen Küren aus dem Emsiger- und dem Brokmerland, die ich Fries. Rq. p. 135

---

[1]) Unter Lopessumwalde ist Blaukirchen zu vermuthen das nach Arends Ostfriesland p. 118 früher Südwolde genannt wurde.

[2]) Im Münsterschen Decanatsregister werden Bete-kerke und Vorletz im Decanat Brokmannia genannt. Für Bete-kerke ist später der Name Bede-kaspel (d. i. Bede-kirchspiel) üblich geworden, die Kirche mag früher nach einem Godeko benannt, später als Bete-kerke bezeichnet sein.

[3]) Das Dekanatsregister übergeht die Kirche zu Marienhafe, die zur Zeit seiner Abfassung wie im Jahre 1250 im Brokmerland stand, ferner verzeichnet es die Kirche zu Osteel im Dekanat Hinte, die am nördlichen Ende des Dekanats Brokmerland liegt. Vgl. nähere Ausführung unten in Cap. VI (bei der Diöcese Münster).

aus der Brokmer Rechtshandschrift von 1345 veröffentlicht habe, zeigen die gemeinsame Grundlage beider Distrikte, die auch hervorgeht aus der oben p. 216 im Einzelnen nachgewiesenen Verwandtschaft der unter den Namen „Emsiger Pfennigschuld-buch" und „Brokmerbrief" bekannten friesischen Rechtsbücher. In der angeführten Urkunde von 1250, in der der Bischof Otto die Bewohner des Münster untergebenen Bruchlandes, die „gens nostra Brocmannorum", von der Unterordnung unter den Dekan von Hinte befreit, bezeichnet bereits das Brokmerland als einen besonderen Landdistrikt mit eigenen Consules, als „consulatus Brocmannorum", während er dabei die Brokmer noch als Emsgoer ansieht: „*Brocmanni* frequentabunt nundinas Saxonum in districtu nostro *sicut alii Emesgones.*" Zu diesem Gerichtssprengel, dem „consulatus Brocmannorum", müssen am Schlufs des dreizehnten Jahrhunderts die Münsterschen zum Dekanat Leer gehörenden Kirchen Simonswalde, Holtrop und Aurich-Oldendorf, sowie die an die Münstersche Diöcese grenzenden Orte Aurich, Weene, Westerende, Barstede und Bangstede getreten sein, von denen die letztern früher zu dem der Bremer Diöcese untergeordneten Pagus Asterga gehörten. Nach der unter dem Namen Brokmerbrief gangbaren inhaltsreichen Aufzeichnung des Brokmer Rechts zerfiel das Brokmerland in politischer Beziehung in vier Theile oder Fiardan-dele, d. i. Quadrantes, als deren Mittelpunkte der §. 71 des Brokmerbriefs die Kirchen zu Marienhafe, Engerhafe, Victorbuhr und Aurich angiebt. Die vier Kirchen waren damals nicht die Hauptkirchen des Landes, es stimmte überhaupt dessen rechtlich-politische Eintheilung nicht mit seiner kirchlichen überein. Die rechtlich-politische Gliederung des Landes im Brokmerbrief mufs sich erst in der zweiten Hälfte des dreizehnten Jahrhunderts gebildet haben, und zwar nach dem Jahr 1250, wo Bischof Otto von Münster nur die sechs Kirchen des von ihm zu einem kirchlichen Dekanat erhobenen Münsterschen Brokmerlandes als „consulatus Brocmannorum" bezeichnet, aber auch erst nach 1270, da erst damals die Lambertuskirche in Aurich gegründet wurde, die der Brokmerbrief als Mittelpunkt eines der vier Viertel des Landes im §. 71 kennt. Völlig unzulässig ist es anzunehmen, dafs das gesammte spätere Brokmerland ein uraltes politisches Ganzes ge-

wesen sei, und daſs die einzelnen Rechtssatzungen im Brokmerbrief
der friesischen Urzeit angehört hätten, wie Emmius, Wicht, Wiarda
und Spätere behauptet haben. Das Recht des Brokmerbriefs unterscheidet sich in nicht wenigen Punkten von dem der Siebzehn
Küren und Vierundzwanzig Landrechte, die ältere Vereinbarungen
über Rechtssatzungen und Gerichtseinrichtungen in Friesland enthalten. In den beiden Rechtshandschriften des Brokmerlandes, von
denen die eine aus den letzten Jahren des dreizehnten oder den
ersten des vierzehnten Jahrhunderts, die andere aus dem Jahr 1345
stammt (s. oben p. 72), sind die Siebzehn Küren und Vierundzwanzig
Landrechte nicht aufgenommen, die in allen aus andern friesischen
Landdistrikten auf uns gekommenen ältern Rechtshandschriften, und
namentlich in denen des Emsigerlandes, stehen. Die beiden Brokmer
Rechtshandschriften wollten eben die Rechtssatzungen sammeln, die
von dem erst im dreizehnten Jahrhundert entstandenen Brokmerland aufgestellt waren; es wurden darin übergangen die früher, im
zwölften Jahrhundert, vom Emsigerland auf dem Wege der Vereinbarung mit andern friesischen Landdistrikten errichteten Siebzehn
Küren und Vierundzwanzig Landrechte. Das unter der Benennung
Brokmerbrief gangbare in den beiden Rechtshandschriften enthaltene
Rechtsbuch muſs, wie ich oben p. 219 erörterte, erst nach 1276
abgefaſst sein, da in ihm der als Eberhardsbrief bekannte Vergleich des Bischof Eberhard von Münster mit den Landdistrikten
Brokmerland, Emsigerland, Reiderland und Aldamt (im Fivelgo) von
1276 erwähnt wird. Es liegt ihm eine ältere Rechtsaufzeichnung
zu Grunde, das sogenannte Emsiger Pfennigschuld-buch, deren Verhältniſs zum Brokmerbrief oben p. 216 ausführlich dargelegt ist.
Indem der Brokmerbrief das Recht des gesammten späteren Brokmerlandes, wie es am Schluſs des dreizehnten Jahrhunderts bestand,
darstellen will, erwähnt er speciell abweichende Rechtssatzungen,
die im Recht des damals mit ihm als ein Theil verbundenen
Auricherlandes bestanden, ein Punkt, den bereits oben p. 219 her-
vorhob. Die gesammte Verfassung der Gerichte im Brokmerland
mit Redjeven oder Consules, wie sie der Brokmerbrief darstellt, ist
erst im Lauf des dreizehnten Jahrhunderts entstanden. Das zwölfte
Jahrhundert, aus dem die Siebzehn Küren und Vierundzwanzig

Landrechte herrühren, von denen wir für das Emsigerland eine friesische Ueberarbeitung aus dem dreizehnten Jahrhundert besitzen,
kennt in Friesland, wie oben p. 113 ausgeführt ist, noch keine Consules oder Redjeven. In Friesland überhaupt konnte ich sie zufrühst
im Fivelgo im Jahr 1216 nachweisen (s. oben p. 116); ich führte an, daſs
in den ältesten ohne Abfassungsjahr auf uns gekommenen, vor 1250
abgefaſsten lateinischen Küren des Emsiger- und Brokmerlandes Consules Brocmanniae genannt sind (s. oben p. 118), und in Urkunde von
1250 der in der Münsterschen Diöcese belegene Theil des späteren
Brokmerlandes der „consulatus Brokmannorum" heiſst, s. oben p. 149
und p. 322. Der nach 1276 verfaſste Brokmerbrief zeigt an der Spitze
des Brokmerlandes sechzehn jährliche Redjeven, vier aus jedem der
vier Fiardan-dele oder Quadrantes, in die das damalige durch das
Auricherland in der Bremer Diöcese vergröſserte Brokmerland zerfiel, wie es bei andern friesischen Landdistrikten der Fall war.
Nach §. 71 des Brokmerbriefs wurden die Gerichte der vier Viertel
des Brokmonnalonds in ihnen auf den Kirchhöfen zu Marienhafe,
Engerhafe, Victorbuhr und Aurich gehalten. In der Oldenburger um
1300 geschriebenen Handschrift des Brokmer Rechts lautet der
§. 71: „Hwetsare skieth innare wic eta fiuwer howen, et sente
Maria-howe, et Utengra-howe, et Victoris-howe and et sente Lam-
bertes-howe, tha bota al thribete, and tha daddele mith thrium
ieldum te ieldande and thre frethar tha liuden, and tha redieven
alsa monechne brecma." Dieselben Worte hat die im Jahr 1345
geschriebene Hannoversche Handschrift des Brokmerbriefes, nur
daſs sie für „et sente Lambertes-hove" „et Aurec-howe" setzt, und
hinter letzterem einschiebt „etter missa inare wik"; s. Fries. Rq.
p. 161. Alle Redjeven der vier Viertel traten nach dem Brokmerbrief zu einer Versammlung für ganz Brokmerland zusammen; der
Brokmerbrief nennt sie „thiu mene acht", vergleiche Brokmerbrief
§. 44 und §. 122, siehe Fries. Wb. p. 588. Der §. 2 des Brokmerbriefs bestimmt: „Alsa tha rediewa alra erest ongungath and to-
hape kemen send, sa skelen hia al under ena swera eta mena
loghe oppa sancte Jacobe, thet hia buta penningum and buta bedum
helpa skele tha erma alsa tha rika, and tha fiunde alsa tha friunde",
Fries. Rq. p. 151. Der Fiardandele erwähnt Brokmerbrief §. 24,

44, 45, 122, 123, 126, 127 und 159 (s. Fries. Wb. p. 738), und über die Redjeven in ihnen die im Wörterbuch p. 988 angeführten Stellen.

Die kirchliche und die politische Eintheilung des Brokmerlandes war im dreizehnten und vierzehnten Jahrhundert nicht ein und dieselbe. Die vier Orte, die der Brokmerbrief §. 71 für die Zusammenkünfte der Redjeven der vier Fiardandele nennt, waren nach ihm Kirchdörfer, keineswegs aber standen in ihnen die vier uralten oder Hauptkirchen des Brokmerlandes, wie sie Wicht und Wiarda nennen. Bischof Otto von Münster verordnete durch die Originalurkunde von 1250, wie oben p. 322 angegeben wurde, dafs der consulatus Brokmannorum ein besonderer Sendsprengel sein solle. Vorher hatten die sechs Kirchen in ihm, die er aufzählt, mit andern Kirchen des Emsigerlandes unter dem Münsterschen Decan von Hinte gestanden. Die Decanatsregister des fünfzehnten Jahrhunderts unterscheiden im späteren Brokmerland neben jenem 1250 begründeten Sendsprengel, der unter Münster stehenden „Sedes in Brockmannia" mit elf Kirchen, drei Münstersche Kirchen, die unter dem Münsterschen Decan von Leer stehen, und sechs Kirchen, die einen unter dem Bischof von Bremen stehenden Sendsprengel in Auricherland bilden, die „Sedes in Aurica", s. oben p. 317. Von den sechs Kirchen, die im Jahr 1250 der Bischof Otto in dem zu Münster gehörenden Brokmerland aufzählt, erscheinen im Brokmerbrief zwei, Marienhafe und Engerhafe, als die Gerichtsorte zweier Viertel des Brokmerlandes. Als Gerichtsort eines dritten Viertels nennt der Brokmerbrief Victorbuhr, das in dem Münsterschen Brokmerland lag und 1250 von Bischof Otto übergangen ist. Seine Kirche mufs erst später gestiftet sein. Im Münsterschen Decanatsregister aus dem fünfzehnten Jahrhundert wird die Curia Sancti Victoris unter den Kirchen der „Sedes in Brockmannia" verzeichnet, s. oben p. 318. Das vierte Viertel des Brokmerlandes, dessen Redjeven nach dem Brokmerbrief in der Kirche S. Lamberti zu Aurich zusammentraten, umfafst die Kirchen der Bremer Diöcese im Auricherlande. Nach dem Bremer Decanatsregister vom Jahr 1420 sollte der Bremer Domscholasticus, wie für die Kirchen des Harlinger- und Nordenerlandes, so für die in Auricherland das Sendgericht halten. Bereits für das Jahr 1289 vermögen wir nachzuweisen, dafs zu Aurich Sendgerichte gehalten wurden. In einer im Original erhaltenen Urkunde vom 8· Juli 1289 fordern die Richter des Harlingerlandes von der Stadt Bremen ein Wergeld und berufen sich dabei auf eine frühere Vereinbarung von 1237, die sie sich bereit erklären den Bremer Bevollmächtigten im Original vorzulegen: „cum affueritis in domo domini Liubbonis, qui gerit vices domini scolastici per Nordam, Herlingiam et *Africam*." Ehmck Brem. Urkb. I. p. 491 (aus Orig.). Liubbo hielt damals das Sendgericht in Harlingen, zu Norden und zu Aurich, in denen die Sendgerichte nach dem Decanatsregister unter dem Bremer Domscholasticus standen. Eine derartige Vertheilung der Bremer Sendgerichte kann aber auch erst wenige Jahre vor 1289 eingeführt sein. Die Lambertuskirche ist erst um das Jahr 1270 gestiftet worden und zwar durch die Grafen von Oldenburg im sächsischen Ammerland, die die Grafschaft über das friesische Asterga, zu dem die Gegend von Aurich gehörte, inne hatten, während die Grafschaft im friesischen Emesga die Grafen zu Ravensberg im sächsischen Land westlich der Weser bis zum Jahr 1252 besafsen, wo nach dem Tode des Grafen Otto von Ravensberg dessen Tochter Jutta von Montjoie die Grafschaft über das Emsigerland an den Bischof von Münster veräufserte[1]). Unten in den Capiteln X und XI

---

[1]) Am 18. Juni 1252 veräufserte die verwittwete Gräfin Sophie von Ravensberg mit ihrer Tochter Jutta und deren Gemahl Walram von Montjoie ihre sämmtlichen von Graf Otto von Ravensberg ererbten Besitzungen an den Bischof von Münster Otto II. Die ausführliche von ihnen darüber ausgestellte, nach dem Original von Kindlinger Münstersche Beiträge 1793 III Urkb. p. 184 und von Wilmans Westfäl. Urkb. III p. 289 gedruckte, von Friedländer im Ostfriesischen Urkundenbuch 1874 übergangene Urkunde ist unten Cap. X näher erläutert; sie unterscheidet unter den Besitzungen, die ans Bisthum Münster übergehen sollen, ausdrücklich die zu Lehnrecht besessenen von denen unter einem andern Rechtstitel. Die Veräufsernden erklären, dafs sie das, was sie an Eigenthum von Graf Otto von Ravensberg haben, sei es zu erblichem oder irgend welchem anderen Recht, an Gütern, Besitzungen, Burgen, befestigten Orten, Gerichten, Vasallen, Leuten, mit allen und jeden Rechten, die sie in Folge des vorerwähnten Eigenthums inne haben, oder die ihnen noch zufallen könnten, dem Münsterschen Bisthum frei und ungehindert überlassen. Um dem Bischof eine Sicherheit für die 40000 Mark zu gewähren, die er für die Erwerbung zu zahlen hat, erklären sie weiter, dafs sie die Lehne

soll im Einzelnen ausgeführt werden, daſs die beiden alten Pagi
Emesga und Asterga im elften und zwölften Jahrhundert unter ver-
schiedenen Grafen standen, Theile benachbarter von einander ge-
trennter Grafschaften bildeten. Dabei verzeichne ich die einzelnen
Grafen sowie die Rechte, welche sie im dreizehnten und vierzehnten
Jahrhundert in Astringen, Emsigerland und Brokmerland besaſsen.
Hier habe ich nur zu zeigen A, daſs zur Zeit der Zusammenkünfte
der Friesen in Upstalsbom die Grafen zu Oldenburg Grafen in
Astringen waren, und B, daſs sie ums Jahr 1270 die Lambertuskirche zu Aurich stifteten, und daſs von ihnen der Besitz von Aurich
auf Ocko zu Brok, Focko Ukena und Edzard und Ulrich von Greetsiel
überging.

drei von ihnen namhaft gemachten Rittern in zweiter Hand geliehen, und
daſs diese Untervasallen sofort dem Bischof einen Pfandbesitz an den sämmtlichen Lehngütern eingeräumt hätten. Eine Urkunde König Wilhelms von
Holland vom 23. März 1253, gedruckt in Niesert Münstersches Urkb. 1823 I, 1
p. 73 (aus Copie) und in Wilmans III p. 296 (aus Orig.), aus ihm von Friedländer
I p. 18 aufgenommen, lehrt, daſs der König dem Bischof Otto von Münster die
Lehne geliehen hat, die einstmals Graf Otto von Ravensberg gehabt, und die
von ihm auf seine Tochter Jutta und deren Gemahl übergegangen waren, nachdem diese, entsprechend den in vorstehender Urkunde von 1252 eingegangenen Verpflichtungen, zu Gunsten des Bischofs von Münster auf ihr Recht
an denselben für sich und ihre Erben verzichtet hatten. König Wilhelm
giebt dem Bischof Otto von Münster zu Lehen die Grafschaft nebst allen
Gütern innerhalb und auſserhalb Frieslands gelegen, die einst Graf Otto
von Ravensberg vom Reich zu Lehen besessen hatte, und die von ihm
auf Jutta und deren Gemahl vererbt waren. Hiermit war erreicht, daſs
das Bisthum Münster, entsprechend dem Inhalt des Vertrages von 1252, den
Lehnsbesitz der bedeutenden Reichslehne des Grafen Otto von Ravensberg
erlangte, die von ihm seine Wittwe Sophie und seine Tochter Jutta ererbt hatten.
Darüber, daſs, wie es die Urkunde beabsichtigte, dem Bischof von Münster der
1252 ihm begründete Pfandbesitz an den Lehnen, die Sophie und Jutta als
Erben des Grafen Otto von Ravensberg von den Bisthümern Paderborn,
Minden, Bremen, Osnabrück, Köln, und von dem Stifte Corvey besaſsen,
in einen Lehnsbesitz umgewandelt worden ist, sind keine urkundlichen
Zeugnisse bekannt; woraus man aber nicht wird schlieſsen dürfen, daſs
Münster nicht auch jene Lehne in gleicher Weise wie die Reichslehne ge-
liehen erhalten hat.

A. Die Grafen von Oldenburg in Astringen.

Am 10. Februar 1327 richten die friesischen Astringer aus Jever an den Grafen Wilhelm von Holland das oben p. 281 eingerückte Schreiben, und bitten ihn dringend, Schiffe und Waaren von dem zu Astringen gehörenden Wangeroge herauszugeben, die er in Holland mit Beschlag belegt hatte, weil er die Astringer an dem Aufstand für betheiligt hielt, den die Westergoer an der Zuiderzee 1323 gegen ihn versucht hatten. Sie erklären, es käme ihnen dies nicht in den Sinn, sie hätten sich niemals gegen ihn mit den rebellischen Westergoern verbündet, sie hätten lediglich die Zusammenkünfte an dem Orte Upstalsbom besucht, die gehalten worden wären, um das maſslose Ueberhandnehmen von Mord, Raub und andern Verbrechen in Friesland gemeinsam zu hindern. Daſs dem so sei, werde der Graf daraus ersehen, daſs die Grafen von Oldenburg ihre Herren wären, denen sie wie andern kaiserlichen und geistlichen Herren, die nach Erbrecht oder anderem rechtlich begründetem Herkommen Einkünfte in ihrem Lande hätten, diese ganz, vollständig und von freien Stücken zahlten und stets ohne jeden Widerspruch zahlen würden. Die Worte, deren sich die „judices et universitas terre Astringie Bremensis dyocesis" dabei bedienen, sind: „terram Astringie singulari jurisdictione et judicio speciali gubernamus et dominis comitibus in Oldenborch et singulis dominis imperialibus et spiritualibus, qui reditus in dicta terra jure hereditario vel legitima proscriptione habere dinoscuntur, integraliter et liberaliter persolvemus et animo libenti ac sine contradictione qualibet persolvemus in futurum etc.", s. oben p. 282. Und der Graf Johann von Oldenburg bezeugt ihnen das auf das Ausdrücklichste; am 14. Februar 1327 schreibt er dem Grafen Wilhelm von Holland: Homines terre Astringie ... nobis et nostris heredibus annuum censum, quem jure hereditario in dicta terra hactenus habemus et possidemus, integraliter et liberaliter persolvunt et hactenus persolverunt, unde ipsos circumquaque pro nostris viribus tanquam nostros tributarios defendere tenemur. Er ersucht aufs Angelegentlichste den Grafen von Holland, den Astringern die mit Beschlag belegten Güter heraus- zugeben: „nostris tributariis seu conterraneis bona, quae per viros officiatos adhuc occupata seu arrestata, plenarie restituti faciatis", s. oben p. 284. Die Astringer standen im Jahr 1327 unter den Grafen von Oldenburg als ihren erblichen Landesherren. Darauf berufen sich die Astringischen Redjeven als etwas All- bekanntes; das, sagen sie, sei das bei ihnen von Alters her be- stehende Recht, das sie nicht beeinträchtigt hätten und nicht beein- trächtigen würden, indem sie gegenüber dem Grafen von Holland darthun wollen, daß sie an der Empörung der Westergoer gegen ihn nicht Theil haben könnten; und der Graf von Oldenburg be- zeugt dem Grafen von Holland, daß dem so sei, daß sie ihm ihren schuldigen Tribut unausgesetzt willig entrichteten, und er sie als seine tributarii seu conterranei in Schutz nehmen und ver- theidigen müsse.

Specieller belehrt uns über die Rechte der Grafen von Olden- burg ihr im Jahr 1428 von dem Drost van der Speken ab- gefaßtes Lagerbuch. Ich schrieb es mir 1834 im Archiv zu Oldenburg ab, es ist 1849 in Ehrentraut Friesisches Archiv I p. 432 — 489 gedruckt. Van der Speken verzeichnet p. 55 — 58 (bei Ehrentraut p. 473 — 476) die Rechte des Grafen von Oldenburg und seiner Vorfahren in Astringen: „Dit sint de rechte des greven van Oldenborch in Osteringen, de sine vedere wente herto gehat hebben"; MS. p. 55 (bei Ehrentraut p. 473). Der Graf hat die Münze im Lande: „van der munte to Jever schal de greve hebben alle jar twe kolnsche Mark an wichte der Osteringer", MS. p. 55 (bei Ehrentraut p. 473). Als Muntlosinge erhält der Graf von jedem der sechs Bannsprengel, in die Astringen zerfällt, jedes dritte Jahr sechs kölnische Mark. Der Graf hat bestimmte Einnahmen von den Gerichten; er hat das Banngeld, als solches zieht er von jedem der sechs Bannsprengel Astringens im dritten Jahr sechs kölnische Mark und aus dem mit Astringen verbundenen nördlich von Jever gelegenen Wangerland elf Mark: „so heft de greve van jewelken banne des derden jares VI kolnsche mark",

MS. p. 57 (bei Ehrentraut p. 476), und „so heft min here de greve in den sulven olde lande VI ban und des derden jares, so nimpt he van jewelken ban II kolnsche mark der sulven wichte. Item so schal min here de greve nemen ut Wangerlande des derden jares elven mark in wichte der Ostringer“, MS. p. 56 (bei Ehrentraut p. 474). Ferner erhält der Graf als Botding-schuld das dritte Jahr acht kölnische Mark, von denen eine an die Vögte des Klosters Reepsholt fällt: „de greve schal hebben van bottingsculde van den olden lande des derden jares achte kolnsche mark an wichte der Osteringer, van den achte marken scholen de voghede van Repesholte hebben ene mark der sulven wichte“, MS. p. 55 (bei Ehrentraut p. 474), und „item so heft de greve van jewelken banne des derden jares VI kolnsche mark und van bottingschulde heft he VIII kolnsche mark und van muntlosinge VI kolnsche mark“, MS. p. 57 (bei Ehrentraut p. 476). Bei allen Klagen, in denen in Astringen und Wangerland die Radlude, d. i. Redjeven, richten und auf Friede oder „Vredepenninge“ erkennen, hat der Graf von Oldenburg den dritten Theil; bei Todtschlägen sind ihm aber je zwei Mark zu zahlen. Nichts erhält er bei Brüchten, die „in St. Mauritius-Wurd“, d. i. auf dem Klosterhof von St. Moritz in Reepsholt, für die Klosterangehörigen in Astringen erkannt werden, nur bei Todtschlägen bekommt er sechs Mark: „Item van allen klaghen de de radlude in Ostringen unde Wangerlande richten: van den vrede schal de greve bebben den derden del sunder van dotslaghe, doch van enen jewelke dotslage schal he bebben II mark. Ok van allen broken de dar schen in sunte Mauritius-wurden over dat ganse land, schal de greve nicht hebben sunder van dotslage, und darvan schal he hebben VI mark“, MS. p. 56 (bei Ehrentraut p. 475) und „Ok van vredepenningen nimpt de greve den derden del“, MS. p. 57 (bei Ehrentraut p. 476). Bufsgelder sind dem Grafen zu zahlen. Wird einer in Astringen erschlagen, so erhält er drei Mark; geschieht aber der Todtschlag im Gericht oder auf dem Kirchhof, so hat ihm jeder Anwesende drei Mark zu zahlen. Bei

Gewaltthätigkeiten im Lande, bei Nothzucht oder Brandstiftung, sind dem Grafen fünf Mark zu zahlen, bei Schlägen innerhalb eines Hauses drittehalb Mark. Unterliegt bei einem gerichtlichen Zweikampf wegen Diebstahls der Dieb, so erhält der Graf drei Mark, siegt der Dieb, so hat der Graf fünf Vierdinge und ein Loth zu zahlen: „Item van enen de dot gheslagen is in Ostringerlande, scal men geven tom ersten dem greven III mark; were over dat he geslagen wurde under dem richte, ofte up dem kerkhove, so schal de greve hebben van enen jewelken, de dar hedde medegewesen, III mark. Item were ok dat jenich sulv-wold scheghe in dem lande, vorhonent der vrowen, ofte brand, so schal men dem greven gheven V mark; is over dat we in dem huse gheslagen werd, so schal men den greven geven derdehalve mark. Ok wanner dar rechten twe kempen, is dat dar wert vorwunnen de deff, so schal men den greven geven III mark; is over dat de deff wint, so vorlust de greve V verdinge und I lot", MS. p. 57 (bei Ehrentraut p. 475). Dem Grafen leisten seine Meier Dienste, bringen ihm Feuerung zum Kochen, Schüsseln, Becher und Salz, Heu für seine Pferde, geben ihm Betten zum Schlafen: Ok so scholen dem greven sine meigere denen; mit bringende: vuringe to kokene, schottelen, bekere und solt, hou den perden, bedde-kledere to slapende; MS. p. 57 (bei Ehrentraut p. 475). So oft der Graf oder seine „Boten" nach Astringen ziehen, erhalten sie Herrenzehrung, die von den Friedensgeldern genommen wird; und hat der Amtmann des Grafen sie nicht, so soll man sie ihm leihen, bis man sie von den Friedensgeldern entnehmen kann: „Ok wo vaken de greve ofte sine boden then in Ostringeland, so scholen se hebben herlike teringe van den vrede sunder hinder; und is dat de ammetmann des heren des nicht en hebbe, so scholen se em dat lenen, so lange dat se dat wedder-nemen van den vrede." MS. p. 56 (bei Ehrentraut p. 475).

Daneben erörtert das Lagerbuch noch speciell die Verhältnisse des Grafen in Aurich. Es sagt: „Dit is dat de greve heft to Awerke: vor enen jewelken minschen wert gegeven van dem

rechte, dat dar het bottinlosinge, I penning Nordener munte",
MS. p. 58 (bei Ehrentraut p. 476), d. i. zu Aurich besteht als
Recht, daſs jeder Mensch als Bottinlosinge einen Pfennig Nordener
Münze zahlt. Ferner bemerkt das Lagerbuch inbetreff des Bann-
geldes: „item so wert dem greven gegeven II tegetschepel vor
enen jewelken minschen, van dem rechte, dat dar het bankore,
und dat is en recht des greven in Awerke", MS. p. 58 (bei
Ehrentraut p. 476), das will sagen: Das Recht des Grafen in Aurich
ist, daſs er von jedem Menschen zwei Zehntscheffel hat für das
Recht, das man Bannküre nennt. Endlich: „dit is dat de greve
heft to Awerke: Ein jewelk de dar vorkoft ene tunnen beers, de
gift II sterlinger penninge", MS. p. 58 (bei Ehrentraut p. 476),
also: In Aurich zieht der Graf eine Abgabe von zwei Pfennigen
beim Verkauf einer Tonne Bier. Sie ist nochmals Lagerbuch MS.
p. 28 (bei Ehrentraut p. 451) als Accise verzeichnet, indem gesagt
ist: „Item de sise to Awerke hord der herscup."

Bei Aufzählung der Gerechtsame des Grafen von Oldenburg
beschränkt sich das Lagerbuch darauf, die Einkünfte zu nennen,
die er im Jahr 1428 aus dem alten Pagus Asterga zu beziehen
hatte, ohne auf seine anderweitige Stellung zu dem Lande einzugehen. Die einzelnen Einkünfte des Grafen, die das Lagerbuch verzeichnet, erweisen aber unbestreitbar, daſs sie der
Graf von Oldenburg als Graf im alten Pagus Asterga
besaſs, daſs der Pagus Asterga von Alters her zu seinem
Comitatus gehörte.

1. Der Graf von Oldenburg hat die Münze zu Jever. Sie
lag im Mittelpunkt des Gaues, war mit diesem wie in andern
friesischen Gauen vom König dem Grafen übertragen. Die friesische
Volkssage läſst die Münze zu Jever durch Karl den Groſsen eingeführt sein. In meinem Fivelgoer Rechtsmanuscript p. 100 heiſst
es: „Fon Stawrum to westa and fon Jevere to asta were tha twen
fonera, ther erst foren to Rome and thet withe wurpen. Tha jef
kening Kerl thet alle Fresum, thet ma to Jevere and to Stavrum
stapelen sette and penning sloge." Niederdeutsch findet sich
dies auch erzählt in den späteren als Ommelander Landrecht gangbaren Rechtshandschriften aus der Provinz Groningen, z. B. in dem

von Schotanus Beschryvinge p. 125 abgedruckten Stück: „Von Staveren an dat weste ende van Jeveren an dat oeste, van dessen landen vorscreven waren die wympelen to Rome up die muire geset. Doe gaf koeninck Karel allen Vriesen, dat men toe Jeveren ende toe Staveren den stapel sette ende al dat gelt munte ende anders nergent in den landen." Bereits eine Urkunde von 1182 des Papstes Lucius III. für Kloster Reepsholt im Asterga nennt denarii Gavariensis monetae als in Reepsholt zu zahlen; siehe Lappenberg Hamburger Urkundenbuch I p. 230 (aus Copiar). Ein Sendbrief von 1312 aus dem mit Astringen verbundenen Wangerland spricht von Marken Silbers nach dem Gewicht von Astringen: „pro hujusmodi excessu dabit domino decano IV marcas argenti et ponderis Astringorum", Ehrentraut Friesisches Archiv II p. 355. Im Jahre 1355 hatte sich der Rüstringische Edeling Edo Wiemken der alten, den Grafen von Oldenburg zuständigen Münze zu Jever bemächtigt, indem es ihm gelang, sich in einem Theil von Rüstringen, Astringen und Wangerland unabhängig zu machen. Zeugniſs dafür geben die Worte einer Urkunde von 1449: „do Edo Wiemken de inwaners binnen Jever bedwungen hadde, und de inwaners Eden de munte avergaven und vergunut hadden, dat he de borch binnen Jever timmern mochte, wor he wolde, und dat Ostringen und Wangerland de mede wolden helpen holden." Strackerjan Beiträge zur Geschichte der Stadt Jever Bremen 1836 p. 180. Von den Nachkommen des Edo Wiemken sind Münzen vorhanden. Fräulein Maria von Jever reichte sie 1552 dem Kammergericht ein, um ihre Landeshoheit zu beweisen; sie sagt in Urkunde von 1552: „moge Juw nicht vorholden, dat wy noch by itliken kerkfogeden alhir in unsern lande olle munte hebben, de Hayo Harldes (d. i. von 1433 bis 1442), Juncker Tanne (bis 1468) unde Junker Edo (d. i. von 1474—1511) sampt alle unseren voroldoren hebben munten laten, dat wy desulvige ock doby leggen, bedacht, uppe dat de cammerrichter mytsampt den bysittern mogen erinnert werden, das allent, was unse jegendel, Tide von Knipensen, tho vorkleninge unser voroldern ock unser persone lagenhaftig in sinen schriften jegen uns auergeuen, up enen ungrund erdichtet sint." Merzdorf Münzen Jeverlands

Oldenburg 1862 p. 5. Frauchen Maria liefs in Jever eine neue
Münze in der Sanct Annenstrafse erbauen, siehe Merzdorf a. a. O.
p. 8. Der Ort Jever, nach welchem in der oben p. 334 angeführten
Urkunde des Papstes Lucius III. von 1182 die dortige Münze „Gavariensis moneta" heifst, und in dem dem Kloster Rastede im
Jahr 1158 Papst Adrian IV und 1190 Papst Clemens die „curia
Gevere" bestätigt, war ein friesischer Marktort. Im Jahr 1327
den 26. Juli schreiben aus Jever „judices ac universitas terrae
Astringiae" dem Grafen Reinald von Geldern und ersuchen ihn
zu erwirken, dafs der Graf Wilhelm von Holland ihren Kaufleuten von ihm mit Beschlag belegte Waaren zurückgebe:
„nostris mercatoribus de Gevere bona eorum a servitoribus
domini Wilhelmi, comitis Hollandiae, ablata seu arrestata." Vgl.
die Urkunde oben p. 287. — Die neunte allgemeine friesische Küre,
die ich der Mitte des zwölften Jahrhunderts zuschreibe, nennt als
eine der drei freien Landstrafsen Frieslands die Strafse von dem
friesischen Jever nach der Omeres-burg, d. i. Oldenburg, der Alte-
burg des sächsischen Pagus Ammeri oder des Ammerlandes. Der
älteste in Handschriften des dreizehnten Jahrhunderts erhaltene,
von mir dem zwölften Jahrhundert vindicirte lateinische Text der
Küre sagt: „Prima terrestris strata sursum versus Omersburch
et deorsum versus Jevere", s. oben p. 36. Der friesische
Fivelgoer Text in meiner Fivelgoer Rechtshandschrift p. 8 übersetzt
richtig: „Thio forme landstrete is up to Omersburch and ut to
Jewere." Andere friesische Texte der Küre, deren Schreiber den
alten Namen für Oldenburg nicht kannten, denken bei Omersburch
an Hamburg: die beiden Handschriften des Hunsegoer friesischen
Textes schreiben „up to Hamburch and ut ti Geuere", MS. W. p. 51
und MS. Sc. p. 4, der friesische Emsiger Text „Hamneres-burch",
Fries. Rq. p. 14, 18; der Westergoer friesische Text „op to Hamersten
ende wt to Jewere", alter Druck in Fries. Rq. p. 15, Note 19, über-

---

[1]) In Urkunde von 1158: „*in Ambria*: ... *in Frisia* curias ... Barle,
Godinge, Scrotinh. Gevere" Lappenberg Hamb. Urkb. I p. 128 Note g (aus
Copie), in Urk. von 1190: „*in Frisia* ... curias ... Scohurst, Scrotinghe,
Geuere." Lappenberg p. 128 Note h (aus Copie).

einstimmend in meinem Manuscript Jus municipale Frisonum von 1464 p. 35. Der niederdeutsche Text aus dem Lande Wursten an der Weser versteht unter Omersburch richtig Oldenburg: „De erste landstrate up tho Oldenborch und uth tho Jever", Fries. Rq. p. 15, Note 12. — Noch im fünfzehnten Jahrhundert war Jever keine Stadt, erst 1536 verlieh Maria, die Enkelin eines Bruders von Sibet, an Jever Stadtrecht, vgl. Strackerjan Jever p. 25 und p. 97; in dem vervollständigten Jeverschen Stadtbuch von 1572 heifst es im Eingang: „anno 1536 up den eersten mitweken in der vasten is dat vleck Jever angefangen to bevesten, und mit hulpe des almechtigen im sulven jare vullentagen, also dat vort na düssen dagen Jever eine ehrliche Stadt genoempt und geachtet schal werden." Strackerjan Jever p. 39. Und die Worte einer Urkunde von 1536: „wy borgermeisteren und inwanern der Stadt Jever", daselbst p. 33. — Dafs Jever im vierzehnten Jahrhundert der Mittelpunkt des Landes Astringen war, zeigen Urkunden, die dort von den sechzehn Consules oder Richtern des Landes ausgestellt sind: Urkunde von 1306 „Datum Gevere" Schwartzenberg I p. 156 (excerpirt oben p. 130), 1317 „Datum Geveris", oben p. 137; zwei Urkunden von 1318 „Datum Jevere" Ehmck Brem. Urkb. II p. 185 (aus Orig., sind oben p. 138 und p. 148 nachzutragen); zwei Urkunden von 1327 „Datum Jevere", oben p. 279 und p. 281; Urkunde von 1354 „Datum Gevere" Ehrentraut Fries. Archiv II p. 360. Gleiches zeigen zwei Urkunden von 1300, die der „incolae terrarum Astringiae et Geveren" gedenken, Lappenberg Hamb. Urkb. I p. 769. Zu Jever müssen in ältester Zeit die Gerichte des Pagus Asterga gehalten sein, wie es dort im vierzehnten Jahrhundert durch die Red-jeven des Landes Astringen geschah[1]).

[1]) Den Namen von Jever schreibt eine lateinische Urkunde von 1182 „Gavari" in „Gavariensis moneta", „Gevere" lateinische Urkunden von Astringen aus den Jahren 1317, 1327 und 1354, „Jevere" 1318, „datum Geveris" 1317, „Geveren" 1300 und 1318, „Gevrem" 1300, s. oben im Text; in Handschriften der friesischen Küren aus dem dreizehnten und vierzehnten Jahrhundert „Jevere"; der Name ist aus „ga-wari" oder „je-were" oder „ga-were", d.i. Gau-ort, zu deuten; die Form „Datum Geveris" und „Geveren" ist zu erklären durch „zu den Gau-wehren."

2. Grundzinsen, Grundabgaben bestanden in Astringen. Im Jahr 983 nach Stiftung des Kloster Reepsholt im Pagus Asterga zwei Meilen östlich von Aurich gelegen (curtes Hripesholt et More... in Fresia in pago Asterga in comitatu Bernhardi ducis) befreit Kaiser Otto II. bei Verleihung der Immunität die Grundstücke des Klosters von dem ihm zu zahlenden Grundzins. Die im Original erhaltene Urkunde sagt: „omnes res praefate ecclesiae ab omni *censu nostri juris* absolvimus", Lappenberg Hamb. Urkb. I p. 51; wörtlich bestätigt in Urkunde Ottos III. von 988, Lappenberg Hamb. Urkb. I p. 57 (aus Orig.). Die hier als *census regius* bezeichnete Grundabgabe führt anderweitig in Friesland den Namen Hus-lotha oder Hus-laga, s. Fries. Wörterb. p. 832 und p. 833. Nach der siebenten und neunten der Siebzehn friesischen Küren, die in der Mitte des zwölften Jahrhunderts auch für den Pagus Asterga wie für die im Osten und Westen mit ihm grenzenden Pagi Riustri und Emesga als vereinbart gelten müssen, ist dem Grafen von jedem Haus eines freien Friesen ein denarius als Hus-lotha oder Hus-laga zu zahlen. Karl der Grofse soll die Abgabe eingeführt haben als Lösegeld für die freien Friesen, die er sich unterworfen hätte: „Nona petitio est, penam pacis et huslotha propter bannum regis solvere duobus denariis Rednathes monete", oben p. 36, und in Küre 7: „et hoc donavit eis Karolus rex, ut Christiani fierent et subiecti essent australi regi, et clepskelde denegarent et huslotha solverent, quibus comparaverunt nobilitatem et libertatem", oben p. 35. Als Bezeichnung dieser Abgabe begegnet im benachbarten Emsigerland im Jahr 1404 *Königsheuer.* Im Oldenburger Lagerbuch ist sie für Astringen in der Munt-losinge zu erkennen, die dem Grafen von Oldenburg gezahlt werden mufs.

3. Die Gerichtsgefälle, die das Oldenburger Lagerbuch von 1428 für den Grafen in Astringen verzeichnet, sind unverkennbar die im älteren Recht dem Grafen in den einzelnen Gauen zuständigen; nur hat die Landesverwaltung durch Entstehung der Redjeven oder Consules eine andere Gestalt gewonnen. Die sechzehn Judices, Consules oder Redjeven Astringens sind es, die seit dem dreizehnten Jahrhundert in dem Landdistrikt die Jurisdictio handhaben, s. oben p. 148. Im Jahr 1327 erklären die Astringischen Redjeven: „nos

judices et universitas terre Astringie Bremensis dyocesis ... terram
Astringie singulari jurisdictione et judicio speciali gubernamus", indem sie betheuern, dem Grafen von Oldenburg als ihrem Herrn die
ihm zuständigen Gefälle immerdar gezahlt zu haben und stets
zahlen zu wollen. Es waren nicht mehr die Schulzen des Grafen,
die in alter Weise, wie es die Siebzehn Küren und Vierundzwanzig
Landrechte für das zwölfte Jahrhundert darlegen, unter Königsbann im Namen des Grafen die Leute des Pagus Asterga versammelten und Recht sprechen liefsen; die sechzehn Consules hielten
das Gericht unter Vorsitz eines von ihnen; das Lagerbuch von 1428
spricht „van allen klaghen, de de radlnde in Ostringen unde
Wangerlande richten", MS. p. 56 (bei Ehrentraut p. 473). Durch
Einführung bestimmter jährlicher Redjeva hatten aber die Banngelder, Fredepenninge und Brüchten nicht aufgehört dem Grafen
gezahlt zu werden. Nach der oben p. 331 angeführten Stelle des
Lagerbuchs zerfiel Astringen in sechs Bannsprengel, für die in
ihm der Betrag der Banngelder des Grafen verzeichnet wird;
es waren die alten Distrikte, in denen früher bestimmte Schulzen
im Asterga wie in andern friesischen Gauen den Grafen vertreten
hatten, in denen sie den Königsbann („bannus regis" in der neunten
Küre) ausübten und verfallene Bannbufsen für den Grafen erhoben:
„Si quis hoc contempserit, solvet regium bannum skulteto XX solidis et uno", oben p. 36, vergleiche über „bon" (bannus) Fries.
Wörterb. p. 659.

4. Die Bufse für gebrochenen Frieden, das Friedensgeld,
ward zum Theil dem Grafen gezahlt. Nach der Lex Frisionum fällt
der Fredus, d. i. die für den gebrochenen Frieden zu entrichtende
Bufse, an den König. Der König leiht den Comitatus über einen
Pagus einem Comes, er erhält den Fredus, die „poena pacis."
In den friesischen Rechtsaufzeichnungen des zwölften Jahrhunderts
theilen der Graf und für ihn sein Schulz den Fretho oder Fretho-
panning mit der Gerichtsgemeinde. In Astringen hat nach dem
Lagerbuch der Graf von Oldenburg $\frac{1}{4}$ von dem Friedegeld, die
Gerichtsgemeinde $\frac{3}{4}$, er ist eben im Besitz des Comitatus im Asterga;
siehe über den Fredus (das Friedensgeld) und über fretho-panning
(den Friedenspfennig) im Friesischen Wörterbuch p. 761 und p. 764.

5. Ausdrücklich nennt das Lagerbuch als eine Einnahme des Oldenburger Grafen in Astringen die Botting-schulde. Darunter wie unter dem inbetreff Aurichs gebrauchten Ausdruck Bottin-losinge ist wörtlich eine als Entgelt für Nichtbesuch des Bod-thing gezahlte Summe verstanden; über das Bod-thing siehe Fries. Wörterb. p. 657. Für das mit Astringen grenzende Rüstringen enthält der dem dreizehnten Jahrhundert angehörende friesische Text der zehnten allgemeinen friesischen Küre, Fries. Rq. p. 19, 1, die Sage, daſs König Karl den Friesen zugesichert habe, sie nicht ausserhalb der Grenzen Frieslands zum Bod-thing zu laden, und aus-führlich handelt eine Aufzeichnung aus dem Westergo an der Zuiderzee in Fries. Rq. p. 391 darüber, wie und wann für den Grafen seine Schulzen mit Königsbann zum Bod-thing laden; wer der Vorladung nicht Folge leistet, büſst dem Schulz zwei Pfund: „als di greva bodting halda wil, schil hi da ban op-ja saun wiken da schelten eer ma se halde" Fries. Rq. p. 390, 17, und „alle dagen aegen da schelten se toe bannen bi des koninges banne, ende also to haldene ende to lastan. Soe hwa soe nat ne seeckt, di schel tojenst dyn schelta mit twam pondem beta" Fries. Rq. p. 390, 31.

6. Wie es zu halten ist, wenn der Graf nach Astringen in seine Grafschaft zieht, berührt das Lagerbuch in den oben p. 332 angeführten Worten nur nebenbei. Andere friesische Rechtsquellen handeln darüber ausführlich, siehe beispielsweise, was das alte dem Westergo angehörende Schulzenrecht in §. 1, Fries. Rq. p. 387, über den Einzug des Grafen in Friesland vorschreibt.

Speciell kommt das Oldenburger Lagerbuch, wie es der Klosterleute von Reepsholt besonders gedenkt, auf die Verhältnisse von Aurich zu sprechen. Es hatten sich in ihm und dessen Umgegend die Ein-künfte, die der Graf zur Zeit des Lagerbuchs zu ziehen hat, in manchen Punkten verschieden gestaltet von denen im Landdistrikt Astringen. Ursprünglich hatte die Gegend von Aurich bis zur Bremen-Münsterschen Diöcesangrenze, neben Astringen einen Theil des Pagus Asterga gebildet, war dann als Auricherland, mit den Brokmannen, den Bewohnern der angrenzenden zur Münsterschen Diöcese gehörenden, ursprünglich im Emesga gelegenen Bruch-gegend zu einem abgesonderten Landdistrikt, dem Brokmerland,

22*

zusammengetreten. Das Oldenburger Lagerbuch von 1428 nennt zu Aurich die „Bottin-losinge", entsprechend der „Botting-schulde" in Astringen. Als Bann oder Banngeld, das für Astringen in bestimmten festen Geldsummen von den einzelnen alten Bann- oder Schulzensprengeln angegeben ist, verzeichnet das Lagerbuch in Aurich von jedermann zwei Zehntscheffel als eine Bann-kore, d. i. Bann-küre oder Vereinbarung über das, was als Banngeld zu gewähren ist. Daneben soll in Aurich selbst von jeder Tonne Bier, die verkauft wird, eine Abgabe gezahlt werden, mit der keine ähnliche in Astringen aufgeführt ist. Es steht dies in Einklang mit dem, was uns anderweitig über das Auricher Land überliefert ist, und weist darauf hin, dafs wir in ihm einen erst später colonisirten Landstrich an der Grenze des alten Pagus Asterga zu sehen haben.

B. Ort Aurich.

1. Stiftung der Kirche zu Aurich durch die Grafen zu Oldenburg. — Oben p. 317 zählte ich im Auricherlande sechs Kirchen auf. Sie gehörten nach dem Bremer Decanatsregister von 1420 zur Diöcese Bremen, lagen im Bereich des alten Pagus Asterga. Die alte Grenze der Gaue Emesga und Asterga fiel mit der Bremen-Münsterschen Diöcesangrenze zusammen, wie die oben p. 320 angeführte Stiftungsurkunde der Bremer Diöcese ausdrücklich bezeugt. Keine der sechs Kirchen begegnet im zwölften Jahrhundert, alle sind erst später gestiftet. Die Kirche zu Aurich scheint die älteste von ihnen zu sein. Sie ist um das Jahr 1270 durch die Grafen von Oldenburg gegründet. Obgleich die Urkunde über die Stiftung nicht erhalten ist, so mufs das Factum für erwiesen gelten. Vielleicht könnte man behaupten wollen, aber wie ich meine, ohne genügenden Grund, es sei die Stiftung einige Jahre früher oder später durch die Grafen zu Oldenburg erfolgt. Bei der Wichtigkeit des Punktes für die richtige Auffassung der gesammten älteren Verhältnisse Frieslands im dreizehnten Jahrhundert und speciell für die der Gegend von Aurich, von dem eine halbe Meile entfernt unter dem Upstalsbom die Zusammenkünfte erfolgten, gehe ich hier näher auf ihn ein.

Der Brokmerbrief aus dem Schlufs des dreizehnten Jahrhunderts gedenkt zufrühst der Kirche zu Aurich. Es besagt, wie oben p. 325 erörterte, die um 1300 geschriebene Oldenburger Handschrift des Brokmerbriefs, dafs die Zusammenkünfte der vier Redjeven des öst- lichsten Viertels des Brokmerlandes erfolgen solle auf dem Kirchhof der St.-Lambertuskirche, „et Sente Lamberteshove", die im Jahr 1345 geschriebene Hannoversche Handschrift setzt dafür „et Aurec- hove", oben p. 325. Beide Namen bezeichnen eine und dieselbe Kirche. Nach einer Originalurkunde von 1289 wurden Bremer Sendgerichte gehalten per Affricam, s. oben p. 327. Das Bremer Decanatsregister von 1420 bemerkt, nachdem es angegeben hat, dafs das Sendgericht über die damals vorhandenen sechs Kirchen zu Aurich gehalten werden soll: „Praesentatio ecclesiae in Aurica spectat ad comitem in Aldenborch, investitura vero ad scholasticum; item ibidem consueverunt esse duo rectores", Hodenberg Bremer Geschichtsquellen I p. 53. In dem Oldenburger Lagerbuch von 1428 ist angegeben: „Dit sint de gheystliken leen- ware de van den heren to Oldenborch to lene ghan. Int erste de kerke to Awerke und dat (em. „dar") hebbet twe leen wesen und twe kerkheren; item en vicarie in der sulven kerken, de her Johan van Reden, de kerkhere, ghemaket heft", MS. p. 70 (bei Ehrentraut p. 487), und nochmals Lagerbuch p. 28 (bei Ehrentraut p. 451): „Item so gheit de kerke to Awerke to lene van der herscup und 1 vicarie[1]) in der kerken."

Das Bremer Decanatsregister von 1420 und das Oldenburger Lagerbuch von 1428 bezeugen übereinstimmend, dafs die Grafen von Oldenburg in dem Markte Aurich, in dem sie die Bieraccise hatten und gerichtliche Bannbufsen bezogen, die Besetzung der beiden Pfarrstellen an der Kirche besafsen. In der Kirche zu Aurich wurde urkundlich im Jahr 1289 vom Bremer Domscholasticus

---

[1]) Ich vermuthe, dafs diese Vicarie aus Grundstücken in Rode und Poppens im Kirchspiel Aurich im Jahr 1408 gestiftet war durch den Pfarrer Johannes, der aus Rode (d. i. Rahe) im Kirchspiel Aurich stammte. In Urkunde von 1408 bestätigt Erzbischof Johann von Bremen die Gründung einer „perpetua vicaria in ecclesia Aurekehove" durch „Johannes rector ecclesie" par- rochialis in Aurekehove nostre dyocesis", Strackerjan Beiträge zur Ge- schichte von Oldenburg I p. 113 (aus Orig.); auch Friedländer II p. 178 (aus Orig.).

das Bremer Sendgericht gehalten, dem im Jahr 1420 zu Aurich das Sendgericht über die damals vorhandenen sechs Kirchen des Auricherlandes zustand. Der Brokmerbrief, der nach 1276 aufgezeichnet sein muſs, da er der in diesem Jahr von dem Bischof Eberhard mit dem Brokmerland abgeschlossenen Vereinbarungen gedenkt, nennt die St.-Lambertuskirche zu Aurich; damals also war die Kirche vorhanden, die als von dem Grafen von Oldenburg gestiftet durch die Angaben des Bremer Decanatsregister von 1420 und das Oldenburger Lagerbuch von 1428 dargethan ist.

Hiermit stimmt nun völlig überein, was die späteren Chroniken über die Stiftung der Lambertuskirche zu Aurich berichten, und müssen ihre Angaben über die Stiftung der Kirche durch Graf Johann von Oldenburg ums Jahr 1270 als aus älterer Quelle geflossen gelten.

Schiphower [1]) in seiner um 1504 verfaſsten Oldenburger Chronik sagt, daſs die Grafen Johann und seine Söhne um 1270 die Kirche zu Aurich gestiftet hätten, seine Worte sind: „His etiam temporibus archicomes Johannes et ejus filii, qui ante castrum (d. i. Oldenburg) habuerunt capellam S. Nicolai episcopi, in honore Lamberti martyris parochiam statuerunt (d. i. zu Oldenburg gründeten sie statt der Capelle des heil. Nicolaus eine Kirche, die sie dem heil. Lambertus weihten), aliam (d. i. eine zweite Pfarrkirche des heil. Lambertus) in Aurickdorff vel in Aurike in partibus Frisiae aedificaverunt in Brokmerlande: quam Focke Uken traditorie a praedictis archicomitibus accepit, sicut inferius plenius dicetur ... antedictas ecclesias parochiales sic fundarunt et egregie bonis, praediis, decimis et areis sufficientibus dotarunt" Meibom Sc. II p. 151. Weiter berichtet darüber das fast wörtlich übereinstimmende sogenannte Chronicon Rastedense: „Desponsata fuit alia filia Mauricii comitis (bei Schiphower: „archicomitis") de Oldenborg cuidam Frisoni Ockoni

---

[1]) Schiphower geboren 1463; seine Chronik reicht bis 1504, vgl. über ihn Halem Oldenburger Geschichte I, p. 9 und Lappenberg Bremer Geschichtsquellen p. XXI; er benutzt Wolters Chronica Bremensis in Meibom Script. II p. 19 aus der Mitte des fünfzehnten Jahrhunderts, die, wie Lappenberg zeigt, vielfach die von Rynesberch und Schene im Beginn des fünfzehnten Jahrhunderts verfaſste Bremer Chronik übersetzt.

de Broke, filio Kenonis militis Prisiae, qui possedit castrum Aurike (dafür bei Schiphower: „qui possedit jure hereditario castrum Aurike et Brokmerlant"), cujus (Sch.: „quia") proprietas terre cum ecclesia antiquo jure spectat ad comites (Sch.: „archicomites") Rustringiae et Ambriae, qui modo vocantur de Oldenborg. Haec multis (Sch.: „ultimis") temporibus exsiliata (Sch. fügt ein: „et a Fockone Uken proditore decepta") recipitur in Donderwe (Sch.: „Donderswe", d. i. Donnerschwe bei Oldenburg") et viro mortuo pauperem (Sch.: „angelicam") duxit vitam." Chronicon Rastedense bei Meibom Scriptores II p. 110, und Schiphower daselbst II p. 165.

Hamelmann Oldenburger Chronik 1599 p. 124 wiederholt die Angaben Schiphowers über Erbauung der beiden Lambertuskirchen zu Oldenburg und Aurich durch Graf Johann, und setzt sie ins Jahr 1270. Die Urkunde über Dotation der Auricher Kirche durch Graf Johann und seine Söhne scheinen Schiphower und Hamelmann nicht gekannt zu haben. Hamelmann p. 135 beruft sich hinsichtlich der Stiftung der Lambertuskirche zu Oldenburg auf eine von ihm aufgenommene Stelle aus Wolters Bremer Chronik. Bei der Auricher Lambertuskirche erwähnt er, dafs nach Dokumenten im Oldenburger Archiv noch 1511 und 1512 Graf Johann XIV. von Oldenburg sie verliehen habe. Halem Oldenburger Geschichte 1794 I p. 260 (vgl. auch p. 224, 327 II p. 80) berichtet nach diesen ihm vorliegenden Dokumenten: „Im Jahre 1511 ist das Patronatrecht der Auricher Kirche von den Grafen von Oldenburg in contradictorio ausgemacht und erstritten. Im Jahre 1511 resignirte der Rector der Kirche von Aurich, Menso von Dorum, das Lehn, worauf Johann, Graf von Oldenburg, einen Martin Lochborn präsentirte. Indefs hatte sich schon Johann Twelchhorn eingedrängt. Es ward darüber vor dem Scholaster zu Bremen, Hinrich Rode, ein Procefs geführt, und der Scholaster erkannte am 25. August 1512, dafs der von Graf Johann präsentirte Martinus zu investiren sei." Das alte Patronatrecht der Grafen von Oldenburg an der Lambertuskirche zu Aurich unterliegt demnach keinem Zweifel.

Eine Bestätigung für Stiftung der Auricher Kirche durch die Grafen von Oldenburg liegt darin, dafs sie, wie die Pfarrkirche zu Oldenburg, dem heiligen Lambert geweiht war. Schon das um 1300 geschriebene Oldenburger Manuscript des Brokmerbriefs zeigt dies, indem es sie die St.-Lambertuskirche nennt. Von der Oldenburger Lambertuskirche erzählt Heinrich Wolters um die Mitte des fünfzehnten Jahrhunderts, daſs die Grafen von Oldenburg sie gestiftet und dem heiligen Lambert geweiht hätten, um für ihr Geschlecht einen Mord zu sühnen, den ihr vermeintlicher Vorfahr Dodo, Graf˅ in den Ardennen, zur Zeit Pipins am heiligen Lambert verübt habe. Nach Schiphower soll dieses von Graf Johann aus gleichem Grunde auch für die Lambertuskirche in Aurich geschehen sein, deren Wolters nicht gedenkt. Die Worte Wolters, auf die sich Hamelmann p. 135 beruft, sind: „Dodo domesticus aulae regiae tempore Pipini ... dux et comes Arduennae est factus, qui sanctum olim refertur occidisse Lambertum. Et ideo postea comites Rustriae, de quorum sanguine idem fuisse refertur, in honore s. Lamberti in opido Oldenborg Ammirorum fundaverunt ecclesiam, ut sic de natione sua perpetuum delerent opprobrium, et ut divina cessaret ultio, saeviens in nonam generationem propter parricidium." Meibom II p. 92. — Schiphower p. 152 erörtert ausführlich, wie Graf Johann zur Sühne für die Ermordung durch den Grafen Dodo die beiden Lambertuskirchen gestiftet habe. Den Mord des Dodo erzählen auch andere Chroniken, wie das Magnum Chronicon belgicum in Pistorius Script. I p. 26, doch ohne Angabe seiner Verwandtschaft mit den Oldenburger Grafen. Können wir nun das Vorhandensein der Lambertuskirche zu Aurich in den letzten Jahrzehnten des dreizehnten Jahrhunderts nachweisen und zwar zwischen 1276 und 1289, so ist kein Grund, die Angabe Schiphowers anzufechten, daſs Graf Johann um 1270 die erste Kirche in der Gegend von Aurich erbaut und dem heiligen Lambert geweiht hat; es wird darüber eine Urkunde ausgestellt worden sein, wie wir sie vom Propst Otto aus dem Jahr 1263 über Stiftung der Kirche zu Golzwarden in Rüstringen besitzen. In ihr, bei Ehrentraut Fries. Arch. p. 421, wird die neu gegründete Kirche zu Golzwarden zur Pfarrkirche gemacht und erklärt, daſs an ihr Sendgerichte gehalten werden sollen, sie wird eine Sedes synodalis, gleichwie ich es bei Aurich als um 1270 geschehen annehme. Golzwarden gehörte vor 1263 zum benachbarten Kirchspiel Rodenkirchen, auch dies war aber erst im dreizehnten Jahrhundert gegründet. Nach dem alten Rüstringer Sendrecht in Fries. Rq. p. 128, 2, dessen ursprünglicher lateinischer Text vor 1230, wahrscheinlich im zwölften Jahrhundert aufgezeichnet war, hatten alle das Patronat an einer Kirche, die sie aus ihren Mitteln stifteten; es verblieb deren Erben, während der Bischof, oder der Bremer Prälat dem er es speciell übertrug, die Sendgerichtsbarkeit an der Kirche ausübte und den vom Patron erwählten Pfarrer investirte. Dafs Ubbo Emmius im Jahr 1616 in seiner Historia es für unmöglich hält, dafs die Stiftung der Auricher Kirche von den Grafen von Oldenburg erfolgt sei, ist leicht erklärlich bei den Ansichten, die er über alte Freiheit der Friesen und Nichtvorhandensein einer erblichen Grafengewalt in Friesland, und speciell in der Gegend von Aurich, hegt. Durch Verwerfung der unhistorischen Erörterungen Hamelmanns über den Grafen Dodo als Vorfahr der Grafen von Oldenburg wird die Stiftung der Lambertuskirche durch Graf Johann nicht beeinträchtigt. Ohne Grund ereifert sich der um die Geschichte seines Heimathlandes hochverdiente Ubbo Emmius in einer 1599 geschriebenen Vorrede, die in der Ausgabe der Rerum Frisicarum historia von 1616 wieder aufgenommen ist, speciell gegen Hamelmanns unmittelbar vorher veröffentlichte Geschichte der Grafen von Oldenburg und sagt über die Lambertuskirche: „Joannem Oldenburgensem comitem templum Auricanum e fundamentis erexisse idque argumento esse, totam eam oram etiam tum in ditione comitum Oldenburgiensium fuisse, quae pleraque multa vanitate implicita atque absurda ad aulae gratiam insulse a parasitis conficta." Wiarda stützt seine Ansichten über uralte republicanische Verfassung der Friesen und ihre Landtage zu Upstalsbom ohne alle Kritik auf Emmius und verwirft mit ihm die Stiftung der Auricher Kirche durch die Grafen von Oldenburg. Er bezeichnet Ostfriesische Geschichte I p. 337 die Angaben Schiphowers als Faseleien, denen Hamelmann gefolgt sei, die aber Ubbo Emmius schon längst mit der Geifsel in der Hand gerügt habe.

Die Ausdehnung des Kirchspiels Aurich wird nach Stiftung der Kirche zu Aurich als erster Kirche der zur Bremer Diöcese gehörenden Auricher Umgegend anfänglich eine gröfsere gewesen sein; die Grenzen des späteren Kirchspiels scheinen mit denen des heutigen übereingestimmt zu haben. Eine Urkunde von 1431 erwähnt die im heutigen Kirchspiel Aurich gelegenen Orte: Haxtum, Extum, Wallinghusen, Egels und Rode, indem als Zeugen für . „Auwerkerlant" auftreten: Nonna Bengana to Hastum, Nonna Lyuddisna to Extum, Thiarch Sunkana (ob verlesen aus Junkana?), ... mma to Wallinghusen, Hayo Rynana to Egelstum, Frederick Alricksna to Rode." Suur Klöster p. 176, auch bei Friedländer II p. 368[1]). Die Orte Rode und Poppens rechnet eine Urkunde des Bischofs Johann von Bremen von 1408 ausdrücklich zu dem in seiner Diöcese belegenen Kirchspiel Aurich: „agri prope villam Aurekehove jacentes, in quos triginta et ultra mensure vulgariter dicte ammer-sad possunt et solent seminari. Item cum omnibus et singulis silvis, nemoribus, rubetis vulgariter *holt-marke* nuncupatis, hucusque ad ipsum dominum Johannem in Rode et Poppenzen in dicta parrochia existentes", Strackerjan Beiträge zur Geschichte von Oldenburg I p. 113, auch Friedländer H p. 178 (aus Orig.).

Im Umfang des neuern Kirchspiels Aurich liegt nördlich von Aurich das kleine Meerhausen, wo 1228 nach einer ungedruckten von Emmius p. 136 angeführten Urkunde ein Cistercienserkloster gestiftet wurde, gleichzeitig mit dem 1½ Meilen davon entfernten Ihlo im spätern Kirchspiel Weene. Das Kloster kann nur eine geringe Bedeutung erlangt haben, da es in keiner der aus der nächstfolgenden Zeit gedruckten Urkunden erwähnt wird[2]). Im Jahr 1378 nahm Occo ten Brok nach einer niederdeutschen nach Emmius p. 214 zu Ihlo aufbewahrten Urkunde die Kirche zu Ihlo in seinen

---

[1]) Im Jahr 1437 als Zeugen „Nanne Benghen to Haxte, Lubbe to Westerende, Zweymer to Roden unde Willem Metzen to Holtorpe" in einer ungedruckten Originalurkunde nach Friedländer III p. 424.

[2]) Im Testament der Houwe Hedden to Burhove von 1452 sind erwähnt „Merhuser monneke", Friedländer III p. 568 (aus Orig.). Im Testament der Eva von Dornum von 1470 als Zeuge „de eerbare Johannes Wyck byechtvader to Meerhusen" Friedländer III p. 771 (aus Orig.). Im Jahr 1494 vermachte Theda, die Wittwe des Grafen Ulrich, dem „convente to Meerhues 25 Rynsgulden", Brenneysen I Urkb. p. 109; vgl. Suur Klöster p. 46.

Schutz; Emmius sagt: „coenobium Ilense cum Meerhusiis, colonia Ilensium", und Wiarda II p. 351 schliefst aus die senWorten, dafs Meerhausen unter Ihlo gestanden habe.

2. In den einzelnen Ortschaften zwischen Ems und Weser ist ein verschiedener Anbau zu unterscheiden. Manche Orte haben kreisförmig zusammengebaute Gehöfte, in andern ziehen sich die Gehöfte in längeren Reihen neben einander hin; dabei liegen bei jenen die Aecker der einzelnen Gehöfte in gröfseren Stücken zusammen, bei diesen in schmalen längeren Parallelstreifen. Der Anbau in letzterer Weise ist in jener Gegend vielfach in späterer Zeit geschehen. Eine genauere Betrachtung des elften Blattes der Papen'schen Karte des Königreich Hannover zeigt nun unverkennbar, dafs fast die sämmtlichen Kirchspiele, die das Münstersche Decanatsregister aus dem fünfzehnten Jahrhundert unter der Sedes in Brockmannia nennt, mit Langäckern angebaut sind. Es ist das der Fall in den an der Grenze der Bremer Diöcese von Norden nach Süden im Münsterschen Brokmerland sich erstreckenden Kirchdörfern Osteel, Marienhafe mit den zu dessen Kirchspiel gerechneten grofsen Ortschaften Schott und Upgand, Victorbuhr, Wiegboldsbuhr, Bedekaspel, Forlitz, Blaukirchen, Ochtelbuhr und Riepe. Aufser ihnen rechnet das Decanatsregister bei Ledebur p. 109 zum Münsterschen Decanat in Brockmania noch das Kirchspiel zu Sigelsum, das sich südlich von Marienhafe ausbreitet und mit Rundbau angelegt ist. Da aber Sigelsum vom Münsterschen Decanatsregister, bei Ledebur p. 119, auch unter dem mit dem Decanat Brockmania grenzenden Münsterschen Decanat Uttum aufgezählt ist, so wird es beim Decanat in Brockmania zu streichen sein. Die von Ledebur veröffentlichte Kindlingersche Abschrift des Decanatsregisters aus dem fünfzehnten Jahrhundert ist durch nicht wenige Schreibfehler entstellt. Der gleichförmige Anbau der Ortschaften mit Langäckern in der Brockmania läfst vermuthen, dafs sie erst später angebaut sind nach Entwässerung der Bruchgegend, in der sie liegen. Das erste Mal werden Brokmanni beim Jahr 1223 von dem gleichzeitigen Chronisten Emo, Abt des Klosters

Witte-Wierum im Fivelgo, erwähnt[1]). Um jene Zeit muſs der Anbau des Bruches erfolgt sein, im Jahr 1250 hatten die Dörfer der Brokmania ihre eigenen Consules oder Redjeven. Der Münstersche Bischof Otto fand sich veranlaſst, die Kirchspiele des Consulatus Brokmannorum von dem Decanat zu Hinte zu trennen und sie einem eigenen Decan unterzuordnen. Es waren damals sechs Kirch-dörfer in dem Consulatus Brokmannorum vorhanden, wie oben p. 322 erörterte. Ihre Zahl war am Schluſs des fünfzehnten Jahrhunderts auf zehn angewachsen. Die alte Bruchgegend in der Münsterschen Diöcese hatte zum Emsigerlande gehört, aus ihr war nach Ab-lösung von ihm ein eigener Gerichtsdistrikt, das Brokmerland, her-vorgegangen, zu dem, wie der Brokmerbrief beweist, vor dem Schlnſs des dreizehnten Jahrhunderts das in der Bremer Diöcese im Asterga belegene angrenzende Auricherland getreten war. Auch in ihm, das früher durch die Bruchgegend, die alte palus Emisgoe, von dem Brokmerland geschieden war, können wir aus der Art des Anbaus seiner einzelnen Ortschaften auf die Zeit ihrer Erbauung schlieſsen. Die Kirchspiele Barstede, Bangstede haben Lang-äcker, Aurich das mit ihm grenzende Wester-ende, Weene und Wiesens dagegen Rundbau. Die vier letzteren Ortschaften liegen auf der Geest, auf sandigem Höheboden, der sich nach Westen be-deutend senkt, sodaſs er noch in neuerer Zeit nicht selten unter Wasser steht[2]). Erst nach Entwässerung des Bruchlandes längs

[1]) Indem Emo Streitigkeiten zwischen verschiedenen ostfriesischen Ge-meinden erwähnt, nennt er beim Jahr 1223 Harlinger, Brokmer (Brokmanni), Bewohner von Upgand (Upgentenses), Emesgones; vgl. unten §. 5.

[2]) Arends sagt: „Westlich Barstede senkt sich der Boden (des Auricher Landes) nach dem Groſsen Meer hin und wird da sehr niedrig. Die Dörfer Forlitz mit Blaukarken und Bedekaspel stehen daselbst, im Winter ge-wöhnlich vom Wasser umgeben" Erdbeschreibung des Fürstenthums Ost-friesland 1824 p. 118; und „Die südwestliche Seite des Amtes Holtrop besteht aus sehr niedrigem, sandigem, moorigem und erdigem Boden, welcher, soweit er diesem Amte angehört, über 3 Meilen Länge einnimmt, und im Winter gröſstentheils unter Wasser steht. Es erstreckt sich solcher im Westen und Süden bis an die hohen Marschfelder des Emder und Greetmer Amtes und der Emsherrlichkeiten. Oestlich macht der hohe Sandboden des Innern die Grenze, welcher an einigen Stellen plötzlich abfällt, an andern

der Bremen-Münsterschen Diöcesangrenze werden Barstede, Bangstede, gegründet sein, während bereits früher das Geestland um
Aurich, Westerende, Weene und Wiesens angebaut war. Auch
dies muſs aber in früherer Zeit wenig bewohnt gewesen sein, da
in ihm erst ums Jahr 1270 die Kirche zu Aurich gestiftet wurde.
Die Grafen von Oldenburg, die damals die von ihnen erbaute Lambertuskirche mit Landgütern, Gehöften, Zehnten und Ländereien
dotiren konnten, müssen dort ein uraltes Besitzthum gehabt haben.
In Aurich an der Grenze ihrer Gratschaft, wo der Weg hinüber
durch die Bruchgegend in das Emsigerland führte, hatten sie einen
Markt errichtet, wie wir es bei andern friesischen Ortschaften in
jener Zeit finden. Noch das Oldenburger Lagerbuch von 1428 verzeichnet unter den Einnahmen des Grafen von Oldenburg in Aurich
die Accise oder den Zins, der dort beim Verkauf des Bieres erhoben
wurde. Nach Beninga p. 296 ließ Ulrich von Greetsiel im Jahr
1448 die neue Burg auf dem Felde gegenüber der alten Burg erbauen, das bisher zum Viehmarkt gedient hatte, und auf dem keine
· Häuser standen; siehe unten p. 363.

3. Name Aurich. Der Ort Aurich, dessen Name urkundlich
seit dem Jahr 1289 nachzuweisen ist, wird in älterer Form Awerk geschrieben, woraus A-wrek, A-ffrik und Aurek und Aurich gekürzt ist[1]).

allmählig in den niedrigen Feldern verschmilzt. Von Osteel (südöstlich von
Norden), dem nördlichsten Dorf Brokmerlands, läuft dieser Rand beinah
südlich bis Schott (im Kirchspiel Marienhafe), von hier südöstlich bis Vehn-
husen (im Kirchspiel Engerhafe), von da eine Zunge westlich ausstreckend,
auf der Engerhafe liegt, nach Wiegboldsbur, ferner östlich nach Westerende
(bei Aurich), wieder westlich bis Riepe (grenzt mit Ochtelbur im Münsterschen Brokmerland), von hier in einem östlichen Bogen gen Süden bis
Siemonswalde (zum Münsterschen Decanat Leer gehörig)", Arends Ostfriesland 1822, I p. 377. — Der Brokmerbrief aus dem Schluſs des dreizehnten
Jahrhunderts nennt in §. 160 den Auricher Acker „Geste-lond" und unterscheidet das Recht, das bei Verpachtung von ihm gilt, von dem bei anderm
Acker im Brokmerland. Im Allgemeinen besteht bei Ackerpacht jährliche
Kündigung zwischen Walpurgis und Johanni; beim Auricher Geestland hat
der Pächter, wenn er den Acker gedüngt hat, eine dreijährige Nutzung zu
beanspruchen, s. oben p. 219.

[1]) Der Name ist geschrieben per Affricam in Urkunde von 1289

Er bedeutet Wasserwerk, Wasserbau; das Wort „W e r k " wird in friesisch abgefaſsten Stellen speciell für Arbeit, Bau an Gewässern gebraucht, vergleiche z. B. im alten Rüstringer Rechtsmanuscript aus dem
dreizehnten Jahrhundert in Friesische Rechtsquellen p. 122, 18: „Sa
hwa sa oron en wetir betent and betimbrath, tha inrosta jeftha tha
utrosta to skatha, sa breke hi thi *thes werkes* mastere is ... truch
theter alle inwetir stonda skilun, sa-se God eskipin heth al there wralde
to nathon", d. i. Wer Andern ein Wasser einzäunt und bezimmert
dem innersten oder dem äuſsersten zu Schaden, so zahle Buſse der
des Werkes Meister ist, ... darum daſs alle Inwässer stehen sollen
wie sie Gott geschaffen hat der Welt zu Nutzen. Und im Schulzenrecht aus dem Westergo heiſst es in Friesische Rechtsquellen
p. 416, 28: „Datter schillet wessa alle wettergongen schet to da
bannena dyck efter sinte Benedictus-dei bi sinte Walburga-missa
tot folla *wirke*, dat ma moge deer onder era ende onder schera",
d. i. Daſs da sollen alle Wassergänge geschlossen sein an dem ge-
bannten Deiche, nach St. Benedict zu St. Walburg zu vollem Werk,
so daſs man unterdessen kann ackern und mähen[1]). In der Zusammensetzung A-werk bedeutet A oder E Wasser (aqua), wie im
friesischen a-lond (Eiland, Wasserland, Insel) und a-pol (Wasser-
pfuhl, Pfütze), siehe Friesisches Wörterbuch p. 585. Viele friesische

(aus Orig.), et **A u r e c - h o v e** in der Handschrift des friesisch abgefaſsten
Brokmerbriefs von 1345, **A v e r k e r - l a n d** in zwei Urkunden von 1381
(aus Orig.), Brocmerlandes ende **A u r i k e n s** in Urkunde von 1392 (aus
Copie), **A u e r i c - l a n t** in Urkunde von 1398 (aus Orig.), tho **A u w e r k** in
Urkunde von 1402 (aus Orig.), to **A u r i k e - h o v e** in Urkunde von 1402
(aus Orig.), **A u w e r i c k e r - l a n t** in Urkunde von 1406 (aus Copie), in
ecclesia **A u r e k e - h o v e** in Urkunde von 1408 (aus Orig.), **A u r i c k e r -
l a n d** in Urkunde von 1408 (aus Orig.), tho **A w e r c k e** in zwei Urkunden
von 1414 (aus Copie), to **A w e r c k** in Urkunde von 1415 (aus Orig.), to
A u w e r i c k in Urkunde von 1415 (aus Copie), tho **A w r e k e** in Urkunde
von 1417 (aus Orig.), to **A w e r c k** in Urkunde von 1417 (aus Orig.), tot
A w e r c k in Urkunde von 1419 (aus Copie), in **A u r i k** in Urkunde von
1419 (aus Orig.), in **A u r i k a** in Urkunde von 1419 (aus Orig.), tho
A w e r k e in Urkunde von 1420 (aus Copie).

[1]) Vgl. in Urkunde von 1481: „Hwae emmen bifiucht in dyk-wirk,
ecker-wirk, pet-wirk (?), meed-wirk, ... dy forbert" etc. Schwartzenberg
I p. 699.

Bäche oder Wassergräben führen die Benennung A oder E. — Nach einem Wasserbau, Wasserwerk oder A-werk, das an der Stelle erbaut war, nannte man den Ort Awerk, später Aurich[1]). Der Kirchhof der dort um 1270 erbauten dem heiligen Lambert geweihten Kirche, der in dem Oldenburger Manuscript des Brokmerbriefs aus dem Schluſs des dreizehnten Jahrhunderts der Sente Lamberteshof heiſst, wird dann der Aurechof genannt: „et Aurechove“ in dem Manuscript des Brokmerbriefs von 1345, in ecclesia Aurechove in Urkunde von 1408 (aus Orig.), kercher to Aurikehove in Urkunde von 1402 (aus Orig.). Die Ortschaft selbst heiſst dann nach ihm Awerkhove: „agri prope villam Aurekehove jacentes“ in Urkunde von 1408 (aus Orig.), auch Awerk oder Aurich, Awerkthorpe oder Aurichdorf: Schiphower sagt in der oben p. 342 angeführten Stelle: *in Aurickdorff vel in Aurike in partibus Frisiae . . . in Brockmerlande.* Und nachdem der Ort durch einen Markt an ihm an Bedeutung gewonnen hat, gilt er für einen Fleck oder *Marktflecken.* Beninga p. 159 erzählt beim Jahr 1391, wie eingenommen sei „de flecke Aurick“; zur *Stadt* ist Aurich erst später erhoben. Eine Art von städtischer Verfassung verliehen ihr die Grafen Enno II. und Johann im Jahr 1539 durch Urkunde bei Brenneysen Ostfriesische Historie 1720, I, 1, p. 76 (aus Orig.). — Nach Aurich wird der Landdistrikt Aurich, den der Brokmerbrief als ein Fiardan-deel (Quadrans) des Brokmonnalondes behandelt, und der in kirchlicher Beziehung, wie oben p. 317 erörterte, in der Diöcese Bremen einen eigenen Sendsprengel bildete, Auricherland oder Aurich genannt[2]).

---

[1]) Nach Späteren soll der Ort Aurich nach einem Römer Auricius oder einem Aduard genannt sein, der den Ort gegründet hätte. Nicht minder unglücklich ist die Deutung von Wiarda Landtage 1777 p. 131 aus Auerichkeit oder Obrigkeit. Er möchte den Ursprung des Namens „aus den Upstalsboomischen Comitien herholen.“ „Vielleicht“, sagt er, „haben sich hier die Seeländischen Richter nach geendigten Landtagen (von Upstalsbom) aufgehalten. Vielleicht war Aurich die Residenz der Seeländischen Richter, als der Obrigkeit der sämmtlichen Frieslanden.“ „Awerkeit oder Auerichkeit bedeutet die Obrigkeit: im Nordfriesischen Statut bei Dreyer heiſst es „By vermydinge der Auerichkeit Strafe und Ungnade.“

[2]). Averkerland in zwei Urkunden von 1381 (aus Orig.), Brokmer-

Die Namen der andern Ortschaften im alten Kirchspiel Aurich haben so wenig wie der von Aurich irgend eine Beziehung zu den Upstalsbomer Versammlungen, die unter der Eiche zusammentraten, die der Upstallesbam genannt wurde, weil er, wie oben p. 309 erörtert wurde, in einer waldbedeckten Gegend bei Rahe[1]) auf einem Upstal, einer kleinen Erhöhung stand. Der Name Rahe begegnet in keiner älteren Urkunde. Beninga nennt den Ort im Beginn des sechzehnten Jahrhunderts Raden und Reden, sagt in der oben p. 297 angeführten Stelle: der Upstalsbom stand „tuschen Westerende und Raden." Rode in Urkunde von 1408, 1431 und 1437, oben p. 346 ist mit Friedländer Ostfries. Urkb. II p. 179 und p. 369 und III p. 424 auf Rahe zu beziehen. Rode, nach dem der Ort benannt wurde, bezeichnet eine ältere Rodung, exstirpatio[2]).

4. Burg Aurich. Nach dem Bericht aus dem Schluſs des fünfzehnten Jahrhunderts im Chronicon Rastedense und bei Schiphower in der oben p. 342 eingerückten Stelle waren die Grafen von Oldenburg von Alters her die Eigenthümer der Burg zu Aurich (castrum Aurike, cujus proprietas terrae antiquo jure spectat ad comites ... de Oldenborg) und hatten sie zu erblichem Besitz den Herren

landes ende Aurikens in Urkunde von 1392 (aus Copie), Aueric-lant in Urkunde von 1398 (aus Orig.), Auwericker-lant in Urkunde von 1406 (aus Copie), Auriker-land in Urkunde von 1408 (aus Orig.), Aurikerland in Urkunde von 1430 (aus MS.).

[1]) Ueber die Umgegend von Rahe bemerkt Arends Erdbeschreibung 1824 p. 108: „Dieses Dorf hatte noch im vorigen Jahrhundert, wie die meisten andern Dörfer im Innern, viel Holz, und es scheint, die ganze Gegend zwischen demselben und Holtloog bei Westerende auf ³/₄ Stunden Länge, nordseits der Geeste hin, sei vor noch nicht langer Zeit Wald gewesen; überall trifft man auf Baumstümpfe und Gestrüpp. Noch vor 40 bis 50 Jahren besaſs die Gemeine Rahe ein Gebüsch von 32 Diemath, das Unland genannt; sie lieſs es damals fast gänzlich abhauen und verkaufte das Holz zum Deichbau."

[2]) Fast die sämmtlichen Orte, deren Namen Wicht oben p. 303 auf einstmalige Functionen der Upstalsbomer Richter beziehen wollte, liegen auſserhalb des Kirchspiels Aurich, und sind anderweitig zu deuten; z. B. hieſs Fahne (im Kirchspiel Westerende) gewiſs nicht nach der Fahne, die dort aufgepflanzt wurde, sondern nach einem fene, einer Viehweide, vgl. Fries. Wörterb. p. 735; über fona (Fahne) siehe Wörterbuch p. 749.

von Brok eingeräumt, wie sie denn namentlich Occo zu Brok, der Sohn des Keno, besafs (Ockoni de Broke, filio Kenonis, militis Prisiae, qui possedit castrum Aurike). Er war mit einer Tochter des Grafen Moritz von Oldenburg vermählt (Desponsata fuit ... filia Mauricii comitis de Oldenborg ... Ockoni de Broke). Sie wurde von dem Verräther Focko Uken betrogen, aus dem Lande vertrieben und starb in ihre Heimath zurückgekehrt zu Donnerschwe östlich von Oldenburg („Haec multis temporibus exiliata recipitur in Donderwe et viro mortuo pauperem duxit vitam" im Chronicon Rastedense und bei Schiphower „Haec ultimis temporibus exsiliata *et a Fockone Uken proditore decepta* recipitur in Donderswe et viro mortuo angelicam duxit vitam.") — Diese Angaben, so vielen Widerspruch sie hervorgerufen haben, halte ich für richtig. Nur durch genaueres Eingehen auf die friesischen Edelinge und die Art, wie sie in der zweiten Hälfte des vierzehnten und der ersten des fünfzehnten Jahrhunderts den Grafen und Bischöfen gegenüber in den friesischen Gegenden zwischen Ems und Weser eine landesherrliche Stellung zu gewinnen suchten und allmälig gewannen, ist es möglich, die Verhältnisse der Herren von Broke zu Aurich und zu den Grafen von Oldenburg, um die es sich hier handelt, zu veranschaulichen. Unten im zehnten Capitel erörtere ich die Grafschaft über das Emesga, und wie sie nach dem Aussterben der Inhaber der Grafschaft, der Grafen von Ravensberg, im Jahr 1252 an Bischof Otto von Münster veräufsert und ihm von König Wilhelm bestätigt wurde. Dort habe ich auch anzugeben, wie es den Bischöfen von Münster nicht gelang, in den nördlichen friesischen Gegenden der Grafschaft die Grafengewalt zu behaupten, und wie endlich im Jahr 1454 Ulrich von Greetsiel zu erreichen wufste, dafs Kaiser Friedrich III., nachdem Ulrich dem Kaiser seine Besitzungen zu Lehen aufgetragen hatte, ihm die alte Grafschaft nebst allem Lande zwischen Ems und Weser, soweit ihm gelingen würde es sich zu unterwerfen, als Reichsgrafschaft lieh. Ulrich von Greetsiel trat dadurch in dem in der Münsterschen Diöcese gelegenen Theil Frieslands östlich der Ems an die Stelle, die die Bischöfe von Münster seit 1252 allmälig verloren hatten, und erhielt zugleich in der Bremer Diöcese einen nicht unbedeutenden Theil des Landes, das zur alten Grafschaft der Grafen von Oldenburg gehört hatte; wenn es ihm auch nicht gelang, die gesammte Gegend östlich von Aurich bis zur Weser sich dauernd als Graf zu unterwerfen.

Vor Ulrich von Greetsiel hatten zuerst die Herren von Broke seit der Mitte des vierzehnten Jahrhunderts eine so unabhängige Stellung erreicht, dafs sie eine Landeshoheit über Emsiger- und Brokmerland zu erwerben schienen. Der älteste sicher beglaubigte Vorfahr des Geschlechts ist *Keno Hilmerisna*, gestorben 1376; *sein Sohn Occo zu Brok* starb 1391, *dessen Sohn Keno* im Jahr 1417, nachdem ihm sein *unehelicher Bruder Widzel*, der 1399 starb, seit dem Tode seines Vaters zur Seite gestanden hatte, endlich *Kenos Sohn Occo zu Brok* stirbt 1435. *Er war vermählt mit Ingeborch, Tochter des Grafen Moritz von Oldenburg*, der im Jahr 1420 ohne männliche Nachkommen starb und von den Söhnen des Bruders seines Vaters, den Grafen Dietrich und Christian, beerbt wurde. Occo zu Brok gerieth mit Graf Dietrich in Streit über Herausgabe des Brautschatzes seiner Gemahlin Ingeborch und verband sich defswegen in Urkunde vom 23. October 1420 mit Sibet Häuptling von Rüstringen. Es verabreden „Ocko tho Broke, Awerke unde Emeden etc. hovetling“ und „Sibet hovetling in Rustringen“, einander gegen Angriffe deutscher Herren und Städte zu unterstützen. Sie theilen die Güter, die sie zwischen Rüstringen und Aurich zu erwerben hoffen, und Sibet verpflichtet sich, dem Occo zur Erlangung seines Brautschatzes von den Grafen von Oldenburg zu verhelfen: „were dat juncher Dyderyck unde juncher Kersten juncher Ocken und syner junchfrawen Ingeberch eren brut-scad uth der herscop nycht volgen laten wolden gelyck als juncher Mauricius ere vader selyger dechtnysse unde gude herscopsman unde ander vele gude lude dat en voerbrevet unde vorsegelt hebben, so scal yck unde wyl na achtende Paesken negest tho kamende dat juncher Ocken unde syner junchfrawen helpen to manene unde to kerende in de heren vorghescreven, ere undersaten unde up de herscop na alle myner macht, yd en were sake, dat yck unde myne vrunde dat myt guden deghedyngen unde myt vaster vruntscup tovoren twyschen de erghenannte heren unde juncher Ocken unde syne vrunde vorvangen mochten, dat juncher Ocken unde syner junchfrawen dat ere volgede suuder voerdreeth." Ehrentraut Fries. Archiv 1849 I p. 126 (aus Copie) und Friedländer Ostfries. Urkb. 1876 II p. 243 (aus Copie). — Die Macht Ockos war von kurzer Dauer; im Jahr 1427 wurde er von Focko Ukena, Häuptling zu Leer, besiegt und gerieth in dessen Gefangenschaft, in der er vier Jahre zu Leer verblieb. Er mufste dann auf einen grofsen Theil seiner Besitzungen dem Focke gegenüber verzichten, bei dem es in den folgenden Jahren den Anschein hatte, er werde eine erbliche Landeshoheit in dem friesischen Lande zwischen Ems und Jade begründen. Doch 1434 unterlag er im Kampf mit benachbarten Bischöfen, Grafen und Herren; und nachdem er wie Ocko im Jahr 1435 gestorben war, bemächtigte sich seiner Machtstellung der Häuptling Enno von Greetsiel im Emsigerland, dem seine Söhne Edzard († 1441) und Ulrich († 1466) folgten. Von ihnen wurde Ulrich 1454 durch Kaiser Friedrich III. zum Grafen von Ostfriesland creirt.

Die eben angeführten Herren zu Brok scheinen aus dem Emsigerland zu stammen; doch wird Keno Hilmerisna bereits in Urkunde von 1347 „Keno Hylmerisna in Brocmannia" genannt Friedländer I p. 67 (aus MS.); er und seine Nachfolger safsen auf der Oldeburg bei Engerhave im Brokmerland. Sie nennen sich „heren to Broke", hatten aber auch Burgen im Emsiger- und Nordenerland, und suchten sich dadurch ihren Gegnern gegenüber zu behaupten, dafs sie ihre Burgen und Güter verschiedenen auswärtigen Fürsten zu Lehen auftrugen. Im Jahr 1381 sucht Ocko von Brokmerland den Beistand von Albrecht Herzog von Baiern, Graf von Holland, zu gewinnen, unterwirft sich ihm und trägt ihm seine Besitzungen zu Lehen auf; er sagt: „Ick Ocke here van Broeckmerlant ende van Aurekerlant . . . macke cond . . ., dat ick mynen . . . here, hertoge Aelbrecht van Beyeren, ruwaert van Henegouwen ende van Hollant, . . . tot enen rechten eygendom opgedragen hebbe . . . eerst Broeckmerlant, Aurekerlant, twe burgen in Oldersem mit allen haren tobehoeren, die burge in Suderhusem, in Loppersem, in Syrcwerem, in Kanenghusem mit baren thobehoeren, den toern ende de kerke van Noerdenhoven" etc. Driessen IV p. 791 (aus Copie), aus ihm Friedländer I p. 121. Desgleichen in der Belehnungsurkunde des

Herzogs vom 1. April 1381, Mieris III p. 380, aus ihm auch Friedländer I p. 120. Durch Urkunde vom 11. September 1398 trägt
Widzel als Vormund des Keno dessen Besitzungen dem Herzog
Albrecht zu Lehen auf: „Widzel heren Ocken soen ... hoeffling an
gener syde der Eemse in Oestvrieslânt ... draghe op ... den rechten
eygendom van sulcken lande, heerlichede, goede ende sloeten ...
tusschen der Eemsche ende der Jade in Oestvrieslant" etc. Driessen
IV p. 792, aus ihm Friedländer I p. 141. In Urkunde von 1401.
den 11. Juni trägt Keno seine Besitzungen dem Herzog Wilhelm
von Geldern auf, die Urkunde sagt: „Ick Keene van den Broeck
soen wiln-eer heren Ocken van den Broeck ridders doen kont, dat
ick opgedragen heb ... den hertoge van Gelre etc. in den iersten
dat lant tot Broeke myt allen den sloeten die dairin belegen zyn.
Item dat lant to Awerck mit den sloeten dairinne belegen. Item
dat lant tho Norden mit den slaiten dairin belegen. Item dat
lant to Herlinghen mitten sloiten dairin belegen. Item dat lant to
Oestringen mit dem sloeten dairin belegen. Item dat lant te
Lengerne mit dem sloeten dairin belegen. Item dat lant van
Aprinerlande (d. i. Moormerland) mitten sloeten dairin belegen. Item
dat lant van Auerladelande (d. i. Overledera-land) mitten sloeten
dairin belegen. Item dat lant van Sagelterlande mit den. sloeten
dairin belegen. Ende dat lant van Emesgerlande mitten sloeten dairin
belegen, uytgespraken Emden" etc. Nyhoff Gelderland 1839 III p. 242
(aus Copie), übergangen bei Friedländer. Nach dem Tode Wilhelms
von Geldern schreibt Wilhelm von Holland im November 1406 dem
„Keyne to Broeke" und fordert ihn auf, ihn als seinen Lehnsherrn
anzuerkennen, Schwartzenberg I p. 358 (aus Copiar), aus ihm Friedländer II p. 170. Die Herren von Brok nennen sich hier in ihren
Urkunden Lehnsinhaber von Emsigerland, Brokmerland, Auricherland,
Astringerland, Moormerland, Overlederland, Saterland. Sie tragen im
Emsigerland zu Lehen auf zwei Burgen zu Oldersum, eine zu Loppersum,
eine zu Suderhusen, eine zu Cirkwerum und eine zu Canhusen, nebst
dem Thurm zu Norden. Im Jahr 1401 bezeichnet Keno außerdem
als aufgetragen die Schlösser in Moormerland, Sagelterland, Over-
lederaland, Brokmerland, Harlingen, Lengenerland und Astringen.

In Aurich hatten die Grafen von Oldenburg, die Grafen der

Grafschaft Astringen, in dem Aurich erbaut war, Grundeigenthum, stifteten und dotirten dort um 1270 die Lambertuskirche, errichteten einen Viehmarkt in Aurich, erhoben noch 1428 eine Accise beim Verkauf des Bieres in Aurich. Sie sind es nun, die nach den angeführten Stellen der Rasteder und Schiphowerschen Chronik auf ihrem Eigenthum die Burg erbaut und den Herren zu Brok zu erblichem Besitz überlassen haben. Die früheste Erwähnung der Burg zu Aurich findet sich in des oben p. 297 besprochenen Beninga Ostfriesischer Chronik p. 147. Keno soll im Jahr 1373 mit seinen andern Burgen auch die zu Aurich Seeräubern eingeräumt haben, die von dort aus das Land brandschatzten: „Anno 1373 is . . . een overste Capitein oder Hovetlinck in Oostfrieslant Keno van den Broecke genoempt geweest, de idtliche vaste huesen in gehadt, daerby de roveren sick underhielden, noemptlich thom Broeke, Aurikerhave, und Marienhave. Dorch dusse zeeroveren, oock thom deele under ohren schyn, hebben veele Ostersche, Wendische, Prussische und Lieflandische kooplude an lueden, schepen und goeder grooten schaden geleden." „De sulvige (zeeroveren) hebben Marienhave van ohre roveryen bebefestiget, den grooten toorn aen der kercken laten bouwen, und vier schone gewelffte poorten, mit eener hogen muire mit ringe, daer se ohre schepe aen befestiget, und also den zeevarenden man beschediget, tho der tyt se dorch de van Hamborch, . . . gefencklich angenamen." Von seinem Sohne Ocko (1376—1391) berichtet Beninga p. 159, dafs er von dem Häuptling Folkmer Allena „im Hause zu Aurich belagert und getödtet sei: „Folcmer Allena is . . . aen Ridder Occen tho Aurick getaegen . . . und Ridder Occen up dat hues belegt." Die Urkunde von 1381, in der Occo seine Besitzungen dem Herzog Albrecht zu Lehn aufträgt, nennt unter ihnen Broeckmerlant ende Aurekerlant, ohne unter seinen zu Lehen aufgetragenen Burgen eine in Auricherland und Brokmerland aufzuführen, s. oben p. 355. Indem Occos unehelicher Sohn Widzel als Vormund seines Bruders Keno im Jahr 1398 dem Herzog Albrecht von Baiern die Besitzungen des Hauses zu Lehen aufträgt, nennt er unter ihnen Broeck (ende) Auericlant, ohne Burgen in ihnen namhaft zu machen, s. oben p. 356. Indem im Jahr 1401 der jüngere Keno dem Herzog Wilhelm von Geldern seine Besitzungen zu Lehn aufträgt, nennt er unter ihnen in der zweiten der darüber ausgestellten Urkunden: in den ersten dat lant tot Brocke myt allen den sloeten, de dairin belegen zyn. Item dat lant to Awerk mit den sloeten dairinne belegen. Item dat lant tho Norden mit den slaiten dairin belegen. (Sein Vater hatte im Jahr 1381 als zu Lehen aufgetragen speciell verzeichnet den Thurm zu Norden „den toern ende de kerke van Noerdenhoven, oben p. 355). Der jüngere Ocko, der Sohn des Keno, der mit Ingeborch, der Tochter des Grafen Moritz von Oldenburg vermählt war, nennt sich in Urkunden von 1417—1427 Ocko zu Brok, Aurich und Emden, Häuptling in Ostfriesland[1]).

Dafs Ocko zu Aurich gewohnt habe, ist nicht überliefert. Im Jahr 1427 kam es zwischen ihm und seinem Lehnsmann[2]) Focke Ukena zu Leer zu Kämpfen. Focke besiegte ihn 1427 am 10. November auf den Wilden Aeckern unfern der Oldeburg im Kirchspiel Engerhave, und hielt ihn bis Anfang des Jahres 1432 in Leer gefangen. Ocko mufste auf verschiedene seiner Güter Verzicht leisten, scheint aber nach 1431 wieder in den Besitz der Güter getreten zu sein. Dafs Ocko das

---

[1]) In Urk. von 1417 „Ik Ocke Kenesna to Broeck, Awerk ende Emede, hoeffling in Oestvreeslant“, Driessen IV. p. 802 (aus Orig.), aus ihm Friedländer II p. 207; in Urk. von 1419 „Ic Ocke van den Broecke, tot Awerck ende tot Emeden, in Oestvriesland hoeftlinge.“ Friedländer II p. 224 (aus Copie); in Urk. von 1419 „Folkeldis, mater Kenonis domicelli in Broke et Aurik“, Friedländer II p. 225 (aus Orig.). In Urk. von 1419 „Ocko militaris, domicellus in Broke et in Aurika“, Friedländer II p. 226 (aus Orig.); in Urkunde von 1420 „Ocke tho Broke, Awerke unde Emeden etc. hovetling“, Ehrentraut I p. 126 (aus Copie), auch in Friedländer II p. 242 (aus Copie); in Urk. von 1421 „Ocko to Broke, Aureke ende Emden enz. hovetling in Oostvriesland“, Mieris IV. p. 587, aus ihm Friedländer II p. 255; in Urkunde von 1422 „Ocko van den Brooeke, Awerke ende Emeden hoeftlynck in Oestfriesland“, Friedländer II p. 269 (aus Orig.); in Urk. von 1425 „Ocko to Broke, Awreke ende Emeden hovetling in Oestvresslande“, Friedländer II p. 294 (aus Orig.); in Urkunde von 1426 „Juncher Ocke hovetling to Broke, Awerke unde Emeden etc. hovetling in Ostvreschland“, Friedländer II p. 298 (aus Orig.); desgleichen in Urkunden von 1327, Friedländer II p. 312 (aus Orig.), p. 313 (aus Orig.), p. 318 (aus Orig.), p. 324 (aus Orig.).

[2]) Ueber Focke Uken siehe unten Cap. X; sein Lehnsverhältnifs zu Occo erwähnen Schene in Lapp. Brem. Gq. p. 153 und Fries. Rq. p. 112, 29.

castrum Aurike vom Grafen von Oldenburg besessen habe, sagt die angeführte Stelle der Rasteder und Schiphowersche Chronik. Im Jahr 1428 verzeichnet das Oldenburger Lagerbuch unter den Besitzungen des Grafen von Oldenburg neben Astringen und Wangerland Aurich, erwähnt ausdrücklich, dafs der Graf von Oldenburg das Patronat der dortigen Kirche habe, die Accise beim Verkauf von Bier, auch den Zehntscheffel als Bannkore von den einzelnen Grundbesitzern und die Bottinglosinge von allen Bewohnern in Aurich, s. oben p. 332 und p. 339. Das Lagerbuch ist abgefafst 1428, zu einer Zeit als Graf Dietrich von Oldenburg mit den Astringern im Streite lag, nachdem Focke Ukena von Leer den Ocko von Brok 1427 besiegt und gefangen genommen hatte. Das Lagerbuch hebt ausdrücklich hervor, dafs jene Abgaben von den Astringern den Grafen von Oldenburg gezahlt werden müfsten, es möge der Streit zwischen dem Grafen und Astringen verlaufen wie er wolle: „Ok so schal de greve desse vorscreven summen penninge io hebben sunder ienigherlei hinder, id sta twischen den greven und Ostringen, wo id sta", MS. p. 56 (bei Ehrentraut p. 475). Schiphower nennt in der oben p. 343 angeführten Stelle Focke Ukena einen Verräther: „filia Mauricii archicomitis de Oldenburg ... exsiliata et a Fockone Uken proditore decepta recipitur in Donderswe et viro mortuo angelicam duxit vitam[1])." Nach Beninga wurde Ocko von Brok von Focke nach vier Jahren seiner Gefangenschaft in Leer entlassen und starb 1435. Eine Urkunde vom 6. Januar 1432 bezeichnet

---

[1]) Ingeborch war bereits 1431 zwischen dem 14. September und dem 4. November verstorben. Einen zwischen 1427 und 1431 zu datirenden Brief an den Rath zu Bremen von „Ingeborch van Oldenborch, vrowe tho Broke", siehe bei Friedländer II p. 331 (aus Orig.). In Urk. von 1429, den 8. September, des Knappen Diderick Klenck, erklärt er, ein Darlehn erhalten zu haben von Ingeborch van Oldenborgh, vrouwen to Broke", Friedländer II p. 350 (aus Orig.). In Urk. von 1431, den 14. September, stiftet für sich, den Junker Ocko und ihre beiderseitigen Eltern Memorien in Rastede, Oldenburg, Hude und Blankenburg „Ingeberch van Oldenborch, vrowe to Broke", Friedländer II p. 369 (aus Orig.). In Urk. von 1431, den 4. November, bezeugt Anna von Oldenburg, dafs den Klöstern ausgehändigt sei „de willenbref, den en vor Ingeborch unse leve suster seliger dechtnisse darup gegeven unde besegeld heft" Friedländer II p. 370 (aus Orig.).

ihn noch als gefangen, in einer Urkunde von 1432 den 14. Februar
scheint er wieder aus der Gefangenschaft befreit zu sein. In
Urkunde von 1432, den 6. Januar: Occo thom Broke captivus, von
Friedl. II p. 373 angeführt, und in Urkunde vom 14. Februar 1432
pachtet vom Bischof zu Bremen Zehnten im Nordenerland „Ocke
van dem Broke" Friedl. II p. 373 (aus Orig.).

Edzard, Sohn des Enno von Greetsiel, der sich, nachdem 1435
Ocko van Brok und Focko Larrelt gestorben waren, ihrer Macht in
Ostfriesland bemächtigte, unterwarf sich auch Brokmerland. Bereits
1431 war es ihm gelungen, statt seines in Gefangenschaft befindlichen nahen Verwandten Ocko von Brok die Verwaltung des Brokmerlandes zu erlangen. Er nennt sich in Urkunde von 1431 den
12. Januar: „Edzard, Ennen soen, hovetling tho Gredzyl, vormunder in Broeckmerlant", und noch in Urkunde von 1434, bei
Beninga p. 267, unterzeichnet er neben andern Häuptlingen in der
selben Weise: *Enno hoevetlinck tho Greetzill*, Wiart hoevetlinck tho
Uphuisen, Hedde, Tanne Kanckena tho Witmunde, Wiptet hoevetlinck tho Esense, Hero Omken hoevetlinck tho Stedesdorpe, Edzart
vormunder des Broeckmerlandes", auch bei Friedländer II
p. 393. In Urkunde von 1430 den 10. November verbinden sich
zu gemeinsamer Vertheidigung „wy mene meente ihn Overledinger-,
Moermer-, Norder-, Auriker- und *Broekmer-lande* mit den erbaren
menen hoevetlingen und mene mente ihn Eemsigelandt als by namen
Enno Edzardtsna, olde Imele, Sibrant, Wiart und Friderick hovetlinge
tho Gretzyll, Grimersum, Edelsum, Uphuisen unde tho Larrelte, und mit
dat olde und nye Norderlant und erer gemeenschup und mit dat kar-
spell tho Nesse (bei Norden) und mit anderen lande von Staveren bet
over de Jade" Brenneysen I, 2, p. 51 (aus Orig.), früher ungenau
in Beninga Ostfriesche Chronik p. 242; auch Friedländer II p. 361.
Am selben Tage stellen eine Urkunde aus: „Wy *Enno Edzarsna
hoevetlinck tho Greetzill*, Wiptet hoevetlinck tho Esense (Esens im
Harlingerland), Wiart hoevetlinck tho Uphusen (d. i. Uphuizen im
Emsigerland), Sibrant hoevetlinck tho Edelsum (d. i. Eilsum im Emsigerland), Edzardt und Ulrich, Ennen soens und wy gemeene
meente und inwoners ihn Norder, *Brocmer*, Auriker, Harlinger
und Eemsige lande" Friedländer II p. 362. Am 24. Mai 1433

schreibt einen Brief an den Rath zu Bremen „Enno Edzardesna van Norden hoftling to Gredsyl," Friedländer II p. 380 (aus Orig.). Auch in einem Brief vom Mai 1433 unterschreibt er sich „Enne Edzardissone van Norden, hovetlinck tho Gretsyl", Friedländer II p. 380. Zur Zeit Ennos und Edzards wird, 1430 und 1434, des Schlosses zu Aurich erwähnt, indem Enno und andere Friesen vereinbaren, dafs der Hima Idzinga, die mit Udo, einem Sohn des Focko Ukena, verheirathet war, ihr bewegliches Gut aus dem Schlofs zu Aurich herausgegeben werden soll: „alle guider van inguide, clenodie und ander guide van wat manier, dat sy luttich offte grot wo idt bewegelich sy, dat tho Aurick up den sloete iss, sunder vordreet tho Norden tho bringende" in Beninga Historie p. 244, auch Friedländer II p. 361. Im Jahr 1434, den 25. Juni, vereinbaren Friesen mit der Himen Itzingha zu Norden und ihrem Bruder Frerick, dafs sie dem Occo herausgeben alles Gut, das sie von Aurich weggeführt hätten: „So schall fruwe Hymen wedergeven den erbarn juncker *Ocken* . . . alle syn guidt, dat van Aurick *tho Norden up de borch wurt gebroecht*. Ock schall fruw Hyme overantworda de twe dele alle orer bussen, pile und *bussen*-kruit und dat ander beholden tho eres sulves behoeff . . . Ock scholen de Broeckmers ore hilligen weder entfangen, so se nhu tho der tidt sinnen . . . Hir over weren Enno hoevetlinck tho Greetzill, Wiart hoevetlinck tho Uphuisen, Hedde, Tanne Kanckena tho Witmunde (in Harlingen), Wiptet hoevetlinck tho Esense, Hero Omken hoevetlinck tho Stedesdorpe (im Nordenerland), Edzart vormunder des Broeckmerlandes, Johan borgemeister der Stadt Bremen, Schynharde, droste der heerschup tho Oldenborch" etc. in Beninga Historie p. 265, auch Friedländer II p. 392. Das Todesjahr des Enno von Greetsiel ist nicht überliefert. In vorstehender Urkunde von 1434 kommt er noch als lebend vor, dürfte aber um jene Zeit gestorben sein. Von seinen beiden Söhnen, Edzard und Ulrich, die Urkunden von 1430 namhaft machen („Enno Edzardsna, Edzard unde Ulrich syne zoens hofftlynge to Greedsiil" und „Edzart und Ulrich Enneu soens") hatte Edzard die Verwaltung des Brokmerlandes für den gefangenen Ocko erhalten, s. oben p. 360. Er bewog den Brunner von Loquart, den Schwestersohn des Ocko von Brok, ihm Brokmerland zu überlassen; Beninga berichtet: „Als

nu Juncker Occo thom Broecke gesturven was und dat Broeckmerlant meende mit allen dat he na liet up syne suster Tette, de an
Brunger te Loquart vorhen beraden was, schulde arven, so hebben
Juncker Edsardt und Ulrich gebroeders mit Brunger tho
Loquart um Broeckmerlandt gehandelt, und hebben ohne
daervor weder ingedaen dat dorp Kampen (d. i. Campen bei Norden),
welck olde Imelen tho Osterhuisen genamen und untweldiget was,
und hadden da dat Broeckmerlant hen tho Aurick, dat
Juncker Edsard und Ulrich Focko Uken weder afgenamen
hadden." Im Jahr 1436 übergiebt sich das alte Nordener Land
in den Schutz des „Edzerd, in der Gred und in Norder nye lande
hovetling", vgl. Urkunde bei Brenneysen I, 3, p. 61 (aus Orig.), auch
Friedländer III p. 416. Und im Jahr 1438 den 3. April geschieht
Gleiches vom Auricherlande; es erklären „wy ghemeyne men-
heyt unde inwoners in Auwerkelande, ... dat wy vor unse
aversten unde vormunder ghekoren dusse nabescreven vromen
mannes, also by namen Wypte, Edzarde, Ulrike broders, hovetlinge
to Ezensen unde Norderlande unde to Gretziil, to ewigen tyden by
on to blyvende myt lyve unde myt gude . . ., dat wy meynen inwoners in Auwerkelande ryk unde arme willen und scholen by-
stendich unde behulplich wesen bynnen landes und buten landes
dussen vorscr. vromen mannes Wypte, Edzarde, Ulrik myt lyve unde
myt gude, war on des not unde behoff dot, uppe alle de gheune, de
on myt welde unde unrechte avervallen wel, he zy Vrese offte
Dudesche. Ok so sta wy inwoners des landes to Auwerke dem
vorscr. hovetlinge al den broke to, de in Auwerkelande vor-
valt, he zy luttich offte grot, unde dar scholen se van holden in
Auwerke en guden man myt twen knechten, de schalken unde
deven sture, unde wen men richten offte reysen schal, de theringe
van stan, utgheseget de vere hogesten broke, de scholen se alleyne
boren to ere behoff sunder unse wedersprake . . . Ok so love wy
unde sweren in dussen breff, dat wy don willen unde scholen by
dussen vorscr. hovetlinge ghelik also *de Brockmar unde Norders
unde Herlinges* don by on, dat gha wo yt gha." Brenneysen I, 3
p. 62 (aus Orig.), auch Friedländer III p. 440.

Edzard starb 1441 kinderlos und wurde beerbt von seinem Bruder Ulrich. Von ihm erzählt Beninga p. 296, daſs er 1448 in Aurich eine neue Burg erbaute auf einem Felde ohne Häuser, das zum Viehmarkt gedient hatte: „In 't jahr 1448 leet Juncker Ulrich de averborch tho Aurick int veerkante mit de veer tohrnen anleggen und uptimmeren, und eenen wal daerumme tehen, daer thovoren geene huesen gestaen, und een slicht velt vorhanden, daer men de peerden und ossen, in der markede staende, tho verkopen plach.“ Die neue Burg soll nach Wiarda Ostfr. G. II p. 74 unfern der alten erbaut sein, die im Piquirhof gestanden hätte. Für Ulrich von Greetsiel erklärte Kaiser Friedrich 1454 den 30. September (Brenneysen I, 2 p. 75 (aus Copie), auch Friedländer III p. 590) seine friesischen Besitzungen zu einer Reichsgrafschaft Ostfriesland.

Den Grafen von Oldenburg war durch Focke Ukena 1428 das Auricherland verloren gegangen; die Gefälle, die in ihm das Oldenburger Lagerbuch van der Spekens vom Jahr 1428 für sie hatte aufzählen können, wurden von ihnen nicht ferner bezogen.

Kaiser Friedrich III. erwähnt in seiner Urkunde mit keiner Silbe, daſs die Grafschaft im Emesgo vom Bisthum Münster im Jahr 1252 erkauft und ihm 1253 von König Wilhelm zu Lehn gegeben worden war; daſs darin im Jahr 1431 durch die Hamburger Emden, Leerort und andere Orte der Umgegend zur Beseitigung der dort eingerichteten Seeräuber erobert waren, und daſs Ulrich von Greetsiel diese Orte von den Hamburgern zeitweise durch Zahlung bedeutender Summen erhalten, also an Emden und der Grafschaft im Emesgo einen höchst ungenügenden Rechtstitel hatte. Kaiser Friedrich unterscheidet in seiner Urkunde „die lant die er (Ulrich) mit grosser tugend und vernunft vereiniget hat“ und diejenigen „die er fürbass zu vereinigen gedenket“; er giebt an, daſs er die Grafschaft erlangen soll von der Ems im Westen bis zur Weser im Osten und von der See im Norden bis zu den alten friesisch-deutschen Grenzmarken an der A, bei Hempoel, Detern und Lengen im Süden. Innerhalb dieser Umgrenzung nennt die Urkunde im alten Emesga auſser den durch Ulrich von den Hamburgern erhaltenen Burgen zu Emden, Leerort, Stickhausen und Lengen, die von ihm ererbte Burg zu Greetsiel, sodann aufserhalb des Emesga das von ihm ererbte Norden und Berum im alten Pagus Nordendi, sowie Esens in Harlingen, Aurich, Friedeburg und Jever im alten Pagus Asterga, endlich Stad- und Butjadingerland im alten Gau Riustri.

Gegen die Erwerbung der Münster gehörenden Besitzungen im Emesgo durch Ulrich von Greetsiel schlofs im Jahr 1461 der Bischof Johann von Münster mit dem Grafen Gerhard von Oldenburg einen Vertrag. In ihm heifst es: To wettene: Als Oelrich, hovetlinck etc., sich weder Got, ere unde rechte underwunden hevet unde underwyndet der graeschop Emesgonien off Emesegerlant myt deme slotte unde stade Emeden und eren tobehoringen unde somigen anderen hoven unde guden, tobehorende dem Erwerdigen Hogebornen Fürsten unde Heren, Herrn Johann Bysskope to Munster ... und syner Kerken to Münster etc. und darto deselve Oelrich sich dagelik mer unde mer stellet unde wrevelt", Halem Oldenb. Gesch. I p. 349 aus dem Original im Oldenburgschen Archiv, und Friedländer III p. 665 (aus Orig.). Eine Folge dieses Vertrages dürfte es gewesen sein, dafs Ulrich von Greetsiel sich im Jahr 1463 von Kaiser Friedrich III. ein neues Grafendiplom ausfertigen liefs, in welchem er sich nicht zum Grafen von Ostfriesland von der Ems bis zur Weser und namentlich von dem an Münster 1252 gekommenen in dessen Diöcese gelegenen Emesgo und Emden mit Zubehör erheben liefs, sondern nur zum Grafen des benachbarten ihm erblich gehörenden Norden in der Bremer Diöcese. Die am St. Veitstage (d. i. 14. Juni) 1463 von Kaiser Friedrich III. ausgestellte zu Aurich im Original aufbewahrte Urkunde sagt: „Haben darum des benanten Ulrichen Wonung und Wesen genannt Norden zu einer Grafschaft des Heiligen Reichs aus römischer Kaiserlicher Macht erhebet und gemacht, und denselben Ulrichen und alle sein eelich leibserben für und für daraufgegrefet, und zu Graven und Grefin unser und des Heiligen Reichs geschepfet ... und erhebet; schepfen ... und erheben sie also zu unsern und des heiligen Reichs Graven und Grefin wissentlich in Kraft diss Briefes, also daz sy sich nu hinfur ... Grafen und Grefin zu Norden schreiben, nennen und von meniclich also genant sollen werden" etc. Friedländer III p. 685 (aus Orig.). — Ein Jahr später mufs Ulrich von Greetsiel günstigere Aussichten für den Erwerb der

1454 vom Kaiser Friedrich III. für ihn creirten Grafschaft Ostfriesland gehabt haben, indem er sich um Michaeli 1464 vom Kaiser abermals ein neues drittes Grafendiplom ausstellen liefs und in ihm sich nicht wie 1463 lediglich zum Grafen von Norden, sondern wie 1454 zum Grafen von Ostfriesland machen liefs, jedoch ohne die Orte aufzuführen, die er früher in das Diplom hatte aufnehmen lassen als im Osten seiner Besitzungen bis zur Weser in Astringen und Rüstringen noch zu erwerben. Die Urkunde von 1464 sagt: „Wy Friederich ... haben angesehen solch Erbarkeit, Redlicheit, Vernunfft und Tugendt, damit der Edel unser und des Reichs lieber getrewer Vlrich Heuptling zue Norden in Ostfrieszlandt vor unserer kheyserlichen Mayesteth berühmet ist, vnd auch ... die dienste, die er uns und dem Reiche ... gethan hadt, undt furbafs ... thuen sol, vnd haben darumb ... des ernanten Ulrichen Heuptlings wohnungen, Vesten und Schlosz genandt Norden, Emedem, Emeszgamen (em. Emeszgauwen) mit den Schlossen Grietziel, Behrumb, Awricke, Lerorth, Stickhauszen mit allen ihren zuegehörungen, Herrligkeiten, Landen undt Leuten, der ehr in gewehr und rechtlicher besitzung ist, mit ihren Grentzen, nemblich von der Westerembsze Osterwerts bisz ahn die Weszer, mit Butenjaden, von der See Zudtwerts bisz ahn die Teutschen Palen, von dem Norden von der See bis zur Hennenpole (em. Hempoel), zu Detheren und Lenngen, und alle ander seine gutter, wie die gelegen sein, nichts uszgenomen, in und ausz Ostfrieszlandt, das Er Uns und dem heyligen Reiche zu Lehen gemacht hadt, zu einer Grafschafft des heyligen Romischen Reichs in Ostfrieszlandt erhebt ... und denselben Vlrichen und alle seine Ehelich leibs Erben fur und fur darauf gegrafet, und zu Graven und Grafin Vnser und des Heyligen Reichs geschepfft, ... also das sie sich nun hinfuhro ewiglich, Graven vnd Grafin zu Norden, Embden, Emszgamen (em. Emszgawen) zu Ostfrislandt nennen" etc. Brenneysen I, 2 p. 77. Am 27. September 1466 starb Graf Ulrich mit Hinterlassung der drei unmündigen Söhne Enno, Edzard und Uko; er hatte neben seiner Wittwe Theda den Ritter Sibo von Esens in Harlingen zu ihrem Vormund ernannt, und Kaiser Friedrich III. stellte um Jakobi 1468 den Lehnsbrief für die minderjährigen Kinder auf Sibo von

Esens als Lehnsträger aus. Die Urkunde ist nach dem Original gedruckt bei Wiarda II p. 79 und Friedländer III p. 750. Ueber die Stellung, die der Bischof von Münster in Betreff der Grafschaft im Emesgo nach dem 1461 zwischen Bischof Johann von Münster und Graf Gerhard von Oldenburg abgeschlossenen oben p. 364 besprochenen Vertrage hatte, besitzen wir nur ungenügende Nachrichten. An Stelle von Johann war im Jahre 1466 Graf Heinrich von Schwarzburg gewählt worden, der seit 1463 Bischof von Bremen war und von 1466 bis 1497 gleichzeitig den Bisthümern Bremen und Münster vorgestanden hatte. Mit ihm als Erzbischof von Bremen war Graf Gerhard von Oldenburg bereits im Jahre 1463 in Streitigkeiten verwickelt worden[1]), die noch im Jahre 1474 fortdauerten. Damals schlofs er am 29. November einen noch im Original zu Oldenburg aufbewahrten Vertrag mit Herzog Karl dem Kühnen von Lothringen. Graf Gerhard verpflichtet sich in ihm, dem Herzog ein bestimmtes Truppencontingent bereit zu halten; ihn aber mit seiner ganzen Macht zu unterstützen, wenn er einen zur Eroberung Ostfrieslands beabsichtigten Zug unternähme (ad intrandam patriam nostram Frisiae, quae vocatur Ostfrisia). Dagegen verspricht der Herzog, ihm jährlich 2000 Gulden zu zahlen und ihn zum Statthalter (Gubernator) von Ostfriesland zu machen, wenn er es einnähme, wie er hoffe; des Grafen Streit mit seinem Blutsfreunde, dem Bischof Heinrich von Münster, auf alle Weise zu vermitteln; dabei sichert er ihm noch für den Fall der Eroberung Ostfrieslands die Rückgabe einiger an Ostfriesland grenzender Distrikte zu, die zur Grafschaft Oldenburg durch Erbrecht und von Alters her gehörten, wegen deren Graf Gerhard mit den Ostfriesen in Streit und Krieg liege, die sich ihrer seit längerer Zeit bemächtigt hätten. Es wird ausbedungen, dafs der Graf dann an jenen Distrikten, die den Namen Auricherland, Jeverland und Moormerland führten und etwa 2000 Bewohner zählten, Lehnsbesitz, der Herzog Eigenthum erlange. Vergleiche die Urkunde in Hamelmann Oldenburgsche Chronik p. 275 (aus Orig.) und Friedländer IV p. 42 (aus Orig.). Die auf die alten Besitzungen der Grafen von Oldenburg sich beziehenden Worte der

[1]) S. Forts. von Rynesberch-Schene Lappenb. Brem. Gschqu. p. 173 und Halem Oldenburgsche Geschichte I p. 364.

Urkunde sind: „illos districtus, quorum aliqui limitibus dicte terre nostre Frisie contigui et in parte iure hereditario et ab antiquo dicto comiti et suo comitatui de Aldembourg pertinentes, ut asserit, et iam certo tempore per dictos Frisones occupati: propter que inter eos iamdudum differencie et bella fuerunt, et adhuc sunt, nos predicta bona, cum omnibus suis iuribus, consuetudinibus et possessionibus, que ad ipsum comitem tunc hereditario jure pertinere reperta fuerint, dimittimus ad utilitatem suam et suorum heredum et successorum, reservato nobis in predictis bonis feudo et supremo dominio, quorum nomina sunt: Moremerlant, Auweyrkerlant et Jheiverlant, cum suis pertinentiis, qui omnes districtus comprehendunt usque ad numerum fere duorum milia hominum incolarum, vel circiter." Directe Folgen scheint dieser Vertrag nicht gehabt zu haben. Herzog Karl fiel 1477 bei Nancy, ehe er die Eroberung Ostfrieslands versuchen konnte. Graf Gerhard hatte in den folgenden Jahren weitere Kämpfe mit den Ostfriesen wegen der von ihnen besetzten Theile seiner Grafschaft Oldenburg, und auch mit dem Bischof von Münster als Erzbischof von Bremen.

Die Worte der Urkunde bezeugen aber auf das Bündigste, dafs die friesischen Gegenden der Bremer Diöcese und namentlich die um Aurich zur alten Grafschaft der Grafen von Oldenburg gehörten. Sie hatten sie verloren durch Focke Ukena von Leer, nachdem sie sie vorher den Herren von Broke übergeben hatten, s. oben p. 353—360. In der oben p. 362 angeführten Urkunde von 1438 verpflichteten sich die Auricher, indem sie sich dem Edzard von Greetsiel unterwarfen, ihm die Brüchten und Gefälle im Lande zu zahlen, die sie vormals dem Grafen von Oldenburg als Inhaber der Grafschaft zuerkannt hatten.

Da, wie oben p. 297 in §. 1 näher nachgewiesen hat, der alte Upstalsbom, unter dem seit dem zwölften Jahrhundert Friesen zusammentraten, ungefähr eine halbe Meile von Aurich entfernt, zwischen den Orten Rahe und Westerende stand, so versammelten sie sich nicht in dem seit Karl dem Grofsen zur Münsterschen Diöcese gehörenden Pagus Emesga, sondern in dem der Bremer Diöcese zugetheilten Pagus Asterga, und zwar etwa eine halbe

Meile von dessen Grenze in einer mit dichtem Wald bedeckten Gegend. Keine ältere Quelle kann veranlassen zu vermuthen, dafs der Upstalsbom eine uralte Gaugerichtsstätte war, sie müfste es für den Pagus Asterga gewesen sein, dafs aber die alte Gauversammlung desselben an dessen äufserster Grenze gehalten worden wäre in einer wenig zugänglichen Gegend, ist mehr als unwahrscheinlich. Keinen geschichtlichen Werth hat es, wenn Eggerik Beninga in seiner um 1540 verfafsten Historie von Ostfriesland angiebt, Karl der Grofse habe für die Friesen drei „Gerichtsplätze" angeordnet, einen bei Stade (das nicht in friesischem, sondern in sächsischem Lande lag), einen andern bei Aurich, einen dritten zu Franeker oder zu Stavern. Er thut es, indem er über die Zusammenkünfte der Friesen bei Upstalsbom im dreizehnten und vierzehnten Jahrhundert berichtet.

Die Veranlassung, dafs, wie ich vermuthe, zuerst im zwölften Jahrhundert einige Friesen aus verschiedenen friesischen Landdistrikten unter dem Upstalsbom zusammenkamen, dürfte darin zu suchen sein, dafs er in dichtem Walde, in einer wenig bewohnten Gegend, unfern der Grenze verschiedener friesischer Gaue und Grafschaften stand. Indem man sich in engem Kreise über einige Punkte verständigen wollte, that man es absichtlich an entlegener einsamer Stätte, nicht in einem der Volksgerichte, die unter Vorsitz der Grafen oder ihrer Schulzen gehalten wurden. Dafs die Eiche, die man als Upstalsbom bezeichnete, eine alte heilige Eiche war, wie mehrfach gemeint worden, ist durch keine ältere quellenmäfsige Aufzeichnung bezeugt. Allbekannt ist, dafs heilige Bäume bei den ältern Deutschen vorkommen. Nachdem Jakob Grimm in den Deutschen Rechtsalterthümern p. 793 bis 806 Orte aller Art und namentlich Bäume zusammengestellt hatte, an denen Gerichte gehalten worden sind, haben es für die Niederlande B. W. A. E. Sloet zu Oldhuis in Het oude regt der Marke Woolde in Twente, Overiisselsche Almanak 1838 p. 170 und Noordewier Nederduitsche Regtsoudheden Utrecht 1853 p. 366 gethan. Als Beispiele führe ich aus Friesland benachbarten fränkischen und sächsischen Gegenden an, dafs in Gelderland das Landgericht unter einer Eiche gehegt wurde nach Sloet p. 170; das Lehngericht zu Zutphen wurde gehalten „op des graven hoff onder den eycken-boom" nach Noordewier p. 366, der dabei auf den Codex Gelro-Zutphaniensis 2. 393 verweist; Linden, unter denen Dorfgerichte gehalten sind, stellt zusammen Noordewier p. 366; in Urkunde von 1420 beglaubigen die Bremer unter der Linde auf dem Ansgariikirchhof, dafs ihnen eine Urkunde des Kaiser Sigismund eingehändigt sei, durch die er seine Gesandten Nikolaus Buntzlow und Siegfried von Wendingen bevollmächtigt, Streitigkeiten in Friesland zu vermitteln: „Acta fuerunt hec *sub tilia* in cimiterio ecclesie sancti Anscharii Bremensis", Friedländer Ostfries. Urkb. II p. 215 (aus Orig.). In Geldern wurden die Landtage bei Zwol auf dem Spoolderberg gehalten nach Sloet a. a. O. p. 170; in Deventer sprach man Recht vor dem Rathhaus nach Revius Historia Daventrensis p. 562.

Aus den friesischen Gegenden zwischen Fli und Weser, aus denen die Zusammenkünfte bei dem Upstalsbom stattgefunden haben, ist von keiner Gerichtsstätte bekannt, dafs sie unter einem Baume lag. Von dem Gericht zu Egmond im Kenemerland, das zu dem von Karl dem Grofsen in der Lex Frisionum als Friesland zwischen dem Sinkfal bei Brügge und dem Fli bezeichneten friesischen Lande gehörte, sagt eine Urkunde vom Jahr 1312: „dat men *in den boeme* voor dat steenhuys houden sal drie ga-dinge 's jaers", Mieris II p. 127. Die friesischen Gerichte des Brokmerlands, zu dem seit dem Schlufs des dreizehnten Jahrhunderts, wie oben p. 297 und p. 323 gezeigt ist, die Stätte des Upstalsbom gehörte, wurden im vierzehnten Jahrhundert nicht zu Upstalsbom gehalten, sondern in den damaligen vier Vierteln des Landdistrikts auf den Kirchhöfen zu Marienhave, Engerhave, Viktorbuhr und Aurich, s. oben p. 325. In ähnlicher Weise wie im Brokmerland wurden im friesischen Landdistrikt Langewold, der einen Theil des östlich von der Lauwers gelegenen alten Pagus Hugmerke bildete, die Gerichte auf dem Kirchhof zu Sybaldebueren gehalten. Die Langewolder Küren von 1250, oben p. 153, sagen: „Statuta sunt haec jura ab omnibus laicis in Langewolda ... et conscripta ipso die Servatii in Sibaldebuere-hove", Fries. Rq. p. 366, 14; daselbst in den Küren von 1282: „conscripta sunt haec apud ecclesiam in Sibaldebuere-hove", Fries. Rq. p. 369, 14.

II. Jurati von Upstalsbom vor 1231.

§. 4. Allgemeine Bedeutung der Zusammenkünfte in Upstalsbom.

Was waren die Zusammenkünfte in Upstalsbom? Was hat man
sich unter ihnen zu denken? Keine Volksversammlungen, keine
Hoftage, keine Landtage, sondern Vereinstage einzelner friesischer Landdistrikte zwischen der Zuiderzee und der
Weser. Es traten bei dem Upstalsbom Bevollmächtigte aus einzelnen Landdistrikten jener Gegenden für bestimmte Zwecke zusammen, zufrühst zur Sicherung und Herstellung des gestörten
Landfriedens, sowie um die, die ihn verletzt hatten, nach dafür
vereinbarten Satzungen zu bestrafen, dann auch zur Vertheidigung
gegen Kränkungen des bestehenden Rechts, endlich zur gemeinsamen Vertheidigung gegen Landesherrn, die von Alters her gewisse Rechte im Lande besaßen und sie geltend machen wollten.

1. In den Jahren 1216, 1224 und 1231 erwähnt Emo, Abt
des ungefähr sechs Meilen von Upstalsbom entfernten Kloster
Witte-Wierum im Fivelga, indem er von Streitigkeiten und Kämpfen
im Fivelga spricht, daß die Jurati von Upstalsbom beflissen gewesen
seien, im Fivelga und im Hunesga entstandene Streitigkeiten beizulegen, daß sie 1216 ihre Entscheidungen mit ostwärts der Ems
seßhaften Friesen zur Geltung gebracht und Strafen wegen Störung
des Landfriedens vollzogen hätten, vgl. unten p. 380. Beim
Jahr 1222 sagt Emo, daß auf Veranlassung innerer Streitigkeiten Friesen gemeinsam Upstalsbomer Jurati nach ältester
Sitte gewählt hatten. Ich glaube annehmen zu dürfen, daß dies
bereits seit der Mitte des zwölften Jahrhunderts geschehen ist, und
daß wir in den Siebzehn Küren und Vierundzwanzig Landrechten
Vereinbarungen von derartigen Jurati für die friesischen Gegenden
von der Zuiderzee bis zur Weser besitzen, sowie in den etwa aus
dem Jahr 1224 stammenden Ueberküren, die nur in friesischen
Ueberarbeitungen aus der zweiten Hälfte des dreizehnten Jahrhunderts für das Hunsego, Fivelgo und Emsgo erhalten und wohl
nur für diese Landdistrikte vereinbart sind; s. oben p. 233 und
unten §. 7.

2. Im Jahr 1323 den 18. September stellten die Westergoer an der Zuiderzee die Leges Upstalsbomicae auf, in denen sie die alte Verbindung von Upstalsbom erneuern und die friesischen Landdistrikte zum Beitritt bewegen wollten, und veranlafsten die Landdistrikte der andern friesischen Gegenden zur Annahme ihrer Aufzeichnungen. Das Statut erörtert, wie Jurati, die es Judices selandini nennt, als Bevollmächtigte der einzelnen Landdistrikte jährlich zu Ostern gewählt werden und nach Upstalsbom gehen sollen, wie und nach welchen Satzungen sie den Landfrieden in den friesischen Landdistrikten aufrechterhalten, und wie sie erwirken sollen, dafs Angriffe von Landesherrn gegen ihre Rechte gemeinsam durch die Verbundenen zurückgewiesen, und dafs die einzelnen Landdistrikte in ihrer Stellung geschützt werden.

Dafs diese Einrichtung ins Leben trat, und demgemäfs in den Jahren 1324 bis 1327 in Upstalsbom bevollmächtigte Richter oder Judices selandini aus den friesischen Landdistrikten zwischen Zuiderzee und Weser zusammenkamen, bezeugen elf Urkunden aus den Jahren 1324 bis 1327, die oben p. 270—290 gedruckt sind.

Der Graf Wilhelm von Holland sah in der Aufstellung der Leges Upstalsbomicae vom 18. September 1323 durch die Westergoer, in deren Annahme durch andere friesische Landdistrikte bis zur Weser und in den Versammlungen der Judices selandini in Upstalsbom einen verbrecherischen Bund, den die Westergoer, die sich gegen ihn empört und seine Getreuen aus dem Lande vertrieben hatten, mit andern friesischen Landdistrikten geschlossen hätten, um sich seiner Landeshoheit zu entziehen. Eine solche Kränkung seines Rechts will er nicht dulden; er belegt in seinem Lande Schiffe und Waaren aus dem mit dem Westergo· grenzenden westlich der Lauwers belegenen Ostergo, sowie andere aus dem Jeverschen Astringen mit Beschlag. Die Ostergoer schreiben am 28. März 1326 dem Grafen, es sei eine Verleumdung, dafs von ihnen die Westergoer als Confoederati gegen ihn unterstützt seien, niemals hätten sie seine Jurisdictio im Westergo beeinträchtigen wollen und würden es niemals thun; er möge ihnen ihre Schiffe herausgeben, s. oben p. 280 und unten §. 11. Dasselbe führen die Jeverschen Astringer in einem Brief an den Grafen von Holland vom 10. Februar

24*

1327 aus. Sie behaupten, es sei durchaus irrthümlich, daſs sie ein aufrührerisches Bündniſs mit den Westergoern gegen ihn eingegangen seien („nec ullam cum illis de Westergie et de Stauria inivimus vel inire volumus confoederationem, ut Vestrae magnificentiae rebellemus"); sie hätten lediglich Theil genommen an den Zusammenkünften in Upstalsbom, die alle Friesen hätten zusammentreten lassen, um Räuber, Mordbrenner und andere Verbrecher, die den Frieden im Lande störten, zu züchtigen; verlange er, daſs sie nachwiesen, wem sie untergeben seien, so zahlten sie ja den Grafen von Oldenburg und andern Reichsfürsten ihren schuldigen Tribut, wie sie es stets gethan hätten und auch immer thun würden; er möge ihnen, bitten sie dringend, ihre Schiffe und Waaren herausgeben, s. oben p. 281 und unten §. 11. Diese Ausführungen der Jeverschen Astringer bestätigt der Graf Johann von Oldenburg in einem Schreiben vom 14. Februar 1327 an seinen Vetter, den Grafen Wilhelm von Holland. Er versichert, die Astringer seien seine und seiner Vorfahren „tributarii", die stets ihren jährlichen Tribut zahlten; in keiner Weise wären sie ein Bündniſs mit den Westergoern gegen ihn eingegangen, sondern hielten lediglich an dem Ort, der da heiſst Upstalsbom, friedliche Zusammenkünfte, um Störungen des Landfriedens zu hindern und Verbrechen aller Art gegen ihn zu bestrafen („nec ullam cum Westfrisonibus antedictis, ut eisdem assistant vel assistere intendant, inierunt confoederationem, sed scilicet amicabilem ad invicem in loco, qui dicitur Opstalisbame, habent congregationem, ordinantes ibidem, ut fures etc."); er halte sich für berufen, sich für sie zu verwenden und ihn um Rückgabe ihrer Schiffe und Waaren zu ersuchen, s. oben p. 284 und unten §. 11. Gleiches erklärt dem Grafen Wilhelm in einem Brief vom 22. Februar 1327 das Bremer Domkapitel in Abwesenheit des Bischofs von Bremen, zu dessen Diöcese das Jeversche Astringen gehörte, s. oben p. 285 und unten §. 11; sowie am 23. Februar 1327 der Kölner Kanonikus Dietrich von Xanten als Generalvicar von Bremen, s. oben p. 286 und unten §. 11.

Die Thätigkeit der in Folge der Aufstellung der Leges Upstalsbomicae zu Upstalsbom versammelten Vereinstage bezeugen zwei

Urkunden von 1324, eine von 1325 und eine von 1327, s. oben p. 270, 272, 274, 288 und unten §. 12, 13 und 14. In den ersten beiden Urkunden von 1324 vermitteln die Judices selandini zu Upstalsbom Streitigkeiten zwischen der Stadt Bremen und den friesischen Rüstringern an der Weser; in der dritten von 1325 erscheinen sie als thätig bei der Beilegung eines Streits zwischen dem Münsterschen Propst von Farmsum im Fivelga mit dem Fivelga, die die Richter von Reiderland versucht hatten; in der Urkunde von 1327 bestätigen sie ein von den Richtern des Fivelga aufgestelltes Ortsstatut für Appingadam im Fivelga. Die beiden ersten und die letzte Urkunde sind von den Judices selandini in Upstalsbom ausgestellt, und die uns erhaltenen Originale mit dem Sigillum totius Frisiae beglaubigt; s. oben p. 272.

3. Im Jahr 1361 suchte die Stadt Groningen die 1323 von den Westergoern eingeführten Vereinstage von Upstalsbom in veränderter Gestalt wieder ins Leben zu rufen. Sie will in dem im Original erhaltenen Statut vom 9. September, wie die Worte besagen, die vom Westergo im Jahr 1323 errichteten Leges Upstalsbomicae unter Hinzufügung einiger Artikel erneuern. Während 1323 das Westergo gegen den Grafen von Holland in eine nähere Verbindung mit von ihm östlich bis zur Weser gelegenen friesischen Landdistrikten getreten war und mit den einzelnen verbundenen friesischen Landdistrikten Vereinstage zu Upstalsbom verabredet hatte, schliefst 1361 die auf dem Boden der Drenthe an der friesischen Grenze gelegene Stadt Groningen, um sich gegen ihren Landesherrn, den Bischof von Utrecht, zu behaupten, mit friesischen Landdistrikten auf sechs Jahre ein Bündnifs und verabredet in ihm Vereinstage zu Groningen. An die Stelle der früher zu Upstalsbom für die friesischen Landdistrikte zwischen Zuiderzee und Weser eingerichteten Vereinstage, sollen jetzt für die Stadt Groningen und die sich mit ihr verbündenden friesischen Landdistrikte Vereinstage zu Groningen treten; sie sollen nicht wie 1323 durch Judices selandini aus den einzelnen Landdistrikten zwischen Zuiderzee und Weser gebildet werden, sondern durch die Consules von Groningen und je drei Bevollmächtigte aus den verbundenen Landdistrikten, und zwar durch einen Grietmann, einen Richter (judex) und einen Geistlichen (clericus) aus ihnen. Während 1323 jeder friesische Land-

distrikt zwischen Zuiderzee und Weser jährlich zu Ostern einen oder zwei Jurati oder Judices selandini wählen sollte, die zu Upstalsbom zusammenzutreten hätten, bestimmte man 1361, dafs neben den Consules der Stadt Groningen das Westergo, das Ostergo, die Propstei Humsterland, das Hunsego, das Fivelgo, das Aldamt (d. i. ein Theil des alten Fivelga), das Reiderland, das Emsigerland und das Brokmerland je zwei Richter und einen Clericus in Groningen zusammentreten liefsen.

Jede Vergleichung der Zusammenkünfte der von Emo in den Jahren 1216, 1224 und 1231 erwähnten friesischen Jurati von Upstalsbom mit den nach den Leges Upstalsbomicae von 1323 in den Jahren 1324 bis 1327 dort versammelten Judices selandini der einzelnen friesischen Landdistrikte, sowie auch mit den 1361 in Groningen für sechs Jahre beabsichtigten Zusammenkünften der Consuln aus Groningen mit Grietmannen, Richtern und Geistlichen einzeluer friesischer Landdistrikte läfst unleugbar ihre grofse Verschiedenheit erkennen. Die innern Verhältnisse Frieslands haben grofse Veränderungen erfahren, wie unten die Cap. VII und XII darlegen werden. Im zwölften Jahrhundert zeigen die allgemeinen Siebzehn friesischen Küren und Vierundzwanzig Landrechte die friesischen Gaue zwischen Zuiderzee und Weser unter erblichen Grafen. Sie und ihre Schulzen halten unter Königsbann die Gerichte über die freien und edlen Bewohner der Gaue, die in ihnen das Urtheil finden. Jährliche Consules oder Judices sind nicht vorhanden, sie bilden sich erst im Aufang des dreizehnten Jahrhunderts, indem aus dem Gau ein Landdistrikt hervorgeht, oder es in mehrere zerfällt, und zwar in einem Gau früher als im andern. Mit der Bildung dieser jährlichen Consules oder Judices in den einzelnen Landdistrikten verschwinden aber die alten Volksgerichte; für sie urtheilen die Consules, die überhaupt an die Spitze der Communitas des einzelnen Landdistrikts treten. Die Stellung der erblichen Grafen wird eine andere. Volksgerichte werden nicht mehr unter Königsbann von ihnen oder ihren Schulzen gehegt, sie stellen nicht mehr wie früher regelmäfsig in den zu ihrer Grafschaft gehörenden Gauen, die sie von den Kaisern oder von Bischöfen zu Lehn haben, Schulzen an, während sie ihre alten herkömmlichen'

Einkünfte im Gau oder dessen Theilen fortbeziehen. Zwischen den Landdistrikten und ihren Grafen entstehen vielfach Streitigkeiten, die in manchen Landdistrikten zu offenem Kampf führen und die Macht der Grafen schwächen, vermindern und vorübergehend sogar aufheben, wenn auch bald wieder eine Unterwerfung des Landdistrikts unter den Landesherrn eintritt, ihm in dem Landdistrikt aufs Neue gehuldigt wird.

Diesen Zeitläuften, von der. Mitte des zwölften bis in die des vierzehnten Jahrhunderts, gehören nun die Vereinstage der Friesen zu Upstalsbom an, und sie konnten unmöglich dieselben im zwölften, im dreizehnten und im vierzehnten Jahrhundert sein, mußten nach den veränderten Verhältnissen eine verschiedene Stellung und Bedeutung haben. Der in der ersten Hälfte des zwölften Jahrhunderts in Friesland wie in andern deutschen Gegenden vielfach gestörte Rechtszustand, das Umsichgreifen·der Verbrechen, sodafs die Unsicherheit der einzelnen Landesbewohner sich mehr und mehr steigerte, der Frieden im Lande verschwand, namentlich aber der von Kaiser Friedrich I. im Jahr 1156, um dem allgemeinen Nothstand Deutschlands zu steuern, erlassene Landfriede, scheint zuerst veranlafst zu haben, dafs zwischen friesischen Gauen, die unter verschiedenen Comites, als erblichen Landesherrn, standen, Sätze vereinbart wurden über eine Reihe auf den Landfrieden bezüglicher Rechtspunkte und über Bufsen, die dabei in Anwendung kamen. Satzungen der Art sind die allgemeinen Siebzehn friesischen Küren und Vierundzwanzig Landrechte.

Ich habe oben p. 96 die Gründe ausgeführt, die mich veranlassen, die Abfassung der Siebzehn Küren in die zweite Hälfte des zwölften Jahrhunderts zu setzen. Hauptinhalt der Siebzehn Küren sind Rechtssatzungen, die einzelne friesische Landdistrikte zwischen Zuiderzee und Weser, wahrscheinlich zu Upstalsbom, vereinbart haben, um den im Lande im hohen Grade gestörten Frieden herzustellen und aufrecht zu erhalten. Sätze, die Kaiser Friedrich I in dem Landfrieden von 1156 zur Wahrung des Landfriedens aufstellte, sind in der sechzehnten und achten friesischen Küre benutzt, doch wollen die Friesen innerhalb ihrer Landesgrenzen („extra terminos Saxonum") einige wesentliche Abänderungen von dem, was der Kaiser 1156 als Reichsrecht verordnet hatte, herbeiführen.

Die sechzehnte friesische Küre stellt gegenüber dem Landfrieden von 1156 auf, daſs die Todesstrafe des Hängens für Hauptverbrechen, Mord und Diebstahl, Anwendung finden soll, wenn der Verbrecher, der verurtheilt ist, sich nicht mit Geld lösen kann; vgl. oben p. 108. Es liegt hierin gegenüber dem Landfrieden eine dem Verbrecher gemachte Concession. Im alten Recht stand es in der Wahl des Verletzten, kein Wergeld oder Buſse anzunehmen, sondern Fehde zu führen gegen einen Verbrecher, der friedlos geworden war. Nach Küre 16 soll dem Verbrecher gestattet sein, wenn er zahlungsfähig ist, die Friedlosigkeit mit Geld abzukaufen, also sein Verbrechen durch Geld zu sühnen; eine Körperstrafe wegen Diebstahl besteht nicht; kann der Verurtheilte nicht zahlen, so wird er gehangen. Der Landfriede von 1156 hatte einem schweren Verbrecher nicht mehr gestattet, die Strafe, in die er für sein Verbrechen verurtheilt wurde, durch Geld abzukaufen, hatte bei geringem Diebstahl Körperstrafen, bei schwerem die Strafe des Hängens aufgestellt. Wie die Landfrieden von 1103 und 1156 die Fehde wesentlich beschränken wollten, beabsichtigten das auch die friesischen Küren. Die beiden Landfrieden gestatten dem Verbrecher nicht, sein Verbrechen durch Geld zu lösen; die friesische Küre 16 hält das ältere Recht fest, will dem Friedlosen ferner gestatten, sein Verbrechen durch Geld zu lösen; kann er aber kein Geld zahlen, dann soll an dem Verbrecher, namentlich am Diebe oder Räuber, Todesstrafe durch Hängen vollzogen werden.

Die Siebzehn Küren und Vierundzwanzig Landrechte erkennen überall in den friesischen Gauen die erblichen Grafen und ihre Schulzen an, sie erwähnen der Volksgerichte, die unter ihrem oder ihrer Schulzen Vorsitz nach den vereinbarten Satzungen urtheilen, und die deren gerichtliche Entscheidungen exequiren. Wie diese Satzungen von den verschiedenen einzelnen friesischen Gauen im zwölften Jahrhundert aufgestellt und vereinbart sind, ist nicht überliefert. Es wird entsprechend der Art, wie es später in einzelnen oder zwischen mehreren Landdistrikten nachweislich bei Aufstellung von Rechtssatzungen zu bestimmten Zwecken geschah, durch einige angesehene, mehr oder weniger formell damit beauftragte und deswegen vereidete Personen erfolgt sein, die man in lateinischen Dokumenten

öfter als Jurati bezeichnet findet. Keine authentische Quelle spricht
es aus, dafs in Friesland erwählte Jurati zu Upstalsbom im zwölften
Jahrhundert die Siebzehn Küren und Vierundzwanzig Landrechte,
vereinbart haben; doch mögen es einige Männer zu Upstalsbom,
vielleicht sieben, gethan haben, die ein Zusatz zu den Siebzehn friesischen Küren aus dem dreizehnten Jahrhundert Liudwita, d. i.
Volkszeugen, nennt und angiebt, dafs sie jährlich in der Pfingstwoche zusammentraten, s. oben p. 200; während sie der gleichzeitige
Emo in den Jahren 1216, 1224 und 1231 als im Fivelgo thätige
Upstalsbomer Jurati erwähnt, die, wie er beim Jahr 1216 sagt,
Friesen gemeinsam nach ältester Sitte gewählt hatten.

Haben die Friesen im zwölften Jahrhundert Satzungen zur
Wahrung des Landfriedens vereinbart, mögen es nun für das verbundene Land sieben oder einige mehr gethan haben, mögen sie
zu Upstalsbom, wie in den Jahren 1216, 1224 und 1231, oder
etwa, was anzunehmen ich keinen Grund sehe, an einem andern
Ort zusammengetreten und wie damals in lateinischen Dokumenten
Jurati, in friesischer Sprache Liudwita, Volkszeugen, oder sonst-
wie genannt worden seien, — offenbar mufs ihre Stellung gegenüber den Gauversammlungen, wie den Grafen und deren Schulzen
verschieden gewesen sein von der der Jurati im dreizehnten Jahrhundert, die die Friesen erwählt hatten, nachdem in den einzelnen
friesischen Landdistrikten Consules oder Richter an die Spitze der
Communitas des einzelnen Landdistrikts getreten waren, und das
Verhältnifs der Grafen zu deren Bewohnern sich verändert hatte.
Wiederum eine wesentlich andere Stellung mufsten die Judices
selandini erhalten, die in Upstalsbom nach dem Beschlufs der
Westergoer von 1323 aus einzelnen längs der Nordsee gelegenen
Landdistrikten, Landen oder Seelanden in den Jahren 1324 bis
1327 zusammenkamen. War es der Wille der ältern Jurati, den
Landfrieden in Friesland zu wahren und herzustellen, wollten sie
darauf abzielende Satzungen vereinbaren und zu Upstalsbom Vereinstage halten, so konnten sie dies thun, ohne die von Alters
her rechtlich begründete Stellung und Macht ihrer erblichen Grafen
in ihren Grafschaften zu beeinträchtigen. Im Jahr 1323 waren
die Verhältnisse wesentlich verschieden. Die Westergoer in offenem

Streit mit dem Grafen Wilhelm von Holland, errichten, nachdem sie seine ererbten, vom Kaiser ihm als Lehnsinhaber der Grafschaft anerkannten Rechte bestritten und seine Getreuen aus dem Lande vertrieben hatten, die Leges Upstalsbomicae von 1323. Sie wollen die alten Upstalsbomer Satzungen und Einrichtungen herstellen, es sollen „ad negotium pacis" von den einzelnen friesischen Landdistrikten jährlich erwählte Judices selandini nach Upstalsbom entsendet werden. Die Verbindung, in die sie mit den andern friesischen Landdistrikten treten, soll gelten als geschlossen zur Förderung des Landfriedens in den einzelnen Landdistrikten. Der Graf von Holland beurtheilt Alles ganz anders. Ihm erscheinen die Westergoer als Empörer (Rebelles) und die Verbindung von Upstalsbom, die sie mit den andern friesischen Landdistrikten eingegangen sind, als eine „confoederatio", die gegen ihn gerichtet ist, sodafs er die Schiffe der Ostergoer westlich der Lauwers und die der Jeverschen Astringer, die Holland besuchen, mit Beschlag belegen läfst und von den Jeverschen Astringern in dem uns erhaltenen Schreiben an sie verlangt, dafs sie sich über ihr Verhalten gegen ihn rechtfertigen. Freilich erklären die Ostergoer, dafs sie in keiner Weise die Westergoer, die den Grafen in seinem Recht im Westergo verletzten, unterstützt hätten, noch unterstützen wollten, und betheuern ihm die Jeverschen Astringer, dafs sie durchaus keine Confoederatio mit den Westergoern eingegangen seien, „ut Vestrae magnificentiae rebellemus"; wir sind, sagen sie, ja nur mit andern Friesen in Upstalsbom zusammengekommen, „ut maliciam furum, incendiariorum, propriorum dominorum traditorum debita castigatione seu consimili correctione refrenaremus", sie zahlten ja, versichern sie, den Grafen von Oldenburg ihren schuldigen Tribut unverändert, wie es von Alters her Rechtens sei; auch bestätigt ihnen das das Bremer Domkapitel, sowie in Abwesenheit des Bischofs der Generalvicar des Bisthums Dietrich von Xanten, und erklärt direct der Graf Johann von Oldenburg dem Grafen Wilhelm von Holland, die Jeverschen Astringer seien seine „tributarii" und „conterranei", die jährlich ihm und seinen Vorfahren regelmäfsig Tribut gezahlt hätten und keine ihm feindliche „confoederatio", sondern nur eine „amicabilis congregatio" mit andern Friesen in Upstalsbom eingegangen seien.

Den Grafen von Holland vermag alles dies nicht zu überzeugen. Ein Schreiben der Jeverschen Astringer vom 26. Juli 1327 an den Grafen Reinhold von Geldern, in dem sie ihn dringend um seine Verwendung beim Grafen von Holland bitten, beweist, dafs er seine frühere Ansicht über den Upstalsbomer Verein der Jahre 1323 bis 1327 nicht geändert hatte. Und in der That war der Zweck der Upstalsbomer Verbindung, wie sie die Westergoer in ihren Leges Upstalbomicae von 1323 aufgestellt hatten, nicht blofs Wahrung und Herstellung des Landfriedens, wie man behauptete. Der Artikel 1 der Leges lautet wörtlich: „si aliquis princeps secularis vel spiritualis, cujuscunque nominis vel dignitatis existat, nos Frisones vel aliquos ex nostris impugnaverit, volens nos jugo servitutis subjicere, communi concursu et armata manu nostram libertatem mutuo tueamur." Es handelte sich eben um die Rechte, die die einzelnen Landdistrikte ihren Grafen gegenüber anerkannten oder bestritten. Die Westergoer an der Zuiderzee wollten ihre Libertas, wie sie sie behaupteten, mit Hülfe der Upstalsbomer Verbundenen gegen den Grafen von Holland vertheidigen; die Jeverschen Astringer erklärten, gewissenhaft ihr altherkömmliches Tributum dem Grafen von Oldenburg zu zahlen und keine Verletzung fremder Rechte herbeizuführen. Dem Grafen Wilhelm von Holland erschien die Upstalsbomer Verbindung als eine aufrührerische Confoederatio, dem Grafen von Oldenburg als eine amicabilis Congregatio. Es waren eben die Verhältnisse in den einzelnen Gegenden und Landdistrikten Frieslands zwischen Fli und Weser wesentlich verschieden; in dem einen Landdistrikt erkannten die Friesen die erbliche, alt herkömmliche Stellung ihrer Grafen an, im andern bestritten sie sie und versuchten sie zu brechen. — Dafs im Jahr 1361, nachdem längst der Versuch der Westergoer von 1323, sich der Landeshoheit der Grafen von Holland zu entziehn, gescheitert war, und sie ihm wieder aufs Neue Treue geschworen hatten, die Stadt Groningen, um sich gegenüber dem Bischof von Utrecht zu behaupten, mit friesischen Landdistrikten ein Bündnifs einging und unter dem Deckmantel der alten Upstalsbomer Verbindung für die Verbundenen Vereinstage zu Groningen einrichten wollte, ist oben erwähnt und beweist die wesentlich veränderte Lage der Dinge.

Gewifs ist es bei ruhiger Betrachtung der angeregten Punkte unmöglich, die Zusammenkünfte von Upstalsbom, wie sie im zwölften Jahrhundert stattgefunden haben werden, und wie sie in den Jahren 1216, 1224 und 1231 als vorhanden erwiesen sind, für identisch zu erklären inbetreff ihrer Einrichtung, ihrer Bedeutung und ihres Zwecks mit denen von 1323 zu Upstalsbom, geschweige mit denen zu Groningen 1361. Zu absolut falschen Auffassungen mufs es führen, wenn man Sätze, die 1323 von den Westergoern für die Upstalsbomer Zusammenkünfte aufgestellt werden, und Urkunden über die Thätigkeit der nach ihnen in den Jahren 1324 bis 1327 zu Upstalsbom versammelten Judices selandini, oder gar das Groninger Statut von 1361 ohne Weiteres benutzt, um die Beschaffenheit der älteren Zusammenkünfte in Upstalsbom zu entwickeln, und uralte Versammlungen aller Friesen zu Upstalsbom erträumt, ohne näher auf die friesischen Zustände des zwölften Jahrhunderts Rücksicht zu nehmen. In wie hohem Grade dies geschehen ist, erörtert unten §. 28, indem er die Ansichten neuerer Schriftsteller seit Emmius über die Upstalsbomer Versammlungen zusammenstellt. Ich nenne die Versammlungen von Upstalsbom, denen ähnliche im dreizehnten und vierzehnten Jahrhundert auch anderwärts vorkommen, und von denen unten §. 27 Beispiele giebt, um ihnen einen Namen zu geben, der etwa ausdrückt, was sie waren, Vereinstage. Ihr Ursprung wird dem zwölften Jahrhundert angehören, ihre Bedeutung war eine andere in den Jahren 1216, 1224 und 1231 zu Emo's Zeit, eine wieder andere in den Jahren 1323 bis 1327; seitdem sind sie verschollen, keineswegs aber seit ihrer Entstehung bis zum Jahr 1327, geschweige bis 1361 oder gar bis 1422 regelmäfsig gehalten worden.

§. 5. Vorkommen der Jurati von Upstalsbom 1216, 1224 und 1231.

Die gleichzeitige Chronik des Emo erwähnt in vier oben p. 16 gedruckten Stellen die Jurati von Upstalsbom; es sind die einzigen, in denen Emo ihrer gedenkt, und er berichtet in ihnen, dafs sie in den Jahren 1216, 1224 und 1231 thätig waren.

1. Die erste Stelle begegnet in der Chronik des Emo beim Jahr 1222, indem er in seiner Erzählung auf die Ereignisse des

Jahres 1216 zurückweist. Emo spricht vom „annus 14 conversionis ipsius" und meint damit das Jahr 1222, da er von 1209 an seine Conversio rechnet und das Jahr 1209 als „annus primus conversionis", 1211 als „annus tercius conversionis" bezeichnet, s. Monumenta Germaniae XXIII p. 469, 13 und p. 470, 30 oder Feith p. 10 und p. 12. Emo berichtet, dafs in diesem Jahre 1222 nach grofser Ueberschwemmung um Mitte Januar, zu Ostern, das auf den 3. April fiel, Dürre eintrat, Gerste und Hafer kurz blieben, Weizen in den Silvae, d. i. in dem Wold-Oldampt des Fivelgo, gedieh; wäre, sagt er, einige Wochen nasse Witterung gekommen, so würde statt der 3½jährigen Noth Fülle der Früchte entstanden sein. Dann fährt er fort: „Hic est annus septimus ab incursu Orientalium Frisonum" etc., das heifst, das Jahr, von dem ich hier spreche, ist das siebente Jahr seit dem Einrücken („incursus") der Ostfriesen im Fivelgo; rechnet man sieben Jahre zurück, so war das Einrücken der Ostfriesen im Jahr 1216 geschehen und zwar am Laurentiustag oder den 10. August. Damals, sagt Emo weiter, zogen die Ostfriesen gegen Hrodbern, dessen Schwiegersohn und andere Verwandte, deren Häuser, wie theilweise auch die der Consules des Fivelgo, angezündet wurden, „das ganze Land des Fivelgo erbebte vor den Jurati beim Upstalsbom, die die gesammten Friesen nach sehr altem Brauch gewählt hatten."

Nur dies wollen die oben p. 16 abgedruckten Worte Emo's ausdrücken. Es erfolgte das Einrücken der „Orientales Frisones" im Fivelgo auf Veranlassung der Jurati von Upstalsbom, um die Anerkennung einer von ihnen gefällten Entscheidung zu erzwingen. Die Ostfriesen ziehen gegen Hrodbern und die Seinen, es werden ihre Häuser angezündet, und dies geschieht auch theilweise bei den Häusern der Consules des Fivelgo. Nachdem Emo diese strengen Mafsnahmen der Upstalsbomer Jurati durch die „Orientales Frisones" berichtet hat, fügt er erklärend hinzu: ganz Fivelgo erzitterte vor diesem Verfahren der Jurati beim Upstalsbom, die die gesammten Friesen nach sehr altem Brauch gewählt hatten. Eben diese waren es, die mit den Orientales Frisones die strengen Maafsregeln gegen den widerspenstigen Hrodbern und einige parteiische Consules des Fivelgo ausführten.

Emo fährt dann weiter fort: „Item ipse est annus, in quo vinculum Fivelgoniae et Hunesgoniae secundo Nonas Augusti paene scissum est etc." oben p. 16. Emo kehrt mit diesen Worten zum Jahr 1222 zurück, über dessen ungünstige Witterung er vorher gesprochen hat. Er sagt, es ist eben dieses das Jahr, nämlich 1222, in dem zwischen dem Hunsego und Fivelgo schwere Kämpfe eintraten, die eine Reihe von Bränden und Tödtungen zur Folge hatten. Er erwähnt die Kämpfe am 4. August, ergeht sich darauf in Berichten über eine Mondfinsternifs und einen Kometen, die das Unglück angekündigt hätten, und erörtert, wie Kaiser Friedrich im April des Jahres in Italien mit Papst Honorius den Kreuzzug nach dem Orient berathen habe, eine Thatsache, von der es feststeht, dafs sie im April 1222 erfolgt ist, vgl. Böhmers Regesten Friedrich II. (von Ficker) 1879 p. 294.

Auffallen mufs, wie wenig hier Emo in seiner Erzählung die Zeitfolge der einzelnen erwähnten Thatsachen berücksichtigt. Er beginnt beim Jahr 1222, indem er über die Witterung im Januar, zu Ostern und im Sommer spricht, schiebt dann einen Bericht über die Ereignisse ein, die sieben Jahre vorher im Fivelgo erfolgt sind, kommt dann auf die 1222 am 4. August im Fivelgo vorgekommenen Streitigkeiten und Kämpfe, ergeht sich hierauf über Regenwetter, das im September die Ernte gestört habe, erwähnt eine Mondfinsternifs am 22. Oktober, und dafs im August ein Komet sichtbar gewesen sei, erzählt endlich, dafs Kaiser Friedrich im selben Jahr mit dem Papst in Campanien[1]) über den Kreuzzug berathen habe, was im April geschehen war. Zu der Einschiebung der Erzählung über die Ereignisse im Fivelgo vom Jahr 1216 wird Emo sichtbar dadurch veranlafst, dafs er die innern Fivelgoer Kämpfe von 1222 berichten will. Er hat in seiner Chronik früher, beim Jahr 1216, nur davon gesprochen, dafs für sein Kloster eine Scheuer an der Ems bei Westeremden erbaut sei: „anno conversionis octavo fundata est grangia secus Emesam", M. G. XXIII p. 476, 40 oder Feith p. 27, der Scheuer gedenkt er auch beim Jahre 1218, s. M. G. XXIII p. 487, 31 oder Feith p. 56. Beim Jahr 1222 fällt ihm nun ein, indem er auf die Kämpfe im

---

[1]) Es war zu Veroli im südlichen Campanien.

Fivelgo zu sprechen kommt, dafs sieben Jahre vorher ebenfalls Kämpfe in ihm stattgefunden hätten. „Damals", sagt er, „kamen die östlich der Ems wohnenden Friesen ins Land und zwangen die Widerspenstigen zur Unterwerfung, das thaten Jurati beim Upstalsbom, die Friesen gemeinsam nach alter Sitte gewählt hatten"; jetzt, im Jahre 1222, meint er, fehlt es an derartigen strengen Mafsnahmen, es kommen nicht die Jurati beim Upstalsbom mit Ostfriesen ins Fivelgo, die alte Verbindung des Fivelgo mit dem Hunsego ist fast vernichtet, viele Brände und Tödtungen kommen vor.

Bei den Mafsnahmen gegen Hrodbern, dessen Schwiegersohn und Verwandte, sowie gegen die Consules des Fivelgo, schweigt Emo über das unthätige oder parteiische Verhalten der Consules, das dahin geführt hatte, gegen sie, wie gegen Hrodbern und sein Geschlecht, jene Mafsregel in Anwendung zu bringen. Emo will nicht sagen, es wären bereits vor dem Einrücken der Ostfriesen mit den Upstalsbomer Jurati Häuser des Hrodbern, der Seinen und der Consules des Fivelgo angezündet worden, und es hätten die Jurati in Folge dessen, um den Landfrieden im Fivelgo herzustellen, beschlossen, mit Ostfriesen einzurücken, sodafs die Worte „contra Hrodbernum et generum suum et ceteros parentes, quorum domus incineratae sunt et consulum terrae ex parte" sich nicht auf die Jurati bezögen. Sie motiviren eben das folgende „contremuit tota terra propter juratos etc." Es herrschte 1216 der Schrecken im Lande, weil die Jurati mit den ostfriesischen Mannschaften die strengen Mafsnahmen ergriffen hatten.

Abweichend hiervon hat man die Worte: „contremuit tota terra propter juratos, quos universitas Frisonum de more vetustissimo creaverat apud Upstellesbame" nicht auf den sieben Jahre frühern Einfall der Ostfriesen im Fivelgo im Jahr 1216 bezogen, sondern auf 1222. Emmius Historia rerum Frisicarum 1616 p. 118 deutete sie auf die frühere Zeit, rechnet aber als Jahr, dem sie angehörten, nicht 1216, sondern 1214. Er las die Züge des Manuscripts als „hic est annus VIII", wie später Matthaeus in seiner Ausgabe des Emo drucken liefs, während in beiden Handschriften des Emo nach Feith „hic est annus VII", nach Weiland „hic est annus septimus" steht. Dem Emmius folgen die meisten Spätern[1]). Westendorp Jaarboek van Groningen 1829 I p. 246 und Weiland in der von ihm 1874 veranstalteten Ausgabe des Emo in Monumenta Germaniae XXIII p. 495, 48 beziehen die Worte „contremuit tota terra propter juratos, quos universitas Frisonum de more vetustissimo creaverat apud Upstellesbame" auf das Jahr 1222. Unmittelbar vor den angeführten Worten sagt Emo: „hic (d. i. 1222) est annus septimus ab incursu Orientalium Frisonum in Fivelgoniam contra Hrodbernum et generum suum et ceteros parentes, quorum domus incineratae sunt et consulum terrae ex parte." Sieben Jahre vor dem Jahr 1222, das ist im Jahr 1216, wurden die Maaßregeln gegen den Hrodbern im Fivelgo ergriffen, es rückten Ostfriesen unter Führung der Jurati von Upstalsbom ein. Daß gegen den . Hrodbern 1216 so verfahren sei, nehmen Westendorp und Weiland entsprechend dem Text des Emo an, beziehen dann aber seine weitern Worte „contremuit u. s. w." auf das Jahr 1222, während sie in unmittelbarer Beziehung zu dem Vorhergehenden stehen und offenbar dasselbe Factum im Auge haben. Eine solche Zerstückelung der angeführten Stelle Emo's kann ich nicht annehmen. Er hat über das Jahr 1216 gesprochen, indem er es als das siebente vor 1222 bezeichnet, und geht dann über auf das Jahr 1222 mit den Worten: „item ipse est annus, in quo vinculum societatis Hunesgoniae et Fivelgoniae secundo Nonas Augusti paene scissum est" etc. Im Jahr 1222 am 4. August wurde die Verbindung des Hunsego und Fivelgo, sagt er, fast zerstört; am 10. August 1216 hatten die Upstalsbomer Jurati Friedensstörungen im Fivelgo mit strengen Maßnahmen beseitigt. Die Verhältnisse damals und jetzt waren sehr verschieden. Jetzt, im Jahr 1222, fehlt es an thätigem Eingreifen der Upstalsbomer Jurati, und eben, weil Emo dies schwer empfindet, schiebt er, indem er vom Jahr .1222 spricht, den Satz über das Jahr 1216 ein.

---

[1]) Das thun z. B. Wiarda Von den Landtagen der Friesen 1777 p. 22, 2. Ausgabe 1818 p. 84 und Ostfriesische Geschichte I p. 194; O. Klopp Geschichte Ostfrieslands 1854 I p. 100. .

2. Beim Jahr 1224 berichtet Emo über einen Streit, den er als Prøpst des Klosters Floridus Hortus zu Wittewierum in den Jahren 1223 und 1224 mit dem Propst Herderich von Schildwolde gehabt hatte. Beide Praemonstratenserklöster, zu Wittewierum und Schildwolde, lagen nur eine Meile von einander entfernt im Fivelgo in der Münsterschen Diöcese[1]). Den Grund des Streits giebt Emo nicht an, erörtert aber sehr ausführlich, wie sich der Bischof von Münster und dessen Dekane für Herderich erklärt hätten, wie es aber ihm gelungen sei, den Abt von Praemonstrae für seine Ansicht zu gewinnen, und wie er an den Papst appellirt habe, und päpstliche Beauftragte („delegati") gegen Herderich und den Bischof von Münster entschieden hätten. Während des Streits war Emo durch Herderich als Official des Bischofs von Münster, der Bischof durch die päpstlichen Delegirten, und Herderich von Schildwolde durch den Cardinal Konrad excommunicirt worden. Der Bischof von Münster suchte durch bevollmächtigte Geistliche, die er in das Fivelgo und die ihm benachbarten Landdistrikte schickte, durch „Nuncii", wie sie Emo nennt, das Volk für sich sowie für den Propst Herderich und gegen den Abt Emo zu stimmen. Emo erzählt ausführlich, in wie hohem Grade in Friesland darüber Aufregung entstand: „Accessit frater Sibrandus procurator abbatum interritus et frater P. et alii fratres (d. i. Praemonstratenser Mönche, die vom Papst delegirt waren) volentes excommunicationem (d. i. des Bischof Theoderich von Münster) denunciare, sed Geico de Fermesum decanus, P. et A. in Loppeshem decani et quam plurimi cum ipsis gravissimum fecerunt strepitum currendo et clamando et conviciando, putantès eos tali insultu a proposito cohercere. Factus est concursus et clamor . . . , sed dicti fratres indefessi restiterunt. Affuit eis *vir nobilis* 'Stitho, inflammatus caritate correctionis ecclesie . . . voce et manu illos furentes dimovit; et ita usque ad crepusculum vis vi repulsa est cum nullius tamen lesione", M. G. XXIII p. 505, 31 oder Feith p. 102. War es an jenem Tage noch zu keinem Blutvergiefsen gekommen, so mufste man doch unbedingt am folgenden eine Störung des Landfriedens fürchten, als sich

---

[1]) Vgl. über Emo im Kloster Floridus Hortus oben p. 15.

in Loppersum grofse Volkshaufen versammelten. Es waren, wie Emo angiebt, die Consules des Fivelgo und Upstalsbomer Jurati anwesend; nachdem sie vernommen hatten, dafs der Bischof durch die päpstlichen Delegirten, und Propst Herderich durch den Cardinal Konrad excommunicirt sei, kamen sie zu dem Ausspruch, dafs das Volk sich den Bevollmächtigten des Bischofs unterzuordnen habe, wenn die bischöflichen Dekane mit 2000 Mark Sicherheit gewährten, dafs das Land vom Kirchenbann unberührt bliebe: „Die sequenti congregatus est populus quasi vir unus. Aderant ibi (in Loppersum) consules terre et jurati de Upstellesbome et, audita denunciatione excommunicationis episcopi (d. i. des Bischofs. von Münster) a delegatis summi pontificis et Herdrici a cardinali (d. i. „Conradus Portuensis cardinalis" M. G. p. 504, 39 oder „Conradus Portuensis et sanctae Ruffinae episcopus, apostolicae sedis legatus" p. 505, 4), decreverunt in sententiam: nisi decani duobus milibus marcarum, terram immunem fore, si assisterent nunciis episcopi, caverent, non debere eis impendi obedientiam." M. G. p. 505, 41 oder Feith p. 102. Die bischöflichen Dekane erklärten darauf, dies nicht zu können, und die Nuncii des Bischofs erreichten es in anderer Weise, zwischen dem Herderich und Emo, sowie zwischen Emo und dem Bischof einen Vergleich zu Stande zu bringen, wobei in Emo's Erzählung von einer Betheiligung der Consules des Fivelgo und der Jurati de Upstellesbome nicht weiter die Rede ist: „Quod quia visum est (decanis) intolerabile, dixerunt se hoc nolle facere; et ideo nuncii episcopi soli et contempti vacue mense inviti assidebant, videntes se vacuos honore et vacuas crumenas habere, et sic compulsi sunt ... formam compositionis preposito et conventui bene placitam per amicos et familiares precipuos ipsius conventus (d. i. vom Kloster Floridus Hortus (Florkamp)) offerre et conscribere etc." M. G. p. 505, 45 oder Feith p. 102. Die darüber ausgestellte Urkunde des Bischofs Theoderich von Münster vom 19. September 1224 theilt Emo mit, im Abdruck in Monumenta Germaniae p. 506, 2, oder Feith p. 102.

In welcher Weise im Einzelnen der Ausspruch lautete, durch den die Fivelgoer Consules und die Jurati von Upstalsbom vor dem spätern

Vergleich die Sache hatten erledigen wollen, sagen die Worte Emos nicht, namentlich geben sie keine Auskunft, wie und warum sie eine Sicherstellung für die hohe Summe von 2000 Mark von den Dekanen des Fivelgo forderten. Im Jahr 1225 verlangten nach Emo die Consules des Fivelgo, daſs Propst Herderich von Schildwolde die fortdauernde Unabhängigkeit der Kirche zu Schildwolde von seinem Kloster zusichere, und der Bischof von Münster nöthigte ihn, dafür eine Sicherstellung durch Grundstücke zu gewähren: „Consules terre (d. i. des Fivelgo) proposuerunt, nullatenus velle obedire . . ., nisi ille (d. i. Herdricus) in perpetuum ecclesiam prefate parochie liberam fore ypotecaria cautione sufficienter caveret . . . . Et arbitratus est episcopus, . . . Herdricum . . . super hoc cautionem immobilium sufficientem prestare", s. unten p. 389.

3. Noch im Jahr 1224, nachdem zu Loppersum, einem der Dekanatssitze des Fivelgo[1]), das unter Nr. 2 Erzählte vorgefallen war, hat Emo zu berichten von einer neuen Störung des Landfriedens zu Schildwolde im Fivelgo, die zu einem Eintreten der Upstalsbomer Jurati führte. Im Kirchspiel Schildwolde im Dekanat Loppersum war im Jahr 1204 durch Heinrich, Propst des Oudeklosters zu Marne im Hunsego ein Prämonstratenser Nonnenkloster gegründet worden[2]), ihm stand im Jahr 1224 als Propst Herderich vor, dessen Streitigkeiten mit Abt Emo in der oben p. 386 erwähnten Urkunde von 1224 der Bischof Theoderich von Münster

---

[1]) Ueber das Decanat Loppersum im Fivelgo vgl. unten Cap. VI.

[2]) Skeld-walda, wie Emo im Jahre 1223 M. G. p. 500, 13 und Urk· von 1338 Driessen p. 134 (aus Orig.) das heutige Schildwolde schreibt, ist benannt nach der „Skeld" oder dem Schilt-meer, an dem es lag. In der Continuatio Menkonis heiſst es beim Jahre 1295: „aqua sive mare Skeld" M. G. p. 568, 24. Emo nennt beim Jahr 1204 das Kirchspiel von Schiltwolde „parochia Skeldensis" M. G. p. 467, 1 und beim Jahr 1225 seine Bewohner „Silvani skeldenses" M. G. p. 508, 48. Ueber die Gründung des Klosters im Kirchspiel Schildwolde berichtet Emo beim Jahre 1207: „Circa idem tempus cepit coenobium Johannis evangelistae in Merna et coenobium sororum in parochia Skeldensi a quodam Heinrico canonico Capenbergensi, praeposito in Merna. Verum claustrum in Gratia sanctae Mariae convaluit cooperante matrona conversa longaeva, amita fratris Herdrici, postmodum praepositi ibidem" M. G. 466, 44.

beigelegt hatte. Derselbe Propst Herderich war es, der die Veranlassung zu neuen - und schweren Friedensbrüchen im Fivelgo
gab. Er wollte die unfern seines Klosters stehende Kirche zu
Schildwolde, an der ihm die Hälfte des Patronats zustand, erwerben,
beredete den bisherigen Pfarrer von Schildwolde, ins Kloster zu
treten, und nahm willkürlich Kirche und Pfarrhaus in Besitz[1]). Die
dadurch verletzte Bevölkerung von Schildwolde ließ sich zu offenem
Tumult verleiten und warf die Sachen des Propst Herderich aus
dem Pfarrhaus. Herderich sammelte eine bewaffnete Schaar seiner
Freunde und Verwandten, die Gegner verstärkten sich durch Her-
anziehen größerer Haufen. Dies war der Moment, wo die Consules
von Fivelgo und die Upstalsbomer Jurati zusammenkamen, um den
Landfrieden unter den Streitenden herzustellen. Emo sagt: „convenerunt consules terrae et jurati orientales pro reformanda pace inter eos“ oben p. 18. Herderich wollte sich
mit seinen Bewaffneten wieder des Pfarrhauses bemächtigen, wurde
aber von den Consuln des Fivelgo daran gehindert: „Herdricus
voluit vendicare domum manu armata et ceperat applicare exercitum, sed prohibitus est a consulibus prefatis.“ Doch zog das
Volk vor das Kloster, das mit Gräben umschlossen war und von
der Mannschaft des Herderich vertheidigt wurde, aus ihm ward
der Edeling von Menterwolde getödtet[2]). Tag und Nacht lag das
erbitterte Volk vor dem Kloster, bis es dem Herderich gelang, aus
ihm zu entkommen; zur Rache verbrannten die Blutsfreunde des
getödteten Edeling die Häuser seiner nächsten Verwandten. Herderich

---

[1]) Emo nennt die Kirche zu Schildwolde „ecclesia vicina sibi“ (d. i. dem
Herderich, als Propst des Klosters zu Schildwolde) und bemerkt „tenuit
dimidiam partem ecclesie“, während der Sacerdos „tenuit residuam partem
ecclesie“, vgl. oben Cap. II §. 3 p. 18.

[2]) Emo sagt: „mortuus est *quidam nobilis de Mentera* (Menterna *silva*,
silva nach Feith) cuspide transmissa in caput ejus“ M. G. XXIII p. 507, 40
u. Feith p. 107. Vgl. in Urk. von 1283 „nobiles homines de Mentene“
Driessen I p. 43 (aus Orig.) und in Urk. von 1287 „nobiles homines de
Menterewolde“ Driessen p. 51. Emo und Menco sprechen von Menter-
nenses, die Gegend lag an dem in den Dollart mündenden Bach Mente
oder Munte bei Termunten im Klei-Oldamt des Fivelgo und ist vom Dollart
überfluthet, vgl. unten Cap. X.

liefs ihnen als Wergeld des Getödteten und für Verschonung des Klosters 1000 Mark anbieten. Sie gingen nicht darauf ein und zogen, nachdem sie ihren Todten begraben hatten, in grofser Zahl nach dem Kloster, schonten keinen der Verwandten Herderichs, 'den sie erblickten, drangen endlich in den Bereich des Klosters', verbrannten vier Gebäude, plünderten die Klosterkirche und nahmen aus ihr den Schrein mit dem „Corpus dominicum", s. Emo in M. G. p. 507, 41. — Am 25. April[1]) 1225 kam Bischof Theoderich in das Fivelgo und suchte die Streitsache zwischen dem Propst Herderich und den Schildwoldern zu erledigen. Die Consules des Fivelgo erklärten unter Zustimmung des Volks, keine Bufse für die Verbrennung des Klosters erwirken zu können ohne die Zusicherung, dafs die Kirche in Schildwolde stets unabhängig vom Kloster sein solle. Nachdem der Bischof sich von der Erbitterung gegen Herderich überzeugt hatte, nöthigte er ihn einzuwilligen und vereinbarte, dafs für die Verbrennung des Klosters 1600 Mark, ihm aber als Banngelder 900 Mark gezahlt wurden, am letzten Mai 1225 verliefs er das Land. Die Worte Emos sind: „Nimis siquidem episcopus sollicitus fuit et laboravit ab introitu suo usque ad exitum super causa Herdrici, que vertebatur inter ipsum et Silvanos Skeldenses. Ideoque in primo ingressu invitavit consules terre, ut ope illorum compellerentur reddere pecuniam pro incendio claustri ipsius. Unde illi non crediderunt ei, nec comparuerunt. Tandem multociens vocati proposuerunt, nullatenus velle obedire et damnum resarcire, nisi ille in perpetuum ecclesiam prefate parochie liberam fore ypotecaria cautione sufficienter caveret; et id ipsum contra eum conclamavit totius terre multitudo . . . . Quod intelligens episcopus precepit Herdrico, ut se suo consilio committeret et arbitrio, quod et factum est. Et arbitratus est episcopus, prefatos parochianos debere pro incendio ei

---

[1]) Emo sagt: „Octava quoque Kalend. Maji intravit Theodericus etc." M. G. XXIII p. 508, 28, d. i. am achten Tage von den Kalenden des Mai oder den 25. April; Weiland löst auf den achten Mai. Vgl. Emo a. a. O. p. 508 „decimo Kalend. Junii" und p. 530 „14 Kal. Augusti", wo auch Weiland den 23. Mai und 19. Juli berechnet. Das Mittelalter schreibt nicht in römischer Weise „ante Kalendas", vgl. Grotefend Chronologie p. 33 und über „Octava die" Grotefend p. 37.

restituere mille marcas et sexcentas, et illum in perpetuum silere super prefata ecclesia, et super hoc cautionem immobilium sufficientem prestare ... Ipse vero pro bannis nongentas marcas percepit." M. G. p. 508, 47 oder Feith p. 110.

4. Ein viertes und letztes Mal gedenkt Emo der Jurati von Upstalsbom beim Jahr 1231, s. seine Worte oben p. 18.

Zwischen den Bewohnern von Ernerum, d. i. Eenrum im Halveamt des Hunsego (nördlich von Groningen) und denen von Uthusen, d. i. Uithuizen im Ostamt des Hunsego an der Grenze des Fivelgo (nordöstlich von Groningen), die beide am Strande der Nordsee etwa zwei Meilen von einander liegen, war ein Streit über eine „Insula", wie Emo sagt, ausgebrochen. Es ist nicht überliefert[1]), ob hier unter „Insula" ein wirkliches, meerumflossenes Eiland an der Küste der Nordsee zwischen Uithuizen und Eenrum zu verstehen ist, oder ein in jener Gegend von der See angespülter Polder, ein Seeland, wofür friesische Schriftstücke mehrfach insula verwenden. Die Uithuizer beanspruchten den Besitz der ganzen Insula, die Eenrumer behaupteten, daſs sie zur Hälfte ihnen gehöre, eine Entscheidung der Jurati von Upstalsbom zu Gunsten der Uithuizer führte zu offenem Krieg zwischen den Eenrumern und Uithuizern. Emo sagt: „anno 1231 ortum est bellum inter Ernerenses et Uthusenses propter insulam, quam jurati apud Upstellesbome Uthusensibus adjudicaverant." Die Eenrumer wollten sich der Entscheidung nicht unterwerfen. Am 19. Juli zogen darauf die Jurati mit der „universitas Fivelgoniae", d. i. mit der sämmtlichen Mannschaft aus Fivelgo, gegen sie, um sie zur Anerkennung der Entscheidung zu zwingen, und es kam zwischen beiden Theilen zum Kampf: „sed quia jam dicti Ernerenses parere recusarunt, XIV Calendas Augusti juratos secuta est universitas Fivelgoniae pro coërcione ipsorum et congressae sunt partes in pugnam." Um Widerstand leisten zu können, verbanden sich die Eenrumer mit den Groningern, und diese schlugen die Fivelgoer zurück; zur Durchführung des Kampfs mit den von den Groningern unterstützten Eenrumern gingen darauf die Fivelgoer ein Bündniſs ein mit den Threntewoldern (südlich bei Groningen)

---

[1]) Vgl. über das friesische Seelond (Insula) unten Cap. IV.

und mit den Fredewoldern (westlich von Groningen auf dem rechten Ufer der Lauwers), während ihre Nachbarn in den Achtkarspelen in Friesland westlich der Lauwers sich den Eenrumern anschlossen und defswegen von den Fredewoldern überfallen wurden. Nachdem die Fredewolder unterlegen waren und sich zur Zahlung der Bufse, zu der sie gerichtlich verurtheilt wurden, verstanden hatten, griffen sie am 19. August in Verbindung mit den Drenthern die Groninger an, mit denen die Drenther bereits den 7. August handgemein geworden waren. Am selben Tage sammelten die Fivelgoer einen Heerhaufen und überfielen die Eenrumer, die nach kurzem Kampf flohen, weil sie nicht von den durch die Drenther in Anspruch genommenen Groningern unterstützt wurden. — In den folgenden Jahren dauerten ununterbrochen die heftigsten Kämpfe zwischen den einzelnen friesischen Landdistrikten fort, die theils von der Stadt Groningen, theils von der Drenthe unterstützt wurden. Erst 1250 kam es, wie Menko, der Fortsetzer des Emo und damalige Abt des Klosters Witte-Wierum berichtet, zu einem Friedensvergleich zwischen den Fivelgoern und Hunsegoern, nachdem zwischen ihnen seit 1231 der Streit wegen der Insula der Uithuizer gedauert hatte. Dem Decan Sicco von Farmsum im Fivelgo gelang es, die Streitenden dahin zu vergleichen, dafs die Eenrumer den vierten Theil der Insula bekamen, die sie sich zur Hälfte hatten aneignen wollen, die Uithuizer sich mit drei Viertel der ihnen von den Upstalsbomer Jurati 1231 ganz zugesprochenen Insula begnügten. Alle Getödteten wurden bezahlt, auf Seite der Fivelgoer waren es fast 100 Mann, auf der ihrer Gegner 82. Alle Gefangenen wurden ausgeliefert. Für offenkundigen Raub und Brand zahlten die Eenrumer den Fivelgoern und Uithuizern 24000 Mark Fivelgoer Münze, die Uithuizer den Hunsegoern 900 Mark. Erlassen wurden alle andern Räubereien und Wunden mit Ausschlufs der Verstümmelung eines der sechs Hauptglieder. Die Worte Menko's sind: „tandem (eodem anno domini 1250) Fivelgones et Hunesgones, cum pro insula Uthusensium XXII annis discordassent, pacem ultro inter se ordinaverunt .... Et hoc factum est mediante domno Siccone, decano de Fermesum ..., ut tam diu protracta et sanguine multorum aggravata terminaretur hoc modo, ut quarta pars cederet Ernerensibus, qui primo medietatem sibi usurpare volebant, relique tres Uthusensibus, et omnes occisi hinc inde a· capitalibus utriusque partis solverentur. Fuerunt autem a parte Fivelgonum· occisi fere centum viri, ab altera parte totidem praeter octodecim. Redemptiones captivitatum restitute secundum veritatem ·... Pro spoliis· manifestis et incendiis Ernerenses. dederunt Fivelgonibus et eorum capitalibus, scilicet Uthusensibus XXIV milia marcarum monete Fivelgonensis, Uthusenses Hunesgonibus nongentas marcas. Spolia vestium, armorum et omnia vulnera preter mutilationem sex membrorum propter deum et bonum pacis dimissa sunt." M.G. p.544,50; oder Feith p.202. — Der Friedensvergleich zwischen den Hunsegoern und Fivelgoern wegen der Insula Uthusensium, wie sie Menko nennt, erfolgte nach ihm im Jahr 1250. Er berichtet, dafs die Streitenden den Frieden eingegangen wären, um gemeinschaftlich die Stadt Groningen anzugreifen, dafs dies im Jahr 1250 noch zu keiner Eroberung der Stadt geführt habe, und dafs sie nach Ostern 1251 einen neuen Bund eingegangen wären und die Stadt nach vierwöchentlicher Belagerung zur Uebergabe und Schleifung ihrer Mauern gezwungen hätten. Ungenau ist es, wenn Menko in der angeführten Stelle sagt, der Streit über die Insel der Uithuizer habe 22 Jahre gedauert, da Emo seinen Beginn 1231 setzt.

Was unter der Insula Uthusensium zu verstehen ist, sagen Emo und Menko nicht, und auch Spätere haben darüber nichts beibringen können. Ubbo Emmius meint in seiner 1616 erschienenen Historia rerum Frisicarum p. 139, man könne in Folge der Veränderungen, die der Boden des Landes erfahren habe, ihre Lage nicht nachweisen: „insula erat non procul aggere Groningani agri boreo momenti non·magni, nobis quidem jam ob mutationes, quae illi orae acciderunt, ignota." Inwieweit dies richtig ist, vermag ich nicht anzugeben, dagegen mufs ich speciell der Behauptung des Emmius entgegentreten, die die Späteren ihm allgemein nachgeschrieben haben, dafs zur Zeit des Streits über die Insula zwischen Uithuizen und Eenrum, Uithuizen nebst den ihm benachbarten Dörfern Uithuistermeden und Usquert nicht zum Hunsego, sondern zum Fivelgo gehört habe[1]). Es wird durch diese Annahme jede richtige

---

[1]) Dafs Uthusen im Fivelgo gelegen habe, nehmen an: Emmius Historia

Auffassung der Ereignisse des Jahres 1231 unmöglich gemacht, und erscheint namentlich der Zug der Upstalsbomer Jurati mit der Mannschaft des Fivelgo gegen Eenrum in ganz falschem Licht. Die Fivelgoer ziehen 1231 nicht gegen Eenrum, um das Recht des zu ihnen gehörenden, in ihrem Landdistrikt gelegenen Uithuizen zur Geltung zu bringen, sondern weil die Upstalsbomer Jurati sie zu einem Zuge nach Hunsego requirirt haben; um eine Entscheidung bei dem Streit der beiden Orte Eenrum und Uithuizen im Hunsego durchzuführen und den im Hunesgo ausgebrochenen Kampf niederzuwerfen.

Ich werde unten in Cap. IX die alten Gaue Fivelga und Hunesga besprechen und nachweisen, wie im dreizehnten Jahrhundert ihre Viertel sich abgrenzten. Hier bemerke ich, dafs damals Uithuizen nebst den angrenzenden Dörfern Uithuistermeden und Usquert zum Aster-ombecht des Hunesgo gehörten, und dafs die Grenze des Hunesga mit dem Fivelga östlich von dem an Uithuisen stofsenden Uithuistermeden zur Nordsee lief. Emo berichtet beim Jahr 1231: „Extunc valde timuerunt Ernerenses et vetus fossatum antiquissime discordie inter Fivelgones et Hunesgones foderunt usque ad mare", M. G. XXIII p. 513, 23 und „septimo Idus Augusti Fivelgones collecto exercitu fossatum per loca repleverunt et congressi sunt ad proeliandum" p. 513, 29. Das Kataster von 1506 nennt als zum Osteramt gehörig siebzehn Dorpen, indem es das Kloster Rottum und Huizinge übergeht, die sonst auch zum Osteramt des Hunesgo gerechnet werden: „Op de Breede, Warffum, Usquerd, Gelszwordt (d. i. Elswert), Uithuizen, Uithuistermeden, Doornwert, Kantens, Middelstum, Oester-witwerd (d. i. Wiitwert),

---

p. 139, Chr. Schotanus Geschiedenissen 1658 p. 119, Menso Alting Notitiae Germaniae inferioris 1701 II p. 194, Wiarda Ostfries. Geschichte 1791 I p. 195 und Landtage bei Upstalsbom 1818 p. 91, Tegenwoordige Staat van Stad en Lande 1794 II p. 326, van der Aa Woordenboek 1848 XI p. 371, Onno Klopp Ostfries. Geschichte 1853 I p. 101. Irrig hält Westendorp Jaerboek van Groningen 1829 I p. 282 den Namen „Ernerenses" im Text des Emo für verderbt aus dem von E. Beninga dafür gelesenen Emerenses und denkt an einen Ort Emersen im Fivelgo; er ist nie vorhanden gewesen, und die Lesart „Ernerenses" bei Emo handschriftlich beglaubigt, s. oben p. 18.

Menckeweer, Eppingehuyzen, Startinghuizen, Stitsweer, Zandeweer,
Oudenzyl, Osternyelant", Martena Landboek in Schwartzenberg II
p. 65. Den Abt von Rottum im Aster-ombecht des Hunsego nennen
die Hunsegoer Küren von 1252 in Friesische Rechtsquellen p. 330, 1.
Huizinge liegt zwischen Middelstum im Asterombecht des Hunsego
und Westeremden im Fivelgo, das Kataster von 1506 in Schwartzenberg II p. 66 zählt es unter den „Fywelingerlant dorpen" auf, es wird
aber in der späteren Zeit stets zum Osteramt des Hunsego gerechnet,
s. Tegenwoordig Staat van Stad en Lande 1794 II p. 335, und gehörte nach Urkunde von 1326, Driessen Monumenta Groningana
p. 626, zu einem Consulatus im Osteramt, wie es denn bereits die
Traditiones Fuldenses im Hunsego nennen: es schenkt „Ditmar ad
pagum Hunesgewe in regione Fresonum in villa Mitilistenhem (d. i.
Middelstum, grenzt mit Huizinge) et in *Hustinga* terram XII boum",
Dronke Traditiones Fuldenses p. 48. In neuerer Zeit wurden von
den neunzehn Dörfern des alten Osteramts die fünf nördlichsten
zum Halve-amt gerechnet, nämlich Op de Brede, Warffum, Usquert,
Uithuizen und Menkeweer, s. Tegenw. Staat van Stad en Lande II
p. 319, 324, 325, 326. In siebzehn von den neunzehn Orten des
Hunsegoer Osteramts verzeichnet das Münstersche Dekanatsregister
aus der Mitte des fünfzehnten Jahrhunderts, in Ledebur Fünf
Münstersche Gaue 1836 p. 101, Kirchen unter dem Dekan zu Usquert,
und beweist für jene Zeit im Wesentlichen die Uebereinstimmung des
Dekanats Usquert mit dem Osteramt des Hunsego[1]); dafs aber
auch in früher Zeit die zu ihnen gehörende Gegend ein in gerichtlicher und kirchlicher Beziehung abgegrenzter Theil des alten Pagus
Hunesga war, ergeben mehrfache ältere Erwähnungen der in ihr
gelegenen Orte. Usquert hatte eine der ältesten Kirchen im Hunsego;
bereits die Vita Liudgeri gedenkt dort eines Bethauses: „in villa
Wiscuuirt (d. i. Visc-wirt oder Fisk-wert), ubi oratorium erat con-
structum", M. G. II p. 412. Im Jahr 1231 erwähnt Emo, dafs die

---

[1]) Von den beiden vom Kataster aufgeführten Orten Gelszwordt und
Menkeweer übergeht das Dekanatsregister p. 104 Gelszwordt d. i. Elswert,
ein kleiner Ort im Osteramt bei Kantens und rechnet Menkeweer, d. i. Kirchdorf Menkeweer, indem es Menkingaweer dafür schreibt, zum Dekanat Bafflo;
der Ort grenzt mit Middelstum.

„ecclesia in Usquert" niedergebrannt, und dafs der Dekan von Usquert gestorben sei: „eodem tempore defunctus est predictus decanus, possessor ecclesie in Usquerth, tertius heres illius nominis, relicto parvulo ejusdem nominis", M. G. XXIII p. 514, 16 oder Feith p. 123. Im Jahr 1283 gehörte die Kirche zu Uithuizen zum Dekanat Usquert; nach der Continuatio Menkonis verhandelte in jenem Jahr der Abt des Klosters Witte-Wierum in dem Dekanatssitz Usquert mit dem dort beim Send anwesenden Bischof Eberhard von Münster über die Anerkennung der seinem Kloster geschenkten Kirche zu Uit-huizen: „Anno domini 1283 dominus Everardus Monasteriensis episcopus venit ad partes Frisiae causa visitandi et ad corrigen-dos subditos suae diocesis secundum consuetudinem antiquam et approbatam. Cumque Usquert devenisset, accessit ad eum dominus Oudgerus abbas Floridi Horti petens humiliter con-firmationem et investituram in ecclesia Uthusum, quae sibi et conventui suo a veris patronis ejusdem ecclesiae canonice fuerit collata", M. G. XXIII p. 561, 26 oder Feith p. 246. Im Jahr 1252 bildete das Asterombecht einen Theil des Hunesga: Die Hunsegoer Küren von 1252, in Fries. Rechtsquellen p. 330, 1, nennen „thet Aster-ombecht" neben „Halve-ombecht", „Up-ga", „Merne" und „Mid-og" als einen der Theile des Hunsego, die zu Ulderna-dom, d. i. Onderden-dam im Kirchspiel Menke-weer des Osteramts, im gemeinsamen Ge-richt zusammentraten. Unter den Redjeva oder Consules des Hunsego stand Uithuizen, vergleiche in Urkunde von 1396: „Reynerus Eysinga in Sondweer, consul consulatus Uthusum, ... lata est haec sen-tentia praesentibus ... meis duobus wed-mannis Taddekone Hiddama in Uthusum et Haykone Rembekama in Medum", Driessen Monu-menta Groningana p. 485. Das Kirchdorf Zandeweer im Osteramt grenzt im Süden mit Uithuizen, während das Kirchdorf Uithuister-meden östlich von Uithuizen liegt. Inbetreff der Ausdehnung von Uithuizen verdient Beachtung die grofse Anzahl von Oertlichkeiten, die ein Testament von 1301 in ihm namhaft macht, mehrere unter ihnen bekunden sich durch ihre Namen als alte Adelsgrundstücke. In dem angeführten Testament, bei Driessen Monumenta Groningana p. 65 aus dem Original gedruckt, verfügt „Deyco Duirdisma de Uthusum" zu Gunsten der unehelichen Kinder „de domo Duirdisma." Hiddo

erhält "aream juxta *domum Nickama* et quinque centenaria terre ...,
vulgariter dictum (em. „dictam"?) *uppa groda"*, Sibeco erhält „areas
adjacentes supradicte aree Hiddonis et quartum dimidium centenarium *uppa damma"*, Hiddeco erhält „tres aggeres ... scilicet duo
centenaria *juxta domum Ludonis Onnatisma."* Diesen letzten Verfügungen stimmt bei Geroldus, der Erbe des Deyco, er habe vor seinem
Tode dem Hiddo geschenkt „quinque centenaria *uppa Werum"*, dem
Sibeco „quartum dimidium centenarium *uppa astra-Eylarda-fennum"*,
dem Hiddeke „quatuor centenaria *uppa westra-Eylarda-fennum."*
Auch habe Asego, sein Enkel und Erbe diesen Schenkungen des
seligen Gerold nicht widersprochen, wie denn auch nach dem Tode
des Asego für dessen Kinder Sicco de Spik eingewilligt habe. Das
Testament ist besiegelt „sigillo domini Tadeconis loci Uthusum curati et *Eilwardi in Duirdisma."* Als Edelinge in Uthusen
sind anzusehen die „capitales", die Menko 1250 beim Vergleich mit
Eenrum über die streitige Insula Uithuizen nennt[1]).

§. 6. Bedeutung der Jurati von Upstalsbom 1216, 1224 und 1231.

So flüchtig Emo in diesen drei Jahren die Upstalsbomer Jurati
erwähnt, so beweisen doch seine gleichzeitigen Worte nicht nur
das Vorhandensein von Upstalsbomer Jurati in jenen Jahren, sondern sie lassen auch ihre damalige Bedeutung erkennen. Betrachten
wir 1. ihre Aufgabe, 2. ihren Namen Jurati, 3. dafs sie
Upstalsbomer Jurati waren, 4. wie die Jurati jährlich
in Upstalsbom zusammenkamen.

1. Aufgabe der Jurati ist es, für Erhaltung und
Herstellung des Landfriedens, „pro reformanda pace", in

---

[1]) Nähere Auskunft über die zu Uithuizen gehörenden Ländereien wird
eine ungedruckte Urkunde von 1404 über die „Uithuizer hamerke" geben,
die Feith Register van het archief van Groningen 1853 I p. 49 verzeichnet.
Unter „hamerke" ist in Friesland eine Wiesenfläche verstanden, deren
Theile den Berechtigten nach je 4 Jahren zur Benutzung neu zugetheilt
wurden, s. die im Fries. Wörterbuch p. 795 angeführten Stellen. Vielleicht
ist aus der ungedruckten Urkunde von 1404 Bestimmtes über die Lage der
alten „insula Uthusensium" zu gewinnen.

den verbundenen Landdistrikten zu sorgen. Es zeigt sich dabei die Thätigkeit der Jurati in den einzelnen Fällen, die Emo erzählt, sehr verschieden:

A. in vermittelnder Weise. *Im Jahre 1224,* wo der Landfriede im Fivelgo gefährdet war, und man dessen Störung *in der Sendversammlung zu Loppersum* befürchtete, indem grofse Volksmassen sich gleichzeitig mit den Delegirten des Papstes und den Bevollmächtigten des Bischofs neben den Dekanen versammelt hatten, *finden sich* mit den Consules des Fivelgo *Jurati von Upstalsbom ein, um die Störung des Landfriedens zu hindern;* sie erfahren die Excommunication des Bischofs durch die Delegirten des Papstes und vereinigen sich zu Loppersum mit den Consules des Fivelgo zu dem Ausspruch, dafs die Fivelgoer den Mafsnahmen der Bevollmächtigten des excommunicirten Bischofs nicht unbedingt zu gehorchen haben, vgl. oben p. 386. Der Grund des Eintreffens von Upstalsbomer Jurati in Loppersum ist hier, dafs durch die Streitigkeiten zwischen den geistlichen Herrn der Landfriede gefährdet ist; sie suchen mit den Consules des Fivelgo den Streit beizulegen, der zu offenen Kämpfen im Lande zu führen droht. Von einer vorausgegangenen Entscheidung der Consules des Fivelgo ist und kann hier nicht die Rede sein; sie sind nicht zur Abhaltung des Gerichts des Fivelgo, das zu Appingadam stattfand, in Loppersum anwesend, sondern, wie die Jurati, nur wegen der befürchteten Störung des Landfriedens und vereinigen sich mit den Jurati zu dem erwähnten Ausspruch. Emo sagt: „aderant ibi consules terre et jurati de Upstellesbome et audita denunciatione excommunicationis episcopi ... decreverunt in sententiam" etc., oben p. 386. Inwieweit unter „decreverunt in sententiam" an eine Verständigung beider über eine gemeinsame Erklärung oder an eine Art von richterlichem Erkenntnifs zu denken ist, dürfte kaum zu bestimmen sein[1]). Die Jurati wollen vermitteln, fällen keine richterliche Ent-

---

[1]) Emo sagt beim Jahre 1219, indem er von Schiedsleuten spricht, die von 7 Orten im Fivelgo erwählt sind, um Deichstreitigkeiten zu schlichten: „elegerunt juratos, qui pro utilitate et necessitate instantis periculi justam dictarent sententiam." M. G. XXIII p. 491, 8 oder Feith p. 65.

scheidung, die von ihnen mit Gewalt hätte durchgeführt werden können; so sehen es auch die Dekane an, indem sie erklären, den an sie gestellten Forderungen nicht entsprechen zu können; und die Bevollmächtigten des Bischofs legen in seinem Namen den unter den geistlichen Herrn entstandenen Streit durch einen Vergleich bei, der von dem Ausspruch der Fivelgoer Consules und Upstalsbomer Jurati verschieden ist. Es wird ohne sie erreicht, daß es zu keiner Störung des Landfriedens kommt.

Wie in dem eben erwähnten Fall, *erscheint auch bei dem zweiten, den Emo beim Jahr 1224 aus dem Fivelgo mittheilt, die Thätigkeit der Upstalsbomer Jurati nur als ein Versuch, durch ihre Vermittelung den gestörten Landfrieden herzustellen.* Das Kirchspiel Schildwolde im Fivelgo hat sich zu Gewaltschritten gegen den Propst des Klosters zu Schildwolde hinreißen lassen, weil er sich rechtswidrig in den Besitz ihrer Kirche gesetzt hat. Da kamen, sagt Emo, die Upstalsbomer Jurati und die Fivelgoer Consules zusammen nach Schildwolde, um zwischen Propst und Gemeinde den Landfrieden herzustellen: „convenerunt consules terre et jurati Orientales pro reformanda pace inter eos." Es mißlangen die Bemühungen der Jurati, die Consules vom Fivelgo hinderten anfänglich noch, daß die bewaffnete Mannschaft des Propstes mit den Fivelgoer Volkshaufen handgemein wurde, bald aber kam es zu Blutvergießen, das erbitterte Volk stürmte das Kloster zu Schildwolde, verbrannte es, und Kämpfe mit schweren Excessen folgten, die erst um Ende Mai des folgenden Jahres, nachdem sie über ein halbes Jahr gedauert hatten, persönlich durch den Bischof von Münster beigelegt wurden, indem es ihm gelang, einen Vergleich unter den Streitenden herbeizuführen; s. oben p. 388.

Von einem Erkenntniß, das die Upstalsbomer Jurati etwa nach einer an sie ergangenen Appellation in Upstalsbom gefällt und im Fivelgo zur Geltung zu bringen gesucht hätten, ist in den beiden Fällen des Jahres 1224 keine Spur vorhanden. Sie erscheinen im Fivelgo zu Loppersum wie zu Schildwolde, um den gestörten Landfrieden zu vermitteln, „pro reformanda pace", wie Emo sagt.

B. Die Jurati entscheiden in einzelnen Landdistrikten Rechtsstreitigkeiten, die deren Consules nicht erledi-

gen, so dafs eine Störung des Landfriedens zu be-
fürchten ist.

Im Hunsego stritten 1231, wie oben p. 390 nach Emo ausgeführt ist, Uithuizen und Eenrum über den Besitz einer Insula;
*die Consules des Hunsego waren mit einander uneinig und hatten
die Sache nicht erledigt, da traten Jurati bei Upstalsbom ein, und
fanden ein den Uithuizern günstiges Urtheil,* durch das sie die ganze
Insel ihnen zuerkannten, während die Eenrumer behauptet hatten,
sie gehöre ihnen zur Hälfte. Emo sagt: „Anno 1231 ortum est
bellum inter Ernerenses et Uthusenses propter insulam, quam jurati apud Upstellesbome Uthusensibus adjudicaverant",
s. oben p. 390.

C. Die Jurati erzwingen mit Bewaffneten die Ausführung der von ihnen gefällten Urtheile und die Herstellung des gestörten Landfriedens.

Nachdem *im Jahr 1231* Upstalsbomer Jurati in der vorstehend
unter B aus Emo berichteten Weise im Hunsego an Uithuizen
die ihm von Eenrum bestrittene Insula zuerkannt hatten („adjudicaverant"), *wollten sich die Eenrumer dem gefällten Urtheil nicht
unterwerfen, und zogen darauf am 19. Juli die Jurati,* um sie dazu
zu zwingen, *mit der bewaffneten Mannschaft des Fivelgo ins Hunsego:*
„Quia jamdicti Ernerenses parere recusarunt, XIV Calendas Augusti juratos secuta est universitas Fivelgonie pro coërcione ipsorum", oben p. 390. Die Eenrumer
widersetzten sich, und es kam zu einem Gefecht, in dem die Fivelgoer besiegt und genöthigt wurden, das Hunsego zu verlassen;
s. oben p. 391.

Ein anderes Beispiel berichtet Emo aus dem Jahr *1216. Upstalsbomer Jurati rücken am 10. August mit Ostfriesen im Fivelgo
ein,* brennen die Häuser und Felder des Hrodbern, seiner Verwandten
und einiger Consules des Fivelgo nieder *und erzwingen* durch dies
strenge Verfahren *ihre Unterwerfung und die Herstellung des gestörten Landfriedens.* Ganz Fivelgo erbebte vor den Upstalsbomer
Jurati, sagt Emo: „Hic est annus septimus ab incursu Orientalium Frisonum in Fivelgoniam in die beati Laurentii
(d. i. den 10. August 1216) contra Hrodbernum et generum

suum et .ceteros parentes, quorum domus incineratae
sunt et consulum terre ex parte. Contremuit tota terra
propter juratos, quos universitas Frisonum de more
vetustissimo. creaverat ·apud. Upstellesbame; s. oben
p. 16. — Das Niederbrennen der Häuser kennen in ähnlicher
Weise auch friesische Statute aus dem Beginn des dreizehnten Jahrhunderts, vergleiche namentlich, wie die siebente der Ueberküren
im Hunsegoer und Fivelgoer friesischen Text bestimmt: Wenn ein
Mann ein Weib nothzüchtigt, das Weib in ein anderes Haus flüchtet,
von ihm in .ein drittes, vom dritten in die Kirche, *so soll man die
drei Häuser niederbrennen*, die Kirche erbrechen und die Frau aus
ihr nehmen, s. oben p. 240[1]). — Upstalsbomer Jurati rücken 1216
mit Ostfriesen im Fivelgo ein, um ihre Entscheidung ·zu realisiren,
die vorausgegangen sein mufs, wie es im Jahr 1231 der Fall war.
Es gelingt ihnen im Jahr 1216, sie stellen den gestörten Landfrieden im Fivelgo her.

Die Bewaffneten, deren sich die Upstalsbomer Jurati im Jahr
1231 bedienen, um gegen das Hunesga die Unterwerfung unter ihre
Entscheidung zu erzwingen und den Landfrieden herzustellen, *nehmen
sie aus dem* dem Hunesga benachbarten *Fivelga, im Jahr 1216 gegen
das Fivelga aus* dem diesem benachbarten *Ostfriesland*, also aus
dem Emesga. Nur so sind die Worte Emo's zu verstehen, er sagt
beim Jahr 1216, indem er die Mafsnahmen der Upstalsbomer Jurati
erwähnt: „hic est annus septimus ab incursu Orientalium
Frisonum in Fivelgoniam in die beati Laurentii contra Hrodbernum et generum suum et ceteros parentes, quorum domus incineratae sunt et consulum terre ex parte. Contremuit tota terra

---

[1]) In Urkunde *von 1118 für Stavern* bestimmt *K. Heinrich V.: „fracturas et combustiones domorum* ut patientur inter se, nisi ob has quatuor
causas: utpote si quis hominem vel mulierem interfecerit morte quae dicitur
morth, aut si quis pacem quam omnis possidet Frisia scilicet in domibus
per homicidium violaverit, aut communem pacem totius civitatis illius infregit, aut mulierem vi in ea oppresserit: *ob has quatuor causas permittimus
fracturas et combustiones domorum*, ita tamen ut alicujus innocentis domus,
licet etiam facientibus consanguinitate conjunctus sit, dampnum non patiatur"; vgl. oben p. 158.

propter juratos, quos universitas Frisonum de more vetustissimo creaverat apud Upstellesbame"; und im Jahr 1231, als die Eenrumer sich dem Judicium der Upstalsbomer Jurati nicht unterwerfen wollten: „quia jamdicti Ernerenses parere recusarunt, 14. Kal. Augusti juratos secuta est universitas Fivelgoniae pro coërcione ipsorum, et congressae sunt partes in pugnam." Unter der Universitas Fivelgoniae, in deren Begleitung die Upstalsbomer Jurati am 19. Juli 1231 nach dem Hunsego gingen, um den Gehorsam der widerspenstigen Eenrumer zu erzwingen, und die dann von den durch Groninger unterstützten Hunsegoern geschlagen wurde, ist die gesammte waffenfähige Mannschaft des Fivelgo zu verstehen. Emo braucht das Wort „universitas Fivelgoniae" für „universi Fivelgones", wie er anderwärts von der „universitas patronorum" und der „universitas Frisonum" spricht, vgl. unten p. 415. — An eine juristische Person denkt er bei Universitas nicht, will nicht etwa sagen, dafs ein zu jener Zeit staatlich als selbständiges freies Gemeinwesen organisirtes Fivelgo nach gefafstem Volksbeschlufs seine Mannschaft zum Krieg gegen die Eenrumer die Grenze des Landes habe überschreiten lassen.

Wie von den Upstalsbomer Jurati 1216 zur Erhaltung des Landfriedens im Fivelgo die Mannschaften des benachbarten Emsgo und 1231 zu ähnlichem Zweck im Hunsego die des benachbarten Fivelgo von Emo als verwendet genannt werden, so bestimmt die dritte Ueberküre, die nur in dem dreizehnten Jahrhundert angehörenden friesischen Ueberarbeitungen aus dem Fivelgo, Hunsego und Emsgo erhalten ist, dafs bei Mord oder Raub, deren sich ein Landdistrikt („lond") oder Seeland schuldig macht, die andern Landdistrikte oder Seelande es zwingen davon abzustehen und recht zu handeln. Im Fivelgoer Text ist gesagt, dafs ein „Lond" (d. i. Landdistrikt) das andere, im Hunsegoer und Emsiger, dafs die sechs Seelande das siebente dazu zwingen sollen: „Jef-ter eng lond fon ta sogen selandum welde unriucht fara, liude rawia jefta morthia, thet thet sexte thet sogende bithuinge, thet thet alle riuchte fore", oben p. 237 Note 10; im Hunsegoer und Emsiger Text lautet der Schlufs des Satzes: „thet tha sex thet sogende thuinge thettet elle riuchte fare", s. oben p. 237.

Zwei weitere Fälle für Upstalsbomer Jurati, die Emo übergeht und ich hier unter D und E einreihe, indem ich sie den friesischen derselben Zeit angehörenden Texten der Ueberküren entnehme, sind die zwei folgenden:

D. **Wird ein Land, Landdistrikt oder Seeland von nordischen Seeräubern oder sächsischen Berittenen verheert, so sollen nach der zweiten Ueberküre die sechs andern Landdistrikte dem siebenten helfen, dafs es ihm wieder so gut geht, wie den sechs andern.** Die Satzung lautet im Hunsegoer Text: „gef ther eng lond (dafür „selond" im Emsiger Text) urherad urde onder fon tha sutherna sereda (dafür „fon ta sutherna sereda herum" im Fivelgoer, „fon ta suther sareda ridderum" im Emsiger, „fon tha Suthersaxe" im Wichtschen Text) jeftha fon tha northeska wiszegge (dafür „fon ta nord-wising" im Fivelgoer, „fon northeska wigandum" im Emsiger, „fon tha Nordmannum" im Wichtschen Text), thet tha sex tha sogenda hulpe, thet hit alsa wel machte, sa thera sex hoc (dafür „sa othera sex" im Fivelgoer Text)", s. oben p. 236. Die friesischen Uebersetzungen der Ueberküre aus Hunsego, Fivelgo und Emsgo bedienen sich verschiedener Ausdrücke zur Bezeichnung der Ausländer, gegen die, wenn sie einen friesischen Landdistrikt verheeren, die andern Landdistrikte thätig vorgehen sollen, um den Landfrieden herzustellen. Der Fivelgoer Text nennt dabei den nordischen Seeräuber den nordischen „wising", d. i. wiking (pirata, s. oben p. 227), wofür die Hunsegoer Handschrift „wiszeg" schreibt, vgl. Fries. Wörterbuch p. 1149 und 1153; der Emsiger Text setzt „wigand" (Kämpfer) s. Wörterbuch p. 1148; ein verlorener nur von Wicht benutzter Text liest „Nordman." Wie nordische Seeräuber die friesischen Küstenlande plünderten, ist allbekannt, vgl. oben p. 87. Die Siebzehn Küren und Vierundzwanzig Landrechte, die ich dem zwölften Jahrhundert vindicire, enthalten Vereinbarungen friesischer Landdistrikte über die Art, wie sie das Land gegen die Einfälle der Nordmannen von der See her vertheidigen wollen, ferner darüber, wie ein Friese, der aus Nordmannischer Gefangenschaft zurückkehrt, seine veräufserten Grundstücke zurückfordern kann, und wie er für Verbrechen nicht verantwortlich ist, die er als ein von den

Nordmannen zum Servus gemachter Gefangener mit ihnen in Friesland begangen hat, vergleiche oben p. 88. Es ist in Ueberküre 2 festgesetzt, in welcher Weise, wenn nordische Seeräuber einen Landdistrikt verheeren, die andern verbundenen Landdistrikte zu seinem Schutz und zur Herstellung des Friedens in ihm ihre Mannschaften verwenden sollen. Wie gegen Verheerungen von der Nordsee aus verpflichtet Ueberküre 2 die einzelnen Landdistrikte, den andern Hülfe zu leisten, wenn ihr Land von Süden her durch Raubzüge aus dem angrenzenden Sachsen verheert wird. Der Text aus Hunsego spricht dabei allgemein von südlichen Bewaffneten, der aus Fivelgo bezeichnet sie als südliche bewaffnete Herrn, der aus Emsgo als südliche bewaffnete Ritter, der Wichtsche Emsiger Text nennt sie südliche Sachsen. Wie und in welcher Weise die friesischen Gaue Riustri, Asterga, Emesga und Fivelga im Süden an sächsische Lande grenzten, wird unten Cap. IX, X und XI erörtern.

E. Nach dem Emsiger friesischen Text der ersten Ueberküre sollen bei den jährlichen Zusammenkünften zu Upstalsbom die Anwesenden da, wo sie es für zweckdienlich halten, in dem geltenden Recht Ergänzungen und Verbesserungen vereinbaren. Die Worte lauten: „Theth forme, theth hia gader kome enes a jera to Upstelesbame a tyesdey anda there Pinxtera-wika, and ma there ratte alle tha riucht, ther Fresa halda skolde; jef aeng mon eng bethera wiste, theth ma thet littere lette, and ma theth bethere helde"; s. oben p. 236.

Aufgabe der Upstalsbomer Jurati war es nach den Fällen, in denen Emo ihrer Thätigkeit gedenkt, den Frieden im Lande zu erhalten und herzustellen; dazu waren sie von den Friesen erwählt; die vereinbarten Satzungen, wie die Siebzehn Küren, Vierundzwanzig Landrechte und die Ueberküren, waren wesentlich zu diesem Zweck aufgestellt. Als eine naheliegende Befugnifs mufste es erscheinen, auch fernerhin ähnliche Vereinbarungen zu gleichem Zweck zu treffen, oder, wo es dienlich schien, Aenderungen an den bestehenden auf dem Wege der Vereinbarung vorzunehmen. Dies führt ausdrücklich die erste Ueberküre, die der friesische Text der Ueberküren aus dem Emsgo aufstellt, als ein Recht der zu Upstalsbom Zusammentretenden an. Dafs Jurati es waren, die zu Upstalsbom zusammentraten und Satzungen vereinbarten, darüber vergleiche unten No. 4 am Schlufs des Paragraphen.

Indem die alte, seit längerer Zeit unwirksam gewordene Upstals-bomer Verbindung im Jahr 1323 von den Westergoern an der Zuiderzee versucht wurde durch die Leges Upstalsbomicae in veränderter Form wiederherzustellen, führten sie statt der Jurati Judices selandini ein, denen sie eine weitere und ausgedehntere Aufgabe einräumten; vergleiche über sie unten §. 15 ff.

2. Name der Jurati. Emo nennt, oben p. 386, beim Jahr 1224 als anwesend in Loppersum im Fivelgo westlich von Appingadam, um den Streit zwischen dem Abt Emo von Witte-Wierum und dem Propst Herderich von Schildwolde zu schlichten, Jurati de Upstellesbome; im selben Jahr erwähnt er zu Schildwolde im Fivelgo südlich von Appingadam als anwesend, um heftige Streitigkeiten zwischen dem Propst Herderich und den Bewohnern des Kirchspiels beizulegen, Jurati Orientales, indem er die Jurati von seinem Wohnsitz Witte-Wierum aus als östliche bezeichnet mit Rücksicht auf die östliche Lage des Upstalsbom; ferner erzählt Emo, oben p. 390, beim Jahr 1231, es hätten einen Schiedsspruch zwischen Eenrum und Uithuizen gefällt Jurati apud Upstellesbome; endlich gedenkt er beim Jahr 1222, indem er das Einrücken der Orientales Frisones im Fivelgo vom Jahr 1216 erzählt, dafs dies das siebente Jahr sei, seitdem Friesland erbebte wegen der Jurati, die die Universitas Frisonum für Upstalsbom gewählt hatte: „Contremuit tota terra propter juratos, quos universitas Frisonum de more vetustissimo creaverat apud Upstellesbame", s. oben p. 383.

Emo versteht unter Jurati in diesen Stellen Männer, die zusammentreten, um Sätze zur Förderung des Landfriedens in und zwischen den einzelnen friesischen Landdistrikten zu vereinbaren, um darüber zu wachen, dafs diese Sätze befolgt werden, dafs der Landfrieden in den Landdistrikten ungestört bleibt und, wenn er gebrochen ist, wiederhergestellt wird. Die Bevollmächtigten wurden vereidet, dem ihnen ertheilten Auftrag zu entsprechen, und davon Jurati genannt. Eidesformeln, die bei verschiedenen Verhältnissen geschworen werden mufsten, sind aus einzelnen Gegenden Frieslands erhalten, z. B. aus Wimbritzera-deel im Westergo, die in Friesische Rechtsquellen p. 488—491 nach meinem Westergoer Manuscript, Jus municipale Frisonum von 1464, p. 202—204 gedruckt sind. Der Eid, den die Upstalsbomer Jurati zu leisten hatten, ist nicht überliefert. Im Jahr 1323 bestimmen die Westergoer an der Zuiderzee im Artikel 24 der Leges Upstalsbomicae, indem sie die alte Upstalsbomer Verbindung wiederherstellen wollen, dafs die statt der ältern Jurati von den einzelnen Landdistrikten zu wählenden Judices selandini nach ihrer zu Ostern erfolgten Wahl für sich und die Angehörigen ihres Landdistrikts schwören, die über Wahrung des Friedens und andere Gegenstände aufgestellten Artikel stets zu befolgen; es heifst: „Ad robur autem et roboris diuturnitatem constitutionum predictarum statute decrevimus et statuimus, ut quilibet judex selandinus, in festo paschae noviter electus, sub juramento suae commissionis jurejurando deponat et affirmet, pacis et ordinationis praedictae articulos se cum suis subditis perpetuo observare", s. oben p. 264.

Daran ist nicht zu denken, dafs unter den Jurati von Upstalsbom Verschworene zur Vertreibung der Landesherrn aus Friesland und zur Vernichtung ihrer Rechte in den einzelnen Landdistrikten zu verstehen seien. Dies war nicht der Zweck der ältern Verbindung der friesischen Landdistrikte, der die Upstalsbomer Jurati angehören. Noch bei dem Upstalsbomer Bund von 1323, den nach dem Inhalt der Leges Upstalsbomicae Westergoer vorherrschend in der Absicht ins Leben riefen, die landesherrliche Gewalt des Grafen Wilhelm von Holland in ihrem Lande zu brechen, läugnen im Jahr 1327 die an dem Bunde betheiligten Jeverschen Astringer, dafs ihm ein derartiger Charakter innewohne. Man sei, schreiben sie dem Grafen Wilhelm von Holland, in Upstalsbom keine „Confoederatio" eingegangen, um sich gegen die Landesherrn aufzulehnen, sondern nur eine „Congregatio" zur Steuerung des entsetzlichen Umsichgreifens von Verbrechen im Lande, das ist zur Sicherstellung des Landfriedens, wie sie denn selbst den Grafen von Oldenburg und den andern weltlichen und geistlichen Herrn ihre ihnen von Alters zustehenden Abgaben unverkürzt entrichteten und in Zukunft immerdar ohne Widerspruch entrichten würden. Dafs dem so sei, bezeugt ihnen der Graf von Oldenburg, das Bremer Domkapitel und der Kölner Kanonikus Dietrich von Xanten als Generalvicar der Bremer Diöcese. Gleiches behaupten von sich die mit den Westergoern grenzenden Ostergoer bei Leuwarden. Vergleiche über die einzelnen oben p. 279—286 abgedruckten Schreiben unten §. 11.·

Der Ausdruck Jurati wird damals in Friesland keineswegs nur für die Upstalsbomer Jurati gebraucht. Emo selbst verwendet ihn für Schiedsleute, die im Jahr 1219, um Streitigkeiten über Deiche zu entscheiden, von sieben Orten des Fivelgo gewählt wurden: „Factum est, quod majores de septem villis mari conterminis statuerunt convenire et convenientibus eis continue elegerunt juratos, qui pro utilitate et necessitate instantis periculi justam dictarent sententiam" M. G. XXIII p. 491, 7. In ähnlicher Weise werden im Jahr 1220, indem das friesische Rüstringerland mit der Stadt Bremen jährliche Vereinstage zu Elsfleth an der Weser zur Förderung des Landfriedens verabredet, die Bevollmächtigten, die beide Theile entsenden sollen, „Conjurati" genannt: „sedecim *conjurati* de terra et sedecim *conjurati* de civitate bis in anno convenient Elsflethe", siehe über die oben p. 117 angeführte Urkunde von 1220 unten §. 27 No. 1; übereinstimmend heifsen die Bevollmächtigten für ähnliche Vereinstage des friesischen Landes Harlingen und der Stadt Bremen, die in Urkunde von 1237 verabredet werden, „Conjurati", siehe über die oben p. 117 excerpirte Urkunde unten §. 27 No. 2. Auch für andere Schiedsleute und namentlich für die in den einzelnen Landdistrikten sich bildenden Consules oder Redjeva begegnet der Ausdruck Jurati, s. oben p. 168.

In friesischer Sprache würde das lateinische „Juratus" wörtlich durch den Ausdruck „swara" (d. i. jurator, Schwörer) wiedergegeben werden, er begegnet aber in den friesischen Rechtsquellen nur in dem Compositum „eth-swara" (Eidschwörer)[1], das für einen Kirchengeschworenen oder Sendschöffen („testis synodalis") gebraucht

---

[1] Die Verhältnisse der Sendgerichte und die der Eth-swara in ihnen behandelt unten Cap. VI.

wird, siehe Fries. Wörterb. p. 722. In dem Zusatz zu den Siebzehn allgemeinen Küren aus dem Emsgo und Fivelgo, aus dem dreizehnten Jahrhundert, den oben p. 200 besprach, werden die Upstalsbomer Jurati *Liud-wita*, d. i. Volks-zeugen, genannt. Durch „Wita" (Wissender) übersetzen dieselben friesischen Rechtshandschriften testis, so sagt ein Zusatz des Hunsegoer und Emsiger friesischen Textes zum siebenten Landrecht: „god selva sprec: in ore duorum vel trium *testium* stet omne verbum, theth queth: an twira jeftha thrira *witena* muthe stonde al wer witscipe" Fries. Rechtsquellen p. 54, 20 u. 22. In niederdeutschem Dialekt nennt im sechzehnten Jahrhundert Eggerik Beninga die Jurati de Upstellesbome des Emo „de geswaeren by den Upstalsboom" Matthaei Analecta IV p. 111.

3. Die Jurati waren Upstalsbomer Jurati. Emo bezeichnet sie, um sie speciell von andern Jurati zu unterscheiden, beim Jahr 1224 als „jurati de Upstellesbome", sagt beim Jahr 1231 „propter insulam, quam jurati apud Upstellesbome Uthusensibus adjudicaverant" und erwähnt, indem er auf das Jahr 1216 zu sprechen kommt, „contremuit tota terra propter juratos, quos universitas Frisonum de more vetustissimo creaverat apud Upstellesbame." Von Upstalsbomer Jurati will Emo sprechen und bedient sich, um dies zu thun, in der ersten Stelle des Ausdrucks: die Jurati „vom" Upstalsbom, in der zweiten: die Jurati „beim" Upstalsbom, in der dritten: die Jurati, die ganz Friesland zu Jurati „beim" Upstalsbom gemacht hatte.

Der Upstalsbom war eine Eiche, die eine halbe Meile von Aurich, unfern der Grenze des zur Münsterschen Diöcese gehörenden alten Pagus Emesga in dem der Bremer Diöcese überwiesenen alten Pagus Asterga stand. Sie hieſs der Upstales-bam, weil sie auf einem kleinen Erdhügel oder einem „Upstal" stand; das erörterten oben p. 309 und p. 316. Warum aber nannte man die Jurati nach diesem Upstalsbom? Nach dem oben p. 200 abgedruckten Zusatz zu den Siebzehn Küren aus dem dreizehnten Jahrhundert im Emsiger und Fivelgoer friesischen Text hielten nach dem Recht aller Friesen beim Upstalsbom zu Pfingsten die sieben Liudwita, d. i. die Jurati, aus den sieben Seelanden ihr Thing. Daſs hier unter Thing der

Vereinstag der Jurati zu verstehen ist, siehe unten No. 4. Es traten Jurati der einzelnen Landdistrikte einmal im Jahr beim Upstalsbom zusammen, sie konnten daher Jurati de Upstellesbome oder Jurati apud Upstellesbome genannt werden. *Will* aber etwa demgegenüber *Emo* in der zuletzt angeführten Stelle *sagen, die Universitas Frisonum habe bei Upstalsbom die Jurati gewählt,* will er ausdrücken, die Jurati seien durch einen von der Universitas Frisonum in Upstalsbom vorgenommenen Wahlakt Jurati geworden, und müſste etwa dies als Grund gelten, warum er sie in den beiden andern Stellen Jurati de Upstellesbome und Jurati apud Upstellesbome nennt? Hätte Emo mit den Worten „contremuit tota terra propter juratos, quos universitas Frisonum de more vetustissimo creaverat apud Upstellesbame" wirklich sagen wollen, wie es ihre Uebersetzung von Wort zu Wort zu thun scheinen könnte, daſs im Jahr 1216 die Universitas von Friesland nach ältestem Herkommen bei Upstalsbom Jurati gewählt habe, so wäre das unvereinbar mit den andern authentischen Nachrichten über die Vereinstage zu Upstalsbom und widerspräche alle dem, was wir über die gesammten friesischen Verhältnisse jener Zeit wissen. Vor Allem muſs ich es aber für geradezu unmöglich halten, daſs im Jahr 1216 alle Friesen von der Zuiderzee bis zur Weser in Upstalsbom zur Wahl von Jurati zusammengekommen seien. Ich glaube annehmen zu dürfen, daſs sich Emo hier, wie an vielen Stellen seiner Chronik, namentlich wo es sich um Verhältnisse des öffentlichen Rechts handelt, wenig bestimmt ausgedrückt und sich dabei keiner streng technischen Rechtsausdrücke bedient hat. Emo empfand im Jahr 1222 schmerzlich, daſs der Landfrieden im Fivelgo gestört war, Niemand da war, um ihn zu schützen, das läſst ihn ans Jahr 1216 denken; damals waren, erinnert er sich, die Friesen unter einander einig und schützten im Fivelgo den Landfrieden, thaten es durch die Upstalsbomer Jurati; darauf will Emo hinweisen, indem er die kurzen Worte über das Jahr 1216 seinem Bericht über das Jahr 1222 einfügt. Eine Veranlassung zu erörtern, wie und in welcher Weise man die Upstalsbomer Jurati früher wählte, hatte er offenbar nicht, s. oben p. 384. Wie Emo in der einen Stelle die Upstalsbomer Jurati als Jurati de Upstelles-

bome bezeichnet, thut er es in der andern als Jurati apud Upstellesbome und will damit ausdrücken, dafs es von den verbundenen
Friesen, nicht aber von einzelnen Landdistrikten für sich gewählte
Jurati sind, die in Upstalsbom tagen. Viel zu künstlich wäre es
zu meinen, Emo habe mit seinen flüchtigen Worten besagen wollen,
dafs die in den einzelnen Landdistrikten Frieslands gewählten Jurati nach ihrem Eintreffen in Upstalsbom gemeinsam ihre Wahl
geprüft, die Anwesenden als gültig gewählt anerkannt und sich
darauf als Vereinstag bei Upstalsbom constituirt hätten. Ihrem
Wortlaut nach könnten die beim Jahr 1222 über das Jahr 1216
von Emo eingeschobenen flüchtigen Worte: „contremuit tota terra
propter juratos, quos universitas Frisonum de more vetustissimo
creaverat apud Upstellesbame" vielleicht ausdrücken, dafs im Jahre
1216 nach uraltem Herkommen beim Upstalsbom von allen dort
versammelten Friesen Jurati erwählt worden wären, die den Landfrieden im Fivelgo mit Gewalt wahrten[1]). Kein Wort in einer authentischen Quelle erwähnt aber, dafs irgendwie im zwölften, dreizehnten
oder vierzehnten Jahrhundert Versammlungen aller Friesen zu Upstalsbom stattgefunden haben. Und es möchte schwerlich zu glauben sein, dafs wenn wirklich in jenem Jahr alle Friesen aus dem
umfangreichen Lande von der Zuidersee bis zur Weser nach Upstalsbom zusammengeströmt wären, um dort Jurati zu wählen, nicht
eine der Aufzeichnungen über das Jahr 1216 es angedeutet haben
sollte, dafs es namentlich Emo selbst vollständig übergangen hätte,
der ausführlich auf mehreren Seiten, wie oben p. 381 anführt, die
unbedeutendsten Ereignisse des Jahres aufzählt. Sollte aber ein
derartiges Schweigen der Quellen im Jahr 1216 aus einem seltsamen Zufall sich erklären lassen, so besagen die fraglichen Worte
Emo's, dafs 1216 die Wahl der Jurati nach ältestem Herkommen,
„de more vetustissimo", erfolgte, und es müfsten nach ihnen auch
in den vorhergehenden Jahren seit langer Zeit regelmäfsig alle
Friesen vom Gestade der Zuiderzee bis zu dem der Weser nach

---

[1]) Eine Umstellung in den Worten des überlieferten Textes von Emo
anzunehmen, wage ich nicht, sodafs es ursprünglich etwa geheifsen hätte:
„contremuit tota terra propter *juratos apud Upstellesbame*", quos etc.

Upstalsbom gezogen sein. Und auch nicht ein einziges Mal sollte eine unserer Quellen Veranlassung gefunden haben, dies zu erwähnen? sollte eine Thatsache übergehen, die doch unleugbar von der gröfsten Bedeutung für alle einzelnen friesischen Landdistrikte gewesen wäre und auf das Tiefste ihre innersten Verhältnisse berührt haben müfste? Eine Reihe von Urkunden aus dem zwölften und dreizehnten Jahrhundert giebt Kunde von den Grafen in Friesland und ihren Rechten. Die Siebzehn Küren und Vierundzwanzig Landrechte, sowie das Westergoer Schulzenrecht aus dem zwölften Jahrhundert zeigen, wie sie ihre Gerichte in ihren friesischen Grafschaften unter Königsbann hielten, ihre Schulzen anstellten, Friedensgelder, Bufsen, Abgaben und Gefälle erhoben; nicht Weniges hören wir aus gleichzeitigen Urkunden und Chroniken über Streitigkeiten zwischen einzelnen Grafen in Friesland unter einander, sowie mit den ihrer Grafschaft untergebenen Landdistrikten. Und es sollte denkbar sein, dafs alle die ausführlichen Berichte darüber der alle Jahre wiederkehrenden Wanderungen aller Friesen nach Upstalsbom mit keinem Wort gedacht hätten? Selbstverständlich hätte es doch zu zahlreichen Verwickelungen führen müssen, wenn z. B. alle Friesen aus der den Grafen von Holland gehörenden Grafschaft des westlich der Lauwers gelegenen Frieslands quer durch die benachbarten Grafschaften zum Upstalsbom im Pagus Asterga in der Grafschaft des Grafen von Oldenburg gezogen wären, um dort die jährlichen Jurati für ganz Friesland zu wählen! Meines Dafürhaltens kann von alten, derartigen, allgemeinen, regelmäfsigen Versammlungen aller Friesen in Upstalsbom überhaupt nicht die Rede sein, sie haben niemals stattgefunden, sie können nicht unter der „Universitas Frisonum" verstanden werden, von der Emo in der fraglichen Stelle sagt, dafs sie im Jahr 1216 nach ältestem Herkommen Jurati zu Upstalsbom gewählt hätte. Wäre dies wirklich anzunehmen, hätte man da unter der „Universitas Frisonum" eine Art von Delegirtenversammlung zu verstehen, deren Mitglieder die einzelnen friesischen Landdistrikte nach erfolgter Wahl nach Upstalsbom geschickt hätten, um die Jurati zu wählen? Wollte Jemand glauben, dafs eine derartige Einrichtung mit den friesischen Verhältnissen des zwölften und dreizehnten Jahrhunderts vereinbar wäre, dafs sie nicht den gesammten Rechtsvorstellungen jener Zeit zuwiderliefe, aus unsern Quellen läfst sich auch nicht eine Stelle für ihr Vorhandensein anführen. Lediglich zu Liebe der flüchtigen Worte Emo's beim Jahr 1216 ist es nicht gestattet, eine durch Urwahlen aus den einzelnen Landdistrikten hervorgehende Versammlung in Upstalsbom aufzubauen, deren alleinige Aufgabe es gewesen wäre, jährliche Jurati für Friesland zu wählen. Direkt dagegen, dafs 1216 die Jurati in Upstalsbom gewählt wurden, spricht überdem, dafs die Westergoer im Jahr 1323 ausdrücklich vorschreiben, dafs die Wahl im einzelnen Landdistrikt zu geschehen habe, und dies thaten, indem sie die älteren Upstalsbomer Versammlungen erneuerten, vergleiche unten §. 18.

Bei Beachtung der wenigen auf uns gekommenen authentischen Nachrichten über die ältesten Upstalsbomer Jurati kann ich es mir nicht anders denken, als dafs in der Mitte des zwölften Jahrhunderts aus mehreren benachbarten Gauen einzelne angesehene Friesen in den Waldungen an der Grenze des Asterga und Emesga unter einer Upstalsbom benannten Eiche zusammengekommen sind, um sich zu verständigen, wie der Landfriede in ihren Gauen zu wahren und zu fördern sein dürfte. Dafs anfänglich eine bestimmte Anzahl von Personen zusammengetreten sei oder etwa eine aus jedem Gau von der Zuiderzee bis zur Weser, wird man schwerlich voraussetzen dürfen. Sie mögen unter sich zur Erreichung ihrer Aufgabe Jurati gewählt haben, und Emo könnte mit Rücksicht darauf beim Jahre 1222, wo er beklagt, dafs das Bündnifs des Fivelgo und Hunsego fast aufgelöst sei („vinculum societatis Hunesgoniae et Fivelgoniae paene scissum est") und daher keine Jurati der verbundenen Landdistrikte den Landfrieden zu schützen vermochten, im Gegensatz dazu vom Jahr 1216 gesagt haben: „tunc contremuit tota terra propter juratos, quos universitas Frisonum de more vetustissimo creaverat apud Upstellesbame", oder übersetzt: im Jahre 1216 erbebte das ganze Fivelgoer Land vor den Upstalsbomer Jurati, d. i. solchen Jurati, wie sie das gesammte Friesland einst nach ältester Sitte für Upstalsbom gewählt hatte. Selbstverständlich hätten bei Entstehung des Upstalsbomer Bundes in dieser Weise in Upstalsbom gewählte Jurati jeder rechtlich be-

gründeten Autorität entbehrt; offenbar ist aber die Gründung des
Upstalsbomer Bundes überhaupt nicht als ein legaler Akt zu denken,
den die einzelnen Landdistrikte im zwölften Jahrhundert mit freiem
Ermessen nach dem bestehenden Recht hätten vornehmen können.
Eben weil das Recht in den einzelnen friesischen Grafschaften und
deren Gauen vielfach gefährdet war, die alten Einrichtungen nicht
mehr den erforderlichen Rechtsschutz gewährten, der Landfriede
gestört war, griff man zu außerordentlichen Maßregeln. Einzelne
suchten durch gegenseitige Verbindungen zu helfen; Vereine aller
Art traten ins Leben, und aus einem derartigen Verein muß der
Upstalsbomer Bund im zwölften Jahrhundert entstanden sein. Denkt
man sich einen solchen Ursprung des Bundes, so ist man nicht
befugt vorauszusetzen, daß er gleich anfänglich einen bestimmten,
im Détail ausgebildeten Organismus besaß; daß ein Bundesstatut
bei seiner Gründung ihn im Einzelnen genau geregelt und speciell
über die Ernennung von Jurati in ihm Näheres vorgeschrieben hat.
Die ältesten erhaltenen Satzungen, die ich der Upstalsbomer Verbindung vindicire, sind, wie oben p. 370 angegeben wurde, die
Siebzehn Küren und Vierundzwanzig Landrechte; ich hob hervor,
daß sie die alte Stellung der Grafen und ihrer Gerichte in Friesland als bestehend voraussetzen und durchweg anerkennen; die
Grafen und ihre Schulzen hegen die Gerichte in den Gauen unter
Königsbann, während die freien und edlen Genossen des Gaues das
Recht finden, nachdem sie der Asega als lebendiges Gesetzbuch
über dessen Inhalt belehrt hat. Eine gewaltige Umbildung der
innern Landesverhältnisse erfolgte, wie ich oben Cap. II §. 9 p. 112
nachgewiesen habe, im Beginn des dreizehnten Jahrhunderts. In
den friesischen Gauen werden die Grafengerichte durch Gerichte der
jährlichen Consules, d. i. der Red-jeva oder Riuchter, verdrängt; sie
erkennen in den einzelnen Landdistrikten, die aus einem alten Gau
oder einem Theil eines solchen sich bilden, im Gericht des Landdistrikts, stehen dabei an der Spitze der Verwaltung des Landdistrikts. Die Grafen ernennen nicht mehr regelmäßig in früherer
Weise Schulzen für die Gaue ihrer Grafschaft; sie sind fortwährend
die Grafen der Gaue, beziehen in ihnen ihre alten Gefälle und
Bußgelder, haben Münze und Zölle, doch hat ihre Stellung in

einem Landdistrikt eine geringere, im andern eine gröfsere Abschwächung erfahren. Nachdem dies geschehen, suchten die einzelnen Universitates der Landdistrikte und zwar durch ihre Consules mit andern Landdistrikten sich zu verständigen über die Art, wie sie in ihren Landdistrikten den Landfrieden herstellen und erhalten könnten. Es gingen einzelne Landdistrikte zu diesem Zweck nähere Verbindungen mit einander ein; solche Verbindungen können wir im Lauf des dreizehnten Jahrhunderts vielfach aufweisen. Hunsego, Fivelgo, Emsgo, Astringen standen namentlich in solchen Verbindungen. Sie liefsen, um den Landfrieden zu wahren, bestimmte Jurati zusammentreten, dies waren die Jurati de Upstellesbome, von denen Emo spricht. Konnten um die Mitte des zwölften Jahrhunderts einzelne angesehene Männer aus den friesischen Gauen in Upstalsbom zusammentreten und unter sich Jurati wählen, um den durch die Grafen und Schulzen in ihren Gerichten ungenügend gewahrten Landfrieden herzustellen, zu Emos Zeit war es nicht. mehr möglich. Die Jurati mufsten nothwendig eine veränderte Stellung haben, als nicht mehr regelmäfsig in alter Weise die Schulzen der Grafen, sondern Consules an der Spitze der einzelnen Landdistrikte standen; Emo erzählt 1224, wie sie im Fivelgo gemeinsam mit den Consules Fivelgoniae den Frieden herstellten. Offenbar waren in jenen Jahren die Jurati von den einzelnen Landdistrikten zu ihrem Auftreten ermächtigt und werden damals von den einzelnen Landdistrikten neben den Consules und aus ihnen gewählt worden sein, wie es die Westergoer 1323 bei der Wiederherstellung des Upstalsbomer Vereins in dem für ihn errichteten Statut vorschreiben.

4. Wie kamen Jurati in Upstalsbom zusammen? Die Erwähnungen des Emo von Upstalsbomer Jurati aus den Jahren 1216, 1224 und 1231 lassen sie im Hunsego und Fivelgo ihre Aufgabe verfolgen und zwar in letzterem in Begleitung von Ostfriesischen Mannschaften, die dem an das Fivelga stofsenden Emesga angehört haben müssen. Es zeigen sich hier Hunesga, Fivelga, Emesga und Asterga als Landdistrikte, in denen in jenen Jahren die Upstalsbomer Jurati thätig waren. Bei Emo fehlt die bestimmte Angabe, dafs diese Jurati in regelmäfsigen Versamm-

lungen zusammentraten, doch wird das nach der ganzen Art, wie die Jurati vorkommen, vorausgesetzt werden müssen. Ein Zusatz der für das Emesga und Fivelga im dreizehnten Jahrhundert verfaßten friesischen Ueberarbeitungen der Siebzehn Küren, die der Jurati nicht unmittelbar gedenken, sagt, daß nach dem Recht aller Friesen die sieben Liudwita, d. i. die sieben Volkszeugen, wie hier die Jurati genannt werden, aus den sieben friesischen Seelanden Dienstag in der Pfingstwoche zu einem Thing zusammenkommen: „Thet thing scel-ma halda mitha sogen liudewitem fon tha sogen selondum te Upstalesbame tiesdeis andere Pinsterwika mith allera Presana riuchte“, oben p. 200. Von den um 1200 abgefaßten, nur in friesischen Ueberarbeitungen des dreizehnten Jahrhunderts aus Hunsego, Fivelgo und Emsgo erhaltenen Ueberküren bestimmt der, wie oben p. 207 besprochen wurde, wohl etwas jüngere Emsiger Text, daß die Friesen einmal im Jahr Dienstag in der Pfingstwoche in Upstalsbom zur Berathung des Rechts der Friesen zusammenkommen sollen; es lauten die Worte: „Thit send tha urkera allera Fresena: Thet forme, thet hia gader kome enes a jera to Upstelesbame a tyesdey anda there Pinxtera-wika, and ma there ratte alle tha riucht, ther Fresa halda skolde; jef aeng mon eng bethera wiste, theth ma thet littere lette and ma theth bethere helde“, s. oben p. 236. Wörtlich sagen diese Worte: Das sind die Ueberküren aller Friesen. Zuerst, daß sie einmal im Jahr zu Upstalsbom zusammenkommen Dienstags in der Pfingstwoche, und man da alles Recht berathe, das Friesen halten sollen; wenn ein Mann ein besseres wüßte, daß man das schlechtere lasse und das bessere halte.

Ueber die spätern Zusammenkünfte der Judices selandini zu Upstalsbom in den Jahren 1323—1327 vergleiche unten §. 17. Im Jahr 1361, als die Stadt Groningen mit friesischen Landdistrikten zu ihrer Vertheidigung den Upstalsbomer Bund erneuern wollte, vereinbarte sie jährliche Zusammenkünfte zu Groningen in der Johanniwoche von je drei Delegirten aus den einzelnen Landdistrikten mit den Consules der Stadt Groningen.

Die Zahl der Jurati, die im dreizehnten Jahrhundert den Vereinstag bildeten, war nach dem Zusatz zu den Siebzehn Küren aus dem dreizehnten Jahrhundert nur sieben, die die Liudwita, d. i. Volkszeugen, genannt werden. Später in den Jahren 1323 bis 1327 hatten nach den Leges Upstalsbomicae von 1323 Artikel 23 ein oder zwei Judices selandini aus den einzelnen friesischen Landdistrikten zwischen der Zuiderzee und der Weser zusammenzukommen, siehe unten §. 18. Im Jahr 1361 wollte man in Groningen aus jedem mit Groningen verbundenen Landdistrikt neben den Consules der Stadt den Vorsteher der Richter des Landdistrikts, d. i. den Grietmann, einen Richter und einen Geistlichen sich versammeln lassen, s. unten §. 25.

Von einer Volksversammlung aller Friesen von der Zuiderzee bis zur Weser in Upstalsbom weifs aus keiner Zeit irgend eine friesische Quelle das Geringste. Es ist unmöglich, die mehr besprochenen Worte Emo's beim Jahr 1222: „contremuit tota terra propter juratos, quos universitas Frisonum de more vetustissimo creaverat apud Upstellesbame" in dem Sinne zu verstehen. Emo denkt bei der Universitas Frisonum allgemein an die Gesammtheit der Friesen im Gegensatz zu den Friesen einzelner Landdistrikte. Er thut es in derselben Weise, wie er von der Universitas Fivelgoniae M. G. XXIII p. 513, 16 gegenüber von einzelnen Fivelgoern spricht und p. 477, 6 von der Universitas patronorum, wo selbstverständlich keine regelmäfsige geordnete Versammlung aller Patrone gemeint ist. Auch nicht einmal Versammlungen eines einzelnen friesischen Gaues haben je an der Stätte Upstalsbom stattgefunden. Der Upstalsbom stand im alten Pagus Asterga an dessen Grenze in dichtbewaldeter, wenig bewohnter Gegend; der Hauptort des Landdistrikts Astringen war später Jever, dort war auch die alte Münze des Gaues Asterga und wird ohne Zweifel früher die alte Gauversammlung des Asterga gehalten worden sein, wie später in Jever die Versammlungen des Landdistrikts Astringen stattfanden. Nichts spricht dafür, dafs in den Jahren 1323—1327 zu Upstalsbom gröfsere Versammlungen zusammentraten; s. unten §. 24. Oben p. 408 sind die Gründe angegeben, die gröfsere Versammlungen in Emos wie in aller älteren Zeit an sich mehr als unwahrscheinlich machen.

Neuere haben, wie unten §. 28 ausführt, in willkürlichster Weise uralte Versammlungen aller Friesen in Upstalsbom angenommen.

Nach Emmius trat das Volk aus allen Theilen Frieslands zu bestimmten Zeiten zu Upstalsbom zusammen, um Gesetze zu beschliefsen, das alte Recht zu verbessern, ihm neues hinzuzufügen, über Krieg und Frieden und über den gesammten Staat zu verhandeln; er sagt, es seien zusammengekommen „non quidem universi, sed spectatissimi ad id delecti, qui consilio et auctoritate inter suos eminebant" Emmius Historia p. 35. Wiarda schreibt im Grunde nur Emmius nach, wenn er auch manche Vorstellungen über uralte Repräsentation des freien friesischen Volkes aus den Entwickelungen des 18. Jahrhunderts in Frankreich aufnahm. Er giebt Landtage 1818 p. 51 an: „Aus allen friesischen Provinzen oder Seelanden erschienen bevollmächtigte Deputirte auf diesen allgemeinen Landtagen. Diese waren dann die Repräsentanten des ganzen Freistaats. Sie hiefsen seeländische Richter. So nannten sie sich in der von ihnen 1327 ausgestellten Urkunde (oben p. 289) Judices selandenses und Judices selandini totius Frisiae, und in der Urkunde von 1324 (oben p. 270) Judices terrarum Frisiae und dann wieder Universitas judicum selandiarum Frisiae in Upstallesbome congregatorum." Karl Friedrich Eichhorn nimmt seine Angaben über ältere friesische Verhältnisse aus Wiarda und baut aus ihnen die Ansichten auf, die er Deutsche Rechtsgeschichte §. 285 b über friesische Upstalsbomer Landtage entwickelt; er sagt: „aus allen Seelanden traten Richter und ein Ausschufs aus den Gowgemeinden jedes Seelands in Upstallesboom unweit Aurich in eine grofse friesische Landesgemeinde zusammen; . . . Für die Zeit, wo diese Gemeinde nicht versammelt war, wählte sie einen Ausschufs von geschworenen Richtern, welcher für die Zeit seiner Amtsgewalt ihre Stelle vertrat und also in der That während dieser Zeit Friesland regierte; nur freilich mit sehr beschränkter Gewalt, da er nur die Beschlüsse der Gemeinde auszuführen und für den Landfrieden und die Erhaltung der Verfassung zu sorgen hatte."

Den grofsen Umfang der alten friesischen Versammlungen, die aus dem Lande vom Rhein bis zur Elbe oder in späterer Zeit von der Zuiderzee bis zur Weser in Upstalsbom zusammengeströmt sein sollen, finden Wicht, Halsema und Wiarda durch die Namen der Orte in der Umgegend von Upstalsbom bekundet. Da sollen in

Rahe oder *Rade* die Leute zu *Rathe* gegangen sein, in *Fahne* die *Heerfahne* aufgepflanzt gewesen, in Bankstede oder *Banestede* die Verbrecher bei der Verurtheilung *gebannt*, in *Ochtelbur* die *Acht* vollzogen, in *Schirum* gefällte Urtheile *geläutert*, in *Barstede* die *Bare*, d. i. Klage, angestellt sein. Schon oben p. 304 bemerkte ich, dafs jede Beachtung der ältern Schreibung der einzelnen Ortsnamen diese Erklärungen widerlegt; keine von ihnen hat irgend eine Beziehung zum Upstalsbom. Er war eine alte Eiche unfern der Grenze des Asterga und Emesga, die zwei verschiedenen Grafschaften und zwei verschiedenen Diöcesen zugehörten; bei ihr mögen zuerst um die Mitte des zwölften Jahrhunderts einige Friesen aus benachbarten Gauen zusammengekommen sein, um sich über Wahrung des Landfriedens zu verständigen, und mögen in der zweiten Hälfte des zwölften Jahrhunderts jährlich in der Pfingstwoche für verbundene friesische Landdistrikte Jurati zusammengetreten sein. Dafs die Landdistrikte, aus denen Jurati zu Upstalsbom zusammentraten, das gesammte friesische Land vom Fli bis zur Weser umfafst hätten, ist durch nichts erwiesen. In den von Emo besprochenen Jahren 1216, 1224 und 1231, in denen er der Jurati von Upstalsbom gedenkt, scheinen sie nur dem Hunesga, Fivelga, Emesga und Asterga angehört zu haben, in früherer Zeit bei Abfassung der Siebzehn Küren und Vierundzwanzig Landrechte aufser den genannten Gauen auch den beiden alten Gauen westlich der Lauwers, dem Ostergo bei Leuwarden und dem Westergo bei Franeker, sowie dem alten Gau Hriustri auf dem linken Ufer der Weser, indem in der Folgezeit in diesen Landdistrikten die Siebzehn Küren und Vierundzwanzig Landrechte galten, siehe oben p. 21 ff. Ob in der angeführten Stelle mit Rücksicht auf diese sieben Distrikte von sieben Seelanden und sieben Liudwiten die Rede ist, oder ob darin lediglich sagenhafte unhistorische Vorstellungen zu erblicken sind, bespricht unten Cap. IV. Ueber die in den Jahren 1323—1327 zur Erneuerung des Upstalsbomer Bundes vereinten Landdistrikte vergleiche unten §. 16.

§. 7. Die Upstalsbomer Jurati im zwölften Jahrhundert.

Durch Emo sind die Upstalsbomer Jurati in den Jahren 1216, 1224 und 1231 als vorhanden dargethan. Emo sagt, indem er ihrer beim Jahre 1216 im Fivelgo erwähnt, „contremuit tota terra propter juratos, quos universitas Frisonûm de more vetustissimo creaverat apud Upstellesbame." Die Worte sagen klar und unzweideutig, daſs die Jurati, die damals durch ihre kräftigen Maſsnahmen das Fivelgo mit Schrecken erfüllten, eben die waren, die nach ältestem Brauch, „de more vetustissimo", in Upstalsbom zusammenkamen. Emo bezeugt hiermit, daſs die Entstehung der Upstalsbomer Jurati nicht etwa erst kurze Zeit zurück lag, es waren vielmehr nach ihm Upstalsbomer Geschworene von Alters her vorhanden. Seit wie langer Zeit die Einrichtung von Upstalsbomer Jurati bestand, läſst sich aus den Worten nicht entnehmen. Da wir nun in den Siebzehn friesischen Küren und den Vierundzwanzig Landrechten, die, wie oben p. 108 nachwies, nach dem Jahre 1156 im Lauf des zwölften Jahrhunderts verfaſst sein müssen, Vereinbarungen friesischer Landdistrikte für die Gegenden zwischen Zuiderzee und Weser besitzen, in denen sie Sätze aufstellen über Regelung des Landfriedens, über eine Reihe verwandter Rechtspunkte und über Buſsen und Strafen, die dabei in Anwendung kommen sollen, was die Aufgabe der Upstalsbomer Jurati zu Emo's Zeit war, ohne daſs dabei ihr ältester uns erhaltener lateinischer Text angiebt, durch wen und in welchem Jahr sie verfaſst sind, so glaube ich annehmen zu können, daſs diese Küren und Landrechte im zwölften Jahrhundert beim Upstalsbom durch ähnliche Jurati vereinbart sind, wie die waren, die Emo in den Jahren 1216, 1224 und 1231 dort erwähnt. Ich glaube dies um so mehr thun zu können, da dem Emesga und Fivelga angehörende friesische Ueberarbeitungen der Siebzehn Küren aus dem dreizehnten Jahrhundert ihren Ursprung nach Upstalsbom verlegen, indem sie am Schluſs der siebzehnten Küre in einem im lateinischen Text fehlenden Zusatz sagen: das Thing soll man nach aller Friesen Recht Dinstags in der Pfingstwoche zu Upstalesbam

halten mit den sieben Liudwiten von den sieben Seelanden, s. oben p. 200. Wollte man nicht einräumen, daſs die
inhaltsreichen Satzungen aus dem zwölften Jahrhundert, die den
Namen der Siebzehn Küren und Vierundzwanzig Landrechte tragen
und klar und bestimmt die damaligen innern Zustände und Rechtsverhältnisse Frieslands zwischen Zuiderzee und Weser darlegen,
von Jurati zu Upstalsbom vereinbart worden sind, so ist man doch
unbedingt genöthigt, für die Jurati von Upstalsbom des zwölften
Jahrhunderts eine Stellung zu behaupten, die dem Inhalt der
Siebzehn Küren und Vierundzwanzig Landrechte nicht widerspricht,
die er vielmehr als damals in Friesland möglich erweist. Haben
nicht die Jurati von Upstalsbom, von denen Emo im Jahre 1222
mit Rücksicht auf das Jahr 1216 sagen konnte, daſs man sie nach
ältester Sitte gewählt hatte, die Siebzehn Küren und Vierundzwanzig
Landrechte vereinbart, so muſs man behaupten, daſs es andere
ähnlich gestellte Friesen thaten, während doch die Upstalsbomer
Jurati vorhanden waren, denen eine solche Aufgabe oblag. Zu
einer derartigen Behauptung wird aber gewiſs kein Grund vorliegen.

Für diese ältern Upstalsbomer Jurati vindicire ich auch, wie
bereits oben p. 370 erwähnt ist, die wenigen Sätze, die als Ueberküren in friesischen Ueberarbeitungen aus dem dreizehnten Jahrhundert in Rechtshandschriften aus Hunsego, Fivelgo und Emsgo
erhalten sind, und von denen der Emsiger Text sagt, daſs die
Friesen einmal im Jahr Dinstag in der Pfingstwoche in Upstalsbom
zur Berathung des Rechts der Friesen zusammenkommen sollen, während der Hunsegoer und Fivelgoer Text angeben, die Friesen hätten
beschlossen, daſs nach Aufstecken einer Pechtonne Landfolge ein-
zutreten habe; und die Texte von allen drei Landschaften in Ueberküre 2, daſs wenn ein Landdistrikt oder Seeland verheert würde,
von Norden her durch Seeräuber, von Süden durch Bewaffnete aus
Sachsen, die sechs Landdistrikte oder Seelande dem siebenten helfen
sollen; sowie in Ueberküre 3, daſs die sechs Landdistrikte oder
Seelande Raub und Mord, die das siebente begeht, zu hindern
haben; vergleiche den Text der Ueberküren oben p. 236.

§. 8. Keine Upstalsbomer Jurati in den Jahren 1231 bis 1328.

In den Jahren 1216, 1224 und 1231 erwähnt Emo der Upstalsbomer Jurati. Er erzählt, wie 1216 die Upstalsbomer Jurati im
gröfsten Ansehn gewesen waren, sodafs das Land Fivelgo erbebt sei
vor ihren kräftigen Mafsnahmen mit Mannschaften aus dem Lande
ostwärts der Ems. Er findet Veranlassung, beim Jahr 1222 dieser
thatkräftigen Handlungsweise der Jurati im Jahr 1216, durch die
der Landfriede hergestellt worden war, zu erwähnen. Im Jahr 1222
fand im Fivelgo grofse Uneinigkeit statt, die zu vielem Blutvergiefsen
führte, weil gleichkräftige Mafsregeln der Upstalsbomer Jurati fehlten;
vergleiche die Ausführung oben p. 383. Emo sagt: „Item ipse est
annus, in quo vinculum societatis Fivelgoniae et Hunesgoniae
secundo Nonas Augusti paene scissum est", s. oben p. 382. Die hier
gemeinte Societas Hunesgoniae et Fivelgoniae ist der Upstalsbomer
Bund, die Verbindung, die friesische Landdistrikte im zwölften Jahrhundert eingegangen waren, nach welcher Upstalsbomer Jurati gewählt wurden, um für die Realisirung des Zwecks der Verbindung
zu wirken, namentlich um den Landfrieden zu schützen. Beim Jahr
1222, in dem Emo erzählt, wie das „vinculum societatis paene
scissum est", findet er Veranlassung, der Thätigkeit der Upstalsbomer Jurati im Jahre 1216 zu gedenken, die ihm Jurati „de more
vetustissimo" sind. Im Jahre 1224 bespricht Emo, wie die Upstalsbomer Jurati einen unter Geistlichen des Fivelgo ausgebrochenen
Streit beizulegen suchten, vgl. oben p. 385; endlich berichtet er
1231, wie ein Streit über den Besitz einer Insula bei Uithuizen im
Hunsego zwischen den Dörfern Uithuizen und Eenrum im Hunsego
zu offenem Kampf führte, wie die Upstalsbomer Jurati eine Entscheidung zu Gunsten von Uithuizen gaben, wie aber die Eenrumer
sich ihr nicht unterwerfen wollten, und wie darauf die Upstalsbomer
Jurati, um ihre Entscheidung zur Geltung zu bringen, und den
gestörten Landfrieden im Hunsego herzustellen, die Mannschaft des
Fivelgo gegen Eenrum führten. Ihr Unternehmen gelang ihnen aber
nicht. Die Eenrumer verbündeten sich mit der Stadt Groningen, es
unterlagen die Fivelgoer in offenem Kampf, und indem sich die

Fivelgoer mit mehreren westlichen Landdistrikten, die Hunsegoer mit andern verbanden, fanden Kämpfe mit grofsem Blutvergiefsen, mit Brennen und Rauben statt bis zum Jahr 1250. Ich habe oben p. 391 diese Kämpfe aus Emo und Menko zusammengestellt. Die Upstalsbomer Jurati waren im Jahr 1231, indem sie im Hunsego mit Fivelgoern einrückten, um ihre Entscheidung durchzuführen und den Landfrieden im Hunsego herzustellen, in offenem Kampf besiegt worden. Es ist in den folgenden Jahren bei dem Bericht aller der Kämpfe, die das Fivelgo, wie die ihm benachbarten friesischen Gegenden zerfleischen, mit keinem Worte von Upstalsbomer Jurati die Rede. Es kann nicht Zufall sein, dafs Emo und Menko ihrer mit keiner Silbe gedenken. Wenn Emo vorher, beim Jahr 1222, sagt: „vinculum societatis Fivelgoniae et Hunesgoniae paene scissum est", so war jetzt das Band beider Lande vollständig zerstört. Es war im Jahr 1231, wo Emo sagt, dafs wegen des Kampfes zwischen dem Fivelgo und Hunsego die Hunsegoer einen Graben an der Grenze des Hunsego und Fivelgo zum Schütz ihres Landes gruben: „Extunc valde timuerunt Ernerenses et vetus fossatum antiquissimae discordiae inter Fivelgones et Hunesgones foderunt usque ad mare", vgl. oben p. 393. Als endlich im Jahr 1250 die Kämpfe, die seit 1231 zwischen Hunsegoern und Fivelgoern gewüthet hatten, durch einen Vergleich beigelegt wurden, gedenkt Menko, indem er dies im Détail erzählt und genau angiebt, welche Massen von Wergeldern und Bufsen nach dem Friedensvergleich von beiden Theilen gezahlt wurden, der Upstalsbomer Jurati mit keiner Silbe. Es ist der Dekan von Farmsum im Fivelgo, dem es mit mehreren angesehenen Männern gelingt, den Friedensvergleich zu Stande zu bringen. In ihm wird die im Jahr 1231 zu Gunsten der Uithuizer gefällte richterliche Entscheidung über die Insula Uthusensium fallen gelassen. Ihnen war früher die ganze Insula zuerkannt worden, das hatten die Upstalsbomer Jurati den Eenrumern gegenüber als die im Recht begründete Entscheidung proclamirt; die Eenrumer hatten die Hälfte der Insula für sich beansprucht, sie hatten sich geweigert, die Entscheidung der Upstalsbomer Jurati zur Geltung kommen zu lassen, die Upstalsbomer Jurati hatten das Hunsego mit der gesammten Mannschaft des Fivelgo überzogen, um dem bestehenden Recht entsprechend die Uithuizer in dem Besitz der ganzen Insel zu schützen. Dies war nicht erreicht worden, und nun nach offenen Kämpfen, die von 1231 bis 1250 gewüthet hatten, verglichen sich die streitenden Uithuizer und Eenrumer durch Vermittelung des Farmsumer Dekans, und es begnügten sich die Uithuizer in dem Vergleich mit drei Vierteln der ihnen nach dem bestehenden Recht ganz zugesprochenen Insel, die Eenrumer, die vormals die halbe Insel beansprucht hatten und mit ihren Ansprüchen ganz abgewiesen waren, erlangten ein Viertel der Insula. Von einem Rechtsspruch, der dabei 1250 durchgeführt worden wäre, ist nicht die Rede; der Upstalsbomer Jurati wird mit keinem Wort gedacht. Es war eben Niemand vorhanden, der den seit 1231 gestörten Landfrieden mit kräftiger Hand hätte herstellen können. Mit einem reellen Bestehen des alten Upstalsbomer Bundes unter den friesischen Landdistrikten mufste die Art unvereinbar sein, wie 1231 Bündnisse von den Hunsegoern mit der Stadt Groningen und den jenseits der Lauwers sefshaften friesischen Acht-karspelen zur Vertheidigung gegen die Fivelgoer eingegangen wurden, die sich wiederum mit den Fredewoldern und den Drenthern verbündeten. Auch war es im Jahr 1250, wie Menko berichtet, die Uebermacht der Stadt Groningen und die gewaltsame Handlungsweise, deren sie sich gegenüber den mit ihr verbündeten Hunsegoern schuldig machte, die im Wesentlichen den Abschlufs des Friedensvergleichs zwischen den kämpfenden Hunsegoern und Fivelgoern herbeiführte. Die Hunsegoer zogen mit den Fivelgoern im Herbst 1250 vor die Stadt Groningen, die sie erst im folgenden Jahr eroberten, nachdem sie deswegen einen neuen Bund mit einander eingegangen waren. Die Sieger zwangen die Stadt, ihre Mauern theilweise zu schleifen. Es beginnt hier die aufserhalb des alten Frieslands auf Drenther Grunde aus einer Villa des Bischofs von Utrecht erwachsene Stadt Groningen im benachbarten Friesland eine Rolle zu spielen. Am alten Upstalsbomer Bund des zwölften Jahrhunderts war keine Stadt Groningen betheiligt gewesen; im Jahr 1231 hatte sie sich in die Streitigkeiten der friesischen benachbarten Gaue zu mischen gewufst, ein Bestreben, das sie allmälig zur Herrschaft über die benachbarten friesischen Gaue führte.

Seit dem Jahr 1231 ist nun von keinen Upstalsbomer Jurati mehr die Rede. Die Kämpfe, die wir in den Jahren nach 1231 aus authentischen Quellen kennen, zeigen, dafs damals keine Upstalsbomer Jurati existirt haben. In denselben Jahren wüthete der Krieg wie im Westen der Ems auch zwischen den dem Fivelgo benachbarten friesischen Landdistrikten östlich der Ems. Nach Emo kämpften 1234 die Nordener bereits im zwölften Jahr mit den Harlingern und den Upgantern (im Brokmerland). Hunderte von Menschen fielen, und die Nordener mufsten für den Frieden 1000 Mark Gold und 5000 Mark Silber zahlen; während sie denen von Uttum (im Emsigerland) dieselbe Summe in Emdener Münze herausgaben, die sie einst von ihnen empfangen hatten, um sich nicht mit ihren Feinden zu verbünden. Emo erzählt: „Anno eodem (d. i. 1234) fuit annus concertationis Nordensium duodecimus, qui conflixerant cum Hundrensibus (ein unbekannter Ort[1])) et Herlingensibus, et Upgentensibus Emesgonibus Brocmannis (d. i. Upgant im Kirchspiel Marienhafe in dem vom Emsigerland abgetrennten Brokmerland) et multos centenarios hominum hinc inde prostraverant. Ipsi quoque damno ut dicitur quingentorum occisorum puniti sunt. Cunctis predictis terris summam puri auri mille marcarum et quinque milia argenti pro pace optulerunt. Totidem quoque marcas secundum monetham Emethensium exhibuerunt Uttensibus

---

[1]) Den Namen „Hundrenses" vermag ich nicht bestimmt zu erklären, er mufs sich auf einen an Norden benachbarten Ort beziehen, der vielleicht vom Meer überfluthet ist; über die Lage der Landdistrikte Norden, Harlingen, Astringen, Brokmerland und Emsigerland vergleiche unten Cap. X und XI. Dafs Brokmerland aus einem Theile des alten Pagus Emesga und einem kleineren des alten Pagus Asterga erst im dreizehnten Jahrhundert entstanden ist, wurde bereits oben p. 321 ff. erwähnt. Beninga Historie van Ostfriesland in Matthaei Analecta IV p. 108 und Emmius Historia rerum Frisicarum p. 118 übergehen bei Erzählung der Ereignisse des Jahres 1234 die Hundrenses. Wiarda Ostfriesische Geschichte I p. 197 vermuthet unzulässig, es möge bei Emo Hundrum aus Uttum verschrieben sein; des im Emsigerland gelegenen Ortes Uttum gedenkt Emo im Verlauf der Erzählung. Unverständlich ist mir, warum Weiland in der Note 28 zu Emo in M. G. XXIII p. 517 Hundrum durch Hinte erklärt. Der Ort liegt im Emsigerland bei Emden, war der Sitz des kirchlichen Decanats Hinte.

(d. i. Uttum nördlich von Emden im Emsigerland), quas olim acceperant ab eis, ne se inimicis eorum sociarent", M. G. XXIII p. 517, 15, oder Feith p. 130. — Das Jahr 1234 war, wie Emo fortfährt, das vierte im Kampf der friesischen Reiderländer mit dem Kirchspiel Aschendorf auf dem rechten Emsufer, fünf Meilen oberhalb Emden. Emo berichtet: „Annus etiam fuit quartus guerre Hreidensium cum parochianis de Eskathorp et fautoribus suis. Hreidenses quippe, postquam offensi fuerant propter injurias ipsis illatas redeuntibus vel etiam euntibus ad nundinas frequenter, indicto bello indocti ad arma et inermes cum pilleis pennatis et equis impinguatis congressi sunt in campo trans Emesam et disposita acie ipsorum in multitudine gravi irruerunt hostes, licet pauci, et versa est multitudo in fugam secus Emesam in obliquum et pene omnes nobiles vel divites capti sunt, alii alias fugientes naves non apprehenderunt et amni se crediderunt et in eo capti sunt vel submersi. Duces adverse partis fuerunt Stephanus et Eustachius et milites de castellulo Fresenberch sub comite de Ravenesberch. Qui consilio pacifico usi reddiderunt captivos et sic aliquamdiu quieverunt" M. G. XXIII p. 517, 21 oder Feith p. 131. Im Jahr 1233 war auch ein Kampf der Reiderländer mit den Bewohnern des Emsigerlands ausgebrochen: „Anno secundo post inchoatam guerram a Hreidensibus contra incolas Emesae superiores prefatos ortum est bellum inter Emesgones inferiores et Hreidenses propter quendam Hreidensem submersum, qui voluit predari venientes de nundinis etc. Anno igitur domini MCCXXXIIII auxilium veterum hostium et comitis de Ravenesberch Emesgones postularunt, sed pauci venerunt" Emo in M. G. XXIII p. 517, 31 oder Feith p. 131.

Man wird vielleicht geneigt sein zu vermuthen, die Upstalsbomer Verbindung sei nach dem Jahr 1231 nicht verschwunden, sondern nur geschwächt gewesen; nichts spricht aber für eine derartige Annahme. Es wird in den folgenden Jahrzehnten in keiner gleichzeitigen Aufzeichnung des Upstalsbom oder seiner Jurati gedacht, das berechtigt an sich zu bezweifeln, daß in jener Zeit Jurati von Upstalsbom gewählt worden sind. Hätten wir aus den Jahrzehnten nach 1231 keine nähern Nachrichten über die Ereignisse in den friesischen Landdistrikten östlich dem Laubach, so

könnte die gewagte Vermuthung, dafs nach 1231 geschwächte Jurati von Upstalsbom fortbestanden hätten, einen gewissen Schein
für sich haben; sie verliert jeden Anhalt durch die détaillirten
Nachrichten, die über die Jahre 1231 bis 1296 aus dem Hunsego,
Fivelgo und Emsgo durch die gleichzeitigen Chronisten Emo, Menko
und den Continuator Menkonis erhalten sind. Und mit diesen Angaben stimmen für die zweite Hälfte des dreizehnten Jahrhunderts
mehrere Urkunden aus Hunsego, Fivelgo, Emsgo und Brokmerland
überein. Dafs für Rüstringen und für Harlingen bereits in früherer
Zeit die Upstalsbomer Jurati nicht thätig waren, erscheint als
wahrscheinlich nach der Art, wie Rüstringen seit 1220 und Harlingen seit 1237 mit der Stadt Bremen zu Elsfleth an der Weser
jährlich Jurati zusammenkommen liefs, vgl. darüber unten den §. 27.

Eine wesentliche Bestätigung dafür, dafs seit 1231 überhaupt
keine Upstalsbomer Jurati mehr vorhanden waren, liegt in der Art
und Weise, wie am 18. September 1323 die Grietmannen, Richter,
Praelaten und Geistlichen des Landes Westergo statt ihrer in veränderter Gestalt Judices selandini in Upstalsbom einführen. Sie
erklären, mit den andern Seelanden Frieslands zur Vereinbarung
und Herstellung des Upstalsbomer Bundes die Leges Upstalsbomicae
errichtet zu haben, nach deren Inhalt ein Verband friesischer Landdistrikte, wesentlich verschieden von dem ältern, geschaffen werden
sollte. Hätten die Jurati von Upstalsbom in älterer Weise noch
im Jahr 1323 fortbestanden, so würde dies aus den 1323 aufgestellten Sätzen der Leges Upstalsbomicae erhellen, oder würden
doch wenigstens die Bestimmungen der Leges Upstalsbomicae über
die Upstalsbomer Judices mit den ältern über die Jurati von Upstalsbom übereinstimmen.

III. Judices selandini zu Upstalsbom 1323—1327.

§. 9. Grafen im Westergo vor und nach 1328.

Am 18. September 1323 erklären die Grietmannen, Judices,
Praelaten und Geistlichen des Westergo, einen neuen Upstalsbomer
Bund mit den andern Landdistrikten Frieslands einzugehen, und

unterzeichnen als Bundesstatut die ausführlichen Leges Upstalsbomicae, deren Inhalt das Westergo als ein unabhängiges, keinem
Landesherrn untergebenes Land betrachtet wissen will. Der folgende
§. 10 giebt den Inhalt der oben p. 250 in Cap. II §. 17 abgedruckten
Leges Upstalsbomicae an und zeigt, dafs die einzelnen Sätze, wie
sie die Westergoer aufstellen, unvereinbar sind mit dem Vorhandensein eines Comes oder Landesherrn im Westergo. Um aber den
Zweck der Aufstellung von Judices selandini zu Upstalsbom und
der Abfassung der gesammten Leges Upstalsbomicae zu verstehn,
ist es nothwendig, vorher die rechtliche Stellung des Grafen von
Holland im Westergo genau zu ermitteln, und zwar: A. vor dem
Jahr 1323, B. im Jahr 1323 und C. in den darauffolgenden Jahren bis 1362.

A. Der alte Pagus Westergo zwischen Fli und Bor-
dena, der später die Landdistrikte Woldensera-deel,
Wimbritzera-deel und Franekera-deel umfafste, bildete
mit dem Pagus Ostergo, dem Pagus Sudergo bei Stavern
und dem Pagus Woldago das durch Karl Martell dem
fränkischen Reich unterworfene Friesland zwischen Fli
und Laubach, wie unten die Capitel VII und VIII näher aus-
führen. Die Grafschaft über diesen Theil Frieslands war seit dem
Jahr 923 von den deutschen Königen verbunden mit der über das
friesische Land vom Fli bis zum Sincfal oder den spätern Provinzen
Holland und Zeeland den alten Grafen von Holland zu Lehn gegeben. Unten in Cap. VIII ist zu zeigen, wie vorübergehend ihnen
in den Jahren 1048 bis 1090 die Grafschaft über das Ostergo und
Westergo nebst Stavern, oder das friesische Land zwischen Fli und
Laubach genommen, und von Heinrich III. und Heinrich IV. dem
Grafen Bruno, dessen Bruder und Bruderssohn, den Markgrafen
Ekbert I. und Ekbert II. von Meifsen, geliehen, dann in Folge der
Aufstände Ekberts II. der Utrechter Kirche geschenkt worden war,
in deren Sprengel es lag, (s. oben p. 157 Note); die Utrechter
Kirche vermochte ihren Besitz gegenüber den Grafen von Holland
nicht zu behaupten. Vielfach ist in Dokumenten und Chroniken des
zwölften und dreizehnten Jahrhunderts von den Lehnsverhältnissen
dieses „comitatus Fresiae" oder des „comitatus Fresiae de Ostergo

et Westergo et in Staveren" die Rede. Graf Florenz III., der 1157 bis 1190 regierte, besafs ihn; auf ihn folgte Theoderich VII. von 1190 bis 1203, dann Wilhelm I. von 1203 bis 1222 und Florenz IV. von 1223 bis 1234.

Im Jahr 1165 suchte, wie oben p. 184 ausgeführt ist, Kaiser Friedrich I. den Streit über den „comitatus Fresonum" zwischen dem Grafen Florenz III. von Holland und dem Bischof Godebald von Utrecht durch Anordnung einer gemeinsamen Nutzung und Verwaltung beizulegen. Graf Florenz III. starb 1190 auf dem Kreuzzuge, sein älterer Sohn Theoderich VII. wird Graf in Holland und Friesland, der jüngere Wilhelm, der den Vater auf dem Kreuzzuge begleitet hatte, kehrte 1192 zurück.

Nach längeren Streitigkeiten giebt 1198 Graf Theoderich VII. seinem Bruder Wilhelm I. die Frisia orientalis zu Lehn. Wilhelm vermählt sich zu Stavern mit Aleydis, Tochter des Grafen Otto von Geldern.

1203 stirbt Graf Theoderich VII. mit Hinterlassung einer Tochter Adda oder Adelheid, vermählt mit Graf Ludwig von Loon. Graf Wilhelm folgt seinem Bruder 1203—1222, obwohl der Bischof Theoderich von Utrecht, indem er bestreitet, dafs Wilhelm dem Bruder in den Lehnen zu succediren habe, sie als erledigt dem Grafen Ludwig von Loon geliehen hatte. In Urkunde von 1204 bei Ueberlassung der Lande, die der Schwiegervater des Grafen Ludwig von Loon, Graf Theoderich VII., von der Utrechter Kirche zu Lehn gehabt hatte, bestimmt der Bischof einen gemeinsamen Besitz des „comitatus Fresiae in Oster- et Westergo et in Stavern" durch den Grafen Ludwig von Loon und die Utrechter Kirche, wie ihn Bischof Gottfried von Utrecht und Graf Florenz von Holland gehabt hätten.

In einer ins Jahr 1204 zu setzenden vom 12. November datirten Urkunde leiht König Philipp dem Grafen Wilhelm von Holland die Reichslehne, die dessen Vater und Bruder gehabt. Noch in demselben Jahr stellt, wie oben p. 185 erwähnt wurde, Graf Wilhelm, nachdem er den Grafen Ludwig von Loon besiegt und dessen Gemahlin Adda in Gefangenschaft genommen hat, dem Bischof Theoderich von Utrecht eine Urkunde aus, übereinstimmend mit der des Grafen Ludwig von Loon, dafs nunmehr zwischen ihm und der Utrechter Kirche der gemeinsame Besitz des „comitatus Frisiäe in Oostergo et Westergo et Stavern" stattfinden soll.

Neue Kämpfe und Vergleichsversuche zwischen Graf Wilhelm und Graf Ludwig von Loon aus den folgenden Jahren sind ungenau überliefert, sie haben zu keinem längeren Besitz des Landes durch Graf Ludwig geführt. Ludwig stirbt 1219, Graf Wilhelm 1222.

Ihm succedirt Graf Florenz IV. Er giebt den „comitatus orientalis Fresiae" seinem Bruder Graf Otto zu Lehn. Später, als dieser Bischof von Utrecht ist, entsteht Streit über den Comitatus Frisiae. In der Urkunde von 1225 den 26. Januar erneuern die beiden Brüder den 1165 und 1204 angeordneten gemeinsamen Besitz der Grafschaft durch Utrecht und Holland.

Nach dem Tode des Grafen Florenz IV. übernimmt 1234 Bischof Otto die Vormundschaft über Wilhelm, den minderjährigen Sohn seines Bruders, der 1247 zum deutschen König gewählt wird. Unter ihm fanden in Nordholland schwere Kämpfe mit den Friesen statt, er wurde 1256 bei Hoogwoude unfern Medemblik, nachdem er im Eis eingebrochen war, erschlagen. Sein Sohn Florenz V. unterwarf die aufständischen Friesen' nach heftigen Kämpfen aufs Neue. Im Jahr 1276, als er erst neunzehn Jahr alt war, lieh K. Rudolf seine Reichslehne eventuell dem Johann von Avesnes und Hennegau, dem Sohn der Adelheid oder Aleydis, Vaterschwester Florenz V., und dem Grafen Hermann von Henneberg, dem Gemahl der Margareta, der jüngern Schwester der Adelheid, und deren Sohn Boppo; siehe die Urkunde unten in Cap. VIII. Graf Florenz erhielt bald darauf von seiner Gemahlin Beatrix, Tochter des Grafen Guido von Flandern, eine Tochter Margareta, die er bereits 1281 mit Alfons, dem Sohn des König Eduard von England verlobte, indem er ihr die Hälfte seines Landes („medietatem totius terrae nostrae") als Mitgift zusicherte und dafür die Bestätigung des deutschen Königs zu erwirken versprach, siehe die Urkunde unten in Cap. VIII. Im Jahr 1282 den 19. Juni bewilligte König Rudolf dem Grafen Florenz, dafs, sofern er ohne männliche Descendenten sterben sollte, seine Tochter Margareta die Grafschaft und die Lehne, die er vom Reiche habe, erbe, und dafs, wenn er einen unmündigen Sohn hinterlassen sollte, dieser unter Vormundschaft seiner Mutter Beatrix stehe. In der Urkunde des König Rudolf heifst es: „quod nos pure fidei ... insignia, quibus nobilis vir Florentius, comes Hollandie ... nos et sacrum veneratur imperium benigniter intuentes sibi hanc gratiam duximus faciendam, quod si ipsum sine masculo herede legitimo contingat decedere, flie sue in comitatu et feodis, que tenet a nobis et imperio, succedant eidem; ampliorem quoque sibi gratiam facientes ipsi liberaliter indulgemus, quod si cum relicto masculo herede impubere ab hac luce migrare contigerit, uxor sua si superstes fuerit, officio tutele fungatur, quam diu ipsam ad secunda vota procedere non contingit" Kluit II 2 p. 861. Zu den vom Reich durch die Grafen von Holland besessenen Landestheilen wird 1290 von König Rudolf Friesland gerechnet, unter dem nur das Westerlauwersche Friesland verstanden werden kann. Indem der König inbetreff des in Empörung gegen seine Landesherren und das Reich begriffenen Frieslands östlich dem Laubach Verfügungen trifft und den Grafen Reinald von Geldern ermächtigt, es wiederzuerobern, mit der Absicht, es ihm als Lehn zu leihen, sagt er ausdrücklich: „Reinaldo Geldriae comiti totam Phrysiam, quae vulgariter dicitur Oost-Frieslandt et omnem aliam Phrysiam ad nos et imperium spectantem excepta dumtaxat illa parte ad nobilem virum comitem Hollandiae pertinente ... duximus committendam" Mieris I p. 507. Und es wiederholen diese Worte König Adolf 1295 und König Albrecht 1299, indem sie die Urkunde König Rudolfs wörtlich bestätigen, vergleiche über die drei Urkunden unten Cap. VIII. — Florenz starb 1296 mit Hinterlassung eines um 1283 geborenen Sohnes Johann, der ihm unter Vormundschaft des Johann von Avesnes succedirte[1]). Er war mit Elisabeth

---

[1]) Graf Johann mufs um 1283 geboren sein. Am 19. Juni 1282 lebte er nach der oben angeführten Urkunde noch nicht; in Urkunde des Grafen Florenz vom 12. August 1284, Mieris I p. 439, verabredete Florenz eine Ehe zwischen seinem Sohne Johann und einer Tochter des Königs Eduard von England und die Sicherstellung einer Summe, die seiner Tochter Margareta nach der Vermählung mit dessen Sohn Alfons zufallen soll. Ueber das Geburtsjahr Johanns vgl. Kluit II p. 862 Note; Kopp Eidgenössische Bünde I p. 829 setzt es zu früh.

von England verheirathet, starb aber schon 1299 ohne Kinder. In Urkunde vom 29. August 1298 dispensirt ihn König Albrecht vom persönlichen Erscheinen wegen Belehnung mit den Reichslehnen, er nennt ihn dabei „Johannes comes Hollandiae, Zeelandiae et dominus Frisiae" Mieris I p. 597, Kluit II 2 p. 1089, Van den Bergh Holl. Urkb. II p. 473 (aus Orig.). Seinen Tod berichtet das Chronicon Colmariense beim Jahre 1299 in M. G. XVII p. 267, vgl. Kopp Eidgenössische Bünde III 2 p. 61. Mit ihm war das alte holländische Haus im Mannstamm erloschen.

Es entstand Streit über die Succession. In welcher Weise die Grafschaft des ausgestorbenen alten holländischen Grafenhauses von Johann von Avesnes occupirt worden war, und König Albrecht sie als an das Reich zurückgefallen ansah, berichtet das von einem Anhänger König Albrechts verfaſste, mit dem Jahr 1304 schlieſsende Colmarsche Chronicon. Nach ihm bemächtigte sich Graf Johann von Avesnes und Hennegau schleunigst der Grafschaft des an Gift verstorbenen Johann I.; der König befahl ihm, die widerrechtlich besessenen Länder herauszugeben, Johann weigerte sich, und der König zog darauf an den Niederrhein: „Comes de Hollandia et uxor ... toxico perierunt. Horum comitatum usurpavit sibi comes Hanogogie velociter et potenter. Haec audiens ... Albertus rex ... mandavit comiti Henigogie, quod has res contra iusticiam possedisset et eas dare sibi libere postulabat. Comes haec facere simpliciter recusabat. Hiis rex Albertus auditis exercitum congregavit et comitem obsidere velociter cogitavit. Cum rex prope Coloniam cum exercitu pervenisset, quidam ... eum interficere voluerunt" M. G. XVII p. 267, 38. Das Chronicon führt dann aus, wie der König der Uebermacht des Grafen wich und den Niederrhein verlieſs.

Der im Jahr 1305 verstorbene Melis Stoke berichtet in seiner Rijmkronijk Buch VII Vers 240, daſs König Albrecht Holland als an das Reich zurückgefallen betrachtet habe, daſs er nach Nimwegen gekommen sei, um Holland zu besetzen, daſs Johann von Avesnes mit Heeresmacht gegen ihn gezogen, und daſs der Erzbischof von Köln in Nimwegen den Frieden zwischen König und Graf vermittelt habe: „Dat si spraken den coninc van Almaenghen Aelbrechte ende seiden, dat hem met rechte graefscap ant

rike waer bestorven, ende sijt also hadden verworven, dat hem
al dat lant swoer houde, waert dat hi neder comen woude, ten
minsten tote Nimaghen ende dede den grave voer hem daghen;...
de grave soude dan alte hant voer hem moeten rumen 't lant,
quame hi in 't lant, men soude ghemene hem opgheven groet ende
clene, beide lant ende steden" Huydecoper 1772 III p. 18. Dann
in der Rijmkronijk Vers 265: „Dat waren de met haren rade beide
met helpen ende met dade den edelen Florense deden vaen ende
iamerliken verslaen; ende willen met dies coninx machte vort ver-
driven sine gheslachte, ende in vreemde hant al bringen. Maer
God en wouts niet ghehinghen, hi versaghet bi synre ghenade"
Huydecoper III p. 20. Endlich Vers 319: nachdem der Graf ein
grofses Heer gesammelt, „voer (hi) bi Nimeghen an Bonswerde ...
Als de coninc dat ghesach, datte grave quam so starc, ne hadde
hi niet om dusent marc binnen Nimaghen ghebleven ... hi voer
op Cranenborch de veste, dat dochte den grave van Cleve 't beste,
dat hi daer wel seker ware ... *De bisscop van Coelne ... makede
enen vrede ... tusschen den coninc enten grave.* Doe trac weder al
hier ave de grave 't sinen lande neder, entie coninc soude keren
weder" Huydecoper III p. 24.

Beka, dessen Chronik bis 1346 reicht, erzählt ausführlicher,
wie 1300 Johann von Renesse in Zeeland dem Johann von Avesnes
entgegentrat, wie ihn Johann von Avesnes besiegte, und Johann
von Renesse dem König Albrecht vortrug, dafs 1299 mit dem Tode
Johanns I. Holland und Zubehör an das Reich zurückgefallen wäre;
König Albrecht habe von Nimwegen aus Holland aufgefordert, sich
ihm zu unterwerfen, indem das Land dem Reich heimgefallen sei:
„Johannes itaque de Renes devictus transfugit ad Albertum Romanorum regem pro subsidio, asserens, quod comitatus Hollandiae post obitum domicelli Johannis Romano vacaret
imperio. Albertus ergo rex descendens ad Hollandiam destinavit
hujusmodi literas per universam provinciam: Noverint universi, quod
Albertus, Romanorum rex invictus, vacantem Hollandiae
principatum Romano potenter incorparabit imperio,
quem Carolus rex Theoderico comiti donavit in feudo" Johannes
de Beka edidit Buchelius Ultrajecti 1643 p. 102. Der hier genannte

Karl ist Karl der Einfältige, der, wie oben p. 426 angeführt hatte,
im Jahr 922 den Grafen Theoderich mit der Grafschaft über Holland,
Zeeland und Friesland beliehen hatte. Beka erzählt weiter, wie
König Albrecht nach Nimwegen kam, wie ihm der Graf Johann
von Hennegau mit grofser Heeresmacht entgegentrat, der König
sich nach Kranenburg zurückzog und der Erzbischof von Köln den
Frieden zwischen ihnen vermittelte: „*archiepiscopus Coloniensis* pro
regis honore conservando *pacem* extunc *elaborare studuit*, qui tandem
sub hac forma compositionis arbitrium suum edidit: *quatenus* ipse
comes *domino regi fidelitatis praestaret homagium*. Quo facto pri-
mates extemplo reversi sunt ad propria" Beka p. 102.

Urkundlich werden die von den Chroniken erwähnten Streitigkeiten über den Rückfall der Besitzungen der ausgestorbenen Grafen
von Holland an das Reich vom König bezeugt, speciell gedenken dessen
fünf Urkunden vom 11. 12. und 15. März 1300. In Urkunde vom
11. März 1300 fordert König Albrecht die Bewohner von Zeeland im
Westen der Schelde (s. unten Cap. IV §. 7) auf, dem Grafen Rupert von
Flandern zu gehorchen, da ihm ihr Land als Reichslehn zugefallen sei,
gegenüber von dem Grafen Johann von Hennegau, der es occupirt
habe: „Universis nobilibus, ministerialibus, militibus, clientibus et incolis in Selant Wester-schilt residentibus, suis et imperii fidelibus ...
Cum terra Vestra cum suis juribus et pertinentiis, quae a nobis et imperio tenetur in feodo, sit pleno jure ad virum spectabilem Rupertum
comitem Flandriae devoluta ... cum Johanne comite Haynoniae,
injusto *usurpatore* et detentore terrae Vestrae, in antea nihil habentes disponere, sicut indignationem regiam volueritis evitare",
Warnkönig Flandrische Rechtsgeschichte 1835 I Urkundenbuch p. 71
(aus Orig.). Am selben Tage fordert König Albrecht den
Grafen Rupert von Flandern auf, vor ihm auf dem
Reichstag zu Frankfurt am 9. Mai zu erscheinen, Warnkönig a. a. O. p. 71. Den·12. März 1300 schreibt der König den
Bewohnern des Hennegau, er habe vernommen, dafs Graf Johann von
Hennegau den Grafen Rupert von Flandern angreife, wegen der Güter,
die er von ihm und dem Reich zu Lehen habe; sie möchten nicht den
Grafen Johann gegen den Grafen Rupert unterstützen: „universis
nobilibus, ministerialibus, militibus et clientibus necnon et incolis

terrae Hannoniae ... Pervenit ad nostram noticiam, quod spectabilis vir Johaunes, comes Hannoniae, virum spectabilem R. comitem
Flandriae, fidelem nostrum, praetextu bonorum, quae ipse comes
Rupertus a nobis et imperio tenet in feodo, incendiis gravet multi-
pliciter ... rogamus ..., quatenus praedicto Johanni comiti contra
praefatum comitem Flandriae vestro consilio et auxilio astare nulla-
tenus debeatis", Warnkönig a. a. O.' p. 71 (aus Orig.). In Urkunde
vom selben Tage erklärt König Albrecht, dafs er „dem Ruprecht,
Grafen von Flandern, alle Schäden und Kosten, die ihn bei Wieder-
eroberung der Grafschaft Holland treffen möchten, nach Rath des
Erzbischofs Wikbold von Köln und des Grafen Th. von Cleve aus
Gütern der Grafschaft Holland ersetzen wolle", Böhmer Regesten
Albrechts p. 220 (aus Orig. in Paris abgeschrieben von Waitz).
Endlich den 15. März ladet König Albrecht den Grafen
Johann von Hennegau zum 9. Mai vor den Reichstag zu
Frankfurt, um sich wegen der gegen ihn erhobenen Anklagen zu
verantworten: „Spectabili viro Johanni, comiti Haynoniae, fideli
suo dilecto ... comittimus, quatenus feria secunda post inventionem
crucis proxima (d. i. den 9. Mai) apud Franchenfurt compareas
coram nobis nostris querimoniis legitime responsurus", Warnkönig a. a. O. p. 72 (aus Orig.).

Am 7. Juli verurtheilen zu Mainz („in domo fratrum praedicatorum Magunciae") „vor dem zu Gericht sitzenden König die Grofsen
des Hofs und andere Beistehende den Grafen Johann von Hennegau;
sie erkennen ihm die Grafschaften Holland und Zeeland und das
Land Friesland ab", sprechen sie dem König Albrecht und dem
Reiche zu und erklären Johann in die Acht, weil er von seinen
Anmafsungen gegen das Reich nicht abstehe. Das noch ungedruckte
Erkenntnifs verzeichnet Böhmer Regesten Albrechts p. 222, es sei
„als so ergangen bezeugt und besiegelt von den Anwesenden Ger-
hard Erzbischof von Mainz, Peter Bischof von Basel, Eberwin
Bischof von Worms, Sifrid Bischof von Chur, Eberhard Graf von
Catzenelnbogen, Georg Raugraf und Rudolf Graf von Werdenberg."
Böhmer beruft sich auf eine Copie von Waitz aus Paris und be-
merkt: „Eine Ausfertigung des Rechtsspruchs durch den König
selbst ist noch nicht aufgefunden worden (nach ihm Kopp K. Albrecht

p. 62 und p. 407). Der nach den Urkunden vom 11. und 15. März in der betreffenden Sache anfangs auf den 9. Mai nach Frankfurt gesetzte Tag war bis zum 7. Juli verschoben."

Fasse ich den Inhalt dieser einzelnen Angaben zusammen, so hatte Johann von Avesnes 1299 unmittelbar nach dem Tode seines Mündels Johann im Oktober 1299 die Regierung in dessen Landen occupirt und gerieth mit Graf Rupert von Flandern in Streit, weil ihm König Albrecht Zeeland im Westen der Schelde zu Lehn gegeben hatte [1]). Es hatte dies zu Kämpfen des Johann mit den Zeeländern und namentlich mit Johann von Renesse geführt. Am 11. und 15. März 1300 hatte der König den Grafen Rupert von Flandern und Johann von Avesnes nach Frankfurt auf den 9. Mai vorgeladen; in Frankfurt war aber Johann von Avesnes nicht erschienen, und so erfolgte am 7. Juli zu Mainz seine Verurtheilung. Es wurden ihm die Grafschaften Holland, Zeeland und das Land Friesland ab- und dem König und Reich zugesprochen, Johann wurde in die Acht erklärt. Hier ist also Johann nicht erschienen, hat seine Ansprüche, die er auf die Eventualbelehnung von 1276 gestützt haben mag, nicht geltend gemacht, ist verurtheilt worden, und hat ihm der König nach dem Bericht des Beka später bei Nimwegen, indem er durch sein mächtiges Heer bedrängt wurde, eingeräumt, dafs er die Lande vom Reiche als Lehn besitze.

Eine allgemeine Einziehung der Grafschaft des alten holländischen Hauses ist 1299 faktisch nicht erfolgt, es gingen 1299 oder 1300 die Reichslehne, die das ältere holländische Haus besafs, auf das Haus Avesnes über; zu ihnen gehörte aber das Westerlauwersche Friesland, das später von den Grafen des Hauses Avesnes wie früher von denen des alten holländischen Hauses besessen wurde.

Ueber die weitern Unterhandlungen in Nimwegen inbetreff des in Mainz am 7. Juli 1300 vor dem König von anwesenden Reichsfürsten gefällten Erkenntnisses, das dem Johann von Avesnes die erwähnten Reichslehne abgesprochen hatte, deren auch Melis Stoke und Beka erwähnen, giebt eine Urkunde vom 13. August 1300 Auskunft sowie eine zu Nimwegen vom 17. August 1300; letztere ist wörtlich in einem Dokument vom 11. Juli 1301 abschriftlich mitgetheilt

---

[1]) Ueber Graf Guido von Flandern, den Vater des Rupert, und dessen Streit mit Johann von Avesnes siehe Warnkönig I p. 188.

und beglaubigt. Die Urkunde vom 13. August 1300 lautet: „Wy Jan hertog van Lottringen, van Brabant ende van Limburg, ende wy Godefroi van Brabant, heer van Aerschot ende van Virson doen condt, hoe dat den hoogen ende edelen man J a n, g r a v e v a n H e n e g o u, H o l l a n t e n d e Z e l a n t e n d e her v a n V r i e s l a n t sig onderworpen heft an het seggen van de eerwaerdige vaders in onsen heer, myn heer W. (d. i. Wikbold) by de genaede godts den aertsbischop van Colen ende P. (d. i. Peter) bischop van Basel ende aen ons, van de oneenigheden, die daer ontstaen waeren tuschen ... myn heer Aelbert, verkosen coninck van Romen. Oversulx verclaeren wy niets en syn weetende te seggen als van een houwelyk tuschen Jan syn oudste soon ende de dogter van onsen heer coninck voornomt", Mieris Charterboek II p. 15 (aus Copie). In Urkunde vom 11. Juli 1301 geben die Bischöfe Friedrich von Straßburg, Cunrad von Eichstädt, sowie Ulrich · von Seckau, Abt Heinrich von Fuld etc. eine beglaubigte Abschrift einer Urkunde des Grafen Johann von Holland etc., die „e i n e s c h i e d s r i c h t e r l i c h e E n t s c h e i d u n g zwischen ihm und König Albrecht de dato Nimwegen den 17. August 1300 ü b e r d i e von ihnen beiden angesprochenen L a n d e H o l l a n d, Z e e l a n d u n d F r i e s l a n d betrifft." Die Urkunde führt Böhmer Regesten Albrechts p. 373 nach einem Excerpt von Waitz aus dem Original in Paris an.

In einer ebenfalls am 17. August 1300 in Nimwegen ausgestellten Urkunde des Grafen Johann von Hennegau verpflichtet er sich, dem Erzbischof Wikbold von Köln für Vermittelung des Friedens mit dem König, möge sie gelingen oder nicht, die Summe von 3500 Pfund zu zahlen. Vergleiche die Urkunde in Lakomblet II p. 622. In Nimwegen soll nach den oben p. 431 angeführten Worten des Beka mit Rücksicht auf die Schwäche seines Heeres gegenüber dem des Johann König Albrecht durch den Erzbischof Wikbold bewogen sein nachzugeben und dem Johann die Belehnung mit Holland zu versprechen.

Die versuchte Vermittelung kann aber nicht vollständig ausgeführt sein. In einem im Original erhaltenen Schreiben König Albrechts vom 10. Mai 1301 aus Speier an die Westerlauwerschen Friesen über Förderung des Landfriedens in ihrem Lande, sagt er

28*

ausdrücklich: sie würden, wie er hoffe, die mit Vollziehung seines Landfriedens von ihm beauftragten Fürsten eifrigst unterstützen, und fügt hinzu: „*cum sitis imperio immediate colligati*", das will sagen, da sie unmittelbar dem Reiche verbunden seien, indem im Jahr 1300 die Grafschaft über sie dem Johann von Avesnes aberkannt und dem Reiche zugesprochen war, und er sie noch nicht dem Grafen zu Lehn gegeben hatte, wie dies im August 1300 zu Nimwegen geplant worden war. Vergleiche über das merkwürdige Schreiben Albrechts, gedruckt in Vrije Fries II p. 27, unten Cap. VIII. Dafs wirklich die Streitigkeiten König Albrechts mit dem Grafen Johann von Avesnes durch die Nimwegener Unterhandlungen vom 17. August 1300 nicht ihre Endschaft erreicht hatten, wird auch durch zwei Urkunden vom Jahr 1302 erwiesen. Am 21. August 1302 beurkundet Albrecht als Rechtsspruch, dafs, „obgleich die Grafschaft Hennegau vom Bisthum zu Lehen herrühre, der Bischof nicht verpflichtet sei, ihr gegen den Kaiser zu Hülfe zu kommen, indem derselbe sich vielmehr überall an den Kaiser halten müsse", siehe Böhmer Regesten Albrechts p. 231 aus St. Génois Monumens anciens p. 270; und in Urkunde vom 24. Oktober 1302 des König Albrecht über eine Sühne mit dem Erzbischof Wicbold von Köln, erklärt er: „Vor baz hat uns der vorgenant erzbischof getrulich gelobet, daz er uns gen menniklich helfe und ze vodrist wider den greven van Hanigowe und nicht wider unsern herren und geistlichen vater den pabst", Lakomblet Niederrheinisches Urkundenbuch III p. 14.

Johann von Avesnes starb im Jahr 1304, sein Sohn Wilhelm III. im Jahr 1337. Wie sich unter ihm das Verhältnifs zum Westerlauwerschen Friesland gestaltete, ist auf das Bestimmteste nachzuweisen. Mehrfache Streitigkeiten mit den Landdistrikten im Westerlauwerschen Friesland führten nach offenen Kämpfen zu neuen Unterwerfungen, und wird der Graf vom Deutschen Kaiser als Landesherr im Westergo und Ostergo anerkannt. und mit den zu ihnen gehörenden Landdistrikten beliehen. In Urkunde vom 25. November 1314 ertheilt Ludwig der Baier Belehnung vom Reich an Graf Wilhelm: „Ludovicus, dei gratia Romanorum rex et semper augustus .. ad universorum noticiam cupimus pervenire, quod nos propter grata et obsequiosa servicia, quae spectabilis Guillelmus, comes Hollandiae, et sui praedecessores nostris antecessoribus, regibus et imperatoribus Romanorum, et imperio exibuerunt et adhuc nobis et imperio exiberi speramus in futurum, omne jus quod iidem nostri praedecessores in comitatibus Hollandiae, Zeelandiae et dominatu Friziae reclamarunt seu reclamare potuerunt, aut nos reclamare possemus, libere et absolute de consensu et assensu nostrorum principum quittamus ac eidem ejusque heredibus et successoribus praesentibus duximus remittendum, salvo tamen nobis et imperio homagio debito pro eisdem", Mieris II p. 145 und Schwartzenberg I p. 154 (aus Copie). In einer zweiten Urkunde vom selben Tage schreibt König Ludwig an die von Ostergo und Westergo, dafs sie dem Grafen Wilhelm als ihrem Herrn unterthan seien: „Ludovicus, dei gracia Romanorum rex et semper augustus, prudentibus viris, grietmannis, consiliariis et communitatibus terrae Friziae de Westergo et Ostergo fidelibus suis dilectis ... mandamus vobis, quatenus spectabilem virum Guillielmum, comitem Hollandiae et dominum Friziae, in verum dominum admittatis sibique de omnibus juribus suis respondeatis ac integraliter responderi faciatis. Si quis autem vestrum contra mandatum nostrum temere venire praesumpserit, indignationem regiam se noverit incursurum." Mieris II p. 146 (aus Copie) und Schwartzenberg I p. 154.

Höchst beachtenswerth ist die in den Jahren 1310 und 1313 der Belehnung vorausgegangene Unterwerfung der Friesen des Westergo an Graf Wilhelm. Am 4. Juli 1310 vergleicht sich Graf Wilhelm mit den Westergoern: „Nos Guillelmus, comes Hannoniae, Hollandiae et Zeelandiae et dominus Frisiae et nos grietmanni, conjudices districtus in Vroenackere, districtus in Wildinghe, districtus in Weenbrugge, omnes, singuli totaque communitas de Westergo ..; cum discordia inter nos et praedecessores nostros ... orta fuisset, ex qua dampna quam plurima, homicidia, inobedienciae et captivitates plurimae evenerunt, volentes ad statum debitum liberaliter et congrue revenire, compactionem et pacem insimul fecimus. Primo quod omnia dampna, omnia homicidia, omnis inobedientia, omnesque captivitates ... sunt quita ... Secundo quod nos griet-

manni sive conjudices praedicti totaque communitas de
Westergo pro nobis omnibus et singulis et successoribus nostris
recognoscimus comiti praedicto pro se et suis successoribus
omnem jurisdictionem in tota terra de Westergo et omnia
jura quae praedecessores sui in dicta terra in retroactis temporibus habuerunt... Tertio quod Wilhelmus comes
damus ... omnibus et singulis de terra de Westergo, quod ipsi
possint per terram Hollandiae, Zeelandiae et Westfrisiae cum rebus
suis per terram et per aquam transire absque exactione thelonei ...
Datum apud Alckmariam", Mieris II. p. 106 und Schwartzenberg
I p. 149.

In einer zweiten Urkunde von 1310 erklärt „Wilhelmus comes...
viris discretis ac honestis grietmanno de Wildingen et suis
judicibus ... intelleximus, vos velle nostrum oppidum de
Stauria ... infestare pro aliquibus causis, unde ipsi se dicunt
innocentes; quod si feceritis, pacem et concordiam inter vos factam
apud Alcmariam ... violabitis etc.", Mieris II p. 106, aus ihm
Schwartzenberg I p. 150.

Vergleiche auch Urkunde von 1313, in der „illustri principi
ac domino Wilhelmo, comiti Haynnoniae etc. Walter decanus de
Merthem (Oud-Mardum), Hera decanus de Bodleswaerd (d. i. Bols-
werd im Woldenseradeel des Westergo) Petrus decanus de Silva (d. i.
Woude) necnon gretmannus, judices, consules coetus Wagen-
brugge (d. i. Wimbritzera-deel des Westergo), necnon gretmannus,
judices et universi consules coetus de Lyarich (d. i. Lemsterland in
den Zevenwouden des Westerlauwerschen Frieslands) obsequium suae
possibilitatis ... Ad nostrum auditum ... provenit, quod scabini
Stauriae ... suis patefecerint rogationibus, se non esse ausos a
nobis et communitate nostrae terrae in civitate eorum regere et
judicare ultra concives eorum, sicuti Vestra privilegia et ante-
cessorum Vestrorum ipsis Staurensibus concessa, con-
servent et judicabunt ... Vobis declaramus, nos Vestrum ac
Vestrorum omnium judicum et subditorum judicium et honorem, non
volentes reprehendere", Mieris II p. 139, aus ihm Schwartzenberg
I p. 152. Der Ausstellungstag ist unsicher. Einige Handschriften
setzen sie „feria prima diebus rogationum", andere „feria II."

In Urkunde vom 27. März 1322 schreibt Graf Wilhelm: „balivis, scultetis ac justiciariis, ne quis eorum in personis vel rebus monasterii vallis sanctae Mariae in Westergo illicitas exactiones fieri permittat ipsosque ab injuriis defendant .. Datum apud Middelburch", Mieris II p. 307 (aus Copie), aus ihm Schwartzenberg I p. 165. In Urkunde vom 6. Mai 1322 stellt Graf Wilhelm seinen Schulz in Stavern an, Mieris II p. 288 und Schwartzenberg I p. 164.

B. Im Jahr 1323 den 18. September erklärten die Grietmannen, Richter, Praelaten und Geistlichen der Terra Westergo, eine Verbindung mit den andern friesischen Seegegenden einzugehen, für die sie die sogenannten Leges Upstalsbomicae aufgestellt hätten. Das Dokument sagt: „nos grietmanni, judices, praelati et clerus terrae Westergo cum ceteris zelandiis Frisiae ad concordiam et reformacionem constitutionum Opstallisbaem habitarum et constitutarum ordinavimus diversitates literarum sub hac forma, singulis articulis reformatis et conscriptis nunc et perpetuo valituris", oben p. 250. Es wurde hier der Versuch gemacht, friesische Landdistrikte zum Beitritt zu bewegen. Das Dokument sagt ausdrücklich: „nos grietmanni... terrae Westergo cum ceteris zelandiis Frisiae ad concordiam et reformacionem constitutionum Opstallisbaem habitarum ordinavimus diversitates literarum." Es beabsichtigen also die Westergoer durch die Leges Upstalsbomicae die alte Upstalsbomer Verbindung zu erneuern und in wirksamerer Gestalt herzustellen. Ueber den Inhalt der aufgestellten Leges Upstalsbomicae, und wie er gegen das Bestehen der landesherrlichen Gewalt des Grafen Wilhelm von Holland im Westergo gerichtet war, siehe den folgenden Paragraphen.

C. Stellung der Grafen von Holland im Westergo von 1323 bis 1362. Ueber Graf Wilhelm III., der seinem Vater Johann von Avesnes in Holland nebst Zubehör gefolgt war, ist oben p. 436 gesprochen, auch angegeben, wie er die Grafenrechte als kaiserliches Lehn besafs, wie die friesischen Landdistrikte des Westergo versuchten, sich seiner Landeshoheit zu entziehn, sich ihr dann wieder unterwarfen, und wie sie 1323 seine landesherrliche Macht durch Abschlufs des Upstalsbomer Bundes zu brechen strebten.

Am 15. August 1323 hatte der Graf Wilhelm III. von Holland für seine Tochter Margarete eine Eheberedung mit König Ludwig dem Baier abgeschlossen. Die Urkunde darüber ist vollständig in Scheidt Bibliotheca historica Goettingensis Göttingen 1758 p. 237 gedruckt. In der Urkunde heifst es: „Guilhelmus comes Hannoniae, Hollandiae, Zeelandiae ac dominus Frisiae . . . et . . . Conradus . . . commendator provincialis fratrum domus Teutonicae per Franconiam; ac nobilis vir Ulricus Langravius de Luchtenberg, procuratores . . . domini Loduvici, . . . regis Romanorum . . . habentes specialem potestatem matrimonium contrahendi nomine ipsius regis ac pro ipso cum praeclara Margareta, antiquiore filia dicti comitis Hollandiae . . . Predictus igitur comes matrimonium contrahere intendens legitimum inter predictam eius filiam et dominum regem antedictum promisit . . ., quod ejus filiam . . . daret domino regi in uxorem legitimam, predictis procuratoribus . . . nomine . . . regis . . . jurantibus, quod dominus rex antedictus dictam Margaretam predicti comitis filiam, in uxorem legitimam reciperet . . . Et promiserunt dicti procuratores, nomine . . . regis dare in dotem . . . perpetuos reditus usque ad valorem undecim millium librarum Hallensium singulis annis etc.“ Die Ehe erfolgte nach der Egmonder Chronik des sogenannten Wilhelmus Prokurator, früher gedruckt in Matthaei Analecta II p. 620, zu Köln am 25. Februar 1324.

In Urkunde vom 2. November 1324 ernennt Graf Wilhelm den Grietmann Poptatus zu Sixbierum im Barradeel des Westergo zum Schulzen: „nos Wilhelmus comes protestamur, quod nos Poptatum grietmannum nostrum scultetum constituimus in beati Sixti Borum ad judicia nostra ibidem exercendum, ad honorem et profectum nostrum, prout alii sculteti nomine nostro facere consueverunt“, Schwartzenberg I p. 167 (aus Copie) und Mieris II p. 347. — Im Jahr 1325 berichtet Wilhelm von Egmond, wie Graf Wilhelm in Stavern Schulzen einsetzt. Dagegen, erzählt er, hätten sich die von Stavern, dessen frühere Verhältnisse p. 157 erörtert sind, empört; sie hätten die Steinhäuser des Grafen in Stavern zerstört und seine Beamten vertrieben. Die Worte Wilhelms von Egmond lauten: „Cum Willelmus comes Stauriae sibi vellet usurpare dominium et ut in ceteris sibi patriis jurisdictionem, duos ejusdem villae incolas sibi specialiter adhaerentes ibidem instituit, quos scultetos sive judices ordinavit, quod cum quorundam parte institutis adversa cernitur, aegre recipitur, fierique contrarium conspiratur. Unde jam nunc die quadam assignata tam incolae quam suburbani, dictorum videlicet adversarii, bunc casum proponunt discutere, et praefatos comitis novitios, ut errorem, id est auctoritate comitis jurisdictionem, revocent, informare, quos cum profugos et deliberationis sententiam minus exspectantes inveniunt, comitem in eis dispiciunt, dictorum mansiones, domos videlicet lapideas, funditus subvertendo. Wilhelmus igitur comes omnium quasi negotia assumens et se de multis superflue intromittens, studeat matura deliberatione praefata corrigere, clericos in pace relinquere, si cotidianum et per saecula scandalum voluerit evitare", Matthaei Analecta II p. 634. — In Urkunden aus dem Februar 1325 schwören Bürger von Stavern dem Grafen Treue, und versprechen seinen Schulzen Gehorsam. In Urkunde von 1325, den 2. Februar: „Wi Jan Slechte, Peter Junghe Hadelenz ende Wolbert Tydemansz maken cont . . ., dat wi onsen lieuen ende gherechten here, den graue van Henegouwen, van Hollant, van Zelant ende here van Vrieslant, bouden vor onsen rechten here, ende willen hem trouwe wesen, ende verbinden ons met desen brieue, dat wi *Otten ende Ludekine sine scouten van Staueren* vorderen willen, helpen ende starken met onsen liue, ende met onsen goede, in alleu sinen rechte etc." Schwartzenberg I p. 168 (aus MS. des H. van Wyn). In Urkunde von 1325, den 4. Februar: „Ik Boyden Johanz make cont, dat ic onzen lieuen ende gherechten here den graue van Hennegouwen, van Holland, van Zeellant, ende here van Vrieslant houde vor minen rechten here ende (wille hem) trowe wezen, ende verbinde my met desen breue, dat ic *Otten ende Ludekine sine scouten van Staueren* vorderen wil, helpen ende starken met liue ende met goede, in allen zinen rechte etc." Schwartzenberg I p. 168 (aus MS. des H. van Wyn). Desgleichen in Urkunde von 1325, den 14. Februar: „Wy Hydde Bisscop, Hidde Harmansz, Simon Lieuekynsz, ende Daniel Jatichsz poerters in Staueren maken cont, dat wi onsen lieuen ende gerechten here den graue van Hennegouwen, van Holland, van Zeeland, ende here van Vriesland houden voir onsen rechten here, ende willen hem trouwe wesen, ende verbinden ons met desen brieue, dat wi *Otten ende Ludekin sinen scouten van Staueren* vorderen willen, helpen ende starken met liue, ende met goede in allen zynen rechte etc." Schwartzenberg I p. 168 (aus MS. des H. van Wyn). In Urkunde von 1325, demselben Tage: „Wy Colyn Eliaszone ende Tyedeman Ghelmaers zone, poirters in Staueren, maken cont, dat wi onzen lieuen ende gherechten here den grauen van Heynnegouwen, van Holland, van Zeelland ende here van Vriesland bouden voer onzen gherechten here, ende willen hem trouwe wezen; ende verbinden ons met dezen brieuen, dat wi *Otten ende Ludekine zinen scouten van Staueren* vorderen willen, helpen ende starken met liue ende met goede in allen zinen rechte etc." Schwartzenberg I p. 169 (aus MS. des H. van Wyn). — In Urkunde von 1325, den 23. März, gewährt Graf Wilhelm den Friesen aus Stavern und dem benachbarten Friesland einen Waffenstillstand. Es sollen sechzig Friesen nach dem Haag kommen, um mit ihm zu unterhandeln: „Nos Willelmus Haynnonie, Hollandie, Zeelandie comes ac dominus Frisie notum facimus universis, presentes litteras visuris, quod ad religiosorum virorum dominorum sancti Odulphi Staurie, vallis beate Marie monasteriorum, abbatum communitatisque Staurie, necnon aliorum proborum preces et requisitionem super controversiis, guerris seu discordiis inter nos et nostros ex una parte et **opidum nostrum Staurie et terram nostram Oestfrisie** ex altera subortis, seu ventilatis, **damus et concedimus** pro nobis et nostris, ipsis nostris adversariis **firmas et securas treugas**, in die palmarum proximo incipiendas et ultimas usque ad feriam quintam post octavas Pasche immediate subsequentem absque omni dolo inclusive duraturas; ea tamen conditione etc." Mieris II p. 349 (aus dem Pergament Register van de Charterkamer van Holland), nach ihm Schwartzenberg I p. 169. — In Urkunden aus dem April 1325 schwören Bürger aus Stavern dem Grafen Treue und versprechen Gehorsam seinen Schulzen in Stavern: in Urkunde von 1325, den 1. April: „Wi Claes Merseman, Dodo Claissone ende Peter Claissone, maken cont... dat wi onsen lieuen ende gherechten here den grauen van Henegouwen, van Hollant, van Zeelant, ende here van Vrieslant, bouden vor onsen rechten here ende willen hem trouwe wesen; ende verbinden ons met desen brieue, dat wi *Otten ende Ludekine sine scouten van Staueren* vorderen willen, helpen ende starcken met onse liue ende met onsen goede, in alle sinen rechte etc." Schwartzenberg I p. 170 (aus MS. des H. van Wyn); desgleichen in Urkunde von 1325, den 6. April: „Wy Leueke Dirics zone, ende Eueraert Golters zone, poerteren in Staueren, maken cont, dat wi onsen lieuen ende gherechten here den grauen van Henegouwen, van Hollant, van Zielant ende here van Vreislant bouden voir onsen rechten here, ende willen hem trouwe wesen; ende verbinden ons met desen brieue, dat wi *Otten ende Ludekin sinen scouten van Staueren* vorderen willen, helpen ende starken met liue ende met goede in allen zinen rechte etc." Schwartzenberg I p. 170 (aus MS. des H. van Wyn); Urkunde von 1325, den 12. April: „Ic Inghelbrecht die Merseman, poirter in Staueren, make cont, dat ic mynen lieuen ende gherechten heren den graue van Hollant, van Henegouwen, van Zeelant ende here van Vrieslant houde voir minen rechten here, ende wille hem ghetrouwe wesen; ende voirbinde mi mit desen brieue, dat ic *Otten ende Ludeken sinen scouten van Staueren* vorderen wil, helpen ende starcken met liue ende met goede in allen sinen rechte etc." Schwartzenberg I p. 170 (aus MS. des H. van Wyn); Urkunde von 1325, den 15. April: „Wy Alard Molkeman, Simon van Laxneu, Andreas Siuwa (ist zu emendiren Liuwa?) sone, Jan Jannes sone, Tade Eueke sone, ende Ghelmer syn broeder maken cunt, . . dat wi onsen lieuen ende gherechten here den graue van Henegouwen, van Holland, van Seland ende here van Vreisland houden voer onsen rechten here, ende willen hem trouwe wesen, ende verbinden ons met desen brieue, dat wi *Otten ende Ludekine sine scouten van Staueren* vorderen willen, helpen ende starken met unsen liuen, ende met unsen goede, in alle sinen rechte etc." Schwartzenberg I p. 171 (aus MS. des H. van Wyn). — In Urkunde von 1325, den 20. Juni, gewährt Graf Wilhelm den Ostfriesen einen Waffenstillstand: „Nos Wilhelmus, comes Hannoniae, Hollandiae, enz. universis praesentibus protestamur, quod de talibus guerris et discordiis existentibus inter nos ex una

parte, et communem terram de Oistfrisia ex altera, ipsis et
eorum adjutoribus dedimus firmas et securas treugas, quae
intrabunt dominica post translationem beati Martini proxima nunc
futura, durantes usque ad festum omnium sanctorum tota die con-
tinuata, et infra terminum istarum treugarum cum eisdem accepta-
mus unam diem observandam in festo Bavonis proximo in oppido
nostro apud Haerlem, ad quem diem veniendi secure et redeundi
ipsis usque ad sexaginta personas, quas secum adducere velint sive
de Stauria, vel aliunde, firmum conductum concedimus
per praesentes etc." · Am Schluſs der Urkunde heiſst es: „Et super
hiis treugis nobis reddent litteras apertas, cum sigillis praelatorum,
grietmannorum, et sigillo communis terrae de Oistfrisia praedicta
sigillatas." Mieris II p. 354 (aus MS. Bockenbergii), nach ihm
Schwartzenberg I p. 171. In einer Urkunde von 1326, den 6. Januar,
giebt Graf Wilhelm seiner Gemahlin, der Gräfin Johanna von
Hennegau und Holland, Vollmacht, mit den Friesen über Waffenstillstand zu unterhandeln: „Wi Willem, grave enz. maken cond enz.,
dat wi onzer liever ghesellinnen, der gravinnen van Heynnegouwe
ende van Holland, machte ghegheven hebben, ende gheven med
desen brieve, es dat die Oesfriesen, die onze viende zyn, enen dach
ende stede ende een gheleyde begheren om ene zoene jeghens ons
te maken, dat zi hem gheleyde gheve med horen opene brieve, med
sestich persone vriliken in onzen lande te comen ten daghe ende
ter stede, die zie hem zetten zal etc." Die Urkunde ist sehr
mangelhaft gedruckt in Mieris II p. 378 (aus Pergament Register
dés Archivs von Holland), nach ihm Schwartzenberg I p. 173. —
In Urkunde von 1325, den 8. October, giebt der Graf Wilhelm dem
Thidemann Ghelmaerszon sein „scoutambocht van den dike ende
van den gheeste benoirden van zente Odulfs-Cloester van Staueren
te bedriven ende te verwaren." Mieris II p. 360 (aus Register en
Leenkamer van Holland); aus ihm Schwartzenberg I p. 171. In
Urkunde von demselben Tage giebt Graf Wilhelm dem Encke Rottdes-
manne sein „scoutambocht van Gronseterbuere ende van Cappen-
berch." Mieris II p. 360 (aus Perkament Register van de Charterkamer van Holland); aus ihm Schwartzenberg I p. 172. In
Urkunde von demselben Tage giebt Graf Wilhelm dem Ulike Sy-

brande seine „scoutambochten tote Werlize half, Middelinghe half, Laezenen half, Bindelopen, Oesterhusen, Ubbinghenhusen an Hindelepe." Mieris II p. 360 (aus Perkament Register van de Charterkamer van Holland), aus ihm Schwartzenberg I p. 172. In Urkunde von 1326, den 28. Februar, giebt Graf Wilhelm „Hesselimo (ist zu emendiren Hesselino?) cognato Dodonis rectoris ecclesie sancti Michaelis in Almonn (em. Almenum) et Hairlinghe" auf ein Jahr *officium sculteti* (d. i. das Schulzenamt) *in Harlinghe* (im Westergo) *nobis vacans per mortem Syfridi quondam sculteti ibidem.* Mieris II p. 379 (aus Pergament Register des Archivs von Holland), nach ihm Schwartzenberg I p. 173. — In Urkunde von 1326, den 30. Januar, gewährt Gräfin Johanna auf Bitte des Abts von Sanct Odulfus in Stavern und *omme bede wille* onzer ghemienre stede *van Staveren*, freies Geleit zu einem Tage nach Alkmaar wegen Friedensunterhandlungen zu kommen: „jeghens hem ende jeghens anders den Oestfriesen die ons heren's Graven vriende zyn, ende gheven den Oestfriesen voirsz. een zeker ende een vast gheleyde tote sestich mannen toe, die si daertoe nemen, ende med hem brenghen to ten daghe te comen ende dien dach te houden ... tote Alkemaer etc., zo wat zi med hem overeen draghen, dat zal die grave ende wi ghestade bouden." Mierls II p. 378 (aus Pergamentregister des Archivs von Holland), nach ihm Schwartzenberg I p. 173. — Es kommt zum Kampf, vgl. Wagenaar Vaderlandsche Historie X §. 25 und Teegenwoordige Staat van Friesland Amsterdam 1785 I p. 473. Der gewichtige Brief der Westerlauwerschen Ostergoer an den Grafen Wilhelm von Holland vom 28. März 1326 ist oben p. 279 abgedruckt, sowie des Grafen Brief an die Jeverschen Astringer oben p. 281 und die Antwort der Astringer vom 10. Februar 1327 oben p. 282; über ihren Inhalt siehe unten p. 463 und 464 in §. 11. Die Astringer erklären „nec ullam cum illis de Westergoe et de Stauria inivimus confoederationem, ut Vestrae magnificentiae rebellemus", und bitten ihn um Herausgabe der Schiffe der Wangerooger, die vom Grafen mit Beschlag belegt waren, weil sie sich mit den andern Friesen gegen ihn in Upstalsbom verbunden hatten.

Die Unterwerfung der Westergoer und der von Stavern unter

Graf Wilhelm im Jahr 1328 bezeugt in Urkunde von 1328, den 28. April „Wi gretman van Westergho, van Vranekere, Wildrighe (em. Wildinghe), Weghenbrenghe, Harich, Hemlum, dat wi den grave van Holland bekennen al sulc recht, alse zine voirvaders ghehad hebben ende hi ons beshegeld heeft als hi sculdich is te hebben binnen der poirte van Staveren ende binnen den lande van Westergho." Mieris Charterboek II p. 454, nach ihm Schwartzenberg I p. 180. In Urkunde vom 15. Mai 1328: „wi grietmanne, van den ghemien lande van Westergho, van Vroenacker, Wildinghe, Wagenbrugghe, Harich ende Hemlum ... maken kond .., dat wi .. Willem, grave van Heynnegouwe ende zinen nacomelinghen bekennen binnen zinre poirte van Staveren al zulc recht, alze hi ende zine ouders ghehad hebben binnen zinre poirte van Staveren, ende die handfeste houd, die die van Staveren hebben van den grave Florens" Mieris II p. 455, nach ihm Schwartzenberg I p. 181. In Urk. vom 20. Juli 1328: „Wi Willem, grave van Heynnegouwe etc. ende wi grietmanne van den ghemienen lande van Westergoe, van Vroenakker, Wildinghe, Waghenbrughen, Harich ende van Hemlum, ende alle die mederechters, ende alle die ghemiente van den ghemeenen lande van Westergoe maken kond, dat wi grietmanne, ende ghemiene land van Westergoe verdreven des graven scoute uyt zinre poirte van Staveren ende braken zinre poirteren husen binnen zinre poirte van Staveren ... ende syn verzoend" .. Mieris II p. 460, nach ihm Schw. I p. 182. — In Urkunde vom 23. Juli 1328: „Wi Willem, grave enz. ende Jakob .. bisscop van Suden maken kond, — want die ghemiene poirte van Staveren als ze van der broke, die die grietmanne ende dat ghemiene land van Westergoe jeghens ons mesdaen hadden binnen Staveren, daer zi jeghens ons of versoent zyn, ons ghelovet heeft .. voir dat ghemiene land van Westergoe, onzer vriende huse, die verdreven waren, weder te makene alzo goed, als si waren, ... soe zegghen wi, dat si ons gheven zullen voir die broke, die die van Westergo binnen Staveren deden vyftien hondert mark Engelsche .." Mieris II p. 461, nach ihm Schw. I p. 183. In

Urkunde vom 14. Juni 1330 giebt Kaiser Ludwig dem Grafen Wilhelm von Holland „omne jus, quod nostri praedecessores in comitatibus Hollandiae, Zeelandiae ac dominatu Frisiae reclamaverunt .. aut nos reclamare possemus, libere et absolute de consensu .. nostrorum principum quitamus .. salvo tamen nobis et imperio homagio debito..." Mieris II p. 497, nach ihm Schw. I p. 184; und in einem Schreiben des Kaisers an die Westergoer und Ostergoer, „mandamus, quatenus spectabilem virum Guillelmum comitem Hannoniae, Hollandiae, Zeelandiae ac dominum Friziae in verum dominum admittatis sibique de omnibus juribus suis respondeatis"; er nennt sie dabei, wie in der oben angeführten Urk. von 1314: „prudentes viri, grietmanni, consiliarii et communitates terrae Friziae de Westergo et Ostergo" Mieris II p. 499, nach ihm Schw. I p. 185. Bis zu seinem Tode im Jahr 1337 zu Valenciennes ist Graf Wilhelm in den oben angeführten Urkunden als Graf im Westerlauwerschen Friesland anerkannt.

Graf Wilhelm IV., der Sohn Wilhelms III., wurde im Jahr 1345 von den Friesen erschlagen. Das Factum erwähnt kurz der Mönch Cornelis Zantfliet aus Lüttich in Martène Collectio amplissima V p. 240 [1]): „Wilhelmus comes Hannoniae, Hollandiae, Zelandiae necnon dominus Frisiae 1345 in mense Septembri Frisones navali bello proponebat invadere." Nachdem Wilhelm gelandet, sei er überfallen und erschlagen worden. Johann von Leyden im Chronicon comitum Hollandiae sagt: „Comes Hollandiae collegit militiam, ut expugnaret orientalem (Frisiam)." Er erzählt dann ausführlich, wie Graf Wilhelm von den Friesen getödtet sei, s. Sweertius Rerum Belgicarum scriptores p. 246 [2]). In einem Schreiben aus Sneek vom 2. Mai 1348 an Graf Wilhelm V., Sohn der Schwester des Grafen Wilhelm IV., versichern dem Grafen an Eides statt Grietmannen, Richter und die gesammte Gemeinde des Westergo und

---

[1]) Ueber die Quellen des um 1462 verstorbenen Zantfliet s. Lorenz Geschichtsquellen 1877 II p. 36.

[2]) Nach de Wind Nederlandsche Geschiedschrijvers 1835 p. 98 starb Jan van Leyden 1504 zu Haarlem.

Ostergo, die Tödtung seines Oheims sei gegen ihren Willen nicht bei einem Angriff erfolgt, sondern, indem sie sich hätten vertheidigen wollen; sie bitten ihn, mit ihnen wegen Herstellung des Friedens in Unterhandlung zu treten.

Graf Wilhelm IV. hinterliefs vier Schwestern, von denen die älteste Margarete mit Kaiser Ludwig dem Baier vermählt war. In zwei Urkunden vom 15. Januar 1346 belehnt Ludwig seine Gemahlin mit Holland, Zeeland und Friesland: „Nos conthorali nostrae carissimae justis et racionabilibus precibus inclinati ipsam de comitatibus Hollandiae et Zelandiae ac dominio Frisiae ac singulorum eorum juribus ac pertinentiis a nobis et sacro Romano imperio in feodum descendentibus, tamquam veriorem ... heredem infeodavimus", Mieris II, p. 702. Am 7. September 1346 stellt Kaiser Ludwig zu Frankfurt fünf Urkunden aus, in denen er bestimmt, dafs sein zweiter Sohn Wilhelm, Herzog von Baiern, in dem untrennbaren Besitz von Holland, Zeeland und Friesland folgen soll, den er seiner Gemahlin geliehen habe; die Urkunden sind gedruckt in Mieris II p. 726—728 (aus dem Archiv von Hennegau) und excerpirt in Böhmers Regesten Ludwigs 1839 p. 159. In der zweiten Urkunde erklärt der Kaiser, dafs er „ob honorem, commodum et profectum virorum nobilium, oppidanorum et communitatum comitatuum Hannoniae, Hollandiae, Zeelandiae ac dominii Frisiae pro nobis et inclita Margareta, Romanorum imperatrice ... conthorali nostra necnon pro singulis liberis et heredibus ex eadem procreatis promisimus ... dictos comitatus vel homines eorundem nunquam dividere, vendere aut obligare etc." Mieris II p. 727.

Kaiser Ludwig starb den 11. October 1347 unfern München auf der Bärenjagd, und seine Wittwe Margareta überliefs 1349 Holland, Zeeland und Friesland ihrem zweiten Sohn Wilhelm nach den Bestimmungen in der angeführten Urkunde Ludwigs von 1346. In den Belehnungen des Bairischen Hauses seit 1346 wird das „dominium Frisiae" genannt, und es haben dies Neuere lediglich auf das nordwestlich der Zuiderzee gelegene Land bezogen, nicht auch auf Friesland zwischen Fli und Laubach, d. i. die alte Grafschaft über Ostergo, Westergo und Sudergo. Es ist aber aus-

drücklich Graf Wilhelm III., der Vater Wilhelms IV. und Margaretas
von Kaiser Ludwig 1314 und 1330 mit Ostergo und Westergo beliehen
worden, siehe die Urkunden oben p. 436 und p. 447; es ist seine Tochter
Margareta nach Urkunde von 1346, in Schwartzenberg I p. 202, im
Lande angesessen; es gewährt Graf Wilhelm V. in Urkunde von
1347 den Friesen aus Ostergo und Westergo einen Waffenstillstand,
um wegen Herstellung des gestörten Friedens zu unterhandeln, und
bitten ihn 1348 die Friesen aus Ostergo und Westergo, nachdem
sein Oheim Graf Wilhelm IV. 1345 getödtet worden war, den Frieden
herstellen zu wollen; siehe oben p. 447. Es folgt aus den angeführten Urkunden, dafs Graf Wilhelm V. im Westerlauwerschen Friesland im eigenen Namen oder für seine Mutter
Margareta gräfliche Rechte ausgeübt hat, und dafs er keineswegs mit den Friesen lediglich als Graf des westlich der Zuiderzee
gelegenen zu Holland gehörigen Westfriesland in Streit begriffen
war. — Die Urkunde vom Juli 1347 lautet: „Willem etc. maken
cont allen luden, dat wi om beden willen eenre bogher edelre
vrouwen, onser liever moyen, der coninghinne van Inghelant, om
groten ernste, dien si daerin heeft, ons aneghenomen bebben te
vorderen, dat ene vrede gescie tusschen ons ende onsen landen
ende hulpers an die ene zide, ende den Oestvriesen als Oostergo
ende Westergo ende hoere hulpers an d' ander zide, durende tot
XX jaren toe, also verre als wi vercrighen connen consent en
zeghelinge ons liefs heren ende vaders, 's keysers van Romen, des
coninx van Inghelant, des marcgraven van Gulike ende ons liefs
oems des heren van Byaumont; ende want deze zaken tyt hebben
moeten te vercrighen, soe heeft ons onse lieve moye, die coninghinne
van Inghelant voirseit, uterlicke ghebeden een bestant te gheven
voir ons ende onsen landen als Heynnegouwen, Hollant, Zelant,
ende Westvrieslant, ende der stat van Campen an de een zide,
ende den Oestvriesen als Oestergo ende Westergo an d' ander
zide; welc bestant wi ghegheven bebben en gheven durende tot
des sonnedaghes toe na paeschedach nu naestcomende ende dien
dach al den Oestvriesen voirseit voir ons, onsen landen ende der stat
van Campen voirscreven" Schwartzenberg I p. 205 (aus Register
en Leenkamer van Holland). Am 2. Mai 1348 bitten den Grafen

Wilhelm V. um Herstellung des Friedens „Grietmanni, judices et consules totaque universitas Ostrigenis et Westrigenis ... Ad aures Vestrae nobilitatis deducimus per praesentes, quod de ruina et strage domini Wilhelmi, comitis Hollandiae, bonac memoriae, et militum suorum ac omnium allorum qui secum ceciderunt, summe condolemus et ingemiscimus, ... unde petimus ... ut mortem suam et suorum eo minus nobis imputetis, quod non invadendo sed nos et nostra defendendo eum stravimus sine praecientia aliqua; ne ergo ratione belli jam commissi hinc inde mala et peccata amplientur et increscant et forefacta hinc inde perpetrata in melius reformentur ..., Vestram discretionem et nobilitatem ... obsecramus, quatenus pro tot et tantis malis sedandis et sopiendis pro Vobis ... treugas firmas et securas in terra et in mari nobiscum ad tempus conveniens alias inter nos mutuo conceptas ... firmare ... dignemini ... Datum Sneke in communi concilio." Schwartzenberg I p. 205 (aus Copie). Den Friesen scheint im Jahr 1348 die Bitte vom Grafen Wilhelm V. nicht gewährt worden zu sein; in einem Decret vom Mai 1348 gestattet er „Poybloyt (so!) van der Wyc ende Dieric van Wimmen uter Wike ut te legghen jeghens die Oestvriesen, onsen vianden, up te wateren, om den stroem ende diepen te corten, waer bi dat die coepman rusteliken varen ende keren mach in onsen landen, ut ende in te varen, waer si weten of vernemen, dats die coeplude te doen hebben; voert hebbe wi gheoerlovet ende orloven Spoybloyt en Dieric, toghere des briefs, ende huer gheselscepe, die si in hueren scepe hebben, ... te panden up die Oestvriesen onsen vianden voerseit, ende huer quaetste te doene aen live ende an goede," .. Schwartzenberg I p. 206 (aus Copie). Ueber eine Urkunde der Lehnkammer von Holland vom Mai 1348 berichtet Schwartzenberg I p. 207: „Item des vridaghes na sente Servaes dach een brief up Pieter Lieuwe ende sine ghesellen, te panden up die Oestvriesen." Später im Jahre 1348 ist der Friede zu Stande gekommen; es erklären in Urkunde vom 24. Juli 1348 „Gretmanni, et consules totaque communitas terre Westerginis..., quod nos treugas initas et factas cum nobili viro et potenti domino, Duce Bavariae, comite Reni palatino et expectante comitiam Hollandiae cum attinentiis ejusdem,

crastina die inchoabimus et . . . faciemus publicare", Schwartzenberg
I p. 207 (aus Copie); dasselbe erklären am 31. Juli 1348 die
Ostergoer: „Praelati, grietmanni, consules totaque communitas
terrae Oesterginis", in ihr erklären sie „Wilhelmo duci Bavariae, expectantique comitiam Hollandiae . . ., quod . . .
treugas . . . ad XX annos continuos duraturas observan-
das acceptavimus", Schwartzenberg I p. 208 (aus Copie). —
Ueber die Kämpfe im Jahr 1348 vergleiche Wagenaar Vaderlandsche Historie Buch XI §. 4, Tegenwoordige Staat van Friesland 1785 I p. 500, Wiarda Ostfriesische Geschichte 1791 I p. 346.
Dafs die Ueberlassung von Hennegau, Holland, Zeeland und Friesland an Graf Wilhelm V. und seine Erben durch dessen Vater,
den 1347 gestorbenen Kaiser Ludwig, erfolgt sei, bezeugt Wilhelms ältester Bruder Ludwig in Urkunde vom 27. Januar 1357;
es erklärt: „Lodovicus Romanus etc. . . . cum illustri principe fratre
nostro charissimo Wilhelmo, comite palatino etc., compositionem . . .
fecimus . . . in causa, quae jam diu inter nos et ipsum vertebatur
super juribus nostris ratione primogeuiturae ad nos pertinentibus
terrarum Hannoniae, Hollandiae, Zelandiae et Frisiae et earum de-
pendentiis secundum donationem earundem ipsi factam per illustrissi-
mum patrem nostrum et matrem felicis recordationis, prout in litteris
earum plenius adparet, adprobamus . . ., ita quod dictus noster
frater dux Wilhelmus et sui haeredes legitimi . . . possidere . . . debeant terras praefatas cum suis pertinentiis universis." Schwartzenberg I p. 214 (aus Copie). Am 5. Oktober 1348 schliefst Herzog
Wilhelm einen Vertrag mit den „Praelaten ende Grietmannen
van Oestergo ende van Westergo", „dat wi vaste ende ghestade houden sulk concept, alse geconcepeert is van onsen weghen
in den daghe tot Medenblic des manendaghes nae Sinte Remigius
dach bi Willem Willems zone, onsen rentemeester van Kennemerland ende van Vriesland aen d' eene zide ende van den prelaten
ende grietmannen van Oestergo ende van Westergo an d' ander
zide in deser manieren die hiernae bescreven staet. In den eersten
zoe sullen alle onse lude wt onsen lande die scade ghenomen bebben
van den Oestvriesen binnen den termyn, dair die vreedebrief of-
spreken, overscriven horen scade ende ghebrek tusschen hier ende

half Vasten den Abt van Staveren, van welcken scade ende ghebreck, dat si geleden bebben, si comen sullen XIV dagen na
paesschen naistcomende tot Staveren, recht, ghelt ende besceyt te
neme na der bester waerheyt, die men dairin gevinden can, ons
dairover te bebben twe of vier van onsen rade van onsen steden
of wien wi willen, omme te besiene, dat onsen lude recht ende
bescheyt gheschie aldair. Voert soe sullen die van Oestergoe ende
van Westergoe van allen horen scade ende ghebreck, dat si binnen
den vreden voersz. gbenome hebben, desghelyx overscriven bi half
Vasten voornoemt an den bailju van Medeblick, ende dairnae des
sonnedaghes na Meyedaghe naestcomende tot Medenblick recht,
ghelt ende bescheyt t' ontfane nae der bester waerheid, die men
dairin vinden can, den Oestvriesen daerover te ˏ hebbene twee
prelaten of vier van horen lande rechters of wien si willen omme
te besien, dat den Vriesen van horen lande recht ende bhescheyt
aldair ghedaen worde; ende gheven den Vriesen voirgenoemt een
goet, vast ende seecker geleyde, vriliken te comene, te durene ende
veyligh te varen ende te kerene overal in onsen lande desen tyd
durende sonder arch", Schwartzenberg I p. 216 (aus dem Register
der Lehnskammer von Holland).

Nachdem Herzog Wilhelm im Jahr 1357 wahnsinnig geworden
war, verwaltete bis zu seinem Tode im Jahr 1389 sein jüngerer
Bruder Herzog Albrecht von Baiern die Grafschaft, der dann
mit ihr beliehen wurde. Nach dem gut unterrichteten Johann von
Leyden, gestorben im Jahr 1504, dessen Chronicon in Sweert
Scriptores rerum Belgicarum 1620 gedruckt ist, p. 286, hatte 1357
nach Erkrankung Herzog Wilhelms die Partei der Kabbeljaus („factio
Cabbelgensium") seine kinderlose Gemahlin Mathilde zur Verwalterin
(„tutrix") der Grafschaft gewünscht, doch hatte die Gegenpartei
(„altera factio") erreicht, daß Wilhelms jüngerer Bruder, Herzog
Albert von Baiern, „tutor Hannoniae, Hollandiae, Zeelandiae et
Frisiae" wurde. In Urkunde vom 23. Februar 1358, bei Schwartzenberg I p. 217 (aus Copie), erklärt Herzog Albert von Baiern, als
Vormund für seinen erkrankten Bruder die Verwaltung der Lande
übernommen zu haben; vergleiche daselbst Urkunde vom 26. Februar
1358. Die Gemahlin des erkrankten Herzogs Wilhelm, Mathilde

von Lancaster, erklärt in Urkunden vom 6. und 16. März 1358, bei
Schwartzenberg I p. 219 und p. 220, dafs ihr Schwager Albrecht
die Verwaltung des Landes für ihren erkrankten Gemahl übernommen habe. In Urkunden vom 20. Juni, bei Schwartzenberg I
p. 221 (aus Copie) und vom 24. Juni 1358, bei Schwartzenberg I
p. 222 (aus Copiar) verständigen sich Ludwig Markgraf von Brandenburg und Herzog Albrecht, der älteste und der jüngste Sohn des
Kaisers Ludwig, für den Fall, dafs ihr Bruder Wilhelm V. ohne
Erben sterben sollte. Die Friesen von Ostergo und Westergo unterhandeln am 1. October 1358 mit Herzog Albrecht, siehe Schwartzenberg I p. 224. Im Jahr 1361 steigerten sich die Streitigkeiten mit
Herzog Albrecht. Die Ostergoer und Westergoer traten in Groningen mit Friesen aus den Groninger Ommelanden und aus Ostfriesland zusammen, um durch eine Confoederatio auf sechs Jahre
die früheren Upstalsbomer Gesetze unter Hinzufügung einiger Artikel
zur Behauptung ihrer Unabhängigkeit zu erneuern. Den Inhalt der
oben p. 291 nach dem Original gedruckten Urkunde bespricht im
Einzelnen unten der §. 25. Im Jahr 1361 hat Herzog Albrecht Macht
in Stavern, er verpachtet zeitweise der Stadt Stavern das Schulzenamt in Stavern. In Urkunde vom 9. December 1361 erklärt er:
„Aelbrecht enz. doen cond allen luden, dat wi bi rade ende goedenken
en deel ons raeds verpacht hebben onser stede van Staveren dat
s c o u t a m b o c h t e n d e a l l e g h e r e c h t e n, dat wi daer-binnen
h e b b e n, om ene marc silvers des jaers, die si leveren ende
wtreyken sullen onsen rentemeester van Kennemerland ende van
Vriesland, die nu is, jof namaels wesen sal, alle jaer tot sente
Baven daghe. Ende hierom hebben wi macht ghegheven ende gheven
den scepenen van Staveren, die nu syn jof namaels wesen sullen,
dat s c o u t a m b o c h t v a n S t a v e r e n ende anders alle onse recht
aldaer te bedriven . . . sonder enighe rekeninghe ons daeraf te
doene; ende wi lovent him stade ende vaste te bouden in goeden
trouwen voer ons ende onse nacomelinghen him ende horen nacomelinghen ter tyt toe, dat wi him vol ende al betaelt hebben
dusent Brugs-scilde, vive ende twintich VI aemsejof Dordrechse grote
voer enen scild gherekent, die si ons an ghereden ghelde hierup
ghelient bebben. Ende so welke tyt wi him betalen die somme

van den ghelde voersz., so sellen onse ghérechte ende scoutam-
bochte vryelic weder an ons comen ende onse stede voersz. sullen
bliven in alle horen rechte, als sy beseghelt hebben van onsen
voervorderen ende tot haertoe ghehadt hebben, ende sullen voert
quite wesen van der betalinghe der marc zilvers ... Ghegheven tot
Zerixee des donredaghes na Ambrosii in 't jaer een ende tsestich"
Schwartzenberg I p. 226 (aus Copie).

Am 21. November 1362 erfolgte die Entscheidung König Karls IV.
für seinen Schwiegervater, den Herzog Albrecht; er befiehlt in der
Urkunde darüber den Westerlauwerschen Friesen, dem Herzog
Albrecht als Landesherrn zu gehorchen, da er ihr angestammter Fürst
sei: „Karolus IV ... imperator praelatis necnon grietmannis,
judicibus totique communitati Ostfrisiae de Ostergavo
et Westergavo ... Devoti et fideles dilecti, ad imperialis nostrae
majestatis pervenit auditum, quod illustri Alberto, comiti palatino
Rheni, et duci Bavariae, necnon Hannoniae, Hollandiae, Zelandiae
comitatuum et dominii Frisiae gubernatori, principi et socero
nostro charissimo, in hiis, in quibus illustri Wilhelmo, comiti palatino Rheni, duci Bavariae, et dictorum comitatuum et dominii praedictorum, obedire rite obligamini, ausu temerario recusetis parere.
Propter quod cum multos jam consanguineos, amicos, nobiles et
familiares bellica strage perdidisse noscuntur, sicut hoc antedicti
soceri nostri charissimi, quam suo et fratris sui nominibus coram
nobis exposuit, frequens et replicata multoties querimonia mani-
festat .... Quapropter devotionem et fidelitatem Vestram requi-
rimus, imo Vos potestate caesarea seriose mandamus et praecipimus
nostrae gratiae sub obtentu, quatenus praefato duci Alberto in
omnibus et singulis, in quibus sibi tanquam gubernatori
dominii Frisiae rite et ex debito obedire tenemini, ex-
nunc inantea cunctis affuturis temporibus fideliter parere, intendere,
respondere et obedire absque difficultate qualibet debeatis." Mieris
III p. 140 (aus Copie), nach ihm Schwartzenberg I p. 227.

§. 10. Die Leges Upstalsbomicae von 1828.

Am 18. September 1323 haben die Grietmannen, Judices, Praelaten und Geistlichen des Westergo für das Westergo und andere
Landdistrikte Frieslands zur Erneuerung und Herstellung der ältern
Upstalsbomer Verbindung das Statut aufgestellt, das den Namen
der Leges Upstalsbomicae trägt. Sie erklären, daſs sie die
Vereinsurkunde aufgezeichnet hätten, indem sie die einzelnen Artikel
der ältern Upstalsbomer Satzungen so abänderten, wie sie jetzt und
in Zukunft gelten sollten: „Anno nativitatis domini 1323 altera die
Lamberti nos gretmanni, judices, praelati et clerus terrae
Westergo cum ceteris zelandiis Prisiae ad concordiam et reformacionem constitutionum Opstallisbaem habitarum
et constitutarum ordinavimus diversitates literarum sub hac forma,
singulis articulis reformatis et conscriptis nunc et perpetuo valituris.“

Die Leges Upstalsbomicae sind nach dem Eingang
vom Westergo aufgestellt. Das Manuscriptum Roorda sagt
ausdrücklich: „grietmanni, judices, praelati et clerus terrae Westergo
cum ceteris zelandiis Frisiae“; nach den andern Texten ist es vom
Westergo und vom Ostergo mit andern Landdistrikten Frieslands
geschehen, siehe oben p. 250 Note 4. Dafür, daſs der Upstalsbomer Bund im Jahr 1323 vom Westergo ausgegangen ist, spricht
die Art, wie in Artikel 34 Franekera-deel und Hertwerth behandelt werden, die in ihm gelegen sind, sowie die Erwähnung der
Fratres de Stauria in Artikel 21. Dafs der Inhalt der Leges
Upstalsbomicae sich zunächst speciell auf das Westergo bezieht
und nicht beim Upstalsbom in Ostfriesland vereinbart wurde, zeigt
sich auch darin, daſs sie im Eingang, in Artikel 23 und in Artikel 32 von Grietmannen sprechen; sie gebrauchen damit eine
Benennung, die für den Vorsteher eines Landdistrikts östlich der
Ems nicht vorkommt, westlich der Ems in den Gegenden zwischen
Fli und Laubach gang und gäbe ist, östlich vom Laubach bis zur
Hunse nur ausnahmsweise begegnet; siehe oben p. 170. Auch die
auſserfriesischen Münzsorten, deren die Leges Upstalsbomicae

in Artikel 22 erwähnen, weisen auf ihren Ursprung im Westen Frieslands hin. Wären die Leges östlich von der Ems verfaßt, so würde der Artikel nicht die Münzen von Bremen, Lübeck und Oldenburg übergehen. Daß die Leges Upstalsbomicae nur in Handschriften aus dem Westergo erhalten sind, ist oben p. 241 bei Besprechung ihres Textes bemerkt; daraus darf allerdings nicht geschlossen werden, daß die vom Westergo ausgegangenen Leges Upstalsbomicae ausschließlich nur für dieses eine Bedeutung gehabt haben; durch die oben p. 270—290 gedruckten Urkunden von 1324—1327 ist dargethan, daß der durch sie begründete Upstalsbomer Verein eine Ausdehnung über die östlichen friesischen Landdistrikte bis zur Weser gewonnen hat. Nach dem Eingang der Leges Upstalsbomicae war es der Wille der Grietmannen, Richter, Praelaten und des Clerus des Westergo, ein Statut „cum ceteris zelandiis Frisiae" in Uebereinstimmung mit den früheren Upstalsbomer Satzungen zu errichten, durch das deren Inhalt erneuert und verbessert würde. Daß ihr Werk in den Jahren 1323—1327 wirklich ins Leben getreten ist, erweisen die elf eben angeführten unten in den §§. 11, 12, 13 und 14 besprochenen Urkunden.

Als Zweck, zu dem sich die einzelnen Landdistrikte verbanden, nennt Artikel 1 Vertheidigung ihrer Freiheit durch Zusammentreten mit gewaffneter Hand gegen weltliche und geistliche Fürsten, die sie oder einzelne von ihnen angreifen und unterwerfen wollen: „Si aliquis princeps secularis aut spiritualis, cujuscunque nominis vel dignitatis existat, nos Frisones vel aliquos ex nostris impugnaverit, volens nos jugo servitutis subjicere, communi concursu et armata manu nostram libertatem mutuo tueamur." Die Vereinbarungen des Jahres 1323 wollten aus den verbundenen Landdistrikten in keiner Weise einen wirklichen Staat oder Staatskörper machen, keine Republik aus ihnen schaffen, wie Neuere angenommen haben. Wenn es in Artikel 20 heißt: „conspiratores contra *rempublicam* et ordinationes praedictas", so ist „respublica" nicht Staat oder etwa gar Republik, sondern Gemeindewesen; es handelt sich um Bestrafung der Verschwörer gegen die einzelnen Landdistrikte und die Satzungen, die für sie verabredet sind. Die Westergoer wollen im Westergo die Landeshoheit des Grafen Wilhelm von Holland nicht anerkennen, sich ihr mit Gewalt entziehen, sie verbünden sich deſswegen mit andern friesischen Landdistrikten und treffen mit ihnen Vereinbarungen, um dies durchzuführen; vergleiche oben p. 371 in §. 4.

Ueber die Art der Verbindung von 1323 ergiebt sich aus den in den Leges Upstalsbomicae aufgestellten Sätzen Näheres:

A. Die einzelnen verbundenen Landdistrikte sind selbständige Gerichtssprengel, für deren Richter und Gerichte gewisse Vorschriften aufgestellt werden. Es wird für die verbundenen Landdistrikte bestimmt, daſs jeder von den jährlichen Richtern für Upstalsbom, den Judices selandini, in den einzelnen Landdistrikten zu Ostern zu wählen ist und nach erfolgter Wahl die Beachtung der Leges Upstalsbomicae für sich und alle, die unter ihm stehen (cum suis subditis), zu beschwören hat, siehe Artikel 24 oben p. 264 und über ihn unten in §. 18. Nach Artikel 33[1]) sollen die Richter jedes einzelnen Distrikts bei Strafe von 20 Mark die Wähler des Districts veranlassen, am weiſsen Sonntag nach Ostern oder doch spätestens in der darauffolgenden Woche die Wahl der Richter des Distrikts vorzunehmen. Bei zwiespältigen Wahlen soll die Majorität der Stimmen entscheiden; nimmt der Richter die Wahl binnen drei Tagen nicht vor, so soll gegen ihn, wie gegen einen Mörder vorgegangen werden; ein nachlässiger Grietmann hat dem Grietmann jedes andern Distrikts und dessen Mitrichtern 20 Mark zu zahlen. Nehmen Geistliche für die Wahl weltlicher Richter Geschenke, so sollen sie sie nach Art. 26 vierfach zurückerstatten, und soll künftig statt ihrer die Gesammtheit der Geistlichen des Distrikts[2]) wählen. Ernennt ein Geistlicher einen Richter, den er mit andern zu ernennen hat, allein, so verliert er nach Art. 32 sein

---

[1]) Der Artikel 33 handelt hier von der Wahl der Richter des Landdistrikts, nicht von der Wahl der Richter, die den Landdistrikt in Upstalsbom vertreten sollen; vergleiche unten §. 18.

[2]) Das Manuscript Roorda liest: „electione ad communitatem illius clericorum districtus devoluta“; irrig steht dafür in späteren Abdrücken der Leges Upstalsbomicae: „electione ad *communitatem illius districtus* devoluta“, vgl. oben p. 265 Note 6.

Ernennungsrecht. Speciellere Bestimmungen über Richter und Zeugen des alten Westergoischen Gerichtssprengels von Franeker giebt Art. 34.

B. Wird ein Richter in seinem Landdistrikt als nachlässig, oder werden seine Urtheile als rechtswidrig befunden, so wird er nach Art. 10 mit 20 Mark bestraft. Frieden soll nach Art. 11 ununterbrochen im Landdistrikt bestehen, und die Richter sollen bei Strafe des Eidbruchs Streitende zum Frieden zurückführen, indem sie Streitigkeiten und Processe dem Recht entsprechend entscheiden. Nach Art. 17 können Friedenserkenntnisse, wenn sie einmal gefällt sind, nur durch die folgenden Richter in Gemeinschaft mit vier Geistlichen (Clerici) und einem Praelaten des Distrikts abgeändert werden. Der in einem Landdistrikt auf ein Jahr für Upstalsbom gewählte Richter (der „judex selandinus") soll nach Artikel 24, der bereits oben p. 457 angeführt wurde, schwören, dafs er mit denen, die ihm untergeordnet sind, die Leges Upstalsbomicae beobachten werde. Dasselbe sollen die Leute des Gerichtssprengels schwören. Trennen sich Personen in einem Distrikt von der Communitas, so sollen die Richter sie zu ihr zurückführen, s. Art. 27. Bei der Anstellung einer Klage sind nach Artikel 36 alle Eide und Beweismittel anzumelden.

C. Für die verbundenen Landdistrikte führen die Leges Upstalsbomicae gewisse Todesstrafen ein, erhöhen in ihnen gleichmäfsig einzelne Wergelder, Friedensgelder und Bufsen. Nach Artikel 3 sollen Nachtbrenner („nocturni incendiarii") verbrannt werden, Tagbrenner („diurni incendiarii") den siebenfachen Brandschaden als Bufse zahlen und den Richtern 20 Mark. Gleiche Strafe soll gelten für Verwüstung von Aeckern bei Nacht und bei Tage, und nach Artikel 4 für die, welche ihren Herrn tödten oder einen andern dingen, ihn zu tödten. Für Tödtung, für Verstümmelungen und Verletzungen von Gliedern tritt nach Artikel 12 siebenfache Bufse ein; für Tödtung und Verstümmelungen von Geistlichen setzt Artikel 13 zehnfache Bufse fest, Gleiches verordnet Artikel 30 bei Richtern. Nach Artikel 19 werden die Hauptglieder nach Verhältnifs des erhöhten Wergeldes höher gebüfst. Wer nach erfolgter Sühne einen Mord begeht, soll ein Jahr landflüchtig sein, und Absolution beim Papst suchen, sein Steinhaus („castrum") wird gebrochen, sein hölzernes Haus („domus lignea") veräufsert, s. Artikel 18. Nach Artikel 28 wird für Tödtung der Mörder auf ein Jahr vom Eintritt in die Kirche ausgeschlossen und büfst den Richtern 10 Mark; kann er das Wergeld dem Erben des Getödteten nicht zahlen, so wird er ergriffen und ihm übergeben; der Richter aber, in dessen Distrikt er aufgenommen ist, hat, wenn er es weifs und unterläfst seine Herausgabe zu verlangen, 20 Mark den andern Richtern zu büfsen. Ueber Ermittelung der Bufsen für Verletzung der Hirnschale durch Einschneiden handelt Art. 35. Für Verheirathung von Unmündigen ohne Einwilligung des Vormundes und der nächsten Erben sind nach Art. 14 100 Mark zu büfsen. Für Bewaffnung eines Mannes im eigenen Landdistrikt sind nach Art. 19 dem Richter 5 Mark zu zahlen. Nach Art. 5 erhalten die Richter 10 Mark und die Priester 10 Mark als Bufse für Gefangennahme von Priestern. Nach Art. 2 ist Geraubtes und Gestohlenes herauszugeben. Nach Art. 15 erben Grundstücke in der Familie auf den näher Verwandten. Art. 16 bestimmt, dafs die gesetzliche Erbfolgeordnung im Lande zu beachten sei, wenn sie nicht durch Testament eine Abänderung erfahren hat. Testamente, durch die Geistliche erben, sollen nach Art. 29 zwei Zeugen haben. Zahlung von Schuldsummen im Gericht soll mit zwei Zeugen geschehen, s. Art. 31. Nach Art. 21 sollen im Westergo die Brüder der beiden Bettelmönchsklöster und die von Stavern befugt sein, durch geeignete Personen mit Ausschlufs des Bruder Folpert Spenden einzusammeln, und Niemand anders vor ihnen.

D. Die einzelnen Landdistrikte haben sich nach den Leges Upstalsbomicae bei Angriffen auf ihre Freiheit gegenseitig zu unterstützen: Art. 1 bestimmt, greift ein weltlicher oder geistlicher Fürst, habe er welchen Namen er wolle, uns Friesen oder einige von uns an, indem er uns dem Joch der Knechtschaft unterwerfen will, so wollen wir gemeinsam zusammentreten und mit bewaffneter Hand unsere Freiheit schützen. Art. 6 verordnet, dafs die Jurati oder Consules[1]), die wegen des Friedenswerks nach Upstalsbom bevoll-

---

[1]) Wer hier zu verstehen ist unter „Jurati seu Consules", die nach Upstalsbom reisen, siehe unten §. 17.

mächtigt werden, auf ihrer Hin- und Herreise sowie dort ein Friedensgeld von 400 Mark haben, von denen eine Hälfte den Richtern, die andere ihren Erben zufällt; Andere, die zum Friedenswerk nach Upstalsbom reisen, haben ein Friedensgeld von 80 Mark, und 80 Mark erhalten die Richter. Wer einen Mann eines andern Landdistrikts tödtet, zahlt nach Art. 7 sechzig Mark den Richtern und 60 den Erben. Ist Jemand gegen die Richter eines Landdistrikts aufständisch, und werden andere Landdistrikte zu Hülfe gerufen, so hat der Aufständische nach Art. 8 jedem Landdistrikt, der kömmt, als Strafe für seinen Aufstand 100 Mark zu zahlen. In Art. 20 werden Verschwörungen („conspirationes") gegen die öffentlichen Einrichtungen und die Satzungen, die darüber vereinbart sind, mit 20 Mark bestraft. Schon oben p. 458 ist angeführt, daſs nach Art. 24 der Judex selandinus nach seiner Wahl in einem Landdistrikt verpflichtet ist zu schwören, mit denen die ihm untergeben sind, stets die Artikel der Leges Upstalsbomicae zu wahren. Art. 23 verordnet, daſs, wenn einer in einem andern Landdistrikt wegen einer Geldschuld oder sonst einer Sache klagt, seine Klage binnen drei Tagen durch die Richter erledigt werden soll; wenn nicht, so sollen der Grietmann und die Richter des Distrikts ihm Unterhalt gewähren, bis es geschehen ist. Beträgt das Klageobjekt unter acht Mark, so ist die Sache, wenn sie nicht offenkundig ist, als vorhanden oder nicht vorhanden zu beweisen durch sechs Gemeindegenossen, die sieben nächsten Blutsfreunde und durch das Zeugniſs eines zur Upstalsbomer Versammlung gewählten Richters, der dem Distrikt angehört, wo die Klage anhängig gemacht wird; bei einem Klageobjekt über acht Mark ist das Zeugniſs zweier statt eines Upstalsbomer Richters erforderlich. Art. 22 vereinbart den Werth, zu dem auswärtige Münzen zugelassen werden.

Die Beachtung des Inhalts der angegebenen Bestimmungen läſst die Bedeutung der Leges Upstalsbomicae und den Zweck ihrer Abfassung näher erkennen. Die einzelnen Bestimmungen enthalten Rechtssätze, die groſsentheils wesentlich verschieden sind von denen der anderen friesischen Rechtsaufzeichnungen, zumal von denen der friesischen Siebzehn Küren und Vierundzwanzig Landrechte, die im zwölften Jahrhundert verfaſst sind, aber auch im dreizehnten und vierzehnten Jahrhundert in den Landdistrikten zwischen Fli und Weser eine grofse praktische Bedeutung hatten. Es werden in den Leges Upstalsbomicae weit höhere Bufsen und Friedensgelder vorgeschrieben, als sie in den andern friesischen Rechtsquellen, auch in denen des vierzehnten Jahrhunderts, enthalten sind. Aus allen Satzungen der Leges Upstalsbomicae von 1323 geht hervor, dafs die Westergoer sie aufstellten, um sich im Jahr 1323 der Macht des Grafen Wilhelm von Holland zu entziehen, dafs sie beflissen waren, sich defswegen mit andern und zwar möglichst vielen friesischen Landdistrikten zu verbünden, dafs sie gegen alle, die ihrem Unternehmen entgegentreten würden, hohe Bufsen und Friedensgelder in aufserordentlicher Weise proclamirten, und dies alles thaten, ohne sich vorher über die einzelnen Punkte mit den andern friesischen Landdistrikten, mit denen sie sich verbünden wollten, verständigt zu haben. Das ganze Statut erscheint nicht als aufgestellt für eine bestimmte gröfsere Anzahl von Landdistrikten, um ihre Verhältnisse gemeinsam auf längere Zeit zu ordnen; es hat in aller und jeder Beziehung einen sehr lokalen und temporären Charakter. Die verschiedensten Stellen der Leges Upstalsbomicae zeigen das unleugbar; es thut es zum Beispiel Artikel 21, indem er festsetzt, dafs im Westergo nur Mönche der beiden Bettelmönchsklöster des Westergo und aus dem benachbarten Stavern Gaben einsammeln sollen und dabei den Bruder Folpert ausdrücklich ausschliefst, s. oben p. 459. Andere Fälle siehe oben p. 455.

§. 11. Graf Wilhelm und der Upstalsbomer Bund.

Graf Wilhelm von Holland liefs 1326 Schiffe und Waaren der Ostergoer und der Jeverschen Astringer in seinen Provinzen Zeeland und Holland mit Beschlag belegen, weil sie mit den Westergoern das Upstalsbomer Bündnifs eingegangen waren, er sah in ihm einen Bund, den die Westergoer gegen ihn in aufrührerischer Weise errichtet hatten. Durch die sechs Briefe darüber aus den Jahren 1326 und 1327, die oben p. 279 bis p. 288 abgedruckt sind, fällt, wie ich bereits oben p. 371 erwähnte, ein helles Licht auf die Verhältnisse des Upstalsbomer Bundes in den Jahren 1326 und 1327. Wie die Leges Upstalsbomicae von 1323

nach ihrer ganzen Fassung von den Westergoern gegen den Grafen
Wilhelm aufgestellt sind, um sich seiner Landeshoheit zu entziehen,
so bezeugen die sechs Urkunden aus den Jahren 1326 und 1327,
daſs Graf Wilhelm die Gründung des Upstalsbomer Bundes durch
die Leges Upstalsbomicae von den Westergoern als einen gegen
ihn gerichteten aufrührerischen Act behandelte.

Dem Grafen Wilhelm von Holland erscheint die Upstalsbomer
Verbindung als ein Bündniſs des Westergo mit den andern friesischen Landdistrikten, namentlich mit dem mit dem Westergo grenzenden Ostergo und dem Jeverschen Astringen, um sich mit ihrer
Beihülfe seiner Landeshoheit zu entziehn.   Nach der Ansicht des
Grafen haben sich die Westergoer gegen ihn empört, und er legt
in seinem Territorium Beschlag auf Schiffe und Güter ihrer Bundesgenossen aus dem Ostergo und dem Jeverschen Astringen.   Die
Ostergoer bei Leuwarden und die Astringer bei Jever betheuern
dem gegenüber, sich in keiner Weise gegen ihn verbunden zu
haben, sie hätten nur zum Schutz des Landfriedens jährliche Zusammenkünfte in Upstalsbom mit den Westergoern verabredet, und
wollten in keiner Weise seine landesherrlichen Rechte in Friesland
beeinträchtigen.   Die Astringer in Jever versichern ausdrücklich,
daſs sie ihren Landesherrn ihre Unterthänigkeit bewahrten, ihren
weltlichen und geistlichen Herrn den schuldigen Grundzins immerdar
zahlten und stets zahlen würden.   Sie veranlassen den Grafen von
Oldenburg, das Bremer Domkapitel, den Generalvicar von Bremen
Dietrich von Xanten, der vom Grafen von Holland über sie befragt
worden war, und den Grafen Reinald von Geldern, sich bei dem
Grafen Wilhelm von Holland für sie zu verwenden.   Die Genannten
erklären übereinstimmend in ihren Briefen, daſs der Landdistrikt
Astringen, von dessen Kaufleuten Graf Wilhelm Güter mit Beschlag
hatte belegen lassen, in keiner Weise gegen den Grafen Wilhelm
als Landesherrn im Westergo durch das Upstalsbomer Bündniſs hätte
auftreten wollen; sie verbürgen sich für die Astringer und versichern, daſs sie gute Unterthanen sind, und bitten den Grafen,
ihnen ihre Schiffe und Waaren zurückgeben zu lassen.

Ich gebe hier den Inhalt der sechs angeführten Briefe im
Einzelnen an:

1. Am 28. März 1326 schreiben die mit dem Westergo grenzenden Ostergoer bei Leuwarden dem Grafen Wilhelm von Holland,
alle früheren Friedensverträge und Vereinbarungen mit ihm unverbrüchlich beachten zu wollen. Aus seinem Schreiben hätten sie
ersehen, dafs er Beleidigungen der Westergoer ihnen zur Last lege;
die seien ihm und seinen Leuten ohne ihre Schuld zugefügt, und
erklären sie ihr tiefes Bedauern darüber; er könne ihnen diese Beleidigungen nicht zurechnen, da sie nicht von ihnen und durch sie
erfolgt wären. In Briefen, die durch ihre Geistlichen seinem Rath und
seinen Räthen in Alcmar übergeben wären, hätten sie auf alles
sachgemäfs und ehrerbietig geantwortet. Auf den letzten Punkt
oder Artikel aber, über den er durch offene Briefe von ihnen
noch Auskunft verlange, nämlich, ob sie die Leute von Westergo
bei ihren Beleidigungen und Gewaltthaten vertheidigen und unterstützen wollten, erwiderten sie seiner Herrlichkeit durch das gegen-
wärtige Schreiben, dafs sie nicht beabsichtigten, die von Westergo
bei ihren Beleidigungen und Gewaltthaten zu schützen und zu vertheidigen. Sie wären nicht Willens, seine Gerichtsbarkeit, die er
in Stavern und im Westergo habe, auf irgend eine Weise zu stören
oder zu hindern, sie wollten sie vielmehr, wo sich ihnen dazu Gelegenheit böte, nach Möglichkeit fördern. Es sei ihnen berichtet
worden, dafs er gesagt oder gemeint habe, dafs sie sich mit denen
von Westergo verbündet und ihnen zugesichert hätten, seine Gerichtsbarkeit zu hemmen oder zu hindern; dies sei niemals ihre
Absicht gewesen, er möge derartigen Worten, als leichtfertig und
mit der Wahrheit nicht im Einklang, jetzt und in Zukunft in keiner
Weise Glauben schenken. Dies vorausgeschickt bäten sie auf das
Dringendste seine aller Ehren werthe Herrlichkeit, dafs er mit
Rücksicht darauf und im Hinblick auf ihre Bitte, ihre Leute·von
Weifsostergo (d. i. aus dem Ostergo bei Leuwarden) frei und ledig
lasse, die mit ihren Schiffen, Gütern und Waaren von seinen Mannschaften mit Beschlag belegt wären. Sie bitten seine Herrlichkeit
auf das Angelegentlichste, dafs er den Leuten ihres Landes, die sein
Land ihres Handels wegen mit Gesinde, Gut und Waaren besuchten, unter offenen Briefen durch alle seine Landdistrikte sicheres und
festes Geleit gebe; sie selbst würden Leute seines Landes, so oft sie

ihr Land bei ihren Geschäften besuchten, bereit sein, in allem zu unterstützen. Zum Beweis alles dessen hätten sie dem Schreiben das Siegel des ganzen Seelandes Weifsastergo beigefügt („Sigillum communitatis seelandiae Albae Astriginis duximus apponendum"). Gegeben im Jahre des Herrn 1326 am Tage des Martyr Papst Sixtus. — Vergleiche den lateinischen Text des Briefes oben p. 279, der wenn auch in vielfach entstellter Weise diese Angaben enthält.

2. Am 10. Februar 1327 schreiben Richter und Gemeinde des Jeverschen Astringen („Judices et universitas terrae Astringiae Bremensis diocesis") dem Grafen Wilhelm von Holland: Es wäre ihnen und den Bewohnern der Insel Wangeroog im Landdistrikt Astringen ein Brief des Grafen von Kaufleuten überschickt, die von seinen Beamten nach Beschlagnahme ihrer Waaren in Gefangenschaft gehalten würden, unter dem Argwohn, sie wären seine Feinde, oder hätten mit seinen Feinden eine Verschwörung oder ein Bündnifs eingegangen („conspirationem seu confoederationem iniisse"). Der erwähnte Brief laute: Wir Wilhelm Graf von Hennegau thun Richtern und Bewohnern des Ortes Wangeroge („sapientibus et habitatoribus villae de Wangeroch") zu wissen, dafs die von Westergo und Stavern zur Kränkung und zum Nachtheil unserer Ehre unsere Getreuen aus Stavern vertrieben, und dafs ihre Einwohner die Einigung und den Frieden geschädigt und gebrochen haben („fregerunt pacem et concordiam"), den sie geschworen hatten und mit uns eingegangen waren; weil aber die Astringer mit ihnen ein Bündnifs schlossen („confoederationem fecerunt cum eisdem") und wufsten, dafs wir sie verfolgten, haben Beamte von uns in der Provinz Zeeland, indem sie erfuhren, dafs gewisse durchreisende Friesen jenem Bunde angehörten („esse de confoederatione predicta"), sie mit ihren Waaren festgehalten. Die Gefangenen sagen nun, sie seien Bewohner von Wangeroge in der Bremer Diöcese („se esse opidanos viros de Waugheroch, Bremensis dyocesis"). Da wir nun Euch nicht verletzen wollen, so theilen wir Euch mit, wenn Ihr uns Eure offenen Briefe mit den Siegeln der Richter und Grafen des Landes Astringen überschickt („quodsi Vestras litteras appertas sub sigillis judicum et comitatum terre Astringie transmisissetis") des Inhalts, dafs Ihr jenem Bunde nicht angehört und jenen Empörern nicht gegen uns

Beistand leisten wollt, so wollen wir gestatten, dafs Ihr sicher und ungefährdet mit Euren Sachen und Waaren in alle unsere Landdistrikte („per omnes nostros districtus") kommt und zurückreist, und dafs den vorgenannten Gefangenen, wenn sie Eure Ortsangehörigen sind („si Vestri sunt oppidani"), die ihnen abgenommenen Güter zurückgegeben werden. Widrigenfalls können wir Euch mit Schrecken nicht verhehlen, dafs wir Euch und alle Euch gleiche als solche verfolgen müssen, die unsere vorgenannten Empörer begünstigen („tanquam fautores nostrorum rebellium predictorum"). Gegeben zu Haag in Holland. — Die Astringer erklären darauf, dafs sie das Land Astringen nach eigenem Recht in besonderem Gericht regierten und den Herrn Grafen von Oldenburg sowie andern weltlichen und geistlichen Herrn, die im genannten Lande durch Erbrecht oder alte Erwerbung Einkünfte hätten, sie vollständig und von freien Stücken zahlten und sie auch künftig willig und ohne Widerspruch zahlen würden. Sie seien, fahren sie fort, mit denen von Westergo und Stavern kein Bündnifs („confoederatio") eingegangen noch hätten sie eins eingehen wollen, um sich gegen seine Hoheit aufzulehnen; nur, weil das Unwesen von Räubern, Mordbrennern und andern Uebelthätern in ganz Friesland so überhandgenommen, dafs keiner im genannten friesischen Lande seine Güter sicher und unverletzt besitzen konnte, hätte die Gesammtheit Frieslands an dem Ort, der Upstalsbom heifst, eine Zusammenkunft angeordnet („congregationem ordinavit"), indem sie daselbst festsetzte, die Unthaten der Vorgenannten durch schuldige Züchtigung oder ähnliche Strafe zu zügeln. Den Leuten von Westergo hätten sie in nichts anderm als im Vorgenannten Rath, Hülfe und Unterstützung zugewendet, wollten es auch nicht thun. Dies, versichern sie dem Grafen, sei der Wahrheit gemäfs und bezeugen es öffentlich seiner Hoheit und allen, denen Gegenwärtiges mitgetheilt wird, durch mit ihrem Siegel, der Gemeinde Astringen, bekräftigte Briefe. Sie bitten deswegen seine erlauchte Hoheit dringend, dafs er aus Liebe zur Gerechtigkeit, die alle Reisenden von ihm als einem wahrhaften Herrn priesen, ihren vorgenannten Kaufleuten, wie er in seinem Briefe versprochen habe, die ihnen von seinen Dienern weggenommenen und mit Beschlag belegten Waaren zurückgeben lasse, auch den Bewohnern des Landes Astringen Geleit gewähre, durch sein Land sicher und ungefährdet zu reisen, auf dafs er beim höchsten Richter ewigen Ruhm erwerbe. Gegeben zu Jever im Jahre des Herrn 1327 den 10. Februar. — Vergleiche den lateinischen Text des Briefes oben p. 281.

3. Am 14. Februar 1327 schreibt Graf Johann von Oldenburg dem Grafen Wilhelm von Holland: Thiet-hard habe ihm berichtet, er und Genossen wären auf der Fahrt nach Flandern durch Stürme nach Holland in seine Landdistrikte verschlagen, von seinen Dienern und Beamten ihrer Waaren, ihres Schiffsgeräths und anderer Sachen beraubt worden. Man habe sie ohne ihr Verschulden, wie sie versichern, in Gefangenschaft gebracht und eingekerkert, bewogen durch den Argwohn, dafs die genannten friesischen Kaufleute den westlichen Theilen Frieslands angehörten, Feinde des Grafen seien, oder dafs sie ein Bündnifs oder eine Verschwörung mit ihnen eingegangen wären, um seiner Hoheit Widerstand zu leisten. Später seien sie durch sein Wohlwollen freigelassen worden, doch habe man ihre Güter, ohne dafs sie schuldig seien, in Gewahrsam behalten. Die vorgenannten Leute seien aus dem Landdistrikt Astringen und zahlten ihm vollständig und ohne sich zu weigern („integraliter et liberaliter") den jährlichen Zins, den er in dem genannten Landdistrikt erblich habe und besitze, wie sie es auch seinen Erben thun würden; defswegen fühle er sich berufen, sie, da sie seine Abgabenpflichtigen („tributarii") seien, zu vertheidigen und nach Kräften zu schützen. Mit den vorerwähnten Westfriesen seien sie kein Bünduifs eingegangen, durch das sie ihnen Beistand gewährt oder versprochen hätten. Sie hätten gegenseitig an dem Ort, der Upstalsbom heifst, freundschaftliche Zusammenkünfte gehalten („amicabilem ad invicem in loco qui dicitur Opstalisbame habent congregationem"), indem sie dort anordneten, Räuber, Mordbrenner, Verräther ihrer Herrn und andere Uebelthäter durch Bann oder gemeinsame Strafe zu verfolgen und das Unwesen der Verbrecher („maliciam perversorum") zu hindern. Dies erkläre er für sie durch sein gegenwärtiges Zeugnifs und bitte angelegentlich seine edele und blutsverwandte Hoheit, zu der er nicht geringes Zutrauen hege, mit Rücksicht auf seine Verehrung und steten Dienste, den vor-

genannten Kaufleuten, seinen Zinsleuten und Landesangehörigen, die durch die Beamten des Grafen mit Beschlag belegten und zurückgehaltenen Waaren herausgeben zu lassen, anderen Kaufleuten seines genannten Landes aber sicheres Geleit zu gewähren, sodafs sie künftig mit ihren Waaren frei und sicher durch seine Landdistrikte reisen könnten. Ihm und den Seinen gegenüber wolle er dies bei geeigneter Gelegenheit und Zeit in aller Weise mit Dank vergelten. Gegeben zu Oldenburg unter seinem Siegel im Jahre des Herrn 1327 am Tage des Martyr Valentin. — Vergleiche die Worte des lateinisch abgefafsten gräflichen Schreibens oben p. 283.

4. Den 22. Februar 1327 schreiben der Propst Otto, der Dekan Friedrich und das ganze Domkapitel der Bremer Kirche dem Grafen Wilhelm von Holland: Durch den Bericht des Schiffers Thiethard und seiner Schiffsleute aus Astringen in der Bremer Diöcese hätten sie vernommen, dafs sie auf der Fahrt nach Flandern durch schwere Stürme nach Holland in seine Herrschaft („in Hollandiam in Vestrum dominium seu districtum") verschlagen wären, und dafs sie dort von seinen Dienern und Beamten ihrer Waaren, ihres Schiffsgeräths und anderer Sachen beraubt („spoliati") worden seien, während sie sie selbst in Gefangenschaft geführt und eingekerkert hätten, indem sie behaupteten, die genannten Friesen seien aus den westlichen Theilen Frieslands und seine Feinde oder seien ein Bündnifs oder eine Verschwörung eingegangen, um seiner Hoheit Widerstand zu leisten („dictos Frisones ex occidentalibus partibus esse Frisie et Vestros inimicos, vel quandam conspirationem seu confederationem, ut Vestre magnificentie resisterent, fecisse cum eisdem"). Obwohl sie nun durch seine Güte freigelassen wären, so seien doch auf Veranlassung dessen ihre Güter ohne ihre Schuld in Gewahrsam zurückbehalten. Weil nun aber die Leute aus dem Lande Astringen ihren weltlichen Herrn die Zinsen und Abgaben, die sie nach Erbrecht zu fordern hätten, ganz und ohne Weigerung zahlten und kein Bündnifs mit den westlichen Friesen eingegangen seien, um ihnen beizustehen („nec ullam cum Frisonibus occidentalibus, ut eisdem assistant, inierunt confederationem"), sondern mit einander eine jährliche Zusammenkunft hielten, um Räuber, Mordbrenner,

Verräther der eigenen Herrn und andere Uebelthäter mit gemeinsamer Strafe zu strafen und die Unthaten der Verbrecher zu hindern, — bäten sie durch gegenwärtiges Schreiben seine erlauchte Hoheit, da der würdige Vater, Herr Erzbischof Johann, nicht in Bremen anwesend, sondern in der Ferne beschäftigt sei, daſs er den vorerwähnten Kaufleuten die in solcher Weise genommenen und mit Beschlag belegten Güter zurückgeben lasse, auf daſs sie seiner Erlaucht zu Gleichem und Gröſserem verpflichtet wären. Gegeben zu Bremen im Jahre des Herrn 1327 den 22. Februar. — Vergleiche den lateinischen Text des Briefes oben p. 285.

5. Am 23. Februar 1327 schreibt der Kölner Kanonikus Dietrich von Xanten als Generalvicar des Erzbischofs von Bremen[1]) dem Grafen Wilhelm: Er theile seiner Hoheit durch gegenwärtiges Schreiben mit, daſs die Leute aus dem Lande Astringen („homines de terra Astringie"), die seine Diener und Beamten in Gefangenschaft gehalten und denen sie ihre Güter genommen hätten, und über die er Briefe von seiner Hoheit erhalten habe, in Wahrheit aus der Bremer Diöcese seien („de dyocesi Bremensi veraciter esse dinoscuntur") und kein Bündniſs oder Verschwörung mit den westlichen Friesen eingegangen seien, um ihnen durch Hülfe, Rath oder Unterstützung beizustehn und seiner Erlaucht Widerstand zu leisten („nec ullam cum Frisonibus occidentalibus conspirationem seu confederationem, ut eisdem auxilio, consilio vel favore assistant et Vestre excellentie resistant, inierint"). Sie hätten mit den genannten Westfriesen eine jährliche Zusammenkunft an dem Ort, der Upstalsbom heiſst, um Räuber, Mordbrenner, Verräther der eigenen Herrn und andere Uebelthäter mit gleicher Strafe zu strafen und durch gemeinsame Verbannung aus ihren Landdistrikten zu vertreiben. Die Leute des genannten· Landdistrikts Astringen hätten ihr eigenes Gericht und zahlten nach dem bestehenden Recht allen weltlichen und geistlichen Herrn die Gefälle, die sie in dem genannten Lande haben und besitzen; daher

---

[1]) In Urkunde von 1325 den 26. Mai nennt sich „Thidericus de Xantis, venerabilis patris et domini, domini Johannis archiepiscopi Bremensis, vicarius generalis" Ehmck Bremer Urkb. II p. 255 (aus Orig.).

bitte er seine erlauchte Hoheit, daſs er den erwähnten Friesen ihre
ihnen genommenen und mit Beschlag belegten Güter zurückgeben
lasse, auf daſs er ihm zu Diensten verpflichtet bleibe. Gegeben zu
Bremen im Jahre des Herrn 1327 den 23. Februar. — Vergleiche
den lateinischen Text des Briefes oben p. 286.

6. Am 26. Juli 1327 schreiben Richter und Gemeinde des Landdistrikts Astringen in der Bremer Diöcese (bei Jever) dem Grafen
Reinald von Geldern: Sie sagten ihm den verbindlichsten Dank für
sein Wohlwollen, mit dem er ihre Angelegenheiten befördere und
sich ihrer Verhandlungen mit dem Grafen Wilhelm von Holland
kräftig annehme; sie wollten dies seinen Kaufleuten aus Arnhem
und Harderwyk, wenn sie in ihr Land kämen um Pferde zu kaufen,
mit solcher Behandlung vergelten, daſs er sagen könnte, sie seien
seine Freunde. Daher bäten sie seine Hoheit, zu der sie groſses
Zutrauen hegten, und von der sie vernommen, daſs sie mit vielen
ausgezeichneten Eigenschaften geziert sei, angelegentlichst, daſs er
um der Wiedervergeltung des allmächtigen Gottes willen und mit
Rücksicht auf ihre Bitte gnädigst anordne, daſs den vorgenannten
Kaufleuten von Jever die ihnen von den Dienern des vorgenannten
Herrn Wilhelm, Grafen von Holland, genommenen und mit Beschlag
belegten Güter gemäſs dem Versprechen der Briefe des vorgenannten
Herrn zurückgegeben würden. Sie fügten hinzu, daſs, wenn sie
ihre vorgenannte Bitte erreichten, sie seiner Herrlichkeit nach
ihrem Vermögen stets schuldig und zu fortgesetzten Gegenleistun-
gen unverbrüchlich verpflichtet sein wollten. Sie bäten ihn, ihnen
brieflich mitzutheilen, was er in der vorstehenden Sache nach Gottes
Gnade gethan oder ihretwegen zu thun beschlossen habe. Gegeben
zu Jever im Jahre des Herrn 1327 am 26. Juli. — Vergleiche den
lateinischen Originaltext des Briefes oben p. 287.

§. 12. Die Rüstringer Streitigkeit mit Bremen von 1324.

Am 5. Juni 1324 erklärt die „universitas judicum selandiarum
Frisiae in Upstallesbome congregatorum", einen Kampf und Streit
zwischen dem Lande Rüstringen und der Stadt Bremen über die Tödtung
des Rüstringer Broder vermittelt und eine Verständigung zwischen

Rüstringen und Bremen zu Stande gebracht zu haben. Die Stadt Bremen und das Land Rüstringen sollen wieder ein Volk sein, wie sie es seit langer Zeit gewesen sind, Streitigkeiten zwischen ihnen sollen durch die „Universi judices terrarum selandiarum in Upstallesbome" und deren Nachfolger beigelegt werden. An der Urkunde hängt das „sigillum totius Frisiae"; gegeben in Upstalsbom.

In einer zweiten zu Upstalsbom ausgestellten Urkunde vom selben Tage erklären dasselbe neben der „universitas judicum selandiarum Frisiae in Upstallesbome congregatorum" die Judices in Emsgo, in Norden, in Harlingen und in Astringen. Es hängt an der Urkunde neben dem „sigillum totius Frisiae" das Siegel der Richter von Emsgo, das der Vögte und Consules von Nordenerland und das Siegel der Richter von Harlingen, das von Astringen ist abgefallen.

Ueber denselben Gegenstand erklären in einer dritten Urkunde vom 27. Oktober 1324 zu Blexen „judices et universitas terrae Rustringiae", sich mit der Stadt Bremen verständigt zu haben, und beglaubigen es mit dem Siegel des Landes Rüstringen.

Die näheren Angaben dieser drei oben p. 270 bis p. 274 gedruckten Urkunden sind im Einzelnen folgende:

1. In Urkunde vom 5. Juni 1324 erklärt die Gesammtheit der in Upstalsbom versammelten Richter der Seelande Frieslands, auf das bestimmteste zu bezeugen, es sei an Stelle der Uneinigkeit und des Streits über die Tödtung eines gewissen von Bremern getödteten Rüstringers, mit Namen Broder, zwischen den Rathsherrn und Bürgern von Bremen einerseits und den Friesen des Landes Rüstringen andererseits wieder vollständig Frieden und dauernde Eintracht hergestellt worden. Die Bremer Rathsherrn und die Richter von Rüstringen hätten vor ihnen anerkannt, dafs die Rüstringer gegen die Bremer wegen der vorgenannten Tödtung hinfort keine Klage mehr anhängig machen könnten; auch sei hinzugefügt, dafs die Bremer Bürger und die Rüstringer ein Volk sein und bleiben sollten, wie sie es seit unvordenklicher Zeit gewesen wären. Alles und jedes in ihren von Alters gegenseitig gegebenen Urkunden und Privilegien Enthaltene sollten sie in allen einzelnen Punkten fest und unverbrüchlich beachten und in keiner Weise in künftigen

Zeiten übertreten. Dem sei noch hinzugefügt, daſs, wenn zu irgend
einer Zeit zwischen Bremern und Rüstringern bei irgend welcher
Gelegenheit über irgend einen Gegenstand in Zukunft Streit oder
Uneinigkeit entstände — was nicht vorkommen möge, — und wenn
sie schon entstanden wären, kein Theil mit dem andern, weder
die Bremer mit den Rüstringern, noch die Rüstringer mit den
Bremern Krieg führen, auch Niemanden an seinen Sachen oder
seinem Körper irgendwie schädigen, auch keinen Raub gegen Bremer
oder sonst wen wegen einer derartigen Sache begehn sollten, wenn
nicht vorher durch die gesammten Richter der seeländischen Landdistrikte in Upstalsbom oder ihre Nachfolger über das Recht beider
Theile, die sich nach ihren Rechtssatzungen nicht verständigen
könnten, vollständig verhandelt und von ihnen (d. i. den Upstalsbomer Richtern) den vorgenannten Richtern (d. i. den Richtern von
Rüstringen) dazu Erlaubniſs („licentia") ertheilt worden wäre. Auch
sollten sowohl die Bremer als die Rüstringer in diesem ihrem Fall
(oder in einem ihrer Nachfolger, der Richter Frieslands, die sich in
Upstalsbom versammeln), bei ihrer Entscheidung verharren und sich
mit ihr zufrieden geben, und sollten thun, was sie (und ebenso
spätere Nachfolger) beschlossen oder gesagt hätten, daſs es gemeinsam und einträchtig gethan würde [1]). Sollte ferner einer von

[1]) „Debebunt etiam tam Bremenses quam Rustringi nostro (et successorum nostrorum judicum terrarum Frisie in Upstallesbome congregandorum)
in hoc casu, stare et contenti esse decisioni." Der ganze Satz leidet an groſser
Undeutlichkeit, von der ich glauben möchte, daſs sie dadurch entstanden
ist, daſs der Schreiber der Urkunde spätere Fälle ähnlicher Art bezeichnen
will als gleich zu behandeln mit dem gegenwärtigen. Die Worte der Urkunde sprechen von „nostro in hoc casu", vom gegenwärtigen Fall, und
den Fällen, die später in ähnlicher Weise eintreten dürften, wo dann die
Judices, die sich in Upstalsbom versammeln, in gleicher Weise wie im gegenwärtigen Fall handeln sollen. Ich habe die Worte im lateinischen Text und
in der Uebersetzung eingeklammert, die als spätere Zusätze gedacht werden
müssen und sich nicht in die Wortfassung des Satzes einfügen. Zu „nostro"
ist der Zusatz gemacht, wie es bei den späteren Nachfolgern gehalten werden soll. Es gehört zusammen „nostro in hoc casu", diese Worte werden
unterbrochen durch die eingeklammerten, die ich als eine Anmerkung zu
„nostro" auffasse. Sodann ist „decisioni" geschrieben für „decisione", sei es indem „contenti esse" mit dem Dativ construirt oder falsch declinirt ist. „Stare"

beiden Theilen, Bremer oder Rüstringer, bei ihrer vorgenannten
Entscheidung nicht verharren wollen („dicte decisioni nostre stare
noluerit") oder ohne ihre und ihrer Nachfolger, der Richter Frieslands, specielle Erlaubnifs über irgend eine Sache oder bei irgend
einer Gelegenheit mit dem andern Theil Krieg beginnen, so wollten
und sollten sie den einen Theil gegen den andern, der ihnen nicht
Folge leistete, und wie erwähnt, Krieg beginne, mit ihren Landdistrikten unterstützen und ihm stets gleichmäfsig treu beistehn.
Im Uebrigen bekennen sie, dafs sie und jeder von ihnen gemeinsam und besonders („communiter et divisim") mit den Bremer Bürgern in nähere Verbindung („societas") und besondere Freundschaft
getreten seien, sodafs sie und jeder von ihnen in allen ihren Landdistrikten und deren Grenzen („in terris et in omnibus finibus
nostris") den Frieden und die Rechtssicherheit geniefsen und sich
deren erfreuen sollten, wie es die Bewohner der friesischen Lande
thun („quibus nostri conterranei gaudent"); und wer sich gegen
einen von ihnen verginge und ihn verletzte, sollte bestraft werden,
als hätte er sich gegen einen Bewohner des verbundenen friesischen
Landes vergangen („ac si contra nostrum conterraneum peccaverit").
Zum Zeugnifs dessen sei das Siegel von ganz Friesland der gegenwärtigen Urkunde angehängt. Gegeben zu Upstalsbom im Jahre
des Herrn 1324 am dritten Tage (d. i. Dienstags!) in der Pfingstwoche. — Vergleiche den lateinischen Originaltext der Urkunde und
über das ihr beigefügte Siegel oben p. 270.

2. In einer ebenfalls am 5. Juni 1324 ausgestellten Urkunde
erklären die Richter der Landdistrikte Emesgonia, Norda, Herlingia und Astringia in Gemeinschaft mit der Gesammtheit der in
Upstalsbom versammelten Richter der Seelande Frieslands mit denselben Worten, was in der unter No. 1 übersetzten Urkunde die
Upstalsbomer Richter gesagt haben. Am Schlufs der Urkunde
sagen sie, dafs sie zur Beglaubigung der Urkunde ihre Siegel bei-

bezieht sich auf „decisioni", „Verharren bei der Entscheidung", wie es im
weiteren Verlauf der Urkunde vorkommt. Oben p. 271 ist angeführt, dafs
Wicht und Cassel für „nostro" „nostra" und für „decisioni" „decisione"
drucken, und dafs Ehmck „nostro" in „nostre" ändert, obwohl es in beiden
Originalurkunden steht.

gefügt haben. Gegeben zu Upstalsbom im Jahre des Herrn 1324 am dritten Tage (d. i. Dienstags!) in der Pfingstwoche. — Vergleiche den lateinischen Originaltext der Urkunde und über die ihr beigefügten Siegel oben p. 272.

3. In Urkunde vom 27. Oktober 1324 erklären Richter und Gemeinde des Landes Rüstringen, der Wahrheit gemäfs bekannt zu machen, es sei aller Streit und alle Uneinigkeit über den Tod ihres Landsmannes, mit Namen Broder, den Bremer getödtet hätten, zwischen ihnen und den Rathsherrn und Bürgern von Bremen ganz und gar in Friede und dauernde Eintracht zurückgeführt worden und ihnen sowie den Blutsverwandten und Freunden des Getödteten für genannte Tödtung durch vorgenannte Rathsherrn und Bürger vollständig Entschädigung geleistet. Auch sei der vorgenannten zwischen ihnen gemachten Anordnung speciell beigefügt, dafs für den von ihnen getödteten Ekbert von Dokkum die Bremer nicht gehalten seien, Entschädigung zu leisten, und dafs sie erwirken wollten, dafs die vorgenannten Bremer nicht getroffen würden von irgend einer Klage, die gegen sie wegen des Todes des Ekbert anhängig gemacht würde. Ueberdem wollten und sollten sie alle und jegliche jemals zwischen ihrem Lande und der Stadt Bremen gegebene Privilegien in allen Punkten unverbrüchlich beachten. Zum Zeugnifs dessen hätten sie der Urkunde das Siegel ihres Landes beigefügt. Gegeben zu Blexen im Jahre des Herrn 1324 den 27. Oktober. — Vergleiche den lateinischen Originaltext der Urkunde und über das ihr beigefügte Siegel oben p. 273.

§. 18. Der Farmsumer Sendbrief von 1825 den 6. Juli.

In Urkunde von 1325 erklären vier Richter von Reiderland (das zum alten Pagus Emesga gehörte, aber im vierzehnten Jahrhundert einen eigenen Landdistrikt bildete), dafs ein Streit zwischen dem Dekan von Farmsum und dem Fivelgo (das in das Westamt, Ostamt und Aldamt zerfiel) durch Aufstellung der später als Farmsumer Sendbrief gemeinhin bezeichneten Vergleichsurkunde von 1325 beigelegt sei. Sie berichten in der auf uns gekommenen spätern niederdeutschen Uebersetzung, der Streit sei veranlafst durch

Gefangennehmung des Münsterschen Officials und den Kirchenbann, der darauf erfolgt war. Sie fügen hinzu: „welcke voirschreven sake unse rechters voirscreven (d. i. die vier von Reiderland) woirede tho voirestaen also, dat de meene rechters ut Frieslandt ende elinge ende guede mans voire den meene bequemheyt, nutticheyt unde vrede weren sick voiredragende faken, alse daire te doene was", s. oben p. 276. Aus der entsprechenden Stelle des lateinischen Urtextes hat Halsema leider nur folgende Worte mitgetheilt: „singuli judices terrae Frisiae aliique nobiles pro communi utilitate et pacis conformitate ad locum, qui vulgariter Upstallbam nuncupatur, confluerent", s. oben p. 276 Note 3. Es war die Sache vor die in Upstalsbom versammelten Judices selandini gekommen, dann hatten sie die Richter des Reiderlands beigelegt. Sie erwähnen in der Urkunde, dafs dabei thätig gewesen seien Judices selandini, zwei aus Fivelgo, zwei aus Hunsego, und zwei Männer aus der Stadt Groningen. Die Worte, in denen die betheiligten Personen genannt sind, lauten nach dem von Halsema in Verhandelingen der Groninger genootschap pro excolendo jure patrio II p. 299 aus dem lateinischen Urtext mitgetheilten Excerpt: „inter quos praecipue judices selandini duo de finibus Fivelgoniae Gerliffus de Gethusum et Luidolphus Obbama, et Hunsgoniae Tytardus Goschalksma et Folckmarus Onsta, et de civitate Groningen Gherardus Sickinga et Rodolphus Byningha nobis consilium addiderunt"; in der niederdeutschen spätern ungenauen Uebersetzung des Farmsumer Sendbriefs steht dafür: „mit dere hulpe godes ende vele wyse priesteren *ende andere mannen,* besunderlinge twe ut Fiwelingeland als Geerloff to Voerehusen ende Luluff Ubbema, unde twe ut Hunsegalande als Tiard Goscalsma ende Folckmare Onseda, ende des-gelycken ut der stadt van Groningen twe als Goert Sickinga ende Roeloff Bunninga"; s. oben p. 277.

Am Schlufs des niederdeutschen Textes der Urkunde ist gesagt, dafs sie bekräftigt sei durch das Siegel des Propstes Hessel von Farmsum, sowie durch die Siegel des Emsigerlandes, des Reiderlandes, des Aldamts, des Fivelingelandes, des Hunsingelandes und der Stadt Groningen, und dafs eine Reihe von namhaft gemachten

Personen sich für den Inhalt des Vergleichs und die Zahlung der in ihm vereinbarten Summen verbürgt hätte, vgl. die Worte oben p. 277 und Friesische Rechtsquellen p. 295, 1.

Ueber den Tag der Ausstellung der Urkunde sagt die späte niederdeutsche Uebersetzung: „gescheen is dit voire recht als men schreeff duysent dree hundert ende vyff en twintich *op den achtenden dach dere hilligere apostolen dach Petri et Pauli*", s. oben p. 279. Peter und Paul ist der 29. Juni, er fiel im Jahr 1325 auf einen Sonnabend, s. Grotefend Chronologie p. 153, als achter Tag nach dem 29. Juni ergiebt sich Sonnabend der 6. Juli. An ihm wurde demnach das Farmsumer Dokument ausgestellt, wenn nicht etwa für die Worte der niederdeutschen Uebersetzung „op den achtenden dach dere hilligere apostolen dach Petri et Pauli", im verlorenen lateinischen Original stand „in octava apostolorum sanctorum Petri et Pauli", ein Ausdruck, der besagen kann „am 8. Tage nach Peter und Paul", wie es die niederdeutsche Ueberarbeitung setzt, oder innerhalb der 8 Tage nach Peter und Paul", also zwischen dem 29. Juni und dem 6. Juli. Die Bezeichnung „in octava sanctorum Petri et Pauli" wird im Mittelalter im doppelten Sinne gebraucht; vgl. die Erörterungen von Grotefend p. 37.

Der Ausstellungsort der Urkunde ist in der niederdeutschen Uebersetzung, wie sie bei Schotanus gedruckt ist, nicht namhaft gemacht, vielleicht stand er in dem lateinischen Original und hat ihn der Uebersetzer übergangen, der in vielen Stellen den ursprünglichen lateinischen Text ungenau wiedergiebt. In keiner Weise ist zu vermuthen, daſs die Urkunde in Upstalsbom ausgestellt war, es würden dann statt der in der niederdeutschen Uebersetzung bezeichneten Männer die in Upstalsbom versammelten Judices selandini die Urkunde unterzeichnet und sie mit dem „sigillum totius Frisiae" bekräftigt haben, wie sie es bei dem Appingadammer Bauerbrief von 1327 thaten, siehe den folgenden Paragraphen.

Der Zweck der mangelhaft überlieferten Urkunde von 1325 scheint zu sein, daſs die vier namhaft gemachten Richter des Beiderlandes durch sie erklären wollten, in welcher Weise der Streit zwischen dem Dekan von Farmsum und dem Fivelingeland beigelegt sei. Sie berichten, daſs nachdem die in Upstalsbom zur Herstellung

des Friedens versammelten Judices selandini die schweren Streitigkeiten im Lande nicht hatten beseitigen können, es später ihnen
gelungen sei, unter den Streitenden einen Vergleich zu Stande zu
bringen; dabei wären sie besonders durch den Beirath von vier
„Judices selandini" und zwei Männern aus der Stadt Groningen
unterstützt worden; es sei darauf von ihnen die Vergleichsurkunde
ausgefertigt worden und es hätten an sie zur Vermehrung ihrer
Festigkeit und Glaubwürdigkeit viele angesehene Leute und mehrere
Landdistrikte ihre Siegel gehangen.   Nach der niederdeutschen
Uebersetzung befanden sich an der Urkunde die Siegel des Propst
Hessel von Farmsum, das des Emsigerlandes, des Reiderlandes, des
Aldamts, des Fivelingelandes, des Hunsingelandes und das der Stadt
Groningen.   Auch nennt die niederdeutsche Uebersetzung mehrere,
die sich für die Erfüllung der einzelnen im Vergleich vereinbarten
Punkte verbürgt hatten, doch sind ihre Namen so entstellt, dafs
es nicht lohnt, sie hier anzuführen.

Der unvollständig erhaltene lateinische Urtext der von den vier
Richtern des Reiderlandes ausgestellten Urkunde erwähnt, dafs Judices selandini 1325 bei der Vermittelung des Streits im Fivelgo
thätig waren.   Er erzählt zuerst, dafs „singuli judices terrae Frisiae aliique nobiles pro communi utilitate et pacis conformitate ad
locum, qui vulgariter Upstallbam nuncupatur, confluerent", dann berichtet er, wie die Vermittelung des Streits im Fivelingelande gelungen sei und zwar unter Beihülfe verschiedener Personen: „inter
quos praecipue judices selandini duo de finibus Fivelgoniae Gerliffus
de Gethusum et Luidolphus Obbama, et Hunsgoniae Tytardus Goschalksma et Folckmarus Onsta, et de civitate Groningen Gerardus
Sickinga et Rodolphus Byninga, nobis consilium addiderunt."   Die
überlieferten lateinischen Worte der Urkunde vermag ich nicht mit
Bestimmtheit zu erklären, da aus Halsemas Mittheilung nicht hervorgeht, in welchem Zusammenhang die beiden angeführten Stellen
in dem lateinischen Originaltext mit einander standen, auf welche
Richter sich die „singuli judices terrae Frisiae" in der ersten Stelle
beziehen, und was für Judices selandini in der zweiten gemeint sind.
Ich vermuthe, unter den „singuli judices terrae Frisiae" sind
Richter des Fivelingelandes gemeint, die mit andern Nobiles des

Landes nach Upstalsbom zu den dort versammelten Judices selandini gegangen waren „pro communi utilitate et pacis conformitate",
und dürften unter den Judices selandini, die später im Fivelgo den
Richtern von Reiderland neben den zwei namhaft gemachten Männern
der Stadt Groningen bei Vermittelung des in Upstalsbom nicht er-
ledigten Streits durch ihren Rath beistanden, die speciell im Fivelingeland und Hunsingeland für die Upstalsbomer Versammlung gewählten
Judices selandini zu verstehen sein; s. unten §. 23.

Ueber die Zeit der Versammlung von Judices selandini in Upstalsbom im Jahr 1325 ergiebt sich aus dem Farmsumer
Sendbrief nichts Näheres. Er erwähnt, dafs seiner Abfassung durch
die Reiderländischen Richter eine Versammlung von Judices selandini in Upstalsbom vorausgegangen war, deren Hülfe man in Anspruch genommen hatte. Ist die Farmsumer Urkunde den 6. Juli
von den Reiderländischen Richtern ausgestellt, nachdem ihnen unter
Beirath von Judices selandini gelungen war, den Streit im Fivelgo
zu vermitteln, so mufs die in der Urkunde erwähnte Versammlung
in Upstalsbom einige Wochen früher stattgefunden haben, und es
wird nach Lage der Dinge nichts entgegenstehen anzunehmen, die
erwähnte Versammlung sei auch 1325 am Pfingstdinstag erfolgt,
der auf den 28. Mai fiel, s. Grotefend Chronologie p. 152.

§. 14. Der Appingadammer Bauerbrief vom 2. Juni 1827.

Das oben p. 288 excerpirte, in den Friesischen Rechtsquellen
p. 295 bis 298 unter dem Namen Appingadammer Bauerbrief vollständig gedruckte Dokument ist ein Ortsstatut von Appingadam im
Fivelgo. Es enthält Angaben über seine Abfassung, Aufzeichnung
und Bestätigung, die besonders wichtig sind, um die Stellung und
Bedeutung der Upstalsbomer Vereinstage zu erkennen.

In dem Dokument erklären Judices selandenses und Richter
des Fivelgo („consules Fiwelgoniae"), dafs zu ihnen die Richter der
Ortsgemeinde Appingadam („judices communitatis in Appingadamme")
gekommen seien mit der ergebensten Bitte, die Rechte, Gewohnheiten
und Satzungen, so wie nach ihnen ihre Vorgänger seit langer Zeit zu
urtheilen pflegten, nach ihrer genauen Kenntnifs zu bestätigen und

sicher zu stellen. Sie hätten darauf nach ihrer genauen Kenntnifs die nachfolgenden Rechte, Gewohnheiten und Satzungen von Appingadam aufgezeichnet, bekräftigt und durch die vorliegende Urkunde bestätigt, unter Beachtung, dafs es für's allgemeine Wohl förderlich sei, dafs jeder seine Rechte, Gewohnheiten und Satzungen fest und unwandelbar zur Anwendung bringe, wenn er es verständig thue („statutis dum tamen racionabiliter utatur inconcusse"), und dafs die Gemeinden und Städte bei ihrem speciellen Recht verblieben, wie dies denn auch alle in Upstalsbom versammelten Friesen frei und offen als ihre übereinstimmende Ansicht bekannt hätten („sicut etiam communis consensus omnium Frisonum in Upstallesbame in publico coetu libere diffinivit"). — Die angeführten Worte sind wenig scharf und bestimmt gefafst, sie können nicht sagen wollen, dafs dem Statut vom 25. Mai in Upstalsbom der Consensus von den versammelten Judices selandini oder gar von allen anwesenden Friesen ertheilt worden sei, nachdem es die Judices selandini abgefafst gehabt hätten. Wie die Schlufsworte klar und bestimmt aussprechen, erfolgte die Bestätigung und Beglaubigung des Statuts durch die in Upstalsbom versammelten Judices selandini, während in dem damals von ihnen bestätigten Appingadammer Statut vom 25. Mai bereits erwähnt ist, und zwar von den es ausstellenden Consules von Fivelgo und Judices selandini, dafs sie, indem sie es thäten, übereinstimmend handelten mit der Ansicht des Upstalsbomer Coetus, der für die einzelnen Orte eine Aufzeichnung des statutaren Rechts als zweckmäfsig anerkannt habe. Unter dem Upstalsbomer Coetus bin ich genöthigt, an die in Upstalsbom versammelten Judices selandini zu denken, die bereits vor dem 25. Mai eine solche Ansicht müssen ausgesprochen haben. Wenn Andere den Ausdruck Coetus nicht auf in Upstalsbom versammelte Judices selandini, sondern auf eine grofse Versammlung dort anwesender Friesen aus ganz Friesland beziehen wollten, so ist überhaupt zu bestreiten, dafs derartige Versammlungen in Upstalsbom jemals vorgekommen sind.

In welcher Weise man sich bei der Aufzeichnung des Statuts neben den Consules die Judices selandini als thätig zu denken hat, ist in dem Statut nicht gesagt, vielleicht ähnlich, wie es nach oben p. 474 bei Aufzeichnung des Farmsumer Sendbriefs von 1325 geschehen

war, wo die Judices des Reiderlands hervorheben, dafs sie ihn aufzeichneten, nachdem dabei vorzüglich zwei Judices selandini aus
Fivelgo, zwei aus Hunsego und zwei Männer aus Groningen durch
ihren Rath mitgewirkt hatten: „inter quos praecipue judices selandini ... nobis consilium addiderunt." Das Bedürfnifs, das Statut
im Fivelgo zu Stande zu bringen, wird einige der Judices selandini
bewogen haben, neben den Consules des Fivelgo dafür thätig zu
sein, wie sie es bei anderer Gelegenheit und namentlich bei innern
Streitigkeiten der Landdistrikte zu thun hatten. Ich möchte in den
1327 bei Aufzeichnung mit den Consules von Fivelgo thätigen Judices selandini die dem Fivelgo speciell angehörenden Judices selandini sehn, die für das Jahr aus dem Fivelgo gewählt waren, die
mit den Judices selandini aus andern Landdistrikten in der Pfingstwoche in Upstalsbom zusammentraten, und deren besondere Aufgabe
es auch sein mufste, im Fivelgo in dem Jahre, für das sie gewählt
waren, die Ansichten und Bestrebungen der Gesammtheit der Upstalsbomer Judices selandini zu verwirklichen, s. unten §. 23.

Die von den Fivelgoer Richtern ausgestellte und besiegelte
Urkunde wurde vor den in Upstalsbom versammelten Judices selandini verlesen, wie sie in der darüber von ihnen ausgefertigten Urkunde sagen. Sie nehmen in ihre Urkunde den Text der ersteren
auf und bezeugen in einem Nachsatz, dafs ihnen die Fivelgoer Urkunde, die das Appingadammer Statut in sich schlofs, vorgelesen
sei, dabei erklären sie, sie bestätigt und mit dem Siegel von ganz
Friesland zu Upstalsbom untersiegelt zu haben; die Bestätigung
erfolgte „in octava pentecostes 1327", das ist den 2. Juni 1327,
da der Pfingstsonntag im Jahr 1327 auf den 31. Mai fiel; s. Grotefend Chronologie p. 162; es stimmt hierzu, dafs die Upstalsbomer Zusammenkünfte Dinstags in der Pfingstwoche erfolgten, s. unten §. 20.

IV. Beschaffenheit der Upstalsbomer Versammlungen 1323 — 1327.

§. 15. Die Upstalsbomer Versammlungen von 1823—1827.

Aus den von den Westergoern 1323 aufgestellten Leges Upstalsbomicae, deren Inhalt §. 10 oben p. 455 angab, sowie aus élf Urkunden der Jahre 1324 bis 1327, die die §§. 11—14 oben p. 461—479 besprochen haben, erhellt die Bedeutung und das Wesen der Versammlungen, die zu Upstalsbom in den Jahren 1324 bis 1327 gehalten wurden.

§. 16. In Upstalsbom verbundene Landdistrikte.

Im Jahr 1323 suchten sich die Westergoer im Westerlauwerschen Friesland der landesherrlichen Gewalt des Grafen Wilhelm von Holland zu entziehn, und gingen zu diesem Zweck ein Bündnifs mit andern friesischen Landdistrikten ein, das sie als eine Erneuerung des ältern, seit längerer Zeit verschollenenen Upstalsbomer Bundes darstellten, und für das sie in den Leges Upstalsbomicae von 1323 ein Bundesstatut abfafsten, s. oben §. 9 und §. 10 p. 439 und p. 455. Als einzelne selbständige Landdistrikte, die sich 1323 verbanden und die in den Jahren 1324 bis 1327 in einer nähern Verbindung gestanden haben, sind anzusehen: 1. Rüstringerland auf dem linken Weserufer, 2. Astringerland bei Jever, 3. Harlingerland bei Esens, 4. Nordenerland bei Norden, 5. Brokmerland mit Aurich, 6. Emsigerland bei Emden, 7. Reiderland auf dem linken Emsufer unterhalb Leer, 8. das Fivelingeland, das aus Westamt, Ostamt und Oldamt in den Groninger Ommelanden bestand und zwischen Reiderland im Süden und Hunsingeland im Norden gelegen war, 9. das Hunsingeland nordöstlich von Groningen, es umfafst Ostamt, das Halve-amt, das Upga und die Marne, 10. und 11. das Ostergo und das Westergo im Westerlauwerschen Friesland, von der Lauwers bis zur Borne und von der Borne bis zum Fli. Von diesen elf Landdistrikten sind sechs als an der Upstalsbomer Verbindung betheiligt urkundlich erwiesen: Westergo durch die Leges Upstalsbomicae vom 18. September 1323, oben p. 455 in §. 10, und durch die in §. 11 besprochenen Urkunden vom 28. März 1326 oben p. 279, vom 10. Februar 1327 oben p. 281, vom 14. Februar 1327 p. 283, vom 22. Februar 1327 p. 285 und vom 23. Februar 1327 p. 286; Ostergo durch die Urkunde vom 28. März 1326 oben p. 279, siehe p. 463; Rüstringen durch die beiden oben p. 270—273 gedruckten Urkunden vom 5. Juni 1324, siehe oben p. 469; Astringen durch die Urkunden vom 10. 14. 22. und 23. Februar 1327 oben p. 281—287, siehe p. 464; Fivelgo durch die Urkunde vom 2. Juni 1327 oben p. 288, siehe p. 477. Ferner Fivelgo und Hunsego, wenn die Worte der unvollständig überlieferten Urkunde vom 6. Juli 1325 nicht etwa anders zu verstehen sind; siehe oben p. 476. Für die Betheiligung von Hunsingeland und Fivelingeland an der Upstalsbomer Verbindung von 1323 spricht aufserdem, wie Emo in den Jahren 1216, 1224 und 1231 die Jurati von Upstalsbom im Fivelgo und Hunsego erwähnt, s. oben p. 380 ff.

Die Art, wie Harlingen, Nordenerland und Emsigerland in der Urkunde vom 5. Juni 1324, oben p. 472 in §. 12, gegenüber der Upstalsbomer Versammlung genannt werden, und wie es in Urkunde vom 6. Juli 1325, oben p. 473 in §. 13, bei Reiderland geschieht, läfst nicht bezweifeln, dafs sie damals zur Upstalsbomer Verbindung gehörten. Bei Brokmerland, das aus einem Theil des Pagus Emesga und einem des Pagus Asterga im Lauf des dreizehnten Jahrhunderts hervorgegangen war, und in dem der Upstalsbom bei Aurich stand, unter dem die Verbundenen in den Jahren 1324 bis 1327 verhandelten, wird es vorausgesetzt werden können. Dafs die andern im vierzehnten Jahrhundert in Friesland zwischen Weser und Fli vorhandenen kleinen Landdistrikte in den Jahren 1323—1327 an den Upstalsbomer Versammlungen betheiligt gewesen wären, ist unerwiesen.

§. 17. Richter versammeln sich in Upstalsbom.

Die sich in Upstalsbom in den Jahren 1323—1327 Versammelnden werden als Judices selandini bezeichnet.

Indem die Leges Upstalsbomicae in Artikel 23 die Vertreter der einzelnen Landdistrikte in Upstalsbom behandeln, nennen sie sie Judices selandini. Der Artikel bestimmt, daſs bei einer Sache unter acht Mark das „testimonium judicis zelandini unius, qui de territorio sit, in quo actio agitur" erforderlich sein soll, bei über acht Mark „judices zelandini duo cum praedictis testibus causam actionis purgabunt", s. oben p. 263. — Der Art. 24 der Leges Upstalsbomicae verordnet inbetreff der Judices selandini: „ut quilibet judex zelandinus in festo paschae noviter electus, sub juramento suae commissionis, jurejurando deponat et affirmet, pacis et ordinationis praedictae articulos se cum suis subditis perpetuo observare, et in id ipsum plebs vel populus suae jurisdictionis, cujuscunque conditionis sint vel existant, jurejurando vel fide media se obligent et astringant"; s. oben p. 264. — Der Farmsumer Sendbrief von 1325 erwähnt als bei Vermittelung eines Streits thätig Judices selandini zwei aus Fivelgo, zwei aus Hunsego, neben zwei Männern aus Groningen; er sagt inbetreff der Vermittelnden: „inter quos praecipue judices selandini duo de finibus Fivelgoniae Gerliffus de Gethusum et Luidolphus Obbama, et Hunsgoniae Tytardus Goschalksma et Folckmarus Onsta, et de civitate Groningen Gerardus Sickinga et Rodolphus Byninga, nobis consilium addiderunt", s. oben p. 277. — Den Appingadammer Bauerbrief vom 25. Mai 1327 stellen auf „Judices selandenses et consules Fivelgoniae", und es bestätigen die Urkunde über ihn in der Pfingstwoche 1327 „Judices selandini tocius Frisiae in Upstallesbame congregati", s. oben p. 290. — Gleichbedeutend mit Judices selandini oder selandenses heiſst es in zwei Urkunden vom 5. Juni 1324: „universitas judicum selandiarum Frisiae in Upstallesbome congregatorum" und „nos universi judices terrarum selandiarum in Upstallesbome et successores nostri", sowie „debebunt etiam tam Bremenses quam Rustringi nostro, et successorum nostrorum judicum terrarum Frisiae in Upstallesbome congregandorum, in hoc casu, stare et contenti esse decisione": s. oben p. 270.

Indem Artikel 6 der Leges Upstalsbomicae das Friedensgeld für Personen, die nach Upstalsbom gehen, auf achtzig Mark und

demgegenüber für die in der Versammlung zu Upstalsbom fungirenden Judices selandini auf vierhundert Mark festsetzt, bedient er
sich für letztere des Ausdrucks „jurati seu consules." Der
Artikel sagt: „Quicunque jurati seu consules, ad negotium
pacis in Opstallisbaem deputati, ad locum eundem, tempore quo
properaverint, eundo, ibidem morando ac redeundo, sub poena quadringentarum mercarum tranquilla pace letentur; cujus pecuniae
medietas judicibus, et medietas heredibus tribuatur. Aliis vero ad
locum praedictum properantibus, vinculum pacis sub poena octoginta mercarum conservetur, et judicibus tantumdem persolvatur"
oben p. 254. Es werden hier die aus den einzelnen Landdistrikten
oder Seelanden in Upstalsbom versammelten Judices nicht wie in
den andern Stellen Judices selandini genannt, sondern „Jurati seu
consules." Es können nur eben die Judices selandini gemeint sein,
für die das hohe Wergeld von vierhundert Mark vorgeschrieben
wurde, sei es dafs man durch „Jurati seu consules" allgemein
Richter der einzelnen Landdistrikte verstand oder unter Jurati an
zu Upstalsbomer Richtern gewählte Personen dachte, die keine
Riuchter der einzelnen Landdistrikte waren und denen Richter der
einzelnen Landdistrikte, die zu Upstalsbomer Richtern gewählt worden waren, in den Landdistrikten gegenüberstanden; vergleiche über
Jurati oben p. 167 und unten p. 487 den Schlufs von §. 19.

§. 18. Wahl der Upstalsbomer Richter.

Die Richter zu Upstalsbom wurden nach den Leges Upstalsbomicae von 1323 zu Ostern auf ein Jahr gewählt. Der Art. 24
sagt ausdrücklich: „quilibet judex zelandinus in festo paschae
noviter electus." Beachtenswerth ist, dafs nach Art. 33 der Leges
Upstalsbomicae die Wahl der Richter der einzelnen Landdistrikte
nicht zur selben Zeit mit der der Judices selandini erfolgte, sondern
am weifsen Sonntag nach Ostern oder wenigstens in der darauf
folgenden Woche, s. p. 457 in §. 10. Der weifse Sonntag (dominica
in albis) ist der erste Sonntag nach Ostern, s. Grotefend, Historische
Chronologie p. 79.

Die Wahl der Richter für Upstalsbom geschah von einem Landdistrikt für den Landdistrikt, nicht etwa zu Upstalsbom von einer Versammlung aus dem gesammten Friesland. Der Artikel 24 der Leges Upstalsbomicae, indem er bestimmt, dafs der gewählte Judex selandinus unter Eidesleistung versprechen müsse, den Inhalt der Leges Upstalsbomicae zu befolgen, sagt, dafs sich auch die Bevölkerung seines Gerichtssprengels oder Landdistrikts eidlich darauf zu verpflichten habe: „et in id ipsum plebs vel populus suae jurisdictionis, cujuscunque conditionis sint vel existant, jurejurando vel fide media se obligent et astringant." Es sind hier die Bewohner in dem Landdistrikt des gewählten Richters ausdrücklich als die Bevölkerung „suae jurisdictionis" bezeichnet. Die Worte des Art. 24 lauten: „ut quilibet judex zelandinus ..., sub juramento suae commissionis, jurejurando deponat et affirmet, pacis et ordinationis praedictae articulos se cum suis subditis perpetuo observare; et in id ipsum plebs vel populus suae jurisdictionis, cujuscunque conditionis sint vel existant, jurejurando ... se obligent et astringant." Es stehen hier der „judex zelandinus" und „plebs vel populus suae jurisdictionis" einander gegenüber; auf „plebs vel populus", die als die „subditi" des „judex selandinus" zusammengefafst werden, beziehn sich die Worte „se obligent et astringant." Der Judex zelandinus schwört, dafs er in seinem Distrikt die Leges Upstalsbomicae mit seinen „subditi" beobachten will, und die Subditi haben ebenfalls die Beobachtung der Leges Upstalsbomicae zu beschwören. Dafs der im Distrikt zu Ostern gewählte Judex selandinus die Angehörigen des Distrikts, die als seine „subditi" bezeichnet werden, den Eid schwören zu lassen hatte und nicht einer der speciellen Judices des Distrikts, die erst acht Tage später in der Woche nach dem weifsen Sonntage gewählt wurden, scheint selbstverständlich, die Worte des Art. 24 sagen es nicht unmittelbar.

Nach Art. 23 der Leges Upstalsbomicae waren zwei Judices selandini im einzelnen Landdistrikt vorhanden: bei Forderungen unter acht Mark wird das Zeugnifs eines Judex selandinus aus dem Distrikt des Schuldners verlangt, bei Schulden über acht Mark ist ein Zeugnifs von zwei der Judices selandini aus dem Landdistrikt nöthig. Die Worte lauten: „si quis zelan-

dinus in aliam selandiam pro querimonia pecuniae se ... transtulerit ...
si non octo mercis excedat ... testibus sex civium et septem con-
sanguineorum ... et testimonio zelandini judicis unius,
qui de territorio sit in quo actio agitur, comprobentur vel
purgentur. Si autem actio querimoniae octo mercas excedat, judices zelandini duo cum praedictis testibus causam actionis
comprobabunt et purgabunt", d. i.: Verklagt einer in einem andern
Seeland, als demjenigen, dem er angehört, seinen Schuldner, so soll
er, wenn die Schuld unter acht Mark beträgt, das Zeugnis von
sechs Cives (Gemeindegenossen) und sieben Blutsfreunden beibringen nebst dem eines Judex selandinus, der aus dem Landdistrikt
ist, in dem er klagt; beträgt die Schuld über acht Mark, so sollen
neben den vorgenannten Zeugen statt eines zwei Judices selandini
den Gegenstand der Klage bezeugen müssen; s. oben p. 460. Dafs
eine bestimmte gröfsere Gegend, ein Seeland geheifsen, aus mehreren
Gerichtsdistrikten bestanden hätte, und dafs für sie gemeinsam ein
oder zwei Judices selandini gewählt worden seien, widerspricht der
Art, wie die elf Urkunden der Jahre 1324 bis 1327 der Judices
selandini erwähnen. Der einzelne Landdistrikt hat nach den Leges
Upstalsbomicae von 1323 seine eigenen Judices, er bildet eine selbständige politische Einheit und schickt·seine in ihm gewählten Judices selandini als seine Vertreter zu den Vereinstagen nach Upstalsbom, es geschieht dies nicht von einer gröfsern aus mehreren
derartigen Landdistrikten bestehenden Provinz, vgl. die oben p. 459 f.
besprochenen Artikel 6, 23 und 24 der Leges Upstalsbomicae. Im
folgenden Cap. IV wird erörtert werden, dafs Seeland nichts anderes
als eine Seegegend in politisch bedeutungslosem, rein geographischem
Sinne bezeichnete, und dafs der Ausdruck nicht für ein fest ab-
gegrenztes aus mehreren Landdistrikten bestehendes Gebiet gebraucht
wurde, das als Wahlsprengel eines oder mehrerer Bevollmächtigter
für Upstalsbom gedient hätte, die deswegen Judices selandini genannt worden wären.

Unstatthaft ist es, den Artikel 23 so zu interpretiren, dafs bei
Schuldsummen unter acht Mark das Zeugnis eines Judex selandinus
aus dem Distrikt des Schuldners, bei Schuldsummen über acht Mark
das Zeugnis eines Judex selandinus aus dem Distrikt, dem er an-

gehört, und eines zweiten aus einem andern Landdistrikt erforderlich gewesen wäre. Es wird ein Zeugnifs von Personen, die der Verhältnisse der Person des Schuldners kundig sind, vorgeschrieben, bei einer Schuldforderung von acht Mark ist neben dem Zeugnifs von sieben seiner Blutsfreunde und sechs seiner Gemeindegenossen das eines judex selandinus erforderlich, und von diesem einen wird ausdrücklich gesagt, dafs er aus dem Landdistrikt des Verklagten sein müsse: „judex selandinus ... de territorio sit, in quo actio agitur"; bei gröfseren Schuldsummen wird statt des Zeugnisses eines das zweier Judices selandini neben dem der andern Zeugen gefordert. Dafs hier als zweiter Judex selandinus der eines andern Distrikts genügt hätte, sagen die Worte der Stelle in keiner Weise. Es schien den Verfassern der Leges sich von selbst zu verstehen, dafs nur ein dem Landdistrikt des Verklagten angehörender über die bestimmte Schuld ein Zeugnifs ablegen könne. Nur defswegen fügt der Artikel nicht ausdrücklich hinzu, dafs auch der zweite Judex selandinus dem Landdistrikt des Verklagten angehören müsse.

§. 19. Vertretung durch die Upstalsbomer Richter.

Dafs die Judices selandini als Bevollmächtigte oder Vertreter des einzelnen Landdistrikts, aus dem sie gewählt sind, anzusehen seien, bezeugen unmittelbar die Artikel 6 und 24 der Leges Upstalsbomicae. Der Artikel 6 bestimmt, dafs Jurati oder Consules, die nach Upstalsbom zum Friedensgeschäft deputirt sind, auf der Reise nach jenem Ort, während ihres Aufenthaltes an ihm und auf der Rückreise von ihm eine Bufse von 400 Mark als Friedensgeld erhalten, s. oben p. 254 und p. 459. Der Artikel 6 sagt: „Quicunque jurati seu consules, ad negotium pacis in Opstallisbaem deputati." Der Artikel 24 verordnet, dafs jeder zu Ostern neugewählte Judex selandinus unter dem Eide seines Auftrages, „sub juramento suae commissionis", eidlich gelobe, mit den ihm Untergeordneten stets die Artikel der aufgestellten Friedensordnung zu beachten, s. oben p. 264 und p. 460. In beiden Artikeln sind also die Judices selandini genannt als von ihren Landdistrikten zu Deputirten gewählt und vereidigt.

In welcher Weise die Wahl der einzelnen Judices selandini in den Landdistrikten zu erfolgen hatte, welches die Wähler waren, wie sie zu wählen hatten, und welche Personen wählbar ·waren, übergehen die Leges Upstalsbomicae vollständig. Die Art, wie ums Jahr 1323 in den verschiedenen Landdistrikten˙ die einzelnen Richter der Landdistrikte, ihre Redjeva (in lateinischen Dokumenten „Consules") oder Riuchter (lateinisch „Judices") zu ihrem Amt be⸜rufen wurden, war eine verschiedene; ebenso wurden in verschiedener Weise die Vorsteher der Consules oder Judices in den Landdistrikten ernannt, die unter den Namen Edictores, Oratores, Enunciatores, Placitatores, friesisch Gretmon, Kethere (s. oben p. 170) vorkommen. Dafs in manchen Landdistrikten gewisse Ethelinge oder Nobiles als Besitzer bestimmter Grundstücke bestimmte Betheiligung am Richteramt hatten, ist urkundlich erwiesen und unten in Cap. XIII zu erörtern. Bei Aufstellung der Leges Upstalsbomicae von 1323 gingen die Westergoer auf die Wahl der Richter in den einzelnen Landdistrikten nicht ein; dies erschien ihnen als Angelegenheit der einzelnen Landdistrikte, auf die die Verbindung der Landdistrikte zu einem bestimmten Verein nicht einzuwirken habe. In ähnlicher Weise werden die Westergoer 1323 die Art der Wahl der Judices selandini den einzelnen verbundenen Landdistrikten überlassen haben. In manchen Landdistrikten mögen die Richter der Landdistrikte, ihre Consules oder Judices, nach Upstalsbom gewählt worden sein, in andern die Wahl zu Judices selandini nicht auf sie beschränkt gewesen sein; vielleicht erklärt sich daraus, dafs in ˙Artikel 6, wo von dem Friedensgeld der Judices selandini die Rede ist, sie als „Jurati seu consules" bezeichnet werden, vergleiche oben p. 483.

§. 20. Zeit der Richterversammlungen in Upstalsbom.

Die Versammlungen der gewählten Richter erfolgten zu Upstalsbom jährlich in der Pfingstwoche. Ein Zusatz einer friesischen Ueberarbeitung aus dem dreizehnten Jahrhundert zu den im zwölften Jahrhundert in lateinischer Sprache verfafsten Siebzehn allgemeinen friesischen Küren sagt, dafs die sieben Liudwita, d. i. Volkszeugen,

von den sieben Seelanden, Dinstags in der Pfingstwoche zu Upstalsbom ihr Thing halten. Im Emsiger Text heifst es: „Thet thing
scel-ma halda mitha sogen liudwithem fon tha sogen
selondum te Upstalesbame tiesdeis andere Pinsterwika
mith allera Fresana riuchte", oben p. 200, und im Fivelgoer
Manuscript p. 14: „Thit riucht achma and scolma halda mith
sogen liude-withum, fon ta sogen selondum to Upstallisbame teysdey in ther Pinxtra-wika alle Fresum to lowe and
to erum", oben p. 200. Keine Angabe über die Zeit der jährlichen
Versammlungen zu Upstalsbom enthalten die Leges Upstalsbomicae
von 1323. Der Art. 24 erörtert nur, wie „quilibet judex zelandinus
in festo paschae noviter electus" sich und die Angehörigen seines
Landdistrikts verpflichten soll, die Leges Upstalsbomicae zu beobachten, und Art. 6 handelt über das Friedensgeld der gewählten
Richter in Upstalsbom sowie auf ihrer Reise nach und von Upstalsbom: „Quicumque jurati seu consules, ad negotium pacis
in Opstallisbaem deputati, ad locum eundem tempore quo properaverint, eundo, ibidem morando ac redeundo sub poena 400 mercarum tranquilla pace laetentur, cujus pecuniae medietas judicibus, alia medietas heredibus tribuatur." — Die Urkunde vom
5. Juni 1324 oben p. 470 ist ausgestellt von der „Universitas judicum selandiarum Frisiae in Upstallesbome congregatorum" und
zwar nach ihrem Schlufs „feria tertia in ebdomada penthecostes", das will sagen: am dritten Tage der Pfingstwoche 1324
oder am Pfingstdinstag, wie der Tag in dem vorerwähnten Zusatz
zu den Siebzehn Küren bezeichnet wird. An diesem Tage waren
im Jahre 1324 die Judices selandini der einzelnen friesischen Landdistrikte in Upstalsbom versammelt. Die Urkunde gedenkt auch
noch, dafs die Nachfolger der Judices selandini sich in Upstalsbom
versammeln sollen: „successorum nostrorum judicum terrarum Frisiae in Upstallesbome congregandorum", s. oben p. 271. Dasselbe
besagt eine Urkunde ebenfalls vom 5. Juni 1324, die neben der
„universitas judicum selandiarum Frisiae in Upstallesbome congregatorum" die „judices in Emesgonia, Norda, Herlingia et Astringia
terrarum" ausstellen, s. oben p. 273. — Dafür dafs im Jahr 1327
in der Pfingstwoche in Upstalsbom eine Versammlung der Judices

selandini stattfand, giebt der Appingadammer Bauerbrief ein bestimmtes Zeugnifs. Er sagt am Schlufs: „Et nos judices selandini tocius Frisiae in Upstallesbame congregati statuta oppidi
in Appingadamme coram nobis recitata ac sigillo suae terrae Fivelgoniae roborata tamquam rationabilia et honesta ex certa scientia
ratificamus ac praesentibus confirmamus .... Datum et áctum in
Upstallesbame in octava pentecostes anno domini 1327",
s. oben p. 479 in §. 14. — Für das Jahr 1325 wird durch den
Farmsumer Sendbrief vom 6. Juli erwiesen, dafs im Jahr 1325 in
Upstalsbom eine Versammlung gehalten ist; er sagt ausdrücklich:
„singuli judices terrae Frisiae aliique nobiles pro communi
utilitate et pacis conformitate ad locum, qui vulgariter Upstallbam nuncupatur, confluerent", und erwähnt als bei der Vermittelung eines Streits im Fivelgo thätig Judices selandini, s. oben
p. 477 f. in §. 13. Ueber den Tag, an dem 1325 die Versammlung
gehalten wurde, giebt der Farmsumer Sendbrief keine bestimmte
Auskunft. Er ist im Fivelgo am 6. Juli ausgestellt, der Pfingstdinstag fiel in jenem Jahre auf den 28. Mai, und an ihm wird auch
1325 die Upstalsbomer Versammlung gehalten worden sein, s. oben
p. 477 in §. 13. — Darüber dafs 1326 am Pfingstdinstag, d. i. den
13. Mai, eine Versammlung in Upstalsbom gehalten ist, fehlt ein
direktes Zeugnifs, es möchten dafür aber zwei Urkunden vom
22. und 23. Februar 1327 sprechen. Es hatte, wie oben p. 461 in §. 11
ausgeführt ist, der Graf Wilhelm von Holland Schiffe der Jeverschen
Astringer, die sein Land besuchten, mit Beschlag belegt, weil die
Jeverschen Astringer die Empörung der Westergoer gegen ihn durch
den Upstalsbomer Bund unterstützt hätten. Nach längern Unterhandlungen hatte Graf Wilhelm die Astringschen Schiffer mit ihren
Schiffen freigegeben, die Schiffsladungen aber zurückbehalten; es
bitten darauf die Jeverschen Astringer am 10. Februar 1327 den
Grafen Wilhelm in dem oben p. 464 in §. 11 besprochenen Briefe,
ihnen ihre Waaren auszuliefern, indem sie früherer Verhandlungen
mit ihm gedenken und einen Brief, den er an sie gerichtet hatte,
erwähnen. Ueber die Zeit, in der die Beschlagnahme der Astringschen
Schiffe erfolgt war, fehlt eine bestimmte Angabe. Drei Schreiben,
des Grafen von Oldenburg vom 14. Februar 1327, des Bremer Dom-

kapitels vom 22. und des Kölner Kanonikus Dietrich von Xanten vom 23. Februar 1327, erwähnen, dafs grofse Stürme den Thiethard und andere Astringer nach Holland verschlagen hätten, es wird das im Herbst 1326 geschehen sein. Indem sich das Domkapitel wie der Generalbevollmächtigte des Bremer Bisthums Dietrich von Xanten für die Astringer beim Grafen Wilhelm von Holland verwenden, führen sie aus, dafs die Astringer in keiner Weise die Westergoer in ihren aufständischen Bestrebungen gegen ihn unterstützt hätten, sie wären mit den Westergoern nur in der Jahresversammlung zu Upstalsbom zusammengekommen, die lediglich auf Erhaltung und Herstellung des Landfriedens abziele: „annualem ad invicem habent congregationem, ut fures, incendiarios, propriorum dominorum traditores ac alios malefactores communi poena feriant et malitiam reprimant perversorum", s. oben p. 286 und p. 287. Die hier als von den Astringern mit den Westergoern gehalten erwähnte Upstalsbomer Jahresversammlung wird eben eine sein, die in der Pfingstwoche 1326 stattgefunden hatte. — Mit Rücksicht hierauf nehme ich an, dafs in den Jahren 1324, 1325, 1326 und 1327 Richterversammlungen der einzelnen friesischen Landdistrikte, die sich 1323 nach den Leges Upstalsbomicae verbunden hatten, zu Upstalsbom in der Pfingstwoche gehalten worden sind.

§. 21. Namen der Upstalsbomer Versammlung.

Die in Upstalsbom versammelten Judices selandini nennen sich eine Universitas. Sie stellen die beiden Urkunden vom 5. Juni 1324 als „universitas judicum selandiarum Frisiae in Upstallesbome congregatorum" aus, und erwähnen ihrer Nachfolger als solcher, die wie sie selbst sich in Upstalsbom zu versammeln haben: „successorum nostrorum judicum terrarum Frisiae in Upstallesbome congregandorum", s. oben p. 471 in §. 12. Die Judices selandini bilden nach den vier oben p. 464 in §. 11 besprochenen Urkunden vom 10., 14., 22. und 23. Februar 1327 eine Congregatio: „communitas Frisiae in loco, qui Opstellebom dicitur, ordinavit congregationem" schreiben die Jeverschen Astringer dem

Grafen Wilhelm; „amicabilem ad invicem in loco, qui dicitur Opstalisbame, babent congregationem" schreibt der Graf Johann
von Oldenburg; annualem ad invicem habent congregationem"
sagt das Bremer Domkapitel, und „habent annualem congregationem in loco, qui dicitur Opstelisbame" der Kölner Kanonikus
Dietrich von Xanten.

Die Versammlung der Judices selandini heifst auch Coetus.
Den Appingadammer Bauerbrief aus dem Fivelgo vom 25. Mai 1327
bestätigen die „judices selandini tocius Frisiae in Upstallesbame
congregati", wie ihn „judices selandenses" und „consules Fivelgoniae" aufgezeichnet hatten; in ihm ist erwähnt, dafs sich für die
Aufzeichnung von Ortsstatuten die Upstalsbomer Versammlung erklärt habe: „sicut etiam communis consensus omnium Frisonum in
Upstallesbame in publico coetu libere diffinivit", s. oben p. 478
in §. 14.

Die friesische Benennung, die für die Upstalsbomer Versammlung in den Jahren 1324 bis 1327 gebraucht wurde, begegnet
nicht. Vielleicht hiefs sie Thing, wie es am Schlufs des dreizehnten Jahrhunderts in dem oben p. 200 besprochenen Zusatz der
Siebzehn Küren von den ältern Versammlungen am Upstalsbom geschieht. „Thing" wird allgemein für eine Versammlung verwendet,
in der verhandelt (ge-dingt) wird, nicht nur für eine Richter-
versammlung, ein Gericht; s. Friesisches Wörterbuch p. 1073 unter
„thing."

§. 22. Thätigkeit der Upstalsbomer Versammlung.

Aus dem Zweck des Upstalsbomer Bundes ergiebt sich, was
den in Upstalsbom Versammelten zu thun obliegen mufste. Als
ursprünglicher Zweck der Verbindung erscheint, wie oben §. 4 erörterte, die Erhaltung und Herstellung des Landfriedens in
Friesland. Im Jahre 1323 erneuerten die Westergoer den seit
längerer Zeit verschollenen Upstalsbomer Bund, um im Westergo
die landesherrliche Gewalt des Grafen von Holland zu vernichten,
vgl. oben p. 371 in §. 4, und so mufste auch die Thätigkeit der
Upstalsbomer Versammlung im Jahr 1323 eine wesentlich andere

sein, als sie es im zwölften Jahrhundert zur Zeit der Abfassung der Siebzehn Küren und Vierundzwanzig Landrechte, sowie in den Jahren 1216, 1224 und 1231 gewesen war, in denen Emo ihrer gedenkt. Der Zweck des Upstalsbomer Bundes in den Jahren 1323 bis 1327 war obendrein, wie §. 4 ausgeführt hat, keineswegs ein begrifflich klar gedachter, bestimmt abgegrenzter, den die einzelnen verbundenen Landdistrikte gleichmäfsig verfolgt hätten. Während die Westergoer am Ufer der Zuiderzee den Bund ins Leben gerufen hatten, um die Landeshoheit des Grafen von Holland, dem sie untergeben waren, zu bekämpfen, erkannten die Jeverschen Astringer die landesherrlichen Rechte des Grafen von Oldenburg in ihrem Landdistrikt an und behaupteten, dafs sie durch den Bund die Rechte des Grafen von Holland im Westerlauwerschen Friesland in keiner Weise beeinträchtigt hätten, noch hätten beeinträchtigen wollen. In den oben p. 463 u. p. 279–287 mitgetheilten Briefen erklärt der Graf von Holland den Upstalsbomer Bund von 1323 für eine verbrecherische Empörung gegen ihn; die Ostergoer im Westerlauwerschen Friesland und die Jeverschen Astringer läugnen es, versichern, Zweck des Bundes sei lediglich Erhaltung des Landfriedens in allen Landdistrikten Frieslands, und dieser Auffassung stimmen bei der Graf von Oldenburg, das Bremer Domkapitel und der Kölner Domherr Dietrich von Xanten. Sie versichern, dafs die Jahresversammlung des Bundes zu Upstalsbom entsprechend dem Bundeszweck nur beflissen gewesen sei, Räuber, Mordbrenner, Verräther der eigenen Herrn und andere Verbrecher gleichmäfsig zu bestrafen und ihr Unwesen in den verbundenen Landdistrikten zu unterdrücken, vgl. die oben p. 490 in §. 20 angeführten Worte. Speciell ist zu erwägen, in welcher Beziehung die Thätigkeit der Upstalsbomer Versammlung sich zeigt als gesetzgebend, richtend, vermittelnd und vollziehend.

1. Die Thätigkeit der Upstalsbomer Versammlung erscheint als eine gesetzgeberische.

Die Westergoer, indem sie im Jahre 1323 den Upstalsbomer Bund erneuern und die Leges Upstalsbomicae für ihn als Bundesstatut aufstellen, zu dessen Annahme sie andere friesische Landdistrikte bewegen wollen, erklären: „ad concordiam et reformationem constitutionum Opstallisbaem habitarum et constitutarum ordinavi-

mus diversitates literarum sub hac forma, singulis articulis reformatis et conscriptis nunc et perpetuo valituris", s. oben p. 250. —
In Artikel 24 ist aufgestellt, dafs die in den einzelnen Landdistrikten
für Upstalsbom gewählten Judices selandini sich eidlich verpflichten,
den Inhalt der Leges Upstalsbomicae in ihrem Landdistrikt zur Anwendung zu bringen und dafür zu sorgen, dafs dies bei ihren Untergebenen geschieht: „ad robur autem et roboris diuturnitatem constitutionum praedictarum statute decrevimus et statuimus, ut quilibet
judex zelandinus, in festo paschae noviter electus, sub juramento
suae commissionis jurejurando deponat et affirmet pacis et ordinationis praedictae articulos se cum suis subditis perpetuo observare,
et in id ipsum plebs vel populus suae jurisdictionis, cujuscunque
conditionis sint vel existant, jurejurando vel fide media se obligent
et astringant", oben p. 264. — Im Jahre 1327 verfassen die Richter
des Fivelgo in Verbindung mit Upstalsbomer Richtern das Statut für
Appingadam im Fivelgo, das als Appingadammer Bauerbrief bezeichnet
zu werden pflegt. In ihm erklären sie es zu thun, da es zum öffentlichen Vortheil gereiche, das Ortsrecht aufzuzeichnen, wie dies auch
von der Upstalsbomer Versammlung offen anerkannt worden wäre:
„sicut etiam communis consensus omnium Frisonum in
Upstallesbame in publico coetu libere diffinivit", vgl.
oben p. 478 in §. 14. Es wird darauf vor der in Upstalsbom in
der Pfingstwoche 1327 gehaltenen Versammlung der Judices selandini das Statut verlesen, von den Versammelten bestätigt und mit
dem Siegel von ganz Friesland bekräftigt. Sie erklären dabei, dafs
die Verletzung des Statuts mit öffentlicher Strafe gleich einem Aufstand bestraft werden solle: „Et nos judices selandini tocius Frisiae
in Upstallesbame congregati statuta oppidi in Appingadamme coram
nobis recitata ac sigillo suae terrae Fiwelgoniae roborata tamquam
rationabilia et honesta ex certa scientia ratificamus ac praesentibus
confirmamus, contradictores statutorum praedictorum tamquam rei
publicae rebelles censemus poena publica puniendos. In cujus rei
perpetuam memoriam hanc literam, instrumento super statutis praedictis confecto, duximus transfigendam atque sigillo tocius Frisiae
roborandam. Datum et actum in Upstallesbame in octava pentecostes anno domini millesimo trecentesimo vicesimo septimo."

Ueber welche Gegenstände sich die Gesetzgebung der Upstalsbomer Versammlung zu erstrecken hatte, mußte sich aus dem Zweck
des Bundes ergeben, doch waren keine bestimmten Grenzen inbetreff
dessen gezogen, worüber nach Abschluß des Bundes den einzelnen
Landdistrikten und Gemeinden die Befugniß verblieb, für sich Rechtssatzungen zu treffen. In dem Bundesstatut von 1323, den sogenannten
Leges Upstalsbomicae, sind tiefeinschneidende Satzungen enthalten,
durch die das frühere Recht der verbundenen friesischen Landdistrikte wesentlich geändert wird, siehe oben p. 457 f. in §. 10.
Todesstrafen und schwere Bußen sind für die verbundenen friesischen Landdistrikte aufgestellt: nach Art. 2 sind Räuber und Diebe
zu hängen; nach Art. 3 Leute zu verbrennen, die bei Nachtzeit
Häuser anzünden; nach Art. 4 wird verbrannt, wer sich dingen
läßt, seinen Herrn zu tödten; nach Art. 22 tritt bei Münzfälschung
die Strafe des Diebstahls ein; Art. 2 ordnet Herausgabe gestohlener
Sachen und die dabei zu zahlende Buße; Art. 3 die Buße für Anzünden von Häusern bei Tage; Art. 3 die Buße für Verwüstung
von Aeckern; Art. 7 ordnet als Buße für Tödtung eines Menschen
aus einem der anderen verbundenen Landdistrikte 60 Mark den
Richtern und 60 Mark den Erben; nach Art. 14 beträgt die Buße
für Verheirathung eines Unmündigen ohne Wissen des Vormundes
oder nächsten Erben 100 Mark, und wird dem zur Ehe Gegebenen
die Buße gezahlt: „secundum antiquum wilker et constitutiones
novas“, d. i. nach Küre 11 und Ueberküre 6, s. oben p. 256 Note 15;
nach Art. 30 gilt bei Tödtung von Richtern im eigenen Landdistrikt
die zehnfache Buße; in Art. 22 wird der Werth der in Friesland
gangbaren Münzen bestimmt und hinzugefügt: „omnem autem
aliam monetam quoad partes Frisiae communi decreto Frisonum interdicimus et sub interdicto ponimus ac penitus
aboleri decrevimus, perabolemus et abolemus in perpetuum per praesentes“; Art. 16 verordnet in Beziehung auf Erbrecht: „Successiones
hereditatum quocumque modo evenerint, proximo secundum leges et
canones cedant successori, nisi discedens cum consilio sui rectoris
in ultimo testamento aliter duxerit ordinandum.“ Ueber Form von
Testamenten, Zahl der Zeugen, Wahl der Richter und andere Punkte
enthalten die Leges Upstalsbomicae einzelne Bestimmungen, die in

den verbundenen Landdistrikten zur Anwendung kommen sollten, s. oben p. 457 und p. 458 in §. 10.

Ueber die Art, wie von den in·Upstalsbom versammelten Judices selandini die von ihnen beschlossenen Gesetze publicirt werden sollten, enthalten die Leges Upstalsbomicae von 1323 keine nähere Bestimmung. Bei Verträgen, die die versammelten Judices selandini abschlossen, bei Entscheidungen, die sie trafen, stellten sie darüber· Urkunden aus und besiegelten sie mit einem „sigillum totius Frisiae." Drei derartige Urkunden mit Siegeln, zwei vom 5. Juni 1324, eine vom 2. Juni 1327, sind oben p. 270, p. 273 und p. 289 gedruckt. Die ersten beiden behandeln die Beilegung eines Streits zwischen Rüstringen und Bremen, s. unten in diesem Paragraphen p. 505; die dritte bestätigt den Appingadammer Bauerbrief, s. oben p. 493. Die erste und zweite Urkunde ist in Upstalsbom von der „universitas judicum selandiarum Frisiae in Upstallesbome congregatorum" ausgestellt, beide Urkunden sagen am Schluß „in cujus rei testimonium sigillum totius Frisiae est appensum"; in der dritten Urkunde, die ausstellen „nos judices selandini totius Frisiae in Upstallesbome congregati", erklären die Aussteller: „hanc literam ... duximus transfigendam atque sigillo tocius Frisiae roborandam." Von den beiden Urkunden vom 5. Juni 1324 werden die Originale noch in Bremen aufbewahrt, an beiden hängt das Siegel, das in den Urkunden als „sigillum totius Frisiae" bezeichnet wird. Es stellt, wie oben p. 272 angegeben ist, und die dort angeführte Abbildung von Ehrentraut zeigt, die Jungfrau Maria auf dem Throne sitzend mit dem Christuskind dar, zu deren beiden Seiten ein gepanzerter Mann mit entblöfstem Haupt steht, jeder mit einem runden Schild in der Linken, während der eine in der Rechten ein Schwert, der andere einen Spiefs hält; unter der Maria knieen zwei kleine Figuren in priesterlichem langen Gewand mit Stola, neben beiden ein Kreuz. Die dritte Urkunde vom 2. Juni 1327 liefs Harkenroth 1731 nach dem Original in Appingadam drucken mit der Bemerkung, sie sei mit dem alten friesischen Siegel besiegelt, ohne anzugeben, was es darstellt. Schwerlich dürfte die oben p. 290 angeführte Angabe des Emmius vom Jahre 1616 richtig sein, dafs das Siegel der Appingadammer

Urkunde einen mit Lanze und Schwert bewaffneten Mann unter einem Baum zeigt, bei dem man bereit sein würde, an den Upstalsbom oder die alte Eiche zu denken, unter der man sich versammelte. Vermuthen möchte ich, daß die Figuren des Siegels an der Urkunde von 1327 schon zu Emmius' Zeit nicht mehr zu erkennen waren; sagen doch bereits die Grafen von Ostfriesland im Jahr 1558, indem sie eine beglaubigte Copie von ihr ausfertigen, daß sie theilweise durch Alter verderbt sei, s. Matthaeus Anal. IV p. 834. Schwerlich hat sich die Upstalsbomer Versammlung in den Jahren 1324 und 1327 zweier ganz verschiedener Siegel bedient. Wicht Ostfriesisches Landrecht 1746 Vorbericht p. 113 wollte, um das zu erklären, in dem Siegel an der Urkunde von 1324 ein Siegel des Landes Rüstringen sehen, was unmittelbar durch die Worte der Urkunde[1]) ausgeschlossen wird. Halsema in Verhandelingen der Genootschap pro excolendo jure patrio Groningen 1778 II p. 301 meinte, das Siegel von 1324 möge ein Secretsiegel von ganz Friesland, das von 1327 das gemeinsame Wappen der Versammlung in Upstalsbom sein. Auch hierfür spricht nichts. Ueberhaupt aber glaube ich, ist wenig aus dem Upstalsbomer Siegel für die Erkenntniß des Wesens der Upstalsbomer Vereinstage zu gewinnen. Nachdem die Westergoer im Jahr 1323, um sich der Macht ihres Landesherrn, des Grafen Wilhelm von Holland, zu entziehn, ein Bündniß friesischer Landdistrikte errichtet und die verschollenen ältern Upstalsbomer Versammlungen in veränderter Gestalt wiederherzustellen versucht hatten, mag man ein Siegel für die Upstalsbomer Versammlung angefertigt haben. Nichts berechtigt anzunehmen, daß bereits die Jurati von Upstalsbom im zwölften und dreizehnten Jahrhundert irgendwie ein eigenes Siegel besessen hätten. Im Lauf des dreizehnten Jahrhunderts waren an die Spitze der einzelnen friesischen Landdistrikte zwischen Weser und Zuiderzee Consules oder Richter getreten. Die von ihnen bis zum Jahr 1323 erhaltenen Urkunden,

---

[1]) Zu beachten ist, daß das Siegel der „judices ac universitas terrae Rustringiae“ an einer Urkunde vom 27. Oktober 1324 den Kaiser Karl darstellt, nicht die Jungfrau Maria. Die beiden Urkunden vom 5. Juni und 27. Oktober beziehn sich obendrein auf dieselbe Sache, s. oben p. 273 in Cap. II §. 20.

die oben p. 117 gesammelt sind, sind ausgestellt durch Consules oder Judices et universitas terre (Rustringiae, Astringiae etc.). Die Siegel, deren sie sich zur Beglaubigung ihrer Urkunden vor dem Jahr 1323 bedienen, lassen sich für den gröfseren Theil der einzelnen Landdistrikte nachweisen. Sie entsprechen den Siegeln der Judices selandini von Upstalsbom und erläutern sie in aller Weise. Ich verzeichne daher hier die älteren mir bekannten Siegel einzelner Landdistrikte zwischen Weser und Zuiderzee:

Aus Rüstringen: Ein rundes Siegel an Urkunde von 1324 in Bremen der „Universitas terre Rustringie" stellt dar Karl den Grofsen gekrönt mit Scepter und Reichsapfel, neben ihm zwei Bewaffnete mit Schild, Schwert und Lanze; s. oben p. 274. An Urkunde von 1310 in Osnabrück ein längliches „S. (ju)d(icum) quadrantis Rustringie de Ban(te)", darauf sitzend *Maria* mit Krone, das Christuskind auf dem Schofs, in der Rechten eine Kugel haltend; s. Ehrentraut Archiv II p. 430. — Aus Astringen an Urkunde von 1306 in Bremen ein „Sigillum beate *Marie* in Astringia" 'mit dem Christuskinde, an jeder Seite ein mit Lanze, Schwert und Schild Bewaffneter; s. Ehmck II p. 68. In Oudheden 4. Lieferung 1875 ist beim Leuwardener Ostergo ein wohl dem Jeverschen Astringen angehörendes Siegel von einer angeblich im Jahr 1493 ausgestellten Urkunde abgebildet; es zeigt die Umschrift „Sigillum beate *Marie* universitatis terre Astringie"; die Figuren auf ihm stimmen mit. denen auf dem der Urkunde von 1306 überein. — Aus Harlingen an Urkunde von 1324 in Bremen ein längliches „Sigillum judicum omnium Herliggorum", darauf Willehadus und Magnus als Bischöfe mit Krummstäben, unter ihnen drei undeutliche Halbfiguren; s. Ehrentraut II p. 386. An Urkunde von 1237 in Bremen ein sehr beschädigtes Siegel, auf dem unter einer stehenden Figur vier kleine Halbfiguren zu erkennen sind; siehe Ehrentraut II p. 386 und Ehmck I p. 238. — Nordenerland: An Urkunde von 1324 in Bremen ein rundes Siegel, darauf „S. advocatorum et consulum terre Norde",, auf ihm „Scs. Liudgerus" als Bischof sitzend mit Krummstab in der Linken, die Rechte erhoben, darunter vier knieende Figuren; abgebildet in Suur Klöster vor dem Titelblatt; das Siegel auch an Urkunde von 1310 in Bremen nach Ehmck II p. 113. An Urkunde von 1255 in Bremen ein längliches Siegel, darauf „Sigillum Sa... l Liud. Nordensium patroni" mit einem stehenden Liudger als Bischof mit Krummstab und erhobener Rechten, abgebildet in Suur Klöster vor dem Titelblatt, s. Ehmck I p. 308. An Urkunde von 1269 in Bremen hängt ein sehr beschädigtes längliches Siegel des Abts von Norden, darauf *Maria* mit dem Kinde, neben ihr zwei kleine Figuren mit einer Blume, darunter in einer Nische knieend eine männliche Gestalt, s. Ehmck I p. 383. — Brokmerland: An Urkunde von 1276 in Münster ein „Sigillum Brocmannie", darauf eine sitzende *Maria* mit dem Christuskind, s. Wilmans Westf. Urkb. I p. 508. — Emsigerland: An Urkunde von 1324 in Bremen ein längliches „Sigillum Judicum... Emesgonum", zwei Heilige in Nischen darstellend; s. Ehrentraut II p. 386. An Urkunde von 1276 zu Münster ein schlecht erhaltenes Siegel mit der Umschrift „Sigillum Ju...um Emesgonum", darauf Petrus und Paulus in zwei Nischen, s. Wilmans I p. 508. — Reiderland: An Urkunde von 1276 in Münster ein „Sigillum terre Reidensis", darauf eine Kirche mit zwei Thürmen, s. Wilmans I p. 508.— Aus Fivelgo, Hunsingo sowie aus Fredewold, Langewold und Humsterland sind mehrere ältere Urkunden im Original, namentlich in Groningen erhalten, an denen die Siegel der Landdistrikte hängen, doch fehlt mir eine genauere Beschreibung von ihnen. Halsema Pro excolendo jure patrio II p. 293 bespricht die späteren Siegel der einzelnen Landdistrikte. Aus Fivelgo: An Urkunde von 1361 zu Groningen hängt nach Driessen II p. 233 ein längliches „Sigillum terre Phiwilgonie", auf dem zwei knieende Frauengestalten abgebildet sind, und ein Contrasiegel mit derselben Umschrift, auf ihm eine sitzende Gestalt mit Bischofstab in der einen und einem Buch in der andern Hand. Dasselbe Siegel befindet sich nach Driessen IV p. 655 und III p. 484 an Urkunden in Groningen von 1344 und 1396. Halsema p. 294 glaubt in dem Siegel des Fivelgo eine *Maria* zu erkennen, der zur Seite eine Frau kniee. Das Fivelgo-Westamt bediente sich nach Halsema p. 294 eines runden „Sigillum communitatis Fivelgonie termini Wester-ompte", das eine Jungfrau *Maria* mit dem Christuskind abbildete, mit einem Engel an jeder Seite. Das Siegel des Kloster Witte-Wierum im Fivelgo an Urkunde von 1396 stellt nach Driessen III p. 483 *Maria* mit dem Christus-

kind dar, neben der zur Linken eine Person kniee. — Aus Hunsingo: An Urkunde von 1361 in Groningen ein „Sigillum tocius
terre Hunsgonie", einen geharnischten Mann zu Pferde darstellend,
der in seiner Rechten ein Banner hält, mit der Linken eine Frau
stützt, die quer dahinter sitzt; s. Driessen II p. 233, Halsema p. 293,
Tegenwoordige Staat van Stad en Lande II p. 304. — Aus Ostergo:
An Urkunde von 1361 (oben p. 293) zu Groningen ein „Sigillum consulum et universitatis in Ostergo", in dem Siegel auf einem Querband:
„Quidquid iudicaveritis, in vos redundabit", darüber auf einem Thron
ein Mann mit halb erhobenen Händen, an jeder Seite eine männliche
Figur, darunter zwei Nischen mit je neun stehenden Figuren, die nach
einem Stern aufschauen, abgebildet in Oudheden 4. Lieferung 1875
No. 3. Ein jüngeres Siegel findet sich an Urkunde von 1477, Umschrift: „Sigillum universitatis Oostergo"; es stellt dar einen auf
einem Thron sitzenden Mann mit erhobener Linken, über ihm einen
Stern, unter ihm ein dreieckiges Schild mit Doppeladler, abgebildet
in Oudheden a. a. O. No. 4. Aus der Stadt Leuwarden ist an Urkunde
von 1492 erhalten ein rundes „Sigillum civitatis Lewerden", auf
ihm sitzt eine gekrönte *Maria* auf dem Thron mit dem Christuskind; ihr zur Rechten ein gewaffneter Mann mit erhobenem Schwert,
ihr zur Linken eine Nonne mit gesenktem Schwert, abgebildet
Oudheden 4. Lieferung 1875 No. 10. Nach Oudheden 4. Lieferung
1875 p. 37 sollen die drei Figuren die Heiligen von Leuwarden
und den mit ihm verbundenen Orten Oldehove und Niehove sein;
dabei soll die Kirche zu Leuwarden der Jungfrau Maria, die zu
Oldehove der heiligen Catharina, die zu Niehove dem heiligen Vitus
geweiht gewesen sein. Von der Stadt Leuwarden ist an Urkunde
von 1390 ein älteres Siegel erhalten „Secretum civitatis Leowardie",
auf ihm eine Kirche mit zwei Thürmen, darüber ein Lamm mit
Kreuz, darunter ein springender Löwe, abgebildet in Oudheden a. a. O.
No. 11. — Aus Westergo: An Urkunde von 1361 zu Groningen
(oben p. 293) ein rundes Siegel mit der Umschrift: „Sigillum (consulum) Westergo, darauf ein grofser Stern mit 14 Strahlen, abgebildet in Oudheden 4. Lieferung 1875 No. 7, s. auch Driessen II
p. 232. An Urkunde von 1313 ein „Sigillum consulum et universitatis de Westergo", auf ihm ein gekrönter auf einem Throne

sitzender Mann (Karl der Grofse?), in der Linken die Erdkugel, in der
Rechten das Scepter, zur Linken kniet ein Bewaffneter mit Schild,
Schwert und Lanze, zur Rechten ein Priester, in der Hand ein Buch,
abgebildet von Oudheden 4. Lieferung 1875 No. 6, ohne anzugeben,
wo das Original der Urkunde aufbewahrt wird. Sie scheint verschieden zu sein von der oben p. 143 gedruckten. — Neben dem Siegel
des ganzen Westergo finden wir Siegel der einzelnen in ihm verbundenen oben p. 155 angeführten Theile: Aus Franekeradeel geben
von einer mir unbekannten Urkunde aus dem Jahr 1313 Oudheden
4. Lieferung 1875 No. 20 die Abbildung eines „Sigillum consulum
in Franekere, Rex Karolus Frisones liberos facit", auf dem Siegel
sitzt König Karl auf dem Thron mit einer Krone, die linke Hand
erhoben, links von ihm zwei kleine halbknieende Figuren, die die
Rechte emporheben. Ein ähnliches Siegel bilden ab Oudheden a. a. O.
No. 35, es hänge an Urkunde von 1456, die Umschrift sei aber:
„Sigillum districtus Fronekere ad causas". — Aus Wonzeradeel:
An Urkunde von 1270 (oben p. 139), ausgestellt von „Grietmanus,
jurati ac universitas ad cetum in Wyldinghen pertinentes", ein
rundes Siegel mit der Umschrift „Scs. Magnus dux Frisonum",
darauf sitzt Magnus auf einem Thron, das Scepter in der rechten
Hand; abgebildet in Friesche Oudheden 4. Lieferung 1875 No. 37.
Daneben bilden ab Oudheden a. a. O. No. 36 ein angeblich an Urkunden von 1270 und 1313 hängendes „Sigillum cetus Weldinge
in Westergo", auf ihm ein geharnischter Mann, in der Linken ein
Schild mit Adler, in der Rechten eine Fahne. — Aus Wimbritzera-
deel: Angeblich an der Urkunde von 1313 ein „Sigillum judicum
in Wagenbregge", auf ihm ein Bewaffneter zu Pferde mit einer
Lanze in der Linken, einem Schwert in der Rechten, abgebildet
Oudheden a. a. O. No. 38[1]).

[1]) Die ursprünglich nichtfriesische Drenthe bei Groningen, der alte
Pagus Thrianta, hatte ebenfalls eine *Maria* in ihrem Siegel; ausführlich
handelt darüber Magnin Drenthe 1838 I p. 28. Er bildet auf den Titel-
blättern seiner fünf Bände verschiedene ältere und neuere Wappen der
Drenthe ab, die sich nur im Einzelnen von einander unterscheiden: das
älteste findet sich an Urkunde von 1293. Es zeigt die Maria mit einem
Christuskind unter einem mit einem Kreuz gezierten Spitzbogen, in der

Unter diesen Siegeln friesischer Landdistrikte bedienen sich vier der Jungfrau Maria. Sie sind im Vorstehenden durch cursiven Druck ausgezeichnet. Andere verwenden Karl den Grofsen, andere die Apostel Petrus und Paulus, die Bischöfe Willehad und Liudger, den Sanctus Magnus dux Frisonum. Neben der Maria stehen in den Siegeln mehrerer Landdistrikte Bewaffnete, während unter ihr kleinere betende Figuren sich finden. Dem entspricht völlig das Siegel der Upstalsbomer Richter in ihren beiden Urkunden von 1324. Die holprige Umschrift des Siegels erklärt sich aus dem Bestreben, deren Inhalt durch Verse auszudrücken: „His signis vota sua reddit Frisia tota || Cui cum prole pia sit clemens virgo Maria", das will sagen: Das vereinigte Friesland beglaubigt mit diesen Siegeln seine Aussprüche, ihm sei gnädig die Jungfrau Maria mit dem Christuskind. In den Oudheden namens het genootschap van geschied-, oudheid- en taalkunde te Leuwarden fol. 4. Lieferung 1875 ist No. 1 eine ebenso schöne Abbildung des Siegels von 1324 gegeben als die bei Ehrentraut. Es ist darin im zweiten Vers geschrieben: „cui cum plebe pia sit clemens virgo Maria", ohne dafs erwähnt würde, wie man dazu kam, „plebe" für „prole" zu lesen. Da Ehrentraut 1854 und Ehmck 1873 beim Abdruck des Originals übereinstimmend „prole" lesen, und zwar letzterer, ohne die Abbildung in den Oudheden schon zu kennen, so dürften die in dem Siegel sichtbaren Züge nur die Lesart „prole" gestatten. Oudheden 4. Lieferung 1875 p. 34 übersetzen die Worte durch „die maagd Maria zy het land en het vrome volk genadig." Mir scheint die Lesart „pia plebe" auch nach dem Wortsinn der Stelle unzulässig. Die Bewaffneten neben der Jungfrau Maria, die das Christuskind auf dem Schofs hält, können auch nicht für bei dem Upstalsbom versammelte Friesen gelten. Auch bei mehreren der Marienbilder auf den Siegeln der einzelnen Landdistrikte stehen Bewaffnete, auf dem von Leuwarden ein Sanctus Vitus. Die anbetenden Figuren

Rechten ein Scepter, Umschrift „Sigillum universitatis terre Threnthie." Magnin erwähnt, dafs die Drenther Klöster Ruinen, Dikinge und Assen, sowie die Deutschordenscommende zu Bunne ebenfalls eine Maria im Siegel führten, I p. 30.

zu den Füfsen der von Bewaffneten geschützten Maria auf dem Upstalsbomer Siegel sind Geistliche. Offenbar wollte man in keiner Weise in dem Siegel von 1324 in Upstalsbom versammelte Bewaffnete darstellen. Wäre wirklich an dem Siegel von 1327 ein geharnischter Mann abgebildet gewesen, wie Emmius zu erkennen glaubte, so würde unter ihm gewifs eher an einen Sanctus Magnus als an einen zu Upstalsbom anwesenden gewaffneten Judex selandinus zu denken sein.

2. Die in Upstalsbom zusammentretenden Judices selandini bildeten für die verbundenen Landdistrikte, aus denen sie gewählt waren und die sie zu vertreten hatten, kein besonderes Gericht, dem bestimmte den Gerichten der einzelnen Landdistrikte entzogene Sachen überwiesen gewesen wären, auch nicht ein Obergericht, an das irgend eine Art von Berufung von den einzelnen Distriktsgerichten bestanden hätte.

In dem Bundesstatut von 1323, den sogenannten Leges Upstalsbomicae, ist von den Upstalsbomer Richtern oder den Judices selandini überhaupt nur in den Artikeln 23 und 24 die Rede. Der erstere Artikel verordnet, dafs bei Klagen in einem andern Landdistrikt der Kläger bei unerwiesenen Thatsachen neben andern das Zeugnifs eines oder zwei Judices selandini aus dem Distrikt, in dem er klagt, bedarf; in dem andern Artikel ist gesagt, dafs der zu Ostern neugewählte Judex selandinus in seinem Landdistrikt sich eidlich verpflichten soll, die Bestimmungen des Upstalsbomer Vereins mit seinen Untergebenen zu beobachten. Von den Richtern der einzelnen Landdistrikte, die als Judices in ihnen bezeichnet werden, handeln die meisten Artikel des Statuts, namentlich die Artikel 2, 3, 5, 6, 7, 8, 9, 10, 11, 12, 16, 17, 18, 22, 23, 25, 26, 27, 28, 30, 31, 32, 33, 34, 35. Die Judices haben die im Statut angeordneten Todesstrafen und Bufsen zu erkennen, das sagen die Artikel 2, 3, 5, 7, 9, 12, 16, 22, 28, 32, 33 und 35; Artikel 6 zeigt, wie auch sie es sind, die über die Verletzungen der nach Upstalsbom reisenden Deputirten oder Judices selandini richten. In Art. 25 ist vereinbart, dafs die Judices seculares, d. i. die weltlichen Richter der einzelnen Landdistrikte, nicht in Sachen, die vor die geistlichen Gerichte gehören, einzugreifen haben. Bestimmungen über die Wahl der Richter (der „Judices seculares") in den einzelnen Landdistrikten enthalten die Artikel 26, 32 und 33.

Ueberall sind es die Gerichte der einzelnen verbundenen Landdistrikte, die in ihnen für die Verurtheilung und Bestrafung der durch die Leges Upstalsbomicae mit Strafen belegten Verbrechen als competent erscheinen. Bei vielen Rechtssachen unterlassen die Leges Upstalsbomicae anzugeben, daſs für sie die Gerichte der einzelnen Landdistrikte competent sind; sie setzen es eben überall als selbstverständlich voraus. Hätten sie in der Versammlung der Judices selandini zu Upstalsbom für bestimmte Sachen ein Specialgericht errichten oder sie als ein höheres Gericht über die einzelnen Landdistriktsgerichte stellen wollen, so könnte dies in den Leges Upstalsbomicae unmöglich übergangen sein. Es wäre gerade ihre unabweisliche Aufgabe als Bundesstatut gewesen, die Grenzen für die Thätigkeit des neu creirten Bundesgerichts gegenüber der der einzelnen Distriktsgerichte zu ziehen. Nicht wenige Artikel der Leges Upstalsbomicae erweisen die Gerichte der Landdistrikte als thätig in Sachen, in denen die Upstalsbomer Versammlung es hätte sein müssen, wenn ihr überhaupt eine bestimmte richterliche Thätigkeit im Bereich der verbundenen Landdistrikte hätte eingeräumt werden sollen. Als specielle Aufgabe des Upstalsbomer Bundes stellt sich Wahrung des Landfriedens heraus, über Verletzungen von ihm hat aber nach Art. 11 das Gericht des einzelnen Landdistrikts zu erkennen: „Pax in perpetuum observetur, et judices sub poena perjurii discordantes ad pacem studeant revocare, dissensiones et lites rite terminando." — Tödtet Einer den Angehörigen eines andern Landdistrikts, so erkennen nach Art. 7 die Richter des Landdistrikts, nicht die in Upstalsbom: „si quis hominem alterius terrae et insulae occiderit, judicibus in sexaginta mercis et haeredibus in totidem obligatur." — Wie Einer, der in einem andern verbundenen Landdistrikt klagt, zu behandeln ist, bestimmt Art. 23; in keiner Weise erwähnt er die Upstalsbomer Versammlung als competent: „si quis zelandinus in aliam zelandiam pro querimonia pecuniae vel rei cujuslibet se transtulerit, infra triduum finem sui negotii per judices consequatur; sin autem, in expensis judicis et greetmanni et conjudicum suorum maneat, quousque finem sui negotii et quaerimoniae per judices consequatur." — In Art. 20 wird bestimmt: „conspiratores contra rem publicam et ordinationes praedictas poena viginti mercarum puniantur et conspirationes eorundem sub eadem poena praecipimus penitus aboleri." Hier ist Verschwörung gegen den Landdistrikt als Verbrechen mit einer bestimmten Strafe belegt, nicht gesagt, wer erkennen soll; nach der Fassung des Artikels müssen es die regelmäfsigen Gerichte, d. i. die des einzelnen Landdistrikts, gethan haben. — Nach Art. 10 sind 20 Mark Bufse zu zahlen, wenn das Urtheil eines Richters als nachlässig oder parteiisch befunden wird: „Ut quicumque judex negligens vel injuste judicans inventus fuerit, in viginti mercis punietur." Nirgends ist gesagt, dafs die Verurtheilung des Richters von der Upstalsbomer Versammlung zu erfolgen hätte, und doch hätte das Bundesstatut es hier nothwendig angeben müssen, wenn es eintreten sollte. — Erkenntnisse des Gerichts eines Landdistrikts können nach Art. 17 nur abgeändert werden durch die nachfolgenden Richter des Landdistrikts unter Betheiligung von vier Clerici und einem Praelaten aus dem Distrikt: „Omnes sententias diffinitivas, quae vulgo ferdban nuncupantur, inviolabiliter statuimus observari, nisi per judices successores et quatuor clericos meliores et praelatum districtus illius necessario et necessitatis evidentia, justo tamen modo, fuerint transmutandae." Der Upstalsbomer Versammlung wird in dem Artikel nicht gedacht, seine Worte zeigen, dafs sie nicht als ein höheres Gericht über den Distriktsgerichten stand. — Hat ein Landdistrikt andere Landdistrikte zur Unterstützung gegen einen Aufständischen herbeigerufen, so mufs der als aufständisch Verurtheilte jedem herbeigerufenen Landdistrikt 100 Mark zahlen: „si quis judicibus communitatis alicujus terrae rebellis exstiterit, et aliae insulae in adjutorium fuerint evocatae, cuilibet insulae venienti in poenam suae rebellionis contumax centum mercis persolvere teneatur." Die Verurtheilung des Aufständischen erfolgt im Gericht des Landdistrikts; er hat andere der verbundenen Landdistrikte zu Hülfe gerufen, ein Eingreifen der Upstalsbomer Versammlung ist nicht erwähnt.

Nur in sehr beschränktem Sinne besafs die Upstalsbomer Versammlung eine richterliche Thätigkeit, indem ihr oblag, Streitigkeiten zu vermitteln.

3. **Die Thätigkeit der Upstalsbomer Versammlung war eine vermittelnde bei innern und auswärtigen Streitigkeiten.** — In den Leges Upstalsbomicae von 1323 sind darüber keine Bestimmungen enthalten. Indem die Westergoer in den Leges Upstalsbomicae ein Bundesstatut für die Erneuerung des ältern Upstalsbomer Vereins abfaßten, berufen sie sich in mehreren Artikeln auf die ältern Vereinssatzungen, z. B. in Art. 14 „secundum antiquum wilker et constitutiones novas“, vergl. oben p. 494. In der Art wie die Upstalsbomer Versammlungen thätig sein sollten, wollten sie das ältere Recht herstellen. In welcher Weise nach Emo in den Jahren 1216, 1224 und 1231 die Jurati von Upstalsbom im Fivelgo und Hunsego handelnd auftraten, ist oben p. 396 in §. 6 erläutert. Ueber die vermittelnde Thätigkeit der Judices selandini zu Upstalsbom in den Jahren 1324 und 1325 erfahren wir Näheres aus zwei Urkunden der in Upstalsbom versammelten Judices selandini vom 5. Juni 1324 für Rüstringen und aus dem Farmsumer Sendbrief vom 6. Juli 1325. Wie nach letzterem die Streitigkeiten, die im Fivelgo ausgebrochen waren, durch die Richter des Reiderlandes unter Beirath von Judices selandini und andern Personen vermittelt wurden, sagen ausdrücklich die Worte: „inter quos praecipue judices selandini ... nobis consilium addiderunt“ und ist oben p. 474 in §. 13 besprochen und dabei angeführt, daß eine genauere Beurtheilung des Hergangs dadurch erschwert wird, daß nur einzelne Stellen des Farmsumer Sendbriefs nach dem verlorenen lateinischen Original, der übrige Text von ihm nur in einer ungenauen ältern niederdeutschen Uebersetzung erhalten ist. Genaueres ergeben die beiden Urkunden vom Jahre 1324. Es hatten Bremer den Broder, einen Bewohner des in der Upstalsbomer Verbindung stehenden friesischen Landdistrikts Rüstringen erschlagen, und hatte dies zu Kämpfen und Fehden zwischen Rüstringen und Bremen geführt. Der Landdistrikt Rüstringen auf dem linken Weserufer unterhalb Bremen stand damals seit längerer Zeit, wie unten §. 27 erörtert, mit der Stadt Bremen in einer engern, durch Verträge geordneten Verbindung. Angehörige der beiden Verbündeten traten regelmäßig

jährlich in besondern Vereinstagen zusammen, um Streitigkeiten zwischen Bremen und Rüstringen zu entscheiden und den Frieden in beiden Landschaften zu erhalten. Nach der Tödtung des Broder müssen sie dies nicht erreicht haben, und es waren die am 5. Juni nach Pfingsten 1324 zu Upstalsbom versammelten Richter der verbundenen friesischen Landdistrikte auf die Sache eingegangen. In den beiden angeführten Urkunden erklären sie, dafs es ihnen gelungen sei, die zwischen Rüstringen und Bremen entstandenen Streitigkeiten beizulegen, und dafs sie für die verbundenen friesischen Landdistrikte mit der Stadt Bremen ein näheres Bundesverhältnifs zur Förderung des Landfriedens eingegangen wären.

Die beiden oben in §. 12 unter No. 1 und 2 erläuterten Urkunden sagen: Der in Folge der Tödtung des Broder entstandene Streit zwischen Rüstringen und Bremen sei zwischen den Richtern von Rüstringen und dem Rath von Bremen beigelegt. Sie hätten dabei anerkannt, dafs keine weitere Klage wegen der Tödtung des Broder anhängig zu machen sei. Die Rüstringer und Bremer hätten erklärt, dafs sie mit einander ferner wie seit langer Zeit in nächster Verbindung stehen und dafs alle zwischen beiden vereinbarten Rechtsbestimmungen gelten sollten. — Es sei festgesetzt, dafs zwischen Rüstringen und Bremen keine Kämpfe („bella") vorkommen, beide einander nicht berauben noch an ihren Sachen beschädigen sollten. Würden Streitigkeiten zwischen Rüstringen und Bremen nach dem zwischen ihnen vereinbarten Recht nicht erledigt, so sollte die Upstalsbomer Versammlung sie untersuchen und nach Lage der Dinge entscheiden; ihrem Ausspruch sollten dann Rüstringer und Bremer Folge leisten. Die Urkunden sagen: „nisi prius, *si invicem dictae partes secundum privilegia eorum concordare non poterint*, de jure partis utriusque per nos universos judices terrarum selandiarum in Upstallesbome et successores nostros plenarie sit discussum et licentia habita de nobis judicibus supradictis. Debebunt etiam tam Bremenses quam Rustringi nostro, et successorum nostrorum judicum terrarum Frisiae in Upstallesbome congregandorum, in hoc casu, stare et contenti esse decisioni, et facere quicquid nos et successores nostri decreverimus et diximus communiter et concorditer faciendum." Sollten künftig Bremer oder Rüstringer sich einer Entscheidung nicht unterwerfen, und Kämpfe mit einander beginnen, ohne dafs die Upstalsbomer Versammlung es als zulässig anerkannt hätte, so will sie den Theil, der von dem andern gegen ihre Entscheidung mit Krieg überzogen ist, gewissenhaft und unparteiisch mit den verbundenen friesischen Landdistrikten unterstützen. Die Urkunde sagt ausdrücklich: „Praeterea si qua partium, sive Bremenses sive Rustringi, dictae decisioni nostrae stare noluerit, vel bella parti alteri sine nostra et successorum nostrorum judicum Frisiae licentia speciali super quacunque re vel occasione quavis moverit, nos partem alteram contra partem nobis non obtemperantem, et bella, ut est dictum, moventem debebimus et volumus cum omnibus terris nostris adjuvare et assistere fideliter et constanter." In diesen Worten nennen die in Upstalsbom versammelten friesischen Judices selandini den Ausspruch, der der Upstalsbomer Versammlung bei unerledigten Streitigkeiten zwischen Rüstringen und Bremen zustehn soll, eine „decisio", deren Inhalt die Verurtheilten zu befolgen haben, bei Nichtbeachtung des Ausspruchs und wenn ohne Gestattung („licentia") der Upstalsbomer Versammlung neue Kämpfe von einem Theil begonnen werden, sollen alle andern verbundenen friesischen Landdistrikte dem andern gegen den Ungehorsamen beistehn. Beachtung verdient, dafs von den Streitenden der Ausspruch der Upstalsbomer Versammlung für gewisse Fälle zu erwirken ist, und dafs sie sich dessen Inhalt zu unterwerfen haben. Keineswegs wird alle Fehde ausgeschlossen, Fehde soll aber nur dann möglich sein, wenn bei einer Sache der Spruch der Upstalsbomer eingeholt wurde, er erfolgt ist und sie nicht als unzulässig erklärt hat. Ferner bezeugen die beiden Urkunden, dafs zwischen der Upstalsbomer Versammlung als einem Ganzen, sowie ihren Theilnehmern als Einzelnen, mit der Stadt Bremen im Jahre 1324 eine besondere, nähere Verbindung dahin eingegangen sei, dafs Bremer im Bereich der verbundenen friesischen Landdistrikte den Rechtsschutz und Frieden geniefsen, den deren Landesangehörige besitzen, und, wer dagegen handelt, zu bestrafen sei, als habe er sich gegen einen Angehörigen des verbundenen friesischen Landes vergangen.

Nachdem die Upstalsbomer Versammlung die in Folge der Ermordung des Broder ausgebrochenen Streitigkeiten beigelegt hatte, wie es ihre beiden Urkunden vom 5. Juni 1324 bezeugen, erklären die Rüstringer Richter in der oben p. 473 in §. 12 erläuterten Urkunde vom 27. Oktober 1324, ohne die Thätigkeit der Upstalsbomer Versammlung und ihrer in der Sache ausgefertigten Urkunden zu erwähnen, dafs und wie zwischen Rüstringen und Bremen die gegenseitigen Streitigkeiten nach der Ermordung des Broder beigelegt seien.

4. Vollziehende Gewalt der Upstalsbomer Versammlung. Die Art, wie die in Upstalsbom versammelten Richter gesetzliche Bestimmungen beschliefsen und für bestimmte Verbrechen Strafen und Bufsen übereinstimmend für die einzelnen Landdistrikte aufstellten, zeigt, dafs sie sich als berufen dachten, deren Ausführung zu überwachen. Wieweit sie in einzelnen Fällen direkt eingriffen, Strafen vollzogen, die verbundenen Landdistrikte zwangen, ihren eingegangenen Bundespflichten nachzukommen, und mit der Macht der verbundenen Landdistrikte benachbarten Landesherrn und Städten entgegentraten, ist aus den Aufzeichnungen der Jahre 1323 bis 1327 nur ungenügend zu ersehn. Zunächst hatten die Gerichte der einzelnen Landdistrikte die durch die Upstalsbomer Verbindung aufgestellten Satzungen auszuführen; war es ihnen unmöglich, so konnten sie zur Unterstützung den Beistand anderer der verbundenen Landdistrikte requiriren. Unter Umständen wird dies durch Vermittelung der Upstalsbomer Versammlung geschehen sein. Wie der Zweck der Upstalsbomer Verbindung von 1323 nach ihrem Statut kein klar und fest abgegrenzter war und ihn die verbundenen Landdistrikte in den Jahren 1323 bis 1327 nicht übereinstimmend auffafsten, so werden auch die in Upstalsbom versammelten Richter in dieser Zeit Beschlüsse von begrifflich verschiedener Ausdehnung gefafst und mehr oder weniger direkt versucht haben, sie auszuführen. Von der Aufstellung von übereinstimmenden Satzungen, nach denen Verbrechen gegen den Landfrieden in den einzelnen Landdistrikten bestraft werden sollten, war man dahin gekommen, die verbundenen

Landdistrikte zu gegenseitiger Hülfe zu verpflichten, und wollte dann gemeinsam mit gewaffneter Hand die in den Landdistrikten berechtigten Landesherrn bei der Ausübung ihrer Rechte bekämpfen.

Von der Thätigkeit der verbundenen Landdistrikte und der in Upstalsbom versammelten Richter bei Ausführung der aufgestellten Satzungen geben die Quellen folgende Beispiele:

A. Die Strafen und Bufsen, die die Leges Upstalsbomicae von 1323 anordnen, waren nach der Art, wie sie es thun, durch die Gerichte der einzelnen verbundenen Landdistrikte zu erkennen und zu vollziehn; dafs dies nach dem Inhalt der Leges Upstalsbomicae gewollt war, ist oben p. 502 f. ausgeführt. Nach den Ausdrücken mehrerer späterer Urkunden scheinen aber die in Upstalsbom versammelten Richter in manchen Fällen selbst erkannt und die Strafen unmittelbar vollzogen zu haben. Es gilt dies von den Worten der Urkunde des Grafen Johann von Oldenburg vom 14. Februar 1327 über die Jeverschen Astringer: „amicabilem ad invicem in loco, qui dicitur Opstalisbame, habent congregationem, ordinantes ibidem, ut fures, incendiarios, propriorum dominorum traditores ac alios malefactores quadam proscriptione seu poena communi feriant et malitiam reprimant perversorum", desgleichen von den Worten der Urkunde des Bremer Domkapitels vom 22. Februar 1327 über die Jeverschen Astringer: „annualem ad invicem habent congregationem, ut fures, incendiarios, propriorum dominorum traditores ac alios malefactores communi poena feriant et malitiam reprimant perversorum", und von denen des Kölner Domherrn Dietrich von Xanten, der den 23. Februar 1327 dem Grafen Wilhelm von Holland über sie schreibt: „quandam cum dictis Westfrisonibus sive occidentalibus habent annualem congregationem in loco, qui dicitur Opstelisbame, ut fures, incendiarios, propriorum dominorum traditores ac alios malefactores equali poena puniant et communi proscriptione de terris eorum expellant"; vergleiche oben p. 466.

B. Am Schlufs des Appingadammer Bauerbriefs erklären die in Upstalsbom in der Pfingstwoche 1327 versammelten

Judices selandini, dafs sie das vorgelesene Appingadammer Statut bestätigen, wie es die Fivelgoer errichtet hätten, und dafs, wer die bestätigten Satzungen übertrete, mit der Strafe bestraft werden solle, die bei Empörern gegen die öffentlichen Einrichtungen und Satzungen des Upstalsbomer Vereins bestehe. Die Urkunde sagt: „contradictores praedictorum statutorum tamquam reipublicae rebelles censemus poena publica puniendos", s. oben p. 477. Die Leges Upstalsbomicae hatten 1323 in Art. 20 vereinbart: „conspiratores contra rem publicam et ordinationes praedictas (d. i. gegen die Bestimmungen der Leges Upstalsbomicae) poena XX mercarum puniantur et conspirationes eorundem sub eadem poena praecipimus penitus aboleri", s. oben p. 460. Die hier 1323 für Uebertretungen der Leges Upstalsbomicae aufgestellten Strafen will die Upstalsbomer Versammlung von 1327 auch zur Durchführung des Appingadammer Bauerbriefs in Anwendung gebracht wissen.

C. In Artikel 8 der Leges Upstalsbomicae ist festgesetzt, dafs bei Auflehnung gegen die Richter eines Landdistrikts andere Landdistrikte von ihnen zur Unterstützung herbeigerufen werden können, und dafs, wenn einem Landdistrikt Beistand geleistet wird, der Verbrecher jedem hülfeleistenden Landdistrikt 100 Mark zu zahlen hat: „Si quis judicibus communitatis alicujus terrae rebellis exstiterit et aliae insulae fuerint in adjutorium evocatae, cuilibet insulae venienti in poenam suae rebellionis contumax centum marcis persolvere teneatur." Es erkennt hier das Gericht des Landdistrikts über den Empörer, ruft andere der verbundenen Landdistrikte zu Hülfe, und werden jedem von ihnen für seine Bemühung von dem Verbrecher 100 Mark gezahlt; es ist nicht direct gesagt, dafs es die Bundesversammlung in Upstalsbom sei, die beschliefst und einschreitet; s. oben p. 460.

D. Im Jahr 1324 gehen die in Upstalsbom verbundenen Landdistrikte mit der Stadt Bremen eine enge Verbindung ein, in der sie sich verpflichten, die Bremer im Bereich der verbundenen Landdistrikte wie deren Landesangehörige zu schützen. Bei Streitigkeiten zwischen Bremen und Rüstringen soll die Upstalsbomer Versammlung nach den zwischen beiden, d. i. den Bremern und Rüstringern, geltenden Rechtssatzungen entscheiden, und haben, wenn ein Theil sich der Entscheidung nicht unterwirft, ihn die verbundenen friesischen Landdistrikte dazu zu nöthigen: „debebimus et volumus cum omnibus terris nostris adjuvare et assistere fideliter et constanter"; vgl. oben p. 472 in §. 12.

E. Der Art. 1 der Leges·Upstalsbomicae bestimmt 1323, daſs Angriffe eines Landesherrn gegen die Freiheit und Rechte der Friesen in den einzelnen verbundenen Distrikten, durch gemeinsames Zusammentreten mit bewaffneter Hand zurückgewiesen werden sollen. Hier ist ein gemeinsames Handeln der verbundenen Landdistrikte mit bewaffneter Macht gegen Angriffe der einzelnen Landesherrn den Verbundenen auferlegt. In ähnlicher Weise hatten nach Emo in den Jahren 1216 und 1231 unter Führung der Jurati von Upstalsbom die Ostfriesen den Fivelgoern, die Fivelgoer den Hunsegoern Hülfe geleistet, und waren Empörungen im Fivelgo und Hunsego bekämpft worden, wobei die Jurati im Fivelgo ihren Zweck erreichten, es dagegen im Hunsego zu weitern Kämpfen kam, an denen sich auch die Stadt Groningen betheiligte, und es den Jurati von Upstalsbom nicht gelang, ihre Entscheidung im Hunsego durchzuführen, s. oben p. 399[1]). Im Jahr 1323 hatten die Westergoer den Upstalsbomer Verein wieder in's Leben zu rufen gesucht, um sich der Landeshoheit des Grafen Wilhelm von Holland zu entziehn, s. oben p. 456 in §. 10, für sie war es von entscheidender Bedeutung, daſs die vereinten friesischen Landdistrikte sie gegen den Grafen Wilhelm gemeinsam, nach Kräften, bewaffnet unterstützten. Grade deswegen nahmen sie den Artikel 1 in die von ihnen abgefaſsten Leges Upstalsbomicae auf, und indem sich nach ihrer Absicht jährlich in Upstalsbom aus den einzelnen Landdistrikten Judices selandini versammeln sollten, muſsten sie ihnen die Ausführung des Artikel 1 der Leges Upstalsbomicae übertragen. Demgemäſs wird nach dem Sinn der Leges Upstals-

---

[1]) Vergleiche oben p. 402 die Vorschriften der nur in unsichern Texten erhaltenen Ueberküren über die Art, wie einzelnen friesischen Landdistrikten, die von nordmännischen Seeräubern oder Bewaffneten aus dem angrenzenden Sachsen angegriffen werden, von den andern zu Upstalsbom verbundenen Landdistrikten Hülfe zu leisten ist.

bomicae die Upstalsbomer Versammlung zu beschliefsen und anzuordnen gehabt haben, wie und in welcher Weise vermeintlich von
ihren Landesherrn angegriffene Landdistrikte durch andere Landdistrikte gegen sie vertheidigt werden sollten.

So weitgehende Rechte der Upstalsbomer Versammlung läugnen
die Westerlauwerschen Ostergoer in Urkunde vom 28. März 1326
und die Jeverschen Astringer in Urkunde vom 10. Februar 1327.
Die Westerlauwerschen Ostergoer behaupten, dafs sie durch den
Upstalsbomer Bund die Westergoer im Westerlauwerschen Friesland
nicht gegen den Grafen Wilhelm von Holland hätten unterstützen
noch seine Jurisdictio über das Westergo beeinträchtigen wollen:
„ipsos de Westergoe in injuriis et violentiis eorundem non intendimus aliquatenus tueri sive defensare, nec jurisdictionem
Vestram, quam in Stauria vel in Westergo habetis, quovis
modo proponimus perturbare sive impedire“, s. oben
p. 463 in §. 11; und ebenso läugnen es die Jeverschen Astringer,
indem sie sagen: „nec ullam cum illis de Westergie et de Stauria
inivimus vel inire volumus confoederationem, ut Vestrae
magnificentiae rebellemus“, s. oben p. 465 in §. 11.

§. 23. Thätigkeit einzelner Upstalsbomer Richter.

Aus den verbundenen Landdistrikten traten nach den Leges
Upstalsbomicae von 1323 bestimmte Judices in Upstalsbom zu-
sammen, sie werden Judices selandini genannt, sind in den einzelnen
Landdistrikten als deren Vertreter gewählt, — dies ist oben p. 486
in §. 19 erörtert und zuletzt oben p. 491 in §. 22 die gemeinsame
Thätigkeit dieser in Upstalsbom versammelten Judices selandini er-
wogen. Die Aufzeichnungen aus den Jahren 1323 bis 1327 zeigen
aber, dafs die für die einzelnen Landdistrikte in ihnen gewählten
Judices selandini auch eine gewisse selbständige Thätigkeit in ihren
Landdistrikten hatten, unabhängig von der, die sie bei ihrer An-
wesenheit in Upstalsbom in Verbindung mit den andern Judices
selandini ausübten. Es sind dafür folgende Stellen anzuführen:

1. Der Art. 24 der Leges Upstalsbomicae erklärt, dafs die zu
Ostern gewählten Judices selandini schwören sollten, die Bestim-

mungen der Leges Upstalsbomicae in ihrem Landdistrikt mit den ihnen Untergebenen stets zu befolgen: „ut quilibet judex zelandinus, in festo Paschae noviter electus, sub iuramento suae commissionis, iureiurando deponat et affirmet, pacis et ordinationis praedictae articulos se cum suis subditis perpetuo observare." Wie die Judices selandini bewirken sollen, dafs die Angehörigen des Landdistrikts die Upstalsbomer Satzungen befolgen, sagt der Artikel nicht; er schreibt ausdrücklich vor, so seltsam dies erscheinen mag, dafs die sämmtlichen Angehörigen des Landdistrikts neben den Judices selandini desselben sich dazu eidlich verpflichten sollen: „et in id ipsum plebs vel populus suae iurisdictionis, cuiuscunque condicionis sint vel existant, iureiurando vel fide media se obligent et astringant"; s. oben p. 264.

2. Nach Artikel 23 der Leges Upstalsbomicae sollen Leute, die in einem andern Landdistrikt bei dessen Gericht klagen, bei Feststellung von bestrittenen Thatsachen neben andern Zeugen bei Sachen unter acht Mark das Zeugnifs eines Judex selandinus des Landdistrikts, in dem sie klagen, beibringen, bei über acht Mark das zweier Judices selandini; s. oben p. 485 in §. 18.

3. Der Farmsumer Sendbrief vom 6. Juli 1325, den nach Beilegung von Streitigkeiten im Fivelgo vier Reiderländische Richter ausgestellt haben, erwähnt, dafs sie dabei durch mehrere Personen unterstützt worden seien, insbesondere aber durch zwei Judices selandini aus Fivelgo, zwei Judices selandini aus Hunsego und zwei Männer aus der Stadt Groningen: „inter quos praecipue judices selandini duo de finibus Fivelgoniae Gerliffus de Gethusum et Luidolphus Obbama, et Hunsgoniae Tytardus Goschalksma et Folckmarus Onsta, et de civitate Groningen Gerardus Sickinga et Rodolphus Bynninga nobis consilium addiderunt", s. oben p. 277 Note 2. In welcher Weise die Reiderländischen Richter durch die bezeichneten Personen bei der Beilegung des Streits im Fivelgo und bei der Vereinbarung des Farmsumer Sendbriefs gefördert worden waren, sagt der Farmsumer Sendbrief nicht. Es scheinen die zwei Judices selandini des Fivelgo dabei in ähnlicher Weise thätig gewesen zu sein, wie die zwei Judices selandini aus dem an Fivelgo grenzenden friesischen Hunsingo und die zwei Männer aus der benachbarten,

damals nicht im Upstalsbomer Verein begriffenen unfriesischen Stadt Groningen; vergleiche über den Inhalt des in sehr mangelhafter Gestalt erhaltenen Farmsumer Sendbriefs oben p. 473 in §. 13.

4. In Urkunde aus der Pfingstwoche 1327, d. i. den 2. Juni, dem sogenannten Appingadammer Bauerbrief, bestätigen die in Upstalsbom zu Pfingsten 1327 versammelten Judices selandini das Appingadammer Ortsstatut, indem sie es in eine von ihnen ausgestellte und untersiegelte Urkunde aufnehmen, s. oben p. 477 in §. 14. Das Statut selbst ist für den Ort Appingadam im Fivelgo abgefaßt, und zwar, wie sein Eingang besagt, nach Ansuchen der Ortsrichter von Appingadam (der „judices communitatis in Appingadamme") durch „judices selandenses necnon et consules Fivelgoniae", das will sagen, durch Judices selandini des Fivelgo und Richter des Landdistrikts Fivelgo. Es haben hier die im Landdistrikt Fivelgo für die Versammlung in Upstalsbom gewählten Judices in Gemeinschaft mit den speciellen Richtern des Fivelgoer Landdistrikts die Aufzeichnung des Appingadammer Statuts vorgenommen. Sie erwähnen im Statut, daß sie den Wunsch der Appingadammer, ihr bestehendes Recht aufgezeichnet und bestätigt zu erhalten, nur hätten billigen können, und daß diese Ansicht auch von den sämmtlichen in Upstalsbom versammelten Judices selandini getheilt worden sei: „sicut etiam communis censensus omnium Frisonum in Upstallesbame in publico coetu libere diffinivit." Schon oben p. 479 in §. 14 ist erörtert, daß in der Urkunde von 1327 die Judices selandenses des Fivelgo von den sämmtlichen in Upstalsbom anwesenden Judices selandini zu unterscheiden sind, nur die ersteren hatten an der Aufzeichnung des Appingadammer Statuts theilgenommen, das nach der Urkunde später der Upstalsbomer Versammlung vorgelesen und von ihr bestätigt wurde. Der Schluß der Urkunde sagt: „et nos judices selandini totius Prisiae in Upstallesbame congregati statuta oppidi in Apingadamme coram nobis recitata ac sigillo suae terrae Fivelgoniae roborata tamquam rationabilia et honesta ex certa scientia ratificamus ac praesentibus confirmamus."

So ungenügend diese vier Stellen sind, um aus ihnen ein klares Bild über die Stellung zu entnehmen, die die Judices selandini während des Jahres, für das sie gewählt waren, in ihrem Land-distrikt einnahmen, so genügen sie doch, um zu erkennen, daſs sie auf alle Weise beflissen sein sollten, in ihm den Frieden zu er-halten, und daſs sie jedem Friesen aus den verbundenen Land-distrikten zur Erlangung seines Rechts behülflich sein sollten. Die Leges Upstalsbomicae von 1323 Art. 24 machen den Judices selan-dini zur Pflicht, ihren Inhalt und ihre Bestimmungen über Frieden im einzelnen Landdistrikt zur Geltung zu bringen. Demgemäſs er-klären 1327 die Judices selandini des Fivelgo in Gemeinschaft mit den Richtern des Fivelgoer Landdistrikts, jedem müsse sein Recht unverkürzt zu theil werden, dafür wollten sie thätig sein, sie ver-zeichneten deswegen das Appingadammer Ortsrecht, das ihnen genau bekannt sei: „attendimus, publice utile esse, ut quisquis suis juri-bus, consuetudinibus et statutis utatur inconcusse ... et jura, consue-tudines et statuta quae infra hic sequuntur (d. i. von Appingadam) duximus conscribenda et ex certa scientia ratificamus." — Im Jahre 1325 sind die zwei Judices selandini im Fivelgo für Herstellung des Friedens thätig, sie sowie die zwei Judices selandini des Hun-singo unterstützen durch ihren Rath die Richter des Reiderlandes bei der Beilegung von Streitigkeiten und Kämpfen im Fivelgo und der Abfassung des Farmsumer Sendbriefs. — Nach der ausdrück-lichen Bestimmung der Leges Upstalsbomicae Art. 23 haben die Judices selandini eines Landdistrikts durch ihr Zeugniſs den Beweis zu ergänzen, den ein auswärtiger Kläger gegen einen Angehörigen ihres Landdistrikts in seinem Gericht zu führen hat: „si quis zelan-dinus in aliam zelandiam pro querimonia pecuniae vel rei cuiuslibet se transtulerit, ... si non octo mercis excedat, nisi veritas et veri-tatis judicium lucide appareat, testibus sex civium et septem con-sanguineorum, qui proximi sint vel fuerint, et testimonio zelan-dini iudicis unius, qui de territorio sit, in quo actio agitur, comprobentur vel purgentur. Si autem actio querimoniae octo mercas excedat, iudices zelandini duo causam actionis comprobabunt et purgabunt." Es gelten hier die im Gerichtsdistrikt zu Judices selandini gewählten Leute für sachkundig und un-parteiisch, die geeignet sind, dem auswärtigen Friesen, der im Ge-richt des Landdistrikts, dem er nicht angehört, klagt, zur Erlangung seines Rechts behülflich zu sein. Man setzt voraus, daſs die Judices selandini des Landdistrikts wissen, was in ihm vorgegangen ist, und dem auswärtigen Friesen ‘die für Durchführung seiner Klage nöthigen Facta wahrheitsgetreu bezeugen können; man will eben allen Friesen der in Upstalsbom verbundenen Landdistrikte ihr Recht in den Gerichten der einzelnen Landdistrikte verschaffen, wie es im Vertrag von 1324 die Upstalsbomer Versammlung der Stadt Bremen zusichert, vergleiche oben p. 472 in §. 12; und dazu haben die Judices selandini des Landdistrikts mitzuwirken. — Es hatten somit die Judices selandini des einzelnen Landdistrikts in ihm während des Jahres, für das sie gewählt waren, wie auf ihren Versammlungen in Upstalsbom den Zweck des Upstalsbomer Vereins zu verfolgen. Sie waren gleichsam als Vertrauensmänner in ihrem Landdistrikt gewählt, die über das in ihm geltende Recht und über einzelne in seinen Gerichten vorgekommene Rechtsgeschäfte Zeugniſs ablegen konnten und daher zur Vermittelung des Friedens zwischen Streitenden besonders geeignet sein muſsten. Ihre Stellung stand der der ältern Jurati von Upstalsbom, die ich oben p. 396 in §. 6 erörterte, nahe, und die Benennung Liud-wita, d. i. Volkszeugen, die ein oben p. 418 besprochener Zusatz des Emsiger und Fivelgoer friesischen Textes der Siebzehn Küren für die Jurati in Upstalsbom verwendet, erscheint als auch für sie angemessen und dürfte auch für sie gebraucht worden sein.

Statt daſs im Jahr 1323 ein oder zwei Judices selandini aus jedem Landdistrikt für Upstalsbom gewählt werden sollten, bestimmte das Groninger Statut im Jahre 1361 den Grietmann des Distrikts, einen Judex und auſserdem einen Clericus aus ihm als die, die an den in Groningen projektirten Versammlungen theilnehmen sollten, vgl. unten p. 526 in §. 25.

§. 24. Grössere Versammlungen waren nicht in Upstalsbom.

Andere gröſsere Versammlungen, als die der Judices selandini, fanden in Upstalsbom 1323 bis 1327 nicht statt, und es bildeten die Judices selandini nicht etwa nur einen Ausschuſs von derartigen Versammlungen. Allerdings kamen auch andere Personen neben den

Judices selandini nach Upstalsbom, aber nicht als Mitglieder der Versammlung; sie müssen es gethan haben, um sich gegen Anschuldigungen zu vertheidigen, um irgend welche Beschwerden bei den Judices selandini anzubringen, um deren Vermittelung zu erwirken oder zu fördern. Solche Personen können gewesen sein Judices der einzelnen verbundenen Landdistrikte, Clerici aus ihnen und Nobiles oder andere Freie. In dieser Beziehung ist Art. 6 der Leges Upstalsbomicae beweisend. Er bestimmt, nachdem er das Friedensgeld der Judices selandini in Upstalsbom sowie auf ihrer Hin- und Rückreise angegeben hat, das Friedensgeld anderer Personen, die nach Upstalsbom reisten: „aliis ad locum praedictum properantibus vinculum pacis sub poena octoginta mercarum conservetur, et judicibus tantundem persolvatur", s. oben p. 483 in §. 17. Desgleichen sagt der Farmsumer Sendbrief von 1325 im Eingang: „singuli judices terrae Frisiae aliique nobiles pro communi utilitate et pacis conformitate ad locum qui Upstallbam nuncupatur, confluerent", s. oben p. 474. In der Urkunde der Upstalsbomischen Richter vom 5. Juni 1324 erscheinen neben ihnen, die sich die „Universitas judicum selandiarum Frisiae" nennen, als in Upstalsbom anwesend Richter des Landdistrikts Emsigerland, des Landdistrikts Norden, des Landdistrikts Harlingen und des Landdistrikts Astringen: „Universis hanc litteram visuris seu audituris in Emesgonia, Norda, Herlingia et Astringia terrarum judices ac universitas judicum selandiarum Frisie in Upstallesbome congregatorum ... Datum in Upstallesbome etc. ...., s. oben p. 488 in §. 20.

Dafür, dafs 1323 bis 1327 keine andern Versammlungen in Upstalsbom stattfanden, als die der Judices selandini, spricht 1. dafs auch nicht eine einzige Stelle in den Aufzeichnungen der Jahre 1323 bis 1327 ihrer gedenkt, insbesondere aber 2. dafs nicht abzusehen ist, welche Thätigkeit und Stellung derartige Versammlungen besessen haben sollten, da in den Quellen den versammelten Judices selandini Alles überwiesen ist, was überhaupt als Aufgabe einer Versammlung der Upstalsbomer Verbindung nach deren Zweck oblag und obliegen konnte.

1. Keine Quelle erwähnt in den Jahren 1323 bis 1327

irgend etwas von Volksversammlungen, Hoftagen oder
Landtagen in Upstalsbom, so wenig wie dies nach den
Erörterungen der §§. 4 — 8, oben p. 370 bis p. 417, im zwölften
und dreizehnten Jahrhundert geschieht; stets wird nur
gesprochen von der Versammlung der Judices selandini in dem oben
angegebenen Sinne. Sie heißt ihnen die Congregatio der Judices
selandini, und wird für congregatio auch Coetus verwandt, sie
unterzeichnet als die Universitas judicum selandiarum Frisiae in Upstallesbome congregatorum, siehe oben p. 490 in
§. 21. Alle Stellen, die man für andere in Upstalsbom gehaltene
Versammlungen geltend machen zu können geglaubt hat, beweisen
ihr Vorhandensein nicht. Indem der Art. 6 der Leges Upstalsbomicae von dem Friedensgelde der Jurati oder Consules handelt,
die von einem Landdistrikt zur Vermittelung des Friedens nach
Upstalsbom geschickt werden, heißt es: „Quicunque iurati seu
consules ad negotium pacis in Opstallisbaem deputati ... sub poena
quadringentarum mercarum tranquilla pace lactentur." Die „iurati
seu consules", deren Friedensgeld auf ihrer Reise nach Upstalsbom
bestimmt wird, sind eben die Personen, die sich in Upstalsbom versammeln, um den Zweck des Upstalsbomer Bundes, Wahrung des
Landfriedens in Friesland, zu verfolgen: sie bilden dort den Upstalsbomer Verein. Sie haben ein erhöhtes Friedensgeld von 400 Mark,
alle Andern nur eins von 160 Mark: „aliis ad locum praedictum
properantibus vinculum pacis sub poena 80 mercarum conservetur
et judicibus tantumdem persolvatur." — Es stehn sich gegenüber
die Judices selandini und die andern Leute, die nach Upstalsbom
gehn; von irgend welchen Deputirten, die es gethan hätten, ohne
Judices selandini zu sein, ist keine Rede. — In Art. 22 der Leges
Upstalsbomicae bestimmen die Westergoer den Werth mehrerer
außerfriesischer Münzen in Friesland und bedienen sich der Worte:
„omnem autem aliam monetam, quoad partes Frisiae, communi
decreto Frisonum interdicimus, et sub interdicto ponimus
ac penitus aboleri decrevimus." Unter „commune decretum"
kann man hier an keinen Beschluß einer größeren Versammlung
aus ganz Friesland denken. Es ist eben ein Beschluß, den mehrere
Landdistrikte des westlichen Frieslands vereinbart hatten. Im Jahr

1323 haben die Westergoer die Leges Upstalsbomicae aufgestellt und andere friesische Landdistrikte veranlaßt, sich ihnen anzuschließen. Erst dadurch, daß dies geschah, wurde der Upstalsbomer Verein ins Leben gerufen, und wurden die Leges Upstalsbomicae zu einer Art Bundesstatut für ihn gemacht, das obendrein das östliche Friesland wenig berücksichtigt und namentlich bei den Bestimmungen über Münzen die von Oldenburg, Bremen und Lübeck ganz übergeht, s. oben p. 455 f. in §. 10.

Die durch Halsema aus dem lateinischen Originaltext des Farmsumer Sendbriefs von 1325 erhaltenen Worte: „singuli judices terrae Frisiae aliique nobiles pro communi utilitate et pacis conformitate ad locum, qui vulgariter Upstallbam nuncupatur, confluerent" sind auf die Versammlung der Judices selandini zu Upstalsbom zu beziehn, zu der aus dem Fivelingeland Richter und Edelinge reisten; vgl. oben p. 489 in §. 20. — Wenn die Jeverschen Astringer in ihrem Brief an Graf Wilhelm von Holland vom 10. Februar 1327 über die Upstalsbomer Versammlung sagen: „communitas terrae Frisiae in loco, qui Opstellebom dicitur, ordinavit congregationem", so ist schon oben p. 489 erörtert, wie hier die Versammlung der Judices selandini gemeint ist, die dem Grafen von Holland von den Astringern dargestellt wurde als eine „amicabilis congregatio" zur Erhaltung des Friedens in den einzelnen friesischen Landdistrikten, während der Graf in ihr einen Akt des Aufruhrs sah, den die Westerlauwerschen Westergoer gegen ihn versucht hätten. — Auch die p. 488 besprochenen Worte des Appingadammer Bauerbriefs beweisen nichts für eine größere Versammlung in Upstalsbom. Wenn die Fivelgoer Richter sagen, sie hätten für gut gehalten, das Appingadammer Ortsrecht aufzuzeichnen, und hinzufügen: „sicut etiam communis consensus omnium Frisonum in Upstallesbame in publico coetu libere diffinivit", so hindert nichts anzunehmen, daß die Judices selandini es waren, die es zu Upstalsbom gethan hatten, wie denn sie das von den Fivelgoer Richtern abgefaßte Appingadammer Statut bestätigten: „nos judices selandini totius Frisiae in Upstallesbame congregati statuta oppidi in Apingadamme ... praesentibus confirmamus."

2. Der Hauptgrund gegen größere Versammlungen in Upstalsbom, die von denen der Judices selandini veschieden

gewesen wären, und die etwa gebildet sein müfsten aus den Judices selandini, aus allen oder gewissen Consules oder Judices der einzelnen verbundenen Landdistrikte, aus gewissen friesischen Nobiles und Clerici, ist, dafs sich aus den Leges Upstalsbomicae von 1323 und den von mir gesammelten Urkunden aus den Jahren 1324 bis 1327 keine Thätigkeit ergiebt, die derartigen gröfseren Versammlungen neben der den Judices selandini eingeräumten zugestanden hätte, dafs sie überhaupt keinen Raum für ihre Stellung übrig lassen. Die Judices selandini wurden zu Ostern in den einzelnen verbundenen Landdistrikten gewählt, nicht in Upstalsbom, und traten Pfingsten in Upstalsbom zusammen, s. oben p. 483 f. in §. 18. Wie sollten daneben die vermeintlichen gröfsern Versammlungen in Upstalsbom stattgefunden haben? Die in Upstalsbom versammelten Judices selandini beschliefsen gesetzliche Bestimmungen für die verbundenen friesischen Landdistrikte, bestätigen Statute für einzelne Orte der friesischen Landdistrikte, vereinbaren Rechtssatzungen mit der Stadt Bremen, die in den verbundenen Landdistrikten gelten sollen, s. oben p. 492, sie vermitteln Streitigkeiten, die in friesischen Landdistrikten oder mit Auswärtigen ausgebrochen sind, s. oben p. 505. Neben den Judices selandini treten die Judices der einzelnen verbundenen Landdistrikte auf; ihnen überweisen die Leges Upstalsbomicae die Handhabung der für die verbundenen Landdistrikte aufgestellten Rechtsnormen und Strafen. Die Richter der einzelnen Landdistrikte haben das aufgestellte Recht zur Geltung zu bringen, die angesetzten Strafen zu vollziehn und eventuell die Hülfe anderer verbundener Landdistrikte zu requiriren. Nur in sehr beschränktem Sinne kann der Versammlung der Judices selandini in Upstalsbom eine richterliche und vollziehende Thätigkeit zugestanden haben, s. oben p. 508 in §. 22. Wie liefse sich hier eine gröfsere Upstalsbomer Versammlung neben der der Judices selandini annehmen, zumal nach den Leges Upstalsbomicae die Judices selandini als Deputirte der einzelnen Landdistrikte, die sie vertreten, nicht etwa als Commissarien jener. gröfsern Versammlungen erscheinen, von denen sie eine Art Ausschufs gebildet haben müfsten, vgl. oben p. 486 in §. 19. Ganz unzulässig ist es, in den Jahren 1323 bis 1327 in Upstalsbom eine Versammlung aller freien

Friesen von der Zuiderzee bis zur Weser anzunehmen. Das wäre, ganz abgesehen von den innern friesischen Verhältnissen jener Zeit, bei dem Umfang und der Beschaffenheit des Landes schwerlich möglich gewesen, müfste aber doch unbedingt eine Regelung in den Leges Upstalsbomicae erfahren haben, die die Westergoer aufstellten, um die ältere Upstalsbomer Verbindung der einzelnen Landdistrikte zu ihrer Vertheidigung gegen den Grafen von Holland zu erneuern. Das dringendste Bedürfnifs wäre gewesen, über die Betheiligung der einzelnen Friesen an der Upstalsbomer Versammlung und die Art ihrer Abstimmung auf ihr Näheres zu vereinbaren. Selbstverständlich hätten die Westergoer bei ihrer Entfernung vom Upstalsbom den in dessen Umgebung wohnhaften Ostfriesen eine entsprechende Uebermacht eingeräumt, wenn sie gestattet hätten, dafs von allen freien Friesen, die dort zusammenliefen, in einem wilden Convolut abgestimmt worden wäre. Enthalten nun aber die Leges Upstalsbomicae kein Wort über die Berechtigung der Friesen, die Upstalsbomer Versammlung zu besuchen, keins über die Abstimmungsweise in Upstalsbom, und erwähnen die oben besprochenen elf Urkunden aus den Jahren 1324 bis 1327 nicht das Geringste darüber, so ist man befugt, direkt zu läugnen, dafs in jenen Jahren derartige Versammlungen in Upstalsbom stattgefunden haben. Dafs Neuere seit Emmius Upstalsbomer Versammlungen in einer Weise angenommen haben, wie ich sie hier verwerfe, wenn sie auch im Einzelnen ein sehr verschiedenes Bild von ihnen aufstellen, ist bereits oben p. 415 ff. in §. 6 erwähnt und wird unten in §. 29 erörtert.

Vermuthen könnte man vielleicht, dafs aufser in der Pfingstwoche, in der nach den oben p. 488 angeführten Zeugnissen die Judices selandini in den Jahren 1323—1327 regelmäfsig in Upstalsbom zusammenkamen, sie es auch noch zu andern Zeiten aufserordentlicher Weise gethan hätten, um über Thatsachen zu berathen, die den Upstalsbomer Verein betrafen, die zur Wahrung und Erhaltung des Friedens im Lande dienten. Doch ist kein bestimmtes Zeugnifs dafür anzuführen. Nirgends weisen die Leges Upstalsbomicae und die Urkunden aus den Jahren 1324—1327 auf eine derartige aufserordentliche Versammlnng hin, nirgends setzen sie voraus, dafs sie hätte berufen werden sollen.

V. Versammlungen in Groningen.

§. 25. Versammlung in Groningen 1361.

Den 9. September 1361 schliefst die Stadt Groningen mit friesischen Landdistrikten zwischen Aurich und der Zuiderzee ein Bündnifs und verabredet mit ihnen Vereinstage in Groningen, wie sie die Friesen früher beim Upstalsbom gehabt hätten; das Bundesstatut bestimmt mit klaren Worten: Wir Grietmannen und Richter des Westergo und Ostergo, der Propstei Humsterland, des Hunsego, des Fivelgo und des Altamts, die von Reiderland, Emsland und Brokmerland, und wir Rathsherrn („Consules") der Stadt Groningen, in Groningen mit unsern Prälaten und Geistlichen versammelt, haben beschlossen, indem wir den Richtern anderer Theile Frieslands den schuldigen Beitritt vorbehalten, zu Nutz der friesischen Freiheit zu erneuern und herzustellen alle in der gegenwärtigen Urkunde, die mit den Siegeln unserer Landdistrikte besiegelt ist, enthaltenen Artikel des Bündnisses und des Friedens, die unsere Vorgänger in Upstalsbom vereinbart und aufgestellt haben. Wir geloben in dieser Urkunde, in sechs von jetzt an folgenden Jahren die Artikel unter Hinzufügung einiger weniger genau zu beobachten.

Der erste hinzugefügte Artikel ist, dafs, wenn Jemand einen Mord begeht und kein Wergeld für den Getödteten zahlt („non satisfecerit de wergeldo"), und in einen andern Landdistrikt innerhalb unseres Verbandes flieht („ad alienam terram inter terras nostras jam dictas") und dort aufgenommen wird („et ibidem detentus fuerit"), und dann die Blutsfreunde („amici") des Getödteten in dem Landdistrikt („terra"), in dem der Mörder aufgenommen ist („detinetur"), klagen, der, der den Mörder bei sich aufgenommen hat („detentor homicidae"), ihn innerhalb acht Tagen entfernen mufs oder für ihn 40 alte Mark den Blutsfreunden („amici") des Getödteten und ebensoviele den Richtern jenes Landdistrikts („judicibus illius districtus") zahlt.

Der zweite hinzugefügte Artikel: Nimmt Jemand einen Mönch auf, der sein Kloster verlassen hat (einen „aposthata"), und entfernt ihn, öffentlich dazu aufgefordert, nicht, so ist er den Richtern seines Distrikts und seinem Kloster zu 40 alten Mark zu verurtheilen, und wer den, der das Kloster verlassen hat, bei sich behält (der „detentor"), hat jedes Verbrechen zu vertreten, das er begeht, während er bei ihm ist; das Kloster, aus dem der Mönch entwich, ist keine Bufse schuldig für ein Verbrechen, das der Genannte nach seiner Flucht begeht; und kein Kloster hat für den, der aus ihm entwichen ist, Bufse zu verlangen wegen Verletzungen, die ihm zugefügt werden.

Dritter hinzugefügter Artikel: Alle Grietmannen der einzelnen Landdistrikte eines Seelands sollen mit einem Richter („cum uno judice") und einem Praelaten oder geeigneten Geistlichen jährlich in der Johanniwoche in Groningen zusammenkommen und dort zu gemeinsamem Nutzen die vorhandenen Streitigkeiten behandeln; sie sollen nicht heimkehren, bevor die Sache erledigt ist, aufser nach gemeinsamem Beschlufs (vgl. unten Art. 6 p. 524); die das Gegentheil thun, zahlen jedem Seeland 20 Mark Bufse.

Vierter hinzugefügter Artikel: Die einzelnen Landdistrikte sollen ihre Richter nach der bisher in ihnen geltenden Gewohnheit wählen. — Die Consules in Groningen und die der vorgenannten Landdistrikte sollen bei Strafe von 20 Mark keinen Friedlosen[1]) eines Ortes bei sich behalten („proscriptum alicuius loci debeant detinere"), nachdem ihnen seine Friedlosigkeit bekannt gemacht ist.

Fünfter hinzugefügter Artikel: Kein Friese ist zu einem Zoll verpflichtet, der in den vorgenannten Seelanden nicht gang und gäbe ist („theloneum insolitum et inconsuetum").

Sechster hinzugefügter Artikel: Trifft eines von den vorgenannten Seelanden im östlichen, westlichen oder südlichen Theile Frieslands Kampf, offenbare Gewalt oder Belästigung wider das Recht mit Hintansetzung der friesischen Freiheit, so sollen es die andern Seelande mit Rath, Beihülfe und bewaffneter Hand

---

[1]) Im lat. Orig. steht „proscriptum." „Proscriptus" übersetzt das friesische „fretholas", vgl. die Emsiger Domen von 1312 Art. 7 in Fries. Rq. p. 188, 24.

("consiliando, auxiliando et manu armata defendendo") unterstützen,
sollen es thun binnen acht oder, wenn sie fern wohnen, binnen
vierzehn Tagen, nachdem sie durch geeignete Boten und offene Briefe
zu Hülfe gerufen sind; sie müssen zu einem solchen angegriffenen
Seeland kommen und in ihm so lange bleiben, bis das Seeland, für
das die Gefahr besteht, vertheidigt und geschützt ist ("defensa et
adiuta sit"), und keiner darf sich von dort anders entfernen als
nach gemeinsamem und einstimmigem Beschlufs aller anwesenden
Seelande (vgl. oben Art. 3 p. 523); die nicht kommen, sollen genöthigt werden es zu thun.

Siebenter hinzugefügter Artikel: Wird über einen Punkt,
der sich in dieser Haupturkunde und der, die ihr angeheftet ist,
nicht findet, in einem Seeland eine Klage erhoben ("quaestio oriri
contigerit"), so gelten für jede Gegend ihre Privilegien, ihre
speciellen Rechtssatzungen oder üblichen, löblichen und ehrbaren
Gewohnheiten, sofern sie nicht mit dem bestehenden Recht unvereinbar sind.

Die Urkunde ist 1361 am Tage nach Mariae Geburt von den
am Eingang der Urkunde genannten Landdistrikten infolge Vereinbarung abgefafst und mit ihren Siegeln beglaubigt. — Vgl. den
lateinischen Originaltext der Urkunde oben p. 291.

Die Sachlage war im Jahre 1361 eine ganz andere als 1323.
Im Jahr 1323 war es das Westergo, das, um sich der Macht des
Grafen von Holland zu entziehen und zum Schutz gegen ihn, mit
andern friesischen Landdistrikten das Bündnifs errichtete, 1361 dagegen die Stadt Groningen, die sich gegenüber dem Bischof von
Utrecht mit friesischen Landdistrikten verband. Diese Verschiedenheit mufste unmittelbar zu wesentlich abweichenden Einrichtungen
im Einzelnen führen, es zeigen das deutlich die bei Gründung des
Bundes aufgestellten Artikel. Sie mufsten bei ihrer Durchführung
einen so grofsen Einflufs auf den ganzen Bund üben, dafs ein grofser
Theil der 1323 aufgestellten Satzungen jede praktische Anwendung
verlor.

Als wesentlich abweichende Bestimmungen hebe
ich hervor:

1. Umfang des Bundes von 1361. In das Bündnifs tritt

nicht nur Friesland, sondern auch die Stadt Groningen, die an der
Grenze Frieslands auf dem dem Bischof von Utrecht untergebenen
Boden des alten Pagus Thrianta lag und an den Upstalsbomer Vereinstagen von 1323 keinen Antheil gehabt hatte, sie hatten sich
auf friesische Gegenden beschränkt. Dagegen umfaßt die Vereinigung von 1361 keineswegs ganz Friesland, namentlich nicht die
in der Bremer Diöcese gelegenen Landdistrikte Nordenerland, Harlingerland, Astringen und Rüstringen. Ich vermuthe nach den
Worten der Urkunde, wie bereits oben p. 291 in Cap. II §. 29 ausgeführt ist, daß es die Landdistrikte Westergo und Ostergo
im Westerlauwerschen Friesland, die Propstei Humsterland, das
Hunsego, Fivelgo und Aldamt in den Ommelanden, sowie Reiderland, Emsigerland und Brokmerland waren, mit denen Groningen im Jahr 1361 zunächst das Bündniß, indem es die Urkunde
aufstellte, zu Stande zu bringen hoffte. Es sind, wie die erhaltene
Originalurkunde ausweist, an sie für die neun in ihrem Eingang
genannten Landdistrikte nur sieben Siegel gehangen worden, von
denen die zwei letzten abgefallen sind, sodaß sich nicht angeben
läßt, ob Oldamt, Reiderland, Emsigerland und Brokmerland die Urkunde vollzogen haben; wahrscheinlich ist es von den beiden letzten
nicht geschehen. Indem Groningen im Jahr 1361 bei Abfassung
der Vereinsurkunde die Namen von Westergo, Ostergo, Humsterland, Hunsingo, Fivelgo, Oldamt, Reiderland, Emsigerland und Brokmerland in deren Eingang aufnahm, setzte es voraus, daß sich auch
die andern friesischen Landdistrikte später anschliefsen würden.
Dies drücken die Worte aus: „cum ceteris judicibus, partibus
Frisiae, nobis ut debent adhaerere volentibus." Nicht deutlich erhellt aus den Worten der Urkunde von 1361, inwieweit Groningen
die Stadt Stavern und das Sudergo mit dem Westergo, Fredewolt,
Langewolt und Midogsterland neben der Praepositura Hugmerke
oder dem Humsterland, mit dem sie den alten Pagus Hugmerke
gebildet hatten, und Overledingerland und Mormerland neben Reiderland, Emsigerland und Brokmerland als in das Bündniß bereits ein-
getreten betrachtete. — Ueber die Ausdehnung des Upstalsbomer
Bundes in den Jahren 1323 bis 1327 siehe oben p. 480 in §. 16.

2. Die Urkunde von 1361 will den ältern Upstalsbomer Verein

auf sechs Jahre in veränderter Gestalt erneuern, sie sagt: „omnes articulos confoederacionis et pacis ... quos praedecessores nostri in Upstalligisbame conceperunt et ordinaverunt, decrevimus nunc innovare et approbamus in his scriptis cum addicione paucorum articulorum ad sex annos a data praesentium continue et immediate sequentes firmiter observandos“, s. oben p. 291. — Bei Abfassung der Leges Upstalsbomicae von 1323 hatten die Westergoer sie nicht nur für 6 Jahre, sondern für die Gegenwart und für alle Zukunft gründen wollen, s. oben p. 455 in §. 10.

3. Vereinstag in Groningen. Die Vereinstage sollen künftig zu Groningen stattfinden, das als Mittelpunkt des Vereins gedacht ist, nicht mehr zu Upstalsbom wie bei dem frühern friesischen Verein, s. oben p. 292. Nachdem in der Einleitung der Urkunde von 1361 gesagt ist: „Nos gretmanni et judices Westergo ... cum praelatis et clericis nostris in Groninge congregati ... decrevimus“ etc., heißt es in Art. 3: „omnes gretmanni singulorum districtuum zelandiae etc. in Groninge compareant.“

4. Vereinstag zu Johanni. Die Vereinstage sollen jährlich in der Johanniwoche stattfinden, s. Art. 3, nicht in der Pfingstwoche, wie es früher bei Upstalsbom geschehen war, s. oben p. 487 in §. 20.

5. Mitglieder der Versammlung. Es sollen zu den Groninger Vereinstagen aus jedem Landdistrikt dessen Grietmann, ein Judex und ein geeigneter Clericus zusammentreten. Diese Personen sind es, denen es während ihres Zusammenseins obliegen soll, die Sachen von gemeinsamem Interesse zu erledigen. Der Artikel 3 des Groninger Statuts bestimmt: „quod omnes gretmanni singulorum districtuum zelandiae cum uno judice et uno praelato seu clerico idoneo singulis annis in octava beati Johannis baptistae in Groninge compareant et causas pro utilitate communi pertractent nec sine communi consilio negotio infecto recedant“, s. oben p. 292. Die Verschiedenheit der hier angegebenen Einrichtung von der der ältern Upstalsbomer Vereinstage ist unverkennbar. Nach den Leges Upstalsbomicae von 1323 wollten die Westergoer, daß ein oder zwei Judices selandini aus den einzelnen verbundenen Landdistrikten jährlich zu Upstalsbom zusammenkämen, sie sind es auch, die

urkundlich als solche in den Jahren 1324 bis 1327 in Upstalsbom begegnen, wie oben p. 482 f. nachgewiesen wurde. Die Judices selandini waren in den einzelnen Landdistrikten zu Ostern für ein Jahr gewählt und vertraten die Landdistrikte in der Upstalsbomer Verbindung, s. oben p. 483 und p. 486; sie standen neben den Richtern („Judices") des einzelnen Landdistrikts in dem Landdistrikt, s. oben p. 512. Im Groninger Statut von 1361 sind mit keiner Silbe Judices selandini erwähnt, es sollen überhaupt keine Judices selandini in den einzelnen Landdistrikten gewählt werden, statt ihrer sind die Vorsteher der einzelnen Landdistrikte oder deren Grietmannen, wie sie im westlichen Friesland hiefsen, als regelmäfsige Mitglieder der Groninger Versammlung gedacht und neben ihnen ein Judex aus dem Gericht des einzelnen Landdistrikts und ein Praelat des Distrikts oder ein geeigneter Clericus aus ihm. An den Upstalsbomer Versammlungen von 1323 bis 1327 hatten überhaupt keine Praelaten oder Clerici theilgehabt; denn wenn die Westergoer im Eingang des Statuts von 1323 erklären, in ihrem Landdistrikt das Statut aufgestellt zu haben durch die Grietmannen, Richter, Praelaten und den Clerus ihres Landdistrikts: „nos gretmanni, judices, praelati et clerus terrae Westergo cum ceteris zelandiis Frisiae ordinavimus diversitates literarum", so bezieht sich das nicht auf die Upstalsbomer Vereinstage. Die Grietmannen, Richter und Praelaten des Westergo handeln für die Westergoer, stiften den Upstalsbomer Verein von 1323 mit andern friesischen Landdistrikten wesentlich zum Schutz des Westergo und erwähnen sich in den von ihnen verfafsten Leges Upstalsbomicae nur in Beziehung auf die Stiftung des Bundes. Aus der Zahl der 1361 in den Groninger Verein getretenen Landdistrikte („octo terrae"?) scheint sich zu ergeben, dafs der Groninger Vereinstag anfänglich aufser den Vertretern von Groningen, den „consules in Groninge", aus acht mal drei Personen bestehen sollte, doch könnten vielleicht einige der ältern Landdistrikte bereits im Jahre 1361 in der Weise in mehrere selbständige Gerichtssprengel aufgelöst gewesen sein, dafs sie als besondere Landdistrikte angesehen wurden. So zerfiel im vierzehnten Jahrhundert das Westergo und ebenso das Ostergo in drei Grietenien mit je einem Grietmann, wie unten in Cap. VIII zu zeigen ist (s. oben p. 154); möglich danach, dafs 1361 drei

Grietmannen aus dem Westergo und drei aus dem Ostergo auf den Groninger Vereinstag berufen werden sollten[1]).

6. **Form der Herbeirufung anderer Landdistrikte.** Will ein Landdistrikt andere zur Unterstützung herbeirufen, so soll es nach Art. 6 des Groninger Statuts durch Boten und offene Briefe geschehen: „per nuntios idoneos et literas patentes.“ Die Leges Upstalsbomicae von 1323 enthalten darüber keine Angabe; nach dem friesischen Hunsegoer und Fivelgoer Text der ältern Ueberküren geschah es durch Aufstecken einer Pechtonne, s. oben p. 419.

7. **Unterstützung durch andere Landdistrikte.** Geschieht durch Kampf oder Belästigung („gravatio vel impugnatio“) einem der verbundenen Landdistrikte unter Beeinträchtigung der friesischen Freiheit offene Gewalt, so sollen ihn die andern Landdistrikte, zu Hülfe gerufen, innerhalb 14 Tagen mit Rath, Hülfe und Bewaffneten unterstützen, bei 200 alten Mark Strafe jedem Landdistrikt; die Herbeigerufenen sollen so lange verbleiben, bis der erforderliche Schutz dem Landdistrikt gewährt ist; nur nach gemeinsamem Beschlufs Aller darf sich ein Landdistrikt entfernen. Art. 6 des Groninger Statuts bestimmt: „Si alicui zelandiae sive in orientali parte Frisiae sive occidentali aut meridionali seu australi parte de zelandiis supra dictis aliqua evidens necessitas gravatione vel inpugnatione in praejudicium Frisonicae libertatis et minus juste contigerit imminere, tunc omnes aliae zelandiae, per nuncios idoneos et literas patentes in adiutorium evocatae, a die evocationis de propinquo infra octo dies et de longinquo infra quatuordecim dies consiliando, auxiliando et manu armata defendendo, sub poena ducentarum marcarum antiquarum singulis zelandiis applicandarum, ad talem zelandiam inpugnatam vel inpugnandam convenire debent et comparere ac ibidem stare et manere non omittant ad tantum tempus, quod talis zelandia, cui necessitas imminet, sit defensa et

---

[1]) Vgl. im Groninger Statut Art. 3 die Worte: „quod omnes gretmanni singulorum districtuum zelandiae cum uno judice et uno praelato seu clerico idoneo etc.“, und in Urkunde von 1347: „nos gretmanni et judices ac communitas zelandiae de Westergo“, Ehmck Brem. Urkb. II p. 538 (aus Orig.).

adiuta; et nemo abinde recedere debet, nisi de communi consilio omnium zelandiarum ibidem existentium et perdurantium; et non venientes nihilominus ad id faciendum compellentur", s. oben p. 292. — Statt dieser ausführlichen Bestimmung des Groninger Statuts enthalten die Leges Upstalsbomicae nur in Artikel 8 die Angabe, daſs wenn ein Landdistrikt andere Landdistrikte gegen einen Aufständischen zu Hülfe ruft, der Aufständische jedem Landdistrikt 100 Mark zu zahlen hat, und in Art. 1, daſs die Verbündeten verpflichtet sind, „communi concursu et armata manu" einander Hülfe zu leisten.

8. Bei Aufnahme eines Mörders in einem andern der verbundenen Landdistrikte, ohne daſs das Wergeld für den Ermordeten gezahlt war, muſs, wer ihn aufgenommen hat, wenn die Blutsfreunde im Landdistrikt klagen, ihn binnen acht Tagen entfernen oder den Blutsfreunden des Getödteten 40 alte Mark und eine gleiche Summe den Richtern seines Landdistrikts zahlen, s. Art. 1 oben p. 522. — Eine entsprechende Bestimmung enthalten die Leges Upstalsbomicae nicht, vgl. den Art. 28 der Leges Upstalsbomicae; s. oben p. 265.

9. Wer einen flüchtigen Mönch (einen „apostata") aufnimmt und, öffentlich aufgefordert, ihn innerhalb acht Tagen nicht entfernt, ist dahin zu verurtheilen, daſs er den Richtern seines Distrikts und seinem Kloster 40 alte Mark zahlt; er hat für alle Verbrechen einzustehen, die der Mönch begeht, so lange er ihn bei sich hat; das verlassene Kloster haftet für ihn nicht und hat auch keine Buſse zu verlangen für ihm angethane Verletzungen, s. Art. 2 oben p. 522. — Die Leges Upstalsbomicae enthalten in Art. 4 abweichende Bestimmungen über den Apostata, s. oben p. 253.

10. Daſs bei Strafe von 20 alten Mark die Consules von Groningen und die der verbundenen Landdistrikte keinen Friedlosen eines Ortes bei sich behalten sollen, nachdem es den Richtern des Ortes, an dem er sich aufhält, bekannt gemacht ist, s. Art. 4 oben p. 523. — Vgl. Leges Upstalsbomicae Art. 28 oben p. 265.

11. Kein Friese ist verpflichtet, in den verbundenen Landdistrikten einen Zoll zu zahlen, der nicht herkömmlich ist, s. Art. 5 oben p. 523.

12. **Wahl der Richter des einzelnen Landdistrikts.** Die Richter der einzelnen Landdistrikte, „judices districtus",

werden im Groninger Statut von 1361 in der Einleitung und in den Artikeln 1, 2, 3 und 4 erwähnt. Nach dem letzten Artikel sollen die einzelnen Richter gewählt werden nach der in den Landdistrikten bisher geltenden Gewohnheit. Fraglich scheint, ob bei Aufstellung dieser Satzung die, oben p. 457 in §. 10 erörterten Bestimmungen des Artikel 33 der Leges Upstalsbomicae über die Wahl der Judices der einzelnen Landdistrikte gelten sollten.

Daſs die Versammlung zu Groningen 1361 in keiner Weise den Charakter einer Volksversammlung der friesischen Lande zwischen Zuiderzee und Weser hatte, springt in die Augen. Die Art, wie durch den Vertrag von 1361 der ältere Upstalsbomer Verein erneuert werden sollte, wie man in ihm Versammlungen in Groningen an die Stelle der ältern in Upstalsbom setzte, zeigt aber auch unerachtet der groſsen Veränderungen, die man herbeiführen wollte, daſs der ältere Upstalsbomer Verein und seine Vereinstage von ganz anderer Beschaffenheit war, als Neuere angenommen haben. Es sagt die Urkunde von 1361 ausdrücklich: „nos gretmanni et judices ... cum praelatis et clericis nostris in Groninge congregati ... articulos confoederacionis et pacis, .. quos praedecessores nostri in Upstalligisbame conceperunt, ...innovare ordinavimus." Man wollte 1361 zum Schutz der Stadt Groningen mit friesischen Landdistrikten einen Verband stiften, wie es 1323 das Westergo mit friesischen Landdistrikten gegen den Grafen Wilhelm von Holland gethan hatte. Auf dem Vereinstage sollten die Groninger Rathsherren erscheinen und neben ihnen ein Grietmann aus jedem der verbundenen Landdistrikte mit einem Richter und einem Clericus. Hierin lag eine Aenderung der ältern Einrichtung, indem früher die einzelnen Landdistrikte nicht durch den regelmäſsigen Vorsteher, einen Richter und einen Geistlichen des Landes vertreten waren, sondern durch einen oder zwei eigens dazu auf ein Jahr gewählte Judices, die neben den Richtern der einzelnen Distrikte standen. Die Umbildung ist nicht, daſs man an die Stelle einer ältern Volksversammlung aus ganz Friesland eine neue Vertretung setzen wollte.

Unrichtig meinen Neuere, aus Artikel 3 des Groninger Statuts von 1361 die alte Zusammensetzung der Upstalsbomer Versammlungen folgern zu können. Dies thut z. B. Unger Geschichte der deutschen

Volksvertretung Hannover 1844 I p. 172. „Im Jahre 1323", sagt er, „erschienen zu Upstalsbom die Grietmannen, Richter, Praelaten und der Clerus der Länder Ostergo und Westergo nebst den andern friesischen Seelanden, wie nach dem Statut von 1361 zu Groningen alle Jahr jeder Grietmann mit einem Richter und einem Praelaten oder andern tüchtigen Priester erscheinen sollte. Dieser Richter war entweder ein Unterbeamter des Grietmanns oder auch nur ein Gerichtsbeisitzer, ein Schöffe." Siehe über Ungers irrige Auffassung der Upstalsbomer Versammlungen unten §. 29.

§. 26. Verbindungen im Groningerland 1361—1422.

Keine ältere Aufzeichnung giebt Auskunft, ob in Groningen im Jahr 1361 oder in einem der sechs darauf folgenden Jahre Versammlungen zusammengetreten sind, wie sie durch den Vertrag vom 9. September 1361 auf sechs Jahre von der Stadt Groningen mit den friesischen Landdistrikten zwischen Zuiderzee und der Ostgrenze des Brokmerlands bei Aurich verabredet wurden. Ist es geschehn, so können sie von keiner längern Dauer gewesen sein, da die folgenden Jahre keine Verbindung der friesischen Landdistrikte zwischen Zuiderzee und Lauwers mit den östlich der Lauwers gelegenen kennen und von Vereinstagen der friesischen Landdistrikte zwischen Zuiderzee und Weser, wie sie zu Upstalsbom in den Jahren 1323 bis 1327 bestanden, überhaupt nicht die Rede ist. In dieser Zeit treten die friesischen Landdistrikte zwischen Ems und Lauwers in ein Abhängigkeitsverhältnifs zur Stadt Groningen, und entwickeln sich aus ihnen später die sogenannten Ommelande von Groningen; es geschieht dies in Folge von Verträgen, die Groningen mit den einzelnen friesischen Landdistrikten dieser Gegend eingeht. Aus ihrer genaueren Beachtung erhellt, dafs in den Jahren nach 1361 die früheren Upstalsbomer Vereinstage in aller Weise verschollen gewesen sein müssen, und man nach 1361 bei den Versuchen, durch gegenseitige Verbindungen einen Rechtsschutz zu finden, nicht mehr auf sie zurückging.

Bei der Wichtigkeit dieses Punktes für das Nichtvorhandensein der Upstalsbomer Versammlungen nach 1327 und das Aufhören der Upstalsbomer Verbindung seit jener Zeit zwischen Zuiderzee und

Weser führe ich im Verlauf dieses Paragraphen die zahlreichen Verbindungen an, die in den Jahren 1361—1422 die einzelnen Landdistrikte aus der Gegend zwischen Lauwers und Ems oder den sogenannten Groninger Ommelanden mit der Stadt Groningen und unter einander eingegangen sind. Bei ihrer Beschaffenheit und der innern Einrichtung des Landes, die sich aus ihnen ergiebt, kann nicht mehr ein Upstalsbomer Verein mit Upstalsbomer Versammlungen in älterer Weise bestanden haben. Dafs die Erwähnung von sieben Seelanden, auf die vielfach grofses Gewicht gelegt worden ist, in einer Urkunde von 1422 auf einer Interpolation der Urkunde beruht, zeigt die Besprechung der Urkunde über den Bund von 1422 unten p. 553 am Schlufs des Paragraphen.

A. Die Grundlage für das spätere Verhältnifs von Groningen zu der friesischen Gegend von der Lauwers bis zur Ems bildet ein Vertrag von 1368; aus ihm hat sich die nachherige Verbindung von Stadt und Land, das ist Groningens mit den Ommelanden, entwickelt, wie auch (de Sitter) Tegenwoordige Staat van Ommelande 1793 I p. 99 und Wichers Verklaring van het Tractat van de Reductie der Stadt Groningen aan de Unie van Utrecht Groningen 1794 I p. 52 hervorgehoben haben. An die Vereinbarung von 1368 reiht sich unmittelbar eine vom Jahr 1381. Im Jahr 1361 hatten die Groninger mit den Friesen zwischen Fli und Brokmerland zu Groningen jährliche Johanniversammlungen verabredet, aus jedem Landdistrikt sollte ein Grietmann, ein Richter und ein Praelat erscheinen, s. oben p. 526, nach der Vereinbarung von 1368 sollen regelmäfsig zweimal im Jahre, acht Tage vor Pfingsten und acht Tage vor Mariae Geburt (d. i. den 8. September) zusammenkommen „omnes judices e tota provincia ... cum magistratibus oppidanis; interdum et pluries, si res poscat", s. Emmius Hist. p. 209; im Jahr 1381 sollte die jährliche Versammlung zu Groningen acht Tage nach Pfingsten gehalten werden; s. über die Belegstellen unten p. 534 unter a.

B. Die Stadt Groningen geht mehrfach Verbindungen mit den einzelnen Landdistrikten des Landes zwischen Laubach und Ems ein, und zwar mit dem Humsterland in den Jahren 1366 und 1378, mit Langewold im Jahre 1362. Im Jahr 1364 vermittelt Groningen Streitigkeiten des Klosters Aduard im Hunsego mit dem

Goorecht und den acht Zylvesten bei Groningen, eine Urkunde, die im Jahr 1369 vom Fivelgo bestätigt wird. Groningen vereinbart 1378 mit Kloster Aduard Bestimmungen über Erhaltung des gegenseitigen Friedens, sie werden in Urkunden von 1387, 1388 und 1389 bestätigt und erweitert. Vom Jahr 1365 datirt eine Vereinbarung Groningens über einen Siel zu Mude im Hunsego mit dem Fivelgo. Im Jahre 1378 geht Groningen eine nähere Verbindung mit den einzelnen Theilen des Hunsego ein. Im Jahre 1379 entscheiden Groninger und Hunsegoer Richter Streitigkeiten im Hunsego. Am 11. November 1382 tritt das Fivelgo der Verbindung Groningens mit dem Hunsego von 1378 bei. Vgl. die angeführten Urkunden unten p. 536 unter b.

C. Im Jahre 1365 bestätigt Herzog Albrecht an Groningen die Privilegien des Grafen Johann. In den Jahren 1368 und 1380 thun es die Bischöfe von Utrecht; sie erneuern ihrer Stadt Groningen die ihr von den frühern Bischöfen von Utrecht ertheilten Privilegien. In den Jahren 1396 und 1398 verleiht Herzog Albrecht Lehne im Hunsego, Groningen und Langewold. Im Jahre 1398 huldigen ihm die Westerlauwerschen Friesen, desgleichen tragen ihm in vier Urkunden von 1398 und 1399 Friesen im Hunsego, Fivelgo und aus dem Lande östlich der Ems ihre Güter zu Leben auf. 1398 den 21. September und 2. Oktober tritt er in Unterhandlung mit Groningen, sowie mit Langewold, Fredewold und Humsterland wegen Unterwerfung. Durch Urkunde von 1400 unterwirft sich das Hunsego an Groningen, 1401 verständigen sich Groningen, Humsterland, Fredewold, Langewold, Hunsego, Fivelgo, Reiderland und Emsigerland mit dem Bischof von Münster gegenüber dem Bischof von Utrecht. 1405 schliefsen Groningen und ihm benachbarte friesische Landdistrikte einen Sühnevergleich mit dem Bischof von Utrecht. 1406 theilt Herzog Wilhelm den Ommelanden und Ostfriesland mit, dafs er mit Ostergo und Westergo Frieden geschlossen hätte. 1407, 1411 und 1412 verhandeln zu Groningen im gemeinsamen Landes-warf Groningen und die Richter aus den Ommelanden über Streitigkeiten in den Ommelanden. In Urkunden vom 26. Februar und 15. März 1415 verabredet Groningen mit Hunsego und Fivelgo gemeinsame Vertheidigung gegen Keno

von Broke und die Deutschen Herren. 1415 den 21. Oktober erklärt Keno und 1417 den 16. August Ocko aus Ostfriesland an
Groningen, daſs er die Stadt Groningen sowie Hunsego und Fivelgo
nicht beeinträchtigen wolle, die sich durch Urkunde vom 12. Juni
1417 mit der Stadt näher verbündet hatten; s. die Urkunden unten
p. 541 unter c.

D. Ohne Erfolg versuchte Kaiser Sigismund in den Jahren
1416 und 1417 Friesland zu einem reichsunmittelbaren Lande zu
machen; es traten ihm 1417 der Graf Wilhelm von Holland, 1419
der Bischof von Utrecht entgegen, indem sie sich auf ihre alten
Rechte im Lande beriefen, s. Belege unten p. 552 unter d.

Zur Feststellung der unter A—D oben p. 532—534 angegebenen
Vereinbarungen führe ich an:

a) Ueber die engere Verbindung, die die Stadt Groningen mit
den einzelnen Landdistrikten zwischen Ems und Lauwers den 19. August
1368 einging, nachdem Humsterland sich bereits 1366 mit Groningen
näher verbunden hatte, ist die Urkunde nicht gedruckt. Emmius
Historia rerum Frisicarum 1616 p. 209 und De agro Frisiae inter
Lavicam et Amasum 1604 p. 24 bespricht ihren Inhalt nach dem
Original, an dem noch zehn Siegel hingen. Schotanus Geschiedenissen van Friesland 1658 p. 190 theilt aus Emmius die Angaben über
die Urkunde in Uebersetzung mit. Driessen Monumenta Groningana
inedita 1824 p. 255 Note a bemerkt, daſs er die Urkunde nicht habe
auffinden können; er wie Tegenwoordige Staat van Stad en Lande
Groningen 1793 I p. 99 und Westendorp Jaerboek van Groningen
1832 II p. 209 kennen die Urkunde nur aus Emmius. Feith Register van het archief van Groningen Groningen 1853 I p. 26 verzeichnet sie nicht, dagegen kannte Wichers Reductie der Stadt
Groningen Groningen 1794 I p. 52 das Original der Urkunde in
Groningen, das aber durch Alter fast unleserlich geworden war,
sodaſs er dessen Inhalt aus Emmius schöpft. — In der Urkunde
von 1368 war nach Emmius das von Karl dem Groſsen den
Friesen ertheilte Recht neu bestätigt und von Groningen ein Bündniſs mit Langewold, Fredewold, Hunsego,
Fivelingeland, Aldamt, Reiderland und Westerwoldingerland geschlossen; Frieden und Rechtssicherheit wurde in den ver-

bundenen Landdistrikten vereinbart, den Magistratspersonen in Groningen und den Richtern der Landdistrikte Leben und körperliche Sicherheit zugesichert; ihre Verletzungen wurden mit schweren Strafen bedroht. Jährlich sollten zweimal zu Groningen, acht Tage vor Pfingsten und acht Tage vor Mariae Geburt (fällt auf den 8. September) die städtischen Behörden mit den Richtern aus der ganzen Provinz zusammenkommen, auch öfters, wenn es die Sachlage erforderte. Zu Groningen sollte acht Tage vor und acht Tage nach der Versammlung Recht und Friede unverbrüchlich gelten. In Groningen sollte ein Richter bei der Versammlung sowie auf der Reise von und nach ihr 200 Mark Wergeld haben, eine gleiche Summe erhielten die Richter, von der ein Theil an die Richter des Getödteten zu fallen hatte, der andere an die des Ortes, wo der Mord erfolgt war. Zwanzig alte Groschen machten eine Mark. Die Richter sollten die Versammlungen nicht versäumen, ihr Ausbleiben hatte Absetzung zur Folge, sie war in der Versammlung bekannt zu machen und mit fünf Mark zu büfsen. Als Stellvertreter konnte der Richter nur einen Juratus schicken. Was die Versammlung in Groningen beschlofs, sollte gelten; wer dagegen handelte, hatte 100 Mark zu büfsen. Kläger und Verklagte und ihre Bevollmächtigten sollten, wo die Thatsachen nicht offenkundig wären, schwören, die Wahrheit auszusagen; auch der Vorsitzende der Versammlung, „edictor id est praeses in collegio judicum" sagt Emmius, sollte eidlich erklären, der Wahrheit entsprechend zu sagen, was er für Recht hält. Er sollte die einzelnen Richter an das Recht erinnern, sie sollten nach Stimmenmehrheit entscheiden und das Erkenntnifs schriftlich veröffentlichen. Einigte sich die Versammlung nicht, so sollten rechtskundige Leute aus der Provinz zusammentreten, ihre Entscheidung hatte Rechtskraft. Ueber Zölle war hinzugefügt, dafs in Friesland der einst festgesetzte, dem Kaiser und Reich zu zahlende Zoll unverändert bleibe.

In Urkunde vom 22. September 1381 verbündete sich Groningen mit dem Westergo und dem Ostergo. Emmius Hist. rer. Fris. 1616 p. 217 berichtet über die Urkunde nach dem Original im Groninger Archiv. Aus Emmius führen sie an Schotanus Geschiedenissen van Friesland p. 200, Schwartzenberg Charterboek

I p. 244, Tegenwoordige Staat van Stad en Lande I p. 102, Driessen Monumenta Groningana inedita p. 368 und Westendorp Jaerboek van Groningen II p. 234. Die Urkunde scheint nach Driessen verloren zu sein, wird auch von Feith Register nicht angeführt. Nach Emmius verbündete sich in ihr Groningen mit dem Ostergo, dem Westergo und den andern Friesen. Sie wollten die Verbündeten nach Kräften gegen auswärtige Herren oder einheimische Nobiles vertheidigen, verpflichten sich, flüchtigen Bundesgenossen die Thore Groningens zu öffnen und sie in die Stadt aufzunehmen. Parteiführer des Hunsego und Fivelgo, die sich ihnen nicht anschlössen, wollten sie als Aufrührer bekämpfen. Vereinbarungen über Bufsen und Zurückgabe von Raub wurden getroffen. Eine jährliche Versammlung sollte zu Groningen acht Tage nach Pfingsten gehalten werden: „de concilio sociorum omnium quotannis Groningae habendo ad octavum diem a pentecostes consultandi causa de rebus communibus avertendisque aut corrigendis, si quae existerent, quae concordiam scindere possent." Gleichzeitig verpflichteten sie sich, die „libertas patriae" auf alle Weise gemeinsam zu vertheidigen.

b) In Urkunde vom 7. April 1366 erklären „Rembertus Papinga, Sicco Fripama, Papo Enama, Papo to Hove (d. i. Oudehove in Hugmerke), Tjacbodus Hofman, Heddo Allama, Gauco Gaucama, Harko Herathama, Babbo Hermeyndisma, Luideca Fivilgama, Frowa Hilama, Yo et Harco Siccama, Hildardus Tyedecama, Papo Baldinghisma, Papo Lyawacama de Saxum (d. i. Saxum bei Oudehove in Humsterland), quod nos confederacionem pacis ... ordinavimus cum burgimagistris et consulibus in Groningen ac cum eorum concivibus et successoribus ... videlicet quod nos omnia castra et praedia nostra dictis burgimagistris et consulibus in Groningen ... damus ... aperta, quociescunque requisiverint ... nec ipsa castra et praedia, nisi de communi consilio et consensu ipsorum et nostro quovis modo alienare possumus. Insuper omnes homines de civitate Groninga ambulantes ... in terminis nostris conductum praestare ... promittimus ... Insuper si aliquas causas querimoniales habuerimus contra quascunque personas in terris Frisie, seu aliquae personae contra nos habuerint, ... tales causas burgimagistris predictis notificare ... debemus, ... ut justiciam a

nobis recipiant et nobis praestent ... Insuper si dictos burgi-
magistros et consules rogaverimus ... pro auxilio nobis praestando,
tunc nobis succurrere promiserunt propriis ... expensis, sed si tunc
aliqui ex eis ... interfecti, seu alias lesi vel offensi, capti aut
spoliati, seu quascunque alias jacturas passi fuerint, omnia talia
emendare promittimus et debemus ad dictum quatuor discretorum
ad hoc ex utraque parte eligendorum; wargeldum tamen homicidii
cum viginti marcis monetae currentis et valvationis secundum taxa-
tionem homicidii persolvendo. Et simili modo ... dictis burgimagistris
consulibus et eorum concivibus astare promittimus nostris sub expensis, ubicumque ... a nobis ... requisiverint ... Item adjicimus, si
aliquae discordiae inter nos et civitatenses predictos mutuo emerse-
rint, illud duo de nostris et duo ex ipsis infra spacium duorum
mensium ... sub poena triginta marcarum parti lese persolvenda-
rum sopire debent ..., pacto confoederacionis nostre in suo robore ... perdurante, verum, si in aliquo praedictorum negligentes
fuerimus ... extunc penam centum marcarum nos recognoscimus
incurrisse ... In quorum omnium testimonium ... praesentem litteram sigillis terrae Hummercensis, domini Herwardi prepositi ibidem, Remberti Papinga praedicti fecimus communiri",
Driessen p. 255 (aus Orig.). — In Urkunde vom 27. Oktober 1378,
Driessen p. 345 (aus Orig.), erneuerte Groningen den vorstehenden
Vertrag mit Humsterland. In ihm heifst es: „Waer enich onse
lantman, de enigen man doet sloge op den wege to der stad of
van der stad, de sel den doden gelden met zestich marken Gro-
ninges geldes, ende hi sel breken ... dertich mark paymentes als
vorscreven is, half tot onser rechter behoef ende half to der stad
behoef." Wunden werden im Verhältnifs zum Wergeld, Gefangennehmung wird mit 30 Mark gebüfst, die die Stadt und die Gerichte
von Humsterland theilen, 5 Mark erhält aufserdem der Verletzte.
Raub auf dem Wege nach Groningen wird doppelt gebüfst; wird er
bestritten, so soll sich der Angeklagte von der Anklage befreien
mit „thwen rechteren, de hem naest gheseten syn, met ses synre
naester mage ende met vier trouwen buren." Wird die Bufe nicht
gezahlt, „so moghen wi de stad van Groningen inleden, ende so
loven wi borghermeesteren ende raed van Groninghen den rechteren

ende der meente voerscreven, met hondert mannen to helpen op
onses selves kost ende op onses selves avonture, den onhorighen to
berechten, also veer, als wi borgermesteren ende raet vorscreven
ontkennen, dat de zake recht si, daer wi hem to helpen sellen"...
Die von Humsterland stellen Bürgen und erklären: „wil ons de stad
inleden in Myddach (d. i. Midog) of in Langwolt (d. i. Langewold),
so loven wi rechters ende meente vorscreven, der stad to helpen
met zestich mannen op onses selves kost ende op ons selves avonture; .. ende wil ons de stad inleden in Hunzinghelant over dat
Dyepe, so sellen wi der stad helpen met onsen balven rechtern ende
elc rechter met thween mannen tot hem selven." Die Hunsegoer
sollen von allen Bewohnern von Humsterland Friede haben und in
Humsterland Recht mit Hülfe Groningens. Die Bewohner von Hug-
merke schützen die von Groningen in ihrem Lande. „Dese puncten
hebben wi rechters ende meente van Hummerkerlande, rechters ende
meente van Hunzegelande ende borgermeesteren ende raed van Groningen begrepen, stede ende vast to holden alwant der tijt, dat wie dit malc
den anderen een jaer tovoren opseggen." Driessen p. 345 (aus Orig.).
Am Ende des August 1362 verständigen sich nach Emmius Historia
p. 206 nach einer im Groninger Archiv aufbewahrten Urkunde die
Groninger mit dem Distrikt Langewold wegen einer Summe, die von
der Burg Selward (im Upga nördlich von Groningen) zu zahlen ist,
es wird ein Friede zwischen Groningen, dem Langewold, dem Hunsego und dem Fivelgo vereinbart. — In Urkunde von 1364 vermitteln die sechs Bürgermeister von Groningen als Schiedsleute
einen Streit zwischen dem Kloster Aduard (im Hunsego) und den
Gemeinden, dem Goorecht und den acht Ziilvesten bei Groningen:
„In premissorum omnium evidens testimonium presens scriptum
sigillis scilicet civitatis nostre Groniensis, abbatis et conventus de
Adewerth, ac terrarum Hunsgonie et Fivelgonie duximus robo-
randum. Actum in Groninghen." Driessen p. 249 (aus Orig.). —
Und in Urkunde vom 2. Juni 1369 erklären: „nos consules in Groningen, quod judices terrae Fivelgoniae istius anni universi vel quasi
constituti in nostra praesencia recognoverunt, quod haec litera (d. i.
die vorstehende Urkunde) ... cum vero sigillo universitatis terrae
Fivilgoniae ... esset roborata", Driessen p. 360 (aus Orig.).

Den 16. Juni 1378 schliefst Groningen ein Bündnifs mit dem Kloster Aduard im Midag des Hunsego. Beide erklären in der Urkunde, einen „vrede" vereinbart zu haben, sodafs Groningen und die Angehörigen des Klosters Frieden haben bei Tag und Nacht in Hunsegeland und in Groningen. Das Kloster unterstützt Groningen „met zestich mannen avert Dyep buten Mijdoch half to voete ende half to peerde, ende met al onser machte bynnen Mydoech to voete ende to peerde op onses selves cost ende op onses selves avonture, is dat des de stad van ons begerende is"; desgleichen unterstützt Groningen das Kloster: „solden wi borgermeesteren ende raet van Groninghen den convente van Adewert helpen met tween hondert mannen op onses selves cost, ... also veer, alse dat convent des van ons begerende is, ende also veer, alse wi borgermeesteren ende raet vorscreven ontkennen, dat des conventes sake recht si"; binnen acht Tagen soll der Aufforderung Folge geleistet werden. Hat das Kloster eine Klage gegen einen „meenteman" in Hunsego, so soll es bei der Stadt Groningen klagen und es nach Hunsegoer Recht entschieden werden; desgleichen soll, wenn ein Hunsegoer gegen das Kloster zu klagen hat, Groningen nach Hunsegoer Recht entscheiden. Vergehen von Groningern und Conventsleuten sollen der Convent von Aduard und Rath und Bürgermeister von Groningen gemeinsam nach Hunsegoer Recht entscheiden. Der Vertrag soll fortbestehn, bis er von einer Seite ein Jahr vorher gekündigt ist. Driessen p. 343 (aus Orig.) und Rengers Werken III p. 20. — In Urkunde vom 22. September 1387 erneuert und verlängert die Stadt Groningen und das Kloster Aduard den Frieden; erwählte Schiedsleute sollen entscheiden: „Voert so loven wy abbet ende gemene oldermans dese vrede stede to holden mit Hillinge partye in Langewolt, in Vredewolt, in Hummerkerland ende in Mydogerland, in allen maneren als vorscreven is tuschen ons ende de stat von Groningen", Driessen p. 410. — In einer Urkunde vom 10. Mai 1388, Driessen p. 415 (aus Orig.), erfolgt ein weiterer Vertrag zwischen Groningen und Kloster Aduard. — In Urkunde vom 21. März 1389 verständigen sich Groningen und Aduard über die Behandlung von gegenseitigen Klagen: Hat eine Person von dem Convent von Aduard gegen Groninger wegen Geld zu klagen, so soll es vor einem Groninger Bürger-

meister dreimal im Jahre geschehn, zwischen „Fastelabend" und
„Palmsonntag", zwischen S. Vitus und S. Jacob, und zwischen
S. Michaelis und S. Martin. Das dabei zu befolgende Verfahren wird
näher angegeben. Will ein Groninger gegen eine Person von
dem Convent klagen, so hat er es vor dem Prior zu Aduard zu
thun, wenn der zu verklagende Mann ein Priester ist, vor dem
Brüdermeister, wenn er ein „Conversus" ist, Driessen p. 419 (aus
Orig.). — In Urkunde vom 6. Mai 1365 erklären „nos consules et
tota communitas civitatis Groningen, jurati dicti etthen et tota communitas de Wold et Goe ac omnes ad nostram Sylvestene pertinentes necnon judices universi et tota universitas Octo-sylvestarum
ac totius terrae Fivelgoniae", sich über einen Siel in Mude (im
Kirchspiel Harsens nördlich von Groningen im Hunsego) geeinigt
zu haben, Driessen p. 249 (aus Orig.). — Im Jahre 1378 den
26. April schliefst Groningen mit Hunsego einen Frieden; sie erklären: „wi borghermeesteren ende raed van Groningen ende
mene rechters van Hunzeghelande ... siin overdragen ende
hebben begrepen enen vrede"; es soll in Groningen und in Hunsegeland bei Tag und Nacht freier Verkehr für beide Theile ge-
sichert sein: „In orcunde so bebben wi borgermeesteren ende raed
van Groningen ende meene rechters van Hunzgelant onser stad
zegele ende Hunzeghelandes segel an desen brief gehangen; ende
om de meerre vestenisse soe hebben wi rechters van Oster-amethe,
ende wi rechters van den Opga heeren Doden zegel van Sowert (d. i.
Sauwert), ende wi rechters van der Merne heeren Doeden zegele
van Ulrum (d. i. Ulrum) ende heeren Remmertes zegele van Hora-
huzum (d. i. Hornhuizen), ende wi rechters van de Half-ampte des
persoenres zegel van Baftlo (d. i. Bafflo) an desen brieff mede doen
hangen", Driessen p. 334 (aus Orig.). — Vom 19. August 1379 datirt ein
Erkenntnifs der „ghemene rechters van Hunzeghelande, borghermeesteren ende raet van Groninghen" über die Erbfolge in „Elcken-
heert Ammoma in Andel" (d. i. Andel nördlich bei Bafflo) und „Wycboldesma-heert in den Nyenlande" (d. i. Wester-Nieland nordwestlich
von Bafflo) im Halveamt des Hunsego. Sie erkennen, „dat Hylleke,
Remmeken wiif, Reyndesma naest liif ende recht erfgenaem is to allen
den goede, dat Bawe, Abelken dochter, Sybakama, der god ghenadich

si, achter ghelaten hevet. Hierom so hebben wi met rechte, na
Hunzeghe lantrechte, Remmeken ende Hylleken sinen wive vorscreven
toghe von den Elcke-heert Ammoma ende Wycboldesma-heert met al
horen tobehoren vri ende quite van rechter erfnisse to bruken ende
to besittene" Driessen p. 351 (aus Orig.). — In Urkunde vom
11. November 1382 tritt das Fivelgo der Verbindung Groningens
mit Hunsego vom 21. April 1378 bei. Es erklären „wi rechters
ende meene meente van Fyvelghelande, dat wy eendrachte-
liken ende met goeden birade om nuttichheit onses landes sin verdragen ende loven in goede trouwen in desen openen breve, stede
ende vaste to holden den vreden, den de stad van Groninghen ende
Hunzeghelant tosamen begrepen ende bezegelt hebben." Die Urkunde
excerpirt Emmius Historia p. 218, druckt ab Driessen p. 367 (aus
Orig.).

c) In Urkunde vom 3. August 1365 bestätigt Albrecht,
Herzog von Baiern, „comitatuum Hannoniae, Hollandiae,
Zeelandiae necnon dominii Frisiae gubernator, discretis
burgensibus et mercatoribus opidi de Groningen literas
et privilegia a magnifico principe Johanne, praedecessore nostro,
suo sigillo sigillata et concessa ... Mandantes universis nostris
justiciariis et subditis, quatenus eos dictis libertatibus, juribus et
privilegiis libere gaudere faciant et permittant", Driessen p. 253
(aus Orig.). — In Urkunde vom 29. März 1368 erklärt der Utrechter
Bischof Johann von Vernenburg: „cognovimus incolas opidi nostri
Groniensis et terrarum nostrarum de Goe et de Wolt, jurisdictionis
Groniensis (d. i. des Goorechts nordöstlich von Groningen) ex concessione praedecessorum nostrorum, episcoporum Trajectensium, et
laudabili consuetudine tanto tempore pacifice observata ... privilegiis et libertatibus infrascriptis esse munitos." Er will einen
geeigneten Dekan in Groningen und der Drenthe ernennen, der
seine Macht ausübt, nach Groningen und dem Gorecht bei Groningen bestimmte Geistliche zur Behandlung der schwebenden Streit-
sachen entsenden, wie nach andern Theilen seiner Diöcese, und will
die Groninger in und aufserhalb seiner Diöcese in Schutz nehmen,
Driessen p. 259 (aus Orig.). Diese Urkunde wiederholt im Jahre
1380 den 29. März wörtlich der Utrechter Bischof Florenz von

Wevelikhoven, gedruckt in Driessen p. 352 (aus Orig.). — In Urkunde vom 4. November 1396 giebt Herzog Albrecht von Baiern,
Graf von Holland, als Belohnung für in seinem Dienst gehabte
Unkosten dem „Pieter Rejnerszoon tot eene onversterflike erfleen
een deel lands van dwee dusent roeden lang ende dusent roeden
breet ... mit alsulcke huse, als nu ter tyt opstaen, ende gelegen
is in Vrieslant an geen side Groninger-Diep, welc lant beginnen
sal neffens Wasegenhuse (d. i. bei Wierum und Aduard im Midag
des Hunsegelandes). Ende dit vorscreven lant sal men verheer-
waerden mit eenen roden sperwaer, so wanneer 't versterft, ende
versoeken te hove binnen 's jaers ende binnen dage. Voert soe geven
wy Pieter tot synen lyve dat scoutambt te Groeninghen,
binnen Dyc ende binnen Opga (d. i. Innersdyk und Upga im Hunsego) mit allen sinen toebehoren, ende scepenen te setten
binnen Groningen in alre maten als costumeliken is.“ Driessen
p. 778. — In Urkunde vom 28. December 1398 erneuert der Herzog
Albrecht dem Pieter Reinerszoon die vorstehende Beleihung und vermehrt ihren Inhalt: „geven him Homerslant mit Zuithoren
ende Norithoren (d. i. Zuid- und Nordhorn in Langewold) ende
mit anders allen sinen toebehoren, mit kerspel ende mit der heerlicheit, hoge ende lage.“ Driessen p. 493 (aus Orig.).

In Urkunde vom 11. August 1398 schwören die Westerlauwerschen Friesen dem Herzog Albrecht Hulde. Die Urkunde lautet:
„Wy Albrecht ende Willem van Beyeren etc. doen cond, dat wy ...
overdragen syn mit Gerwaert Kamminga, Tyaert Walta, Hera Henting
(ob zu emendiren „Hottinga“?), Zynaert Wiarde, Goedscalc Gesselinge
(emend. Hesselinga?), Feie van Dockin ende Tydeman Hopper van des
gemeens lants wegen van Oestergo ende van Westergo“...
Sie erklären, ihnen rechte Lehnsherrn zu sein, und die Friesen
hätten ihnen den Lehnseid geleistet: „in den eersten, soe hebben wy
hem ten Heiligen gezwoeren goede, genadige heeren te wesen, ende
daerup hebben zy weder ontfaen, gehult ende gezworen ons ende
onse erven tot hoer rechte lansheeren.“ Wir dürfen im Lande
Schlösser, Burgen und Städte nach Belieben erbauen. Jeder, der
Gut im Lande besitzt, soll es unbeschädigt behalten. Wir haben
von ihnen keine Heerfahrt aufserhalb der Grenzen zu verlangen.

„Item so sullen wy onse bailliuwen, scouten, scepenen ende ambochtslude setten van den genen, die in den lande van Vrieslant geseten zyn"... Die Friesen sollen in der Herren Lande zollfrei sein und für allen Mord und Todtschlag, den sie im Ostergo und Westergo begangen haben, eine Kirche mit 12 Pfründen für Canonici stiften, die binnen Jahresfrist erbaut werden soll durch „die goede luden van Oestergo ende van Westergo ende anders die gene, die in lande geseten zyn up dese side der Lauwers, die ons gehult hebben ende noch bynnen deser tydt hulden sullen ..." Die von Westergo und Ostergo hatten ihnen die Stadt Stavern und das St. Odulfskloster übergeben und ihnen gehuldigt. Der Graf läfst die Urkunde untersiegeln von seinem Sohn und seinen Städten Dordrecht, Haarlem, Leyden, Delft, Alkmar, Amsterdam, Middelburg und Cirikzee. „Gegeven tot Stavern." Schwartzenberg I p. 283 (aus MS. des H. van Wyn).

In Urkunde vom 11. September 1398 erklären: „wy Aileko Verhildema (bei Leens in der Marne des Hunsego), ende Reiner Eysinga (zu Zondeweer im Ostamt des Hunsego), hoefftlinge tuschen de Lauwers ende der Eemse in Oestfriesland..., hebben opgedragen ... onsen lieven here hertoge Aelbrecht van Beyeren, grave van Hennegouwen, van Hollant, van Zeelant, ende here van Vrieslant, ende synen nacomelingen, den rechten eygendoem van den lande van Hunsgerlant mit allen heerlickheiden, goeden ende sloten, als wy nu ter tyt hebben ... tuschen der Lauwers ende der Eemse gelegen ..., welke lande, huse, slote, heerlickheide, hoge ende lage, recht, renten, vervallen nutschap ende profyt onse lieve genadyge here, hertoghe Aelbrecht, ons weder verliet heft te houden van hun ende synen nacomelingen ons ende onsen nacomelingen tot eenen onversterflicken erff-leen. Ende waer dat sake, dat wy offt enich van ons lude storve, sonder wyttachtighe geboerte affter ons te laten, soe muchten wy die vorscrevene heerlyckhede ende goeden laten ende bewysen te kommen na onse doet up sulcke lude ..., die ons genoegen sullen in onsen levende lieve, vremde of maech, met onsen testament off openen brieven, alst ons genoegen sall etc." Driessen p. 785 (aus Orig.). — In Urkunde vom selben

Tag tragen „Widzel heren Ocken soen ende Volmaer Allen soen, hoefflinge an gener syde der Eemse in Oestvrieslant", dem Herzog Albrecht zu Lehn auf wie in voriger Urkunde: „den rechten eygendom van sulcken lande ende heerlichede, goede ende sloten, als wy nu ter tyt hebben tuschen der Eemsche ende der Jade in Oestvrieslant, dat te weten Broeck, Auericlant, Herlingerlant, Oesterlangerlant, Moermaenlant, Lengederlant, Noerderlant ende Enndserlant (ob für Emsigerlant?) mit alsulcken eylanden als daer to behoirt daer-buten gelegen, dat is te weten Borkyn, Just, Burse, Oesterende, Balteringe, Langoch, Spikeroch, ende Wangeroch, voert all ander lande, de wy nu ter tyt hebben ... ende noch vercrigen sullen binnen den vorscrevenen palen of daer-buten, de ons lieven here niet to en behoren, mit huse sloote heerlichede, hoge ende lage, rechte, renten, vervallen nutschap ende proufyt daertho behoerende, mit den zeevonde, in alre manieren als wy de nu ter tydt hebben of hiernamals vercrigen zullen buten ons liefs heren landen, het zy gemeen te samen of verscheyden", und diese Güter und Gerechtsame leiht Herzog Albrecht ihnen darauf zu einem „onversterflicken erfleen." Driessen p. 792 (aus Orig.). — Den 11. September 1398 tragen „wy Omeko Snelgersoen (Häuptling zu Appingadam im Fivelgo) ende Haye Wybben (Häuptling zu Westeremiden im Fivelgo), hoefflingen tuschen der Lauwers ende der Eemse in Ostvrieslant", dem Herzog Albrecht zu Lehn auf „den rechten eygendom van den lande van Fiwergerlant (emendire „Fivelgeland") met alle heerlicheden, goeden ende sloten, als wy nu ter tidt hebben tuschen der Lauwers ende der Eemse gelegen" etc. wörtlich wie in den beiden vorstehenden Urkunden. Driessen p. 794 (aus Orig.). — In Urkunde vom 11. September 1398 erklären „Tammo Gockenga (nach Urk. von 1391 Driessen p. 425 „capitalis in Zuidbrook", Zuidbrok liegt im Oldamt des Fivelgo, s. Tegenw. Ommel. II p. 223) ende Menno Howerda" (Häuptling zu Termunten im Klei-Oldamt), dem Herzog Albrecht aufgetragen zu haben „den rechten eygendom der landen van d Oldeambocht mit allen heerlicheyden, slooten ende gueden" zu einem „erfleen." Die Urkunde excerpirt Driessen p. 841 (aus

Orig.), und Schwartzenberg I p. 745 führt sie in einer Urkunde von 1498 an. — In Urkunde von 1399 ohne Tag tragen die „Bueren van Oude ende Nye-Holtpat" dem Herzog Albrecht ihre Güter zu Lehn auf. Die Urkunde ist ungedruckt, bei Schwartzenberg I p. 795 in Urkunde von 1498 excerpirt. — Die vier Urkunden von 1398 über Lehnsauftragung an Herzog Albrecht wurden nach Driessen p. 498 Note zu Sauwert im Upga des Hunsego nördlich von Groningen ausgestellt; über die Belehnungen des Herzog Albrecht handelt Driessen p. 493 Note a.

Den 21. September 1398 ertheilt im Haag Herzog Albrecht der Stadt Groningen freies Geleit für 25 Mann bis zum 11. November 1398. Die Urkunde excerpiren Driessen p. 784 und Feith Register I p. 42 [1]). — In Urkunde vom 2. Oktober 1398 giebt Herzog Albrecht freies Geleit „der stat van Groeningen ende dartoe drie landen over die Lauwers, als Langwoude, Vredewoude, ende Hommers, tot honderd personen toe duerende tot sinte Martyns misse toe in den winter naistcomende", excerpirt in Driessen p. 806 und Feith I p. 42. — In Urkunde vom 11. März 1400 erklären: „wy rechters van Honseghelanden als ... uet den Oester-ampte, ... uet Mydaech, ... uet der Merne, ... uet den Halven-ampte, dat Johannes Entsucha (emendire „Ontsata") hevet overghegheven bynnen Groninghen in des menen landes warf onses landes seghel, dat aldus langhe tyt to Zauwert (d. i. Sauwert nördlich von Groningen im Upga des Hunsego) ghewesen heft ... In oirkonde so hebben wy rechters vorscreven onses ampte seghel van den Oester-ampte, van den Halven-ampte, end van der Merne, an desen breef ghehanghen ...; end um de merre vestenes so hebben wy burghemesteren end raet van Groninghen onses stad-segel mede an desen breef ghehanghen." Driessen p. 521 (aus Orig.). — In Urkunde vom 13. März 1401 erklärt Otto van der Hoye (d. i. Otto von Hoya), Bischof von Münster, dafs er „eyne vrentschap und eyndracht gedegedinget hebbe ... myt der stad van Gronyngen und myt den landen van Fyvelgelande, Honsegelande, Oldeampte, Hummerke, Langewolt, Vredewolt, Reyderland, Emezegerland und

---

[1]) „Matthaeus apostolus et evangelista" fällt auf den 21. September, nicht auf den 24. Februar, wie Driessen und Feith angeben; s. Kluit Primae lineae . 26. Grotefend . 113.

myt Hysseken van Emeden, und myt den landen, der Hysseke van
Emeden mechtich is, . . . alse dat wy und unse nakomelinge und unse
amptlude und stede en gunstich und vorderlich solen wesen sunder
al. argelist"; er gestattet ihnen freien Frieden im Lande „und dat
wy und unse nakomelinge, amptlude und stede ock tegen se nicht
doen en solen sunder argelist also lange, als desse vede dured, dar
se nu tor tyt inne sitten myt den biscope van Utrecht und
synen gestichte." Driessen p. 832 (aus Orig.). — In Urkunde vom
28. September 1405 wird eine Sühne zwischen dem Bischof von
Utrecht „ende der stad van Groningen ende den lande van Vrieslant" geschlossen. Es geloben „Rembertus persona to Baftlo, Elle
van Middelstom proest to Usquard van Honzingelande und . . . bor-
gers in Groeningen . . . van wegen der stat van Groeningen ende
der lande, die vyanden geworden syn ons heren van Utrecht, daer
goet voer te wesen die zoene te holden" nach Inhalt der ge-
schlossenen Vereinbarung und versprechen, acht Tage nach St. Lucas
nach Campen zu kommen und dort zu bleiben, bis der Vergleich
geschlossen ist. Mieris IV p. 24. Groningen soll dem Bischof übergeben „die gerichte ende heerlicheyt, geheyten die heerscap van
Zelwaerde, also als die stat voirscreven die in pachten gehad heeft
van der kerken ten doem t' Utrecht. Item so zal myn here der
stat van Groeningen verpachten dat gerichte binnen der stat, also
te verstaen dat sy dat hebben zullen binnen der mueren ende voert
zudwaerts buten der stat thent der stede toe, daer men dat
vreedecruys in voertiden pleecht te zetten in den vryen marct,
ende voert als dat van oldes gegaen heeft ten oesten, ten westen
ende ten norden . . . Die stat van Groeningen zal minen her
geven vor dat voirscreven gericht in Groeningen XXVIII oude
vrancricsche schilde des jaers of payment daervoer . . . Die stat
van Groeningen mach nemen tot eenen scolte enen van horen bor-
geren, wyen dat se willen, ende die zal sinen eet doen voer myns
heren amptman in den gerichte van Zelwaerde . . . ende den scolte
mach die stat van Groeningen versetten also vake, als si will; ende
also dicke, als dat geschiet, so sal de nye scolt synen eet doen
voer den amptman van Zelwaerde . . . Ende dede hi daervoer weyge-
ringe in boven drie dagen lang na der erster verzuekinge, so mach
die borgermeyster van Groningen den eet to der tyt ontfangen, als

di amptman solde gedaen hebben, als voirscreven is. Item die amptman van Zelwaerde als op Goe ende Wold sal dat ampt berichten in zulken recht, als dat recht daer gelegen is, ende van oldes haer gecomen is . . . Item dat die van Groeningen betalen sellen alle afterstallige pacht van verledene terminen, die onbetaelt syn, ruc- reude van den pacht, die sy van den capitel hadden. Item sal men nederleggen alle sloten, die in der vete opgeslagen syn, als Blanckenveer, Blanckenvoirde, to Peyse, to Eelde, ende ter Ammerke- hoern. Item zullen Hage van Westerwolde, Elde Gockinge ende voert alle gevangen ende al onbetaelt gelt, daer die termyn niet van geleden en is, quyt wesen an beyden siden, mer die ge- vangen sullen betalen redelike teringe ende slutgelt. Ende dit is gesloten op sinte Michiels avont. Item sullen Eyllike Anse (emend. „Onsta“, d. i. Onsata zu Sauwert) ende syn brueder bezoent wesen op hoer alinge erve ende goet, dat sy hadden, doe die vete tuschen minen here ende dien van Groeningen eerst toe gine (emendire „toeginc“); ende dat sullen sy hebben also, alse sy dat nu vinden, ende dat gelegen is, ende wesen gelyc anders hoefdingen hoers rechtes en de heerlicheyt in den lande te bruken; mit vorwairden dat sy quyt ende fri sullen wesen antuges van rove, van brande, ende van allen zaken, die voer desen dage gesciet syn. Item Tyabekke van Westerwolde ende dat lant van Westerwolde sullen besoent wesen. Item Enne van Slochter (im Westamt des Fivelgo östlich von Groningen) sal desgelyx be- zoent wesen op syn alinge erve ende goet, als hy't nu vind... Item Hage van Westerwolde ende Elde voirscreven sullen bezoent wesen op hoer goet, als sy dat vinden, ende hoers goets te bruken als anders hoefdelinge, ende daer-en sal geen antuych overgaen, als vorscreven is . . . Item Keen van den Broeck zel bezoent wesen, of hi will. Item Oncke Snellegers (zu Appingadam) ende syn brueder, Oneke Anse (emend. „Onsta“, d. i. Onsata) ende syn brueder, Reyner van Hersen (d. i. Harsens bei Sauwert im Upga des Hunsego), Bonneke Eylingen (emend. „Eysingen“, d. i. Ezinge im Middog des Hunsego) ende zyn zoen, zullen bezoent wesen op hoer erve, off sy willen. Item weert dat yemant in eniger side vorscreven op den an- dern uet te seggen hadde, van saken, die binnen vredes gesciet waren, off ander saken, dat sal malc bi brengen in scrifte tot Coevorden op sinte Lucasdach naestcomende (d. i. den 18. Oktober), ende dies dan niet ende dede, daern sal na geen aenspraeck van wesen van der zoen wegen. Ende van der aensprake wegen voirscreven sal men geven ende nemen, dat den zoenluden bescheyt dunct wesen, off men sal des bliven bi den overman, weert dat die zoenlude niet en overdroegen. Item myns heeren vreende van Utrecht ende der stat vreende van Groningen ende der Vreesen, die in der vete horen, zullen comen tot Coevorden op sinte Lucasdach naestcomende die zuene ut te seggen; ende die brieve, die daer of wesen, sullen beyde van der zuene, ende van der pacht des gerichts in Groeningen, malc den anderen daer over te leveren, ende die brieve van der pacht sullen bezegelt wesen met zegelen myns heren van Utrecht ende der vyf collegien t' Utrecht ende der vyf hoofdsteden des gestichts van Utrecht; ende reveers-brieve daerof sal die stat van Groningen besegelen mit hore statsegel. Item op de selve tyt sel men overleveren die brieve, die dat capitel ten doem te Utrecht ende die stat van Groeningen van der pacht des gerichts van Zelwerden malc andern hadden gegeven. Item want die zoenlude overdragen syn op ten greve van Benthem tot enen overman, so sal myn here van Utrecht ende die stat van Groeningen scriven ende bidden den greve, op den vorscreven sinte Lucasdach to Coevoirden te comen, ende hem die sake, dier die zoenlude niet eens en-warden, aen te nemen, to sceyden als een overman." — In Urkunde vom selben Tage erklären „wy, borgermeysters ende raet in Groeningen, richters ende gemeyne meente van Honsingelande, van Fivelgelande, van Oldamt, ende van Reiderland"..., dafs sie gegeben haben... „here Frederic van Blankenhem..., biscop t'Utrecht, ende sinen alinge gestichte eene stede zoene ... wy borgermeester ende raed van Groningen hebben overgegeven onsen here van Utrecht alle rechte, als wy voer deser tyt gehadt hebben aen dat gerichte ende heerlicheit in Groningen op 't Goe ende Wold, als dat gelegen is in sulken schyn, dat men die gerichte in Groeningen, op 't Goe ende Wolt berichten sall in sulkem recht, als dat recht daer gelegen is ende van oldes haer gecomen is." Ueber die Häuptlinge sind dieselben Sätze eingeschoben, wie in der oben p. 546 angeführten Urkunde vom 28. September 1405. „In orconde so hebben wy borgerme steren ende rade vorscreven onser stad segel, ende wy richters ende meente van Vivelgelande, van den Oldampt, ende van Rederlant onser lande segel, ende wy rechters ende meente van Honsingelande des Halvenampts segel aen desen brief gehangen, daer ons Hunsigelant vorscreven tot deser tiit aengenueget, want ons lants segel gebroken is." Mieris IV p. 25.

In Urkunde vom November 1406 theilt Herzog Wilhelm von Holland deñ Landdistrikten zwischen Lauwers und Jade mit, dafs er mit dem Ostergo und Westergo Frieden geschlossen habe, Schwartzenberg I p. 358. Desgleichen schreibt Herzog Wilhelm im November 1406: „onsen getruwen mannen Keyne tho Broeke, Meine Houwerda (zu Termunten südlich von Appingadam im Fivelga), Aylka Ferhildema (d. i. ein Onsata zu Sauwert), Omeko Snellegren, Reiner Eyssinga, Folcmer Alleman (ein „Allena" zu Osterhusen im Emsigerland) erfgenamen, Thamma Gockingen (zu Zuidbroek im Oldamt des Fivelgo) erfnamen, ende Haye Wibben (d. i. Wibbena zu Westeremden im Fivelgo) erfgenamen", dafs die Hansestädte ("Rades Sendebode der gemeynre steden van den Duytscher Hanze") ihn veranlafst hätten, „dat wy onsen landen ende luden van Oistergo ende van Westergo in Vrieslant *eenen goeden vasten vrede gegeben hebben*." Schwartzenberg I p. 358.

In Urkunde von 1407 den 28. Februar: „Wy borghermestere, raed ende hovetmans in Groninghen ende ghemene rechters der Ummelanden doen kundich, dat vor uns is ghecomen to Groninghen op dat raedhues in des menes landes warf Syweke Tyasema van Obergum (im Hunsegoer Halveamt), claghende op Witke Meinolde (in Wolde (?); vgl. Driessen p. 483 Note 6) als umme Boye Suters dodeel, den Eylike Meynoldes sone aflivich makede, daer Syweke borghe vor was, ende daer ene Witke Meinolt schadeloes van ghelovet hadde to holden ... So syn wy also vordraghen in den vorscreven warve ende hebben uet recht ghewyset, dat de rechters van den Halven-ampte sullen towyzen Syweke vorscreven ende sinen erfnamen also vele guedes uet Meinoldes guede to bruken vor sinen schaden, den hie van der vorscreven berchtocht gheleden heft, als sich de schade belopen mach." Besiegelt von Groningen, vom Halveamt, Osteramt, von Hunsegeland und der Marne, „daer ons anderen rechters to desser tyt an ghenoghet." Driessen p. 489 aus Orig..

In Urkunde vom 3. Juni 1411: „wy borghermesteren ende raedt ende hovetmannen in Groningen, ende rechters der Ommelanden, bekennen ..., dat wy to Groningen op den raedthuys in des menes landes warve hebben toegewyst den conventluyden van Selwert dat huys ende arve toe Eylerde-huyse, ende dat arve in den Ham, daer se omme geclaget om Onsta broeders, na inholt hoere breve, die wy daerop geseen hebben ...; want Ontstaen kinderen nargens breven brochten by alsulcke tydt, als hen toegeset was in die warve, daermede sie des convents breven doode maeckten. In oorcunde so hebben wy borghermesteren ende raedt ende hooftmans onser stads zegel, ende wy rechters van den Halvenampte, van der Merne, van den Oosterampte, van Honsengeland onses amptes seghelen, ende wy rechters van Fivelgeland onses landes zegel aen desen breeff gehangen, daer ons andere rechteren toe desser tyt an genoeget." Driessen p. 491 (aus Orig.). — In Urkunde von 1412 Montag nach Jubilate erklären „wy borgemesteren, raedt ende hovetmans in Groningen ende gemene rechters van Honsegeland, van Fivelygeland ende van den gemenen Ommelanden ..., dat daer hevet gewesen ene schelinge tuschen den sylvesten van den uetsylen van Delfsylen ... ende de drie carspele als Schiltwolde, Hellum ende Sydebert" (d. i. Schiltwolde, Hellum und Sydeberch nordöstl. von Groningen). Driessen p. 389 (aus Orig.). — In Urkunde vom 26. Februar 1415: „wy borghermesteren, raet, hoeftmans, oldermans ende mene meente der stad van Groningen, ende wy rechters ende mene meente van Fivelghelande, van den Halven-ampte ende van Middoech ziin mit mallickanderen overdraghen." Erstens wollen wir einander beschirmen „tegens Kenen van de Broke ende tegens alle duetschen heren ..., voert mer waert sake, dat den van Fivelgelande, van den Halvenamte, of den van Middoech jenige noetsaeken anlegen, daer si onser stad hulp to behoveden ..., so wille wi hem to hulpe comen mit al onse macht up ons selves kost ende aventure." Gleiches verspricht den Friesen Groningen: „Voert mer so loven wi uiter stat van Groningen, de van Fivelgelande, van den Halvenampte ende van Middoech to beschermen in al horen rechte ende vrijheit, deer sie hiirto gebruket hebben, na al onser macht." Dies geloben sie einander zu halten bei einer Poen von 1000 Schilden.

„Ende deze vorscreven renthe van Onsta (d. i. Onsata in Sauwert) -guede
sullen to hulpe comen der stad van Groningen ende den landen, de
mit hem tovallen, des landes beste to beradene ende de vrii ende
vreesch to beschermen, soldie mede to betalen, ende der stad ende
lande oirbaer mede to doene totter tijt als vorscreven is." Schaden,
der durch Keno von Broek westlich der Ems erfolgt, sollen seine
Anhänger ˙vergüten. Driessen p. 799 (aus Orig.). — In Urk. vom
12. März 1415 vereinbart Stadt Groningen mit den Richtern des
Halveamts dieselbe Urkunde, s. Idsinga 2 p. 230. — In Urkunde vom
21. Oktober 1415 schliefst „Keno to Awerck ende Emeden in Oestvrieslant" einen Vertrag mit der Stadt Groningen: „Dat ic joncker
Keno noch myne nacomenynge der stad van Groningen, Honsegelande ende Fivelgelande in oeren rechte niet hinderlic
wesen en-sal, ende dat ic, noch myne nacomeninge, ghene lant-
schattinge mene te hebben, noch hebben en-wil tot geenre tyt noch
gene slote te maken noch maken te laten in den vorschreven
landen." Gegenseitig sollen sie in ihren Landen das Recht gewiesen erhalten; wer Redschaften im Fivelgo oder Hunsego ererbt,
soll sie dem Recht gemäfs brauchen, thut er es nicht, so sollen die
Beeinträchtigten „oer saken beropen to Groningen in den warve by
vyf olden marken. Item ghene husinge of were (d. i. feste Häuser
oder Burgen) in den vorscreven landen niet dicker te maken, dan
van dren muerstenen ende die graft van dren roden wyt oft daeren-
binnen." Das Schlofs zu Delfsyl soll eingerissen werden. Driessen
p. 802 (aus Orig.).

In Urkunde vom 12. Juni 1417: „wi hovetlinge, rechters en
meene meente van Hunsegelande, van Fiveligelande, borge-
mester, raet ende gezworene meente in Groningen ziin verdragen ...,
genen here hulden of kesen ensullen de eene buten den andern" bei
2000 Schild Bufse. Zum Zeugnifs „so hebben wy van Hunsegelande unse amptes segele, als Oester-ampt, Half-ampt, Merne en
Middach, en wy van Fivelgelande, en onser stad segelen beneden an
desen brev gehangen." Idsinga II p. 234 (aus Orig.).

In Urkunde vom 16. August 1417: „Ick Ocke Kenesna to
Broeck, Awerck ende Emeden, hoeffling in Oestvreeslant ... hebbe bevestiget ... alle punten ende vorwarden, de myn

vader Kene . . . besegelt hevet mit synen segele der stad van Groningen, Hunsege ende Fivelgelanden." Wollen die Hunsegoer und
Fivelgoer die Punkte nicht erfüllen, so will er der Stadt Groningen
„behulplic wesen mit onse macht" . . . . „Ic heb gebeden frou
Folkelt, mynre oldermoder, Focke Ukens, Wybet van Steges-
dorpe, Enne voget to Awerke, Haren van Hinte, Ymele
van Grymessum (emendire Grymersum) ende Ocken van
Loquert, myne voerstanders, dese punte . . . mede voer my to
lovene", Driessen p. 802.

d) Im Jahre 1417 gab der Kaiser Sigismund den Friesen
Reichsunmittelbarkeit und unterhandelte deswegen mit ihnen; über
diese Verhandlungen in den Jahren 1416 und 1417 vergleiche
unten in Cap. XII und dort die beiden Schreiben des Grafen Wilhelm
vom 30. April 1417, in denen er in Groningen bei den Friesen und
den kaiserlichen Gesandten gegen die vom Kaiser gethanenen Schritte
entschieden protestirt. — Den 15. Mai 1419 bezeugt die Stadt
Groningen, daſs sie sich dem Bischof von Utrecht als ihrem Landesherrn wieder unterwerfe, nachdem sie sich gegen ihn empört gehabt,
und der Bischof erklärt, daſs er die Huldigung der Stadt annehme,
die mit der Drenthe nach kaiserlichen Verleihungen dem Bischof
von Utrecht als Landesherrn untergeben sei, s. unten Cap. VII. —
Durch Urkunde vom 30. November 1419 stiften Dodo, provest van
Hemelem, Jacobus Tuyneman Canonic to Deventer, Syward Wyarde,
Feydeko Unynghe ende Petrus van Aerssen einen Vergleich „van wegen heren Syfrydo van Wemdingen ridders ende her Niclaes Bontzlow
raede ende ambassiatoers des Roemschen coenings van der eenre zide,
Wilhelmus van Wye, secretarius myns heren van Utrecht, Johannes
van Ittersym licentiaet in der Keyserrecht, Aleph van Haeren,
Pelgrim van den Rutenberge, ende Gerardus van Ummen van wegen
der borghermeesteren ende rade · ende der ghemeente der stat van
Groningen, ende Ocken van den Broeck ende der andere Vriesen,
die mit hem in der acht syn van der ander ziden" . . . . Es
sollen die Westfriesen mit der Stadt, die Ostfriesen mit Ocko Frieden haben. „Item soelen die van Groningen niet hinderlic daer en
wesen, dat die Omlande als Hunsinge, Fyvelge, Hummers, Langwolt, Fredewolt ende andere Omlande daer omtrent gelegen, den

ryck tobehorende, den ryck hulden, off sie willen ..., noch begrepen wesen en-sal van der huldinge die de van Groningen onsen genedigen hern van Utrecht hebben gedaen." Groningen zahlt dem Kaiser 10000 rheinische Gulden als Bufse. Driessen p. 763 (aus Orig.).

In Urkunde vom 1. Februar 1422 schliefsen die östlich und westlich der Lauwers sefshaften Friesen einen Vertrag mit einander: „Ocke to Broeck, Awerke ende Emeden hoeftlijnk in Oestfriesland, Sibeth hoeftlijnk in Rustringen, borger-mesteren, raed ende gemene meente in Groniingen, pre-aten, hoeftlinge, rechters unde gemeene meente van Hunsege, Fiivelge, Fredewold, Langewold ende Humer-kerlanden, gemene eylanden ende onlanden an de oesterziid der Lauwerze myt onsen hulpers ende hulperen hulpers an de eene ziidt, ende wij prelaten, dekenen, schepenen, hoeftliinge, greetmans, rechters ende gemeene meente der landen van Oestergo ende Westergo mijt allen eylanden ende omme-landen an der westerzijd van der Lauwerze mijt onsen hulpers ende hulper hulpers van der ander." Sie verabreden gegenseitige Ver-gleiche, s. Rengers Werken I p. 124. In dem Text, den Eggerick Beninga in seiner ostfriesischen Historie giebt, stehen un-mittelbar vor Anführung der Stadt Groningen die inter-polirten Worte: „sampt de staten und vulmechtigen des VII zelanden", Matthaeus Anal. IV p. 206; in den bessern Texten der Urkunde fehlen sie, namentlich in dem von Sicke Beninga Chronickel der Vrieschen Landen Amsterdam 1725 p. 419, von Mieris Charterboek IV p. 618 und von Schwartzenberg Charterboek I p. 445. Entschieden aber fehlen sie in dem Original, das Feith Rengers Werken 1852 I p. 124 verglichen hat. Unten in Cap. IV ist bei Besprechung der Seelande zu erwähnen, wie eine derartige Seelandseinrichtung, auf die Neuere grofsen Werth gelegt haben, auch mit dem übrigen Inhalt der Urkunde von 1422 unvereinbar ist. — In einer ältern Urkunde vom 1. September 1421 hatten die-selben Friesen einen Vergleich verabredet, doch waren Ostergo und Westergo verbunden mit dem Herzog Johann, s. Brenneisen I, 2 p. 35 (aus Orig.).

VI. Den Upstalsbomer ähnliche Versammlungen.

§. 27. Versammlungen zu Elsfleth.

Die oben p. 370 ff. besprochenen Vereinstage, die friesische Landdistrikte zwischen Weser und Zuiderzee im zwölften, dreizehnten und
vierzehnten Jahrhundert zu Upstalsbom hatten, sowie im Jahre 1361
gemeinsam mit der Stadt Groningen in Groningen verabredeten, finden
eine wesentliche Erläuterung durch die Vereinstage, die die im
sächsischen Wigmodigau gelegene Stadt Bremen mit dem friesischen
Landdistrikt Rüstringen und mit dem friesischen Landdistrikt Harlingen zu Elsfleth an der Weser im sächsischen Stedingen hielt.
Ich bespreche hier die Verbindung.Bremens A. mit Rüstringen, B. mit Harlingen, C. mit Astringen, D. mit Nordenerland und Emsigerland.

A. Versammlungen Bremens und Rüstringens in
Elsfleth und Haregerhorn.

Der friesische Landdistrikt Rüstringen auf dem linken Weserufer
in der Grafschaft der Grafen von Oldenburg betheiligte sich, wie oben
p. 417 und 418 erörtert wurde, an den ältesten Vereiustagen friesischer Landdistrikte zu Upstalsbom, um den gestörten Frieden im
Lande zu schützen. Seit dem Beginn des dreizehnten Jahrhunderts
schlossen die an die Spitze Rüstringens getretenen sechzehn Consules oder Judices für den Landdistrikt Verträge aller Art mit den
Grafen von Oldenburg, den Bischöfen von Bremen, der Stadt Bremen,
mit Osnabrück und andern westfälischen Städten, mit Hamburg und
Groningen. Der Handel und Schiffsverkehr auf der Weser führte
zu zahlreichen Streitigkeiten zwischen Rüstringen und der Stadt
Bremen. Ueber Beraubungen aller Art, über Verletzungen und Tödtungen wird unterhandelt; es verständigen sich immer aufs Neue die
Judices oder Consules terrae Rustringiae mit den Consules civitatis
Bremensis, um den gebrochenen Frieden herzustellen, um weitere
Störungen des Friedens auszuschließen, den Handel auf der Weser
und den Besuch der Märkte des Landes sicher zu stellen. Gleichzeitig
wird verabredet, welche Wergelder und Bußen gezahlt, welche

Beweismittel bei gegen einander erhobenen Klagen gebraucht werden sollen.

1. Aus dem alten Pagus Riustri an der Mündung der Weser war im dreizehnten Jahrhundert das aus vier Vierteln bestehende Riustringalond hervorgegangen, an dessen Spitze sechzehn Consules oder Judices standen, s. oben Cap. II §. 9 p. 146. Die Gerichtsversammlung des Landdistrikts wurde von den sechzehn Redjeven des Riustringalondes gehalten zu Eckwarderbrücke bei Eckwarden unfern Tossens an der Jade im Viertel Oldesen. Den Ort Eckwarden erwähnen Urkunden von 1124 und 1158 als „curia Echwardi" Lappenberg Hamburger Urkundenbuch p. 128. In Urkunde von 1306 schreiben an Osnabrück „judices ac populus terrae Rustringiae" aus „Ekwertherbrugge", Stüve in Wigand Westfälisches Archiv 1826 I, 4 p. 28 (aus Orig.), und 1307 und 1318 an Osnabrück und andere westfälische Städte „datum Ekwertherbrugge" Wigand p. 25 (aus Orig.); vergleiche in Urk. von 1315: „datum aput Ekwerterbrughe in communi concilio judicum et universitatis totius terrae Rustringiae", Ehmck II p. 161 (aus Orig.); in Urk. von 1331 ein Vergleich zwischen dem Bischof von Bremen, den Grafen von Oldenburg und dem Lande Rüstringen in „Ecquerderbrughe", s. unten p. 556 unter No. 2; in Urk. von 1334 erneuern „judices terrae Rustringiae" die mit Bremen bestehenden Verträge und versprechen beim Besuch ihres Markts die Bremer zu schützen, „datum Ecquerdenbreghe" Ehmck II p. 373 (aus Orig.); in Urk. von 1334 stellen „judices ac populus totius terrae Rustringiae" eine Urkunde an Bremen aus in „Ekwertherbrugge", Ehmck II p. 374 (aus Orig.).

2. Das Land Rüstringen schlofs im dreizehnten und vierzehnten Jahrhundert Verträge und ging Verbindungen ein mit benachbarten Gemeinden und Herren. Es stand bereits im zwölften Jahrhundert in einer Verbindung mit friesischen Landdistrikten zwischen der Weser und Zuiderzee, und vereinbarte mit ihnen die Satzungen, die als die Siebzehn Küren, die Vierundzwanzig Landrechte und die allgemeinen friesischen Bufstaxen in dem älteren lateinischen Text aus dem Hunsego, und in friesischen Ueberarbeitungen aus Rüstringen, Emsgo, Fivelgo, Hunsego und Westergo erhalten sind,

wie oben p. 21 erörtert wurde. Die Vereinbarungen scheinen durch
sieben Liud-wita, d. i. Volkszeugen, aus den einzelnen verbundenen
friesischen Landdistrikten seit dem Jahr 1156 zu Upstalsbom erfolgt zu sein, s. oben p. 108. In den Jahren 1323—1327 war das
Riustringalond betheiligt an der von den Westergoern durch Aufstellung der Leges Upstalsbomicae versuchten Erneuerung und Umgestaltung des Upstalsbomer Bundes und der Vereinstage zu Upstalsbom, vergleiche oben p. 469 und p. 480. — Mit der Stadt
Bremen verband sich Rüstringen näher im Jahre 1220, wie die nach
dem Original von Ehmck I p. 141 und früher von Cassel Ungedruckte
Urkunden p. 207 gedruckte Vereinsurkunde zeigt; sodann 1291, Ehmck
I p. 504 (aus Orig.), früher Lappenberg in.Urkundliche Hanse II p. 733
(aus Orig.). Mit Bremen unterhandelte es in vielen Schreiben über
Entschädigung einzelner zugefügter Verletzungen, über gegenseitigen
Besuch der Märkte und über Sicherstellung des Schiffsverkehrs auf
der Weser; siehe zwei Urkunden von 1312 Ehmck II p. 127 (aus
Orig.), Urkunde von 1315 Ehmck II p. 163, Urkunde von 1327
Ehmck II p. 283 (aus Orig.), drei Urkunden von 1334 Ehmck II
p. 373, p. 374, p. 375 (aus Orig.), Urkunde von 1345 Ehmck II
p. 517 (aus Orig.), Urkunde von 1348 Ehmck II p. 555 (aus Orig.)
und Urkunde von 1375 Ehmck III p. 435 (aus Orig.). — Mit dem
Erzbischof von, Bremen und der Stadt Bremen verhandelt
Rüstringen in Urkunde von 1295, Ehmck I p. 541 (aus Orig.), früher
Lappenberg Urkundliche Hanse II p. 733 (aus Orig.). Mehrere Vereinbarungen schloß Rüstringen mit dem Erzbischof von Bremen und
den Grafen von Oldenburg, siehe Urkunde von 1260 Ehmck
I p. 342 (aus Orig.), Urkunde von 1331 Ehmck II p. 327 (aus
Orig.), früher Cassel Ungedruckte Urkunden p. 468, zwei Urkunden
von 1348 Ehmck II p. 561 und p. 563 (aus Orig.) und Urkunde
von 1350 Ehmck II p. 594 (aus Orig.); mit den Grafen von Oldenburg in Urkunde von 1337 Ehmck II p. 424 (aus Orig.). — Mit
westfälischen Städten werden von Rüstringen zahlreiche Vereinbarungen geschlossen, die Stüve veröffentlicht hat, so namentlich
mit Osnabrück: 1304 in Wigand Westfälisches Archiv I, 4 p. 24
aus Orig.), 1306 a. a. O. p. 28 (aus Orig.), desgleichen in zwei
Urkunden um 1306 in Ehrentraut II p. 426 (aus Orig.), 1310

Ehrentraut II p. 431 (aus Orig.), in zwei Urkunden um 1310 Ehrentraut II p. 429 und p. 431 (aus Orig.), 1312 Ehrentraut II p. 432
(aus Orig.), 1314 Ehrentraut II p. 434 (aus Orig.) und 1318 Ehrentraut II p. 425 (aus Orig.). Desgleichen ging Rüstringen Verträge
ein mit Münster, Osnabrück, Vechta, Wildeshausen und
andern westfälischen Städten 1307, Wigand Westfälisches
Archiv I, 4 p. 25 (aus Orig.), 1312 mit Universis terrae Westfaliae,
Ehrentraut II p. 433 (aus Orig.). — Desgleichen traf es Vereinbarungen mit Hamburg 1291 Lappenberg Hamb. Urkb. p. 715 (aus
Orig.), und mit Groningen 1334 Driessen I p. 125 (aus Orig.).

3. Zwischen Bremen und Rüstringen wurden 1220
und 1291 regelmäfsig wiederkehrende Vereinstage zu
Elsfleth verabredet, die in den Jahren 1315 und 1334
nach dem benachbarten Haregerhorn verlegt wurden:
In Urkunde von 1220 vereinbaren Bremen und Rüstringen, dafs
zu Elsfleth zwischen Rüstringen und Bremen zweimal im Jahre,
zu Walpurgis und zu Mariae Geburt, 16 Conjurati von Rüstringen
und 16 von der Stadt Bremen zusammentreten sollen, um zwischen
Land und Stadt entstandene Streitigkeiten zu entscheiden: „sedecim
conjurati de terra et sedecim conjurati de civitate bis
in anno convenient Elsflete, videlicet in festo Walburgis
et in nativitate sancte Marie virginis, quicquid questionis ortum fuerit, per consilium utriusque partis decisuri. Hujus rei testes sunt viri honesti, per quos compositio est
ordinata, videlicet: Nanco, Thiadbrandus de Aldensum (d. i: das von
der Jade überfluthete Oldesen westlich von Tossens), Redolphus de
Witlece (vielleicht Witzale bei Ovelgönne im Kirchspiel Ovelgönne
auf dem linken Ufer der Weser), Nanno, Immo, Ziazo de Langawisc
(d. i. der verschollene Ort Wisk bei Oldesen), Liudbrandus de
Bochhorne (d. i. Bokhorn westlich von Varel), Ulricus, Edo, pugiles,
Stidolphus de Waddinke (emendire Waddince, d. i. Waddens nördlich
von Blexen an der Weser), Otmundus, Dodo de Aldegwort (Aldegwort, d. i. Eckwarden östlich der Jade bei Tossens), Bolico Ho-
vinge, Thiadbrandus de Bekem (d. i. Beke im Kirchspiel Esenshamm
an der Weser südlich von Blexen), Boyco de Hoventhorpe (d. i.
Havendorf im Kirchspiel Esenshamm an der Weser südlich von

Blexen), Everardus de Esmundeshem (d. i.·Esenshamm an der Weser südlich von Blexen), Thancte de Blekkence (d. i. Blexen an der Weser), Meinwardus de Bire (später Bur-have genannt, bei Langwarden an der Mündung der Weser in die Nordsee), Stithardus Osego, Islondus de Riwort (d. i. Ruhwarden im Kirchspiel Langwarden, westlich der Mündung der Weser) et alii quam plures." Ehmck Bremisches Urkundenbuch I p. 141 (aus Orig.), früher Cassel Ungedruckte Urkunden p. 207.

In Urkunde von 1291 wird zwischen den „Sedecim et universitas terrae Rustringiae" und der „civitas Bremensis" der vorstehende Vertrag von 1220 erneuert. Es werden seine Vorschriften über Klage und Beweisverfahren ergänzt. Es wird festgesetzt, dafs zu Elsfleth, wo zweimal im Jahr Stadt und Land zusammenkommen, die Bremer ihre Klagen gegen Rüstringer schriftlich einzureichen haben; die 16 Richter sollen dann auf den folgenden gemeinen Gerichtstagen Rüstringens, die zu Ekwarderbrück gehalten werden, entscheiden gemäfs den zwischen Bremen und Rüstringen vereinbarten Satzungen; Klagen von Rüstringern gegen Bremer werden in Bremen erledigt: „Item quicunque Bremensis contra Rustringum quaestiones movere voluerit, veniet Elsvlete bis in anno, ubi civitas et terra nostra convenient, ibique movebit omnes quaestiones suas; postquam vero motae fuerint, ponentur in scriptis, et post haec actor veniet ad proximum placitum terrae nostrae, quod nos achte vocamus, cui tunc Sedecim judicabunt secundum formam scriptam in privilegiis"... „Item si aliquis de terra nostra civem Bremensem culpaverit super debitis unius marcae vel plus, ipsum actor convincet cum uno Rustringo fide digno et uno jurato in Brema." Die Urkunde ist aus dem Original in Bremen von Ehmck Brem. Urkb. I p. 504, früher von Lappenberg in Sartorius Urkundliche Geschichte der Hanse 1830 II p. 733 gedruckt.

Im Jahre 1315, nachdem längere Streitigkeiten zwischen Bremern und Rüstringern aus den fünf an der Weser gelegenen Orten: Abbehausen, Blexen, Waddens, Burhave und Langwarden, verbunden mit Räubereien, Bränden, Gefangennehmungen, Verwundungen, Tödtungen und Verletzungen aller Art stattgefunden hatten,

erklären „judices et universitas totius terre Rustringie" zu Eckwarderbrück im gemeinen Gericht Rüstringens („aput Ekwertherbrughe in communi concilio nostro"), dafs die Bremer sich dazu
verstanden hätten, zweitausend Mark den Beschädigten zu zahlen,
dafs dadurch alle frühern und spätern Verletzungen den Bewohnern der fünf Orte gebüfst seien, und dafs die von Alters bestehenden Vereinbarungen zwischen Bremen und Rüstringen fortgelten,
doch sollten nicht wie bisher in Elsfleth, sondern in
Haregerhorn jedes Jahr zu Walpurgis und Mariae Geburt
die Bremer Rathsherrn und die derzeitigen Richter von
Rüstringerland zusammentreten, um zwischen Stadt und
Land entstandene Streitfragen zu vermitteln: „quod dictus
populus et universitas terre·nostre privilegia et constitutiones inter
terram nostram et civitatem Bremensem antea conscriptas cum
constitutionibus infrapositis secundum omnes suas clausulas debebunt perpetuo firmiter et inviolabiliter observare, eo tamen mutato,
quod, sicut abolim in Elsflete, ita amodo in Haregerhorne consules Bremenses et judices terre nostre, qui pro tempore
fuerint, annis singulis in beate Walburgis et in nativitatis sancte
Marie virginis festis convenient, ibidem· quicquid questionis inter
civitatem Bremensem et terram nostram ortum fuerit, utriusque
partis consilio amicabiliter decisuri." Ehmck II p. 163 (aus Orig.).

In einem Schreiben von 1334 aus Eckwarderbrück erklären
„judices terre Rustringie" an Bremen, dafs sie die frühern
Vereinbarungen mit Bremen durchweg beobachten und am Mittwoch
nach Walpurgis einige Geistliche nach Hargerhorn schicken
würden, um womöglich weitere beiden Theilen nützliche Punkte
zu vereinbaren: „noveritis, quod privilegia, constitutiones et
pacta a nostris dudum progenitoribus edita volumus inter nos
mutuo fideliter observare . . . Preterea in quarta feria proxima post
festum beate Walburgis predictum quosdam clericos, quibus
secreta nostra commisimus, in Hargerhorne vobis in occursum mittemus, ibidem si qua cum ipsis excogitare poteritis
utilia tractaturi." Ehmck II p. 372 (aus Orig.).

4. Der Ort Elsfleth, an dem 1220 und 1291 in vorstehender
Weise Vereinstage von der Stadt Bremen im sächsischen Wigmo-

digau mit dem friesischen Landdistrikt Rüstringen und später mit dem friesischen Landdistrikt Harlingen gehalten wurden, lag auf dem linken Weserufer in dem Theil des alten sächsischen Ammergaues, der damals den Namen Stedingen führte und zur Grafschaft der Grafen von Oldenburg gehörte. Die Grenze des sächsischen Stedingens und des friesischen Rüstringens bildete der Wasserzug, der von Ovelgönne nach Harrien bei Brake zur Weser geht und dessen Mündung in die Weser als Harrierbrake oder Lockfleth bezeichnet wird, s. unten Cap. XI. Zum sächsischen Stedingen oder, wie es auch genannt wurde, zum sächsischen Stadlande, gehörten nach dem Bremer Decanatsregister von 1420 die Kirchen zu Elsfleth, Hammelwarden, Altenhuntorf, Berne und Bardewisch. Ueber die Lage und die ältere Schreibung des Namens des Landes Stedingen vergleiche unten Cap. XI; inbetreff der Stellung des Landes Stedingen führe ich hier noch die beiden folgenden Urkunden an: In Urkunde von 1260 den 24. Februar, Michelsen Urkundenbuch von Schleswig-Holstein 1842 II p. 101 (aus Orig.), bezeugen „Consules sedecim et tota terra Rustringie“, daſs sich „Stedingi trans Huntam habitantes“ dem Erzbischof Hildebold von Bremen und der Bremer Kirche unterworfen hätten. In Urkunde von 1306 den 1. September erklären „Consules sive judices ac universi cives et incolae terrae Stedingiae ultra Huntam“, daſs, wenn die „comites in Oldenborch Johannes et Christianus compositionem, quam nobis sub sigillis ipsorum promiserunt“, verletzen sollten, sie dem Bischof von Bremen als ihrem Landesherrn huldigen würden: „Bremensis ecclesiae archiepiscopum in verum dominum et protectorem perpetuum eligemus, facturi sibi et suis successoribus unanimiter omnem justiciam, quam dicti comites in terra nostra a retroactis temporibus habuerunt... Datum Elsvlete.“ Ehrentraut Fries. Archiv II p. 353 (aus Orig.).

Der Ort Haregerhorne in Urkunde von 1315 oder Hargerhorne in der von 1334, an dem statt in Elsfleth die Vereinstage zwischen Bremen und Rüstringen 1315 und 1334 erfolgen sollten, ist an der Grenze Rüstringens zu suchen bei Harrien im Stedingerlande dicht neben Brake an der Weser, eine Meile unterhalb Elsfleth. In Urkunde von 1230: „Adicimus decimas Elffwlete (ob verlesen aus Elsvlete?) et Harengen" Hodenberg Bremer Geschichtsquellen I p. 97 (aus Orig.); in Urkunde von 1139, bei Ehmck I p. 37 (aus Orig.), kommt der Ort vor als „Horegan" und „Ut-horegan", im Stader Copiar: „Trans Huntam: decima in Kerckhamelwurden, decima in Ut-herghen", Hodenberg Brem. Gq. I p. 4 und „ultra Huntam: in Line ... in superiori villa Hammelwurden ... in Kerkhamelwurden ... in Ut-harghenn ... et in Myddelst-harghenn ... in Golszwordenn" etc. Hodenberg a. a. O. p. 14; „in Ut-harynghen ... in Myddelsz-harynghen ... in Golszworden" etc. p. 34, und „ultra Huntam: in superiori villa Hermhuszenn, Hamelwurdenn ... in Ut-harynghe ... et in Middels-harynghe" etc. p. 66 und p. 89. In van der Spekens Lagerbuch der Grafen von Oldenburg von 1428: „In deme Stedinghlande ... to Elsvlete ... up dem Linersande ... to Ouest (em. Ouerst) -Hammelwerden ... to Hammelwerden up den sande ... to Kerk-hamelwerden de halve teghede hord der herscup bi ener siid des dorpes und de teghede to Lutken-Herghen hort der herscup." Ehrentraut Fries. Archiv I p. 463. Eine Strömung, die von Ovelgönne nach Brake geht und bei Harrien in die Weser mündet, heifst jetzt die Harrierbrake oder das Lockfleth, s. Kohli Oldenburg 1824 I p. 66 und II p. 98 und p. 101. Nach Harrien ist heute noch eine kleine bewohnte Insel in der Weser, das Harriersand, benannt. Der Name „horn" in Hareger-horn erklärt sich aus „herne" Ecke, Winkel; vergleiche „herne" im Friesischen Wörterbuch p. 811.

5. Die Theilnehmer der Versammlung zu Elsfleth. — In ganz ähnlicher Weise wie nach den Erörterungen oben p. 370 einzelne friesische Landdistrikte im zwölften, dreizehnten und vierzehnten Jahrhundert sich verbanden und deswegen Jurati oder Judices als Vertreter nach Upstalsbom sendeten, verband sich die sächsische Stadt Bremen mit dem friesischen Landdistrikt Rüstringen und verabredete in den Jahren 1220 und 1291 Vereinstage zu Elsfleth sowie 1315 und 1334 zu Haregerhorn.

Im Jahr 1220 sollten 16 Conjurati de terra und 16 Conjurati de civitate zweimal im Jahr zu Elsfleth zusammentreten, s. oben p. 557. In der Urkunde von 1291, oben p. 558, ist nur gesagt „Elsvlete bis in anno ... civitas et terra nostra convenient", ohne Angabe, wer die Vertreter von Bremen und Rüstringen sein sollten. In der Urkunde von 1315, oben p. 558, ist näher angegeben, daſs Bremer Rathsherren und Richter aus Rüstringen es seien, die zweimal im Jahr zu den regelmäſsigen Versammlungen in Haregerhorn zusammentreten sollten: „sicut abolim in Elsflete, ita amodo in Haregerhorne consules Bremenses et judices terre nostre, qui pro tempore fuerint, annis singulis in beate Walburgis et in nativitatis sancte Marie virginis festis conveniunt." In der Urkunde aus dem Jahr 1334 erklären die Rüstringer nur, einige Geistliche nach Hargerhorn entsenden zu wollen, um weitere Satzungen zu vereinbaren: „quosdam clericos, quibus secreta nostra commisimus, in Hargerhorne Vobis in occursum mittemus," s. oben p. 559. Die Urkunde von 1291 sagt, daſs, wer klagen will aus Bremen gegen Rüstringer oder aus Rüstringen gegen Bremer, nach Elsfleth zu den beiden jährlichen Landesversammlungen kommen und bei ihnen seine Klage schriftlich einreichen solle, in der dann in Rüstringen zu Eckwarderbrück in dem gemeinen Gericht des Landdistrikts zu erkennen sei. Von einer Gau- oder Volksversammlung ist hier so wenig die Rede als in Upstalsbom. Es treten zweiunddreiſsig Personen aus beiden verbundenen Gemeinden zusammen, sechzehn aus dem Lande Rüstringen und sechzehn aus der Stadt Bremen. Ueber den Zweck ihres Zusammenkommens siehe No. 6.

6. Zweck der Versammlung zu Elsfleth. — Daſs die sechzehn Richter Rüstringens für das Land Rüstringen mit Bremen Verträge abschlossen, zeigen die oben p. 555 angeführten Urkunden unmittelbar; sie vereinbaren in ihnen in wesentlichen Punkten neues Recht, nach welchem Streitigkeiten zwischen der Stadt Bremen und dem Lande Rüstringen sowie zwischen einzelnen Rüstringern und Bremern entschieden werden sollten, bestimmen die Höhe von Wergeldern, Buſsen, Friedensgeldern und Strafen, geben Satzungen über Beweisverfahren, schlichten entstandene Streitigkeiten Einzelner. Die angeführten Urkunden heben dies auf das Klarste hervor. Die Urkunde von 1220 sagt, nachdem sie eine Reihe Rechtssatzungen aufgestellt hat, daſs in der Folgezeit Vereinstage in Elsfleth für ihre Anwendung sorgen sollen „sedecim conjurati de terra et sedecim conjurati de civitate bis in anno convenient Elsflethe." Die Urkunde von 1291 hebt hervor, daſs man die früher vereinbarten

Rechtssatzungen in manchen Punkten abändere, weil sie sich mehrfach als ungenügend erwiesen hätten: „quod cum privilegia, inter civitatem Bremensem et terram nostram per progenitores nostros pro conservatione pacis et concordie tradita, essent in aliquibus defectiva, nec esset satis lucide expressum in loco illo, ubi tangitur de excessibus manifeste vel non manifeste commissis, qualiter actor reum convincere et reus evadere deberet, et ne super hoc nobis ex utraque parte libera tribueretur erroris facultas et per consequens dissensionis materia, concordavimus cum consulibus et civibus predicte civitatis Bremensis et ordinavimus in hunc modum." Ehmck I p. 505 (aus Orig.). Und in Urkunde von 1315 erklären die „Sedecim et universitas totius terre Rustringie": „volumus etiam constitutiones de raptoribus et lesoribus in aliis litteris inter civitatem Bremensem et terram nostram conscriptis positas cum premissis in suo robore perpetuo permanere. Porro ut pax et amicitia inter civitatem Bremensem et populum sepedictum ac universam terram nostram in perpetuum inviolabiliter perseverent, statuimus et ordinavimus, quod ... Adicimus etiam supradictis, quod si cives Bremenses in posterum pro firmiori pace et concordia constitutiones alias invenire et excogitare poterint, eas similiter approbabimus et ratas ac perpetuas nostri sigilli munimine faciemus." Ehmck II p. 162 (aus Orig.). Uebereinstimmend erklären die Richter an Bremen 1334, dafs die vereinbarten Satzungen fortbestehen, dafs aber von ihnen dazu bevollmächtigte Geistliche suchen sollen, auf dem Vereinstage zu Hargerhorn ihren Inhalt zu verbessern; vgl. oben p. 559.

Neben den Gerichtsversammlungen Rüstringens zu Eckwarderbrück erwähnen die Urkunden von 1220 und 1291 specieller Vereinstage, die zwischen Rüstringen und Bremen zu Elsfleth, und erwähnen die Urkunden von 1315 und 1334 specieller Vereinstage, die zu Haregerhorn erfolgen sollen. Indem Bremen und Rüstringen in nähere Verbindung treten, durch die der Friede in beiden Landdistrikten gewahrt werden soll, wie oben p. 472 unter No. 1 besprochen wurde, und beide Gemeinden sich verpflichten, in ihrem Bereich den Angehörigen der andern Gemeinde denselben Rechts-

36*

schutz zu verschaffen, der ihren eigenen Angehörigen zusteht, sehen sie sich veranlaßt, regelmäßige Vereinstage zu Walpurgis und zu Mariae Geburt (d. i. den 1. Mai und den 8. September) zu Elsfleth zu halten und sie mit je 16 Bevollmächtigten zu beschicken. Dieser Versammlung sollen Bremer und Rüstringer, die gegen die andere Gemeinde klaghaft werden wollen, ihre Klage schriftlich einreichen, damit sie durch das Gericht der Gemeinde entschieden wird; s. oben p. 558.

B. Versammlungen Bremens und Harlingens in Elsfleth.

Das alte Herloga oder das spätere Harlingen vereinbarte, wie Rüstringen, im Jahr 1237 und 1289 mit Bremen Vereinstage zu Elsfleth.

Im Jahre 1237 den 22. März schließt das Land Harlingen mit der Stadt Bremen einen Vertrag, der nach dem in Bremen aufbewahrten Original in Ehmck Brem. Urkb. I p. 236 und früher in Lappenberg Urkundliche Hanse II p. 714 gedruckt ist. Er stimmt fast wörtlich mit dem oben p. 557 besprochenen Vertrage überein, den die Stadt Bremen 1220 mit dem Lande Rüstringen einging. Inbetreff der Vereinstage wird 1237 vereinbart, daß jährlich an Walpurgis (d. i. den 1. Mai) und zu Mariae Geburt (d. i. den 8. September) sechzehn Conjurati de terra und sechzehn Conjurati de civitate zu Elsfleth an der Weser zusammentreten sollen, um über gemeinsame Angelegenheiten zu berathen: „sedecim conjurati de terra (Herlingie) et sedecim conjurati de civitate (Bremensi) bis in anno convenient Elsflete, videlicet in festo Waltburgis et in nativitate sancte Marie virginis, quicquid questionis ortum fuerit, per consilium utriusque partis decisuri. Hujus rei testes sunt viri honesti, per quos compositio est ordinata, videlicet Siboldus Ricoldigge, Hero Wigerdinge, Beve de Pattenze (unbekannt), Uffo, Harlingi, Wibertus de Accum (d. i. Wester-Accum nordwestlich von Esens), Menze de Ekgelin (d. i. Kirchdorf Eggelingen östlich von Esens), Weringer, Woltbrandus sacerdos de Orten (d. i. Ortzum, das Kirchdorf Ortzum lag an der Otzumer Balge zwischen Spikeroog und Langeroog) et alii quam plures", Ehmck Brem. Urkb. I p. 237 (aus Orig.).

In Urkunde vom 8. Juli 1289 erklären „Embo et Hayco ceterique conjudices eorum necnon et consules ac tota universitas Herlingiae" den Consuln von Bremen, daß sie ihnen die Vereinbarungen von 1237 vorgelegt hätten und an ihnen festhalten wollten: „cupimus ... declarare de statutis, que facta sunt inter civitatem Vestram ex una parte et terram nostram ex altera, firmiter ac inviolabiliter una Vobiscum ... observare et sunt nobis presentata sub sigillo Vestre civitatis per hec verba", Ehmck I p. 490 (aus Orig.). Es wird darauf in der Urkunde von 1289 die frühere von 1237 wörtlich eingerückt und dadurch das Fortbestehen der Vereinstage zwischen Harlingen und Bremen zu Elsfleth bezeugt. Am Schluß der Urkunde wird über Erlaß des Wergeldes für einen zu Wester-Accum von einem Bremer Bürger erschlagenen Harlinger verhandelt.

Im Jahre 1310 den 5. August vereinbarten die Richter des Harlingerlandes mit der Stadt Bremen zu Esens eine Reihe von Rechtssatzungen, um den Frieden zwischen Harlingen und Bremen in ersehnter Weise dauernd aufrecht zu erhalten. Es wurde ein Wergeld von 20 Bremer Mark Silber festgesetzt, eine Buße von 10 Mark für Verlust von Auge, Fuß oder Hand, von 5 Mark für Lähmung einer Hand, von 2½ Mark für Verletzungen von Fuß oder Hand, es wurden über Beraubungen, über Schiffbrüche, über Käufe, über Verfolgung von Schuldforderungen, über Bestrafung und das gegenseitige Beweisverfahren nähere Vereinbarungen getroffen. Die Urkunde ist nach dem Original in Bremen in Ehmck Brem. Urkb. II p. 113, früher nach einer Copie in Cassel Ungedruckte Urkunden p. 234 veröffentlicht. Ihr Eingang lautet: „Universis Christi fidelibus hanc litteram visuris Hayo Ewana, Herro Haykana et Ulferus Edena, enunciatores terre Herlingie et eorum conjudices universi in eadem terra Herlingie constituti salutem ... cupimus esse notum, quod propter pacem et concordiam, quam inter nostram terram et civitatem Bremensem desideramus perpetuis temporibus observari, de communi consensu omnium proborum virorum terre nostre statuimus infrascriptos articulos in perpetuum observandos: si quis evidenter occisus fuerit etc. Facta sunt haec, ubi presentes eramus nos judices terre Herlingie antedicti necnon discreti viri Tammo viceprepositus nostre terre, Focko Ymelonis frater suus, Hayo Wiardinga, Reynardus Everdinga, Betto Idinga et plures alii fide digni. In quorum omnium testimonium sigillo terre nostre roboravimus presens scriptum. Datum Eselingis" (d. i. Esens). Ehmck II p. 113.

Im Jahre 1358 den 8. September erneuern Harlingen und die Stadt Bremen wörtlich die 1310 zur Erhaltung des gegenseitigen Friedens aufgestellten Rechtssätze. Die Urkunde ist aus dem Original in Bremen in Ehmck Brem. Urkb. III p. 101 und in Friedländer Ostfries. Urkb. I p. 78 gedruckt, früher nach einer Copie in Cassel Ungedr. Urk. p. 244 veröffentlicht. Der Eingang der Urkunde lautet: „Universis Christi fidelibus hanc literam visuris seu audituris Mamme Eyben, Volquardus Wygerdessen, Tadiko Eyben, enunciatores terre Herlingie et eorum conjudices universi in eadem terra Herlingie constituti salutem etc. Facta sunt hec ubi presentes eramus nos judices terre Herlingie antedicti ...... necnon discreti viri dominus Eylwardus viceprepositus terre nostre, Hero Eylwardessen, Siboldus Unnen, Juncge Mensen, Menso Wibeten et plures alii fide digni. In quorum omnium testimonium sigillo terre nostre roboravimus presens scriptum. Datum Eselinge." Ehmck III p. 101 (aus Orig.).

C. Vereinbarungen zwischen Bremen und Astringen zur Wahrung des Landfriedens.

In Folge von Ermordungen und Beraubungen von Astringern durch Bremer vereinbarte zu Jever die Stadt Bremen am 19. März 1306, zur Herstellung des Friedens, mit dem friesischen Landdistrikt Astringen Rechtssätze, die zwischen beiden gelten sollten. Die Urkunde darüber ist nach dem Original in Bremen in Ehmck Brem. Urkb. 1873 II p. 66, früher nach einer Copie in Cassel Ungedruckte Urkunden Bremen 1768 p. 225 veröffentlicht. Ihr Eingang lautet: „Meyo Tamana ac universi conjudices sui, Sedecim nuncupati, in terra Astringie constituti... cupimus esse notum, quod cum inter terram nostram ex parte una et civitatem Bremensem ex altera super occisione Herderici Elleken, facta ab illis de Blomendal, et super quibusdam bonis nostrorum conterraneorum spoliatis ibidem dissensionis materia fuisset exorta, tota predicta discordia de labore discretorum virorum Meyonis Tamana, Hilderici filii sui et Hilderici de Lovenerze (unbekannt) junioris, nostrorum conjudicum,

Alexandri de Nigemborch, Eylardi Winman, Meynberni de Tivera
et Hildewardi de Arsten civium Bremensium ad pacem et concordiam amicabiliter est deducta. Qui quidem amicabiles com-
positores de beneplacito et consensu nostre terre et tocius civitatis
Bremensis, ut concordia inter nos perpetuo maneat et perduret, ordinaverunt infrascriptos articulos inter terram nostram
et civitatem Bremensem jamdictas perpetuis temporibus
inviolabiliter observari"... Datum Geveris". Ehmck II p. 66.
Die Bestimmungen der Urkunde über Wergeld, Bußen für Körper-
verletzungen, Beraubungen, Schiffbrüche, Käufe, Einklagung von
Schuldforderungen, gegenseitiges Beweisverfahren und Bestrafung
stimmen fast wörtlich mit denen überein, die im Jahre 1310 die
Stadt Bremen mit dem friesischen Landdistrikt Harlingen vereinbarte,
vgl. sie oben p. 565 unter B.

In Urkunde vom 29. März 1318 bestätigen und erneuern die
Astringer für alle Folgezeit die 1306 mit Bremen vereinbarten
Rechtssatzungen: „Honorabilibus viris et discretis consulibus civitatis Bremensis Oyco Ricaldinga et sui conjudices dicti Sedecim
necnon universitas terre Astringie... cupimus fore manifestum, quod pacta et conventiones ac statuta privilegiis et litteris
inter terram nostram et civitatem Vestram roborata secundam omnes
suas clausulas volumus perpetuis temporibus inviolabiliter observare
Vestrosque concives in Loppelde (unbekannt) ac aliis locis terre
nostre, ubicumque possumus, securare et a quavis injuria defensare
nec contra tenorem supradictorum privilegiorum in eos exactionem
indebitam exerceri in locis supradictis aut aliqualem inferri injuriam
permittemus. Ne ergo per recidivum temporis lapsum presens
compositio in oblivionem deducatur, eandem presentis scripti munimine roboramus nostro sigillo eandem consignantes", Ehmck Brem.
Urkb. II p. 185 (aus Orig.).

Wie im Jahre 1324 in Urkunde vom 5. Juni die Judices terrae
Astringiae (d. i. die des Jeverschen Astringen) neben den Judices
von Harlingen, Nordenerland und Emsigerland zu Upstalsbom Streitigkeiten zwischen der Stadt Bremen und dem Landdistrikt Rüstringen
vermittelten, um den Frieden im Lande herzustellen, ist oben p. 472
angeführt; und oben p. 464 in §. 11 ist erörtert, wie in Urkunde vom

10. Februar 1327 die Astringer sich gegen den Grafen Wilhelm von Holland vertheidigten: durch den Besuch der Upstalsbomer Vereinstage hätten sie in keiner Weise die Westergoer an der Zuiderzee gegen ihn empörerisch unterstützen wollen, wie sie denn selbst von Rechtswegen Unterthanen der Grafen von Oldenburg wären und willens seien, das stets zu bleiben; die Aufgabe der Upstalsbomer Verbindung sei Herstellung des gestörten Friedens in Friesland. Astringen war wie Rüstringen und Harlingen mit andern friesischen Landdistrikten bis zur Zuiderzee zur Wahrung des Landfriedens verbunden, war es zu gleichem Zweck wie diese beiden mit der Stadt Bremen; während aber Richter aus Rüstringen und Harlingen mit Rathsherrn aus Bremen zur Erreichung jenes Zwecks zu Elsfleth und Haregerhorn in Vereinstagen zusammenkamen, finden wir das zwischen Astringen und Bremen nicht erwähnt. In Upstalsbom treten die Judices von Astringen, wie die von Rüstringen und Harlingen, mit denen anderer friesischer Landdistrikte zusammen.

D. Vereinbarungen von Bremen mit Nordenerland und Emsigerland zur Erhaltung des Landfriedens.

Am 21. April 1255 schliefst die Stadt Bremen nach längern Streitigkeiten mit dem Nordenerland und dem Emsigerland Frieden und setzt fest, dafs Raub nach Rückgabe des Geraubten mit einem Friedensgeld von 100 Münsterschen Mark gebüfst werden soll. Für einen Getödteten wird ein Wergeld von 16 Mark festgesetzt; Lähmungen, Verstümmelungen, Verwundungen, Schläge sollen gebüfst werden nach dem Recht des Orts, an dem sie erfolgen. Die Friesen wollen in aller Weise Erhaltung des Friedens im Lande befördern, sie seien Menschen und keine Engel („quidam excedant et satisfaciant, quia homines sumus et non angeli"). Die Urkunde ist in Ehmck Brem. Urkb. I p. 306 nach dem Original gedruckt, an dem zehn Siegel hängen, aus ihm in Friedländer Ostfries. Urkb. I p. 19; früher hatten sie Cassel Ungedr. Urk. p. 211 und Suur Klöster in Ostfriesland 1838 p. 149 nach einer Copie veröffentlicht. Sie beginnt: „abbas de Frebestum (d. i. Freepsum nördlich von Emden), prepositus de Langhene seu Sigeberch (d. i. Langen bei Emden), prepositus de Insula (d. i. Aland nördlich von Emden bei Wirdum), decanus de Emetha (d. i. Emden), decanus de Uttem (d. i. Uttum nördlich von Emden), decanus de Hint (d. i. Hinte nördlich von Emden), abbas de Norda (d. i. von Norden), abbas de Scola dei (d. i. von Kloster Ihlo im Kirchspiel Weene nordöstlich von Emden)[1]), consules et tota plebs Emesgonie et Nordensium universis presentem paginam inspecturis eterne beatitudinis premia sempiterna. Cum... semper pacem pro posse nostro cum omnibus servare decreverimus, scire volumus.., quod omnis dissensio, que dyabolo inter civitatem Bremensem ex una parte et terram nostram ex altera fuit exorta, perpetua composicione est sopita nec aliquatenus infringi debet, sed sine fine vigere. Verumptamen si aliquis ex nostratibus pacem spoliando infregerit, spolium restituet et cum amicis suis centum marcis Monasteriensis monete, marca per XII solidos numerata, in dimidio anno post spolium excessum suum emendabit, ad quod compellemus eundem. Cujus emende medietatem civitas Bremensis et terre nostre decani consulesque recipient. Alioquin parrochia, de qua nefas perpetratum esse dinoscitur, tamdiu divinis, sicut per arbitrium elegerimus, carebit, donec spolium sit restitutum et centum marce jamdicte persolute. Item quicumque de nostratibus ex infortunio, sive extra terram sive intra terram, aliquem de Bremensibus occiderit, si dijudicatur, nulla sequetur emenda; si vero dijudicatus non fuerit, XVI marcis prefate monete occisum reddet. Item si quispiam ex nostratibus quempiam de burgensibus Bremensibus mutilaverit, debilitaverit, vulneraverit, alapas dederit vel alio quocumque modo inhoneste tractaverit, ubicumque locorum acciderit, prout justicia ejusdem loci requirit, emendabit." Und zum Schluss: „Ut autem

---

[1]) Das Kirchspiel Weene lag nicht in der Münsterschen, sondern mit dem aus dem alten Pagus Asterga ausgeschiedenen Auricherland in der Bremer Diöcese. Auricherland aber war in politischer Beziehung seit der Mitte des dreizehnten Jahrhunderts mit dem der Münsterschen Diöcese zugetheilten von dem alten Pagus Emesga getrennten Brokmerland verbunden, vgl. oben p. 322 ff. Die Geistlichen, die 1255 neben den Richtern des Emsigerlands und Nordenerlands mit der Stadt Bremen den Vertrag schliefsen, sind sämmtlich aus dem zur Münsterschen Diöcese gehörenden Emsigerland mit Ausschlufs des Abts Winand aus Norden im zur Bremer Diöcese gerechneten Nordenerland und des Abts Menco aus Kloster Ihlo im Auricherland in der Bremer Diöcese.

hec compositio tam laudabilis rata et inconvulsa sine fine perseveret, presentem paginam conscribi fecimus et sigillis nostris roborari" etc., Ehmck I p. 306.

Am 25. Juli 1269 werden zu Norden die Rechtsvereinbarungen des Nordenerlandes und Emsigerlandes mit der Stadt Bremen vom 21. April 1255 durch von beiden Theilen zusammengetretene Bevollmächtigte erneuert und vervollständigt, nachdem der Friede durch längere Streitigkeiten schwer gestört gewesen war. Die Urkunde ist nach dem Original in Bremen gedruckt in Ehmck Brem. Urkb. I p. 381, früher von Lappenberg in Urkundliche Hanse II p. 725, aus Ehmck in Friedländer Ostfries. Urkb. I p. 21. Sie lautet: „... cum compositio, que olim inter cives Bremenses ex una et Emesgones ex parte altera facta fuit, emergentibus quibusdam casibus fuisset per quandam gravem discordiam interrupta, et predictarum partium sollempnes nuncii in Norda apud domum fratrum predicatorum ad concordandam hujusmodi discordiam convenissent, tali modo inter partes exstitit concordatum: ut forma compositionis antique, prout in litteris exinde confectis expressius continetur, inviolabiliter observetur, hoc addito de novo vel potius innovato, ut, quicumque formam bujus compositionis et concordie in posterum presumpserint violare, omnes penas sine refragatione luant et emendas faciant, que in eisdem litteris exprimuntur delinquentibus infligende. Preterea si qui vel si quis de terra universe Emesgonie ausus vel ausi fuerint infringere pacem et hujusmodi compromissum, centum marce Monasteriensis monete, duodecim solidis pro marca computatis, dabuntur de terra Emesgonie domino Monasteriensi episcopo et civitati Bremensi, ita quod quinquaginta recipiet episcopus, et civitas quinquaginta. Si vero cives Bremenses venerint contra pacem et infregerint compromissum, iidem dabunt centum marcas juxta computationem predictam, quarum medietatem, videlicet quinquaginta marcas, dominus Bremensis archiepiscopus recipiet, et terra Emesgonie quinquaginta. Porro si in predicta discordia aliqua homicidia vel vulnera seu quecumque lesiones corporum aut dampna cuiquam e partibus acciderunt, omnia per innovationem hujusmodi compositionis in bona concordia sunt sedata, ut omnis dissensionis materia de cetero conquiescat.... Actum in Norda ...", Ehmck I p. 381.

Den Vereinbarungen, die Bremen 1269 mit Nordenerland und Emsigerland abgeschlossen hatte, zur Beilegung der längern gegenseitigen Kämpfe, ist in einer besondern Urkunde vom 29. Juli 1269 der kleine anderweitig mit dem Emsigerland eng verbundene Landdistrikt der Federgoer beigetreten. Die Urkunde sagt: „Nobilibus viris ac honestis scabinis et burgensibus civitatis Bremensis consules et universitas Federgonum quicquid possunt pacis et honoris. Relatione proborum et discretorum intelleximus, quod compositio laudabilis et honesta dudum inter Vos et omnes Emesgones ordinata, que a civibus in Emetha... extitit violata, mediantibus fratribus in Norde de consilio ceterorum discretorum sit laudabiliter renovata, quare litteras has honestati Vestre dignum duximus destinandas, grates immensas Vobis referentes, quod delictum civium predictorum in Emetha nostris hominibus Vestram civitatem visitantibus numquam imputastis, sed pacifice semper pertractastis, significantes Vobis, quod quantum in nobis, tam primam compositionem quam secundam consilio et auxilio... libentissime volumus roborare et perpetuo firmiter observare... Datum Utthem“ (d. i. Uttum nördlich von Emden), Ehmck Brem. Urkb. I p. 383 (aus Orig.), aus ihm Friedländer Ostfries. Urkb. I p. 23. Ueber die in der Urkunde vom 29. Juli 1269 von den Federgoern mit der Stadt Bremen vereinbarten Punkte hatten sich die Emsiger und Nordener bereits in Urkunde vom 25. Juli 1269 mit Bremen verständigt. Es sind in ihr die Worte eingerückt: „Quia vero consulibus et universitate Federgonum ignorantibus et absentibus predicta concordia facta fuit, ipsi postmodum per suas patentes litteras sunt protestati, se velle predictam formam compositionis inviolabiliter observare“, Ehmck I p. 382 (aus Orig.). Ueber die Verhältnisse der Federgoer s. unten Cap. X.

In zwei Urkunden, vom 4. August und 7. September 1310, die fast wörtlich mit einander übereinstimmen, erklären die Nordener, einen dauernden Frieden mit der Stadt Bremen verabredet und zu seiner Erhaltung eine Reihe von Sätzen als geltendes Recht aufgestellt zu haben. Die Rechtssätze, die die beiden Urkunden enthalten, stimmen fast wörtlich mit denen überein, die in Urkunde von 1306 zwischen Bremen und Astringen und 1310 zwischen

Bremen und Harlingen zur Erhaltung des Friedens aufgestellt sind,
s. oben p. 566 und p. 565 unter C und B. Die beiden Urkunden von
1310 druckt nach dem Original Ehmck Brem. Urkb. II p. 111, aus
ihm Friedländer Ostfr. Urkb. I p. 39, früher nach einer Copie Cassel
Ungedr. Urk. p. 230. Der Eingang der Urkunden von 1310 lautet:
„Universis hanc litteram visuris ... Hunno dictus Onnenga orator
terre Nordensis cum suis cocis et consulibus, videlicet
Ometato dicto Mertenes, Eylbrando dicto Eylbrandesna, Thyadolfo
dicto Uldenga, et Bettone dicto Hinkena ... cupimus esse notum,
quod propter pacem et concordiam, quam cum civitate Bremensi et
civibus ibidem desideramus perpetuis temporibus observare, statuimus infrascriptos articulos inter terram Nordensem et civitatem Bremensem perpetuis temporibus inviolabiliter observandos
... Facta sunt hec de consensu et voluntate honestorum virorum
advocatorum Martini dicti Aldela, Kenonis dicti Kenesna et Mennonis
dicti Mennenga cum consilio Scitati dicti Ulrekesna, Swiththardi
dicti Godinga et Tyonis Ebbena ... Datum Norde.‟ Ehmck II p. 111
(aus den Originalen).

In Urkunde vom 1. August 1313 erklären „advocati et consules
tocius terre Nordensis‟, dafs von Bremen für einen dort erschlagenen Nordener ein Wergeld von 20 Mark gezahlt sei, wie es 1310 zwischen Bremen und Nordenerland verabredet worden war, und dafs in
Folge dessen „firma sona et compositio‟ zwischen der Stadt und
dem Nordenerland abgeschlossen sei. Die Urkunde druckt nach dem
Original Ehmck Brem. Urkb. II p. 137, aus ihm Friedländer I p. 43.

Im Jahr 1367 verständigen sich nach zwei Urkunden vom
26. und 29. Juni Nordenerland und Bremen nach längern Streitigkeiten und erklären, die in der Urkunde von 1310 zur Wahrung des
Friedens zwischen Bremen und Nordenerland aufgestellten Rechtssätze als geltend anzuerkennen. Die Urkunden sind nach dem
Original in Bremen in Ehmck Brem. Urkb. III p. 257 und 259, sowie
in Friedländer Ostfr. Urkb. I p. 95 gedruckt.

Die Vereinbarungen, die in dieser Weise die Stadt Bremen mit
dem Nordenerland eingegangen ist, zeigen, wie sie in den Jahren
1255 und 1269 dauernden Frieden mit dem Nordenerland und dem
Emsigerland herzustellen strebte, und wie sie seit 1310 mit dem

Nordenerland zu Friedensvereinbarungen kam, die denen mit Astringen
und Harlingen vollkommen entsprechen. Jährliche Vereinstage verabredete Bremen dabei so wenig mit Nordenerland wie mit Astringen.
Daſs die Richter von Nordenerland wie die von Astringen, Harlingen
und Emsigerland 1324 zu Upstalsbom beflissen waren, Streitigkeiten
zwischen Bremen und Rüstringen beizulegen, ist oben p. 472 erörtert.

§. 28. Deutsche Vereinstage.

1. Lübeck und Hamburg.

Nach Urkunde ohne Jahr, die Lappenberg Hamburger Urkundenbuch p. 335 ums Jahr 1210 setzt, die nach dem Lübecker Urkundenbuch I No. 31 vor 1226, nach Koppmann Hanserecesse 1870 I
p. XXXII erst um 1230 ausgestellt ist, gewährt Hamburg den
Lübecker Bürgern in Hamburg beim Verkauf ihrer Waaren denselben Frieden, den die Hamburger genieſsen: „Advocatus et
consules universi et commune civitatis in Hammenborch . . .
amiciciam et dilectionem mutuam, hactenus inter Vos et nos habi-
tam ⸗ . . . de cetero volumus conservare. Inde est . . . , quod jus
nostrum et jus Vestrum esse, et esse debet et vice versa, ita ut
Vestri burgenses cum bonis suis, sine occupatione in civitatem
nostram deductis, in nostra civitate per omnia in ea p a c e et
securitate gaudere debent, qua nostri burgenses cum bonis ipsorum
frui dinoscuntur“ Lappenberg Hamburger Urkundenbuch p. 335
(aus Copie). — In Urkunde von 1241 erklären „Advocatus, consilium
et commune Hammenburgensis civitatis“, daſs das Recht, welches
in Hamburg besteht inbetreff dessen, qui proscribitur, d. i. dessen,
der für friedlos erklärt wird, auch für die Lübecker gelten soll.
Lappenberg Hamb. Urkb. p. 446 (aus Orig.). — In Urkunde von
demselben Jahre vereinbaren Lübeck und Hamburg, daſs sie gemeinsam die Kosten tragen wollen, die erforderlich sind, um die
Lübecker und Hamburger gegen Tödtungen und Verletzungen zu
schützen zwischen Travemünde und Hamburg und von Hamburg
auf der Elbe bis ins Meer hinab. Lappenberg Hamb. Urkb. p. 447
(aus Copie). — In Urkunde von 1255 den 18. März verständigen
sich Lübeck und Hamburg über gleichmäſsige Münze. Lappenberg
Hamb. Urkb. p. 487 (aus Copie). — In Urkunde von 1255, den

25. Juni, vereinbaren Hamburg und Lübeck, daſs sie sich gegenseitig unterstützen wollen, sodaſs, wenn irgend wer einem von ihnen Schaden zufügt, sie die Hülfe des andern gegen ihn zu beanspruchen haben. Es wird dies auf drei Jahre als in Oldesloe (liegt zwischen Lübeck und Hamburg) vereinbart bezeichnet, soll aber fortbestehen, wenn es sich als zweckdienlich ausweist. Dabei wird angegeben, in welcher Weise die Lübecker und Hamburger von einander Beistand zu verlangen haben: Es sollen, wenn eine Beleidigung erfolgt ist, Nuncii mit Briefen von der beleidigten Stadt an den, der sie beleidigt hat, geschickt werden. Erreichen sie keine Genugthuung, so sollen gemeinsame Nuncii von beiden Städten zu dem, der den Schaden oder die Beleidigung zugefügt hat, sich begeben. Erreichen auch diese nicht Abstellung und Entschädigung, dann wollen sie zusammentreten und gemeinsam erwägen, was zu thun sei, und ihren Beschluſs darauf den Consules beider Städte mittheilen. Diese sollen dann, als wenn es sie selbst beträfe, die Maſsnahmen beschlieſsen, die zu ergreifen sind; und was die Mehrheit beschlieſst, das muſs ausgeführt werden und zwar auf gemeinsame Kosten, von ihnen trägt die eine Hälfte Hamburg, die andere Lübeck. Keine Stadt soll für sich, ohne das Interesse der andern gewahrt zu haben, mit dem Gegner ein Abkommen treffen. — Die Art wie die Verständigung zwischen beiden Städten herbeigeführt werden soll, ist für die Erkenntniſs des Wesens der friesischen Vereinstage lehrreich. Es sind nicht wie in Upstalsbom bestimmte Vereinstage verabredet, die jährlich wiederkehren sollen, sondern es sollen im einzelnen Fall die Städte gemeinsame Nuncii an den der sie beleidigt hat, schicken, um Abstellung der Beleidigung zu erwirken. Erreichen sie nichts, so sollen wir zusammenkommen und beschlieſsen, was zu thun sei: „Si idem nuncii proficere non poterunt, tunc convenire debemus et·sanum super eo habere consilium, quod nobis proinde expediat faciendum et quidquid hiis, qui conveniunt, videbitur expedire, deferendum est ad omnes consules utriuscunque civitatis, tam novos quam antiquos." Wer hier zusammentritt, ist nicht unmittelbar gesagt: „convenire debemus", und die Urkunde ist ausgestellt von „Advocatus, consilium et commune civitatis Hammemburgensis". Die Versammlung der Zusammengetretenen wird nicht

mit einem bestimmten Namen belegt. Sie treten zusammen, „conveniunt", ihr Conventus wird dem entsprechen, was in Friesland als „Coetus" bezeichnet wird. Sie erwägen die Sache, theilen das Ergebnifs ihrer Erwägung den gesammten Räthen beider Städte mit: „quidquid hiis qui conveniunt, videbitur expedire, deferendum est ad omnes consules utriuscunque civitatis, tam novos quam antiquos"; und der Rath fafst dann einen Majoritätsbeschlufs: „et quidquid major pars decreverit faciendum, id simul inire debemus et in communi expensa, sive magne fuerint expense sive parve." Erörtert wird noch, wie entstehende Uneinigkeiten zwischen Hamburg und Lübeck zu behandeln sind. Die sich verletzt glaubende Stadt kann verlangen, dafs zu ihr bestimmte von ihr bezeichnete Consules der andern Stadt kommen, und dafs mit diesen eine Verständigung herbeigeführt wird. Die Consules haben so lange zu verweilen, bis ihr Versuch gelungen ist. Es wird erwähnt, wie die Urkunde von 1255 zu Oldesloe zu Stande gebracht ist. Dabei heifst es „apud Odeslo, ubi hec placita confederationis finaliter fuerunt terminata", d. i. wo diese Beschlüsse der Confoederatio zu einem Ziel geführt wurden. Lappenberg Hamb. Urkb. p. 489 (aus Orig. in Lübeck). — Ueber das Verhältnifs von Hamburg zu Lübeck vergleiche auch Urkunden von 1243, 1244 und 1248, die Lappenberg im Hamb. Urkb. anführt und von denen die beiden ersten abgedruckt sind in Lappenberg Urkundliche Hanse II p. 47 und p. 48; es geben die Grafen von Holland und die Bischöfe von Utrecht den Kaufleuten von Hamburg und Lübeck Geleit in ihr Land und bestimmen die Zölle, die sie zu zahlen haben.

2. Bremen und Hamburg.

In Urkunde von 1259 den 22. Februar danken Vogt, Rath und Bürger zu Bremen denen zu Hamburg für den ihren Kaufleuten versprochenen Schutz und versprechen ihnen Frieden und Sicherheit. Die Urkunde, gedruckt in Lappenberg Hamb. Urkb. p. 522, sagt: „Advocato, consulibus et universis civibus in Hamborch advocatus Bremensis et consules ceterique burgenses, ... de nobis in terra et in mari debetis esse securi, et Vos tamquam nos ipsos pro omni posse nostro infra civitatem et extra promovere non obmittemus. Verumptamen si tempore · procedente status

terre sic se formaret, quod Vos ... diligere et promovere non possemus ..., tunc quatuordecim diebus ante Vobis insinuabimus, prout
in litteris domini Vestri est conscriptum." — In Urkunde von 1259,
den 13. Mai, erklären Vogt, Rath und Bürger von Bremen an Hamburg: „Vobis in civitate nostra tale jus concedimus et libertatem,
ut quicumque de civitate Vestra profugus et occulte recesserit, conburgensibus Vestris debitis obligatus, et ad civitatem nostram con-
fugerit, et si illud debitum a probis viris et veridicis in presencia
consulum Vestrorum iuramento fuerit declaratum, et id ipsum per
litteras Vestras patentes nobis fuerit insinuatum, per tale testimonium reum volumus esse convictum. Et eodem jure omnes con-
burgenses nostri in civitate Vestra perpetuo gaudere debebunt.
Lappenberg Hamb. Urkb. p. 525 (aus Orig.). Erneuert wird die
Urkunde Bremens 1297 den 3. Februar, Lappenberg Hamb. Urkb.
p. 748 (aus Orig.).

3. Westfälische Städte.

In Urkunde von 1253 den 17. Juli, in Seibertz Westfälisches
Urkundenbuch I p. 343 (aus Orig.), gehen Münster, Dortmund, Soest
und Lippe eine Verbindung ein: „scabini, consules totaque burgen-
sium ac civium Monasteriensis, Tremoniensis, Susatiensis
et Lippensis civitatum universitas ... factis et acceptis invicem fide et juramentis perpetua sumus confederatione
uniti." Sie verbünden sich, plündernde und raubende Personen
auszuweisen. Einem Bürger einer Stadt, der in eine der andern
verbundenen Städte kommt, wird freie Rückkehr zugesichert. Wer
den Bürgern geraubte Güter aufkauft, wird als Räuber behandelt u. s. w. — In Urkunde vom August 1256, Seibertz a. a. O.
p. 368 (aus Orig.), erscheinen „jurati civitatum Tremoniensis,
Susatensis, Monasteriensis, Lippensis et aliarum civitatum seu oppidorum Westvaliae apud oppidum Lippe
congregati", und besiegeln ihre Urkunde mit dem Siegel der
Stadt Lippe: „presentem paginam oppidi Lippensis sigillo, quo nos
communiter usi sumus, fecimus communiri."

4. Bünde in den rheinischen Gegenden.

In Urkunde von 1254 verbünden sich Worms und Mainz,
daſs gleichmäſsig in beiden Städten Friede und Recht geschützt

werde. Sie verabreden dabei eine Versammlung von acht Männern, von vier aus jeder Stadt: „Ad removendum autem omnem litis occasionem ... quatuor viros inter nos (d. i. uns Wormsern) elegimus, et ipsi (d. i. die Mainzer) similiter inter se quatuor statuerunt, qui auctoritate utriusque civitatis omnes questiones et negocia inter nos utrosque amicabiliter vel per justiciam terminabunt. Quorum cum aliquis decesserit, alter loco ipsius a consilio statuetur." Böhmer Frankfurter Urkundenbuch 1836 p. 101.

Zwischen den Städten Mainz, Worms und Oppenheim wird in Urkunde von 1254 eine Vereinbarung getroffen zur Aufrechterhaltung des Friedens im Lande und auf den Strafsen. Es ist verabredet eine Versammlung von zwölf „Consules fide digni et jurati", und zwar von vier aus jeder Stadt, auf Lebenszeit. Stirbt einer, so erwählen die Consules der Stadt, der er angehört, für ihn einen andern: „Propter questiones tamen, si que iam habentur inter nos aut fortassis in posterum emergere videbuntur, ne de hiis, quod absit, nunc aut in futuro fomes discordie vel litis occasio valeat suboriri, inventum est circa hoc remedium salutare, quod videlicet in qualibet civitatum nostrarum quatuor viri, consules fide digni et jurati, super hoc specialiter sunt electi ...; qui duodecim, auctoritate plena sibi per nos tradita, tamen sub debito iuramenti, universas questiones iam inter nos existentes vel in posterum hincinde forsitan orituras per compositionem amicabilem aut per iustitiam terminabunt ... Et ita hii duodecim huius ordinationis officium vite sue temporibus exercebunt; decedente vero aliquo inter ipsos, a consulibus civitatis, unde fuerit, alter ipsius loco continuo eligetur. Si vero aliquis ipsorum egrotaverit vel peregre extra provinciam profectus fuerit, usque ad illius reditum alter idoneus statuetur ... Item si alicui civitatum molestie vel gravamina inferuntur, super eo prefati duodecim convenient et de consilio civitatum tractabunt, qualiter id honorifice valeat refieri." Boehmer a. a. O. p. 102, aus ihm Weizsäcker Der Rheinische Bund von 1254 Tübingen 1879 p. 48.

1254 den 29. Mai verbünden sich Mainz und Bingen. Die Vereinsurkunde bei Boehmer a. a. O. p. 102 stimmt fast wörtlich überein mit der Urkunde von 1254 für Mainz, Worms und Oppen-

heim. Die verabredete Versammlung besteht aus acht auf Lebenszeit
gewählten Männern, vier aus jeder Stadt. Es heifst in der Urkunde
inbetreff der Versammlung: „Propter questiones tamen ... in qualibet civitatum nostrarum quatuor viri, consules fide
digni et jurati, super hoc specialiter sint electi; qui octo,
auctoritate plena sibi per nos tradita, tamen sub debito iuramenti,
universas questiones iam inter nos existentes vel in posterum hincinde forsitan orituras per compositionem amicabilem vel per justiciam terminabunt", Böhmer a. a. O. p. 103.

In Urkunde von 1254, den 13. Juli, stiften den sogenannten
Rheinischen Bund von 1254 Mainz, Cöln, Worms, Speier,
Strafsburg, Basel „ac alie civitates sancte pacis
federe conjurate." Weizsäcker a. a. O. p. 48. Sie beschliefsen
eine Vereinigung zum Schutz des Friedens auf zehn Jahre: „pre-
stitis juramentis nos invicem astringendo, a festo sancte Margarete
nunc instanti ad decem annos videlicet anno domini 1254 pacem
generalem quam juravimus, firmiter observare. Quam utique
pacem venerabiles· patres ac domini Gerhardus Mogontinensis, Conradus Coloniensis, Arnoldus Treverensis archiepiscopi, Richardus
·Wormacensis, Heinricus Argentinensis, Jacobus Metensis, Bertoldus
Basilensis episcopi, necnon multi comites et nobiles terre nobiscum
juraverunt, sua thelonea injusta sicut et nos tam in terris quam
in aquis benigne et liberaliter relaxantes ... Propter questiones
tamen, que jam inter pacis federe conjuratos habentur ac fortassis
in posterum emergere videbuntur, ... in qualibet civitate vel
in quolibet dominio nobis conjurato quatuor viri, fide
digni et jurati, super hoc specialiter eligantur, qui, auctoritate plena ipsis super hoc tradita, sub debito juramenti, universas
questiones per amicabilem compositionem vel per justiciam terminabunt ... Si pax in aliquo dominio vel in aliqua civitate fuerit
perturbata, predicti quatuor a dominis vel a civitatibus ad hoc
deputati pro perturbatione pacis et eciam super negocio
pacis tractando convenient et de consilio communi tractabunt,
qualiter id honorifice valeat refieri et sancte pacis forma possit stabi-
liri." Die Acten über die Bundestage des Rheinischen Bundes siehe in
Weizsäcker a. a. O. p. 18, wo aufgezählt werden Bundestage von 1254

den 6. October, 1255 den 29. Juni, den 15. August, den 14. October und den 10. November, 1256 den 6. Januar, den 12. März, den 26. Mai und den 15. August. Auf p. 25 hat Weizsäcker ein von ihm bei den Akten des Bundes aufgefundenes Verzeichnifs von dessen zahlreichen Mitgliedern im Jahr 1256 abgedruckt.

5. Schweizerbünde.

Durch Urkunde von 1291 den 1. August, in Kopp Eidgenössische Bünde 1835 I p. 32 (aus Orig.), verbünden sich Schwyz, Uri und Unterwalden, gemeinsam das Recht zu schützen, das vielfach verletzt werde. Gemeinsame Unterstützung sichern sie einander zu: „Homines vallis Uranie, universitasque vallis de Switz, ac communitas hominum intramontanorum vallis inferioris ... promiserunt, invicem sibi assistere ... antiquam confederationis formam iuramento vallatam presentibus innovando, ita tamen, quod quilibet homo iuxta sui nominis conditionem domino suo convenienter subesse teneatur et servire. Die Eidgenossenschaft, die sie hier schliefsen, erklären sie als eine Erneuerung der älteren Confoederatio. Ein älterer Brief als diese Vereinbarung ist, wie Kopp König Adolf 1862 p. 5 Note 8 angiebt, nicht aufgefunden. Es treten hier Schwyz, Uri und Unterwalden zusammen und erneuern ihre alte Confoederatio, durch die sie das Recht in ihren Universitates schützen wollen. Jeder soll seinem Herrn dienen, wie er verpflichtet ist. Sie wollen keinen Judex eingesetzt wissen, der das Amt erkauft hätte oder ihrem Lande nicht angehöre: „in vallibus prenotatis nullum iudicem, qui ipsum officium aliquo precio, vel peccunia, aliqualiter conparaverit, vel qui noster incola vel provincialis non fuerit, aliquatenus accipiamus." Bei Streit unter den Eidgenossen sollen die „prudenciores de conspiratis" den Streit nach ihrem besten Wissen beizulegen suchen. Wer ihre Anordnungen nicht anerkennt, gegen den sollen die andern Eidgenossen sein. Jeder soll sich dem Ausspruch des Richters unterwerfen; unterläfst er es, so sollen ihn die Eidgenossen dazu zwingen: „Si dissensio suborta fuerit inter aliquos conspiratos, prudenciores de conspiratis accedere debent ad sopiendam discordiam inter partes, prout ipsis videbitur expedire; et que pars illam respueret ordinationem, alii contrarii deberent fore conspirati ... Si vero guerra vel discordia inter aliquos de conspiratis suborta fuerit,

37*

ei pars una litigantium justicie vel satisfactionis non curat recipere complementum, reliquam defendere tenentur coniurati." Ein Mörder soll mit dem Tode bestraft werden. Entflieht er, so soll er aus dem verbundenen Lande verwiesen bleiben. Wer ihn im Lande aufnimmt, wird verwiesen, bis ihm die Eidgenossen Heimkehr gestatten. Auf Brandstiftung im Lande steht Ausweisung aus dem Lande. Bei Raub und Beschädigung von Gütern wird das Gut des Thäters in Verwahrung genommen. Pfändung soll nur mit Einwilligung des Judex geschehen. Jeder hat seinem Judex zu gehorsamen. Die vereinbarten Satzungen sollen für alle Zeit Geltung haben: „Statutis ... in perpetuum duraturis." Das Dokument wird durch die Siegel der Verbundenen bekräftigt: „Sigillorum prefatarum trium universitatum et vallium est munimine roboratum." Ven einer wiederkehrenden regelmäfsigen Versammlung der Eidgenossen sagt die Urkunde nichts. — In Urkunde von 1291, den 16. October, verbünden sich Zürich, Schwyz und Uri. Die Urkunde wurde von Tschudi nach einer in ihr vorhandenen Fälschung ins Jahr 1251 gesetzt; siehe Kopp Eidgenössische Bünde I p. 39. Sie ist gedruckt a. a. O. p. 37. — Aus dem Jahr 1240 ist eine Urkunde vorhanden von Kaiser Friedrich für Schwyz, in der er erklärt, die Schwyzer hätten sich unmittelbar unter das Reich begeben, und dafs er sie schützen will, siehe Kopp König Rudolf, 2 p. 326. Es geschah dies während des Streites zwischen Kaiser Friedrich und Papst Gregor IX. Der damalige Graf Rudolf von Habsburg, der die Vogtei über Schwyz besafs, hatte die Partei des Papstes ergriffen. Kaiser Friedrich war gebannt worden und nahm nun die Leute von Schwyz unter des Reiches Schutz, indem er ihren Herrn die Rechte auf sie aberkannte. 1247 soll nach Kopp a. a. O. p. 327 Note 4 die früheste Verbindung dieser Gegenden versucht worden sein, die sich nach dem Tode Friedrichs wieder aufgelöst habe. Die Urkunde von 1291 den 16. October wurde von Tschudi als Bestätigung der Verbindung abgedruckt, indem er sie vom Jahr 1251 datirte. In dem Bündnifs, das 1291 den 16. October Zürich mit Schwyz und Uri geschlossen haben soll, ist inbetreff derer, die bei Streitigkeiten unter den Eidgenossen zu entscheiden haben, Näheres festgesetzt. Es werden zwölf Männer gewählt, sechs aus Zürich, drei aus Schwyz und drei aus Uri; die zwölf werden auf Lebenszeit gewählt, und wenn einer von ihnen stirbt, mufs binnen vierzehn Tagen ein anderer für ihn gewählt werden: „Ouch hein wir von Ure, und von Swiz, von Zurich sechs man gnomen ... So hein wir die burger von Zurich gnomen drie man von Ure ..., und von Swiz drie man ... Die zwelfe sun heifsen uffen ir bescheidenheit von ietwederm teile dienon und helfen, als man sin denne bedarf ane dv gedinge, dv hie vor ge-schriben stant. Und swenne dirre zwelfer eine ald dekeine verdirbet, in dirre jarzal so sint die andern uf ir eit gebunden, ein andern ze gebenne inrunt vierzehen tagen an des verdorben stat." Kopp Eid-genössische Bünde I p. 38 (aus Orig.)[1]). — Ueber das Bündnifs von Uri, Schwyz und Unterwalden aus dem Jahr 1315 macht Kopp Friedrich und Ludwig p. 152 folgende Mittheilungen: Sie traten zu Brunnen in Schwyz zusammen. „Sie gelobten und schwuren einander Hülfe und Rath mit Leib und Gut in eigenen Kosten, innerhalb des Landes und aufserhalb, wider alle und wider jeden, der ihnen oder ihrer einem Gewalt oder Unrecht thäte." „Keines der Länder und keiner der Landleute soll einen Herrn nehmen, ohne der andern Willen und Rath ... Sie kamen auch überein, dafs keines der Lande und keiner der Eidgenossen einen Eid oder eine Verbindung mit den Aeufsern eingehe, ohne der andern Lande und Eidgenossen Rath." „Wer eines der Lande verriethe oder hingäbe, oder eines der vor-geschriebenen Dinge überträte, der sei treulos und meineid und mit Leib und Gut den Landen verfallen." „Sie erklärten ferner, keinen Richter annehmen oder haben zu wollen, der das Amt kaufe mit Pfennigen oder mit anderm Gute, und der nicht ihr Landsmann sei. Wenn sich Mifshelle oder Krieg erhöbe oder Aufstände unter den Eidgenossen, so sollen die Besten und Einsichtigsten dazu kommen, und Krieg und Mifshelle schlichten und beilegen nach Minne oder nach Recht; verweigere das der eine Theil, so sollen die andern Eidgenossen auf des Ungehorsamen Schaden dem andern zu Minne

---

[1]) Die ganze Urkunde ist nur in deutschem Text überliefert mit dem eingebesserten falschen Jahr 1251 statt 1291. Kopp hält sie für authentisch. Ob sie aber nicht ein späteres Fabrikat sein sollte? Die Worte der Ur-kunde sind für meinen Zweck immerhin lehrreich.

oder Recht behülflich sein. Entstände·Stofs oder Krieg zwischen den Ländern, und wollte eines von dem andern weder Minne noch Recht nehmen, so soll das dritte Land das gehorsame schirmen und zu Minne oder Recht behülflich sein ... So lautet der Landleute und Eidgenossen von Uri, von Schwiz und von Unterwalden ewiger Bund." Kopp K. Friedrich und Ludwig p. 152.

. Die Verbindungen der Friesen sind denen in Sachsen, Westphalen, am Rhein und in der Schweiz zu vergleichen. Der gestörte Landfrieden, das in höchst mangelhafter Weise ausgeführte Recht rief derartige Einrichtungen hervor; es liefs sie das Bedürfnifs nach Rechtssicherung erwachsen. In der Art wie die einzelnen Verbände das Recht zu realisiren suchten, unterscheiden sie sich von einander. Die Upstalsbomer Verbundenen wählen innerhalb ihres Verbandes feste gleichbleibende Richter, die das Recht verwirklichen, dem in dem Recht Gekränkten zu dem Recht verhelfen. Die Mitglieder der Rheinischen Bünde ordnen 1254 je vier Männer für diese Aufgabe. Von den Schweizer Cantonen werden im Jahr 1291 für Zürich sechs, für Uri drei, für Schwyz drei gewählt. Die Urkunde über die westphälische Städteverbindung von 1256 nennt nur Jurati, ohne anzugeben, wer sie sind; es scheinen darnach nur für den einzelnen Fall erwählte Jurati zu sein. Ebenso ist in Urkunde über die Verbindung zwischen Lübeck und Hamburg von 1255, oben p. 574, nicht angegeben, wer die Zusammentretenden sind. Ueber die Theilnehmer der Vereinstage zwischen Bremen und friesischen Landdistrikten zu Elsfleth vergleiche oben p. 561 No. 5.

§. 29. Ansichten Neuerer über den Upstalsbom.

. Die ältern friesischen Chroniken handeln nicht über die friesische Verfassung, die Upstalsbomer Versammlungen erwähnen sie nur gelegentlich, indem sie die Zeitgeschichte erzählen. Dies ist namentlich bei Emo bei den Jahren 1216, 1224 und 1231 der Fall, siehe oben p. 380. Noch Peter von Thabor, gestorben 1527, gedenkt in seiner Chronik von Friesland mit keinem Wort des Upstalsbom. Auch Worp von Thabor, gestorben 1538, der den Peter von Thabor überarbeitet hat, thut es nur beim Jahr 1323, indem er die Leges Upstalsbomicae von 1323 mittheilt und sie mit der Bemerkung einleitet: „Sequuntur articuli in communi conventione pro conservatione reipublicae a Frisonibus concepti et ordinati tempore pacis". [1])

Nur flüchtig kommt Eggerik Beninga, geboren 1490 und gestorben 1562, in seiner Historie von Ostfriesland, gedruckt in Matthaei Analecta 1734 Band IV, auf den Upstalsbom zu sprechen. Er kennt von friesischen Rechtsquellen die Siebzehn Küren, die Vierundzwanzig Landrechte und die Ueberküren in niederdeutschen Texten in dem Ostfriesischen Landrecht des Grafen Edzard von 1515 und in den ältern Emsiger Rechtshandschriften, die im Ostfriesischen Landrecht benutzt sind. Von dem Ostfriesischen Landrecht besafs er eine Abschrift von 1527, die auf der Göttinger Bibliothek aufbewahrt wird, von dem Emsiger Recht eine Handschrift aus der zweiten Hälfte des fünfzehnten Jahrhunderts, die mir von Pertz 1840 aus der Bibliothek des Herzogs von Cambridge zu Hannover geliehen wurde und jetzt in der königlichen Bibliothek zu Hannover unter No. XXII, 1424 MS. aufbewahrt wird, s. über beide Fries. Rq. p. XVIII No. 6 und No. 8. Uns unzugängliche Quellen über den Upstalsbom standen dem Beninga nicht zu Gebote. Er benutzt von den wichtigen Berichten des Emo über die Jahre 1216, 1224 und 1231, die oben p. 16 gedruckt sind, nur den über das Jahr 1231. Er berichtet: „Anno Christi 1231 doe is een oorloch und twist tuschen den Emerenses (so schreibt er für „Ernerenses", s. oben p. 18 Note 1) und Uthusers um een eyland erresen, um welcken twist de geswaeren der soeven zeelanden by den Upstalsboom in Ostfreeslandt um de schelinge tho vorglicken, sick aldaer thor plaetse bescheden, und nae verhoer beyder parten den Uthusern dat eyland toerkant", Matth. Anal. IV p. 111; vgl. die von ihm ungenau übersetzten Worte des Emo oben p. 18 in Cap. II §. 3. Beninga erwähnt bei seiner Besprechung der

[1]) In der einzigen erst 1847 von Ottema zu Leuwarden zum Druck besorgten Ausgabe des Worp von Thabor I p. 177; s. oben p. 246. Den lateinischen Text der Leges Upstalsbomicae hat zuerst Siccama Lex Frisionum 1617 p. 53 drucken lassen, eine friesische unvollständige Ueberarbeitung von ihnen giebt der um 1480 zu setzende alte Druck des Westerlauwerschen Landrechts, eine niederdeutsche Winsemius Chronik von Friesland 1622 p. 192, s. oben p. 241 in Cap. II §. 16, wo die handschriftlichen Texte per Leges Upstalsbomicae besprochen sind.

Upstalsbomer Zusammenkünfte von 1323 nicht die Leges Upstalsbomicae von 1323. Seine Worte sind: „Anno 1323 is eene vor-
samelinge der gemeene Freesen tuschen de Weser und Lawerse
by den Upstalsboem tho˙ der gemeene besten in Oestfreeslant geschehen. Daerna ontrent Bartholomei hebben sick noch de gemeene Freesen tuschen de Wesser und Staveren tegen grave
Wilhelm van Hollant vordragen und vorbunden.“ Matth. Anal. IV
p. 142. Er kennt nicht die oben p. 270 bis p. 290 aufgenommenen Urkunden aus den Jahren 1324 bis 1327. Die Bemerkungen Beninga's in seiner Historie Matthaei Anal. IV p. 62
über die Versammlungen in Upstalsbom sind im Wesentlichen aus
dem niederdeutschen Text des §. 1 der Ueberküren genommen, wie
er mit spätern Zusätzen im niederdeutschen Emsiger Manuscript
und im Ostfriesischen Landrecht enthalten ist, und ich ihn Fries.
Rq. p. 99, 1 und Note 10 habe drucken lassen. Beninga sagt:
„Carolus de koning heft ock dree gerichtplaetzen verordent in de
Freeslande: de eene oistwert by Stade; de andere richtplaets over
de Eems in dat seste deel der Freeslande, dat nu Oestfrieslant genoempt wert, by der stadt Aurick tuschen twee dorpen Westerende
und Reden, genoemt de Upstalsboom, so noch vorhanden, dar alle
de seven zeelande des dinxstages in de Pinxsteren alle jahr een-
mahl tohope quemen, unde de oversten dar by grooten penen
musten erschienen, daer se dan de rechten, so vele des nodich is,
tho vermeeren und tho veranderen plegen, und oft jenige twydracht
tuschen de vorgenoempte Freeslande erresen were, oder mit jenige
naber heeren, landen oder steden, datse elcken de unfrede byleden
und voreenigden, darmede de fremth koopman ock destho veliger
dorch de lande mochte reysen. Up desulvige plaetse sinnen ock
de XII Emsige dohme, de von dootslagen holden, desgelycken oock
de agt overkoere verordnet, ingesettet und belevet. De derde richtstoel is verordnet in Westfrieslant tho Franiker eder tho Staveren.
Idliche Chroniken holden, dat de richtstoel tho Witbolde verordnet
sy.“ Die zwölf Emsiger Domen von 1312 sind nach den in Fries.
Rq. p. 182 und 183 gedruckten ältern lateinischen, friesischen und
niederdeutschen Texten nicht zu Upstalsbom verfaſst.

Gleich werthlos ist, was Kempius De origine, situ, qualitate

et quantitate Frisiae 1588 p. 160 über den Upstalsboom berichtet.
Er sagt p. 105: „Friso ... divisit totum Frisiae tractum a Rheno
usque trans Albim ad Eideram fluvium in septem partes, quas
zelandias appellant ... Quarum ... sexta est ad orientem Amasis
fluvii sese extendens usque ad Jadam fluvium ... (p. 160) In hac
zelandia ex antiquata majorum observantia constitutum fuit inter
altas sylvarum planities aptum tribunal, ubi per longa terrarum
territoria bis in anno conveniebant probatissimi et excellentissimi
quique viri ex septem zelandiis, praesertim consuetudinum et judiciorum periti, qui ad hoc delecti erant, et noverant totius regni
consuetudines et jura municipalia, ac sub dio pro tribunali sedentes
in colle quodam paulo eminentiore ab incolis perpetuo tempore
appellato vulgari nomine Obstalsboom, prope Auricam, certis anni
temporibus jus cuique, per provocationem disceptanti dixerunt, qui
ex longinquis illis zelandiis quotannis confluebant, examinatisque
causis et controversiis juxta consuetudines et jura municipalia, causas
appellatione dirimebant, nova jura condebant, legesque statuebant:
unde adhuc multi antiqui Frisii ex supradictis zelandiis gloriantur,
sua jura municipalia condita et statuta esse in Obstalsboem. Qui
locus licet retroactis multis annis et seculis cultore vacuus horrendam nemorum densitatem induerit, tamen quibusvis eum intuentibus ultro ostendit speciem, alicujus antiquitatis fuisse"[1].

Näher behandeln den Upstalsbom der Ommelandsche Edelmann Johann Rengers, gestorben 1626, und der Ostfriese Ubbo
Emmius, der im selben Jahre als Professor an der Universität Groningen starb. Die ausführlichen Aufzeichnungen des Ersteren sind
erst durch Feith als „Werken van den Ommelander edelmann Johan
Rengers van ten Post" Groningen 1852 1 bis 3 zum Druck be-
fördert worden, nachdem Viele sie früher aus Abschriften benutzt
hatten[2]. Die ausführlichen Schriften des Ubbo Emmius über Friesland hingegen sind hinter einander in den Jahren 1596 bis 1616
stückweise und in einer Gesammtausgabe 1616 veröffentlicht. Die
Aufzeichnungen von Rengers sind älter als die des Emmius, stammen
aus den Jahren 1582 bis 1586 und verdienen unbedingt beachtet

---

[1] Ueber Kempius s. unten Cap. V.
[2] Vgl. unten Cap. IV.

zu werden, sind aber nach viel beschränkteren Untersuchungen über friesische Geschichte, mit weit geringerem Talent, als die des Emmius, verfaßt und haben nicht entfernt einen ähnlichen Einfluß auf die spätere Auffassung der ältern friesischen Verhältnisse geübt, wie die des Emmius, dessen Ansichten in allen folgenden Schriften über Friesland bis in die neueste Zeit herab meist ohne Prüfung der Quellen wiederholt worden sind.

Bei Rengers und Emmius erklärt sich ihr Zurückgehn auf die ältern friesischen Verhältnisse und namentlich auf die Zusammenkünfte in Upstalsbom unmittelbar aus den Ereignissen ihrer Zeit. Sie stehen beide in der neu erwachsenen Republik der Niederlande und meinen, die Freiheit ihres Volks durch Zurückgehn auf die ältern friesischen Verhältnisse begründen zu können, vgl. unten Cap. V. Rengers thut es von aristokratischem, Emmius von demokratischem Standpunkt aus; jener denkt sich das ältere Friesland als einen aristokratischen, dieser als einen demokratischen Freistaat.

Rengers, Besitzer des alten adligen Gutes „ten Post" bei Wittewierum im Fivelgo, der 1580 genöthigt wurde, seine Heimat zu verlassen und sich als Flüchtling in Ostfriesland und Bremen aufzuhalten, wo er seine Schriften verfaßte, kannte und benutzte die Chronik des Emo, einstmaligen Abtes des mit „ten Post" grenzenden Klosters Floridus Hortus zu Wittewierum. Er hat die oben p. 16 aus Emo gedruckte Stelle, die des Upstalsbom erwähnt, fast wörtlich übersetzt. Seine Vorstellungen über die Zusammenkünfte in Upstalsbom sind sichtbar aus den Worten Emo's über das Jahr 1231 gebildet, doch hat bei ihm daneben die falsche Form Upstallingisbam und eine auf sie gestützte Etymologie des Namens unverkennbaren Einfluß geübt. Rengers weiß sehr wohl, daß der Ort Upstalsbom diesen Namen führte, „communiter Upstallesboem geheten", sagt er Werken I p. 45; er kannte aber Opstalling als Bezeichnung für einen adligen Richter in den Ommelanden, und so schien es ihm selbstverständlich, daß der Upstalsbom nichts anderes sei, als ein Baum der Upstallinge, ein Baum, unter dem einst die Opstallinge urtheilten; den Namen Upstalsbom hält er danach für gekürzt aus Upstallingisbam. Er sagt: „De upstallingen, dat is de overicheiden of hoenetlingen der Fresen, sich tsamen verbunden, ende nijes verenigt hebben, tho weten aller der friesschen selanden in dien tijden. Unde plechten jarlix umme Pinxtern-achten naderhant tho versammelen under den hemmel to Upstallingsboem, communiter Upstallesboem geheten", Werken I p. 45; und „dese soeven Friessche zeelanden bebben in Oistfrieslant bij Aurick in eenen bosch onder eenen eeckenboom, genoempt Upstallesboom, hoere jaerlijcken versamlingen", Werken III p. 14.

Emmius geht überall davon aus, in Friesland die von den Landesherrn behaupteten Rechte als rechtlich nicht begründet darzustellen: die Friesen waren immerdar von Rechtswegen Freie und konnten als solche keinem Landesherrn unterworfen sein; eine Landeshoheit hat sich in Friesland nicht entwickelt. Das Land ist von jeher nach natürlichem Recht eine Republik gewesen, wenn auch fremde Herrscher es mifsbräuchlich hin und wieder theilweise unterworfen haben. Als Mittelpunkt des freien republikanischen Volkes denkt sich Emmius die Upstalsbomer Volksversammlung. In ihr wurden die verschiedenen, für die Republik erforderlichen Beamten auf kürzere oder längere Zeit gewählt. Die Friesen sind dem Emmius im Wesentlichen unter einander gleichfreie Bürger der Republik, ihm tritt Adel und Lehn zurück, er leugnet sie zum Theil direkt. — Das ist die Grundanschauung, die bei Beurtheilung der Vorstellungen des Emmius über Upstalsbom stets zu beachten ist. Die Judices, sowie die von ihm als vorhanden anerkannten Potestaten sind vom freien Volk gewählte Beamte. Zu Upstalsbom erscheinen nicht alle Bewohner Frieslands, aber doch alle freien Friesen, wenn sie auch in gewisser Weise durch von ihnen gewählte Deputirte vertreten werden. Emmius steht hier dem Rengers gegenüber; auch Rengers hält Friesland für eine alte Republik, die aber durchweg von aristokratischer Beschaffenheit ist, indem sich in ihr die ursprünglichen Nobiles im Wesentlichen als Herren des Landes behauptet haben.

Die ältern friesischen Chroniken, wie Worp von Thabor und Eggerik Beninga, unterlassen es, indem sie nur beiläufig des Upstalsbom erwähnen, anzugeben, was sie sich unter den dort gehaltenen Zusammenkünften denken, welche Bedeutung sie den Landesherrn gegenüber gehabt haben, welche Stellung die in ihnen Zusammentretenden einnahmen. Dieses thun zuerst Rengers und Emmius[1]). Hat nach ihnen das gesammte Friesland stets und immerdar einen freien, unabhängigen Staatskörper gebildet, der wesentlich anders, als die übrigen Theile Deutschlands, nur in ganz äusserlicher Beziehung zum deutschen Kaiser stand, so mufste für das gesammte freie Friesland, um es nach Aufsen und im Innern in seiner alten eigenthümlichen Selbständigkeit zu behaupten, ein Mittelpunkt vorhanden sein, und ihn glaubten sie in uralten Versammlungen zu Upstalsbom sehen zu können. Beide haben zur Bildung ihrer Ansicht den Emo gebraucht, neben ihm insbesondere die Siebzehn Küren, die Vierundzwanzig Landrechte, die Ueberküren, die Leges Upstalsbomicae, deren friesische Ueberarbeitungen ihnen im alten Druck des Westlauwerschen Landrechts vorlagen, aus dem sie auch das inhaltsreiche Schulzenrecht benutzten, ohne seine Heimath und Abfassungszeit zu beachten. Anzunehmen, dass Rengers und Emmius andere Quellen als die uns bekannten für die Upstalsbomer Zusammenkünfte besessen hätten, wird durch jede Vergleichung dessen, was sie berichten, mit dem, was in den vorstehenden Paragraphen über den Upstalsbom ausgeführt ist, widerlegt. Lediglich weil alle Spätern, die über Upstalsbom sprechen, sich fast ausschliefslich durch Emmius leiten lassen, gebe ich hier unter Hinweisung auf die einzelnen von mir unten auf den Seiten 590—593 unter a bis e eingerückten Stellen seiner Schriften, die dafür als Zeugnifs dienen, noch näher an, welches Bild im Einzelnen er von den Upstalsbomer Versammlungen und ihrer Wirksamkeit hatte: Upstalsbom hiefs die Stätte, an der die Versammlungen aller freien Friesen stattfanden; sie lag bei Westerende ungefähr eine halbe deutsche Meile von Aurich (Stellen a und e). Unter freiem

---

[1]) Die vorstehend angeführte Angabe des Kempius über die Upstalsbomer Zusammenkünfte ist einige Jahre früher als die des Emmius, gleichzeitig mit der des Rengers niedergeschrieben, sie findet in den Upstalsbomer Zusammenkünften noch nicht den Mittelpunkt für das freie Friesland. Auch Kempius sucht die Unabhängigkeit der Niederlande gegenüber von Philipp II durch Berufung auf das Alter der friesischen Freiheit zu vertheidigen, führt aber für sie das unechte Privilegium Kaiser Karls über die friesische Freiheit an, dessen Text Emmius bei seinen historischen Kenntnissen verwerfen mufste, vgl. unten Cap. V.

Himmel, bei drei alten Eichen versammelte man sich, Zelte wurden
für die friesischen Volksmassen aufgeschlagen, die aus allen Theilen
des weiten Landes eintrafen (Stellen a und e). Es erschienen früher
die Bewohner des friesischen Landes vom Rhein bis zur Eider,
später, nachdem die östlich der Weser belegenen friesischen Landdistrikte von Landesherrn unterworfen waren, die vom Rhein bis
zur Weser (Stellen a, d, und die Erörterungen unten Cap. IV). Nicht
alle Friesen kamen, aber die Angesehensten von ihnen, die dazu
erwählt waren, weil sie unter den Ihrigen sich auszeichneten: „non
quidem universus populus, sed spectatissimi ad id delecti, qui consilio et auctoritate inter suos eminebant" (Stelle b), und „ad locum
Upstallesbomum praecipui e populo cum mandatis suorum convenire
solent" (Stelle a). Im Jahr 1323 zogen nach Emmius nach Upstalsbom alle, die in dem Jahre das Richteramt bekleideten, alle
die nach dem Besitz ihrer Grundstücke dazu berechtigt waren, sowie
alle für Upstalsbom Erwählten, Geistliche und Weltliche (Stelle e
am Ende). Regelmäfsige Versammlungen fanden zu Pfingsten nach
ein, zwei oder drei Jahren statt, aufserordentliche wurden zu aller
Zeit gehalten, so oft es die Freiheit des Vaterlandes verlangte
(Stellen b und e). Die Versammlung war eine gesetzgebende, be-
rathende und richterliche. Sie fafste Gesetze ab für das ganze .
Friesland, wie für einzelne Theile und Orte über öffentliches und
Privatrecht, über Strafrecht und Procefs; sie berieth über Krieg
und Frieden, sie schlofs Verträge mit Auswärtigen wie im Lande,
beschäftigte sich mit den gesammten Angelegenheiten des friesischen
Staats, um die friesische Freiheit in ihm zu erhalten (Stellen a, b,
c und e). Die Friesen wählten die höchsten Beamten aus ihrer
Mitte; und wenn deutsche Kaiser in Friesland Grafen und Schulzen
ernannten, so war das nur, um den Vorsitz bei den Gerichten zu
führen (Stelle c). Das Recht sprachen in Friesland die vom Volk
erwählten Richter, und von ihnen konnte man die wichtigsten Sachen
an die Versammlung in Upstalsbom bringen, deren Ausspruch die
letzte Entscheidung war (Stellen a und c). Die Entstehung der Upstalsbomer Versammlungen reicht nach Emmius in die Urzeit zurück; zur Zeit Karls des Grofsen müfsten sie, meint er, vorhanden
gewesen sein, nach der Herrschaft der Franken hätten sie fort-

gedauert (Stelle b), wenn auch zeitweise Unterbrechungen ein-
getreten wären, wie namentlich vor dem Jahr 1323 (Stelle e). Beim
Jahre 1361 sagt Emmius, indem er Hist. p. 207 der Verlegung der
Upstalsbomer Versammlungen nach Groningen gedenkt, dafs er seitdem keine Versammlungen mehr in Upstalsbom gefunden habe, und
dafs sie damals aufgehört haben möchten. Dann beim Jahre 1430
nimmt er aber an, dafs in Upstalsbom ein Bündnifs der Friesen
gegen Focke Ukena eingegangen sei: „hoc foedus ad Upstallesbomum percussum est, *ut ego reor*", p. 323. Die Bundesurkunde, vom
3. November 1430, bei E. Beninga Matth. Annal. IV p. 249 und Friedländer II p. 360, die Emmius hier im Auge hat, nennt den Upstalsbom
nicht. Zur Zeit, als Emmius seine Historie schrieb, d. i. vor 1596, hätten,
sagt er, die Upstalsbomer Versammlungen seit 140 Jahren aufgehört
(Stelle d), also wohl um 1454, wo Kaiser Friedrich III. den Ulrich von
Greetsiel mit der Grafschaft Ostfriesland belieh (s. oben p. 363). Nicht
klar zu ersehen ist, ob nach Emmius die Upstalsbomer Versammlung
zeitweise zu bestimmten Zwecken Commissarien ernannte, und ob sie
während ihrer Abwesenheit durch Ausschüsse vertreten wurde, wie
beides später Wiarda annahm (s. unten p. 594). Emmius weifs nur
Historia p. 118 und p. 139 bei den Jahren 1214 und 1231, dafs einzelne „judices jurati ad Upstallesbomum" aufserhalb Upstalsboms
thätig waren. Zu Upstalsbom, meint Emmius, stand in Wahrheit der
Altar der friesischen Freiheit, und stets und immerdar müfsten die
Friesen die Stätte hoch verehren (Stelle a).

Stellen des Emmius über Upstalsbom:

a) Descriptio chorographica Frisiae p. 59: „In agro Auricano . . . locus est non procul Westerenda patenti in campo,
Upstallesbomi nomine, in margine viae militaris, jam nihil nisi
antiquas et emorientes quercus tres ostendens. Ad eum ex omni
Frisia inter Rhenum et Visurgim comitiorum causa convenire praecipui e populo cum mandatis suorum, illic sub tentoriis aut aperto
sub caelo de republica consultare, tribunal erigere, controversias
finire solent. Nec quicquam ad totam rempublicam pertinens con-
fectum rite credebatur, quod non illic communi consensu esset
decretum. Imprimis si quid libertati grave existeret aut intentari
videretur, huc velut ad libertatis aram magno studio concurrebatur.

Unde factum, ut ad Upstallesbomum coire tantundem fere majòribus significaret, ac ad vindicias secundum libertatem poscendas concurrere. Quod regionis pulcherrimum privilegium, ut honori majoribus nostris olim fuit, ita jam verendum forte sit, quod locum hunc sine honore nunc relinquimus augendo dedecori nostro apud posteros pariter et hodiernos recte judicantes esse possit."

b) Historia rerum Frisicarum p. 35: „Populus praeter consuetudines priscas legibus etiam scriptis semper usus est, quas partim Carolus magnus illi vel tulit, vel potius domi rogatas et ex consensu primatum conceptas confirmavit, qua de causa placita aut electiones vocantur, quibus libertas et optimum jus populi sancitur, partim Leo pontifex ad sacra pertinentes dedit, partim populus ipse in comitiis generalibus jussit: has potissimum leges provinciales ipsi nuncupant. Populus vero ad comitia coire ex omnibus provinciis stato tempore et loco solebat, non quidem universus (quomodo enim id fieri posset?), sed spectatissimi ad id delecti, qui consilio et auctoritate inter suos eminebant. Locus habendis comitiis non procul Aurica in campo, quem Upstalsbomum dixerunt, omnium fere Frisicarum regionum medius fuit constitutus, conveniebantque vel biennio vel triennio, ut rerum usus postulabat: saepe etiam singulis annis. Illic de legibus sanciendis emendandisve veteribus, si quae vel dessuetudine abolitae esse vel vitii aliquid pro re praesenti habere viderentur, de novis, si necesse esset, addendis, de pace et bello, de universa republica actum et consultatum. In legibus suis ita scriptum habent, ut in conjugio augmentum fortunarum commune sit uxori cum marito atque etiam detrimentum, praeterquam paucis in locis, quae privilegio utuntur, Romanis fere legibus congruo: ut in successionibus in bona defuncti non ratio tantum habeatur proximitatis, ut in plerisque gentibus usitatum est, sed etiam illius stemmatis, ex quo bona illa provenere. Nam hac in parte remotior praefertur ei, qui in altera parte est propinquior. In dotibus etiam abhorrentia ab aliarum gentium consuetudine nonnulla habent."

c) Descriptio generalis Frisiae p. 9: „Quod si quando imperator aut rex... comitem aut sculthesium juri dicundo in Frisiam mitteret, id tamen libertati non officiebat. Quippe praesides hi tantum erant judiciorum superiorum tum autoritatis tum concordiae servandae causa, et munus solummodo gerebant momentaneum, quod raro bimestre aut trimestre excedebat; judices autem, quibus dicendarum sententiarum jus erat, ipsi ex medio sui, ... Frisii deligebant. Ad haec iidem majores nostri comitia libera habebant vel toti genti communia, quae Upstallesbomica ex loco, in quo conveniebatur, in agro Auricano ad orientem fluminis Amasi, vocabantur, vel singulorum pluriumve populorum: in quibus leges ferebant abrogabantve, reipublicae vitia corrigebant, de rebus maximis consultabant, foedera aut nova 'sanciebant, aut vetera confirmabant, de bello et pace, de mutuis auxiliis et similibus statuebant, magistratus liberis suffragiis quondam etiam designabant, saepe quoque lites majores reipublicae periculosas cognoscebant et finiebant, deque privilegiis decreta interponebant. Ab his comitiis distincti erant conventus juridici."

d) Historia p. 27: „Huc quidem usque Frisia et titulo et re CXL ante annos vere libera, suique juris, nec ullis omnino obnoxia principibus et quamquam populis agrisque distincta varie, tamen generalium comitiorum societate, quae a loco apud Auricanos . Upstalsbomica dicebantur, in unam quasi collecta rempublicam. Ultra Visurgim quae deinceps restant, licet gentis quoque sint ejusdem, tamen aut in servitutem dudum tracta sunt, aut a reipublicae et foederum communione secesserunt."

e) Beim Jahre 1323 berichtet Emmius Hist. p. 192: „ad pentecosten (quod tempus comitiis solenne esse solet) dies statutus est, ad quem Upstallesbomi omnes, quibus hoc juris erat, convenirent. Id fuit anno Christi MCCCXXIII. Erat vero patrius mos, quoties ad Upstallesbomum esset eundum in comitia totius gentis (quod a multis saeculis in usu fuerat frequenti, quamquam tum ob dissensiones aliquandiu intermissum, propeque intermortuum) praesertim si qua difficultas major aut periculum reipublicae incumberet, ut quo expeditiora illic omnia essent in consiliis capiundis, domi prius praeconsultationes instituerentur; eumque in finem minores conventus haberentur seorsim in singulis Frisiae partibus seu populis, in quos tota gens est divisa; iis in conventibus commoda incommodaque ad rempublicam pertinentia cognoscerentur, deque iis sententiae audirentur omnium, consiliaque caperentur. Quibus peractis tum judices illius anni omnes caeterique, qui hoc jure praediti erant, quive ad id obeundum munus designati a suis tam ex sacro quam ex reliquo populi ordine (hi erant sapientia, integritate, opibus maxime specta- biles), ad Upstallesbomum ibant. Is locus in agro Auricano est, in Frisia orientali Cisamasana haud plus medio ab Aurica oppido milliari Germanico, ad occasum hybernum, ubi tres ingentes quercus, quarum una ad nostram usque memoriam pene emortua pervenit, aperto ac patente campo prope contiguis ramis se attollebant ad bina ternave stadia circumcirca aedificiorum nihil habens. In hoc porro, quasi in propria libertatis area, tentoriis ad usum lato spatio in modum castrorum militarium positis, postquam illuc perventum erat, sub dio peragebantur velut caelo teste, quae comitiorum ratio poscebat."

P. Winsemius Chronique van Vrieslant Franeker 1622 p. 191 kommt nur beim Jahr 1323, indem er eine unvollständige nieder- deutsche Uebersetzung der Leges Upstalsbomicae von 1323 ein- rückt, mit wenigen Worten auf die Upstalsbomer Versammlungen zu sprechen.

Christian Schotanus Geschiedenissen van Friesland Franeker 1658 übersetzt p. 108, 119 und 170 bei Erwähnung der Upstals- bomer Versammlungen in den Jahren 1216, 1231 und 1323 fast Wort für Wort das, was Emmius Historia p. 118, 139 und 192 bei den entsprechenden Jahren über Upstalsbom sagt. Ausserdem giebt er drei Texte der Leges Upstalsbomicae von 1323: den latei- nischen Text in Geschiedenissen Tablinum p. 16, die friesische Ueberarbeitung des Westerlauwerschen Landrechts nach dem alten Druck in Beschryvinge van de Heerlyckheydt van Frieslandt 1664 p. 103, und eine niederdeutsche Uebersetzung in Geschiedenissen p. 170; vergleiche oben p. 246 und 249.

M. von Wicht Ostfriesisches Landrecht Aurich 1746 Vorbe- richt p. 106 theilt die Ansichten des Emmius über Upstalsbom. Er führt p. 111 aus, wie sich grofse Volksmassen in Upstalsbom ver- sammelt hätten, die aus den sieben Seelanden vom Rhein bis zur Elbe zusammen gekommen seien, und findet in den Namen der Orte der Umgegend von Upstalsbom eine Bestätigung für die weite Ausdehnung der Volksmassen, die einst dort tagten, vgl. oben p. 303. Wicht nennt die Versammlungen Landtage, er bedient sich

dieses Namens auch für die grofsen germanischen Volksversammlungen des Tacitus.

Focke Sjoerds Algemene Beschryvinge van oud en nieuw
Friesland Leuwarden 1765 I p. 61 wiederholt im Allgemeinen die
von seinen Vorgängern gegebene Beschreibung der Upstalsbomer
Versammlungen und vergleicht sie mit denen der Kinder Israel zu
Mispa, wie sie das Buch der Richter Cap. 20 Vers 1 schildert.

van Halsema in Verhandelingen der Genootschap pro excolendo jure patrio zu Groningen, Groningen 1778 II p. 54, p. 295
bis 300 und p. 304 steht dem Emmius nahe, doch glaubt er p. 299,
die Zahl der nach Upstalsbom ziehenden Friesen sei von ihm zu
hoch angeschlagen, die einzelnen Landschaften hätten nur einige
Deputirte nach Upstalsbom geschickt; dabei beruft er sich auf
Leges Upstalsbomicae Artikel 6, der oben p. 254 abgedruckt und
p. 482 besprochen ist.

Sehr ausführlich hat Tileman Dothias Wiarda in vier verschiedenen Schriften über die Upstalsbomer Versammlung gehandelt:
in den Landtagen der Friesen bei Upstalsbom Bremen 1777, in der
Ostfriesischen Geschichte Aurich 1791 I p. 132, p. 189 bis 196,
p. 283 bis 302, in dem Asegabuch einem altfriesischen Gesetzbuch
der Rüstringer Berlin 1804 Vorrede p. XXV, und in den Landtagen
der Friesen bei Upstalsbom Leer 1818 zweite umgearbeitete verbesserte Auflage. Es ist den beiden Abhandlungen Wiardas über
die Upstalsbomer Landtage wie seiner gesammten Ostfriesischen
Geschichte und seinen Ausgaben des Rüstringer und Brokmer Rechts
ein sehr unverdienter Beifall zu Theil geworden. Inbetreff der friesischen Freiheit und der Versammlungen zu Upstalsbom tritt er im
Wesentlichen die unhaltbaren Vorstellungen des Emmius breit und
entstellt sie, die doch vielfach auf älteren, wenn auch nicht authentischen Aufzeichnungen aufgebaut waren, durch ganz willkürliche
Ausführungen. Das freie Friesland ist ihm eine uralte Republik,
ein unabhängiger Freistaat, dessen Mittelpunkt die Upstalsbomer
Landtage gebildet haben, siehe Landtage 1818 p. 17 und p. 21.
„In der That", sagt er, „war, wie es die Geschichte ausweiset,
Upstalsboom das Obergericht der ganzen friesischen Republik, tri-
unal supremum Frisionum", Landtage 1818 p. 7. Daraus meint

er den Namen Upstalsbom erklären zu können, s. oben p.　.— Wiarda unterscheidet sich darin von Emmius, daſs er die angebliche alte Eintheilung Frieslands in sieben Seelande dem Upstalsbomer Bund und den Versammlungen zu Upstalsbom zu Grunde legt. Emmius hatte eine Eintheilung Frieslands in sieben Seelande nach dem um 1417 verfaſsten Traktat von den Sieben Seelanden angenommen, s. unten Cap. IV §.　, er sah aber in den alten vielfach erwähnten friesischen Landdistrikten die politischen Gemeinverbände, aus denen der gesammte friesische Freistaat organisch zusammengesetzt war.　Wiarda, der bei der Abgrenzung der einzelnen Seelande sich ebenfalls durch den Traktat leiten lieſs (s. unten Cap. IV, §.　nahm an, daſs stets mehrere Landdistrikte ein Seeland gebildet hätten, daſs die Seelande politische Einheiten mit bestimmten Versammlungen gewesen selen, und daſs aus den verbundenen Seelanden als selbständigen Republiken die Republik des gesammten Frieslands bestanden habe, mit einer Versammlung an ihrer Spitze, die aus den Vertretern aller einzelnen Seelande hervorgegangen wäre; siehe Landtage p.　In der Schrift über die Landtage der Friesen vom Jahr 1818, in der er die in seiner Schrift von 1777 „begangene Jugendsünde“ durch völlige Umarbeitung „abgebüſst“ zu haben meint, scheint sich Wiarda die Upstalsbomer Versammlungen etwas kleiner zu denken als früher.　Nicht alle Richter der einzelnen Landdistrikte seien erschienen, wie Emmius annehme, s. Landtage p.　; auch will er nicht alle Ortsnamen der Umgegend des Upstalsbom auf die dortige Versammlung beziehn, wie dies Wicht gethan habe, s. oben p.　Nach der früheren Schrift p.　lagerte die Versammlung auf einem Raum von etwa einer Quadratmeile, auch nach der zweiten ist sie von gewaltigem Umfang gewesen. Er sagt p.　: „Da unstreitig jede einzelne Landschaft in jedem Seeland ihre besondern Deputirten gehabt hat, so ist leicht zu erachten, daſs eine groſse Menge Volks aus dem geistlichen und weltlichen Stande von der Südersee an bis zu der Weser sich bei Upstalsbom wird eingefunden haben“, und p.　„Aus allen friesischen Provinzen oder Seelanden erschienen bevollmächtigte Deputirte auf den allgemeinen Landtagen. Diese waren dann die Repräsentanten des ganzen Freistaats. Sie hieſsen seeländische Richter“, und p.

„unter den seeländischen Richtern sind die aus jedem Seeland abgeordneten Deputirten sowohl geistlichen als weltlichen Standes zu
verstehen." Wiarda behauptet, indem er das Vorhandensein eines
friesischen Adels leugnet (s. p. 47), die Bevölkerung des friesischen
Landes sei damals in zwei Volksklassen oder Stände, Laien und
Geistliche, zerfallen, die beide in Upstalsbom vertreten gewesen
wären. Er sagt wörtlich: „Zur Zeit der Upstalsbomischen Landtage hatte der ˏfriesische Freistaat nur zwei Volksklassen, Geistliche (clerici) und Weltliche (laici). Beide finden wir denn auch
bei den Upstalsbomischen Versammlungen vor", Landtage p. 40.
Gegen Theilnahme der Geistlichen an den Upstalsbomer Versammlungen sprechen alle Quellenzeugnisse. Erst 1361, als sich die
Stadt Groningen gegen den Bischof von Utrecht mit benachbarten
friesischen Landdistrikten verband, kam man dahin, in dem aufgestellten Statut zu verlangen, daſs in dem Vereinstag des Verbandes zu Groningen aus jedem Landdistrikt ein Geistlicher neben
dem Grietmann und einem Judex erscheinen sollte, s. oben p. 526 in
§. 25. Was Wiarda Landtage p. 71 bis 73 über Art der Verbandlungen und Abstimmung auf den Upstalsbomer Landtagen vorbringt,
ist völlig aus der Luft gegriffen, namentlich seine Erörterung, ob
nach Seelanden und in ihnen nach Kopfzahl abgestimmt sei. Nichts
berechtigt mit ihm anzunehmen, daſs einzelne Landtage vier Wochen
gedauert hätten, und daſs nach dem Auseinandergehn der Versammlung „wenigstens in den ältern Zeiten noch ein von der ganzen Versammlung niedergesetzter und besonders eidlich verpflichteter engerer
Ausschuſs zurückgeblieben sei, um noch etwa rückständig gebliebene
Sachen im Namen der Stände abzumachen und besonders auch die auf
dem Landtage gefaſsten Schlüsse zur Ausführung zu bringen", Landtage p. 74; vergleiche oben p. 512 und p. 526. Freilich sagt Wiarda
Landtage p. 75: „sind unter majores de septem villis mari conterminis bei Emo im Jahre 1219 die Richter der sieben Seelande zu
verstehn, so ist gar nicht zu bezweifeln, daſs die von den „majores" gewählten Geschworenen ein engerer Ausschuſs der versammelten Landtagsdeputirten oder der Richter gewesen sind, welcher
Ausschuſs zur Ausführung dieses oder jenes Geschäfts besonders
beeidigt worden"; unter den sieben Villae sind aber nicht sieben

Seelande, sondern nur sieben Dörfer im Fivelgo gemeint, wie unten in Cap. IV §. 8 erörtert ist. Sehr bezeichnend für die Art, wie willkürlich Wiarda bei seinen Ausführungen fabelt, sind seine Angaben in seiner Schrift über Landtage von 1818 p. 63 bis 67, und in der von 1777 p. 116 bis 120 über Ankunft, festlichen Empfang und Beherbergung der Upstalsbomer Deputirten. Da werden die Kommenden „mit einem Händedruck, mit einem Kusse und dem friesischen Grufse „eala fria Fresena", „willkommen du freier Friese", von Männern, Weibern und Dirnen empfangen." Alles, was Wiarda von Bräuchen bei der Pfingstfeier, von Maibäumen und Johannisfeuern im Auricherland gehört haben will, stammt ihm von den alten Upstalsbomer Landtagen, und vermag er das, was einst bei ihnen üblich gewesen sein soll, aus jenen aufzufinden.

Unter Einflufs von Wiarda steht die Darstellung im Tegenwoordige Staat van Friesland Amsterdam 1785 I p. 470 bis 473. Sie legt namentlich die angebliche Eintheilung Frieslands in sieben Seelande den Upstalsbomer Versammlungen zu Grunde. Aus jedem Seeland kamen in grofser Zahl Richter, Edele, Praelaten, Priester und andere Deputirte des gemeinen Volks. Die Versammlung von 1323 soll über einen halben Monat getagt haben, auf ihr sollen die friesischen und niederdeutschen Texte der Leges Upstalsbomicae vereinbart sein, die oben p. 250 in Cap. II §. 16 als spätere unvollständige Uebersetzungen der Leges Upstalsbomicae von 1323 nachgewiesen wurden. — Gleiches gilt von der Darstellung in Tegenwoordige Staat van Stad en Lande Amsterdam 1793 I p. 50 und p. 90.

Die Darstellung der ältern friesischen Verhältnisse, die mein unvergefslicher Lehrer Karl Friedrich Eichhorn in §. 285 b der deutschen Staats- und Rechtsgeschichte in der ersten und zweiten Ausgabe in den Jahren 1808 und 1818 gab, hat er leider in der dritten Ausgabe Göttingen 1821 II p. 266, in der vierten 1835 II p. 348 und in der fünften 1843 II p. 331 nicht umgearbeitet. Beim Druck der letzten Ausgabe hielt er die früher von ihm im Wesentlichen aus Wiarda entnommenen Angaben über Friesland nicht mehr für richtig und forderte mich auf, seine Ausführungen umzuarbeiten. Ich glaubte dies nicht in der Kürze thun zu können, die durch das Eichhorn'sche

Buch geboten war. — Ich führe hier an, was Eichhorn in den drei letzten Ausgaben der Rechtsgeschichte in §. 285 b über das ältere Friesland sagt: „Einen Rechtszustand, wesentlich verschieden von dem, welchen die Fortbildung des Rechts in der Periode von 888 bis 1272 im übrigen Deutschland hervorbrachte, nimmt man in Friesland wahr." „Den von der Landeshoheit frei gebliebenen Friesen (zwischen Nordholland und Weser) blieb während dieser ganzen Periode noch die alte auf Volksgemeinden gegründete Verfassung [1]. Diese bildeten sieben größere Provinzen oder Seelande, die jedes in mehrere den gewöhnlichen Gauen zu vergleichende Distrikte abgetheilt war, in welchen Adel und Freie eine Gemeinde bildeten. Eine solche hatte mehrere Vorsteher unter dem Namen von Richtern, weil sich jede einzelne Landesgemeinde, die zum Gau gehörte, ihren Richter mit Gewalt auf ein Jahr setzte. Unter Leitung dieser Richter wurden die Gaugemeinden gehalten, bei welchen die gesetzgebende und richterliche Gewalt des Gaudings war; aus allen Seelanden aber traten Richter und ein Ausschuß aus den Gaugemeinden jedes Seelandes zu Upstallesboom (unweit Aurich) in eine große friesische Landesgemeinde zusammen. Die Vereinigung aller Seelande ging auf gemeinsame Vertheidigung gegen unrechtmäßige Gewalt eines Ungenossen; von jener großen Gemeinde wurden also ohne Zweifel alle Angelegen-

---

[1] Eichhorn hatte in §. 127 der Rechtsgeschichte die Ausdehnung Frieslands und seine Unterwerfung unter das fränkische Reich in der Periode von 561 bis 888 besprochen. Vergleiche meine abweichenden Ansichten über die Ausdehnung des ältern Frieslands, dessen erster Theil sich vom Sincfal bei Brügge an der flämischen Grenze bis zum Fli erstreckte, der zweite vom Fli bis zum Laubach, der dritte vom Laubach bis zur Weser, und über die Art, wie sie dem fränkischen Reich einverleibt wurden, in der Praefatio zur Lex Frisionum in Monumenta Germaniae Leges IV p. 641. Seit Karl dem Großen soll sich nach Eichhorn §. 285 b in den westlichen Theilen Frieslands bis zum Kinhem in Nordholland eine Landeshoheit wie im übrigen Deutschland entwickelt haben, nicht aber in der friesischen Gegend von Kinhem in Nordholland bis zur Weser, aus der die sieben friesischen Seelande entstanden wären, die er nach dem am Beginn des fünfzehnten Jahrhunderts verfaßten Tractat von den Sieben Seelanden abgrenzt, vgl. unten Cap. IV, §. 6.

heiten berathen und geordnet, die sich auf die Landesvertheidigung bezogen. Ferner übte sie die gesetzgebende Gewalt in öffentlichen und Privatsachen über ganz Friesland, und eine richterliche Gewalt, deren Hauptgegenstände die Erhaltung des gemeinsamen Landfriedens und insofern auch die Angelegenheiten einzelner Personen und die Streitigkeiten zwischen verschiedenen Seelanden oder einzelnen Gemeinden gewesen zu sein scheinen. Für die Zeit, wo diese Gemeinde nicht versammelt war, wählte sie einen Ausschufs von geschworenen Richtern, welcher für die Zeit seiner Amtsgewalt ihre Stelle vertrat, und also in der That während dieser Zeit Friesland regierte, nur freilich mit sehr beschränkter Gewalt, da er nur die Beschlüsse der Gemeinde auszuführen und für den Landfrieden und die Erhaltung der Verfassung zu sorgen hatte. Der Adel hatte kein Uebergewicht in der Landesgemeinde; aber Adel, Geistlichkeit und Volk beriethen sich in der Versammlung zuerst jeder als drei verschiedene Stände besonders und vereinigten sich dann eines gemeinschaftlichen Beschlusses." II p. 266 und II p. 331. — Indem Eichhorn dies Bild von den ältern friesischen Zuständen entwarf, hat er sich durch Wiarda leiten lassen und namentlich inbetreff Upstalsboms durch dessen Darstellung in der ersten Ausgabe der Landtage. Dafs aus allen Seelanden Richter und ein Ausschufs aus den Gaugemeinden jedes Seelands zu Upstalsbom in eine grofse friesische Landesgemeinde zusammengetreten seien, die Friesland von der Zuiderzee bis zur Weser seit Unterwerfung dieses Theils des Landes unter die Franken bis ins dreizehnte und vierzehnte Jahrhundert regiert hätte, und dafs sie, während sie nicht versammelt war, durch einen von ihr gewählten Ausschufs vertreten worden wäre, ist unvereinbar mit allen authentischen Nachrichten, die erhalten sind.

Von A. Telting erschien 1831 im Leuwarder Courant No. 79 ein Aufsatz „Herinnering aan de landdagen der Friezen by Upstalboom." Ihn liefs J. van Leeuwen in „It aade friesche terp of kronijk der geschiedenissen van de vrije Friesen" Leuwarden 1834 unter den beigegebenen Noten wieder abdrucken[1]). Telting wieder-

---

[1]) Die von van Leeuwen herausgegebene Chronik von geringem Werth ist 1677 erschienen und 1743, 1746 und 1771 in spätern Ausgaben.

holte, wie van Leeuwen einräumen mufste, im Wesentlichen die Er-
findungen Wiarda's. Unter den Bäumen, von denen Upstalsbom
seinen Namen führte, standen nach ihm einst die Richter, während
um sie die versammelten Abgeordneten des Volks sich nach alt-
germanischer Sitte versammelten. Es waren die Geistlichen, die
Edlen und die freigeborenen Männer aus ganz Friesland, die dort
stets am Pfingstdinstag zusammenkamen, um die Angelegenheiten
des Vaterlands zu erledigen. Die ersten Tage waren der gastfreien
Fröhlichkeit gewidmet. Die Volksmassen der Friesen wohnten an
den verschiedenen Orten der Umgegend, vollzogen dort ihre Geschäfte,
und diese trugen davon ihren Namen. Telting a. a. O. p. 401 hält
die Landtage zu Upstalsbom für wenn nicht unter Karl dem Grofsen,
doch bald nachher entstanden; in frühester Zeit hätten an ihnen
alle Friesen von der Maas bis zur Weser theilgenommen.

Zur selben Zeit, wo Telting seine Abhandlung, veröffentlichte
Westendorp sein Jaerboek van de provincie Groningen, Groningen
I 1829, II 1832. Das Buch enthält eine fleifsige Zusammenstellung
der ältern Geschichte der Provinz Groningen. Der Upstalsbomer
Landtage wird bei den Jahren 1323 bis 1327 gedacht. Auf die
Beschaffenheit der ältern friesischen Rechts- und Gemeindeverhält-
nisse geht Westendorp nicht näher ein. Was er über die Upstalsbomer Versammlungen sagt, ist fast ausschliefslich aus den vor
ihm erschienenen Schriften über Friesland genommen, namentlich
aus Emmius und Wiarda[1]).

Ohne alle nähere Kenntnifs der friesischen Landes- und Rechtsgeschichte verfafste L. von Ledebur seine Schrift „Die fünf
Münsterschen Gaue und die sieben Seelande Frieslands" Berlin
1836. Veranlassung dazu gab ihm ein Verzeichnifs der zu den
einzelnen Dekanaten der Münsterschen Diöcese in Friesland gehörenden Kirchen, das er unter Kindlingers Handschriften fand. Aus
den spätern kirchlichen Dekanaten vermeinte Ledebur die alten
friesischen Pagi oder Gaue und aus ihnen die alten sieben Seelande
reconstruiren zu können. „Die uralte Malstätte" Upstalsbom soll
bis 1361, wo sie durch Groningen verdrängt worden wäre, den Ort

---

[1]) Ueber Westendorps Ansichten über die sieben friesischen Seelande
s. unten Cap. IV §.·6.

der Berathungen für das Wohl des aus sieben Republiken bestehenden freien Frieslands gebildet haben, siehe Ledebur p. 71; und vergleiche das was von mir unten in Cap. IV §. 6 gegen die von Ledebur erfundene Abgrenzung der sieben friesischen Seelande ausgeführt ist.

Eine abweichende Ansicht über die Upstalsbomer Versammlungen glaubte Unger Geschichte der deutschen Volksvertretung Hannover 1844 aufstellen zu müssen. Das freie Friesland hatte nach ihm seinen Verbindungspunkt in den Versammlungen zu Upstalsbom und wurde durch sie regiert. Sie waren uralte Volksversammlungen der freien republikanischen Friesen von der Zuiderzee bis zur Weser; nicht alle Freien kamen jährlich zu den drei alten Eichen bei Aurich, sondern aus allen einzelnen Landdistrikten Frieslands einige Richter, einige Vertreter des Volks, die Praelaten und der Klerus, auch andere Freie; Adlige als solche erschienen nicht. Die Worte Ungers I p. 172 sind: „Was die Versammlungen zu Upstallbom betrifft, so liegt das Abweichende von den Hoftagen der übrigen deutschen Länder allein darin, daſs den einzelnen kleinern Distrikten keine Grafen vorstanden, sondern vom Volke gewählte Richter. Diese Richter führten verschiedene Namen, besonders nannte man in dem westlichen Theile Frieslands gewisse höhere Richter Grietmannen. Im Jahre 1323 erschienen daher zu Upstallbom die Grietmannen, Richter, Praelaten und der Clerus der Länder Ostergo und Westergo nebst den andern friesischen Seelanden. Aber diese erschienen nicht allein, sondern in Begleitung anderer, welche auch hier die Vermittelung mit den kleinern Volksversammlungen ins Werk setzen konnten. Freilich darf man hier kein Gefolge von Vasallen und Dienstmannen erwarten, vielmehr scheint eine ähnliche Wahl von Vertretern des Volks gegen ihre Richter stattgefunden zu haben, wie wir sie im Englischen Parlamente kennen. Es findet sich nämlich in den Zusätzen zu dem Gesetze von Upstallbom, welche im Jahr 1361 zu Groningen verfaſst sind, die Bestimmung, daſs jeder Grietmann alle Jahr mit einem Richter und einem Praelaten oder andern tüchtigen Priester erscheinen solle. Dieser Richter war entweder ein Unterbeamter des Grietmanns, oder auch nur ein Gerichtsbeisitzer, ein Schöffe. In den Versammlungen kleinerer Bezirke, welche den fränkischen Grafendingen entsprechen, sieht man die Grietmannen an der Spitze eines Collegiums von Consules, Rathgeber, Redjewen, welches in Gemeinschaft mit der ganzen Gemeinde seine Beschlüsse faßte. In den östlichen Provinzen gab es keine Grietmannen, und das Collegium der Rathgeber regierte das Land als republikanische Corporation. Aber auch außerdem konnten ohne Zweifel andre freie Männer aus dem Volke an jenen Upstallbomischen Versammlungen theilnehmen, sei es, daß sie nur aus allgemeinem Interesse an den Verhandlungen sich einfanden, oder daß sie etwa eine persönliche Beschwerde zu verfolgen hatten. Auffallend ist es indessen, daß bis zum Ende des dreizehnten Jahrhunderts kein Adel auf diesen Landtagen genannt wird. In der That scheint ein Adel oder ein Stand der freien Herrn bis zu dieser Zeit in dem freien Friesland gar nicht bestanden oder, wenn er bestand, keine so hervorragende Stellung eingenommen zu haben, daß er neben den Grietmannen und Richtern mit gleichen Rechten und gleichem Range auftreten durfte ... Seit dem dreizehnten Jahrhundert (Unger scheint sagen zu wollen: seit dem vierzehnten Jahrhundert) änderte sich das Verhältniß der Ethelinge, indem einzelne Freie oder Edle ihre Macht so weit erweiterten, daß sie über ganze Landesbezirke gleich den Richtern zu herrschen anfingen. Man nannte sie Häuptlinge, Haudingar, Capitanei, und ihre Stellung wurde durchaus der der freien Herrn gleich. Seitdem erschienen auch diese Häuptlinge neben den Richtern auf den Volksversammlungen." Ferner sagt Unger I p. 169: „Die Versammlung zu Upstallbom war kein Hoftag, von einem Herzoge oder geringeren Reichsfürsten berufen, denn ein solcher gebot nicht in dem freien Frieslande. Auch wurde sie von keinem Kaiser gehalten, denn die deutschen Kaiser kamen nie nach Friesland, ja sie kümmerten sich kaum um diese Lande. Aber dies war nicht ohne Beispiel im Römischen Reiche. Die friesische Volksversammlung glich hierin jenem Placitum beim Hohen Baum unweit Quedlinburg. Auf der friesischen Volksversammlung erschien auch kein Graf, kein freier Herr, kein Lehn- und Dienstmann des Reichs, denn alle diese fand man nicht in dem freien Friesland. Aber dennoch war die Versammlung nicht verschieden von den deutschen

Provinzialversammlungen und Hoftagen, denn sie war, wie diese, eine Versammlung der geistlichen und weltlichen Grofsen des Landes. Nur waren diese Grofsen andere, als in den übrigen Theilen des Reichs." Nachdem Unger diese Ausführung gegeben hat, schliefst er I p. 175: „Aus dem allen erkennt man, dafs den friesischen Versammlungen zu Upstallbom ganz dieselben Principien zum Grunde lagen wie den Reichs- und Provinzialversammlungen im übrigen Deutschland. Aber freilich mufsten diese Principien in der Ausführung eine ganz abweichende Gestalt annehmen, da die Verfassung und Geschichte des freien Frieslands ihre ganz eigenthümliche Entwickelung hatte. Sobald indessen jene Besonderheiten des Landes — republikanische Verfassung und Mangel eines mächtigen Adels — aufhörten, mufste die fernere Entwickelung seiner Volksversammlungen auch in dieselbe Bahn gelenkt werden, auf welcher sie sich in den übrigen deutschen Territorien befand." — Völlig unverständlich ist mir, wenn Unger I p. 169 sagt: „die friesische Volksversammlung zu Upstallbom glich dem Placitum beim Hohen Baume unweit Quedlinburg." Die absolute Verschiedenheit der friesischen Vereinstage zu Upstalsbom von den Hoftagen deutscher Fürsten erhellt aus jeder Beachtung dessen, was über die Jurati von Upstalsbom in den Jahren 1216, 1224 und 1231, über die von ihnen verschiedenen Judices selandini in den Jahren 1323 bis 1327, sowie über die 1361 zu Groningen beabsichtigte Versammlung von Bevollmächtigten der Stadt Groningen und der benachbarten friesischen Landdistrikte oben in den §§. 5, 6, 15 und 25 erörtert ist. Nur darin können die Upstalsbomer Vereinstage an die speciell von Unger herbeigezogenen Placita beim Hohen Baum unweit Quedlinburg erinnern, dafs jene zufrühst unter einem auf einem kleinen Erdhügel stehenden Baum stattfanden, der davon der Upstalsbom hiefs, diese „ad altam arborem."

Ueber die Quedlinburger Versammlungen sagt Unger I p. 142: „Unter den Fürsten, Grafen und freien Herren des östlichen Herzogthums Sachsen scheint sich im dreizehnten Jahrhundert eine sehr merkwürdige Verbindung erhalten zu haben . . . Sie kamen, wahrscheinlich zu regelmäfsigen Zeiten, unweit Quedlinburg auf freiem Felde bei einem hohen Baum zusammen, die Versammlung heifst provinciale placitum ad altam arborem. Gewöhnlich erschienen dort nur die kleineren Fürsten, welche am östlichen Rande des Harzes safsen und sich von der Oberhoheit des Herzogs von Sachsen sowie des Markgrafen von Brandenburg frei erhalten hatten, als: der Erzbischof von Magdeburg, der Bischof von Halberstadt, die Aebtissin von Quedlinburg, die Grafen von Blankenburg, von Regenstein, von Falkenstein, von Wernigerode, die Herren von Querfurt u. s. w. Zuweilen finden wir aber auf diesem Dinge die Herzöge von Braunschweig-Lüneburg und von Sachsen, die Markgrafen von Brandenburg und Meifsen und die Grafen von Holstein, s. Corneri Chronicon ad a. 1269 in Eduard Corpus hist. 2 p. 918. Im Gefolge der weltlichen Herrn befinden sich ihre Vasallen und Dienstmannen, sowie in Begleitung der geistlichen Fürsten ihre Kapitularen, s. Urkunde von 1251. Dort wurde über Streitigkeiten der Fürsten gerichtet, s. Urk. von 1264, und über andere wichtige Angelegenheiten verhandelt; in Urk. von 1267 nehmen auf diesem Placitum die Herzöge von Braunschweig-Lüneburg Albert und Johann eine Theilung ihrer Lande vor; in Urk. von 1251 verzichtete ebenda Graf Sifrid von Blankenburg auf die Vogtei über das Kloster Huysburg. Den Vorsitz scheint in den kleinern Versammlungen die Aebtissin von Quedlinburg, in den gröfsern einer der Herzöge gehabt zu haben, s. Urkunde von 1263." Vergleiche die betreffenden Urkunden in Orig. Guelf. IV Praefatio p. 16 und in Erath Codex Diplomat. Quedlinburgensis und zwar Urkunde von 1250 p. 183, 1251 p. 186, 1253 p. 202, 1264 p. 221, desgleichen 1264 p. 223 und 1267 p. 232.

Unbegreiflich ist, wie Montanus Hettema die ältern friesischen Verhältnisse dargestellt hat. Seine Erörterungen in Vrije Fries 1846 IV p. 254 über sieben friesische Seelande, die unmittelbar mit dem friesischen Volk gegeben gewesen wären und sich daher mit der allmäligen Verkleinerung und Einengung des Friesenstaats in immer engeren Grenzen immer wieder regenerirt hätten, siehe unten Cap. IV §. 6. Ohne jeden Grund nimmt er an, dafs die quellenmäfsigen Nachrichten über Upstalsbomer Versammlungen nicht sämmtlich auf den bekannten Upstalsbom bei Aurich zu beziehen seien, sondern auf verschiedene Upstalsbome, die in den einzelnen Gegenden Frieslands vorhanden gewesen seien. Einen Upstalsbom Rüstringens glaubte er im Oertchen Hayen-warf bei Rodenkirchen im Stadlande finden zu können, er sei unter dem Upstalsbom in den Bremer Urkunden von 1324, oben p. 470 in §. 12, gemeint. Einen Upstalsbom Astringens suchte er bei Jever, andere in anderen friesischen Landdistrikten bis zur Zuiderzee, vergleiche in den Berigten van het historisch genootschap te Utrecht Deel IV Stück 2 und gegen ihn Ehren-traut Friesisches Archiv 1854 II p. 388. In ähnlicher Weise ver-meinte Möhlmann Kritik der friesischen Geschichtschreibung Emden 1863 p. 124 neben dem Ostfriesischen einen Westfriesischen Up-stalsbom annehmen zu können, auf den die Leges Upstalsbomicae zu beziehen seien. — Die Hettemasche Deutung des Namens Up-stalsbom durch „bodem" oder „plaats" der „opstallinge" oder Ober-richter ist oben p. 316 zurückgewiesen.

Unvereinbar mit aller Geschichte sind die Ausführungen über ältere friesische Rechtszustände von Acker Stratingh in „Aloude Staat en Geschiedenis des Vaderlands" Groningen 1852 1—3. Die Ueberlieferung, meint er II 2 p. 105, lasse den Kaiser Karl die Volksversammlungen oder Landtage errichten, die die sieben See-lande bei Upstalsbom vereinigt hätten, dies sei nicht richtig. Die sämmtlichen Friesen müfsten bereits vor Karl dem Grofsen ihre Volksversammlung gehabt haben, wie sie die Sachsen zu Marklo hatten; aus dem, was wir über diese wüfsten, ergebe sich das Wesen der Upstalsbomer Versammlungen. Indem Kaiser Karl im unterworfenen Lande Grafen und Herzöge anstellte, habe er Volks-versammlungen als mit ihnen unvereinbar nicht dulden können, wie er sie in Sachsen im Paderborner Capitular von 785 Cap. 34, in M. G. Leges I p. 50, untersagt habe. Stets hätten die freien Friesen sich den Grafen und Herzögen, die sich nicht mit ihrer uralten Frei-heit vertrugen, von Rechtswegen widersetzen dürfen, wenn auch das Privilegium Karls über Freiheit der Friesen hier nichts beweise, da es jüngern Ursprungs sei. Später hätten die Friesen in dem noch freien Land zwischen Fli und Weser die Volksversammlung zu Up-stalsbom gegenüber von Grafen und Fürsten gehalten; man habe in den Upstalsbomer Landtagen eine vom friesischen Volk zum Schutz seiner Freiheit unmittelbar ausgehende Versammlung zu sehn, in der sein Wille sich verkörperte. Für das elfte Jahrhundert könnten die Upstalsbomer Versammlungen als erwiesen gelten, da der 1237 gestorbene Emo beim Jahre 1216 berichte, daſs Jurati in Upstalsbom nach ältester Sitte zusammengetreten seien. Bis in's fünfzehnte Jahrhundert, das sagt wirklich Stratingh p. 108, hätte die Verbindung der Friesen fortbestanden, doch sei der eine und andere Theil Frieslands durch innere Kämpfe oder Unterwerfung unter benachbarte Fürsten zeitweise verhindert gewesen, die Upstalsbomer Versammlungen zu besuchen, wie sich denn dem Verein auch Landschaften angeschlossen hätten, die ursprünglich nicht friesisch waren, und man es 1361 für bequemer erachtet habe, die Landtage von Upstalsbom nach Groningen, als an einen geeigneteren Ort, zu verlegen (s. Stratingh p. 109). — Ueber die Stratingh'sche Eintheilung Frieslands in sieben Seelande, die sich in Upstalsbom versammelt hätten, siehe unten Cap. IV §. 6.

Alle einzelnen Neuern hier anzuführen, die der Upstalsbomer Versammlungen in wenigen Worten gedenken und dabei mit geringen Abweichungen wiederholen, was Wiarda auf Grundlage des Emmius über sie behauptet hatte, kann für deren richtige Auffassung nicht förderlich sein. Beispielsweise nenne ich Daam Fockema Schetzen van de Friesche Geschiedenis 1846 II p. 465, s. auch unten Cap. IV; Eekhoff Geschiedenis van Friesland, Leuwarden 1851 p. 51; Christian Ludwig Runde Oldenburger Chronik II. Ausgabe Oldenburg 1831 und in der III. Ausgabe 1862 p. 8. Räthselhaft ist Heinrich Leo's Auffassung der gesammten ältern friesischen Verhältnisse überhaupt sowie des grofsen Landtags aller Friesen aus Westrachien, Ostrachien, Groeningerland und ganz Ostfriesland, der einmal im August 1323 bei Upstalsboom zu Stande gekommen sei, s. Zwölf Bücher Niederländischer Geschichten Halle 1832 I p. 629, 719, 728. Er fufst auf Wiardas Ansichten und vermischt sie mit einzelnen widersprechenden Angaben Anderer.

Bezeichnend ist, daſs auch noch in neuester Zeit die Upstalsbomer Versammlungen von den Einzelnen nach ihrem politischen Standpunkt völlig verschieden aufgefaſst werden. Wie im sechzehnten Jahrhundert Rengers zu Upstalsbom die uralte regelmäfsige Volksversammlung der aristokratischen freien friesischen Republik,

Emmius die der demokratischen erkennen wollte, so haben in unsern Tagen Reactionäre ihr Wohlgefallen dem Upstalsbom zugewandt, weil sie dort einen in mittelalterlicher Form auf Grundbesitz gestützten Landtag zu finden wufsten, und haben Demokraten in Upstalsbom Urversammlungen gesehen, in denen sich der Wille und die Herrschaft des gesammten freien Friesenvolks unmittelbar verkörperte. Stellen aus Onno Klopp und Wiedemann mögen zeigen, wie Crasses man hier behauptet hat. Dem Onno Klopp Geschichte Ostfrieslands Hannover 1854 I p. 78 sind die Versammlungen zu Upstalsbom uralt; habe man doch in dem Hügel, auf dem die alten Eichen standen, mit Asche gefüllte Urnen aus heidnischer Zeit gefunden (s. oben p. 304); Up-stals-boom bedeute Obergerichtsbaum, s. oben p. 312. Op-stallinge wurden die mit Richterqualität bekleideten Grundbesitzer oder Häuptlinge im Groninger Land genannt, s. oben p. 312. Beim Upstalsbom hätten sich „in grauer Vorzeit die Abgeordneten des friesischen Landes vom Fli bis zur Weser versammelt, um gegen den äufsern und innern Feind Rath zu pflegen." Auf Grundbesitz müsse die Berechtigung zur Wahl nach Upstalsbom beruht haben, s. Klopp p. 80. „Durch die ausschliefsliche Berechtigung des Grundbesitzes habe die altfriesische scheinbare Volksherrschaft eine bedeutende aristokratische Färbung erhalten, doch liege uns keine Andeutung vor, dafs den Nichtstimmenden das Recht des Zuhörens versagt gewesen sei", s. p. 81. Indem Klopp Wiarda's Träumereien über Empfang der Deputirten im Auricherland, über Eröffnung der Versammlungen und die Verhandlungen auf ihnen nachschreibt, vermag er hinzuzufügen, dafs „die Verhandlungen bei steigender Sonne mit einem Gebet begannen." Auf den beiden vor dem Hügel gelegenen Wandeläckern (so nannte man nur abwechselnd, nicht jährlich geackerte Grundstücke, s. oben p. 305) seien die Abgeordneten zur Besprechung streitiger Fragen auf- und abgewandelt, wahrscheinlich habe auch ein Gebet die Verhandlungen beschlossen. Onno Klopp hält es für „höchst wahrscheinlich", dafs die Abende in Upstalsbom von den Friesen „nach der Sitte der alten Deutschen mit Gelagen beschlossen worden seien." „Der friesische Geschichtsschreiber Kempius berichte, dafs der Freund dem Freunde zum Willkommen einen Becher oder ein

Trinkhorn dargebracht habe mit den Worten: „het gild, ela frye
Frese", worauf dieser Bescheid gethan habe mit der Erwiederung:
„faer wel, ele frye Frese", d. i. es bekomme dir wohl, freier Friese.
Hierauf hätten sie sich die Hand gegeben und sich ohne Unterschied des Geschlechts geküfst[1])," s. Klopp I p. 81 und Wiarda oben
p. 597. — Bilderdijk Geschiedenis des Vaderlands Amsterdam
1833 III p. 95 erzählt, wie sich 1323 die Friesen „verbonden onder
den Opstalsboom, hunne vrijheid (zoo 't hiet) tegen allen wareldlijk
of geestelijk vorst, hoegenaamd, eenparig met de wapenen te beschermen en te handhaven," und schliefst p. 238 eine Lobrede auf
Graf Wilhelm III. von Holland mit dem Ausruf: „o zalig despo-
tismus van 't oosten tegen de westersche constitutien vergeleken!"

In Wiedemann Herzogthum Bremen 1863 I p. 90 liest man:
„Die friesischen Völker haben Alles, was Herrschaft heifst, von jeher
mit Widerwillen getragen. Es geht ein wunderbarer demokratischer
Zug durch das Leben dieses deutschen Stammes, nirgends ist die
Regierung des Staates zu einer so klaren Ausbildung gekommen.
Bei anderen Völkern ist der Staat ein abstracter Begriff, bei den
Friesen gewann die Herrschaft desselben wirkliches Leben. Sie
wollten sich von keiner Person, aber wohl von dieser Idee regieren
lassen, welche sich jährlich nur einmal in der Versammlung bei
dem Upstalsboom verkörperte. Es war keine Republik, keine Hege-
monie, kein Völkerbündnifs, sondern der reine Staat, welcher
herrschte. Solange sie dieser Idee treu blieben, waren sie unüber-
windlich. Dieser demokratische Charakter ist nie völlig vernichtet,
er zieht sich wie ein rother Faden durch die Geschichte des Volkes
bis auf die neuere Zeit." Und bei Wiedemann I p. 12: „In der Grafschaft des Grafen von Stotel war das erste und einzige kaiserliche Gericht im Herzogthum Bremen bei der Stall-eiche in Hagen (vgl. oben
p. 310). Man hat diese Stall-eiche bisweilen mit dem Up-stals-boom
in Ostfriesland verglichen; das ist unrichtig. Unter jenem Baume
bei Aurich tagten die Abgeordneten der friesischen Seelande, sie be-

---

[1]) Auf Kempius de origine et situ p. 68 und 69, der ein Bild von
dem edeln Friesen giebt, der dem andern das gefüllte Trinkhorn reicht
und viel davon zu erzählen weifs, stützt Onno Klopp seine Darstellung, wie
es auch früher Wiarda Landtage p. 66 gethan hatte.

riethen die öffentlichen Angelegenheiten und faßten Beschlüsse, denen das ganze Land gehorchte. Bei der Stalleiche dagegen war ein kaiserliches Gericht, wo ein einzelner Graf für einen kleinen Bezirk Recht sprach."

Keinen wissenschaftlichen Werth hat die mir nach Ausarbeitung dieser Schrift zugekommene Abhandlung von Okko Leding Die Freiheit der Friesen im Mittelalter und ihr Bund mit den Versammlungen beim Upstalsbom Emden 1878, auf 57 Seiten. Ihr liegt kein ernsteres Quellenstudium zu Grunde, sie wiederholt oft vorgebrachte Irrthümer. Seltsam ist es, wenn Leding mehrfach ausführt, daß die Grafen in Friesland im elften, zwölften und dreizehnten Jahrhundert keine Landeshoheit entwickelt hätten, weil sie nach den abgelegenen Gegenden selten gekommen wären und diese sich daher großsentheils selbst überlassen hätten!

Völlig verkehrt ist die Darstellung, die Wenzelburger Geschichte der Niederlande Gotha 1879 I p. 523 über die älteren friesischen Rechtszustände giebt. Nach ihm „wurden in Friesland auch Landtage abgehalten, aber bei den fortwährenden innern Unruhen vergingen oft Jahre, ehe ein solcher zusammentreten konnte, und mehr und mehr traten an die Stelle derselben Zusammenkünfte der Vertreter des einen oder andern Gaus. Hinsichtlich der Landtage ist zu bemerken, daß sie nicht aus der Vertretung der Stände, wie in den andern Theilen der Niederlande, sondern der Landschaften bestanden. Die drei Quartiere (der Provinz Friesland) waren: Oostergo, Westergo und Zevenwouden (sieben Wälder), und die Abgeordneten waren Vertreter der Gemeinden und wurden von den Eigengeerbten gewählt. Aebte und andere Geistliche, sowie Edle hatten nicht vermöge ihres Standes, sondern als Besitzer von Gütern Sitz und Stimme im Landtag, der über Frieden und Krieg und andere wichtige Angelegenheiten zu entscheiden hatte. Die Versammlungen des allgemeinen Landtags fanden beim Opstalbaum in der Nähe von Aurich in Ostfriesland statt. Ehe man sich aber dahin begab, hielt jedes Quartier noch einen besondern Landtag ab, wo über die beim Opstalbaum zu machenden Vorschläge und Abstimmungen berathen wurde. Uebrigens hatten diese Zusammenkünfte unter dem Opstalbaum fast niemals einen kriegerische Unternehmungen betreffenden Zweck, sie beschäftigten sich den noch erhaltenen Urkunden gemäfs hauptsächlich mit der Erhaltung des Landfriedens, der Sicherheit der Wege, dem Schutz des Handels und der Bestrafung von Raub u. s. w. Denn da die Friesen einander selbst unaufhörlich befehdeten und Eroberungs- und Angriffskriege niemals führten, so versteht es sich von selbst, dafs diese Zusammenkünfte, wenn ein allgemeiner Landesfriede sie überhaupt ermöglichte, sich nicht mit kriegerischen Angelegenheiten beschäftigten."

INHALTSVERZEICHNISS.

Capitel III. Vereinstage zu Upstalsbom.

Buchdruckerei von Gustav Schade (Otto Francke) in Berlin N.